辅导员
打造个人品牌IP
实战指南

刘明耀 著

中国石化出版社

图书在版编目（CIP）数据

辅导员打造个人品牌IP实战指南 / 刘明耀著. —北京：
中国石化出版社，2022.7（2024.5重印）
ISBN 978-7-5114-6790-4

Ⅰ. ①辅… Ⅱ. ①刘… Ⅲ. ①高等学校—辅导员—工作—
指南 Ⅳ. ①G645.1-62

中国版本图书馆CIP数据核字（2022）第128004号

中国石化出版社出版发行
地址：北京市东城区安定门外大街58号
邮编：100011　电话：（010）57512500
发行部电话：（010）57512575
http://www.sinopec-press.com
E-mail：press@sinopec.com
北京艾普海德印刷有限公司印刷
全国各地新华书店经销
*
710×1000毫米　16开本　21印张　337千字
2022年7月第1版　2024年5月第5次印刷
定价：49.80元

前言

preface

如果你是一名新入职的辅导员，如何从小白到卓越？当你打开这本书的时候，恭喜你，这里有让你进阶的成长路径。

如果你是一名工作5年的辅导员，如何摆脱焦虑与倦怠？当你打开这本书的时候，恭喜你，这里有为你解除迷茫的答案。

如果你是一名工作10年的辅导员，如何从裂变到跃迁？当你打开这本书的时候，恭喜你，这里有给你打造品牌的方法。

如果你是一名工作15年的辅导员，如何化腐朽为神奇？当你打开这本书的时候，恭喜你，这里有和你一样的经历思考。

《辅导员打造个人品牌IP实战指南》是我19年从事学生工作的积累和提炼，是我用19年时间，从一名普通的高职院校辅导员，到走进了国家教育行政学院辅导员网络学院直播室的成长感悟。虽然沈阳到北京的高铁只有4小时，但我用了整整19年，19年的春华秋实、19年的点滴努力、19年的艰苦付出、19年的育人情怀。在现实与理想之间隔的不仅仅是19年，而是自己的汗水与付出。当我踏进国家教育行政学院的大门，站在国家教育行政学院的门前时，感慨万千、心潮澎湃。我想把自己的成长经历与所有辅导员分享，我希望我的所感所悟、经验教训能够对正处于迷茫中的辅导员有些许的帮助，因此执笔撰写了这本书。

《辅导员打造个人品牌IP实战指南》拆解了全国100名辅导员成长之路。这里面有“全国最美辅导员”，有“全国辅导员年度人物”，有“全国辅导员素质能力大赛获奖选手”，但更多的是我们一线普通辅导员。他们积极向上，他们执着付出，他们努力学习，他们激情四射！他们每一个人身上都有自己的闪光点，都值得读者通过透视他们的闪光点，点燃自己内心品牌IP之火种。

本书的整体思路是让读者边阅读、边思考、边输出，因为最有效的输入就是输出。为了让大家养成输出的习惯，我在本书的每节都设计了一个“FFTA输出总结模型”。通过阅读每节文字记录下：哪些事件让你记忆犹新？这些事件激发你哪些思考？给你带来哪些启示和灵感？如何采取下一步行动？

《辅导员打造个人品牌IP实战指南》这本书并不是希望大家将书中100名辅导员的优点集于一身，那就违背了本书的初衷，而是结合自己的成长特点成为那一百分之一即可。世界上没有两条相同的路，只有辅导员亲自走过的路，才是属于自己的辅导员品牌IP之路。

由于本人能力有限，对全国辅导员的成长了解还有局限，书中所萃取的辅导员案例大部分来自于朋友圈或朋友推荐，通过朋友圈或者网络看到这些辅导员积极努力的正能量，感受到了他们对学生工作的执着与热爱。当然，全国还有20多万辅导员在学生管理和思政育人的路上默默无闻地努力奔跑。

本书的完成离不开全国辅导员战友们的支持与鼓励，虽然有的辅导员已经离开了一线辅导员岗位，但“江湖”上依然有你们的传说。在此表示衷心的感谢！

感谢成为此书萃取案例的100名辅导员，是你们的成长聚焦让此书形成了品牌IP特色，让全国辅导员看见了自己未来成长的更多可能！

感谢“图说思政”创始人尤长军老师，本书配图全部由尤长军老师原创完成，他用自己的实际行动增添了本书品牌IP亮点！

感谢中国石化出版社对本书的建议、策划、指导和设计，终于让本书与大家见面！

感谢正在阅读的你！

当然，由于本人水平有限，本书在内容上还有许多不足之处，恳请各位同行给予批评指正！

目录

contents

辅导员

打 造 个 人 品 牌 I P 实 战 指 南

第一章

入门之种：品牌化认知，突破思维极限

第一节　后疫情时代下辅导员工作思考

自全国高校思想政治工作会议召开以来，有这样一群思政工作者，他们陪伴学生从入学到毕业，从线下到线上，从教室到寝室，从思想到心理，从一个凌晨到又一个凌晨……他们就是可爱可敬的辅导员们。五年来，全国的辅导员们默默付出，既能消化大会小会，又能解决大事小事，还能忍受大气小怨，更是有十八般武艺加身，因此，他们被称为“万能辅导员”。

辅导员与学生是怎样的一种“缘分”？孙悟空等唐僧用了整整500年；白素贞等许仙用了整整1000年；夜华等白浅用了整整三生三世。辅导员等学生那就是不分昼夜，永远都在线，随时被打扰，全天候24小时陪伴、指导、交流、服务。

一、有时间就一定有成果吗

2020年突如其来的一场新型冠状病毒疫情，打乱了我们的假期计划，本来想好的诗和远方却变成了客厅厨房。各地各行各业纷纷投入到“抗疫”的战役当中，我们辅导员也成为抗疫前线战场中的一员。在这场没有硝烟的战役中，我们辅导员冲锋在前。所以向奋战在一线的白衣天使们致敬，向每一位默默付出的普通人致敬，也向我们一线的辅导员致敬！

2020年的整个寒假分为三个阶段：

第一阶段，即做肥宅阶段。也就是放假初期，我们每天宅在家里，计划着自己美好的假期。每天体温正常，饮食正常，呼吸正常，但是体重却出现异常。

第二阶段，即每个辅导员成为“表哥、表嫂”阶段。眼花缭乱的表格、随叫随到的统计、不停的电话联系，让我们倍感充实。在未来的学生管理过程中，需要我们的表格功夫更要进一步加强。

第三阶段，即辅导员成为网络主播阶段。无论是美颜还是素颜，通过主题班会的网络直播，我们每一个辅导员成为了十八线的网红主播。

在这100余天的假期里，我们辅导员的状态是：早晨起床吃早饭，打电话打卡，接电话，回复信息，中午吃午饭，下午接着打电话，接电话，回复信息，填表、对表、报表，每天就是这样两眼一睁一闭一天过去了。当然，妈妈级的辅导员更辛苦，每天除了忙碌于辅导员的工作，还要陪孩子写作业，和孩子大战。

在整个假期中，作为辅导员，除了每天忙于事务性的重复工作外，在自身成长方面，我们每个人可以对自己进行三问：

一是面对白衣天使的逆行之举，人民子弟兵的千里驰援，社会志愿者的敬业奉献，普通人的努力付出，我们热泪盈眶，感动万分。这个假期在工作之余我们读了几本书？这是一问。

二是面对学生，我们打了很多电话，无论是省内省外居住，无论是体温是否正常。在这个假期，我们写了几篇文章？这是二问。

三是我们开了很多网络班会，传达了精神，提出了要求，但是我们掌握了几个在线平台？无论是超星尔雅、蓝墨云班课，还是钉钉、腾讯、小鹅通，我们是否熟悉了，精通了？这是三问。

有的辅导员在工作学习生活中要么瞎忙，越忙越迷茫；要么彻底放弃，天天沉迷于王者、抖音、刷剧、综艺节目、小说等，然后安慰自己平凡可贵。时间就在这种迷茫和沉迷中悄悄流逝，因此，对于我们这些普通人而言，能从迷茫和沉迷的井中跳出来的唯一方法就是利用好时间。

剩余时间生产剩余价值，让时间的复利为自己增值。

例如，我写的这本书，很多文字是自己平时的积累：有心得感悟，有随笔记录，有工作思考，有学习收获，利用空余时间对这些积累进行汇总修改。近期疫情期间，学校实行了封闭式管理，自己封闭在校园80余天，在这80余天里白天正常工作，晚上在学生熄灯夜深人静的时候进行文字输出整理。每天坚持拿出一个小时，有时可能输出1000字，有时仅仅输出100字，但在时间的复利下，一字、一句、一段、一章慢慢汇成了此书。

最初你的努力可能看不到特别明显的成果，但是只要你多点耐心，坚持不懈，一段时间后就会发现，自己突破了，达到了复利的拐点，而这个时间段可能是1年，也可能是3年甚至更久，最重要的是一定要坚持到底。小富不满足，中富不轻狂，始终保持毅力和韧性，向着更好的结果迈进。

积累是会有临界效应的，突破了就是彼岸花开。辅导员逆袭的重要资本就是时间。

二、辅导员的圈

目前，国家对思想政治教育工作高度重视，对辅导员队伍建设高度重视，从顶层设计到具体落实，从人数、职称、待遇上都发生了很大变化。所以，作为一名辅导员，要紧跟时代发展，结合自己的特长，规划自己的人生蓝图，制定个人成长计划、年度规划、发展计划等，与学生工作有机融合，与时代发展相适应，积极投入到学生工作的实践中去。

我用20个月完成了全国100场讲座。通过全国100场的讲座分享，和近千名辅导员进行了交流，感受了一些辅导员的委屈与无奈、迷茫与恐慌、倦怠与压力。部分辅导员调侃自己，“未来见不到光，看不到亮，找不到路。”

辅导员几乎每天加班熬夜，感觉工作总是做不完，升职加薪也无望；每天过得像打仗，累死累活，却发现好像什么都没干；目标有很多，却总是因各种原因拖延，迟迟不愿完成；无法调节生活规律，总是精力不足；想自我提升，但总是分身乏术，无法平衡工作与生活。

曾经在一个群内，大家针对辅导员职业化、专业化、专家化发展建设进行了“吐槽”，一吐吐了25000多字，其实概括起来就是两句话：钱少事儿多离家远，生涯规划无未来。

作为辅导员，很多人自我调侃：“表面风光，内心忧伤；容颜未老，心已沧桑。每天披星戴月上班去，直到万家灯火归家来。”

工作两年的辅导员，每天面对各种表格填报、早操晚自习、安全教育、突发事件、就业指导，你是否感觉到了工作压力？

工作四年的辅导员，经过四年的努力送走了第一届学生，迎来了自己的第二届学生，每天又重新开始面对各种表格填报、早操晚自习、安全教育、突发事件、就业指导，你是否感觉到了工作重复？

工作五年的辅导员，当你每天面对各种表格填报、早操晚自习、安全教育、突发事件、就业指导乐此不疲时，突然看到学校的一个公告：一个办公室内最好的辅导员哥们突然调到了行政部门。本来每天两个人一起相互鼓励、互相安慰，面对各种表格填报、早操晚自习、安全教育、突发事件、就业指导，这时只变成了你一个人。看着他告别了半夜接电话、半夜去医院、周末搞活动的忙碌紧张，你是否感觉到了工作迷茫？

工作七年的辅导员，你依然在辅导员的岗位上坚持着，当你每天面对各种表格填报、早操晚自习、安全教育、突发事件、就业指导乐此不疲时，突然看到学校的又一个公告：两年前你那个最好的辅导员哥们经过推荐选拔，被提名为行政部门的领导。这时你回头一看，就在你面对各种表格填报、早操晚自习、安全教育、突发事件、就业指导乐此不疲时，和你一起同年工作的辅导员有的去了行政部门被提拔当了领导，有的去了马克思主义学院担任了思政课教师，有的去了二级学院做了专业课教师，突然，你感觉到周围只剩下了自己在辅导员的岗位上坚守着，此时此刻，一股莫名的无力感弥漫你的全身，你是否感觉到了工作的倦怠？

目前很多学校都在为辅导员建工作室，提高辅导员学历，招聘博士辅导员，但我们思考一下：从事一辈子辅导员工作就是辅导员职业化吗？建个工作室就能实现辅导员专业化吗？有博士学位就是辅导员专家化吗？

对于辅导员的职业化、专业化、专家化发展，每个人都有自己的解释。我想从另一个角度和大家交流一下，那就是辅导员要有自己的品牌IP，用职业化、专业化、专家化构建辅导员成长的三角模型。我们都知道，只有三角形才能保持最稳定，三角形中包含的就是辅导员的品牌IP，品牌IP是辅导员成长三角模型的内核。

> 三角形辅导员成长模式是人人都有自己的品牌，人人都可以成为专家。

目前辅导员队伍建设的职业化、专业化、专家化发展路径大部分属于直线型。

直线型辅导员成长模式只能导致在发展过程中辅导员的成长线段会越来越短，金字塔顶端的辅导员毕竟是少数，大部分辅导员都处于金字塔底部。很多辅导员如果登不上金字塔顶端，就没有主动拉长自己职业化、专业化、专家化这条直线的动力与需求，所以，我们培养了一批而又离开了一批。

我用一个比喻来进一步解释：研究生毕业后大家一起来到学校都从事了辅导员工作，大家一起在辅导员的圈里不停地努力奔跑。跑着跑着，有的辅导员离开了辅导员的圈，去行政部门的圈开始奔跑，这时候你安慰自己，“他去他的，我只在我的辅导员圈里奔跑，因为我爱我的学生。”可是跑着跑着，有的辅导员又离开了辅导员的圈，去马院的圈里开始奔跑，这时候你依然安慰自己，“他去他的，我只在我的辅导员圈里奔跑，因为我爱我的学生。”可是跑着跑着，有的辅导员又离开了辅导员的圈，去综合部门领导的圈里开始奔跑，这时候你依然安慰自己，“他去他的，我只在我的辅导员圈里奔跑，因为我爱我的学生。”你继续在辅导员的圈里不停地奔跑着，可是跑着跑着，你突然发现，当年和你一起同时进入辅导员圈里奔跑的战友们都离开了，最后只剩下你自己，而且你发现他们奔跑的圈都比你的大。此时你不知道何去何从，未来是继续在辅导员的圈里“转圈”还是去其他圈里“跑圈”？

如果你在辅导员圈里形成了自己的品牌IP，那么你的辅导员圈则变成了所有圈里最大的圈，远远超过了行政圈、马院圈、领导圈。

那么，我们辅导员为什么会产生职业倦怠呢？我一直在思考这个问题，是我们辅导员没有情怀吗？肯定不是！是我们辅导员没有大爱吗？肯定也不是！可以说全国几乎每一位辅导员对学生工作都有一种情怀，对每一个学生都在大爱付出。但是为什么还会产生倦怠呢？其实根本原因在于没有形成自己的品牌化，没有自己的品牌IP。

辅导员面对焦虑和倦怠，要学会从坏情绪中抽离出来，反思自己的不足，改变工作方法，以发展的眼光看待问题，给自己的心灵浇水施肥，步步为营、不比不怨、稳扎稳打、丰富自己、幸福工作，突破职业瓶颈，驱离职业倦怠，找到适合自己成长的突破口，用自己的智慧与能力打造个人品牌IP。

> 在工作与事业之间，品牌就是一座桥梁。通过品牌才能让大家把工作当成自己的事业，用自己的情怀与大爱去努力付出。否则，工作与事业永远是两条永不相交的平行线。总结一句话：情怀无限，大爱无痕，只有品牌，才能让我们无惧。

三、辅导员的乌卡时代

爱因斯坦说："同一个思维层次解决不了同一个思维层次的问题，你不能用造成问题的思维方式去解决问题。"

目前各个学校按照国家的要求基本实现了按照1∶200的师生比配备辅导员，基本实现了辅导员职称的双线晋升单评单列，有的省份发放了辅导员专项津贴。这些外在的重大利好政策虽为辅导员提供了成长保障和发展空间，但更重要的内在动因要自己形成。辅导员要形成自己成长的内驱力。

> 内驱力就是辅导员要从学生工作中形成自己的品牌，打造辅导员个人成长IP。

辅导员的成长要做到行稳致远、稳中取胜、胜中有赢。积小胜为大胜，累小赢为大赢。那么什么是胜与赢呢？就是今天的我比昨天强一点，今年的我比去年进步一点，现在的我比过去成长一点，明年比今年变化一点。这就是本质上我们所看不见而又看得见的一个人实现行稳致远、稳中取胜、胜中有赢状态的第一步。

> 每天积累一点点，量的积累最后达到质的飞跃。

行稳致远、稳中取胜、胜中有赢的成功公式为：

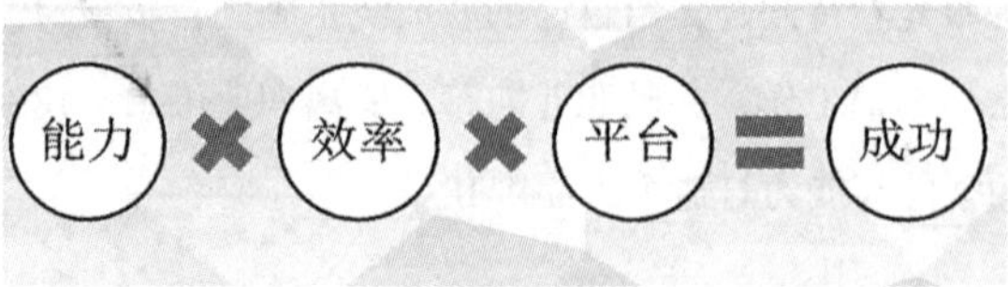

能力指的是辅导员获得能力的能力。如何修炼呢？就是在修炼硬本领的同时，获得修炼这项硬本领的方法论，并用该方法论来指导下一次行动。辅导员要结合中华人民共和国教育部第43号令中的九大工作职责不断进行修炼，然后将九大工作职责变成方法论应用到学生工作中去。

效率本质上指的是自己做什么，且不做什么。辅导员在成长过程中不能两眼一睁忙到熄灯，两眼一闭提高警惕，而是在工作中要有效率，从效率中达到效果。

借助平台的力量，可以将效率发挥最大化。平台是什么？很多人都想出去找平台，但其实平台就在我们身边。平台就是我们的工作单位，工作单位是我们成长最大的平台，不能舍近求远，锅里有碗里才能有。

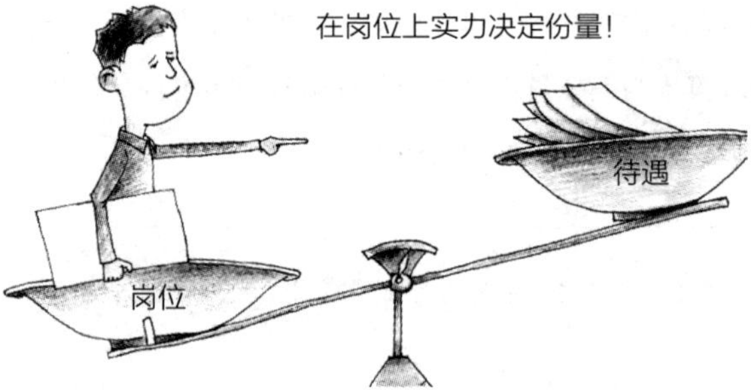

一个世纪前，梁启超就曾预言，20世纪是没有英雄的世纪，因为人人都可以成为英雄，这是“真文明”。21世纪，所有人都在尝试一种新选择，这就预示着一个真正的文明时代已经到来了，我们最好的选择就是——置身其中。

> 辅导员只有真正融入学生中，投入到学生工作中，才能不断地形成自己的特色与品牌。

很多辅导员都会问：“我们如何能够让自己不断变得越来越强呢？”现实中，我们每天都沉浸在事务性工作中，没有时间是我们无法成长的最大借口。这就导致许多辅导员一年到头过得稀里糊涂，感觉自己干了很多事，但又感觉没有干成一件大事。

辅导员在成长过程中一定要找到大事和方向。我们要了解不同时期的时代主题是什么，上级部门的工作具体思路是什么，学校发展的重点工作是什么，我们要围绕这些确定自己的大事和方向。例如：2020年疫情防控，2021年建党100周年，2022年党的二十大召开，这些都是时代赋予我们的一个基本特性。

在互联网时代下，辅导员的成长更是日新月异，后疫情时代下我们进入了乌卡2.0时代。乌卡1.0时代是指我们面对的是复杂、多变、模糊而又具有不确定性的时代，不断给我们带来各种挑战，让我们应接不暇。乌卡2.0时代是指我们要有愿景，学会理解，更需要自己的勇气，随时能够适应的时代。我们辅导员在面对乌卡2.0时代下的压力应迎难而上、立德树人。

例如，辽宁农业职业技术学院的辅导员孙铭泽老师，2020年1月中旬，在上级发布统计武汉疫情学生之前就对所带的536名学生进行了提前预警预防，要求学生每天进行信息报送，对班级学生实行网格化管理，比统一部署提前了至少3天。

例如，武汉大学的辅导员王黄磊老师，作为对口支援干部，担任武汉市第七医院综合协调组副组长，奋战在抗击新型冠状病毒肺炎疫情的第一线。无论是在深夜亮灯的仓库还是凌晨3点的车站，始终高效完成工作，为确保医护人员吃饱饭、睡好觉、装备齐全地上战场默默奉献。

例如，中南财经政法大学的辅导员朱诚蕾老师，疫情发生后在收到留校学生没有口罩的求助后，一大早跑遍学校周边多家药店，终于为学生购得口罩。很多学生竖起大拇指："辅导员是平凡的，也是可爱的，更能在危难时刻挺身而出。"

> 后疫情时代下时间不再是从过去到未来，而是从地点到速度到加速度，辅导员要想实现真正的改变，更需要个体的超级融合。

辅导员要知学生、懂学生、爱学生；要沉下心、俯下身、融入情；要懂理论、能引导、会技巧。

后疫情时代下辅导员成长已经升级为3.0版本。1.0版本是辅导员要成为师者，即做好学生的传道、授业、解惑工作；2.0版本是辅导员要成为教者，即要对学生进行激发、唤醒、鼓励；3.0版本是辅导员要成为育者，即要把学生点燃，对学生进行引导，和学生一起共创。

> 爱生活的人，都会向外延伸很多柔软的触角，但凡是跟八爪鱼一样，哪里都伸一手的不可能成为专家。

在这个未来不确定性越来越高的时代，辅导员打造个人品牌IP，是对抗未来不确定性最好的策略。拥有一技之长，打造个人品牌，才能胸有丘壑，方能醉成诗、动成舞、灿如花。

四、辅导员是“文官”还是“武将”

我在全国讲座过程中就如何加强辅导员队伍建设，如何提高思想政治教育水平，辅导员是当“文官”还是成为“武将”等方面和许多辅导员进行了交流，大家众说不一，主要有以下两种观点：

第一种观点：“武将”实用、“文官”无用论。

有的辅导员认为我把学生管好了，不出事，学生听话，就完成了辅导员的本职工作。至于主题班会、谈心谈话、网文写作、论文发表等不用投入过多精力，而且也没有意义。我不会说但学生听话，我不会讲但学生不扣分，我不会写但学生不出事。诚然，这样的“武将”有一定的管理方法，但这种管理方法对学生的入脑入心、人生成长有多深远的影响，值得思考。

不会说但学生听话，这样的学生在未来一定是机械麻木地听话。不会讲但学生不扣分，这样的学生可以在你的怀抱里不扣分，但未来他们的人生就能不扣分吗？不会写但学生不出事，这样的学生在小事的禁锢中永远创新不了大事。

作为一名辅导员，会说，才能让你的主题班会入脑入心、相伴相随；会讲，才能让你的学生自我规划、激情人生；会写，才能让你的学生在字里行间中感动知恩、行为示范。

第二种观点：“文官”实用、“武将”无用论。

目前很多辅导员都是从研究生毕业后直接进入到学校从事学生管理工作，这种从校园到校园，从学生状态又融入学生状态中。很多辅导员认为大学生活应没有早操、晚自习，不用检查迟到早退，没必要天天督促着学生收拾寝室卫生，他们认为既然是大学生了，有了自立自知能力，就不用管得太多。自己作为学生的时期，没有被辅导员管理过，同样的心态，当自己成为辅导员也用不着管太多的事情，所有的工作都放任给了班长、团支书。

作为一名辅导员，如果不深入班级，最后将导致大学四年或三年每一个学生的名字都叫不出来；如果不深入寝室，如何教学生懂得“一屋不扫何以扫天下”；如果放任学生自流，学生可能在烟雾缭绕、觥筹交错中游戏人生。

辅导员工作既需要“文官”访得了家长、破得了迷茫、写得了文章、解得了忧伤，采用思想政治“润物细无声”地教育与引导；又需要“武将”上得了厅堂、进得了厨房、查得了寝室、跑得了操场，拥有学生管理快刀斩乱麻的干练与能力。

> 辅导员作为“文官”是进行思政教育，辅导员作为“武将”是进行学生管理，在学生工作过程中只有将教育与管理相结合，才能创造出让学生灵魂升华的火花，才能使学生人格健全、健康成长。无论缺少“文官”还是“武将”，只重其一者最后都将可能导致学生的畸形发展。

辅导员开展学生管理工作犹如放风筝，既不能让学生这个风筝飞得太远，最后失去了掌控与联系，又不能怕这怕那紧紧地攥着风筝，最后导致风筝永远飞不起来。所以，作为辅导员要掌控好思想政治教育这根线，既要让学生自由自在地翱翔天空，又不能让学生失去控制坠落于地。因此，既需要“文官”的远程遥控，又需要“武将”的一线冲杀。

辅导员开展学生管理工作犹如洗衣服。中专学生管理是打击洗，必须把衣服放在河边石头上，通过不停的打击管理最后洗干净；高职学生管理是手洗，每一个面都要搓到，重点部位还要重点搓，最后洗干净；本科学生管理是滚筒洗，把衣服放在滚筒洗衣机里，电源一按，最后洗干净。无论是中专、高职还是本科，既需要“文官”的教育艺术，也需要“武将”的管理方法。

> 在思想政治教育和学生日常行为管理过程中，辅导员既需要“文官”的运筹帷幄、斗智斗勇，又需要“武将”的起早贪黑、勇猛直前。

辅导员需要指挥得了千军万马，调得了将帅炮卒，横向部门的沟通协调，纵向管理的传达指示，突发事件的沉着冷静，招聘企业的辨伪存真，谈心谈话的艺术方法。所以说，作为辅导员，如果你是“文官”，需要你学会“武将”的管理能力；如果你是“武将”，需要你学会“文官”的教育艺术，只有文武兼备，才能巩固住思想政治教育与学生管理的德育阵地。

立德树人是思想政治教育之基，也是辅导员做好学生工作的安身立命之本。辅导员应坚定马克思主义信仰，树立为共产主义和中国特色社会主义奋斗的理想。辅导员只有心怀学生、志存高远，不忘初心使命，把人生理想融入学生工作之中，把为学生成长服务作为自己最大的幸福，才能拥有高尚的、充实的人生。

在思想政治教育和学生管理过程中做到先知之而后信之，信之而后行之。立德树人工作不是一阵子而是一辈子的事，要常修常炼、常悟常进，无论顺境还是逆境都坚定不移，经得起大浪淘沙的考验。

总而言之，新时代是辅导员奋发有为的外在空间，立德树人是辅导员人生追求的根本目的，学生工作是辅导员自我发展的良田沃土，学生是辅导员裂变成长的不竭动力。

本节反思复盘日记

主题：最有效的输入就是输出

日期：　　月　　日

事件 **Facts**	F1：今天学习本节文字，让我印象深刻的内容是哪些？ 哪些点最触动你？你现在一下子就想到的最有价值的是哪些内容？
感受 **Feelings**	F2：这些内容让我联想到了什么？ 结合 F1，对此请联系、描述自己的相关经验。
思考 **Thinking**	F3：这些给我现在工作的启发、启示有哪些？ 结合 F1、F2，让你深入反思的或让你深刻意识到的、学到的是什么？
行动 **Actions**	F4：未来我打算如何应用我的这些启发、启示？ 结合 F3，下一步你会怎么做？下一步你的计划是什么？

第二节　辅导员专家化进阶修炼之路

一、辅导员成为大咖三大法宝

无论是新入职的辅导员还是工作多年的辅导员，内心深处都深藏着一个梦想：梦想着成为大咖、大神、专家、榜样、学者。特别是每次坐在台下听台上的辅导员大咖意气风发地讲座时，那种艳羡的眼神，内心的渴望从全身散发出来。每每讲座结束后第一时间拼命地冲向大咖与其合影、签名留念，为自己的未来成长注入动力和能量。

但激情之余又暗暗自叹，猴年马月驴日自己能像大咖前辈一样指点江山、激扬文字？晚上想想千条路，早上起来走原路，一声叹息后又回归到了自己的日常事务性工作之中。

> 我个人总结辅导员成为大咖的三大法宝：一是具有贵族血统；二是荣誉加身；三是借势卡位。

贵族血统：指的是某些辅导员毕业于清华、北大、南开、复旦等高等名校学府，来自985高校、211高校、海外留学名校以及双一流高校。其本身经过四年本科、三年硕士甚至五年博士的名校熏陶，所以一出场自带气场，其视野、格局和阅历远远大于我们草根辅导员，其名校本身就能为辅导员其个人品牌背书支持。

例如，清华大学的彭凌老师，于1999年回国到清华大学工作，一直全职从事学生工作。曾任软件学院学生工作组组长、研究生工作组组长、负责学生工作的党委副书记。多年来，为7届软件学院1800多名双学位毕业生、9届近500名本科毕业生、9届近1000名研究生毕业生提供职业选择与发展咨询。

彭凌老师四次获得“清华大学班（级）主任工作优秀奖”一等奖；五次获得清华大学校级奖励（包括“校级先进工作者”“爱岗敬业奖”“林枫辅导员奖”）；三次获得北京市级奖励（包括“北京高校优秀辅导员”“北京市师德先进个人”）。2011年获得“全国高校辅导员年度人物”称号（全国十佳辅导员，清华第一人）。2012年选为“全国高校辅导员年度人物”评委，2015年荣获“清华大学学生社团优秀指导教师”称号。

荣誉加身：指的是我们某些辅导员通过自己的努力获得了省级以上荣誉或者资格。例如，通过对学生工作的不断投入付出获得学生的认可，从而荣获了“辅导员年度人物”“最美辅导员”等国家级荣誉称号，或者参加“全国辅导员素质能力大赛”获得一等奖，或者通过自身努力考取了思想政治教育专项博士。这些都属于荣誉加身。

例如，辽宁石油化工大学的孔祥慧老师，创新党建载体，在校内首创《学生党员成长手册》制度，入选辽宁省基层党组织书记工作案例，并被中宣部党建网转载。她设计主题鲜明、贴近学生实际的主题党日实践活动，足迹遍布辽宁、河北等10余个省的100多个市（县）。她将学风建设和寝室标准化建设有机结合，创建了首个“辽宁省大学生文明公寓”。

在工作中她用自己的实际行动彰显着新时代雷锋精神的核心内涵。为了工作，她曾推迟乳腺恶性肿瘤切除手术，强忍腰椎管狭窄的巨大痛苦坚持授课。面对腰部骨折、行动不便的少数民族学生，她主动让出连自己都未居住的新房给学生安心养伤。她刻苦钻研，先后承担了学校《思想道德修养与法律基础》等五门课程的教学工作，不断对学生工作进行研究与探索，出版专著2部，发表论文26篇。2019年荣获了“全国辅导员年度人物”荣誉称号，2021年获批教育部“高校思想政治工作中青年骨干队伍建设”项目。

借势卡位：指的是没有高背景的名校，没有获得过高学历或高荣誉，而是通过学生工作中的偶然事件让自己脱颖而出，从而在学生管理和思想政治教育的道路上不断聚焦成长。

例如我自己，来自辽宁生态工程职业学院，是一所专科学校的草根辅导员。2017年刚转岗到学生处工作，因为一个学生违纪，所以启动了针对该学生的开除学籍程序。在这一过程中，由于自己在证据、程序、权利等方面没有完全落实，导致被学生家长投诉，致使我第一次以被告的身份进行了应诉。

在上级部门的指导下，我了解到在学生管理过程中要做到证据充分、程序正当、依据明确、定性准确、处分适当，要全力保障学生的合法权利和利益。在以被告身份应诉期间，自己对学生管理过程中容易发生的风险点重新进行了梳理，特别是对学生违纪处分进一步明确了权利程序、法律依据以及如何进行取证留痕，完善了学生管理方法，形成了自己的原创版权课程，聚焦校园危机事件应对与处理，从而不断地为全国高校辅导员进行分享交流。

我在讲课中常开的一句玩笑就是：虽然我没有改变中国教育法制史，但却改变了我的辅导员成长史，一次成为被告的身份事件让自己不断地聚焦品牌，从而走向了全国。

下面我们分析一下《三国演义》中的三个典型人物：刘备、曹操、孙权，看看他们三个人是如何打造自己品牌成为职场大咖的？

刘备通过贵族血统打造自己的品牌效应。刘备从小虽然家境贫寒，靠卖草鞋、织席为生，但他非常努力，无论是结交朋友还是台上讲座，每次开头的自我介绍都是一句经典的话语：吾乃中山靖王之后，孝景帝玄孙是也。大家听完之后立刻产生了膜拜的眼神，原来是皇亲贵族，没想到就在我身边，必须得沾沾皇族气息，所以一顿合影拍照。

刘备就是依靠这张名片不断地打造自己的个人品牌，开始桃园结义拜兄弟、三顾茅庐请顾问、结交朋友走四方创业的。

曹操通过“黄袍”加身打造自己的品牌效应。曹操成长在宦官家庭，虽然有点自卑，但一直努力上进。汉献帝刘协从登基即位的那一天起，就只有皇帝之名而无皇帝之实。但他毕竟是国家最高权力的象征，谁掌握了他，谁就能以皇帝的名义向其他地方割据政权发号施令。这个道理虽然简单，真正明白的人却不多，例如袁绍就不懂。袁绍谋臣沮授曾劝说他，如果能“西迎大驾，挟天子而令诸侯”，就会收到没有谁“能御之”的功效。袁绍偏偏不听，觉得献帝是个废物，把他弄来还得养着，怪麻烦的。而曹操觉得机会来了，当时宫中食物匮乏，曹操便经常向献帝进献食品和器物，并迎接汉献帝来到了许昌。曹操对献帝的物质保障和适度尊重，果然得到了他所期待的巨大回报。汉献帝授给曹操节钺、录尚书事、任司隶校尉；迁都许昌后，又任命他为大将军，实际获取了高出所有文臣武将的地位。

曹操打着汉献帝的旗号，以朝廷的名义，挟天子以令诸侯，开始在职场中不断地打造自己的品牌，吸引了很多人才投其门下，开始了南征北战。

孙权是通过借势卡位打造自己的品牌效应。孙权自幼家庭条件比较好，由于父亲和哥哥英年早逝，所以很早就来到了家族企业上班，负责家族企业的管理。依托长江之险牢牢把握住自己的市场。

孙权以长江为依托，以日益发展的南方经济为基础，以强大的水军为保障，依靠豪强大族的支持，实施战略防御，与北方政权相抗衡。所以孙权通过借势卡位不断地打造自己的品牌效应，吸引人才，发展经济，积攒力量。

因此,《三国演义》中的上述三人都非常善于打造自己的品牌效应。刘备凭借“汉室血统光复汉室”而感召天下创业；曹操凭借“挟天子以令诸侯”的政治优势纵横职场；孙权凭借“长江天险优势”而固守家族企业并不断壮大。

二、辅导员生涯成长通道

那么对于辅导员来讲，他的生涯通道，究竟何去何从？作为一名辅导员其实可以转岗，但是去向哪里？我总结为以下几个方向：

一是转岗思想政治理论课教师。教育部出台了第46号令，文件里要求要积极推动符合条件的辅导员参与思政课教学，所以辅导员可以转岗到马克思主义学院，成为一名思想政治理论课教师。这条路一般是辅导员的首选之路。

二是可以做心理咨询师。例如，各高校很多辅导员在自己的单项领域中研究心理咨询，考取心理咨询师证书，学习心理咨询方法，经过几年的实践锻炼，从而在学校的大学生心理健康中心从事心理咨询工作，成为一名专职的心理咨询师。

三是可以做就业创业指导师。辅导员在学生管理过程中，一般都能够指导学生参加互联网+大赛、创青春大赛等，从而一部分辅导员开始研究就业创业教育，转岗到

就业部门或者从事专职的就业创业教学工作。例如，忻州师范学院郑茹楠老师专注于创新思维和创业教育。

四是可以做职业生涯规划师。例如北森的吴沙老师，当年从事辅导员工作四年，拥有高校一线职业生涯规划、就业指导和心理健康教育的工作、教学、咨询和研究经历，后来专职做生涯规划师，成为中国职业生涯规划教学培训领域的佼佼者。

五是调到行政部门做行政人员。由于辅导员肯吃苦、战斗能力强，所以学校的很多部门选人时第一选择都是辅导员。各个学校也把辅导员岗位作为学校党政干部挂职锻炼的重要途径，把优秀辅导员作为学校党政后备干部选拔培养的重要来源。所以，很多辅导员去了党办、院办、宣传部、团委、学生处、组织部、保卫处等行政部门，从而走上了领导岗位。

六是哪也不去，就做一名职业化、专业化、专家化辅导员。这样的辅导员发自内心地热爱自己的学生，热爱自己的学生工作，在辅导员岗位上受得住清贫，耐得住寂寞，忍得住孤独，所以十几年如一日地坚守与执着，成为一名专家化辅导员。

例如，南华大学的辅导员马军老师，二十年如一日坚守在辅导员岗位上。下面我们了解一下马军老师从普通走向卓越的辅导员之路。

马军老师大学毕业22年，而在南华大学辅导员这个岗位上，她整整干了23年，因为实习时就上岗一年，目前是学校干得最久的唯一正高职称的一线辅导员。虽然和她同时留校的同学有的考上了博士，有的做了专业课教师，有的当上了领导，各个部门也想把她调走发展，但她不为所动，不转岗，不羡慕，不焦虑，只醉心专注于辅导员工作。

23年来，马军老师不断钻研业务，总结积累经验，搭建辅导员工作平台和模块，抓好学生思想教育与日常行为管理，形成了自己的品牌特色，成为一名懂理论的实践者、会实践的理论者，成为专家型辅导员。

23年的辅导员生涯，马军老师始终坚持与学生一起成长，从最初的普通期刊到《光明日报》再到人大复印报刊资料，从发表论文到出版专著，从辅导员“小白”成长为具有正高职称的辅导员专家，马军老师始终不忘初心，将辅导员作为自己的事业用心经营，用自己的品牌特色与不懈的努力证明辅导员是值得坚持和坚守的职业。

2018年她荣获了“全国第十届辅导员年度人物”，2021年她荣获了全国“最美高校辅导员”，获得了辅导员荣誉殿堂里的两个最高荣誉奖项。教育无他，唯爱与榜样。

三、辅导员如何从小白到卓越

我在全国讲课过程中很多辅导员都会问，怎么样才能成为一名专家化辅导员？论文不会写，课题不会做，教材不会出。辅导员科研能力也是辅导员在成长过程中遇到的最大痛点。当下很多官方或民间平台经常开展辅导员科研能力提升方面的培训，很多辅导员组团报名学习，但仅仅靠专家的两三个小时的讲授就一定能提高辅导员的科研能力吗？就能一下子发一篇SCI论文吗？显然是不可能的。

一个辅导员的科研成长之路需要阶梯性地向上成长，是向上爬楼梯，而不是往下走楼梯。

这个楼梯模式是：第1层是讲话，第2层是总结，第3层是论文，第4层是课题，第5层是教材。也就是说作为一名辅导员，要在自己的班级里面对自己的学生进行100次口语式讲话，那么从100次口语式讲话中提炼出30份书面总结，从30份书面总结中又凝练出15篇论文。论文是什么，论文是课题的申请书缩减版，从15篇论文中再提炼出5个课题，那么5个课题的研究报告就变成了一部教材的积累素材。

讲话，锻炼辅导员的表达沟通能力；总结，锻炼辅导员的写作能力；论文、课题和教材，锻炼辅导员的科研能力。它是自下而上地爬楼梯，而绝对不是向下走楼梯。自己在办公室里整天一动不动冥思苦想地“憋”，如果你自上而下走楼梯，那么憋死，也憋不出来教材、课题、论文。

作为辅导员，要三点结合，三点成一线，也就是说寻找自己的兴趣点，加上自己的擅长点，再加上自己的熟练点，这样构成你的成长曲线，不断地探索，然后又不停地积累，逐渐地提高，最后获得收获。

下面和大家分享一下我的成长之道。今天为什么能够在这里和大家分享？就是因为2017年开除一个学生，但被学生和家长告到了上级部门，我当了半年的被告，在当被告期间，我把所有出现的各种问题都进行了整理，当然这里面有辅导员的错误，有二级院的错误，但作为学生处负责人的我得承担责任。

我将这些失误或错误整理出来，把文字变成文章进行输出，开通了一个公众号，也就是现在的“辅导员联播”，一天一集，一共发了20多集校园危机事件处理的原创文章，主要是学生管理方面的内容。

当我写到第60天的时候，上级部门的一个领导给我点了一个赞，我当时非常兴奋，这证明自己写的东西有人在看，领导在看，这是领导给我的鼓励。

当我写到第62天的时候，上级部门的一个领导给我发了一个短信，让我去做一个项目的评审，其实我心里清楚，这是领导在给自己一次成长机会。

当我写到第73天的时候，中国大学生在线老师给我打电话，告诉我有两篇文章入选了“2018年度全国辅导员素质能力提升大赛”专题，当时我特别激动。

当我写到第210天的时候，也就是2018年7月份，我给全省的本、专科辅导员做了一次岗前培训。那是我第一次走向官方的舞台，但是讲完之后效果非常好，很多辅导员加了我的微信。

当我写到第605天的时候，也就是2019年的7月份，我为辽宁省的本、专科105所高校学生处处长，做了一次长达3小时的校园危机管理培训。从此，我开始走进本科高校进行校园危机管理交流分享。

当我写到第700天的时候，我走进了国家教育行政学院辅导员网络学院录制了十集课程。

当我写到第800天的时候，国家教育行政学院一位老师给我打电话，让我去兰州省委党校给甘肃全省的辅导员做了半天的校园危机管理讲座。

这几年来，我写了将近200余篇原创文章，给全国5000多人分享了30多个原创PPT，只要需要，一定奉献。

> 最大的无私就是自私，因为无私的分享，所以自私地收获了很多来自全国各地的辅导员战友和友谊。

站在国家教育行政学院的大门口，我感慨万千，当时脑子里不自觉地就蹦出了一句话：一只蜗牛是如何爬上金字塔的？作为一个草根辅导员，我没有名校高学历，但却是全国第一个拥有原创版权课程的辅导员；我不是教授、博导，但却是全国第一个用20个月完成了100场讲座的辅导员；我不是网红、大咖，但却是全国第一个在国家教育行政学院授课的高职辅导员。

没有苦行僧的静坐，就没有天马行空的自由。每个人都有自己的能力天花板，如果加把劲突破出来，那么外面的世界很精彩；如果突破不出来，那就活在自己的世界里自娱自乐、自欺欺人、老死至终。

我不是大家学习的榜样，但一定是大家超越的对象，我愿意做大家的垫脚石，给大家激励和动力。对于大家来说，每一个辅导员都是高颜值、高能力、高学历，我能、我行，那么你更能、你更行。

让梦想照进现实的唯一通行证就是执行力。

执行力也是检验一个人成长的最好试金石。很多辅导员参加了各种培训，课上激动但课下不行动，导致自己没有成长。

在辅导员的未来成长过程中要坚持长期主义。可是目前很多辅导员听完大咖专家的讲座，都想去追求一个短线的人生。在立德树人的道路上求短线的人生是没有未来的。

很多事情我们想特别快地取得结果，想一夜之间成为优秀辅导员，想一年之内成为辅导员年度人物，想一个月发表一篇SCI论文，想一下就考上博士，这些都不可能一蹴而就，都需要坚持不懈。

> 不要让表面勤奋掩盖了自己的内心焦虑，收藏夹里的积极向上掩盖不了朋友圈里的又佛又丧。

学生工作是清苦的，所以要守得住清贫，耐得住寂寞；学生工作是幸福的，所以我们春华秋实，硕果累累。因此，学生工作需要大爱，需要情怀，更需要品牌。

> 作为一名辅导员，要围绕学生工作用自己的大爱与情怀打造自己的品牌。在学生工作中用以学生为本的灵魂之火，淬炼辅导员的大爱纯度和情怀品格，注入自己的心血，百炼成钢，打造出一把适合自己学生管理的“倚天屠龙”！

我们都知道2020年疫情期间的假期是有史以来最长的，从寒假到暑假一直都在放假，但我们在如此之长的假期中取得了哪些成绩呢？

包括我自己在内，一直抱怨没有时间、没有精力所以没有成果，但给了我们将近10个月的充裕时间，我们依然没有成果。

那么在疫情期间的假期里我都做了些什么和大家分享一下。这个假期为了自己的梦想行动计划，读了58万字的教学设计原理，听了两遍老周教学法10小时的视频，写了1万字的网课读书笔记。同时，写了两篇10万+的网络文章帖子，录制了15集的网络课程。虽然读也读了，听也听了，写也写了，做也做了，但是，由于本人基础差、底子薄、理论浅，所以并没有记住多少。当然，白天和大家一样收表、对表、报表。

> 人生往往不是赢在起点，而是赢在转折点。

检查寝室也许是你的一个转折点，出早操也许是你的一个转折点，看晚自习也许是你的一个转折点，谈心谈话也许是你的一个转折点。这次疫情，对于我们辅导员来说也是一个转折点。老师都变成了线上主播，那么我们辅导员还沉浸在统计表格中吗？如何把线下的思政教育搬到线上，有效利用大数据平台，这就为我们将来形成自己的品牌打下基础，就看我们哪一位辅导员能够抓住这次机会脱颖而出。

《复杂》中用两句话定义了生命：第一，性状相对稳定；第二，可以自我复制。高手做事，都是聚焦一个方向，付出十倍行动，最后是一百倍的坚持。一个人的成长，凡事找外因，十年都是一个样子；凡事找内因，每天都是新的样子。

> 今天，辅导员愿意在未知领域弯腰；未来，辅导员才能在已知领域奔跑。

本节反思复盘日记

主题：最有效的输入就是输出

日期：　　月　　日

事件 Facts	F1：今天学习本节文字，让我印象深刻的内容是哪些？ 哪些点最触动你？你现在一下子就想到的最有价值的是哪些内容？
感受 Feelings	F2：这些内容让我联想到了什么？ 结合 F1，对此请联系、描述自己的相关经验。
思考 Thinking	F3：这些给我现在工作的启发、启示有哪些？ 结合 F1、F2，让你深入反思的或让你深刻意识到的、学到的是什么？
行动 Actions	F4：未来我打算如何应用我的这些启发、启示？ 结合 F3，下一步你会怎么做？下一步你的计划是什么？

第三节　辅导员品牌IP认知思维升级

一、辅导员眼中的品牌IP

品牌IP到底是什么？它就像空气一样地存在，看不见摸不着但感受得到。让人无法定义，它可以是努力，也可以是成长，它可以是信用，也可以是溢价，任何一个定义都可以表达，我们怎么表达品牌IP都不能算错。

个人品牌IP就是互联网上的学区房，出租出售都可能让你持续增值。

但打造个人品牌IP，绝不能走“大跃进”“浮夸风”路线，最后导致自己出现“泡沫现象”。

古代人们在牛屁股上烙一个三角烙印，三角烙印解释了品牌这个词的英文来源，品牌这个词的英文是brand，来自古挪威文“brander”，意思是燃烧和烙印的意思。

最开始这个词是指代在动物身上做一个烙印，以区分你家的动物和我家的动物，回归brand这个词的来源，我们就能找到品牌是什么，品牌就是区分你和我。

打造个人品牌IP，就是在工作中要专心致志，不能心猿意马，把当下的每一项工作做好、做细、做优、做到极致，打上自己的烙印。每项工作任务都会给人不一样的体验和收获，不要拒绝，用心去做，未来的路才能越走越宽。

2020年新型冠状病毒肺炎疫情爆发，全国各省千里驰援武汉抗疫。在打赢这场抗疫阻击战之后，武汉用32张海报感谢全国各地援鄂医疗队。每一张海报都体现了每一个省的独特IP，通过文字让你有一种身临其境的IP画面感。我选出几个IP画面，大家一看就知道是哪个省份。

第一张：海报语为“老铁，谢谢你”。海报中有水泥地面、圆圆的井盖、零散的砖头，还有一双带有尘土的手套。

第二张：海报语为“樱花再开时，天涯海角也要请你来”。海报中有灿烂的樱花与天涯海角。

第三张：海报语为“三江同源，千里同心”。海报中有一条河流。

第四张：海报语为“热干面谢谢炸酱面”。海报中有热干面与炸酱面。

第五张：海报语为“天容水色西湖好，十里东湖碧水泷”。海报中有西湖美景。

第六张：海报语为“秦风送佳音，楚地开胜壤”。

通过以上六张海报的语言文字大家能猜到是哪一个省吗？如果猜到，就是因为每张海报都提炼了每个省的特色画面，通过这个省的特色品牌IP一下子就可让大家辨认出。这就是品牌IP的力量。

作为一名辅导员，什么是辅导员的品牌IP呢？它是指辅导员在立德树人的工作中所体现出来的独特气质和影响他人提升的能力。

辅导员的品牌IP包含：一是要有品牌的角度，二是要有影响的广度，三是要有专业的深度，即有品牌、有影响、有专业。

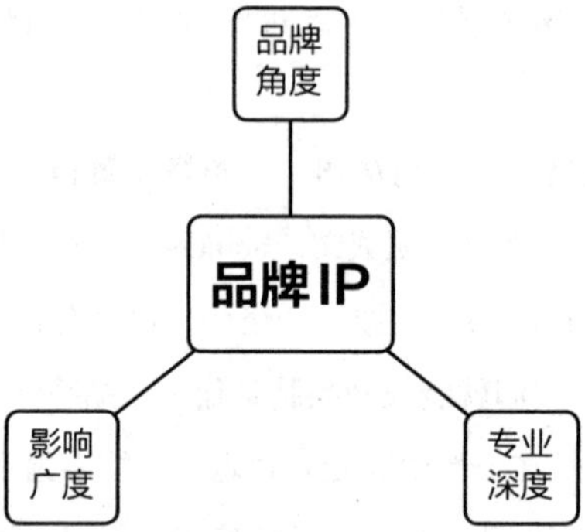

所谓品牌IP并不仅仅指长得漂亮的网红或者明星，其实任何人都可以有自己的品牌IP。例如，一位辅导员，大学所学专业为数学，但就是爱好编程，在从事学生工作期间自己研究开发设计各种小程序，应用到学生管理过程中的数据报名、人数统计、档案分析等，他不断地钻研，不断地升级，越来越得到大家的认可，在朋友圈中脱颖而出，在学校脱颖而出，将爱好变成了自己的品牌。所以对于辅导员来说，要结合自己的专业和所从事的学生工作，先从自己的爱好做起，把爱好变成特长，不断地钻研，在时间的伟力下获得嘉奖，把特长变成自己的品牌IP。

打造个人品牌IP首要的就是要找到自我的精准定位。

定位就是你与其他人的差异化特征，在其他人的心智中留下第一印象和位置。差异分为技能差异、经验差异、知识差异，你要围绕差异进行定位创新。你在别人心里是什么样，你就是一个什么样的品牌IP。比如，很多人提到“时代楷模”就想到大连海事大学辅导员曲建武老师；提到“理论宣讲”就想到哈尔滨师范大学辅导员刘国权老师；提到“辅导员素质能力大赛”就想到陕西科技大学辅导员李萌老师；提到“谈心谈话”就想到沈阳工业大学辅导员李青山老师；提到“情感教育”就想到山东大学辅导员范蕊老师；提到“辅导员工作室”就想到江西理工大学辅导员饶先发老师；提到“网文写作”就想到泉州师范学院辅导员朱应开老师；提到“学生就业法律问题”就想到华南农业大学辅导员朱里静老师……这就是个人品牌IP的优势，辅导员打造个人品牌，本质就是打造你在人群中独一无二的IP，让别人记住你。

举一个例子，江西理工大学辅导员饶先发，作为一名辅导员，以大朋友和老师的双重身份和学生打成一片，并努力在工作中不断地寻求创新。在工作中，他把自己读大学时的一些管理方法融合到辅导员工作中，如创立了“辅导员网络教育平台工程”“班主任助理”“百名大学生给大一学生一封信”“温馨提示”等一系列学生管理方式方法，并收到了很好的效果。

饶先发是1978名学生的辅导员、班主任，他十几年如一日地热爱着学生工作，被全国高校辅导员和大学生称为“发哥”：工作探讨可以找发哥，学生成长可以找发哥，有困难还可以找发哥……他致力于将学生工作作为人生钟爱的职业、事业，把研究实践学生工作作为一生追求、学问。

他认为辅导员工作是一个必须要把自己业余时间安排得有意义的职业，方式可以为：“休闲放松”＋“广交朋友”＋“抓紧学习”。几年来为全国高校以及辅导员分享100余场。

每次他分享最多的主题是“从一千到六千万”。所说的“一千”是指他2005年刚刚参加工作时，他的工资只有一千多元，而经过八年的工作，已经是“六千万”了。“六千万”指的是我们辅导员工作对象是千家万户；工作内容是千头万绪；工作状态是千辛万苦；工作方式是千变万化；工作特色是千红万紫；工作效果是千恩万谢。

随着不断地成长，发哥的影响力越来越大，通过自己的影响力组建了全国辅导员团队，成立了高校辅导员工作室，将全国各地各校的辅导员整合在一起，按照项目组的形式分工协作、整合资源、报团取暖、开花结果。公益讲座分享、线下实践交流、文章课题出版，从一个人的自我成长到一群人的品牌赋能。

发哥就是一个典型的品牌IP，我们从IP的三个方面进行分析：

一是品牌的角度。发哥的品牌是什么？每次讲课发哥和大家说，他的品牌是“六千万”。其实经过我的研究了解，“六千万”并不是发哥的品牌，真正的品牌是发哥从最开始的微信公众号服务到今天的高校辅导员工作室（发哥工作室）；从最开始为全体学生服务咨询，到现在围绕十大育人体系打出了思政项目的组合拳。

二是影响的广度。目前关注发哥工作室的人数达到了14万余人，聚集了全国一线最优秀的辅导员。发哥工作室定期开展线上线下论坛交流，通过专家讲座、大咖分享、科研出书、点对点互动，发哥带着我们一起“玩转”思政教育。都知道有困难找发哥，发哥一定会义无反顾，这就是影响的广度。

三是专业的深度。发哥工作室暨高校辅导员工作室，现在越来越向思想政治教育的深度发展，也就是从围绕十大育人体系到思政精品项目开展，从网络思政教育到线下实践交流，从群内文章分享到辅导员个体互动，是思想政治教育工作进一步深化的体现，具有一定的内容载体方法深度。

这就是发哥品牌IP的三个特点。

得到大学的梁宁老师说了一句话：什么是品牌？品牌就是你愿意和他自拍，那就是品牌。

我们愿意跟随发哥，我们愿意到发哥工作室和大家进行交流分享，愿意和发哥自拍，所以发哥就形成了自己的品牌。

品牌IP是指占领用户心智的入口，可以在用户心智里留下对品牌的认知与认可。当一个品牌名称开始成为定语时，它就实现了个人成长的IP化。辅导员的品牌IP就是通往学生心智的地址，在学生的心智中留下辅导员的位置。作为辅导员，你是不是学生心目中的品牌？学生愿不愿意和你进行自拍？如果学生屏蔽了你的朋友圈，拉黑了你的电话，删除了你的联系方式，那么你就不具有学生工作的品牌。

> 辅导员打造自己的成长品牌IP的实质就是走进学生，关心学生，融入学生，帮助学生，把握学生心脉，拆掉学生心墙，化解学生心结，温暖学生心房，不断地在学生工作中聚焦、积累、升华。

从学生成长来看，今天的00后学生面临越来越多的个性化选择，在互联网中无所不见、无所不能，对各种现象表现出了不屑不服不满。如果辅导员成功地打造了自己的个人品牌IP，无论是辅导员的能歌善舞，还是辅导员的科研荣誉，无论辅导员的谈心谈话，还是辅导员的管理能力，都能让学生发自内心地对辅导员口服心服跪服，能得到学生的深度认可，从而更加有利于学生管理和思想政治教育。只有学生先接受了辅导员，才能接受辅导员的思想。

从辅导员发展来看，一旦辅导员形成了自己的个人品牌IP，那么在学生工作中更加聚焦，不断地深挖自己的爱好特长，形成自己的成长内驱力，更容易和学生打成一片，更容易产出自己的相关成果。在工作单位中也会越来越受到领导以及同事的肯定，外在反馈又不断地为自己赋能。在工作中更加得心应手，遇到困难和挫折更能够积极有效地面对。辅导员的成长空间越来越大，辅导员的成长潜力也就越来越大，从而在辅导员的圈里越来越坚持，使辅导员从小白辅导员到优秀辅导员，从而进化为卓越辅导员。

辅导员犹如一棵大树，树下的土壤是学生工作，树上的树叶是辅导员的日常事务性工作，树上的果实是辅导员的品牌IP。辅导员如果打造个人的品牌IP，必须深深扎根在土壤中。如果离开学生工作的土壤，则变成了无根之树，失去了来自学生工作中的各种养分滋养，则很快就会枯萎。辅导员目前的状态是枝繁叶茂，全都是事务性工作。虽然枝叶繁多却没有一颗果实，没有形成自己的品牌IP。而学生、老师、行政人员，甚至领导，都希望看到你的果实。

学生没有看到辅导员的“果实”，所以不屑不服不满，没有口服心服跪服，辅导员只有靠“果实”才能让学生跪服。

老师没有看到辅导员的“果实”，认为自己一年完成了300学时课是“果实”；行政人员没有看到辅导员的“果实”，认为自己一年盖了多少楼、修了多少门是自己的“果实”。

每年到年终总结的时候领导问你：“一年到头，你有哪些果实？”此时的你不能向领导汇报你的“叶”，因为早操、晚自习、查寝室、谈心谈话、陪学生去医院、体温打卡都是你的叶，属于事务性工作。而你需要向领导汇报的是你的“果实”，可是你却没有形成自己的“果实”。

辅导员这棵大树既要枝繁叶茂，更要硕果累累，如果做不到硕果累累，那么结一颗果也可以，要让领导、同事、学生看见你的“果实”，找到你的特色品牌IP。

辅导员打造个人品牌IP，就是在学生管理和思想政治教育过程中用你最拿手的优势，结合你最热爱的喜好，而且还是别人无法完成的工作，同时也是对方最需要的帮助，形成你自己独特的价值，在辅导员岗位中成就自己。

辅导员打造个人品牌IP，就是要在《普通高等学校辅导员队伍建设规定》(中华人民共和国教育部令第43号)(以下简称“教育部43号令”)九大职责中的某个领域树立自己的个人标签，不断地为学生成长服务。基于这个标签IP，结合自己的学生工作不断地实践，从而不断地去生产系列有价值的内容，并在自己的标签上面不断地去扩展和丰富，实现铸魂育人。

二、为什么是“百场校园巡讲”

很多辅导员私下都问我为什么要开展“百场校园巡讲”行动，其实，没有那么多为什么，但也并不是一时兴起、三分热血。那么和大家分享一下为什么要策划“百场校园巡讲”行动，其实就是想通过实施这个项目不断地打造自己的成长品牌IP，形成自己的品牌特色。

从2017年11月3日起，我发起了一个公益行动，名曰“百场校园巡讲”行动。截至2019年11月，用20个月的时间已经完成了100场全国巡讲行动。

> 20个月完成巡讲，100场分享交流，39个城市奔波，61所高校学习，9000余名辅导员共创。这不是简单的数字累加，而是自己成长路上的一砖一瓦。

我们都知道一万小时“傻子变天才定律”。如果聚焦在某一个点上花费一万小时，即使不是天才，也变成了天才。

作为一名辅导员有学生可以去讲，作为一名教师有课可以去上，作为一名学生管理者有学生案例可以去总结，不能每天机械化地检查，僵尸化地落实，简单化地布置，这么好的天时地利其实就差自己的人和。

我每天躺在床上想，与其每天听别人讲故事不如让别人听自己讲故事，如果完成一万小时，那自己也会变成天才、专家、大咖。兴奋的自己哈哈大笑而夜不能寐，仿佛看到了前面的荣誉殿堂在向你招手。但冷静下来之后，自己详细地计算了1万小时所需要的具体落地时间，计算完之后自己傻了眼。如果按照自己一场3小时计算，要完成1万小时，得需要3300场，如果一年30场的话，至少自己需要110年时间。110年，中华民族伟大复兴梦都已经实现了，而自己的1万小时还没有完成。

所以静下心来经过重新思考计算，如果一年内完成100场，至少需要33年时间。如果从现在开始讲课，自己也得要讲到70多岁！

> 如果自己每天岁月静好地好好活着，开心快乐地讲课，起码在“两个一百年”之内能够完成此目标，在建党100周年和建国100周年之际见证中华民族伟大复兴中国梦！

从职业生涯规划的角度，100场符合一个人的目标期待，在行动中能够不断为自己赋能，看得见、摸得着、够得上、实现得了。如果目标设计得太高太远，则会导致自己三天打鱼两天晒网，最后不了了之。

为什么是校园？这个不用思考可以直接回答，那就是别的我也讲不了啊。企业不懂，金融不会，娱乐不行，只能在自己工作和擅长的领域——校园里摸爬滚打、享受快乐。

校园是辅导员的故乡，所以才能足迹远方、不断成长；校园是辅导员的土壤，所以才能花红草绿、枝繁叶茂；校园里有我们最熟悉的学生芬芳、有草有木、有枝有叶、有师有生，不断地为我们提供营养。如果离开校园，我就是一个无根的浮萍四处游荡。校园是我的故乡，学生是我的亲人；校园是我的土壤，学生是我的种子。

校园是一座金矿，学生工作就是埋在深层的金子，需要的是我们细心地发现，坚持地挖掘，不断地提炼，最后的升华！

作为新时代的教育工作者，要坚持教育者先受教育，在校园中成为先进思想文化的传播者、党执政的坚定支持者，更好地担负起学生健康成长指导者和引路人的责任。

为什么是巡讲？这个不是问题的问题，最直白的回答是："那就是自己目前不值钱啊！"没有博士的学历，没有教授的资历，没有领导的经历，很多人都要问："你什么都没有为何很自信？"自己自信是因为自己有一线辅导员学生管理的经验；自己自信是因为自己有热爱学生工作的执着心态；自己自信是因为自己有和学生一起摸爬滚打的苦辣酸甜；自己自信是因为自己是思政教育工作中最了解法律知识的辅导员；自己自信是因为自己每天不断从身边的大咖级人物身上持续学习和成长。

不想当将军的厨师不是合格的辅导员！

自己巡讲的原创版权课程最大的特点是无理论、纯实战、接地气、立即用。看到自己的课程让全国几千名辅导员、班主任受益，看到自己的数十个原创PPT被全国几千名辅导员、班主任使用，看到无数的辅导员对自己的鼓励支持，这就是自己坚持下去的最大动力源泉。

在讲课的过程中不断地接触到全国各地的辅导员以及学生管理精英，也使自己深深地认识到自己的不足，理论上的干涩、语言上的苍白、特色上的平淡，自己还有很大的进步空间。所以自己只能不断地努力，笨鸟先飞，小跑加慢跑继续坚持奔跑在育人的思政路上。向众多的理论有高度、育人有特色、成长有故事的辅导员大咖、大神们学习，促使自己不断地自我成长，自我超越，向阳而生，而不是躲在自己的四角天空里夜郎自大、自娱自乐。

先积累后收获，先量变后裂变，先公益后收益。和大家一起追梦奔跑，收获感动、经验、友情，拓展思维、视野、格局，提升自身能力水平，突破舒适区域成长。

2017年，我将实践变成了文字。写了近百篇原创文章，提升了自己的文字表达能力，把日常的行为管理点滴变成了涓涓文字溪流。

2018年，我将文字变成了语言。为全国高校以及辅导员开展了100余场的校园危机管理讲座。让广大学生管理工作者在未来的思想政治教育和学生管理过程中能够以危预危、以危度危、以危化危。

2019年，我将语言变成品牌。为全国更多的辅导员提供平台和载体，累积自己的小趋势，塑造自己的特色，让全国更多的辅导员补充燃料，提升可迁移技能，聚焦长板，寻找到自己的生涯甜蜜区。

2020年，我将线下搬到了线上。为全国辅导员进行了100余场线上直播分享，设计了“七天辅导员素质能力提升训练营”项目，和全国辅导员战友们一起输出打卡累计60余万字。从技术小白到熟练地掌握了各种直播软件。通过钉钉、腾讯、小鹅通、超星尔雅、云班课，与全国辅导员一起相聚云端共话育人。

2021年，我将内容变成了铅字。出版了人生中第一本书《新时代校园学生危机管理指导与实践》，这是一本保护辅导员成长的工具书、枕边书、管理书，完成了“百所高校百名辅导员共读一本书”活动。此书得到了全国辅导员战友们的大力支持，5天内大家抢光了2000册，一个月该书进行了2次重印。

2022年，我将梦想变成了现实。一直以来想为全国辅导员写一本关于辅导员成长的书。虽然市面上有很多关于辅导员生涯规划以及职业化、专业化、专家化的书籍，但我想从一个普通辅导员的视角，并结合自己的成长历程，从学生管理课程化的角度为全国辅导员探出一条内在成长之路。这就是您此时此刻正在阅读的《辅导员打造个人品牌IP实战指南》，通过此书我想让辅导员找到自己职业生涯成长的内驱力。

> 人生就是在波峰与波谷之间徘徊，得意淡然，失意坦然。在学生管理过程中，也许遇到波峰，我们要戒骄戒躁、继续努力；也许遇到波谷，我们要坚持不懈、永不放弃。

育人工作需要灵魂，思想政治教育工作者更需要灵魂，那么灵魂到底是什么？看不见摸不着却天天说。我认为：灵魂是一种发自内心的信仰，能让你的血脉江河波澜壮阔；灵魂是一种发自内心的大爱，从你的每个毛孔中散发出来沁人心脾；灵魂是一种发自内心的能量，来源于生活又脱离于世俗的心流。

习近平总书记指出："只有把小我融入大我，才会有海一样的胸怀，山一样的崇高。"我把"百场校园巡讲"行动做成自己灵魂洗礼的课程，变成灵魂之旅的行动，作为灵魂裂变的开始，用小我累积大我，用点滴汇聚海洋！

> 在聪明人林立的时代，品牌IP才能实现你最精彩的弯道超车。

三、辅导员品牌IP应出格

我在过去六年的行政工作中没有产出一篇文章，自从转行到学生工作中，通过学生工作的日常点滴不自觉地爆发出一个又一个火花，这些火花又成为思想政治教育研究的灵感源泉，将这些灵感不断地提炼总结，最终成为一篇篇理论文章，最后又升华为课题、书籍。

习近平总书记指出："思想政治工作从根本上说是做人的工作，必须围绕学生、关照学生、服务学生，不断提高学生思想水平、政治觉悟、道德品质、文化素养，让学生成为德才兼备、全面发展的人才。"作为新时代的辅导员，坚持言传与身教相统一，成为学生成长成才的人生导师和健康生活的知心朋友。在与学生共同成长过程中做到以德立身、以德立学、以德施教。辅导员在打造自己的品牌化过程中要学会"出格"。

（一）人格饱满，忌虚与委蛇

辅导员的人格是道德风范、知识修养、内涵气质等方面的综合体现，是一种辅导员权力之外的对学生的影响力。这是与职责职位无关的影响因素，但它润物无声、涓涓入心，更持久也更有效。人格魅力是辅导员工作的最高境界。

通常，辅导员人格魅力体现在以下几个方面：信仰坚定、矢志不渝的坚毅；宽以待人、严于律己的要求；沉着果断、潇洒自如的定力；举止得体、平易近人的亲和。在与学生朝夕相处的日子里，辅导员老师的言行举止在学生们心目中记忆犹新。予人玫瑰，手留余香。当学生在人生成长之路上犹豫不决时，是辅导员帮他找到最佳办法，帮他解除烦恼、走出困境，这是一种付出收获的满足；当学生半夜感冒生病举目无依时，是辅导员第一时间赶到，陪她检查拿药、嘘寒问暖，这是一种助人悦己的感动；当学生毕业后功成名就返回母校时，辅导员成为他第一位看望的人，一个短信、一个问候，这是一种幸福给予的快乐。

辅导员的人格是学生未来人格的一个缩影。

（二）性格洒脱，忌患得患失

辅导员的性格是心理素质、工作态度、言谈举止的综合体现。它是辅导员生涯发展的内在原动力。

作为辅导员，要说爱你有多深，月亮代表我的心。抱怨、逃离、弱势成为大家口中的代名词。作为辅导员，要在自己的岗位上坚持做到兢兢业业、甘于奉献、奋发有为。如果把辅导员工作当成了一种负担，不会用心去享受学生工作的过程，不能用心去感悟每一天学生成长的快乐，则使自己陷入了压抑煎熬的每一天中，使自己的情绪像瘟疫一样传染给了班级的学生。

辅导员的性格是其所带班级性格的透视。

（三）学格鲜明，忌滥竽充数

辅导员的学格是不断学习、自我提高、凝练升华的综合体现。它是衡量辅导员能否胜任学生工作的重要能力。

辅导员如果不具有事事新日日新的学习能力，则会被每一项工作犹如每一座大山压得喘不过气来，最后使自己不堪重压噩梦连连。

对于辅导员来说，如何在管的过程中进行理，不仅是一种能力方法，更是一种教育艺术，这就需要辅导员要多读书多学习，教育心理样样通，生涯指导不放松，党团建设有特色，活动开展创新中。作为辅导员，要紧跟时代主题，将文件精神消化吸收，将习近平新时代中国特色社会主义思想学懂弄通做实，结合自己的辅导员工作提出新思路，新方法，新举措，为学生点亮理想的灯，照亮前行的路。

> 辅导员的学格是班级学风发展的火车头。

（四）官格公正，忌见利忘义

辅导员的官格是育人公平，做事公正，程序公开的综合体现。

辅导员也许在某些领导教师眼中是个微不足道的“小官”，但是在家长学生心目中则是天大的“官”。因为辅导员关系到起床叠被不检查、迟到早退不扣分、请假回家能通行、头疼脑热陪治疗、入团入党需考察、奖助学金能评上、优秀先进获荣誉等种种的权力行使。辅导员负责着200余名学生的吃喝拉撒睡，作为这些学生最高的“官”，他们的“官格”要做到讲政治、守纪律、负责任、有效率，即坚定马克思主义信仰，弘扬社会主义核心价值观，传播正能量，将中国梦与个人梦有机结合，做好学生的四个自信和信仰引领，树立全心全意为学生服务的思想，严于律己、善于作为、敢于担当。不做把学生分成三六九等的“势力官”；不做对学生冷暖不知的“无情官”；不做向学生吃拿卡要的“苍蝇官”；不做活动不搞创新全无的“太平官”。

作为家长、学生心目中最高的“官”，在学生管理过程中要做到公平公正公开。公平对待每一名学生，公正处理每一件小事，公开每一项评优评选。对学生干部严格管理，对那些普通学生更要积极关注，要谈话到每一个学生，从心理上让普通学生感到温暖。从学生中来到学生中去，起床叠被要深入寝室了解，迟到早退要严格要求，请假回家要问清原因，入团入党要政治引领，奖助评选要统筹兼顾，优秀先进要有理有据；要兼听则明，不要听风就是雨，要进行调查了解。也许不能对每一名学生照顾细微，但在情感上对每一名学生要给予积极回应，一个微笑、一个表情、一条短信，让学生感受到自己的存在感，而不是无视感和漠视感。

作为“官”的辅导员，带领一届，造福一群，真的为学生好，为学生真的好，学生真的说好。如果做不到公平，即使给学生一碗鸡汤，也会有人渴死；如果做到公平，即使给学生一碗白开水，也会让人心灵滋润。

> 辅导员的官格是学生未来领导力的模板。

作为辅导员，要始终做到心中有党坚信仰、心中有民为学生、心中有责敢担当、心中有戒严要求。要深刻认识到赢得学生鱼得水，失去学生树断根。辅导员的梦归根到底是学生的梦，必须紧紧依靠学生来实现，必须不断为学生谋利造福。

辅导员自己就是自己的王炸，即使手里有一把差牌也要打赢这场牌局，因为你有王炸。

辅导员要把自己培育成心目中理想学生的样子，你的学生自然也是这个样子。学生就是辅导员的影子，培养什么样的学生，自己先做到，才能带着学生做好。

每天打开微信，都能看见一个渺小的人在仰望星空。再小的个体也有自己的品牌。今天，个人品牌是成功的加速器；明天，个人品牌是成长的生命线。辅导员打造个人品牌IP，做自己的CEO。

个人品牌IP是每个人的成长血液，只有血液保持新鲜，保持流动，个人才能健康成长。

辅导员在思想政治教育与学生管理工作中既要夯实硬实力，又要提升软实力，让硬实力和软实力成为辅导员成长道路上的品牌IP。在未来的辅导员工作中继续学习新思想不忘初心，走进新时代牢记使命，踏上新征程立德树人，让思想政治教育工作真正地动起来、活起来、亮起来。

本节反思复盘日记

主题：最有效的输入就是输出

日期：　　月　　日

事件 Facts	F1：今天学习本节文字，让我印象深刻的内容是哪些？ 哪些点最触动你？你现在一下子就想到的最有价值的是哪些内容？
感受 Feelings	F2：这些内容让我联想到了什么？ 结合 F1，对此请联系、描述自己的相关经验。
思考 Thinking	F3：这些给我现在工作的启发、启示有哪些？ 结合 F1、F2，让你深入反思的或让你深刻意识到的、学到的是什么？
行动 Actions	F4：未来我打算如何应用我的这些启发、启示？ 结合 F3，下一步你会怎么做？下一步你的计划是什么？

第二章 成长之根：道术魂模型，形成内生动力

第一节　辅导员成长之道

一个人的成长需要三个因素：一是知识，二是技能，三是才干。知识一个人的道，技能是一个人的术，才干是一个人的魂，也就是说作为辅导员需要道术魂三者结合。

什么是辅导员的道？道是指知识。那么什么是辅导员的知识？

2016年12月7日，全国高校思想政治工作会议召开，这次会议告诉我们高校思想政治工作关系高校培养什么样的人、如何培养人以及为谁培养人这个根本问题。要坚持把立德树人作为中心环节，把思想政治工作贯穿教育教学全过程，实现全程育人、全方位育人，努力开创我国高等教育事业发展新局面。

2018年9月10日，全国教育大会召开，这次会议告诉我们要在加强品德修养上下功夫，教育学生成为有大爱、大德、大情怀的人；要在增长知识见识上下功夫，教育引导学生珍惜学习时光，心无旁骛求知、问学、明理；要在培养奋斗精神上下功夫，教育引导学生树立高远志向，敢于担当、不懈奋斗、乐观向上；要在增强综合素质上下功夫，教育引导学生培养综合能力，培养创新思维，坚持体育锻炼、健全人格、以美育人、崇尚劳动。

2019年3月18日，全国思想政治理论课教师座谈会召开，这次会议告诉我们办好思想政治理论课关键在教师，关键在发挥教师的积极性、主动性、创造性。要给学生心灵埋下美的种子，引导学生扣好人生第一粒扣子，努力培养担当民族复兴大任的时代新人，培养德智体美劳全面发展的社会主义建设者和接班人。

作为一名辅导员，我们要围绕思想政治教育规律、教书育人规律、学生成长规律，围绕规律去寻找规律，从规律中凝练规律，在规律中将理论转化为实践。这就是辅导员的道。

一、辅导员学习三个阶段

对于道，我们要经过三个阶段内化而来。

第一阶段是凝法溯道阶段。此阶段我们要参加各种培训，无论是岗前培训还是在职培训，无论是线下培训还是线上培训，无论是自主学习还是集体学习，要学习内化各种文件，学习内化各种著作，学习内化各种文章并进行吸收提炼。例如：我们不断

辅导员学习三个阶段
凝法溯道学知识
化道衍法会方法
以身载道去实践

学习马列主义、毛泽东思想、邓小平理论、三个代表、科学发展观，学习习近平新时代中国特色社会主义思想，学习一个中国梦、两个一百年、三严三实、四个全面、五位一体、六项纪律、十个明确、十四个坚持，这些都是我们对知识的学习，对自己道的学习，包括此时此刻你正在阅读此书，也属于学习道。

> 习近平总书记指出："中国共产党人依靠学习走到今天，也必然要依靠学习走向未来。"学习的最大敌人是自我满足，要学有所成，就必须永不自满。要做到理论联系实际，在学懂弄通做实上下苦功夫。

现在，有的辅导员对学习不重视，认为工作忙、没时间、精力少，把自学变成了不学；有的想起来就学一学，三天打鱼两天晒网；有的书买了很多，课听了很多，但都是浅尝辄止，不求甚解。所以我们要做到真学、真懂、真信、真用。

第二阶段是化道衍法阶段，即要把学到的知识学会应用。在学习过程中不能课上激动、课下无行动，而是要把培训、交流、学习的内容不断地进行内化，变成自己的理解，形成自己的个人版本，然后转化为方式方法载体项目，从而指导自己的实际工作。例如，我们定期召开主题班会或主题团会，也包括给入党积极分子讲党课，与特殊群体学生开展心理咨询，给学生开展生涯规划教育，对毕业生进行就业指导，帮学生创新互联网+大赛项目等，这些都是属于化道衍法阶段的内容。

第三阶段是以身载道阶段。我们辅导员要亲自融入学生活动中去，通过主题活动、谈心谈话、行为管理、社会实践等亲身去实践、亲自去体验，把理论应用到实践中。

以上就是辅导员的道。下面我们看一位将道运用得淋漓尽致的辅导员，他就是福州医科大学的辅导员林明惠老师，同时也是一名思政课教师。

凝法溯道——“给学生一杯水，自己必须是源头活水”。林明惠老师常感到“本领恐慌”，想方设法学习理论知识，增强理论“颜值”。通过学术交流、访学进修等方式，申请北京大学马克思主义学院访问学者，考取了法学博士，不断夯实理论基础。他每天学习党的最新理论成果，翻看各类网络资讯，结合青年学习、工作、生活需求，精心准备最新的时政新闻、案例、视频素材等。

化道衍法——他坚持原原本本、原汁原味讲好党的理论。宣讲内容涉及习近平新时代中国特色社会主义思想、党的十九届六中全会精神、党史、五四运动、抗疫精神等。线上线下宣讲超过100场，宣讲对象超过260万人次，覆盖全国大多数省市。为增强理论教学宣讲的趣味性、互动性，他十分注重运用青年喜闻乐见、接地气的宣讲语言，生动阐释党的理论。

以身载道——“明理说事谈人生，惠言微论共成长”。打开“明惠兄”的B站主页，就可以看到数十条有思想理论高度的自制微视频。从“学党史，燃青春”系列视频，到党的十九届五中、六中全会精神宣讲……这位新晋思政UP主的网络平台里，用精准的话语、活泼的形式，传播着党的创新理论和育人初心。

道即知识，只有不断充实知识，才能提高学生工作的深度，从根本上把握问题的实质；只有不断充实知识，才能真正做到围绕学生、关照学生、服务学生，培养学生成为德才兼备、全面发展的人才。

二、辅导员认知思维升级五大驱动

辅导员要不停地学习，提高自己的“道”，从而让自己的认知思维升级。按照金字塔模型，认知思维升级分为命运驱动、能力驱动、机会驱动、战略驱动、信念驱动。

命运驱动。你大学毕业后，不知道该从事什么行业，父母认为在高校当一名老师最舒服，正巧学校招聘辅导员，父母替你报了名，而你又稀里糊涂参加了考试，结果成为一名辅导员，这就是此时现在的你。这种行为称之为命运驱动。

命运驱动阶段容易缺乏主见、目标迷茫、随波逐流，没有自己要掌控自己的意识。

能力驱动。你大学毕业后，由于学的是思想政治教育专业，担任过学生干部，正巧学校招聘辅导员，和你的专业对口，条件符合，所以你直接报名参加考试，过五关斩六将，顺利成为一名高校辅导员。这种行为称之为能力驱动。

能力驱动阶段取决于自己的能力大小、资源多寡以及与社会需求的匹配度。

机会驱动。你大学毕业后，由于学的是思想政治教育专业，担任过学生干部，目前你从事了一份文秘工作，但感觉并没有发挥你的特长。正巧学校招聘辅导员，和你专业对口，条件符合，所以从公司跳槽直接报考了该岗位，成为一名高校辅导员。你性格热情，爱和学生打成一片，发挥了你的特长和优势，使你的辅导员工作得心应手。工作一年之后又享受了省里的辅导员专项补贴和职称评审单评单列政策。这种行为称之为机会驱动。

机会驱动阶段取决于对机会的敏锐性，能够发现机会，并能看到机会潜力，立刻行动抓住机会，实现价值。

战略驱动。你大学毕业后，由于学的是思想政治教育专业，担任过学生干部。研究生三年的思想政治教育理论素养积累，让你认识到思想政治教育工作一定大有可为，能够实现自己的专业理想价值。虽然有一份公司高薪职位向你招手，但你不为所动，毅然报考了辅导员岗位，成为一名高校辅导员，使自己的专业和能力实现了有机统一，在辅导员岗位上找到了自己的价值感、意义感、幸福感。这种行为称之为战略驱动。

战略驱动阶段考验的是远见和耐心。不能只看眼前利益而忽略长远利益，不被挫折所吓倒，在黑暗中坚信能找到光。

信念驱动。你大学期间，辅导员为你答疑解惑并陪伴，在迷茫中帮你找到了成长方向，是你的辅导员让你发生了成长变化，辅导员的一言一行深深影响了你。辅导员在你的内心播下一颗种子，那就是你将来也要成为像辅导员那样的人，活成一束光。大学毕业后，你立志从事一辈子辅导员工作，为更多的学生服务，让自己影响更多的人。于是你查找了所有高校辅导员的招聘岗位，成为一名高校辅导员。在老辅导员的指引下用辅导员的初心和使命在辅导员岗位上实现立德树人的价值。这种行为称之为信念驱动。

信念驱动阶段体现的是对信念的忠诚与热情，把信念变成实践，内心始终保持一团燃烧的火种，利他大爱，让信念与学生需求的匹配度一致。

辅导员要成为一名终身成长者，持续进阶升级打怪，让自己的人生价值不止千万，把小个体做成大品牌，改变认知思维，告别精神内耗。

辅导员要不断地升级自己的认知思维，改变自己才能让自己最幸福，工作中多些积极，少些抱怨，多些思考，少些凝滞，不断打造个人品牌 IP，持续坚持，储蓄挖掘，借势卡位，顺势而为，应势而对。

三、辅导员学习跨越四座大山

辅导员究竟如何学习？这是每次在培训讲座中很多辅导员都在咨询的问题。包括我自己在内，也一直在寻找辅导员学习成长的最佳道路。可是公说公有理，婆说婆有理，听完了那么多学习大道理，自己依然不会学习。

学习分为四个阶段：文本学习阶段、信息学习阶段、知识学习阶段、行动学习阶段。

经过对照，我们大部分辅导员都处在文本学习阶段。例如参加培训、画好思维导图、记好学习笔记、阅读了各种书籍。所以你问我学习了吗？我回答学习了，你看有笔记、有导图、有阅读。其实这种学习属于最肤浅的学习。文本学习就是我们虽然经过了大脑，但没有转化为自己的理解，属于囫囵吞枣，没有进行消化，当然更没有吸收营养。

所以，我们要进入第二个阶段——信息学习阶段。要把各种文本经过大脑转化为自己的信息，能够复述给其他人，这就是信息阶段的学习。那么复述给他人就一定能学习成长吗？不一定。这个阶段我们只是传声筒，传递别人的理念观点，没有自己的主张。

所以，我们要进入第三个阶段——知识学习阶段。要把文本中各种信息转化为自己的理解，形成自己的个人认知学习版本和独特观点理解，即完全消化掉文本信息，变成了自己的营养知识。那么有了营养知识就一定能学习成长吗？也不一定。有了营养知识如果没有行动，不去实践，依然不能发生改变。

不是知识改变命运，是知识转化为能力才能改变命运。

所以，我们要进入第四个阶段——行动学习阶段。经过把文本转化为信息，将信息吸收消化为营养知识，把营养知识要迁移到行动中，才能完成知识的一个循环，才能让学习发生改变。存量思维只看文字，增量思维行动落地，只有增量思维才能通过学习让自己发生成长改变。

例如，河南中医药大学的辅导员姚明超老师，作为一名博士辅导员，他没有停留在文本学习、信息学习、知识学习的阶段上，而是将其转化为行动学习。他创建了“星光研习社”社团，以思政类红色社团为载体，以党员先锋岗为抓手，读红色经典，寻访红色遗迹，讲好红色故事，致力于传承红色基因，赓续红色血脉，展示了社团良好的发展成果，得到了上级部门的肯定。

“‘星光研习社’红色基因传承育人工程”项目被河南省教育厅授予2018年度“河南省高等学校思想政治工作优秀品牌”，“基于大学生思想政治理论类社团的高校红色基因传承工程实践研究”获河南省教育厅人文社会科学研究项目立项。他说辅导员就是要培育自己的王炸，整合一把稀烂的牌局，追逐光、发出光、成为光，才能赢得学生尊重。

> 学习如登山，登山必有难，难中必有苦，苦中必有甜。辅导员学习要跨越四座大山。

第一座大山：忙而不知。

当我们来到第一座大山，大部分人都陷入这座大山里走不出去。他们仅凭经验感觉去做事，没有提高、没有突破、没有成长。有些辅导员经过三年、四年之后感觉到自己整天被琐事所缠绕，回过头来一看什么成果也没有，职称更无望，不知道未来何去何从，不知道自己想要什么。所以，我们要想跨过这座大山，必须不断地学习提高，扩大我们的认知视野，培训交流、讲座报告、读书写作，从而让自己知“道”。辅导员不仅要给学生进行生涯规划，更应该对自己进行合理的生涯规划。

第二座大山：知而不信。

当我们跨过了第一座大山后，来到了第二座大山。在第二座大山上虽然知道了很多，学习了很多，看到了很多风景，但只入耳、入眼却没入心、入脑，人们听到的、看到的、感受到的很多，但不一定都相信。田俊国老师说：“旧知是消化新知的酶。”在学习过程中不能为了知道而知道。通过学习我们要将过去的旧知进行关联，将自己过去所有的经历进行调取，形成自己的新知。对于自己的新知要相信，要敬仰，要发自内心地热爱。特别是我们辅导员，学习了各种理论知识，要从思想上到灵魂里相信“中国共产党为什么能”“马克思主义为什么行”“中国特色社会主义为什么好”。只有信仰坚定，思想才不会混乱，才能更好地立德树人。

第三座大山：信而不为。

当我们跨过了第二座大山后，来到了第三座大山。在这座大山中我们要实现从知到行的跨越。现实中知道的不一定能够做到，实践才是检验真理的唯一标准，所以我们要亲身去实践，亲自去体验，设计实践活动载体，丰富实践活动内涵，将理论转化为实践，在实践中经历风雨彩虹才能熟能生巧。不能只在办公室里写网文，在黑板上讲安全，在文字里学奉献。

第四座大山：为而不终。

当我们跨越了第三座大山，来到了第四座大山。在这座大山上有悬崖峭壁，有激流险滩，有野兽出没，所以面对这些困难有些人直接退却放弃。偶一为之容易，形成习惯则难。学习任何知识技能都有一个渐入佳境的过程，最初的过程都很难熬，这就需要不断地鼓励、反馈、指导和监督。每天一篇网文输出，每周五个学生谈心谈话，每月一次主题班会分享，每年一项创新活动开展，日积月累、水滴石穿，从量变到质变。不能行百里者半九十，无限风光在险峰，只有“会当凌绝顶”，才能“一览众山小”。

辅导员要不断地进行碎片学习、跨界学习和终身学习。要做到学习工作化，工作学习化，当日事当日毕，要保持天天短平快，年年马拉松。

我们都知道愚者赚今朝，但智者赚明天，所以辅导员在成长过程中要将学习分解为长计划、短安排、立即做。在每一个事件、每一项学习、每一次成长中跳出自身看自身，立足自己看自己。

辅导员要想提高自身工作的精准度，提高对学校工作的贡献度，就必须在工作的立意、实施和达成效果上，紧紧贴近学校工作的实际，紧紧围绕加快推进学校中心任务来展开，脱离了这一工作实际，辅导员工作就会失去依托、失去方向。

辅导员要了解所属学校的学生工作在全省、全国的位次如何，工作的美誉度怎样，可以引领潮流的知名学生工作品牌有多少，工作中还有哪些急需解决的问题，只有贴近这样的工作实际，辅导员工作才能有的放矢、卓有成效。

如果辅导员暂时找不到合适的赛道或聚焦点，可以考虑把读书当作自己的“聚焦点”。书中不仅有颜如玉和黄金屋，更有大局观和方法论。读书可以让人保持思想活力，让人得到智慧启发，让人滋养浩然之气。

当你读了足够多的书，世界很有可能给你打开一扇新的大门，不管门上写的是九大职责还是细分领域，那都可以通往更多的可能性以及更丰满的人生，最是书香能致远。

问道容易得道难，得道容易守道难。辅导员既要追求崇高、胸有情怀、追逐梦想，又要实践行动。要沉心静气、俯下身子，不能好高骛远、沉迷幻想，要扎扎实实、踏踏实实做好学生工作。把在学生工作中的挫折考验和经验收获作为自己梦想开花结果的养料，在学生工作的土壤中向阳而生。

辅导员要不断地进行学习，持续学习是为了让你不误入更深的坑，如果不学习，则掉入了坑里自己却毫无意识，还自以为是地坚信这不是坑而是广场，只因自己陷入的坑大过了自己的视野和格局，所以把坑当成了平地陶醉其中、自娱自乐。

辅导员要不断地进行学习，对自己所带的学生了解熟悉掌握，每一个学生都是自己不断成长的内生源，围绕每一个学生成长成才构建立体化思考方式。只有自己特别了解自己的学生，才会在学生出现困惑或者行为发生偏转的时候，第一时间能够判断出学生出现问题的根本症结。这个要求看似简单，其实是最难的。所以辅导员要不断地提升自己的道，扩展自己的道。

> 每一个学生都是辅导员成长的未来之道。

—— 本节反思复盘日记 ——

主题：最有效的输入就是输出

日期：　　月　　日

事件 Facts	F1：今天学习本节文字，让我印象深刻的内容是哪些？ 哪些点最触动你？你现在一下子就想到的最有价值的是哪些内容？
感受 Feelings	F2：这些内容让我联想到了什么？ 结合 F1，对此请联系、描述自己的相关经验。
思考 Thinking	F3：这些给我现在工作的启发、启示有哪些？ 结合 F1、F2，让你深入反思的或让你深刻意识到的、学到的是什么？
行动 Actions	F4：未来我打算如何应用我的这些启发、启示？ 结合 F3，下一步你会怎么做？下一步你的计划是什么？

第二节　辅导员成长之术

什么是辅导员的术？术是指技能。

一、辅导员九大术

辅导员的术具体是指什么呢？其实很简单，就是教育部43号令所规定的九项职责。

一是思想理论教育和价值引领。引导学生深入学习习近平新时代中国特色社会主义思想，深入开展中国特色社会主义、中国梦宣传教育和社会主义核心价值观教育，帮助学生不断坚定中国特色社会主义道路自信、理论自信、制度自信、文化自信，牢固树立正确的世界观、人生观、价值观。掌握学生思想行为特点及思想政治状况，有针对性地帮助学生处理好思想认识、价值取向、学习生活、择业交友等方面的具体问题。

例如，黑龙江八一农垦大学的辅导员叶明老师，创建了“咱们年轻人”和“学习批准”公众号，以批注的方式学习原著原文。组建了人民日报每天读、读书交流、学党史等多个社群，输出打卡学习，持续开展读原著活动。先后组织学生以及辅导员共读《共产党宣言》《习近平新时代中国特色社会主义思想学习问答》《毛泽东选集》《中国共产党党史》等著作。通过读原著、学原文、悟原理夯实辅导员以及学生的理论地基，提升辅导员以及学生的理论素养。

例如，朝阳师范高等专科学校的辅导员许向红老师，创建了“筑梦前行”大学生爱国主义教育理论宣讲团，为青年大学生种下红色基因。通过线上线下相结合的方式，深入学校、社区、农村，广泛开展红色文化宣讲活动。三年来，宣讲团共推出以"声"抗疫、学习传承赵尚志精神等128期宣讲作品，累计观看人数超过40000人。这些活动坚定了青年大学生的理想信念，提升了爱国主义情怀和艰苦奋斗精神。

二是党团班级建设。开展学生骨干的遴选、培养、激励工作，开展学生入党积极分子培养教育工作，开展学生党员发展和教育管理服务工作，指导学生党支部和班团组织建设。

例如，山东交通职业学院的辅导员丁兆永老师，将泰山文化融入班级建设的实践全过程。他将自己所带的班级命名为"泰山班"，凝练"泰山精神"班级文化品牌，设计班徽、班歌、班级公约，在教室里摆放30余块泰山奇石，为整个教室增加了更多的泰山元素。通过实施构建文体、技能、实践、研学四大班本课程，传承泰山文化。同时，他还依托班级社团，带领学生诵经典、赏奇石、编教材、拍电影，把泰山文化融入培育社会主义核心价值观的全过程，滋养学生心田，启迪学生心灵。

三是学风建设。辅导员要熟悉了解学生所学专业的基本情况，激发学生学习兴趣，引导学生养成良好的学习习惯，掌握正确的学习方法。指导学生开展课外科技学术实践活动，营造浓厚学习氛围。

例如，西南交通大学的辅导员孔祥彬老师，作为孔子的第七十五代传人，他结合"三全育人"要求探索实施学生工作"从游模式"，开展游伴育人、游学育人、游历育人，创建君子（虚拟）书院，担任通识课《悠然见君子》的课程负责人，该课程多年蝉联西南交通大学最火选修课第一名，被认定为四川省一流课程。同时，他热情指导学生成长成才，指导学生获交通创客、节能减排、三创赛等国家级奖项7项。

例如，渤海大学的辅导员石芳老师，针对美术学院艺术生英语基础弱的现状，狠抓英语学习，提升学风建设，实施"单词周考补短板，以试促学抓弱项"品牌项目。四年时间内每周实施单词周考制度，她亲自挑选单词、亲自监督、亲自批改，每周一公布25个单词，并于下周一进行考试。同时，开展每月"单词王"个人荣誉称号和荣誉班级的评比。她所带的美术学专业学生2017级考研上岸率为18.81%，2018级考研上岸率达41.67%。绵绵用力，久久为功，石芳老师创造了美术生考研"上岸奇迹"。

四是学生日常事务管理。辅导员要开展入学教育、毕业生教育及相关管理和服务工作。组织开展学生军事训练。组织评选各类奖学金、助学金。指导学生办理助学贷款。组织学生开展勤工俭学活动，做好学生困难帮扶，开展家访等工作。为学生提供生活指导，促进学生和谐相处、互帮互助。

大家都知道Excel、Word在学生管理过程中是使用最多的软件，能够帮助辅导员提升工作效率。但我们大部分辅导员只会最基本的基础功能，对于一些中级和高级功能并没有完全掌握。2020年这场新型冠状病毒肺炎疫情让辅导员对表格统计、数据上报有了进一步的深刻体会。所以，辅导员在学生管理过程中要熟练使用各种软件，用辅导员成长之术进行数据统计、民族分类、测评加分、归档管理等，成为“表哥表姐”。

例如，成都工业职业技术学院的辅导员王君文老师，在日常管理过程中熟练掌握表格制作技巧，对于特殊群体学生建立专属台账。重大危机学生归为“护心”，护心守护，给他阳光；严重危机学生归为“润心”，润物无声，伴他成长；一般心理危机学生归为“育心”，关心关爱，给予支持。不同情况学生分类归档，专属台账一目了然，详细记录了关注频率、谈话次数、家校沟通、状态反馈。形成“一生一表一编号”，动态调整、随时调取、跟踪反馈、及时有效。台账建立，生生在心。

例如，辽宁大学的辅导员刘巍老师，先后赴全国各地开展家访活动。为护送30余新疆籍学生平安返乡，他远赴边疆，半个月的时间，他行程3000多公里家访，将辅导员大爱无疆的精神风貌传递到边疆的各个角落。几年来，他又远赴青藏高原开展家访活动，他行程一万多公里，克服山路崎岖及高原反应，前往青海省和西藏地区，走访了20多个学生家庭。十万公里行程，十万公里“呐喊”，他坚持立德树人职责，用足迹丈量教师情怀，提供“明德”营养剂；言传身教，他带领学生们手不释卷，提供“精学”营养剂；读万卷书，行万里路，他带队组织学生参加实践活动，提供“笃行”营养剂；为了让宅在寝室的“低头族”放下手机，他开展了“三走”运动，提供“致强”营养剂。

五是心理健康教育与咨询工作。辅导员要协助学校心理健康教育机构开展心理健康教育，对学生心理问题进行初步排查和疏导，组织开展心理健康知识普及宣传活动，培育学生理性平和、乐观向上的健康心态。

例如，福建中医药大学的辅导员丁闽江老师，在工作中充分挖掘中医心理育人智慧，形成“养身、养心、养性、养德”的心理育人体系；构建了“校级心理中心、学院心理辅导站、朋辈心理咨询员、班级心理委员、宿舍心理信息员、学生家长、精神专科医院”七级心理育人工作网络。他先后发表了100多篇心理科普网文，2021年成功入选了教育部高等学校学生心理健康教育专家指导委员会委员，获批了教育部高校思想政治教育工作中青年骨干项目。

六是网络思政教育。辅导员要运用新媒体、新技术，推动思想政治工作传统优势与信息技术高度融合。构建网络思想政治教育重要阵地，积极传播先进文化。加强学生网络素养教育，积极培养校园好网民，引导学生创作网络文化作品，弘扬主旋律，传播正能量。创新工作路径，经常与学生网上互动交流，运用网络新媒体对学生开展思想引领、学习指导、生活辅导、心理咨询等。

例如，华中农业大学的辅导员祝鑫老师，用9年时间撰写了1319封书信，共计逾50万字，坚持“书信”育人关照学生；她开通“鑫曰心语”辅导员博客，迄今已撰写80余万字的博文，连续3次荣获全国高校辅导员十佳“优秀博客奖”，成为全国唯一蝉联此奖项的辅导员；她创办网络思政工作室——“祝鑫工作室”，搭建网络思政平台——“鑫巴同学”微信公众号、视频号、QQ空间、B站等，累计关注人数逾10万，共计推送了2400余篇优秀网络作品，阅读量近1600万。

七是校园危机事件应对。辅导员要定期组织开展基本安全教育；参与学校、院（系）危机事件工作预案制定和执行；对校园危机事件进行初步处理，稳定局面控制事态发展，及时掌握危机事件信息并按程序上报；参与危机事件后期应对及总结、研究、分析。

例如，来自于辽宁生态工程职业学院的我，将入学到毕业涉及的30余个主题事件进行分类，挖掘容易出现的危机风险点进行提炼整理，让辅导员从危机风险点中进行危机预警预防。同时开展了“百场校园巡讲”行动，累计为全国高校以及辅导员开展校园危机管理讲座200余场，通过以案说法解决一线学生管理工作中的痛点难点，让辅导员防微杜渐、以危预危、临危不惧、以危度危、化危为机、以危化危。

2021年出版了《新时代校园学生危机管理指导与实践》这本保护辅导员成长的图书，用34幅漫画、35款法条、36个真实案例进行危机管理解读。五天内全国辅导员抢光了2000册，一个月内进行了2次重印。《校园危机管理》网络课程入选了中国教育干部网络学院课程资源库，累计观看量达到了17万人次。

八是职业规划与就业指导。辅导员要为学生提供科学的职业生涯规划和就业指导以及相关服务，帮助学生树立正确的就业观念，引导学生到基层、到西部、到祖国最需要的地方建功立业。

例如，东北财经大学的辅导员陈墨老师，对十年工作不断思考与感悟，成立了“墨济工作室”，打造了《聊生涯》品牌项目，定期推送系列网文，总结新入职辅导员的十大基本能力，现已完成了二十余篇网络原创文章，通过文字思考让更多的辅导员成为大学生成长成才的知心朋友。

例如，北京工业大学的辅导员廖满媛老师，自担任辅导员以来，她带过近100个班级，送走近2000名毕业生，编写了《新生适应案例集》和《考研访谈录》等手册。她持续聚焦大学生职业生涯规划，探索大学与中小学及企业的衔接途径，为中小学开展公益讲座达20余场。搭建在校学生与校友的交流平台，为全院学生的就业与实习提供有力支持。她创立了“指南针”生涯规划工作室，构建大学生生涯规划落地系统，已为校内外近3000人次学生提供精细、专业的辅导，积累了大量成功案例。工作室相关成果得到《北京教育》和多所高校的关注与借鉴。

九是理论与实践研究。辅导员要努力学习思想政治教育的基本理论和相关学科知识，参加相关学科领域学术交流活动，参与校内外思想政治教育课题或项目研究。

例如，四川大学的辅导员陈启胜老师，是首批教育部高校辅导员工作精品项目负责人。他对近些年的辅导员精品项目进行汇总分析，用翔实的数据分析入选项目的特色和类型。对辅导员精品项目的培育、立项、实施、结项等方面进行深度研究，从工作中总结，从总结中升华，在辅导员精品项目申报这个领域形成了自己的研究特色。

辅导员工作面对的是充满朝气与活力的大学生，必须要致力于让学生对辅导员工作保有一种“新鲜感”，必须要紧密结合学生不同年级、不同阶段的需求，创新活动主题和教育形式，要运用新媒体、新技术使学生工作活起来，推动思想政治工作传统优势同信息技术高度融合，增强时代感和吸引力，避免重复老套。

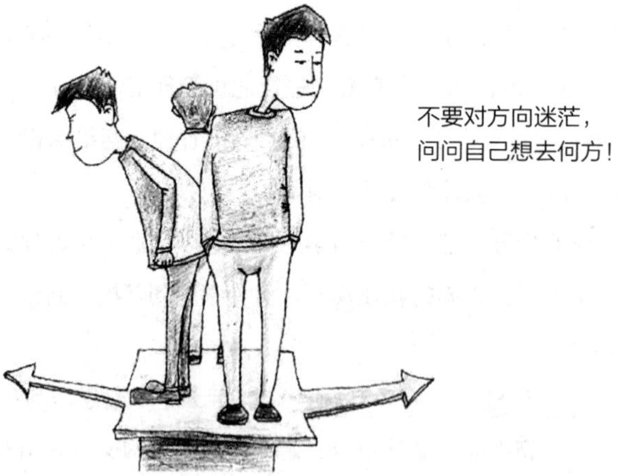

二、辅导员的术变与不变

在过去传统的学生管理过程中，辅导员是以不变应万变。辅导员每天在办公室按照规定时间等待学生谈心谈话、请假销假、指导活动，学生到办公室主动找辅导员交流，辅导员以不变应学生万变。

在新时代下的学生管理过程中，辅导员要以万变应不变。面对学生活动不参加、寝室不出来、加分不感冒的状态，辅导员应改变过去不变的状态，要不停地进行变化。变载体吸引学生、变方法指导学生、变内容激发学生。学生不走过来，辅导员就得走过去，深入寝室、深入教室、深入食堂、深入操场，需要辅导员以万变应学生不变。

学生管理与思想政治教育是个技术活，所以需要我们辅导员熟练掌握九大职责中的每一项具体职责，以九大职责不变应方式方法万变；学生管理与思想政治教育是个艺术活，所以需要我们辅导员要与时俱进、因人制宜、活学会用，以方式方法万变应九大职责不变。

那么对于辅导员来说，九大职责都要应知应会、必知必会。但是我们辅导员要遵循的是9+1的成长模式，也就是说，教育部43号令里面的九项具体职责都要熟悉做到，都要熟练应用，同时，从九大职责中选出一项职责作为自己的独门功夫，聚焦一项工作职责，并在实践中反复地应用转化，走深做强。这种模式叫作多元思维深耕领域最新实战，即精通九大术，专注一种术。

辅导员在工作中不断地聚焦积累，扩大自己的成长资源，打造品牌IP的成功概率也随之上升；要充分开发自己的专长，发挥自己的优势，找到自己的长板，可能更容易获得成功。辅导员千万别被“别人成功的结果”盲目吸引，他们背后的付出才是成功的关键。

那么，什么叫聚焦？什么叫精通？什么叫专注？

例如：在日常的思想政治教育和学生管理过程中，谈心谈话是做好工作的主要方式之一。无论是上级文件还是各种大赛，都要求辅导员要做好谈心谈话工作。那么何谓谈心？何谓谈话？谈心谈话谈到什么样的深度？谈心谈话到什么样的角度？谈心谈话的时间、地点、人物、内容有何区别？是春暖花开地谈，还是暴风骤雨地话？

作为辅导员，如果想聚焦辅导员的谈心谈话这个领域，就需要不断地学习谈心谈话的各种知识，阅读各种相关书籍，开展各种谈心谈话练习，不断地提高自己谈心谈话技能。

什么是谈心谈话的技能？举个例子：辅导员在与学生谈心谈话过程中，学生对学校开展的活动表示反感，不愿意参加。面对学生的这一诉求，辅导员要学会倾听与理解。这里面最重要的两个技能即辅导员的术就是“倾听”和“理解”。

倾听是指对学生要有同理心。同情心和同理心是不同的，网上有个形象的比喻：有个人掉井里了，同情心是你趴在井口，对下面大喊，“你撑住，坚持住，我相信你！”这就是同情心；同理心是你跟他说，“我知道你很害怕，作为辅导员，我来陪着你！”

理解是指辅导员在倾听过程中要找到学生诉求的三个关键：一是what，二是why，三是how。What是辅导员在倾听过程中要找到学生的诉求，通过谈话了解到学生不爱参加活动；Why是辅导员要理解学生整个诉求背后的深层次原因是什么，通过谈话了解到这个活动设计得没有能量，不能激发学生的兴趣；how是辅导员要改变活动内容载体方式方法来解决出现的这个问题，通过谈心谈话辅导员要进行思考总结，及时作出对策，重新对活动载体进行包装设计。

例如，石家庄人民医学高等专科学校的辅导员邢亚欣老师，负责新疆籍少数民族学生管理工作，为了熟悉学生，她和学生一起进教室上课，一起去食堂吃饭，一起在宿舍沟通聊天，短短一个月的时间，便熟记了37名维吾尔族同学的姓名、兴趣爱好、家庭住址。每天开展课前5分钟“我最喜欢的一本书”主题讲述活动，晚自习组织大家复习串讲当天的课程内容；寒暑假返校后，组织开展“这是我的家乡”假期见闻分享交流；鼓励学生积极参加校园文化艺术节等活动，展示本民族文化艺术，增强自信，扩大朋友圈。学生有什么困难烦恼也愿意第一时间向她交流倾诉。

有这样一句老话：“花繁柳密处拨得开，才是手段；风狂雨急时立得定，方见脚跟。”风平浪静的时候，看不出差别；只有在狂风暴雨骤然来袭的时候，大多数人惊慌失措，奔走呼号，而真正有本领的人才能够稳稳地操舵，带领船只走出风暴。帮助学生解决问题，才是辅导员的关键之术。

辅导员要随时随地把自己放在学生的实际场景中去思考问题，去理解学生成长背后的深层次原因，而不能仅满足于按照要求“我谈话了”“我知道了”“我了解了”。辅导员要思考可能还有多少学生也有类似的情况，自己将在下一步工作中如何进行优化改进。辅导员要像跳棋那样学会借力打力，像五子棋那样深化整合资源，像象棋那样懂得团队合作，像围棋那样拥有视野格局。

人生如棋，识局者生，破局者存，掌局者赢。

闻道有先后，术业有专攻，只有术业精专，才能得心应手，才有源头活水。习得一技，拥有一长，悟得精髓，源远流长。

辅导员要在教育部43号令的九大职责中高筑墙、广积粮、深挖井，不断“修炼”辅导员的术。

本节反思复盘日记

主题：最有效的输入就是输出

日期：　　月　　日

事件 Facts	F1：今天学习本节文字，让我印象深刻的内容是哪些？ 哪些点最触动你？你现在一下子就想到的最有价值的是哪些内容？
感受 Feelings	F2：这些内容让我联想到了什么？ 结合 F1，对此请联系、描述自己的相关经验。
思考 Thinking	F3：这些给我现在工作的启发、启示有哪些？ 结合 F1、F2，让你深入反思的或让你深刻意识到的、学到的是什么？
行动 Actions	F4：未来我打算如何应用我的这些启发、启示？ 结合 F3，下一步你会怎么做？下一步你的计划是什么？

第三节　辅导员成长之魂

一、何谓辅导员的魂

什么是辅导员的魂？辅导员的魂是指才干，才干是指价值观、使命感、竞争力、责任心。辅导员的魂直接关乎“培养什么人，如何培养人以及为谁培养人”这个根本问题。

辅导员队伍在落实立德树人根本任务、推动高等教育健康发展中责任重大、使命光荣。2019年，陈宝生部长在全国高校辅导员优秀骨干培训班上的讲话以全新的视角、全新的思维，从“辅”“导”“员”三个维度诠释了辅导员工作，增强了辅导员的职业认同和价值认同。

从工作作用的角度全面认识辅导员的“辅”。要从辅导员岗位的特殊性出发，做好党委工作的助手、教师教学的助手、学生学习的助手。要从辅导员工作主辅二重性出发，做好思想政治工作的主攻手、学生管理的主导者、学生成长的主心骨。

从工作方法的角度深刻认识辅导员的“导”。要加强政治领导、思想引导、情感疏导、学习辅导、行为教导、就业指导，守护学生的人生航向，坚守阵地，引导学生正确处理各种关系，解决学习中遇到的难题，旗帜鲜明，体察入微，引导学生科学做好人生规划，顺利走向社会。

从岗位身份的角度清晰认识辅导员的“员”。要在“两个一百年”奋斗目标的历史交汇期，在推进教育现代化、建设教育强国、办好人民满意教育的进程中，承担伟大工程的施工员、伟大事业的质检员、伟大斗争的战斗员、伟大梦想的服务员的职责，培养能够担负民族复兴大任的时代新人。

我们经常听到这样评价一个人：“这个人在工作中没有魂儿。”魂就是指价值观、责任心、使命感、敬业度。真理的味道有点甜，信仰的力量大如山，辅导员要不断地进行学习、实践、成长，坚定不移地用习近平新时代中国特色社会主义思想铸魂育人。

学生管理没有固定的模式，只有一颗爱学生的心从不会改变。爱不是嘴上说说、心里想想，而是融入骨子和血液里，只有爱才能投入，才能产生无穷的创造力。辅导员对学生的爱不仅深沉博大，而且要坚定有力量，这样才能助力学生成长成才。

作为辅导员，我们要具有直接面对学生各种诉求的能力和责任。如何理解学生的诉求，并且将学生的诉求转化为学生成长的动力，这对每一个辅导员来说都是一个挑战。

> 在思想政治教育过程中，辅导员理解学生诉求的本质，就是如何看待自己和学生直接的关系。

辅导员从新生报到开始要与学生建立一个生态循环关系能量场域。要认真对待与学生的每一次活动、每一次谈心谈话、每一次主题班会。这就是辅导员的魂，也可以称之为管理能力。我们要深挖每一个学生具体诉求行为表现背后的深层次原因，从而找出学生管理的方法论，这就是辅导员的核心素养。

> 辅导员和学生未必形成终生的合作关系，但彼此之间一定是建立了终身链接。

在学生管理过程中辅导员迎来一批送走一届，年年岁岁花相似，岁岁年年人不同。在大学三年或四年内，辅导员与学生属于阶段性的志同道合。如果一名学生不能从辅导员的使命愿景中找到符合自己目标和信念的要素，那么学生就很难实现真正的成长，辅导员也很难从自己的职业中获得意义和存在感。

例如，大连海事大学的辅导员曲建武老师，把一辈子的爱献给了学生，献给了学生工作，献给了辅导员事业。他每天坚持为学生推送短信、微信，每天坚持输出一篇网络文章。每一天短信、微信、网文的准时到达，每一位学生的精准推送，多达几千字，少则几十字，字里行间充满对学生的无私大爱和对学生工作的激情澎湃。学生看的是短信，读的是文字，却能真切感受到他那颗大爱无痕却激情有声的心，像大鼓一样向世间发出一圈又一圈的跳动音符，让你的血脉与其一起同频振动。

曲建武老师自始至终都以辅导员自称，为什么是辅导员而不是班导师？他就是用自己的实际行动向全国的辅导员诠释，一名老辅导员在新时代思想政治教育工作中是如何达到辅导员标准的。每一次深入学生寝室教育谈话，他做到了；在每一名学生生日当天都会发出个性化的祝福，他做到了；每天早晨通过近千字的微信文字鼓励学生起床锻炼身体，他做到了；及时帮助有困难的学生，他做到了。

一位制定辅导员工作标准的人用自己的实际行动践行着“标准”。每月500元的贫困学生资助、5000元的学生眼睛手术费、10000元为学生弟弟的无偿捐赠、生日蛋糕、假日聚餐、节日礼物，每一个做到其实可以有许多理由、许多借口不做到。曲建武老师就是所有辅导员学习的榜样与楷模，因为在他身上看到了辅导员的魂。

《英雄儿女》中当王成喊出了“向我开炮”，这是一种为国家舍身的精神；《时代楷模》里当曲老师喊出了“向我学习”，这是一种对学生大爱的情怀。2003年第一次听曲老师讲话，当时的我血脉沸腾、热泪盈眶，现在每天阅读曲老师的微信文字，从字里行间总能获取无限动力、执着与激情。在这位老辅导员的带领下，辅导员成为一个战斗群体，在思想政治教育和学生管理的一线中冲锋陷阵！

多年已过，无数辅导员仍在学生工作中执着坚持，他们都有一种信念在身，有一种精神在指引，不忘初心、牢记使命，因为有一位老辅导员仍然在路上！

二、辅导员的“点”“线”“面”“体”

如果把你比作一个小小的“点”，那么你这个“点”就必然存在于一条“线”上，而这条“线”又必然存在于一个“面”上，而这个“面”又肯定是“体”上的“面”。所以，我们每一个人，都绝不是孤立的“点”。相反，我们每一个人都是“线”上的“点”，“面”上的“线”，以及“体”上的“面”。借外部之势，说的正是从自身这个“点”之外的“线”“面”“体”中获得势能的方法。接下来就来看看对辅导员个人来说，什么是“线”“面”和“体”。

“线”代表的是你所在的单位学校。

一个人，大学毕业后进入一个学校单位工作，这个学校可能是本科，可能是专科，也有可能是中职，或者是中小学。所以你们的事业发展和成长速度肯定会受到完全不同的影响。

“面”代表的是你所从事的辅导员行业。

进入学校后，有的人做了专业教师，有的做了行政人员，按照学校的安排你做了一名专职辅导员，你们在各自的工作岗位上开始了人生成长。每个人的生命周期包括四个阶段：适应期、成长期、成熟期和衰退期。

“体”代表的是你所做的思想政治教育工作、立德树人的事业。

从时间维度上讲，是指你所处的时代，我们已经进入了新时代；从空间维度上讲，是指你所开展的立德树人事业。时代是我们无法选择的，但立德树人的事业是可以创新的。辅导员在学生管理和思想政治教育过程中一定要把立德树人的使命愿景和自己的岗位工作建立关联，按照学生链接优化三步框架来实施推进。

第一步是使命愿景的抽象表达，辅导员要把使命愿景还原到具体典型的学生工作场景中，理解使命愿景文字背后具体的、鲜活的学生个体。

第二步是思考在自己的岗位正在做的事情对自己以及对学生有什么直接或间接的作用，在做的事情和学生之间建立亲和链接关系，发生思想政治教育化学反应。

第三步是思考如何优化自己正在做的具体事情才能优化这个结果，辅导员要思考自己的行为能否促进学生的成长，学生是否能够接受，学生是否能够受益。

辅导员要学会把使命愿景放在具体的每一个学生中去理解。每名辅导员都应该从真实的学生故事和学生需求中找到自己的存在价值。

请思考一下，明确回答这个问题：我所从事的辅导员岗位，给学生创造了哪些价值？

作为辅导员，要为自己的工作岗位和学生需求之间的关联创造更多的价值，在工作中你所面对的工作场景、项目任务、方案计划、活动载体等，可能以天为单位在不断地变化。

作为辅导员，如果在工作中没有主线和主见，则很容易疲于奔命，陷入日常管理的琐事之中。

作为辅导员个人应该如何理清思路安排自己的资源、分配自己的精力呢？

辅导员的工作时间分为主动工作时间、被动工作时间、机动工作时间。主动工作就是主动干自己想干的分内工作；被动工作就是自己不愿干但必须干的工作，比如有的会议和各种检查；机动工作就是在办公室处理日常事务、私人事务及外出学习参观等。实践证明：主动工作时间占到全部工作时间的50%以上，工作就有成效；如果被动工作时间和机动工作时间加起来超过70%，看起来忙忙碌碌，而实际上则是杂务缠身，劳而无功。

作为辅导员，我们要定期重新审视自己的工作岗位，重点审视自己的辅导员工作和学生真实需求之间的关系，然后按照重要紧急事项四象限模型合理规划自己的工作，做好自己的时间管理，持续迭代，最终找到那个你最能为学生创造价值的具体抓手和载体。

在辅导员成长的四象限中，对于重要紧急象限范围内的辅导员要采取行动，例如突发事件处理。在这个象限中如果天天处理突发事件，辅导员容易成为“压力人”。对于重要不紧急象限范围内的辅导员要坚持积累，例如，主题班会、班级建设、谈心谈话、能力提升等。这个象限处理好的话辅导员则成为“从容人”。对于不重要又紧急象限范围内的辅导员要学会授权，例如，临时会议、材料报送、方案制定、新闻撰写等。在这个象限中辅导员天天陷入琐事里累得满头大汗，辅导员容易变成“无用人”。对于不重要不紧急象限范围内的辅导员要学会拒绝，例如，微信聊天、刷抖音快手、玩王者荣耀游戏、无意义的酒局饭局等。在这个象限中辅导员虽然过得很潇洒，但容易变成“懒人”。

> 一流的辅导员处理明天的事情，二流的辅导员处理今天的事情，三流的辅导员处理昨天的事情，请问：你是几流的辅导员？

我们还可以看到，有的辅导员每天日程排得很满，总是雷厉风行、马不停蹄，但是他一直都是精神抖擞、神采奕奕，并没有显得人困马乏、精疲力竭。而有的辅导员整天待在办公室里无所事事，不但没做出成绩来，还活得状态萎靡、精神不济。

做事多不一定更累，做事少、没事做可能更累。为什么会如此？为什么做事多还反倒不累呢？是什么在刺激着我们越做事越兴奋呢？

如果辅导员在思想政治教育的过程中没有朝气蓬勃、保持快乐的心态，把辅导员工作当成了一种负担，不会用心去享受学生工作的过程，不能用心去感受每一天学生成长的快乐，则犹如一棵生机盎然的绿树失去了生命气息最后枯萎。

夜深人静时回味每一天的工作，用笔勾画出令你心动的点点滴滴，在点滴中寻找几十年后回味的素材与感动。这样，每天忙碌而充实，光阴从你的指缝间悄悄地滑走，你还感觉时间过得很慢吗？

从心理学上讲这是自我效能感，也就是我们做的这些学生工作带来的价值感给了我们激励。正是我们从事的立德树人事业，让学生有所成长改变，让我们感到价值很大，发自内心地热爱辅导员工作，不断地激励自己，肯定自己的价值。

例如，忻州师范学院的辅导员郑茹楠老师，有三个身份：一个是三个孩子的母亲，一个是学生的专职辅导员，一个是创新创业教育教师。

找学生谈心谈话，和学生一起设计活动，为学生开展创新创业教育，晚上线上社群营分享，介绍专家学习交流，开发原创版权课程，熄灯之后组织学生花式查寝，每天几乎都是十二点才休息。每次看她的朋友圈，都让你有一种人生真美好的感觉。积极乐观、激情四射、毫无抱怨、乐此不疲，对辅导员工作是一种发自内心的热爱，对学生工作是一种来自灵魂深处的喜欢。

用她自己的话说她是辅导员里面会讲创业课的，也是创业教师里面懂得学生心理的。2016年，她开始从事双创教学，带学生参加创业竞赛，做了教研室主任，开始为学校培养双创师资，同时鼓励老师们开发专创融合课程，成立了一个创业教师团队，一起做了“五台山研学课程产品开发”的创业实践，又孵化出产学研模式的企业——

山西心狮创能文旅有限公司。

一个普通辅导员用三年时间走完高校创新创业教育的全过程。同时，她还带了两个班的学生参加了30余次培训，拿下6个证书，培养了48位师资，带过20多个创业项目，进行了11次校外分享，主持了4项课题，开发了1门原创版权生涯课程，创办了2个全国性的创业教育分享社群，荣获过山西省辅导员素质能力提升大赛金奖。另外，每天也要陪三个娃儿一起学习成长。

我们都说，做一名辅导员难，做一名女辅导员更难，但做一名有三个孩子的女辅导员妈妈更难。但是茹楠老师却在学生工作中找到了自己的幸福感，那就是不断地为学生创造价值、赋能成长。

作为辅导员，要拿出足够的耐心经得起时间的打磨和琐事的烦扰；要拿出足够的细心洞察身边学生潜在风险，及时化解；要拿出足够的真心与学生相处交流，陪伴学生成长。

三、辅导员成长的“三靠两怕”

作为辅导员，在成长过程中有“三靠”：靠天就是获得上级支持，靠地就是获得学生拥护，靠自己就是个人努力；靠内力就是不断学习提高增强内功，靠外助就是领导认可、同事支持、学生肯定，靠机遇就是参加各种比赛、活动，让自己脱颖而出。

> 作为辅导员，在成长过程中其实我们心中有两怕：一怕路上没人给我们纠偏，失去了方向；二怕心中没了彼岸，迷茫了目标。而使命可以帮我们纠偏，愿景就是我们的彼岸。

使命是什么？使命就是教育部43号令的九大职责；愿景是什么？愿景就是能够成为学生的人生导师和知心朋友。

同样是咸鱼，为什么有的翻身了，有的粘锅里了呢？因为后者忘了加油。所以阻碍你前进的不是高山，而是“我知道”。如果你啥都知道，你就不是现在连自己都不满意的样子了。

辅导员如果心不在工作岗位上，则不能对自己的工作产生热爱；如果对自己的工作没有热爱，则不能用心对待自己的学生和事业，只能变成机械传声筒。

辅导员思想上的波动造成了工作上的摇摆，放任式不作为、不管理使学生变成了一盘散沙，思想上守不住清贫、耐不住寂寞、负不了责任。所以辅导员在未来的职业生涯中要有发展，政治上要有出路，行动上要有目标。

2022年4月16日，神舟十三号航天三人组经过六个月的太空之旅顺利返航。随着航天先驱者的脚步，我们眼中的世界变得越来越广，我们和星辰大海的距离变得越来越近，每一次出发皆为梦想，每一次归来皆有壮志。信仰与希望的力量永远燃烧“续航”。

我们都知道火箭分为三大系统，底部动力系统是火箭的生命之源，由燃料部分和发动机部分组成；中部结构系统是火箭的躯壳，保护内部各组织；顶部控制系统是大脑，指挥火箭控制飞行速度、工作方式以及确定飞行目标。辅导员要打造自己的“续航”系统，需要三大系统构成辅导员成长的火箭模型。

辅导员成长需要底部动力系统。此动力系统由激情、诚信、敬业三大燃料构成，它是辅导员应具备的基本素质，在辅导员的成长过程中不断提供动力。

辅导员成长需要中部结构系统。此结构系统由团队合作、拥抱变化两部分组成，它是辅导员个体与外部环境适应的原则。在辅导员成长过程中既要有单兵作战的能力，又要有抱团取暖的能力，同时还要有随时适应新变化、新要求的应变能力。

辅导员成长需要顶部控制系统。此系统以学生第一为核心，它是辅导员成长的大脑核心，是面对利益冲突时思考的优先顺序。在辅导员成长过程中真正地关心学生、关爱学生、关注学生，要真的对学生好，要对学生真的好，要对学生真好。

> 工作就是养生，这不是理论的逻辑，而是生命深处的震颤。

人生修行，从爱上工作开始，明道、信道、传道，在思政教育与学生管理中更好地立德树人，以价值观为引领，以能力为本位，以项目为载体，以学生为主体，以任务为驱动，守好自己的渠，种好自己的田。

每一个学生都是独立的个体，都有自己的思想，他们不同于父辈的追求，更多关注的是自我感受，“我不要你觉得，我要我觉得”。当前的现状是思想政治教育工作几乎都站在“我”的角度上去要求，很少站在“你”的角度上去理解，更本能性拒绝听听“他”的心声。所以学生管理是一门艺术，也是一门技术。

知识是让我们知道所不知道的，技能是让我们熟练所不熟练的，才干才决定我们成功不成功，那么才干乘以投入就等于优势，也就是说我们需要用我们的才干，不停地去努力付出投入，这样才能形成我们的特定优势，也叫天赋优势。

知识是道，技能是术，才干是魂。道决定我们的思维。今天我学习了，我就多知道，那明天我多看一本书，我就多了解，这是道，也是知识。道要因势而化。

术决定我们的行动。术是技能方法，面对00后学生，我们的学生管理和思想政治教育应该采取不同的方式方法，不能按照老的方式方法去管理新的学生。术要因势而新。

魂才能决定我们的结果。魂是才干，对于辅导员来讲，我们要适应时代发展要求，将习近平新时代中国特色社会主义思想融入我们的日常行为管理和思想政治教育中。魂要因时而进。

以上就是辅导员成长的道术魂模型。

本节反思复盘日记

主题：最有效的输入就是输出

日期：　　月　　日

事件 Facts	F1：今天学习本节文字，让我印象深刻的内容是哪些？ 哪些点最触动你？你现在一下子就想到的最有价值的是哪些内容？
感受 Feelings	F2：这些内容让我联想到了什么？ 结合 F1，对此请联系、描述自己的相关经验。
思考 Thinking	F3：这些给我现在工作的启发、启示有哪些？ 结合 F1、F2，让你深入反思的或让你深刻意识到的、学到的是什么？
行动 Actions	F4：未来我打算如何应用我的这些启发、启示？ 结合 F3，下一步你会怎么做？下一步你的计划是什么？

第三章 发展之叶：三维度打造，放大平台能量

第一节　主题维度打造学生工作品牌

搜狗百科将“打造品牌”定义为：通过一整套科学的方法，从品牌的基础入手，对品牌的成长飞跃、管理、扩张、保护等进行流程化、系统化科学运作。打造品牌是一项艰巨的共创，也是一项复杂的共创。

很多辅导员都在迷茫疑惑：自己一年到头搞了那么多活动，但每次到年终总结时感觉没有一个能拿得出手的，搜肠刮肚，一堆琐事，毫无亮点。

我们在开展学生工作时要有品牌思维，要对学生活动进行整体包装设计，通过打造学生工作品牌，让品牌活动有趣、感人、安心、积极、阳光，让参与的学生有体验与分享的感动。

> 打造学生工作品牌既是新时代学生工作的出发点，也是立德树人的着力点，更是党团组织更好服务学生的创新点。

在未来的学生工作中，我们要不断地丰富品牌内涵，拓展品牌外延，吸引更多的学生组织、社团协会、学生干部、普通同学积极参与到学生工作品牌建设中来。打造学生工作品牌活动，要从三大维度进行设计：主题维度、裂变维度、生涯维度。面对00后学生，我们要重新设计主题教育活动。

在打造学生工作品牌活动时，我们要了解00后大学生的特点，他们喜欢参加什么样的活动？他们对什么样的活动感兴趣？什么样的载体能够吸引他们投入？00后大学生喜欢愉悦的体验，愉悦的体验会成为难忘的经历。所以品牌活动要激发学生的愉悦体验，使之产生光环效应。在实践中我们发现能够吸引00后积极参与的活动一般具备以下三个条件：

一是要满足00后的兴趣。学生对某项活动感兴趣，从而激发他们对活动的好奇心。

二是活动要具有意义。开展一项活动要赋予活动内涵，体现新时代思想政治教育的意义。

三是性价比要高。让00后觉得自己参加这个活动能有收获，如果没有收获，还不如在寝室里继续玩自己的王者荣耀。

兴趣是什么，兴趣是指活动要像游戏一样好玩，同时要具有复杂性和挑战性。如果让00后参加一些简单而又枯燥乏味的活动，自然而然报名的人就会很少，例如强制性让学生听报告。

意义是什么？意义就是延迟满足，为学生赋予的意义不能太遥远，让学生看不到光、见不到亮，自然而然就没有动力了。所以，在学生管理过程中赋予活动的意义一定要让学生看得见、摸得着、够得上。

例如，对学生开展生涯规划教育时不要规划五年、十年之后的事情，而是应该大一参加哪些活动？大二获得哪些荣誉？大三取得哪些成就？大四收获哪些成长？

性价比是什么？性价比是指00后可以不在乎投入总回报，但在乎单位时间内的收入比。如果他们认为在寝室玩王者荣耀的投入与收获远远大于去听一场报告的投入与收获，则不可能积极地参加听报告活动。

打造学生工作品牌，需要的是辅导员的深度思考、高度凝练、角度加工、广度输出，这样才能让活动变成品牌，否则，活动永远是活动，搞完就搞完了。学生工作不能一味地重复，要结合天时地利人和各种因素，立足学生的性格特点和内在需求从千头万绪、纷繁复杂中重新进行包装设计，敢于创新，勇于实践。

> 作为辅导员，我们要对载体和活动重新进行“包装设计”。按照下面公式对活动进行设计：兴趣＋意义＋性价比＝满意度

满足兴趣是学生关注的热点，所以我们不能脱离实际远离学生；赋予意义是思政教育的重点，所以我们要将社会主义核心价值观有机融入；性价比是学生管理的痛点，所以我们要围绕学生成长规律因时而进、因事而化、因势而新。

我们重新明晰一下这个活动设计公式：

> 兴趣＋意义＋性价比＝满意度
> 学生关注热点＋思政教育重点＋学生管理痛点＝满意度

主题维度打造学生工作品牌分为三大主题：一是节点主题，它包括管理育人、服

务育人、实践育人；二是热点主题，它包括心理育人、组织育人、资助育人；三是痛点主题，它包括课程育人、科研育人、网络育人。

一、节点主题

节点主题是利用一年中重要的关键节点、节日设计开展的主题活动。它包括管理育人、服务育人、实践育人。

管理育人中的节点主题包括新生入校的开学典礼、学生离校的毕业典礼、开学时的“开学第一课”、放假前的“主题班会”等，也包括“三月份学雷锋活动”“5·25心理健康教育活动”“七一建党纪念日活动”“八一建军节国防教育活动”“九一八爱国主义活动”“12·4法治宣传活动”等。

例如，沈阳城市学院自2013年至今创新毕业典礼形式，已经连续多年举办中国高校最大露天散伙饭，摆满酒水，烤全羊，走红毯，发证书，拨穗礼，逐渐成为经典校园活动之一，也是学院师生紧密接触的体现，成为毕业生最为期待与难忘的独特节日。通过这种活动让母校成为学生心灵的依偎，成为学生在未来扬起风帆、勇往直前的力量源泉。

服务育人中的节点主题包括利用端午节、中秋节、国庆节、春节等节日节点开展相关活动和服务，同时也包括后勤的检查维修，行政部门为学生办理的各种服务，让学生体现出对国家的感恩，对学校的感谢，对辅导员的感动。

例如，太原理工大学创新推动服务育人形式载体，建立“党员宿舍”，筑牢服务育人阵地，在学生公寓建立“共产党员宿舍”“党员先锋岗”和“共产党员床铺”并予以挂牌。利用公寓管理员与学生的亲近关系，培育“楼长妈妈”，夯实服务育人力量，成为“不上讲台的教师”，打造服务育人学生工作品牌。

目前各高校围绕立德树人根本任务，结合四史学习教育，深化“一站式”学生社区综合管理模式改革，引领学校党员干部、教职员工践行“一线规则”，推动把领导力量、思政力量、管理力量、服务力量下沉到学生中间，将学生社区打造为学生党建前沿阵地、“三全育人”实践园地、平安校园样板高地，创造高校版“枫桥经验”，从而打造服务育人学生工作品牌。

实践育人中的节点主题包括社会实践、志愿服务、专业实习、文化活动等多元化载体，也包括劳动育人。纸上得来终觉浅，绝知此事要躬行。教育不能再是一味灌输，要超越学校课堂和书本的局限，让实践成为重要的学习方式，主题鲜明，时代感强，让学生的知识能力、态度情感与价值观在实践中得到锻造和升华。

目前学生的状态是有知识，少体验；会做题，不会解决问题；知行脱节，有生命，没生活。如何真正发挥实践教育在立德树人中的重要价值？如何真正让学生“活”起来、“做”出来？需要对实践育人进行顶层设计。

例如，西北农林科技大学坚持以“受教育、长才干、做贡献”为宗旨，组织“千村万户脱贫攻坚大调研”“新丝路经济带寻访”“城市学子到农村，农村学子进城市”“聚青春力量助脱贫攻坚”“稼穑之路——农科学子助力精准扶贫”“田园使者”“志愿者进社区”“青春驿站”“农村幸福院”等调研考察、服务体验、社会实践等活动，以项目带动和品牌建设为牵引，为青年学生成长成才搭建实践舞台，打造实践育人学生工作品牌。

那么我们根据节点主题的内容按照一年的重要节点设计一个主题活动，请思考一下如何进行主题活动设计？

新年之约：可以设计丰富多彩的活动载体辞旧迎新，告别过去，迎接未来，一起跨年，喊出新目标，许下新愿望。

清明之思：可以设计多种多样的活动载体缅怀先辈，悼念逝者，在活动中追忆革命先辈的高尚品质，继承革命先烈遗志。

安全之警：可以设计形式各异的活动载体开展国家安全教育，提高学生的国家安全意识，增强学生国家安全责任。

劳动之荣：可以设计机动灵活的活动载体让学生了解劳动创造了财富，劳动创造了文明，技能伟大，劳动光荣。

五四之魂：可以设计独具特色的活动载体让学生懂得青年是国家的生力军，青年兴则国家兴，青年强则国家强。

端午之忆：可以设计喜闻乐见的活动载体让学生了解民俗，了解中国传统文化内涵，丰富传统文化人文精神。

爱党之情：可以设计恢宏大气的活动载体让学生了解党的历史，感受中国共产党的伟大，不忘初心、牢记使命。

中秋之韵：可以设计贴近生活的活动载体让学生了解传统节日和风俗习惯，感受中国传统文化的特色与魅力。

师恩之念：可以设计温暖感人的活动载体让学生向老师致敬，体验尊师重教，不忘师恩，桃李满天下。

重阳之幸：可以设计小巧玲珑的活动载体让学生了解中国传统节日习俗，在行为中养成敬老孝亲的传统美德。

爱国之怀：可以设计主题突出的活动载体让学生感受祖国的强大，培养学生的爱国主义，激发学生的民族自尊心、自豪感。

法治之路：可以设计内容鲜明的活动载体让学生拓展社会主义法律知识，增强法治意识，用法治凝聚共识浸润人心。

二、热点主题

热点主题是指学校以及个人高度重视、投入时间精力较多的活动或者事件。它包括组织育人、心理育人和资助育人。

组织育人是指把组织建设与教育引领结合起来，增强工作活力、促进工作创新、扩大工作覆盖、提高辐射能力，发挥党支部战斗堡垒作用，通过开展“支部规范化建设”“创新党日”“一访二联三谈”“共产党员工程”等项目载体，把思想政治教育贯穿各项工作和活动中，促进学生全面发展。

例如，西南大学通过“三个聚焦”推动组织育人提质增效，聚焦对标对表，大力推进标准化、规范化建设，聚焦示范引领，深入实施“对标争先”建设计划，聚焦提升活力，着力打造党建工作特色品牌。

当前一些创新党日活动存在不聚焦、不突出的问题，有的“没主题”甚至“离了题”。要加强组织育人，让创新党日“党味”浓起来，在内容设计上更加贴近党员实际和学生的需求，在组织形式上更加灵活生动，要做到“有坚持、有制度、有思想、有灵魂、有色彩、有温度”理念，把支部创新党日打造成加强理论武装、锤炼坚强党性的载体，充分发挥组织育人作用。

例如，我作为学生党支部书记，结合学生实际，设计了《打造新时代五服务基层党支部》党建精品项目。通过服务社区、服务小学、服务企业、服务军营、服务学生，将学生、党员、支部有机结合，构建党员带头、学生参与、项目驱动、内外结合、形式多样的组织育人模式，实现服务社区做奉献、服务小学手拉手、服务企业搞调研、服务军营增信念、服务学生有党建。服务学生又分为服务在校生、服务毕业生、服务入伍大学生。

心理育人是指坚持育心与育德相结合，深入构建教育教学、实践活动、咨询服务、预防干预、平台保障“五位一体”的心理健康教育工作格局，培育学生理性平和、积极向上的健康心态。设计的心理育人活动要积极回应学生心理成长需要，围绕帮助某一学生群体获得心理成长或者解决某一类学生心理困惑开展的系统性探索。

例如，贵州大学始终坚持着力构筑“六大平台”暨构筑课堂教育平台，潜耕育人“深度”；构筑心理咨询平台，凸显育人“效度”；构筑网络宣传平台，打造育人“高度”；构筑特色活动平台，拓展育人“广度”；构筑朋辈互助平台，提升育人“温度”；构筑心理帮扶平台，延展服务“宽度”，从而打造高质量心理育人学生工作品牌。

资助育人是指把“扶困”与“扶智”“扶困”与“扶志”结合起来，构建物质帮助、道德浸润、能力拓展、精神激励有效融合的资助育人长效机制，实现无偿资助与有偿资助、显性资助与隐性资助的有机融合，形成“解困—育人—成才—回馈”的良性循环。

例如，中国计量大学“三全”机制提升资助育人水平，规范资助管理，全过程跟踪；创新资助思路，全方位搭平台；坚持育人导向，全员共同参与。将困难情况认定、资助帮扶、困难生谈心谈话情况纳入“学生成长轨迹”数据库，记录见证学生成长。设立“我为乡村振兴计划助力”创业实践项目，为困难学生创业团队提供资金、场地和技术支持，提升经济困难学生的实践能力，打造资助育人学生工作品牌。

三、痛点主题

痛点主题是指在思想政治教育以及学生管理过程中难度大、复杂性高，具有可进一步挖掘的事件或活动。它包括课程育人、科研育人和网络育人。

课程育人是指推动以“课程思政”为目标的课堂教学改革，优化课程设置，完善教学设计，加强教学管理，梳理各门专业课程所蕴含的思想政治教育元素和所承载的思想政治教育功能，融入课堂教学各环节，实现思想政治教育与知识体系教育的有机统一。

例如，四川传媒学院的辅导员陈亮老师，利用学院创建的“成都影视硅谷”协同育人平台，把专业教育和思政教育有机融合。他带领学生参与建党百年献礼影片后期制作。开展“制作电影融入专业用技术，观看电影融入自己谈体会，学习电影融入精神学榜样”品牌活动，形成了“制影、观影、学影”三步法思政育人模式。

他带领学生参与了《我的父亲焦裕禄》《哪吒之魔童降世》等电影的后期制作，得到了业界的高度认可。学生近两年参与全国互联网+大学生创新创业大赛、全国高校艺术设计大赛等各类赛事荣获国际大奖3项，国家奖项10余项，省部级奖项30余项。

例如，吉首大学积极推动建立“三通协同”课程育人体系，融通专业教育，积极化解思政工作难点；贯通培养环节，着力完善思政工作体系；联通各方资源，不断凝聚思政工作合力。厚植学生艰苦奋斗、开拓创新、贡献社会的职业精神，从而打造课程育人学生工作品牌。

目前，部分高校在研究辅导员课程化，辅导员课程化是指用教学的理念认识辅导员的工作性质，用课程的形式规划辅导员的工作内容，用教学的标准规范辅导员的工作行为，用科学的方式评价辅导员的工作实绩，促进辅导员履行教师角色，优化工作方式，发挥教育功能，提升工作效果。

自2009年，辽宁工程技术大学开始积极探索实施辅导员工作课程化模式，把辅导员工作量化为课程和教分，实现了辅导员工作模式和绩效考核的创新。学校通过施行辅导员工作课程化模式，切实提升了辅导员的角色意识，提升了辅导员的职业素质，提升了辅导员的工作效果，学校学生工作队伍建设成果卓著，走在了辽宁省乃至全国高校的前列。

当前，我提出了学生管理课程思政设计暨学生管理课程化理念，依托教育部43号令九大职责，从九大职责中开发学生管理方面的课程，将教学设计理念融入学生管理课程中。我认为课程化、品牌化、职业化、专业化、专家化才是辅导员成长的必然之路。

科研育人是指发挥科研育人功能，通过科研项目孵化、创业项目孵化等形式，引导师生树立正确的政治方向、价值取向、学术导向，培养师生至诚报国的理想追求、敢为人先的科学精神、开拓创新的进取意识和严谨求实的科研作风，从而加强学风建设。

例如，商洛学院以“互联网+”大赛为抓手筑梦育人，强化顶层设计，在政策导向上有力保障；注重基础培养，在培养方案中厚植根基；聚焦科技转化，在教研相长中培育项目；加强团队建设，在长期积累中做强项目。自2015年首届大赛上捧回银奖1项、铜奖3项，到2021年获高教主赛道金奖3项、银奖13项、铜奖2项。学生主持国家级大创项目累计达185项、省级项目512项。学生在各类学科竞赛中获省级以上奖励1750余项。

网络育人是指加强校园网络文化建设与管理，拓展网络平台，丰富网络内容，建强网络队伍，净化网络空间，优化成果评价，引导师生强化网络意识，树立网络思维，提升网络文明素养，创作网络文化产品，传播主旋律、弘扬正能量，守护好网络精神家园。

例如，上海第二工业大学的辅导员叶维明老师，带领师生团队通过“微教育、微互动、微体验”成功构建起“课堂-实践-网络”三位一体的学生工作育人品牌。他发起成立“辅导员说”同心圆网络育人工作室，带领由一群“80、90后”教师和“00后”大学生组成的团队，将“辅导员说”打造成具有全国影响力的原创网络育人品牌。

例如，北京理工大学构建了以“微党课”“微故事”“微心声”“微阵地”“微团队”为体系的“五微一体”“互联网+”思想政治工作新模式，不断打造网络育人学生工作品牌。

制作“微党课”，释放信仰能量。注重发挥思想政治理论课教师与思想政治教育工作队伍的协同作用，针对重大热点话题，录制“微党课”视频及公开课，先后录制《浅谈共产主义信仰》《传承优良家风做合格共产党员》《不要让历史成为任人打扮的小姑娘》等8场“微党课”，贴近师生思想实际，教育效果显著。

讲好“微故事”，发挥榜样作用。注重发挥师生先进典型的示范带动作用，以“微故事”为主线，通过网络文章、视频、微电影等开展师生先进典型宣传展示。打造师生身边的榜样“网红”，用身边优秀党员的先进事迹感染教育师生。

征集“微心声”，强化自我教育。开展“青年微语”“你的微笑”等专项活动，让青年在网络渠道发声，全方位展示青年党员在重大热点事件、党的理论知识、学习工作生活等方面的感悟，全方位传播青年的向上心声，加强网络沟通交流，让思想政治工作“暖”起来。

建设“微阵地”，筑牢线上堡垒。建设校、院两级网络思想政治教育平台，设有原创网络思想政治专题板块，结合重大纪念日推送主题网络原创文章，通过新媒体平台扩大受众范围和影响力。

打造“微团队”，建强网络力量。打造以爱国主义教育为重点的“归来工作室”、以弘扬校史和军工精神为内容的“瞭望工作室”、以提升学生综合素质为重点的“UP工作室”等团队，多篇文章被“人民日报”“共青团中央”等官方微信平台转载。

打造学生工作品牌，要做到以下几个方面：

一是赋予学生工作品牌愿景。辅导员在设计学生工作活动时要坚持立德树人基本导向，要围绕培育和践行社会主义核心价值观，使“品牌打造”符合人才培养要求，满足学生健康成长、成才的需要。

二是精准学生工作品牌定位。辅导员在设计学生工作活动时要密切联系学校实际情况、学院专业特点、学生思想现状，在贴近学生思想、学习、工作和生活实际下功夫，使“品牌打造”对学生工作能起到促进、推动作用。

三是凸显学生工作品牌个性。辅导员在设计学生工作活动时要因事而化、因时而进、因势而新，拓展工作思路，提升工作水平，努力使学生工作显特色、出亮点、铸精品。

四是贯穿学生工作品牌表达。辅导员在设计学生工作活动时要厘清思路、精心策划、认真开展、总结提高，使整个学生活动和时间节点具有连续性、完整性。

五是有效学生工作品牌识别。辅导员在设计学生工作活动时要从大局出发，活动要有一定的前瞻性和稳定性，可以结合当前形势不断丰富、发展和创新。

打造学生工作品牌，不能盲目打造，要经过实际调研，了解学生需求，针对具体群体，解决相关问题。同时，一个学生工作品牌的培育不是开个会、照个相、写个稿就认为是完成了，它不是一蹴而就的，需要辅导员、二级学院甚至是学校长期不懈的努力，有规划、有计划、有落实、有反馈、有复盘、有总结、有改进，是一项系统工程。

打造学生工作品牌，要做到“一个活动开展一年，一年开展一个活动”，围绕中心聚主题，围绕主题扩中心，跟热点、重节点、找痛点、抓重点、出成果、塑品牌，不能陷入年年搞、搞年年、低水平循环的无效圈中。

本节反思复盘日记

主题：最有效的输入就是输出

日期：　　月　　日

事件 Facts	F1：今天学习本节文字，让我印象深刻的内容是哪些？ 哪些点最触动你？你现在一下子就想到的最有价值的是哪些内容？
感受 Feelings	F2：这些内容让我联想到了什么？ 结合 F1，对此请联系、描述自己的相关经验。
思考 Thinking	F3：这些给我现在工作的启发、启示有哪些？ 结合 F1、F2，让你深入反思的或让你深刻意识到的、学到的是什么？
行动 Actions	F4：未来我打算如何应用我的这些启发、启示？ 结合 F3，下一步你会怎么做？下一步你的计划是什么？

第二节　裂变维度打造学生工作品牌

打造学生工作品牌，不能脱离学生实际，辅导员要在每天的烦琐事务性工作基础上总结凝练，找项目、找载体、找主题、找亮点、找特色，打开思维，善于发现。

学生工作品牌来源于日常学生工作，而又高于日常学生工作。

裂变维度是指对每一项学生工作、每一个学生活动、每一个个体事件都要投入精力，亲身体验，反思迭代，从具体工作中进行不断总结、积累、提炼、升华，最后形成学生工作特色品牌。

裂变维度包括三个方面：一是火眼金睛术；二是四两拨千斤；三是一叶障目法。

国学大师刘文典在西南联大做教授时，有学生问他怎样才能写好文章，刘文典答道："只要注意'观世音菩萨'就可以了。"学生不解，他于是解释说："观"乃多多观察生活，"世"乃需要明白世故人情，"音"乃讲究音韵，"菩萨"则是要有救苦救难、关爱众生的菩萨心肠。这一形象通俗、深入浅出的比喻和解释，令同学们恍然大悟，连说先生高明。的确，短短五个字，竟将做文章的要领阐述得如此透彻。刘文典大师虽然是针对文学创作而言，但对于我们打造学生工作品牌，同样具有借鉴意义。

那么如何打造学生工作品牌的"观世音菩萨"？

观事为先。“观”是指观察日常学生活动。辅导员在日常管理过程中要做到勤观察、多了解、会思考。所有的学生活动都是围绕“事”来进行的，所以我们辅导员要时时观察、事事思考，要深入寝室、深入教室、深入操场，通过一场比赛、一次谈话、一个提问、一场晚会，把对学生活动的感性认识上升到理性认识。认真思考开展一项活动具有的目标意义、活动内容、存在问题、具体措施等。

通达世事。“世”是指世间的常情常理，符合时代发展潮流，这是设计学生活动的核心要素。世事洞明皆学问，人情练达即文章。辅导员在开展学生活动过程中，要把社会主义核心价值观融入学生活动中去，要体现爱国爱党爱校爱家的立德树人思想，要符合党和国家的法律法规政策要求。不能天马行空地随意开展，否则易导致舆情事件发生。所以，辅导员在学生活动中要提炼载体、内涵、主题，做到主题鲜明、意义深远、活动有趣、育人有责。

音韵铿锵。“音”是指学生活动的题目要简洁干练、主题鲜明、朗朗上口、文气贯通，富有抑扬顿挫的节奏和韵律美。让人看到后就能记住，吸引人继续阅读下去。活动结束后的新闻报道要有主题、有内容、有措施、有意义、有亮点，字、词、句、章既要漂亮，又要精当，不能假大空。例如：我开发的讲座活动主题为《学生干部的三大法宝》《走进知青岁月，点亮理想心灯》《辅导员如何打造个人品牌成长IP》《班级管理的独孤九剑》等。

菩萨心肠。“菩萨”是指辅导员对学生要有服务之心、关爱之心、助人之心。辅导员要发自内心地走进学生、关心学生、帮助学生。这看似简单，其实是最难的，也是辅导员成长的魂。辅导员不仅要让学生敞开心扉，同时自己也要敞开心扉和学生彼此拥抱。在学生活动中投入感情，真心付出，一次临时的家访、一句短信的鼓励、一声运动场上的呐喊、一起加班后的泡面、一同策划活动的碰撞，汗水、泪水、苦水一起流，与学生同频共振、心心相印，成为学生的人生导师和知心朋友。

一、火眼金睛术

火眼金睛术是指辅导员要从日常的学生工作中发现亮点，从每一次的活动、讲话、查寝、谈心、管理、写作过程中迸发出灵感的火花。辅导员对于学生工作要细致认真，善于全面观察把握，深入了解详细情况，细心研究学生。时时留意、处处留心，善于察言观色，要由小见大，及时发现所存在的问题，从而对学生活动进行载体设计、品牌打造。

例如，我们可以看看网络论坛的发展路径，从开始到现在我们经历了哪些活动或者设计了哪些项目？

2003年开始流行玩百度贴吧。百度贴吧是百度公司的产品，自2005年之后大量的学生、家长以及社会人士涌入到贴吧中，由于当时的贴吧属于匿名进入，不需要审核，所以导致了贴吧管理的无序性。贴吧内容比较复杂低俗。这时候很多学生进入贴吧对自己的辅导员进行排名投票，有的学生还在贴吧里辱骂他人。因此导致在学生管理过程中有些辅导员不敢管理学生，怕自己的贴吧排名投票最低。

这种现象引起了我的注意，认为贴吧管理值得研究，这属于网络思想政治教育的新问题，所以当年申报了人生中第一个辽宁省社会科学规划基金课题《高职院校创新网络贴吧教育与管理研究》，结果没想到直接获批了，这就是来自日常工作迸发的灵感。

2005年开始流行玩博客。搜狐博客、新浪博客、网易博客当时是最火爆的三大博客。很多学生以及辅导员都建立了自己的博客，写博文，传照片，给留言。每天都要打开一遍看看谁在自己的博客留下了足迹，有时还悄悄地给其他博友发个小纸条。

这种现象又引起了我的注意，发现了网络思想政治教育的最好载体。于是向学校建议成立了博客协会，由校领导担任博客协会会长，很多年轻老师以及学生干部成了会员，定期开展博文评比、文章分享、学习交流等活动，博客协会成为了当时学生工作的创新品牌项目。后来由于搜狐博客关闭，自己在博客的平台上也没有继续坚持下来，这波流量被自己白白浪费了。而有的辅导员坚持下来，通过写博文成就了网络思政教育的精品项目。

2011年开始流行玩微信。微信是腾讯公司推出的产品，随着技术的不断发展，新生事物取代了旧事物，博客和微博逐渐被微信所取代，一夜之间大家都成为微信好友，打电话，不花钱，还能给点赞。

这种现象当时并没有引起我的注意，直到6年之后，在2017年才大梦初醒赶上了微信的最后一趟末班车，开通了一个公众号，就是现在的“辅导员联播”微信公众号。每天定期推送原创网络文章，截至目前，关注人数达到2万余人。人数虽然不多，但就是通过此公众平台网络育人的持续影响，我获批了“辽宁省网络育人名师工作室”和“辽宁省辅导员名师工作室”。而“川哥”“发哥”“萌哥”这批辅导员依托公众号成为辅导员中第一批崛起的“网红辅导员”，打造了自己的特色品牌项目。

2018年开始流行玩短视频，现在公众号的文章打开率越来越低，十万以上浏览量的帖子很难出现，大家都喜欢上了短视频。简单直接，视觉冲击力强，让人流连忘返。快手、抖音等成为学生以及辅导员的必备工具。早上刷晚上刷，上课刷下课也刷，吃饭刷去厕所还刷，每天大家都陷入了“喜唰唰”。

这种现象的确引起了我的注意，但自己精力有限，对新生事物的接受能力比较弱，所以本能地拒绝了这波红利。但自己却学会了各种软件，从一个技术小白变成了一个技术“大拿”。从钉钉、腾讯、小鹅通，到超星尔雅、云班课，每一个软件自己都尝试了一遍。小鹅通都已经升级迭代到6.0版本了，2020年自己也完成了线上100场的直播分享。所以，自己的成长速度和小鹅通的迭代速度是一样的。

而一些辅导员抓住学生需求，将抖音、快手、视频号等新媒体融入学生工作中，打造了自己的学生工作品牌。

例如，扬州工业职业技术学院的辅导员周璟老师，疫情期间开启了云直播，通过云端成为“网红”，为毕业生直播“带岗位”。疫情期间，许多原定的招聘会都无法如期举行，如何找一份好工作成了毕业生的新难题。他“别出心裁”，搞起了直播“带就业、带岗位”，现场与企业连麦，为同学们解决了“就业难”问题。“同学们、家人们，线上面试企业一般常用的方法有两种，视频面试和电话面试，无论是哪种面试，同学们首先着装上一定不能偷懒，我们从心态上就要开始重视……”周璟老师看着直播间里的弹幕耐心解答。

受疫情影响，传统的线下招聘无法开展，对企业来说更是“雪上加霜”。辅导员直播“带岗位”的做法让企业看到了希望。直播“带岗位”的新颖做法，既给学生解决了“就业难”的困难，也给企业缓解了“招工难”的问题。

二、四两拨千斤

四两拨千斤是指在学生工作中将小活动赋予大内涵，将小事件做成大影响，将小问题引发大聚焦，以小打大，以易作难，以柔对刚，尚巧善变，机动灵活，不断地积累蓄能裂变，最终形成学生工作品牌。

四两拨千斤，从物理学的角度分析就是利用了杠杆原理。如同阿基米德所说：“给我一个支点，我也能撬起地球”。

辅导员就是要在学生工作中找到撬起思想政治教育的支点。

例如，疫情之下我们如何设计主题活动？我们可以思考一下如何设计具有创新特色的品牌活动。

例如，西南交通大学的辅导员孔祥彬老师，结合疫情发展从做好自己和带动他人两个方面设计了“抗疫期间争创学习战疫五个先锋”的学生工作品牌活动。

争创学习战疫“思想先锋”。一是做好自己：每天坚持党的政治理论学习不放松，与党中央防疫要求保持一致。二是带动他人：按照支部安排讲好党课，向身边人宣传科学的防疫知识。

争创学习战疫“学业先锋”。一是做好自己：做好时间管理，积极开展疫情期间线上学习活动，利用假期进行课外知识学习。二是带动他人：力所能及地带动他人参加线上学习，通过不同形式分享学习成果。

争创学习战疫“服务先锋”。一是做好自己：积极参与校内讲坛幕后服务工作，力所能及地参加属地疫情防控志愿服务工作。二是带动他人：带动其他学生参与到校内讲坛服务工作，带动他人为疫情防控工作做出自己的贡献。

争创学习战疫“生活先锋”。一是做好自己：要认真做好个人防护，服从指挥，少出门，不聚集，按时打卡，不提前返校，保持良好的生活作息，早睡早起，健康饮食，适度上网，加强体育锻炼。二是带动他人：带动他人养成疫情期间良好的个人习惯，带动他人按时填报“每日健康报告”。

争创学习战疫“综合先锋”。一是做好自己：要理性辩证地看待突发灾难，关爱手足同胞；同时不造谣不传谣，用心感受祖国的强大；严格按照党员的标准要求自己。二是带动他人：把自己树立成一面旗帜影响带动他人形成良好的心态，帮助他人或集体取得成长、进步。

我们再分享一个案例，当前学生网购如潮，每次取快递的时候随手打开了快递包装，有的学生直接将包装扔在了校门口、校园内，使美丽的校园环境出现了不和谐的一幕。如何避免学生随手乱扔垃圾，如何让学生主动弯身捡起垃圾，成为学生管理的一个难题。

作为辅导员，我们如何设计一项这个方面的主题活动呢？捡垃圾虽然是小事情，但小事不小，它反映了一个学校是否具有良好的校风。

所以我们设计了一个“公益践行，从绿色行动开始”的主题活动。此项目也获批了辽宁省高校辅导员精品项目一等奖。

活动主题：公益践行，从绿色行动开始。

活动意义：树立生态理念，建设绿色校园。

活动口号：拾捡不是为了拾捡，而是为了不扔。

活动载体：成立绿色行动生态环保协会，专注于校园生态环境建设，以为企业培养技能应用型人才为己任。团队在各大高校开展大型公益活动及公开课，提高影响力。以“真诚、大爱、责任”为社团理念，以多方共赢为社团目标，努力打造成辽宁第一大校园品牌推广社团。

活动形式：通过实施校园垃圾捡起计划、公益环境宣讲大赛、教学楼清洗计划、文明吸烟建设研讨会、文明一升等系列项目，一方面改善了校园的环境，唤起大学生对环境的关注和宣扬，实现了我们的绿色行动生态环保，另一方面锻炼了大学生吃苦耐劳、团结奉献、心存大爱的优良品质。

活动目标：通过我是一切的源头、校园的环境因我而清洁来培养学生的创造能力和负责任心态；通过项目的开展锻炼学生的领导力、活动策划能力、组织协调能力、突发事件处理能力、解决问题能力以及总结归纳能力；通过项目实施，在整个拾捡的过程中培养学生吃苦耐劳、不怕脏的敬业精神。

其实，如果用一句话概括这个活动，那就是让学生能够主动在校园内拾捡垃圾。但对捡垃圾这个小活动赋予了生态文明绿色环保的大内涵。

三、一叶障目法

一叶障目法是指在学生工作中对于分散分期分批的活动进行挖掘整合凝练，由碎片化到综合化，由个体到整体，由点到线，由面到体，由普通到典型，形成特色的学生工作品牌活动。

对于此类活动，如果看整体不一定实施，但在个体中却得以完成；看综合不一定落实，但在碎片中体现；看典型不值得推广，但在普通中汇聚。只见森林，不见树木。

例如，我策划过“高职院校四生教育德育方式构建研究”这个品牌活动，并成功申报了辽宁省教育科学规划办课题。“四生教育”来源于“三生教育”。“三生教育”是指生命教育、生活教育、生存教育。

“三生教育”就是通过教育的力量，使受教育者接受生命教育、生存教育和生活教育，树立正确的生命观、生存观、生活观的主体认知和行为过程。也就是要通过整合学校教育、家庭教育、社会教育的力量，激发学生的主体认知和行为实践，最终达到帮助学生确立正确的世界观、人生观、价值观的目标过程。

如果直接设计“三生教育”活动，相当于直接复制照搬了别人的思路创意，所以结合习近平总书记的“绿水青山就是金山银山，宁要绿水青山也不要金山银山”的理念引入了生态文明教育，设计了“高职院校四生教育德育方式构建研究”的活动项目，加强学生的生命教育、生活教育、生存教育、生态教育。

但是对于“四生教育”在整体上并没有实施，而是从日常的活动中进行了凝练。

生命教育：辅导员定期通过主题班会开展学生“珍爱生命，远离危险”的教育，让学生学会感恩父母，阳光健康地活着。

生活教育：辅导员深入寝室开展寝室卫生检查，让学生学会自立，学会自强。开展大学生沟通、恋爱关系讲座，构建和谐的人际关系，学会生活。

生存教育：组织学生开展职业生涯规划与就业指导活动，让学生深入人才市场进行招聘体验，开展学生职业素养训练营，提升学生的生存能力。

生态教育：组织学生在校园内拾捡垃圾、进行环保节约、保护母亲河等活动，共建绿色生态校园，提升生态环保意识。

所以说“一叶障目法”就是凝练的主题活动没有整体开展，但具体的每一项内容都进行了实施。在树木上形成了森林，在森林中看不见树木。

同样的道理，我们通过“一叶障目法”又设计了“高职院校入党积极分子四色教育模式构建研究”学生工作品牌活动。

通过对高职院校入党积极分子开展红色价值信仰教育、绿色生态文明教育、蓝色职业素养教育、黄色安全预警教育，使其正确认识时代责任和历史使命，用中国梦激扬青春梦，为学生点亮理想的灯，照亮前行的路，使高职院校的入党积极分子成为社会主义核心价值观的坚定信仰者、绿色生态文明的积极传播者、蓝色职业素养提升的模范践行者、黄色安全预警的宣传抵制者。

四、学生工作品牌打造“三字经”

辅导员在开展学生工作时，既要从综合整体上进行思考设计，同时又要从具体落实上进行凝练升华。要不断地解放思想、创新思维，按照短、实、新“三字经”进行设计。

短——删繁就简三秋树。在设计学生活动项目过程中，题目要短小精炼、一目了然。内容要重点突出、主题鲜明。无论是总结、网文还是活动、项目，不能长篇大论，不能照搬硬抄、夸大其词，开展的活动要激发学生的兴趣，让学生参与互动，不能昏昏欲睡。

实——绝知此事要躬行。在设计学生活动项目过程中，不能在办公室里憋文章、憋网文、憋活动。要从学生中来，再到学生中去。辅导员要亲自开展调研，进入学生课堂、进入学生宿舍、进入学生活动之中，这样才能更好地总结凝练。

新——领异标新二月花。在设计学生活动项目过程中，一定要有创意，要融入创新思维。主题要符合时代发展新要求，不能“标题党”，内容要有新思路、新举措、新收获，不能违背客观事实和党的路线方针去哗众取宠。

学生工作品牌打造就是：想清楚、有特色、说明白、可操作、能凝练。

学生工作品牌打造重点在于“把准三脉”，让活动有创意，载体有内容，内容有标准，项目有品牌。

一是把准时政方针的“脉搏”。善于吃透上情，及时学习与本行业、本单位有关的精神和政策，把局部工作放在大局中去思考和衡量，立足全局、胸怀大局。使学生活动符合党和国家的方针政策，符合行业的发展规律，符合时代的发展方向。

二是把准学生思想的“脉动”。及时跟进学生的思想动向，注意把与学生谈话交流中最新闪光点做好归纳分析，摸准学生的想法，站在学生的角度考虑问题、设计活动。把学生的“关注点”作为设计活动的“着力点”，设计出符合学生意愿、满足学生兴趣的项目载体活动。

三是把准现实问题的“脉络”。坚持从实际出发，尽可能地深入学生一线，熟悉了解学生现实需求。选取的素材要真实可靠，事实材料、数据材料要核实清楚，任务、措施要避免泛泛而谈，讲究可操作性。始终做到对学生情况心中有数，对思想政治教育特征把握准确，提高活动的针对性，防止出现领导热、学生冷的场面。

辅导员要时刻牢记“我是谁、为了谁、依靠谁”，深入践行教育部43号令九大职责，时刻站在学生的角度思考问题、解决问题，做到从情感上认同学生、打心底关心学生、困难中体贴学生、生活上服务学生，这样的学生工作才能成为未来的特色品牌。

本节反思复盘日记

主题：最有效的输入就是输出

日期：　　月　　日

事件
Facts

F1：今天学习本节文字，让我印象深刻的内容是哪些？
哪些点最触动你？你现在一下子就想到的最有价值的是哪些内容？

感受
Feelings

F2：这些内容让我联想到了什么？
结合 F1，对此请联系、描述自己的相关经验。

思考
Thinking

F3：这些给我现在工作的启发、启示有哪些？
结合 F1、F2，让你深入反思的或让你深刻意识到的、学到的是什么？

行动
Actions

F4：未来我打算如何应用我的这些启发、启示？
结合 F3，下一步你会怎么做？下一步你的计划是什么？

第三节　生涯维度打造学生工作品牌

学生工作不仅是一份职业，更是一份事业。每个人都应该把自己每天每时每刻做的有关学生工作中最普通、最简单的事情打造成自己独一无二的品牌，以实现自己的职业价值和思政育人目标。

当前辅导员处于快节奏的工作中和繁杂琐事的处理中，对于如何做好自己的职业生涯规划依然很迷茫，辅导员的未来何去何从？是继续做辅导员还是转岗做专职教师？是继续做辅导员还是调到行政部门从科员做起？

> 现实中每一个辅导员成长的意愿很强烈，每一个辅导员成长的道路有很多条，每一个辅导员成长的空间无限大，但前提需要每一个辅导员进行合理清晰的生涯规划。

一、辅导员内外职业生涯

生涯维度是指辅导员对自己的未来成长合理规划，在不断地学习中提升自身能力与素质，将生涯规划与工作岗位有机结合，从而打造学生工作品牌。它包括强势开局、添加燃料，聚焦长板、锚定优势，优化长尾、持续影响三个方面。

辅导员的职业生涯成长有三个特点，分别是独特性、内外性和发展性。

独特性是指辅导员工作不是任何人都能从事的，它需要专业素质、沟通能力、良好心态、敬业精神等。很多人认为在高校中最容易干的工作就是辅导员工作，学生都已经成人了，白天上课又没什么事情，平时点个名签个到就可以了。但其实不然，并不是所有人都适合从事辅导员岗位工作，这就是为什么有的辅导员干了几天，一个危机事件就给吓跑了，死活要调岗。这就好比非得让姚明去跨栏，刘翔去打篮球一样，所以要根据每个人的特点安排从事辅导员岗位，而不是为了满足1：200的比例要求，人虽然配齐了，但能力依然低水平重复，有数量没质量。

内外性是指辅导员的成长分为内职业生涯和外职业生涯两个方面。职业生涯规划大师程社明老师认为内职业生涯是一个人成长之树的根，外职业生涯是一个人成长之树的花和果。

内职业生涯是从事一种职业的知识、观念、经验、能力、责任、心理素质、身体健康、内心感受等因素的组合及其变化过程。

例如，作为辅导员，此时的你正在阅读此书，通过阅读此书扩充了自己的知识，掌握了学生管理的方法，提升了个人工作能力，学会了如何打造个人品牌成长IP，那么这里面的知识、能力、方法就属于你的内职业生涯内容。

外职业生涯是从事一种职业的工作时间、地点、单位、内容、荣誉、职务与职称、工资待遇等因素的作用及其变化过程。

例如，作为辅导员，由于自己的工作表现优异，学生工作有特色，被上级评选上了“优秀辅导员”荣誉称号，提拔担任“团总支书记”，并顺利晋升了“副教授”职称。那么这里面的“优秀辅导员”“团总支书记”“副教授”就属于外职业生涯内容。

内职业生涯主要靠自己不断探索学习而获得，它不随外职业生涯的获得而自动具备，也不会因外职业生涯的失去而自动丧失。外职业生涯通常是他人给予、他人认可、他人决定的，也容易被他人否定、收回，甚至是剥夺。

内职业生涯与外职业生涯相辅相成、相互影响、同时发展，才能促进一个人的成长裂变。二者不能互相割裂，一脚长一脚短，一脚软一脚硬。

那么内职业生涯超前好，还是外职业生涯超前好？只有内外职业生涯交替超前发展，才能达到一个人成长的和谐统一。内职业生涯永远不可能一直超前发展，外职业生涯也不会总是一直火箭升天。

那么我们看看内职业生涯超前外职业生涯的几种情况。

第一种：超前恰当很舒心。作为一名辅导员，当你对学生工作已经很了解了，很熟悉了，班级管理正规，学生行为规范，日常活动积极。你已经具备了做辅导员工作的知识、素质、能力、责任，所以你的辅导员工作做得得心应手。

第二种：超前较多很烦心。当你送走了一届毕业生后又开始了三年、四年之旅循环时，你感觉到每天又开始重复三四年前的早操晚自习、查寝点名、各种活动等，你的能力对付这些小事已经游刃有余了。可是这个时候你的外职业生涯依然还是辅导员，但现在你的内职业生涯能力已经可以解决团总支书记能解决的问题。所以，你认为自己是大材小用，埋没在土里的金子，心里感到了不舒服、不平衡，对工作也是漫不经心了。

第三种：超前太多会变心。随着时间的推移，你已经工作十年了，你的能力、经验进一步积累增长，你经常替副书记去解决各种问题，处理各种事件，很多副书记的工作被你安排得井井有条。可是这个时候你的外职业生涯依然还是辅导员，但你的内职业生涯已经具备副书记的能力、责任、素质了。所以，你认为在这个二级学院从事辅导员岗位没有吸引力了，不能让你有进一步的发展。所以，你只好去寻找新的发展空间，要么去别的二级院竞聘团总支书记或副书记去了，要么去行政部门竞聘领导职务去了。

那么我们看看外职业生涯超前内职业生涯的几种情况。

第一种：超前恰当有动力。作为一名工作一年的辅导员，突然有一天领导找你谈话，下一步要提拔你当团总支书记，你一听当时浑身充满了动力，虽然自己刚工作一年，但马上要提拔为团总支书记了，这是学校对自己工作的认可。自己的外职业生涯得到了发展，受到了领导重视，所以，自己每天都很激情四射，早来晚走，打鸡血式地投入到学生工作中，内心动力无限，激情澎湃。

第二种：超前较多有压力。作为一名工作一年辅导员，突然有一天领导找你谈话，下一步要提拔你为党总支书记。你一听吓一跳，自己刚来一年，目前自己内职业生涯的能力、知识、观念还处在学习上升阶段，对自己外职业生涯的党总支书记岗位从来没有接触过，而且从来没有带过四五十人的部门团队，有的老师还从来没交流过呢。此时你感到了压力，每天很彷徨、苦闷，唉声叹气。

第三种：超前太多有毁灭力。作为一名工作一年的辅导员，突然有一天领导找你谈话，下一步要提拔你为学生处处长。你一听脑袋就嗡嗡响。自己才一年的内职业生涯，能力、阅历、素质、知识还不足以承担起外职业生涯为学生处处长的岗位职责。如同把一头大象压在了小草上，饭吃不香，觉睡不好，心情压抑，导致自己把自己压垮毁灭了。

发展性是指辅导员的成长是向上递进的，不可能一蹴而就。辅导员的成长需要三大技能，分别是概念技能、人际技能和技术技能。

作为一名初级辅导员，技术技能占70%，人际技能占20%，概念技能占10%。所以辅导员要多做技术技能方面的工作，例如查寝出早操、开展活动、召开主题班会、谈心谈话，让自己的技术技能熟能生巧。同时要用人际技能学会与部门领导和同事沟通，用概念技能理解学校未来发展的理念。但是作为一名辅导员，也不能整天在办公室研究学校未来的五年发展规划，这不是我们初级辅导员所要考虑的事情。所以这个时期要多干活、会沟通、少规划。

作为一名中级辅导员，技术技能占30%，人际技能占40%，概念技能占30%。此时的辅导员可能担任副书记或处长等职务，所以既要理解上级部门的规划理念，又要能够与同级部门间协调配合，还能够带领下级部门打仗战斗。所以这个时期要能干活、善沟通、懂理念。

作为一名高级辅导员，技术技能占10%，人际技能占20%，概念技能占70%。此时的辅导员可能担任校级领导职务，所以要多规划统筹学校未来发展，设计学生工作的顶层思路，同时要把自己的理念向中层干部进行传递消化，而具体的早操、晚自习、查寝则不需要每天亲力亲为了。所以这个时期是少干活、能沟通、多规划。

目前我们辅导员的现状：起步早，进步慢，中间必定有磕绊，其中道理很简单，不是客观就是主观。但抱怨却毫无意义，与其抱怨客观，不如反省自己为何不改变自己的主观以适应客观。

二、辅导员生涯甜蜜区

在这个世界上，没有任何人能够改变你，只有你能改变你自己；也没有任何人能够打败你，打败你的也只有你自己。所以应多读书、勤实践、肯思索、善总结。

（一）强势开局，添加燃料（辅导员工作时间：1~5年）

辅导员在此阶段要强势开局，不断地为自己添加燃料。要熟悉自己所带的每一个学生，要亲自设计参与每一个活动，要挑战完成每一项工作安排，不断地获得工作经验并积累。

在此阶段，辅导员要有耐心，要不断地行动，不断地为自己添加燃料。那么辅导员的“职场燃料”都有哪些呢？

可迁移技能。它是指在辅导员岗位上学习获取各种新技能。主要包括：解决问题的能力，能随时处理学生各种突发问题；沟通协调的能力，能与学生谈心谈话，和领导同事有效沟通，和家长探讨学生成长；完成任务的能力，能及时准确完成领导交给的临时任务，如新闻撰写、活动策划、会议准备等；考取证书的能力，考取生涯规划师、心理咨询师、危机管理师等证书；学习一门外语。这些都是可迁移能力，别人抢不走、拿不掉，能随身携带、随机提取、随时使用。

有意义的经验。它是指在辅导员岗位上不断复盘、反思获取的各种经验。如何开展迎新晚会？如何开好主题班会？如何开展主题党日活动？如何指导创新创业大赛？如何开展社会实践活动？如何清单化分解每月各项重点工作任务责任到人？如何制度化抓好各项工作落实倒排工期？如何对贫困生、少数民族学生、心理问题学生、单亲学生、学生干部等不同群体分门别类，随时掌握？从这些项目载体工作中总结经验，为自己添加燃料。

持久的关系。它是指在辅导员岗位上所获得的人际关系，即辅导员和领导的关系、与同事的关系、与学生的关系等。储备燃料并不是要去拉关系，而是靠自己的能力和责任获得了领导的认可、同事的支持、学生的拥护。

> 在岗位中以你为圆心，以你的能力为半径拼命地画圆，你的能力有多大，你的圆就有多大。持久的关系将成为你终生的“燃料”。

此阶段通过辅导员的学习积累成长，你的学习力就是你的品牌，你的责任心就是你的品牌，你的执行力就是你的品牌，你的人际关系就是你的品牌，不断在行动中实现“燃料”积累。

例如，山东交通学院的辅导员张敏老师，2018年从事辅导员工作，第一年就开通了她的个人微信公众号“心娴思敏”，围绕大学生的学业、情感、心理、就业等输出原创文章。然而，随着短视频时代的到来，相对于传统公众号“图文”的内容表达形式，学生更喜欢“短视频”的形式表达。为了更好地适应学生成长需要，她开始探索从公众号向短视频转移，不断学习短视频制作技术。

她在做短视频的初期，面临的就是语言表达方式的困难，与公众号文章的书面表达不同，短视频的语言表达形式要更加地通俗化、口语化。因此，一篇视频文案创作出来后，她反复地对照念几十遍，不断地修改，直到达到视频语言表达的要求。

突破了文案创作这个难关后，紧接着是视频的录制环节。是否需要本人出镜？拍摄的环境如何选取？是边创作文案边拍摄，还是集中撰写文案集中拍摄？这些问题是她视频创作初期遇到的最大问题。但她迎难而上，不断地去学习、去实践，边拍摄边实践，在实践中不断地优化和改进，直至确定自己的拍摄风格和角色定位。现在“心娴思敏”视频号每天一更，逐渐形成她特有的品牌IP。

（二）聚焦长板，锚定优势（辅导员工作时间：6~10年）

随着不断地学习积累，经验阅历的不断增加，自己在辅导员岗位上越来越得心应手、游刃有余。此阶段开始需要聚焦自己的长板，找到自己的生涯甜蜜区，将自己的可迁移技能、有意义的经验和持久的关系融会贯通，将长板放大，通过活动载体项目不断地展现自我，形成学生工作特色品牌。

> 作为辅导员，要结合自己的长板进行输入和输出。输入，我们要让小溪汇百川；输出，我们要让海洋变河流。结合自己的专业，结合自己的职业，结合自己的行业，规避自己的短板，发挥自己的长板，让自己的长板更长。

太阳的能量为激光的数十万倍，但由于分散，变成了人类可以享受的温暖阳光，激光则通过聚焦获得能量，轻松切割坚硬的钻石和钢板。

> 辅导员打造个人品牌IP，获得成长竞争力，唯有聚焦。

学思想政治教育专业的辅导员可以聚焦思政的理论研究；学法律专业的辅导员可以聚焦学生的安全法治教育；学心理专业的辅导员可以聚焦学生的心理问题研究；学其他专业的辅导员可以聚焦自己的专业特色并将其融入学生管理过程中。你形象好，可以做礼仪形象输出学生工作品牌；你声音好，可以做播音朗读输出学生工作品牌；你执行力强，可以做时间管理输出学生工作品牌；你写作好，可以写网文输出学生工作品牌；你体育好，可以做运动输出学生工作品牌。只要结合你的特长让自己的长板不断地聚焦，那么你的学生工作品牌在你的输入与输出过程中便得以形成。

例如，辽宁农业职业技术学院的辅导员尤长军老师，大学期间学的是绘画专业，擅长美术绘画，可以说和思想政治教育毫无关系，毕业后一直从事学生工作十余年。在学生工作中兢兢业业、认真努力，但大学期间的专业和工作后自己所从事的辅导员职业没有产生过交集，一直是两条平行线。突然有一天，在我们交流过程中迸发出了灵感火花，为什么不能把我们的学生工作用绘画的形式表示出来呢？用图画的形式让大家了解我们的学生工作。

所以他给这项活动起了个名字，叫作“图说思政”。通过画图的方式让学生感受到思想政治教育的意义，喜闻乐见，形式新颖，学生乐于接受。截至目前，他已经完成了几百张图片，每一幅图片都体现了学生管理中的教育引导意义，赋予了思想政治教育功能。“图说思政”现已成为全国的一项特色学生工作品牌。

（三）优化长尾，持续影响（辅导员工作时间：11~15年）

此阶段的辅导员已经成为一名“老辅导员”了，十几年的工作经验和阅历、十几年学生工作的摸爬滚打、十几年的人际关系，使自己的辅导员工作模式实现了自动化。到什么山唱什么歌，到什么节点做什么事，时间点、关键事、路线图都在你的脑海中。看问题从全局出发，做方案从细节观察，遇危机从容淡定，获奖励心态平和。但在此阶段要不断地挑战自己，开辟自己第二成长曲线领域，发挥自己的影响力，找到自己的价值感和意义感，而绝不是坐吃山空啃老本。

例如，天津理工大学的辅导员马红健老师，长期在一线从事学生工作。她经过多年思索提炼所画的学院“学生工作脉络图”，被同行们称为学生工作的“清明上河图”，是她几十年扎根育人一线，在实践创新中不断提升思政工作实效性的生动写照。

她成立了“老马辅导员工作室”，用“前有‘一马当先’、后有‘万马奔腾’、只要‘马不停蹄’、定会‘马到成功’”的工作志向和愿景，努力搭建“三全育人”与“十大育人体系”的立体架构；以党建引领，开创“分享会”团课模式；每年拍一部党史情景剧进行红色基因教育；开展以“材聚天理、料写春秋”为学院文化符号的系列特色活动等。

她每年为学生入党积极分子、业余党校、党员等讲党课10余场，宣讲十九大精神、教育大会、政治理论等几十场。她也一直承担着班主任的工作，学生们经常能够在教室看到马老师的身影。

2018年，学院党委获批首批“全国党建工作标杆院系”培育建设单位，为天津市地方高校唯一获批院系；学院获批“教育部三全育人综合改革试点院系”，两个项目均由马红健老师主持。她也获得了“全国教育系统先进工作者”荣誉称号。

我们所谓的“苦”，在大咖眼里只不过是一种聚焦的能力。辅导员的工作就是一本书，书的名字是《学生管理与思政教育》。辅导员就是作者，如何对整本书进行整体设计、结构搭建、案例引入、活动创新，需要辅导员不断地迭代思考，书的厚度取决于辅导员的工作态度与能力。

三、辅导员生涯角色变化

大学四年（或三年），随着学生的成长辅导员身份也是不断变化的。大一的辅导员身份角色肯定和大四的辅导员身份角色具有明显区别。如果辅导员的身份在这四年（或三年）期间一成不变，则不适应学生的成长发展。那么我们按照金字塔模型来分析辅导员的生涯角色变化。

“保姆型”辅导员。它是指新生刚刚入校报到，从报到之日起一个月时间内，辅导员的身份属于“保姆型”。此时学生管理的核心关键词是“环境”。辅导员要像保姆一样带领着学生熟悉环境，参观校园，走进校史馆，增强荣誉感。同时，不断地为学生答疑解惑，超市在哪？洗澡在哪？食堂在哪？银行在哪？增强学生与环境的熟悉度和亲密度。此阶段属于辅导员“手把手”阶段。

例如，有的学校开展校园“一日游”活动，让学生了解学校发展历史，走进校史馆、博物馆，增加学生的爱校教育。辅导员要像导游一样向学生介绍校园的一草一木、一花一果。

“指导型”辅导员。它是指随着入学教育、军训结束，新生学习生活步入正轨，在大一上学期的时间内，辅导员的身份属于“指导型”。此时的学生管理核心关键词是“行为”。辅导员要指导学生规范自己的日常行为，调整心态，适应大学学习生活节奏。起床叠被，寝室清扫，早操晚自习，按时上课，完成作业，寝室不允许使用大功率电器，搞好人际关系，这些都需要辅导员不断地指导、规范，让学生养成一个良好的习惯。此阶段属于辅导员“手拉手”阶段。

“训练型”辅导员。它是指大一上学期已经结束，学生已经适应了大学生涯，开始进入了大一下学期，辅导员的身份属于“训练型”。此时的学生管理核心关键词是“能力”。辅导员鼓励学生积极参加各种活动，鼓励学生参加学生会竞聘，鼓励学生加入自己喜欢的社团，选修自己喜爱的课程，通过各种活动载体锻炼学生的沟通表达和协调能力，让学生不断地开拓视野和格局。此阶段属于辅导员“手牵手”阶段。

“教练型”辅导员。它是指大一学年已经结束，进入了大二学年，学生熟悉了校园环境，建立了人际关系，辅导员的身份属于“教练型”。此时的学生管理核心关键词是“信念”。辅导员要培训学生树立正确的世界观、人生观、价值观，培养学生自我管理、自我服务、自我约束、自我成长的能力。学生已经开始独立完成方案撰写、活动策划、团队沟通，学生形成自己独立的看法和观点。此阶段属于辅导员“可放手”阶段。

“导师型”辅导员。它是指大二学年已经结束，学生经历了锻炼成长，开始进入了大三学年。辅导员的身份属于“导师型”。此时的学生管理核心关键词是“身份”。辅导员要与学生在思想上进行深度交流。作为学生会主席部长要关心、关爱下属，学会欣赏他人，接纳他人优点和缺点，不能从自己角度考虑事情，要具有宏观思维。辅导员要培养学生学会尊重欣赏、感恩陪伴，具有团队格局，成为学生的人生导师；面对学生的成长成功，给予学生一个鼓掌、一个微笑进行鼓励。此阶段属于辅导员“拍拍手”阶段。

“精神领袖”型辅导员。它是指大三学年结束，开始了顶岗实习或就业，进入了大四学年。辅导员的身份属于“精神领袖”。此时的学生管理核心关键词是“系统”。学生经过职场磨炼之后，辅导员经过思想引导、情感疏导、行为教导后，学生经过四年的学习生活的所见、所闻、所感，突然开悟，回首四年感受到了学校的关心关爱，学生学会了理解，母校情怀油然而生。学生遇到困难第一时间想到了他的辅导员，学生获得成功第一时间想到了他的辅导员，学生结婚生子第一时间想到了他的辅导员。

面对学生的成功与失败，无论是一年还是十年以后见面，师生握手相见，彼此心有灵犀，压力委屈随风消散。此阶段属于辅导员“握握手”阶段。

任何一群人中都会有两种角色在：退出者和坚持者。而其中的退出者在补贴坚持者。成功的路上并不拥挤，只是坚持的人很少。你的每一次放弃成就了别人的每一次成功。

努力不一定成功，但不努力一定没有收获。人的成长就像植物一样有个时间表，春种、夏长、秋收、冬藏，什么季节就干什么事。不必强求自己一定要在什么时间达到什么高度，但若想获得最好的收成，无论是谁，都该在最好的时光里，汲取阳光和水分，扎根发芽，努力生长。成功从来不是一气呵成，而在于点滴累积。有句话说得好：种一棵树最好的时间要么是十年前，要么是现在。

奋力奔跑，
主动出击，
出彩人生，
全都来找。

辅导员工作是影响人、塑造人、成就人的工作。加强学生管理要像夯土成基般结实坚固；开展思政教育要像春风化雨般润物无声；解决学生困难要像雪中送炭般温暖人心；促进成长成才要像锦上添花般丰富多彩。

本节反思复盘日记

主题：最有效的输入就是输出

日期： 月 日

事件 **Facts**	F1：今天学习本节文字，让我印象深刻的内容是哪些？ 哪些点最触动你？你现在一下子就想到的最有价值的是哪些内容？
感受 **Feelings**	F2：这些内容让我联想到了什么？ 结合 F1，对此请联系、描述自己的相关经验。
思考 **Thinking**	F3：这些给我现在工作的启发、启示有哪些？ 结合 F1、F2，让你深入反思的或让你深刻意识到的、学到的是什么？
行动 **Actions**	F4：未来我打算如何应用我的这些启发、启示？ 结合 F3，下一步你会怎么做？下一步你的计划是什么？

第四章

裂变之果：课程化实施，外塑个人标签

第一节 为什么如此看重课程

教育部43号令明确指出：辅导员是开展大学生思想政治教育的骨干力量，是高等学校学生日常思想政治教育和管理工作的组织者、实施者、指导者。辅导员应当努力成为学生成长成才的人生导师和健康生活的知心朋友。

一、第一课堂与第二课堂

目前我们所认为的第一课堂包括思想政治理论课程和专业课程，第二课堂包括日常行为管理教育和社会实践。当前在专业课中融入思政元素简称为课程思政。国家对课程思政建设高度重视，很多专家学者以及高校都在研究落实课程思政，解决好专业教育和思政教育“两张皮”问题。

第一课堂属于思想政治理论教师和专业课教师的主战场。我们辅导员的阵地在第二课堂。但第二课堂中辅导员是不是教师？辅导员的身份又成为大家老生常谈而又不得不谈的话题。

教育部43号令明确指出：各学校要把辅导员队伍建设作为教师队伍和管理队伍建设的重要内容。各学校应当结合实际，按专任教师职务岗位结构比例合理设置专职辅导员的相应教师职务岗位，专职辅导员可按教师职务（职称）要求评聘思想政治教育学科或其他相关学科的专业技术职务（职称）。

所以教育部43号令中的“组织者”“实施者”“指导者”“教师”四个角色决定了辅导员在第二课堂的主体身份地位。日常行为管理教育课程化暨学生管理课程化将成为第二课堂课程思政的具体体现。

> 学生管理课程思政设计暨学生管理课程化是指辅导员在日常行为管理过程中将教学设计理念融入学生管理过程中，以教育部43令九大职责为底层逻辑，有主题、有目标、有内容、有评价、有反馈，使学生管理教育课程化。

辅导员通过课程化、品牌化、职业化、专业化、专家化五星联动，构建以辅导员成长为主体，以五星联动为链条的五位一体成长闭环系统，才能真正解决未来辅导员队伍“干得了，上得去，留不住”的尴尬处境，解决辅导员队伍“培养一批，离开一批，继续培养一批”的现状问题。

> 学生管理课程思政设计暨学生管理课程化将成为辅导员的吸星大法，化解了辅导员在日常管理过程中出现的沮丧、迷茫、压力大的状态。

将教育部43号令九大职责具体内容通过课程化融会贯通、化繁为简、目标导向，构建了第一课堂与第二课堂双线并行、专业课程与德育课程双线并行、课上与课下双线并行的人才培养体系。所以，如果辅导员在学生管理过程中设计出了自己的课程，通过主题班会、主题团会、选修课等形式实施，形成了自己的课程化，然后不断地聚焦积累完善，逐渐形成了自己的品牌化。

辅导员一旦有了自己品牌IP，在辅导员的圈里看见了目标，有了动能，形成了内驱力，那么则积极主动、自愿安心地在辅导员的圈里继续向前奔跑，不用去羡慕行政的圈、马院的圈、领导的圈。

> 辅导员职业化、专业化、专家化的前提是品牌化，但品牌化的前提就是课程化。没有课程化则辅导员的职业化、专业化、专家化依然是无源之水、无本之木。

二、学生管理课程化

学生管理课程思政设计暨学生管理课程化未来将是辅导员成长的加速器；是辅导员品牌化的助燃剂；是辅导员打破教师壁垒提升师道尊严的心电图。

> 管理即课程，教育需设计，好课程都是辅导员设计出来的。

那么很多人也包括辅导员依然对学生管理课程化心有疑虑？主要表现为以下几个方面：

它是什么？我是一名辅导员，课程都是属于专业课教师的领域，我去上课的话，是不是像老师那样讲课？是不是可以不做辅导员了？既然上课了，是不是可以不用坐班？辅导员有资格上课吗？

它和我有什么关系？我只是一名辅导员，把我的学生管理工作做好就可以了，别的都是海市蜃楼，上课没有任何意义，课程化离我太遥远了。

别人怎么看？我只是一名辅导员，如果我研究学生管理课程化，领导和同事是不是会认为我不务正业？我的任务就是进宿舍查卫生、出早操不违纪。

解决我什么问题？我是一名辅导员，如果我研究了学生管理课程化，能帮我解决学生迟到问题吗？能帮我解决评职称问题吗？能给我涨工资吗？与其研究课程化，还不如写篇论文呢，还能加点分。

我没有时间弄。我是一名辅导员，每天早操、晚自习、谈心谈话、开展各种活动、填报各种表格、处理各种问题、参加各种会议、解决各种突发事件、早来晚走，我根本没有时间弄。

不知道怎么弄。我是一名辅导员，我对学生管理课程化很感兴趣，但我没学过师范专业，没有教育学、心理学知识背景，不知道如何进行课程化开发，不知道自己要开发哪个领域课程。

以上就是目前大家眼中的学生管理课程化。

在学生管理课程思政设计暨学生管理课程化过程中为什么以课程的形式进行呈现呢？

教育部高等教育司司长吴岩认为，课程是人才培养的核心要素。学生从大学里受益的最直接、最核心、最显效的是课程，主要体现在以下四个方面：

第一个方面：课程是微观，是细胞。但它要解决的却是教育中最根本的问题——培养人。如果不培养人，教育就不能称之为教育，学校就不能称之为学校，大学就不能称之为大学。

在人才培养过程中，通过课程将人才培养目标进行分解、消化、吸收。如果直接给学生一块生肉，他们消化不了，我们必须把肉做成可口的美食，做成锅包肉、红烧肉等，让学生有食欲，学生自然而然发自内心地喜欢。

在学生管理课程思政暨学生管理课程化的过程中，必须也要通过课程的形式将学生管理和思想政治教育内容融入其中，让学生有食欲，即课程要以美食的形式呈现，而不能直接将学生管理和思政教育变成一块硬邦邦的肉直接塞到学生嘴里。

第二个方面：课程是关键。无论是专业课程还是学生管理课程，都是通过课程解决问题。一个课程可以解决一个问题，一个课程也可以解决多个问题。但是目前，各学校都普遍存在着课程短板。课程不仅仅有课程表、课堂效果、课后反思、课程形式等，课程还需要体现价值属性、承递人类理想与延续人类教育的媒介。

所以课程虽然有短板，但它是解决学生成长的关键所在。学生管理课程化作为第二课堂的课程，为学生成长进行答疑解惑，引导学生正确认识中国和世界发展大势，正确认识中国特色和国际比较、正确认识历史使命和时代责任、正确认识远大抱负和脚踏实地，使学生成为又红又专、德才兼备、全面发展的中国特色社会主义合格建设者和可靠接班人。

第三个方面：课程是最后一公里。实施课程，是体现以学生发展为中心理念的最后一公里。一切为了学生，为了一切学生，为了学生一切，真正地将以学生为中心落地。通过学生管理课程化，让我们更好地了解学生、走进学生、关心学生、关爱学生、培养学生，让我们的学生管理更具有针对性，让思想政治教育更具有实效性。

第四个方面：课程是落实立德树人的具体化、操作化和目标化。我们如何实现立德树人，只有通过课程，将其体现在具体实际中，让学生通过课程学习，掌握事物发展规律，通晓天下道理，丰富学识，增长见识，塑造品格。无论是专业课程思政还是学生管理课程思政，都是通过课程的形式落实立德树人，实现人才培养。

三、显性课程与隐性课程

台湾中正大学黄光雄老师所著的《核心素养：课程发展与设计新论》中解释：课程分为三种，一是显性课程，二是潜在课程，三是悬空课程，悬空课程也称为悬缺课程。

显性课程是指学校及教师依据国家所公布的课程大纲或课程标准等课程计划所设计的学科知识、基本能力、核心素养。

显性课程包括正式课程和通识课程，也就是国家规定的、我们所了解的必修课程和选修课程，属于纳入我们人才培养教学计划中的课程。例如，思想政治理论、专业课、心理健康教育、大学生生涯规划与就业指导等课程。

潜在课程是指学校的物质、社会及认知等环境所形成的非预期的学生学习结果。换句话说，潜在课程是指不明显、不易察觉的课程。它主要包括物质环境、认知环境、社会环境。

物质环境是指学校的校园环境规划、宿舍设计、教室设计、教室的桌椅摆放等，这些也是课程，都能够进行育人。有的校园中有山、有水、有河流、有人物塑像、有亭台楼榭、有最漂亮的图书馆。校园似花园，增添了学校的人文气息，在这样的环境中生活学习，让学生气质也会变得高雅。

领导的价值观决定了校园规划的价值观，校园规划的价值观又决定了学生的价值观。这属于潜在课程中的物质环境。物质环境课程也被称为“境教”，我们也称之为“环境育人”。

社会环境是指学校的规章制度、措施及仪式。例如，学生评教、考试得分、升旗制度、早操制度、上课制度、活动制度。这些制度也是课程，也能够进行育人。这种课程被称为“制教”。

我们不是工人
却能矫正、锤炼和打造
我们不是农民
却能播种、耕耘和浇灌
我们不是医生
却能诊断、护理和抚慰
我们是辅导员，我们在等你！

例如，我们常规化开展的开学第一课“升国旗”、新生入学的“开学典礼”、学生毕业的“毕业典礼”等，通过仪式感增加学生的爱国、爱党、爱校、爱家情怀。

认知环境是指老师在课堂上的师生互动、老师平时的表扬鼓励、学生在课堂上的彼此互动。这些方法也是课程，被称为“身教”。

悬空课程是指学校应该教但没有教的学习内容，属于在文件中我们能发现，但是在实际操作中无法通过教材、教法、教室体现的课程，例如，学生的责任心、使命感、价值观、环保意识、爱心耐心、情绪管理、良好心态等。这些内容平时我们天天讲，但在实际中却又看不见摸不着，这种属于悬空课程。

学生管理课程思政设计暨学生管理课程化所开发设计的课程，就属于悬空课程。我们通过设计社会实践课程培养学生的创新创业意识，通过设计演讲比赛课程提升学生的沟通表达能力，通过设计安全教育课程提升学生的法治意识，通过设计日常行为管理课程培养学生的规则意识，通过设计诗和远方课程扩大学生的视野格局。

例如，中南林业科技大学的辅导员刘光辉老师，设计的《四季歌主题班会》课程就是把学生管理中的主题班会内容进行了课程化设计。

“四季歌”是以主题班会形式于每学期开学和期末举行，按照春夏秋冬四季，全院每班各举办四次，每次班会主题和主题曲各异，强调结合主题人人演讲，演讲中包含有述职述德内容和体现中华优秀传统文化的才艺表演，班主任和党总支督察员给出演讲和德育等级。

春季歌班会主题是“一年之计在于春”，主题曲是“我的未来不是梦”；夏季歌班会主题是“心中有话向党说”，主题曲是“唱支山歌给党听”；秋季歌班会主题是“祖国在我心中”，主题曲是“我爱你中国”；冬季歌班会主题是“昨天、今天、明天”，主题曲是“明天会更好”。班会不落俗套融入主题曲，以宿舍为单位进行表演，鲜明突出主题班会，用主题曲唱响未来，起到寓教于乐的作用，培养学生团队合作精神，促进了和谐寝室的建立，有利于良好人际关系的形成。

课程虽小，五脏俱全。通过学生管理课程化，它既让辅导员找到了自己未来成长的核心动能，又将学生置于课程中育人于无声，做到时时在育人、事事在育人、处处在育人。所以，管理即课程，教育需设计。

好课程是设计出来的，教育不是灌输而是点燃。

在学生管理课程化过程中要转变意识有理念，掌握方法有措施，形成套路有反馈。

老师是站着的学生，学生是坐着的老师，才能让学生秒懂、已懂、好懂、真懂。

学生管理课程思政设计暨学生管理课程化，进可攻退可守。进可以纳入学校的人才培养方案中，实行智育德育双线并行的综合人才培养体系，避免学生综合素质培养一腿软一腿硬；退可以让辅导员打造自己的品牌课程，打造自己的学生工作品牌，形成自己的独特品牌IP，成为辅导员职业化、专业化、专家化发展的桥梁之路。

本节反思复盘日记

主题：最有效的输入就是输出

日期：　　月　　日

事件 Facts	F1：今天学习本节文字，让我印象深刻的内容是哪些？ 哪些点最触动你？你现在一下子就想到的最有价值的是哪些内容？
感受 Feelings	F2：这些内容让我联想到了什么？ 结合 F1，对此请联系、描述自己的相关经验。
思考 Thinking	F3：这些给我现在工作的启发、启示有哪些？ 结合 F1、F2，让你深入反思的或让你深刻意识到的、学到的是什么？
行动 Actions	F4：未来我打算如何应用我的这些启发、启示？ 结合 F3，下一步你会怎么做？下一步你的计划是什么？

第二节　把课堂还给学生

我们都知道在教学管理过程中既然有课程，那么必然有课堂。学生管理课程思政设计暨学生管理课程化，也应该有自己的课堂。那么，我们的课堂在哪里？我们的学生管理课程化的课堂具体有哪些特色？

一、课程化课堂与传统课堂的区别

学生管理课程化的课堂其本质就是把课堂还给学生，换句话说，也是明晰我们学生管理课程化的课堂和传统课堂有何区别。

北京联合大学的周华丽老师讲过这样一个故事：她应邀去国内某高校对教学工作进行评估，同时还邀请了国外一流大学的一个教授，也作为评估专家和他们一起进行教学评估。

经过学校内一整天的考察调研、听课反馈、座谈交流，可以说学校做得非常有特色，这些评估专家给学校打了一个完美100分。但是在评估结束之后一起吃工作餐的时候，大家私下进行交流，国内的一个专家就问这名国外大学的教授说："咱们只是私下进行交流，您看看通过您的调研体验，您对我们国内的课堂改革还有哪些建议，不代表专家观点，就是私下交流。"

这名国外大学的专家思考了一会儿说："经过一天的评估考察、课堂听课、材料阅读、学生座谈等，感觉学校做得都非常完美，课堂效果也非常好，very good！但是就是感觉课堂太安静了，太整齐划一了。这点和我们国外教师指导下的课堂氛围不一样。"

这位专家的话引起了我们的思考：那么我们国内的课堂到底是一个什么样的课堂？本书中课堂分为以下几种形式，也称之为课堂"金字塔"模型，该模型将课堂形式分为五个层级。

第一层级是安静的课堂。这种课堂形式，是我们全国所有高校其实也包括中小学都面临的，也是我们国内课堂教育的现状。老师讲学生听，老师在台上滔滔不绝讲，学生在下面记笔记，只听见唰唰的笔记声。看到的是学生眼睛盯着黑板，但是心里想啥，具体不清楚，老师讲老师的，学生听学生的。这种课堂把学生培养成守纪律者、跟随者、不质疑者。老师让我做啥我就做啥，老师不让我做我就不做了。

这就让我想起了另一个典型案例：一个一年级的“小豆包”在全家的期待下进入了小学。在课堂上班主任第一天召开了主题班会，老师向大家提出了要求：“大家在课堂上要把手背好，不允许说话，按照老师的要求去做，老师说你才能做，老师不说你不要做。”

第一节课老师让大家画画，老师说：“大家等我讲完之后才能开始画画”。接着老师说开始，大家才能拿起画笔。老师说第一步画老虎，学生按照老师的说法，画出了自己心中的老虎。老师说第二步画老鼠，学生按照老师的说法，画出了自己心中的老鼠。课程结束之后，老师说下课学生才可以去洗手。

按照这种固定化的模式培养了学生的规矩意识。到了三年级之后，这个学生要转学，转到了市内另一所学校的三年级里，老师给他们上了第一堂课。

这所学校的老师在课堂上对大家说：“同学们，今天我们进行美术课，大家可以按照自己的想法，内容可以自己选择，随意画出你自己心中的画”。老师说完之后，班级内其他同学都开始动笔画时，老师发现只有这名学生依然两手背在后面没有动笔。于是老师就走到她的面前问她为什么不动笔呢？学生回答：“老师，我在等您的通知，您允许后我才能画。”

老师立刻说道：“那你开始画吧”。于是学生拿出了笔，可是依然没有动笔画，老师很纳闷，对学生说道“我都让你画了，你为什么还没有画呢？”这名学生说：“老师你没说第一步先画什么呢？是老虎还是老鼠？我自己不知道先画哪个”。

虽然是个故事，但是很值得我们思考，那么我们分析一下：

第一位老师培养了学生的规矩意识，若干年后，学生所学的知识都忘了，但是学会了遵章守纪，形成了一种固定型思维模式。

第二位老师鼓励学生主动创新，按照学生自己的想法、自己的天性去发挥，培养学生的创新意识，形成了一种成长型思维模式。

若干年后我们需要的是遵纪守法的人，但我们更需要的是创新性人才，这也是著名的钱学森之问。这就是在安静的课堂中为什么我们的学生没有创新意识，因为从小在课堂上按照老师的要求去做，老师说我就做，老师不说我就不做，不敢越雷池一步，不敢尝试去突破自己的思维框架。

所以在现实中，在高校的课堂上，仍然有老师还在照着 PPT 念文稿，学生你玩你的我讲我的，铃声一响下课夹包走人。

第二个层级是提问的课堂。这种课堂下，老师提出问题，学生回答问题，一问一答式。通过提问，聚焦学生的注意力，引发学生的思考，激活学生的旧知。

> 好的提问，犹如风乍起，吹皱一池春水；好的提问，好比水中投石，激起千层浪花，能打破学生脑海里的平静，使之涟漪阵阵，甚至波澜迭起。

目前我们大部分老师的课堂是这种提问的课堂。但我们把提问当成了互动。

第三个层级是对话的课堂。这种课堂体现了师生互动、生生互动，也是建构主义所采取的课堂模式。这种课堂体现的是：老师是站着的学生，学生是坐着的老师，通过老师和学生的不断对话、平等交流、观点碰撞，激发学生的思考。课堂中以学生为主体，以老师为主导，使讲授变成了研讨，答案变成了共识，这种课堂目前在企业的大咖级讲师中可以实现。但是在高校中，一般老师不愿意使用对话的模式，特别是合班课，担心教学督导认为自己的课堂乱哄哄，所以也需要老师有极强的课堂把控能力。

我们学生管理课程思政设计暨学生管理课程化的课堂，采用的则是对话的课堂，通过辅导员与学生在课堂中平等的交流，不断的对话碰撞，师生共同建构，进行有效引导，而不是灌输式、填鸭式，真正地做到把课堂还给学生。当然，目前我们传统的主题班会形式依然是安静的课堂、提问的课堂，所以需要我们进行改变，通过课程化实施进行课堂革命。

第四个层次是批判的课堂。这种课堂是学生对老师的观点质疑，这个问题对不对？那个讲法行不行？具体执行能不能？学生要有质疑思维，质疑是探索知识，思考问题，提出自己的见解，培养学生的创新思维。当然质疑不是反对。

课堂上老师不能唯我独尊，搞一言堂，要以学生为中心，不断地激发学生的反思与反馈。但是这种课堂几乎不存在，因为如果学生质疑，我们老师就认为是在挑战自己的权威。

第五个层级是辩论的课堂。这种课堂，老师和学生提出自己的观点，大家进行辩论交流，明辨观点，交流思想。这种课堂也许在督导人员看来是乱哄哄毫无秩序的课堂，其实这种课堂是真正培养学生创新精神、质疑精神的课堂。

例如，辅导员洪七公在开发一门“学生干部管理能力提升”的课程时，设计了如下的案例，通过讨论对话让大家厘清思路。

张飞是班级的生活委员，他上进心强，工作积极努力，表现出色，但他想担任班长。张飞脾气粗暴，动不动就发火，平日里经常和寝室同学吵架。最近，辅导员洪七公让另一名学生吴用担任了班长，这更让张飞非常不爽。他认为吴用论能力没自己强，论经验没自己多，顶多就是和同学关系处得好，会说话，同学都比较喜欢他，但是也不能直接让他当班长呀。于是张飞决定去找辅导员洪七公谈一谈。

讨论：辅导员洪七公应该怎样和张飞谈？为什么？

这个案例本身并没有标准答案，但在课堂中调动了学生的积极性，激发了学生的热烈讨论，增强了学生的参与感，每个学生在课堂上把自己的身份进行角色代入，增加了学生的投入度。

大家看看，如果在课堂上大家通过对话、质疑、批判、辩论的方式交流、分享自己的观点和想法，使每一个学生都成为课堂的主导者，激发了学生内在学习动机，学生感受到了成就感和意义感，那么学生在这样的课堂中潜移默化地得到了成长。

学生管理课程思政设计暨学生管理课程化，打造的课堂是对话的课堂、批判的课堂、辩论的课堂。

二、学生管理课程化课堂的三个转变

辅导员是学生的人生导师和知心朋友。人生导师要求辅导员是设计者和实施者，所以在课堂中采用对话的方式是最有利的天然因素；知心朋友要求辅导员是学生的指导者和陪伴者，所以说在课堂中采用质疑辩论方式是最有利的气候条件。这就是学生管理课程思政设计暨学生管理课程化的有效课堂。改变了过去传统的行为主义、认知主义的灌输式、填鸭式课堂模式。

经过我多年的思考实践，我把学生管理课程思政暨学生管理课程化的课堂形式概括为以下三个转变：

一是将知识课堂转变为学问课堂。也就是说我们通过学生管理课程化，传递给学生的不是专业知识，而是人生的学问、成长的学问；不是记住某个概念原理定义，而是做人的道理、做人的学问。

例如，我们以校园贷防诈骗为主题进行课程化开发，形成了一门微课，在课堂上不是让学生背诵校园贷的含义、种类等，而是通过课堂大家的对话、辩论、质疑，提升学生财产安全意识，学会合理消费，避免盲目投资被骗。

二是将句号课堂转变为问号课堂。那么在课堂上，学生随时可以进行提问、质疑、辩论，而不是一言不发，记好笔记。学生对自己思想中的模糊认识可以随时提出来，由辅导员在课堂上进行有效引导、交流，让学生树立正确的价值观念。

例如，我们将助人为乐进行课程化开发，形成了一门微课，在课堂上我们可以组织学生讨论“老人摔倒扶不扶”的问题，大家畅所欲言，提出自己的观点，辅导员在课堂上进行有效引导，让学生树立正确的价值观。

三是由静止的课堂转变为流动的课堂。这一点是学生管理课程化课堂的最大特色，是与传统课堂最大的区别。

例如：西安建筑科技大学的辅导员綦玥老师，强化学生思想教育引导，打造多维度课堂。带领学生团队自编、自导、自演多场原创舞台小品、情景表演、诗歌朗诵及微党课、微团课等文化作品进行全校公演与网络展示，在校史中深挖思政育人元素，在艺术致敬中讲述“四史”故事，引导青年学生涵养家国情怀。坚持“以身正人”积累思想政治教育高度，积极参加并带领推荐学生参与CETV1《师说》《开讲啦》等电视节目录制，同学生共上一堂思政课，和学生一起学理论、用理论。

学生管理课程思政设计暨学生管理课程化，虽然是课程，但这个课程绝不是局限于教室里的课堂，绝不是辅导员在台上讲、学生在台下听的课堂。学生管理课程化的课堂在实际授课过程中是以课程的形式呈现，但课堂形式各异，地点各异。教室是我们的课堂，操场也是我们的课堂；寝室是我们的课堂，食堂也是我们的课堂；参观基地是我们课堂，社会实践也是我们的课堂。所以，依托各种课堂载体用课程的形式进行育人，从而实现立德树人，这就是学生管理课程思政设计暨学生管理课程化的真正内涵。

学生管理课程思政设计暨学生管理课程化的课堂是指学习结果可视化，学习效率不自嗨，学习体验能激活，聚焦问题有任务，激活旧知创情境，示证新知给指导，应用新知出结果，融会贯通能成长。

> 辅导员与学生共同构建师生成长的课堂场域，师生之间彼此滋养反哺赋能，达到同频共振。

—— 本节反思复盘日记 ——

主题：最有效的输入就是输出

日期：　　月　　日

事件
Facts

F1：今天学习本节文字，让我印象深刻的内容是哪些？
哪些点最触动你？你现在一下子就想到的最有价值的是哪些内容？

感受
Feelings

F2：这些内容让我联想到了什么？
结合 F1，对此请联系、描述自己的相关经验。

思考
Thinking

F3：这些给我现在工作的启发、启示有哪些？
结合 F1、F2，让你深入反思的或让你深刻意识到的、学到的是什么？

行动
Actions

F4：未来我打算如何应用我的这些启发、启示？
结合 F3，下一步你会怎么做？下一步你的计划是什么？

第三节　课程化才是辅导员的名片

辅导员的课堂是对话的课堂、批判的课堂、辩论的课堂；是学问的课堂、问号的课堂、流动的课堂。课程、课堂、身份是决定辅导员授课的三大要素。那么，既然辅导员有了课程，又有了课堂，我们再分析一下辅导员的身份问题，当然这也是老生常谈的话题。

一、课程化三定标准

先和大家分享一个故事：一名辅导员去相亲，来到了女方家里，女方家长问："你是从事什么工作的啊？"辅导员很自豪地回答："我是大学老师。"

女方家长说："大学老师好啊，地位高，受人尊敬。那你是教授什么课的啊？""我是辅导员。""辅导员？辅导员是啥老师？"辅导员赶紧解释说："辅导员不教课，是负责学生的日常管理工作。"

"那是保安吗？""不是保安，但比保安的权力大多了，管着200多人呢！"女方家长又问："那一定是领导吧！"辅导员又赶紧解释："嗯，也不是领导，比领导小多了。""那到底是啥？"辅导员无奈地说："我就是辅导员！"

虽然这是一个故事，但也看出我们辅导员身份的尴尬窘境。

虽然辅导员具有教师和管理人员的双重身份。但是实际中我们在向他人自我介绍的时候常常说的依然是"我是辅导员"。学生对我们的称呼要么是哥，要么是姐，要么是导儿，很少称之为老师。

其实国家早已对辅导员身份进行了明确，教育部43号令分别从定性、定位、定向上对辅导员作了具体、明确的规定要求。

从定性上，教育部43号令明确指出：辅导员具有教师和管理人员的双重身份。该文件直接明确了辅导员的身份，既是教师也是管理人员，这已经是毫无争议的了。所以，在国家召开思想政治理论课教师座谈会上，我们辅导员也是以老师的身份参加了会议。

从定位上，教育部43号令明确指出：辅导员是大学生思想政治教育的骨干力量，是高等学校学生日常思想政治教育和管理工作的组织者、实施者和指导者。那么骨干力量意味着是谁的骨干力量，他们是学校发展的中流砥柱，是学生成长的中流砥柱。平时其他老师在向别人进行自我介绍的时候，可以说自己是助教、讲师、副教授、教授。而我们辅导员在进行自我介绍的时候，几乎还是那句话：我是辅导员。因为有的学校依然没有落实执行辅导员单评单列的职称评审政策，所以无法介绍自己助教、讲师、副教授、教授的身份。

从定向上，教育部43号令明确指出：辅导员应当努力成为学生成长成才的人生导师和健康生活的知心朋友。平时其他老师在向大家进行自我介绍的时候说：我是硕士生导师，我是博士生导师。而虽然文件规定了辅导员也是学生的人生导师，但是，我们辅导员在向他人进行自我介绍的时候，没听到哪个辅导员介绍自己是某某学生的导师，依然还是那句话：我是辅导员。

大家思考一下：既然文件规定了辅导员可以是老师，可以是讲师，更可以是导师，但是为什么平时我们向他人进行自我介绍的时候，从来没有说自己是老师，自己是讲师，更不敢说自己是导师，而是依然重复那句话：我是辅导员。

学生管理课程思政设计暨学生管理课程化，首先打通的是辅导员是老师的通道问题。换句话说，辅导员要有自己的课程体系设置，有自己的课程，而学生管理课程化恰恰解决了这一痛点、难点问题。专业课我们上不了，基础课有公共基础教师，思想政治理论课有专门思政教师，那么我们辅导员上什么课?

一句话，我们辅导员通过学生管理课程化，围绕教育部43号令九大职责，将九大职责进行课程化设计，通过课程的形式具体呈现出来，实现学生管理课程思政，达到立德树人的目的。这就是我们辅导员自己的课程。

通过学生管理课程思政设计暨学生管理课程化，制定课程教学整体设计和单元设计，按照教学计划，我们辅导员走进课程、走进课堂、走上讲台，采用对话、批判、辩论的教学方式方法，春风化雨润物无声，实现立德树人。

当然讲师的实现，还得需要学校层面进行落实。国家对辅导员的职业化、专业化、专家化发展高度重视，各种政策相继出台，也许不远的将来就是我们辅导员的春天!

例如，2021年，由中国大学生在线、高校辅导员网络培训中心、高校思想政治工作队伍培训研修中心（高等教育出版社）、全国高校思政网联合开展的2021年度高校辅导员网络培训课程建设项目申报暨百门精品培训课程征选公布了入选的91门课程名单，这就是一个最利好的信号。

国家将以课程建设为载体，着力培育一批具有示范性、引领性、创新性、实效性特征的高质量辅导员专业培训课程，加快构建符合辅导员专业化、职业化发展要求的培训课程体系，打造一线辅导员成长成才的发展共同体，进一步引导广大辅导员准确把握工作规律和能力要求，切实提高职业能力和专业素养，推动辅导员队伍回归育人主责，克服“本领恐慌”，有效提升高校思想政治教育质量。

我对这91门课程进行了具体分析对比：申报人99%都是我们的一线辅导员，拥有丰富的学生工作经验；申报的课程主题在各自学校中已经进行了有效实施，形成了学生工作特色品牌积累；申报的课程内容都是从教育部43令九大职责中衍生出来的具体课程，具有丰富底层逻辑；课程建设要求每门课程应主题突出、体系健全、逻辑结构完整、内容清晰准确、能完整成篇；都将简单的教学设计原理融入了课程建设之中。

2021年度高校辅导员网络培训课程建设项目申报暨百门精品培训课程征选就是学生管理课程思政设计暨学生管理课程化的直接体现。

学生管理课程化就是辅导员通向导师的桥梁与纽带。未来学生管理课程化的星星之火一定能够成为辅导员职业化、专业化、专家化的燎原之势。

学生管理课程思政设计暨学生管理课程化重新对辅导员的身份角色进行定位：做一名可以上课的辅导员，让我们辅导员有课可上；成为一名讲自己学生管理专业课程的辅导员，有了自己的专业课程；在学生管理的道路上做专业的学生管理课程思政讲师、副教授、教授，建立了自我成长的生涯通道。

二、课程化整体思路

辅导员在进行学生管理课程思政设计暨学生管理课程化过程中，要结合自身的优势和经验，思考你能够帮助哪些人群解决什么样的问题，这是课程定位；课程相对其他同类课程的差异化竞争优势是什么，和同类课程相比的新颖独特之处是什么，这是课程特色；受众群体对于课程的真实评价，包括学校和目标学生对课程的真实评价，能够让受众目标对课程满意，这是课程口碑。

学生管理课程思政设计暨学生管理课程化包括以下六个方面：

一是调研分析。开发一门课程，前期要做好充分的准备，一般从四个维度进行准备。

定义起点：想问题，补短板。找出学生中存在的典型问题，对于典型问题进行具体分析整理；辅导员要针对如何解决学生中存在的典型问题提升自己的解决问题能力，例如查资料，了解典型问题的相关信息。

定义终点：能应用，有变化。一次课程实施，最终是让学生有所改变和行动，在今后的日常学习生活中能发生积极的变化。

定义过程：怎么学，会复盘。辅导员课前要思考自己的课程如何让学生感兴趣，设计教学方式方法，采用何种手段和途径。虽然没有正式开课，但辅导员在脑海中要模拟一遍，然后进行复盘、总结、反思。

定义边界：有目标，能落地。辅导员在设计一门课程时，最先要考虑的就是课程的目的、目标是什么。

二是背景介绍。课程要具有概括性和精准性。

辅导员在设计一门课程时，要对课程的背景信息进行概括总结，让学生知道为什么学习这门课程，课程内容和我有什么关系，传递什么样的价值意义。辅导员对背景信息介绍要全面准确，不能道听途说，更不能模糊信息数据，要对背景信息进行纵向深挖、横向拓展。

三是课程目标。课程目标是课程化设计的灵魂，如果没有目标，则这门课程失去了开发的意义。

课程目标要求具体明确。这里的课程目标和课前准备的目标基本一致，但此时的课程目标更加具体、明确、直接。每个课程都有自己的课程目标，它包括知识目标、素质目标、能力目标。要让三大目标实现课程效果，通过课程化实施拓展学生的知识，转变学生的态度，提升学生的能力。

四是整体结构。整体结构要合理，不能拖泥带水。

作为一门课程，要有整体结构，一般课程包含导课、正课和结课三个部分。每个部分还要二次细分，让整体结构更加合理。同时每个课程要有课程大纲，不能随心所欲，想到哪讲到哪。

五是课程内容。课程内容是一门课程关键所在，内容要清晰。

内容选择要新颖，目前我们传统的主题班会要么内容陈旧，要么内容呆板，要么内容晦涩。内容要激发学生创意，好内容才能激发起学生兴趣。

六是方法手段。课程化需要灵活的教学方式方法。

课程需要有效载体支撑，课程最有效的载体就是方法手段。再好的内容如果不用好的方法手段呈现出来，则一样地枯燥无味。填鸭式的主题班会我们天天在召开，照本宣科地宣教导致学生人在教室而心在何方，辅导员和学生自己都不知道。

上述就是学生管理课程化开发的整体设计思路和流程。但针对某一个具体的微课，则需要进行单元设计。单元设计是一门课程的灵魂，在单元设计中每一步都要明确，也是五星教学法的具体应用。

辅导员在进行一门课程的单元设计时，要注意以下几点：

课堂两个互动，结构分成层面。互动，互动，互动，这是辅导员课堂的最大法宝，通过对话、辩论、质疑，激发学生的兴趣，调动学生的情绪，让学生完全投入到课堂中来。结构要合理，典型的三段论，让结构更清晰。

课上一个行动，课后一个作业。课堂上不仅要有互动，还要有行动。让学生动起来，读一读、写一写、说一说、讲一讲，促进学生的思考。课后通过作业形式让学生继续反思，作业可以是团队共建完成，不能为了作业而作业。

学校图片为主，正反案例结合。如果辅导员通过PPT教授课程时，PPT的图片多放入学校的图片，激起学生的兴趣，吸引学生的注意力，培养学生的爱校情怀。课程中的案例要正反结合，体现对比，从中感悟到成功和失败的经验和教训。

引用身边典型案例，故事引人入胜。辅导员所采用的案例一定是学生身边的案例，天边的不如身边的，让学生看得见、摸得着、够得上。讲道理不如讲案例，讲案例不如讲故事，讲别人的故事不如讲自己的故事。

少用文字叙述，多用格式概括。辅导员在制作PPT时，避免复制使用整段文字，要将文字进行提炼概括，通过图形、模型等方式展现出来，给学生视觉冲击，而不是满屏都是文字密密麻麻，导致学生昏昏欲睡。

视频穿插适度，概念解释精炼。在课程单元设计过程中要穿插一定的视频，让学生更具有身临其境的画面感，有声有影，提高学生的注意力。但视频不能太长，在单元设计中有一定的比例，否则一节课变成了看电影。对于概念定义要简洁，学生了解即可。

学生管理课程思政设计暨学生管理课程化开发设计的五个要素：基础在课程设计、重点在思政引领、关键在辅导员指导、重心在课程内容、成效在学生转变。

本节反思复盘日记

主题：最有效的输入就是输出

日期：　　月　　日

事件 Facts	F1：今天学习本节文字，让我印象深刻的内容是哪些？ 哪些点最触动你？你现在一下子就想到的最有价值的是哪些内容？
感受 Feelings	F2：这些内容让我联想到了什么？ 结合 F1，对此请联系、描述自己的相关经验。
思考 Thinking	F3：这些给我现在工作的启发、启示有哪些？ 结合 F1、F2，让你深入反思的或让你深刻意识到的、学到的是什么？
行动 Actions	F4：未来我打算如何应用我的这些启发、启示？ 结合 F3，下一步你会怎么做？下一步你的计划是什么？

第四节　课程化的授课形式

之前我们明确了辅导员的课程、课堂、身份三大要素，万事俱备，只欠东风。此时我们辅导员以老师的身份开始走进了课堂，走上了讲台，那么，辅导员如何站稳课堂，站住讲台，这是我们接下来要讨论的话题，也就是辅导员课堂上的授课形式。

一、专业课程思政与学生管理课程思政的异同

本书中一直在提学生管理课程思政，那么学生管理课程思政与专业课程思政具体有哪些相同点和不同点呢？

习近平总书记指出：高校思想政治工作关系高校培养什么样的人、如何培养人以及为谁培养人这个根本问题。要坚持把立德树人作为中心环节，把思想政治工作贯穿教育教学全过程，实现全程育人、全方位育人，提升思想政治教育亲和力和针对性，满足学生成长发展需求和期待，其他各门课都要守好一段渠、种好责任田，使各类课程与思想政治理论课同向同行，形成协同效应，努力开创我国高等教育事业发展新局面。

围绕将立德树人贯穿到思想政治教育过程的始终这条主线，我们知道实现立德树人需要两个路径：一是思政课程，二是课程思政。思政课程是指思想政治理论课建设，是主渠道；课程思政是指专业教育课程思政和学生管理课程思政，是有效载体。思政课程与课程思政应该是同向同行。

课程思政目前在全国正在如火如荼开展，当前国家以及学校重点工作之一就是推进课程思政建设。目前课程思政我个人又给划分为两条路径：

一是专业课程思政。也就是目前全国高校专家学者所研究的课题暨在专业教育中挖掘思政元素，将思政元素融入专业课程教学过程中，发挥思政育人合力。

二是学生管理课程思政。也就是通过学生管理课程化暨在学生管理过程中融入教学设计理念，有主题、有目标、有内容、有评价、有反馈，使学生管理课程化。

下面我们看看专业课程思政与学生管理课程思政的异与同。

（一）专业课程思政与学生管理课程思政的相同点

实施的课程范围相同。二者同属于课程思政范围，无论是专业课程思政还是学生

管理课程思政并不是谁学谁的问题，而是两种理念的有机融合。

实施的课程目标相同。专业课程思政中将思政元素融入专业课教学过程中实现立德树人；学生管理课程思政将教学设计理念融入学生管理过程中实现立德树人。二者最终实现的目的是统一的，不同的路径到达相同的终点。

实施的课程标准相同。二者都不能变成思政课程，更不能变成“两层皮”形式的课程思政。

实施的课程人才培养方案相同。二者都可以纳入人才培养方案中，通过第一课堂与第二课堂协同育人，培养社会主义合格建设者和可靠接班人。

（二）专业课程思政与学生管理课程思政的不同点

实施的课程理念不同。专业课程思政是不断挖掘专业课程中的思政元素，并将其融入专业课教育教学过程中；学生管理课程思政是在学生管理过程中将教学设计理念融入日常的学生管理教育过程中。

实施的课程主体不同。专业课程思政实施的主体是全体专业课教师；学生管理课程思政实施的主体是辅导员以及学生管理工作者。

实施的课程载体不同。专业课程思政的实施载体是专业课程；学生管理课程思政的实施载体是主题班会。

实施的课程形式不同。专业课程思政要求在课堂中的教育教学过程中融入思政元素，实现育人功能；专业课程思政的课堂是知识课堂、句号课堂、静止课堂，形式较为单一；学生管理课程思政不局限于课堂，可以在课堂，可以在操场，可以在寝室；学生管理课程思政的课堂是学问课堂、问号课堂、流动课堂，形式多样灵活。

实施的课程内容不同。专业课程思政是指专业课教师结合自己的本专业教材挖掘思政元素进行授课。学生管理课程思政，是指辅导员围绕教育部43号令的九大职责内容进行课程化设计。

实施的课程方法不同。专业课程思政是在课堂教学过程中以讲授为主，通过行为主义和认知主义方法进行授课，属于宣教、讲授、灌输、指导；学生管理课程思政是指辅导员通过课程化设计，采用建构主义教学方法进行授课，属于点燃、引导、体验。

实施的课程评价不同。专业课程思政是以学生学到知识为评价结果；学生管理课程思政是以促进学生成长为评价结果。

实施的课程品牌化不同。专业课程思政通过在专业课程中融入思政元素，让老师更好地教学、更好地育人，成长为一名优秀的四有好老师；学生管理课程思政通过辅导员进行课程设计，打造辅导员品牌化，形成辅导员成长的内驱力，拓展辅导员的生涯通道，使辅导员成为职业化、专业化、专家化辅导员。

实施的课程现状不同。专业课程思政通过在上海进行试点推动，全国正在普及；学生管理课程思政目前高校以及辅导员认识到了其作用与效果，但尚处于空白阶段。

二、课程化需澄清几个误区

专业课程思政和学生管理课程思政的相同点和不同点，使大家明晰了二者的边界区别，而我们还要确定学生管理课程思政的授课方式。

我要和大家再一次澄清几个误区：

误区一：课程思政不等于思政课程。

思政课程指的是思想政治教育理论课，它包含了5门课程。思想政治理论课有专门的课程体系，有专门的教材体系，有专门的师资队伍。它系统地开展马克思主义理论教育，系统地进行中国特色社会主义和中国梦教育、社会主义核心价值观教育，是一门国家法定的必修课程。

学生管理课程思政是将学生管理和思想政治教育有机结合，围绕教育部43号令的九大职责所进行的课程化开发，将教学设计理念融入其中，没有固定的教材与固定的内容。

误区二：学生管理课程化不等于思想政治教育课程化。

很多人提出疑问：为什么不叫思想政治教育课程化，而叫学生管理课程化。因为如果称之为思想政治教育课程化，更多地倾向于思想政治理论教育的功能。如果这样实施，将会导致出现一种现象：在思想政治教育课程化过程中，逐渐变成了思想政治理论课授课，与思想政治理论课具有了重叠趋同。

很多辅导员认为进行学生管理课程化是不是我们要讲马克思主义学院开设的相关课程，其实不然。我们辅导员不是马克思主义专业科班出身，辅导员的主责主业依然是学生管理和思想政治教育，但不能把思想政治教育课程化演变成思想政治理论课授课，特别是在课堂上，不能为了讲理论而讲理论。所以，我们称之为学生管理课程化。

误区三：课程思政不等于课堂思政。

学生管理课程思政设计暨学生管理课程化，课堂不受局限，可以是教室，可以是操场，可以是食堂，可以是农村，可以是田间地头，可以是爱国主义教育基地，并不是要求辅导员必须在课堂中进行课程化讲授。

例如，带领学生参观九一八历史博物馆爱国主义教育基地，我们辅导员通过课程化的形式进行设计，把教学理念融入课程化之中。那么，我们这次社会实践参观，也是一次学生管理课程化具体内容的授课。

专业课程思政是把盐融入水中，也就是在专业课程中挖掘思政元素，把思政元素融入专业课程中。“盐”就是思政教育；学生管理课程思政是让学生吃盐的过程中，要再让学生喝点水。“水”是教学设计。所以不能出现只让学生喝水导致无滋无味或者一味地让学生吃盐不让学生喝水的现状。

三、课程化的八个转变

那么学生管理课程思政设计暨学生管理课程化的课，到底是什么样的课?

它是由讲授变成激疑的课。学生管理课程化的课，它不是仅仅靠辅导员的一味宣讲，而是通过和学生共创、共同交流碰撞出新的观点和灵感。

它是由孤立转变成整体的课。学生管理课程化的课，绝对不是说今天我高兴，我就讲一下爱国主义教育，明天我开心，我就讲一下感恩教育，后天学生被骗了，我再讲一下校园贷防诈骗。它是围绕教育部43号令九大职责从开学到毕业，从大一到大四由浅入深地进行课程化开发整体设计。

它是由灌输转变为点燃的课。学生管理课程化的课，绝不是单一的宣讲灌输的模式，它是一种点燃式模式。

在辅导员的学生管理课程化中的课堂上，教育不是灌输而是点燃。点燃学生，真正地让学生动起来、亮起来、活起来、成长起来。

它是由接受转变为建构的课。以前我们的主题班会，包括其他的主题活动，都是属于一种被动接受式。学生想参加也得参加，不想参加还得参加，人坐在教室里心不知飞向了哪里。而学生管理课程化的课，是一种建构的课，也就是学生和辅导员共同建构成长的场域，达到同频共振。

它是由指导转变为引导的课。以前，我们在进行学生管理或者思想政治教育过程中，告诉学生应该做什么，必须做什么，禁止做什么，不允许做什么，比较直接生硬，学生不易接受。而通过学生管理课程思政设计的课，逐渐潜移默化地对学生进行价值观的引导、成长的引导、思想上的引导、行为上的引导，让学生明事理、通地气、有感受，辅导员由指导变成引导。

它是由宣讲转变为体验的课。之前，我们无论是开展爱国主义教育还是社会主义核心价值观教育，或是党史国史教育，都是由辅导员在讲台前进行一味地宣讲，比较枯燥无味，要么宣讲，要么看视频。

> 学生管理课程化的课，是通过学生进行师生互动，生生互动；通过学生在课堂中相互体验、碰撞交流、动手动脑、亲自感受，让学生真正地体验到思想政治教育的有声有色、有滋有味、有情有义。

它是由学知识转变为促成长的课。通过学生管理课程化的课，让学生真正地有所感悟体验，不是记住某个单词、某个定义、某个原理、某个符号，而是通过学生的体验互动共创交流，感受到自己的裂变成长。

它是由封闭性转化为开放性的课。学生管理课程化的课，不是仅仅坐在教室里面，老师讲学生听，而是以一种大家评价、开放、包容、共创的心态进行课程体验，辅导员和学生之间可以进行对话，可以进行观点质疑碰撞，可以进行辩论讨论，从而使学生树立一种成长型思维模式，培养学生的独立精神和创新精神。

以上就是学生管理课程思政设计暨学生管理课程化的课的八个转变，也是具有的八个特色。

那么学生管理课程思政设计暨学生管理课程化的课，最终总结为两个字：那就是互动，互动，还是互动，只有通过师生互动、生生互动，才能达到同频共振。

从互动频率上讲，需要我们辅导员在授课的过程中，要随时随地与学生进行互动。只有通过与学生不断地进行互动，才能调动学生的积极因素，吸引学生的注意力，聚焦学生的问题。

从互动的形式上讲，辅导员可以采用多种多样、丰富多彩的互动形式。可以是朗读，可以唱歌，可以跳舞，可以是两人的“对对碰”，可以是三个人的“三剑客”。只要是能解决学生问题的互动，就是课堂的最好授课形式。当然，这也是目前我们辅导员所欠缺的地方。希望我们辅导员不断地去学习教育学、心理学知识，学会学习活动的有效设计，掌握课堂中的授课教学方法。

从互动优势上讲，通过互动，让学生参与进来，共同建构共同学习的高能量场域，这样学生高兴，老师不累。

例如，我在假期参加了田俊国老师的一个训练营，每天在小组群内分享自己的打卡作业，其实就是想通过自己每天1000字的输出转化倒逼自己的成长。为什么之前我们买了很多网课，听也听了，但就是没有收获，因为我们一直处于输入阶段，没有进行输出，更没有进行互动。

但参加了同样的训练营，为什么这次就有收获了呢？这就是田俊国老师训练营设计的奥秘所在：他让我们处于一个社会化互动学习的场域中，通过小组的思维碰撞交流、每天的作业打卡输出、学员相互留言点评，通过不断的互动形成了自己个人版本的知识转化。

四、课程化的三脑合一

我们每个人的大脑都是由认知脑、情感脑、行为脑构成。但是在传统的学生管理和思想政治教育过程中，我们只调动了一脑，忽略其他两脑的作用。

例如，我们对学生讲爱国主义，在黑板上画好爱国主义的主题海报，拿着从网上下载下来的爱国主义文字，对学生宣讲灌输，增加学生对爱国主义的认知。但这种灌输属于效果最差的形式。

例如，我参加训练营，原来之前的学习只是一味地让认知脑吃饱，感觉自己不停地看书输入，最后吃撑了还在继续麻木地吃。但每次输出的作业被小组领教推荐到了大群里，得到了群内专家大咖的点赞支持，对于在课程设计理论上一张白纸的我来说特别兴奋，自己的情感脑不断地释放多巴胺。

> 由于情感脑的幸福体验，释放的多巴胺让行动脑更加自觉地要继续坚持输出，积极转化为行动。但要想持续行动输出，必须让认知脑不断地进行输入，所以必须更好地学习提升。

直到此时，我终于明白了认知脑－情感脑－行为脑三者有机结合，才能让学生的学习发生真正改变，学生管理课程化的课程需要进行三脑合一设计。

> 我们日常对学生所开展的各种直接宣教灌输的思想政治教育，属于不停地喂饱认知脑，而饿坏了情感脑和行为脑，所以陷入了表面的虚假勤奋，而实际上改变并没有发生。

教学课程的最终目标是让学生发生改变，学生管理课程化的课程目标亦是如此。不让学生改变的教学是伪教学。

> 改变就是激活。激活认知脑、情感脑、行为脑，让三脑形成闭环系统，产生愉悦回路，学生发生改变。

用三脑原理激活学生才能让学生发生改变，学生如此，辅导员也是如此。但现实中很多辅导员把技能和情感知识化，用认知的方式给学生灌输，所以很多辅导员只教人不育人。

在课堂上传统的胡萝卜加大棒教学方法已经不被学生接受了，所以冷冰冰的奖励学生不喜欢，冷冰冰地扣分学生不害怕。

> 未来的学生管理要变成带有深情诱惑的胡萝卜加上温暖而又毫无敌意的大棒，才能构建和谐的师生关系。

为什么有的辅导员反映在课堂上能和其他班级学生建立良好关系，而面对自己的班级学生感觉有隔阂、有距离感。因为对自己班级学生用的是驯兽模式，对课堂其他班级用的是浇花模式。

在学生管理课程化的授课过程中，辅导员要将三大主义有机结合，以建构主义为主，认知主义和行为主义为辅，才能让学生成长改变。

驯兽模式是学生管理。让学生每天按时起床，保持寝室清洁卫生，遵纪守法，不迟到早退，讲诚信，有礼貌。

砌墙模式是思政教育。让学生了解社会主义核心价值观，学四史，知国情，学习一个中国梦、两个一百年、三严三实、四个全面、五位一体、十个明确、十四个坚持。

浇花模式是学生管理课程化。根据学生兴趣、爱好等帮助学生建构心智模式，激发学生旧知，给学生输入新知，提供相应的思考工具或流程，组织引导学生进行研讨和协商，激发学生的推理、分析、评价等高级思维活动，协助学生完成建构。

建构主义是以学生为中心，以技术为手段，以解决问题为目的。学生管理课程化是以建构主义为中心，将认知脑、情感脑、行为脑三者有机结合，获得知识，接受情感，有力行动，使学生发生改变，促进学生成长。

结合三脑原理设计学生活动，形成促进学生改变的三驾马车。让认知脑、行为脑、情感脑合理分配能量，不能有人天堂撑死，有人地狱饿死。

> 学生管理课程化既需要行为主义的行为训练，又需要认知主义的知识讲授，更需要建构主义的对话体验，只有这样才能让思想政治教育和学生管理有声有色、有情有义、有滋有味、有理有据。

本节反思复盘日记

主题：最有效的输入就是输出

日期：　　月　　日

事件 **Facts**	F1：今天学习本节文字，让我印象深刻的内容是哪些？ 哪些点最触动你？你现在一下子就想到的最有价值的是哪些内容？
感受 **Feelings**	F2：这些内容让我联想到了什么？ 结合 F1，对此请联系、描述自己的相关经验。
思考 **Thinking**	F3：这些给我现在工作的启发、启示有哪些？ 结合 F1、F2，让你深入反思的或让你深刻意识到的、学到的是什么？
行动 **Actions**	F4：未来我打算如何应用我的这些启发、启示？ 结合 F3，下一步你会怎么做？下一步你的计划是什么？

第五节　学生管理课程化的特征

学生管理课程思政设计暨学生管理课程化是链接辅导员由老师通向导师的桥梁纽带，辅导员通过建构学生管理课程化的课堂，采取八种授课形式，与学生共同打造师生同频共振的能量场域。

一、学生管理课程化三大特征

学生管理课程思政设计暨学生管理课程化主要有以下三大特征：

（一）学生管理与教学跨界“联姻”，构建了学生管理课程化的底层逻辑

学生管理课程化通过将学生管理与教学设计理念有机融合，将教学设计理念融入学生管理过程中，以课程的方式予以呈现；使学生管理的课程教育有主题，教学有目标，教案有计划，讲授有考核，作业有评价，互动有反馈，内容有设计；改变了以往学生管理一味地灌输式、宣教式、填鸭式的思想政治教育模式。

目前我们辅导员面临最大的痛点是缺少教学设计理念与方法。很多辅导员没有教育学知识背景，不懂得教学设计原理。我们进行学生管理课程化开发，并不是说让辅导员放弃学生管理和思想政治教育工作，放弃自己的主责主业，而投入到浩瀚无边的教学设计研究中去。

学生管理课程化需要辅导员要掌握基础的教学设计理念原理即可，通过教学设计原理开发一门学生管理课程化的独立微课，小巧玲珑、机动灵活，符合教学设计要求，课程时长在40~60分钟之间。我们辅导员也要读一些基本的教育学、心理学书籍，不但能提高学生管理课程化设计水平，也能提高辅导员的日常管理能力。

例如，辅导员进行学生管理课程化设计开发，要有主题设计，主题简洁干练；要有目标设计，学会撰写知识目标、素质目标、能力目标；要有结构设计，分为导课、正课和结课；要有内容设计，内容清晰，与时俱进；要有活动设计，体现情感脑、认知脑、行为脑三脑合一；要有案例设计，学会萃取案例；要有亮点设计，PPT制作要有冲击感。

（二）育人与育才有机融合，构建了学生管理课程化的目标体系

通过学生管理课程化，完成思想政治教育的育人使命，使辅导员结合自己的专业

知识有机融入思想政治教育的过程中。辅导员的专业背景各有不同，学生管理课程化，使辅导员能将自己的本专业知识融入课程化中；使辅导员由之前的专业劣势变成课程化开发中的专业优势，形成自己的特色品牌课程；将课程的教学设计理念融入学生管理和思想政治教育中，使学生更容易接受，使育人和育才有机结合。

例如，辽宁师范大学的辅导员董成文老师，本科和研究生学的是心理学专业，她将专业知识不断地应用到学生工作中，先后考取三级心理咨询师、二级心理咨询师、高级心理行为训练师等职业资格证书。

她结合专业创建了大学生人格教育技术化工作室，目前培养了35名本科生咨询师，接待大学生个案400例，运用实效化的心理干预技术对学生进行优秀人格塑造。在学生中开展“心理游戏与团体辅导”“健全人格心理辅导与训练”等品牌活动。2021年她结合自己的专业开发了一门《元认知心理干预技术在辅导员工作中的应用》课程，并获得了上级部门立项支持。

（三）管理方法与教学方式重新融合，构建了学生管理课程化的途径工具

学生管理课程化，既使用认知主义教学方法，也使用行为主义教学方法，更使用建构主义教学方法，多种方法相互融合，形式多样。改变了传统的点对点灌输宣教，改变了传统的课堂呆板枯燥，实现了“管理即课程，教育需设计”。

下面用一个故事可以很形象地把学生管理、思政教育和学生管理课程化进行分析对比。

这个故事就是扁鹊的故事，但这次扁鹊见的不是齐桓公，而是魏文王。

大家都知道扁鹊的医术非常高明，说得夸张一点甚至可以用超神学霸来形容。扁鹊这位神医的名声特别大，非常厉害！

这一天，魏文王召见扁鹊，问了扁鹊一个问题，他说：“扁鹊，你们家总共有兄弟三个人，你们三个人的医术都很棒，那么到底哪一位的医术水平才是最高的呢？”

扁鹊回答说：“大哥的医术最好，二哥的医术排名第二，而我则是最差的。”魏文王非常疑惑，他又问道：“你大哥、二哥医术那么好，但是现在为什么没有出名呢？我们很多人其实都不知道你大哥、二哥医术高明啊？那为什么医术最差的你却如此出名呢？”

扁鹊又回答说：“大哥治病主要是在病人的病情发作之前对他们进行治疗，所以在大多数情况下，人们是不知道他可以提前铲除病根的，因此大哥的名气根本没有办法让很多人知道；二哥治病主要是在病人刚刚发作的时候，很多人都认为他仅仅可以治那些很轻的小病，因此他的名气也不是很大；而我跟他们两个不同，我治病主要是在人们病情都极其严重的时候，很多人都可以看见我在经脉上放血，在皮肤上穿针，做很多大的手术，所以大家都认为我的医术最为高明，所以名气很大。”

从上述故事中，我们可以知道：扁鹊的大哥最擅长的是提前发现从而有效处理，他采用“养生”的手段消除疾病诱因，他有非常敏锐的观察力和长久的眼光，因此他总是可以帮助人们把疾病扼杀在摇篮里，让人们有效地减小了生大病的可能性。扁鹊的二哥最擅长的是在发病初期，采用“吃药、打针”的方式去除病因。对于发烧、感冒、咳嗽，二哥开具药方直接药到病除，他可以有效地帮助病人免受疾病的折磨。而扁鹊则擅长“大病治疗”，他采取“手术”的方式祛除疾病。他可以尽自己最大的能力去挽救人们的生命。他在一次次的“手术”中，慢慢地成就了自己的名声，因此他的名气最大。

我把这个故事嫁接到了学生管理课程思政设计中。对学生管理、思政教育、课程化三者进行了分析对比。由此可以看出：

扁鹊就是学生管理。学生管理需要的是让大家遵守规则，通过“手术”的方式改掉学生身上不良的毛病与习惯。学生虽然很痛苦，但是见效最快。对于学生身上迟到早退、旷课等这样的毛病，采用直接、快速、强硬、必需的方式进行“手术”，从而约束规范学生的行为，养成良好的习惯。这是学生管理“手术”的作用。

二哥是思政教育。解决学生思想上的认知错误问题，对学生进行有效价值观引导。学生认识不清、观点模糊，通过“吃药”的思政教育方式潜移默化让学生树立正确的人生观、世界观和价值观。吃药需要一个过程逐渐发挥药效，这是思政教育“吃药”的作用。

大哥是学生管理课程化。通过课程化也就是“养生”的方式让学生进行自我调整，学会成长，学会做人，对生活保持积极态度，养成自觉坚持习惯，培养创新思维，建立和谐人际关系，打开学生的视野和格局，提升学生的综合素质能力。

学生管理是“手术”，看得见、摸得着，所以我们在日常的学生管理过程中要做到有声有色，让学生体验得到，感受得到，改变得了；思政教育是“吃药”，要求我们无论是理论宣讲还是社会主义核心价值观教育，抑或是中国梦教育要有滋有味，让学生潜移默化地入脑入心；课程化是“养生”，需要我们对学生动之以情、晓之以理，通过课程化的形式，润物细无声地让学生成长改变。

但是，现实中我们也面临着一系列的问题，大家一般比较重视“手术”，学生自己也能看到自己的缺点和不足，所以愿意接受学生管理的“手术”。

但是在“吃药”的过程中，学生认为自己没有病，发烧感冒自己不吃药也能好，因此本能地拒绝吃药。所以，大家对思想政治理论教育宣讲灌输的“吃药”形式不感兴趣。

通过课程化进行“养生”，学生甚至辅导员自己认为更是没有必要了。当我们走在公园里，一个戴着口罩、身穿白大褂的人向你推荐养生，可以舒经活骨、百病不侵，你第一反应肯定认为这个人是骗子。让你不熬夜、不抽烟、不喝酒，你认为这是祛除病根儿吗？答案肯定是否定的。

但是从扁鹊大哥的角度来看养生才是根本，才是终极之道。所以我们学生管理课程化，就是承担了大哥的角色，从长远的角度培养学生的综合素质能力，让学生有德成人、有技成才、有职成业。

二、主题班会的“八宗罪”

学生管理课程思政设计暨学生管理课程化，让辅导员有了自己的课程、自己的课堂、自己的授课方法，那么除了纳入学校教学计划的课堂外，还有一个重要的载体途径——主题班会。

虽然教育部辅导员素质能力大赛取消了主题班会，但绝不代表主题班会可有可无。主题班会是辅导员开展思想政治教育和学生管理工作的有效载体和有力抓手，是学生管理课程化的最重要载体。在实际中，学生管理课程化也就是我们的主题班会课程化。

但目前各学校主题班会存在的问题是载体无效、抓手无力、形式单一，主要存在以下“八宗罪”：

“第一宗罪”——给谁讲？

给谁讲这个问题其实不是问题，我们都知道给学生讲。但学生又有不同的划分。从时间划分为大一、大二、大三、大四学生；从对象划分为学生干部、普通同学、入党积极分子、特殊群体学生、违纪学生、学业后进学生；从性别上划分为男生、女生。而目前高校的主题班会存在胡子眉毛一把抓，不分对象满堂灌。有的主题班会将大一、大二学生集中起来一起开，严重缺少主题班会对象的明确性、针对性。

“第二宗罪”——谁来讲？

既然是主题班会，有班就有导，所以主题班会的主要讲授者就是辅导员。辅导员是主题班会的主要核心力量，有的辅导员下面还有班主任，班主任也可以开展主题班会。

在现实中，其实很多时候是学生干部在召开主题班会。每到一个教室观察主题班会，我们看到的千篇一律景象是黑板大主题，班长一根棍，手拿打印稿，典型复读机。这样的班会其实不是班会，就是一个机械化的传声筒。学生干部挨累，学生遭罪。

当然，有的辅导员在设计主题班会过程中会请专业老师或者优秀校友来到教室内进行分享。效果肯定好于“僵尸型”班会。但无论是专业教师还是优秀校友，他们分享的是经验，是建议，更像是一场分享沙龙，而不是具有主题意义的主题班会，缺少主题班会的整体设计。

“第三宗罪”——什么时间讲？

目前，主题班会时间基本是在周日的晚自习或者周一的晚自习召开，也有的是在周一下午三点之后召开，更有甚者利用课间休息十分钟时间召开。很少有高校将主题班会纳入人才培养计划中，白天8学时的正常上课时间几乎不会给辅导员。这也是辅导员自身感受不到自己是一名教师的最大障碍。辅导员没有体验到在课堂上的师道尊严仪式感，只有晚自习的辅导员感。

白天8学时内主题班会组织效果最佳，晚自习开展效果也可以。但是课间十分钟组织那绝对不是主题班会，而是为了某个主题或要求进行信息传达，没有起到一点主题班会的教育意义，就是机械地传达布置工作。

“第四宗罪”——在哪讲？

绝大多数的主题班会都在教室进行开展。但目前高校的选课机制导致了学生上课实行的是走班制，而不是固定在一个教室中，这就导致了教室文化离我们越来越远。

上课的教室不是我的教室，我的教室你在上课。教室变成了主题班会的“临时招待所”或者成为晚自习的“圈养场”。学生没有把教室当自己的家一样热爱，导致了固定场所的班级文化逐渐丧失。

每个学生进入教室都有冷冰冰的感觉。在这临时的、冷冰冰的“招待所”中召开了主题班会，学生的热情自然也就消退甚至熄灭。也有的高校将主题班会搬到了操场、红色基地等地方，但这种形式应该定义为素质拓展、社会实践还是主题班会？

“第五宗罪”——讲什么？

这个问题是最重要的。很多高校主题班会贯穿全年，有的按照月份划分，例如，3月雷锋月、4月诚信月、5月心理月；有的按照节点划分，例如五一劳动主题、六一童年快乐主题、七一建党主题；有的按照学年划分，例如大一行为规范、大二专业教育、大三生涯规划、大四就业指导；有的按照部门要求划分，例如学生处规定主题、二级学院规定主题、辅导员自选主题。

无论怎么划分，主题班会必须有主题、有内容。但目前主题班会的现状是根据上级需要讲内容，根据文件精神讲内容，根据突发事件讲内容，根据领导指示讲内容。

主题班会的主题内容排在前三位的是讲安全、讲心理、讲考研。安全基本贯穿在每个学年，所以导致学生一见到辅导员就知道辅导员要讲安全了。

“第六宗罪”——用什么讲？

当前辅导员在组织设计召开主题班会时，大多数是口干舌燥地硬讲，也就是相当于大家说的尬聊。辅导员拿着在学生处或二级院刚刚记录完的笔记本，面向全体学生开始组织召开主题班会，逐条逐句地向学生机械化地传达。我给这样的主题班会定义为“僵尸式”主题班会。

有的辅导员可能提前做了准备，从网上下载一个PPT或者从其他辅导员同行复制了一个PPT，然后照着PPT进行复读。PPT满屏的文字密密麻麻，学生眼睛盯着的不知道是文字还是辅导员。

有的辅导员很用心，所以自己做了PPT。说实话，目前PPT依然在主题班会中发挥中重要的载体作用。但很多辅导员不是秋叶大叔，所以PPT质量很一般，无特色。

甚至有的辅导员以主题班会的名义，为大家放视频，两个小时《我和我的祖国》等题材的电影。学生倒是很愿意观看，但是辅导员的角色只是开机、关机。这样的形式能否称之为主题班会?

本来内容就很空洞，结果载体又单一，导致每次的主题班会都如同一场惨烈的“交通肇事现场”。

用什么讲只是主题班会的手段，真正的主题班会需要手段，但绝不仅仅依靠手段。

“第七宗罪”——什么形式?

什么形式是指辅导员在主题班会过程中采取的讲授方法。我们都知道在教学的过程中一般用的都是讲授法、案例分析法。

在组织召开主题班会过程中，大多数辅导员采取的是讲授法，就某一个主题具体讲授传达。但是由于一年的学生工作主题大而多，繁而杂。这种状态导致我们辅导员变成了杂家，使主题班会变成了一个锅，什么事件和工作都可以放进这口锅里，结果变成了汤不汤，饭不饭，成了乱炖，无声无色、无滋无味。

主题班会的讲授方法值得我们研究，无论是讲授法，还是案例分析法，抑或是头脑风暴法、思维导图法，都需要我们辅导员配合先进的教学技术。当前最流行的是引导技术和视觉化技术，如果把企业的先进培训技术引入到我们的主题班会中，那么主题班会一定会发生裂变。

所以，我们辅导员要懂一些最基础的教学设计理念，无论是加涅的九大教学事件，还是梅里尔的五星教学法，抑或是建构主义教学思想，需要我们不断地学习、积累、提高。

本节反思复盘日记

主题：最有效的输入就是输出

日期：　　月　　日

事件 Facts	F1：今天学习本节文字，让我印象深刻的内容是哪些？ 哪些点最触动你？你现在一下子就想到的最有价值的是哪些内容？
感受 Feelings	F2：这些内容让我联想到了什么？ 结合 F1，对此请联系、描述自己的相关经验。
思考 Thinking	F3：这些给我现在工作的启发、启示有哪些？ 结合 F1、F2，让你深入反思的或让你深刻意识到的、学到的是什么？
行动 Actions	F4：未来我打算如何应用我的这些启发、启示？ 结合 F3，下一步你会怎么做？下一步你的计划是什么？

第六节　课程化金课的底层逻辑

学生管理课程思政设计暨学生管理课程化的课程内容都来自教育部43号令九大职责，都是从九大职责中衍生出来的，从而可以更好地打造学生管理课程化的金课。

一、学生管理课程化的金课

要了解金课，首先我们要知道什么是“水课”。

“水课”就是低阶性、陈旧性的课，是老师以及辅导员不用心上的课。低阶性就是学生不用抬腿就可以通过，课程中没有学生能力的训练，也没有学生素养的培养。

什么是“水课”的陈旧性？举个例子：当年我们上大学的时候学习的一门课程是“Basic语言”，可以说当时学得我眼冒金星、如看天书。那么“Basic语言”这门课放在今天，就是陈旧、过时的课。

吴岩司长说：“不用心的课，说严重点儿就是没良心的课。学生可以不走心，听听就可以通过，这种课我们不仅要淘汰，还要让它成为过街老鼠，成为老师羞于拿出来的课，成为学生抵制的课。”

什么是“金课”？吴岩司长归结为“两性一度”：高阶性、创新性和挑战度。

高阶性。就是知识、能力、素质有机融合，培养学生解决复杂问题的综合能力和高级思维。课程教学不是简单的知识传授，是知识、能力、素质的结合，是解决复杂问题的综合能力和高级思维，没有标准答案，更多的是能力和思维的训练。

创新性。体现在三个方面，一是课程内容有前沿性和时代性；二是教学形式体现先进性和互动性，不是满堂灌，不是我讲你听；三是学习结果具有探究性和个性化，不是简单告诉你什么是对的，什么是错的，而是培养学生去探究，能够把学生的个性特点发挥出来。

挑战度。是指课程一定要有一定难度，需要学生和老师一起，跳一跳才能够得着，老师要认真花时间、花精力、花情感备课、讲课，学生课上课下要有较多的学习时间和思考做保障。

那么反观我们平时的主题班会，对比一下，我们当前的主题班会就是“水课”，甚至不能称之为“课”，也只有参加全国辅导员素质能力大赛主题班会设计的时候，才有点课的味道，而现在主题班会还被取消了。

大家思考一下，为什么把主题班会设计取消了？我个人总结原因有三点：一是大家把主题班会变成了形式课、表演课，完全为了比赛而设计主题班会；二是把主题班会趋同了思想政治教育理论课，本末倒置；三是把主题班会变成了好莱坞大片，场景绚丽多彩，但学生没有入脑入心。

但是取消不代表不重要，反而恰恰相反，全国所有的辅导员、学生处处长都认为主题班会非常重要。可是目前我们的主题班会就是简单的、生硬的、机械的僵尸会议、传达会议、落实会议，甚至有的辅导员直接让班长站在黑板前面复述会议，更有甚者，有的辅导员直接在微信群中转发复制会议。

我把“金课”分为三种：一种是“专业教育金课”，一种是“人文教育金课”，一种是“成长教育金课”。通过专业教育我们学会了专业知识，通过专业知识让我们找到了对口的职业和工作。所以学生毕业前5年内基本使用的是专业知识。随着在职场中的发展，沟通、表达、爱好、阅历、理财等人文知识越来越凸显，你升职加薪，你竞聘中层干部，你去相亲成家，这时你在大学期间的人文知识开始发挥了作用。人文知识至少能持续影响你十年。成长知识是在大学期间形成的价值观、使命感、责任心、感恩意识、良好生活习惯、逻辑思维能力、抗挫折能力、创新思维等。这些成长知识始终伴随你一生，陪伴你找工作走向职场，陪伴你职场中纵横驰骋，陪伴你娶妻生子，陪伴你子女家风教育，陪伴你为人处世。

辅导员通过自己的言传身教潜移默化影响学生，学生以辅导员为榜样可以做一个像辅导员那样具有热心、爱心，乐于助人的人。

大学，就是需要我们辅导员在学生心灵之处播下一颗成长知识的种子，然后在学生自己的成长土壤中生根、发芽、开花、结果。

这就是专业知识、人文知识、成长知识三者之间的区别，我们辅导员在自己的“责任田”里通过学生管理课程化为学生播下成长知识的种子。

二、九大职责课程目标

辅导员通过九大职责设计学生管理课程化内容，打造学生成长知识的金字塔，使辅导员九大职责与学生成长知识的课程目标相辅相成、一一对应。这是学生管理课程化开发的底层逻辑。

第一项职责是思想教育与价值引领。它的课程目标是通过学生管理课程化，让学生树立正确的世界观、人生观、价值观。辅导员可以开发出爱国主义教育、理想信念教育、红色教育等课程。

第二项职责是党团和班级建设。它的课程目标是通过学生管理课程化，对学生进行四史教育，培养学生的团队精神和自身的管理能力。辅导员可以开发出入党积极分子培训、班级建设、学生干部素质能力提升等课程。

第三项职责是学风建设。它的课程目标是通过学生管理课程化，培养学生能力塑造与方式方法形成。辅导员可以开发出考研辅导、专科升本科、学习方式方法等课程。

第四项职责是学生日常事务管理。它的课程目标是通过学生管理课程化，使学生养成良好的习惯。辅导员可以开发出感恩、理财、沟通、礼仪、开学第一课等课程。

第五项职责是心理健康教育与咨询工作。它的课程目标是通过学生管理课程化开发，培养学生积极、健康、向上、乐观的心态。辅导员可以开发出绘画治疗、沙盘治疗、亲子关系、谈心谈话等课程。

第六项职责是网络思政教育。它的课程目标是通过学生管理课程化开发，培养学生积极、健康、向上的网络素养，传递网络正能量。辅导员可以开发出网文写作、公众号运营、社群服务、视频号直播等课程。

第七项职责是校园危机事件应对与处理。它的课程目标是通过学生管理课程化，培养学生危机事件应对处理能力与意识，提升危机预警预防素养。辅导员可以开发出校园贷防范、防溺水、网络舆情分析、大学生安全教育等课程。

第八项职责是职业生涯规划与就业创业指导。它的课程目标通过学生管理课程化开发，学会自我规划，培养学生的职场适应能力。辅导员可以开发出简历撰写、如何面试、创业教育、求职方法、大赛项目申报等课程。

第九项职责是理论和实践研究。它的课程目标是通过学生管理课程化开发，培养学生形成一定的理论素养，提升其科研能力。辅导员可以开发出论文撰写、科研实验、项目申报等课程。

通过九大职责设计出学生成长知识的课程总目标。当然每一门具体课程还有细分的学生知识目标、能力目标和素质目标。

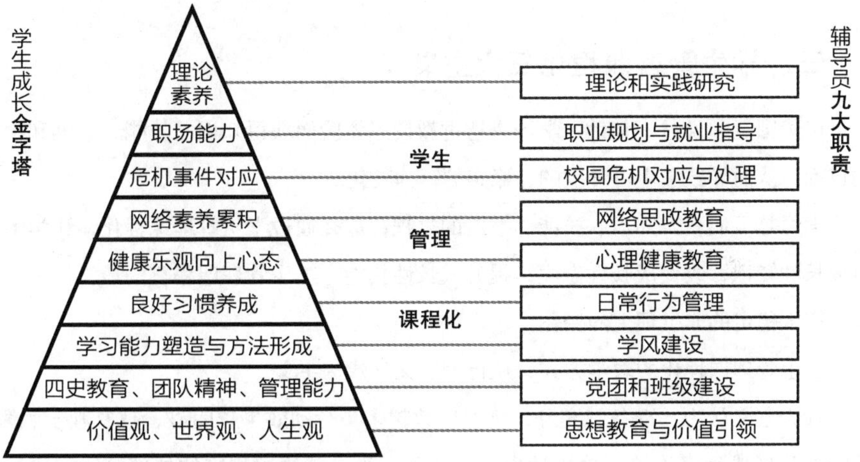

学生成长金字塔底部也是辅导员和学生最重要的课程，是需要辅导员重点开发的课程，是学生管理课程化的重要支撑。由下向上逐渐延伸，构成了学生成长的全方位、立体化的成长知识覆盖与浸入。

辅导员用最熟悉的教育部43号令九大职责内容，通过学生管理课程化开发，打造了学生成长的金字塔，使师与生建构、管与理结合、课与育互通。九大职责是教育部43号令规定辅导员必须熟悉并熟练掌握的岗位职责。

> 通过学生管理课程化，把九大职责具体内容变成了学生成长的九大课程目标，又通过学生管理课程化将九大职责目标落地体现。所以说，学生管理课程化具有独特的天时地利人和因素。

学生管理课程化按照九大职责内容，我给分了三个二级指标体系：一是成人的课程化体系，二是成才的课程化体系，三是成业课程化体系。

成人的课程化体系包含思想引领、党团班级建设和学风建设三大领域；成才的课程化体系包含学生日常事务管理、心理健康教育、网络思政教育三大领域；成业的课程体系包含校园危机应对、职业生涯规划与就业创业指导、理论研究体系三大领域。

通过学生管理课程化拆解九大职责，以九大职责为底层逻辑，从而演化出形式多样、内容无限的具体课程，进一步打造学生成长的“金课”。

三、学生管理课程化三大主义

田俊国老师说过一句话：学习是透过教授或体验而获得知识、技能、态度和价值的过程，从而导致学生可量度的、稳定的行为变化。

学习是人们获得知识、技能、态度的过程，那么通过学生管理课程化，让学生获得成长性知识，改变成长性态度，提升成长性技能。学生管理课程化的最终目标是让学生产生稳定的非生理上的变化。

学生管理课程化的教学方式，从行为主义到建构主义。

行为主义认为，准备越充分，练习次数越多，行动效果越明显，越有利于刺激-反应之间形成稳定连接。想让学生产生某种行为，就给予相应的外部刺激，反复强化，形成某种固定的刺激反应模式，最终完成学习。田俊国老师把这种教育方法比喻为驯兽模式。就像让老虎钻火圈一样，火圈钻过去给予奖励，钻不过去给予惩罚，反复进行训练，行为形成固化。

认知主义更注重对信息的加工过程。认知主义就像在人的大脑中盖房子，田俊国老师称其为“砌墙模式”。例如我们盖一栋房子先有图纸，然后有结构图，最后进行施工。所以对学生先进行概念定理的讲授，让学生认知上理解，然后再进行实践。

建构主义认为每个学生都有自己独有的经验、价值观、信念，课堂就是一个供所有学生对某些知识进行建构的道场，老师如同司仪，在课堂上组织学生结合自己以往的经验和知识，对信息和情境进行意义建构，从而形成新的认知。

建构主义认为学生才是学习的主体，知识是学生和老师共同建构的结果，是学生自己总结和发现知识的价值和意义的过程，我们提倡的不是以空杯心态来学习，而是要激活学生的旧知，学生结合自己的旧知掌握新知。田俊国老师称其为“浇花模式”。

根据花的成长规律定期给予浇水，同时还要享受阳光的照耀。

学生管理课程化的课堂，是对话的课堂、质疑的课堂、辩论的课堂。通过师生之间、生生之间共同建构高能量场域空间。

从行为主义到认知主义，再到建构主义，这是教学发展的大概脉络。学生管理课程化就是将行为主义、认知主义、建构主义三者有机结合，创造出属于我们学生管理课程化的新型课堂。

在传统的教学过程中，老师是课堂的绝对主角，他们准备了一大堆客观确定的知识，然后按照自己事先准备好的教案，一板一眼地向学生讲授，所以，老师在课堂上对所教的内容负责，而不是对学生的掌握情况负责，只要老师把所有的知识点讲完之后，下课铃声响了，就完成了教学任务，然后等着考试，而至于学生能否听懂，那是学生自己的事情。

学生管理课程化的“金课”标准，强调学生与辅导员之间主动建构，要求的是辅导员要帮助学生建构心智，辅导员将学生置身于情境之中，提出问题，激发学生已有的相关知识和经验，给学生输入相关的信息，提供相应的思考工具或流程，组织引导学生进行研讨和协商，激发学生的推理、分析、评价等高级思维活动，协助学生完成建构。

所以，在学生管理课程化“金课”中，辅导员的角色是催化师，是引导者，是陪伴者，最大的责任不是给学生讲知识点，而是激发学生思考建构。

老师是站着的学生，学生是坐着的老师，辅导员和学生一起共同建构成长的高能量场域。

学生管理课程化“金课”的学习理论包含三大主义学习理论，一种是行为主义学习，它是为分化而教；第二种是认知主义学习，它是为迁移而教；第三种是建构主义，它是为建构而教。

学生管理课程化“金课”的教学方法：一是远距离拉近；二是硬话题变软；三是大话题变小。

远距离拉近。它是指辅导员在授课的过程中，要用接地气的、通俗易懂的语言和学生进行对话，让学生能够容易理解，不能将那些晦涩的理论直接宣教给学生。辅导员列举的故事案例要来自于学生身边的生活和学习。如果课堂内容离学生太远，学生就不会感兴趣。

硬话题变软。它要求我们辅导员不要机械地、生硬地、强制地把爱国主义教育、社会主义核心价值观教育、中国梦教育直接灌输给学生、宣教给学生。要融入载体活动中，让学生潜移默化地发生变化，要让学生管理和思政教育通过课程化的形式实现软着陆。

大话题变小。它是指辅导员在授课过程中，不要空讲、虚讲，要有针对性、具体性，以小见大、以微见著，小切口，大育人。

本节反思复盘日记

主题：最有效的输入就是输出

日期：　　月　　日

事件 Facts	F1：今天学习本节文字，让我印象深刻的内容是哪些？ 哪些点最触动你？你现在一下子就想到的最有价值的是哪些内容？
感受 Feelings	F2：这些内容让我联想到了什么？ 结合 F1，对此请联系、描述自己的相关经验。
思考 Thinking	F3：这些给我现在工作的启发、启示有哪些？ 结合 F1、F2，让你深入反思的或让你深刻意识到的、学到的是什么？
行动 Actions	F4：未来我打算如何应用我的这些启发、启示？ 结合 F3，下一步你会怎么做？下一步你的计划是什么？

第七节　课程化的赋能激活

学生管理课程化的终极之本，概括为四个字：赋能激活。即为学生真正地赋能激活。只有不断地为学生赋能激活，才能让学生发生真正的改变。

学生管理课程化的赋能激活不是通过说教式为学生画大饼，而是通过学生管理课程化的形式，融入模型、活动、游戏，通过小组共创、提问反思、交流分享、观点碰撞、深度研讨等形式，让班级团队以及个人呈现出能量满满的状态，实现个体赋能、班级激活、人人改变。学生管理课程化的赋能激活，就是让学生在课程中体验参与感，成长中有仪式感，分享中找到存在感，共创中增强归属感，复盘时拥有成就感。

辅导员就是一条线，学生就是散落的珍珠，辅导员通过学生管理课程化的赋能激活将珍珠串在一起，形成了珠光闪闪、价值连城的项链。

一、学生管理课程化的赋能

如何为学生赋能？这又回到了我们学生管理课程化的授课主体，也就是辅导员。只有我们辅导员提高自己的赋能能力，无论是自我赋能还是为他人赋能，才能让学生发生真正改变。

如果一个辅导员在实际工作中，对自己都不能有效赋能，每天消极怠慢、不停抱怨，那么这样的辅导员，一定不会成长，也一定不会给学生进行赋能，让学生成长。

只有一个赋能的辅导员才能带出200个赋能的学生。

我们都说这个时代是一个最好的时代，也是一个最坏的时代，后疫情下我们进入了乌卡时代，面对所有的不确定性。我们应该如何抓住机会？这是值得每一个辅导员思考的问题。

在2020年这场疫情之下，120多天的假期，我们收获了哪些？成长了哪些？都需要我们深深地思考。放假前，很多辅导员都说自己进行了“闭关”，经过120多天的修炼赋能，现在需要我们“出关”了，那么带着哪些赋能成果“出关”呢？

赋能现在已经成为一个热词，所以我们努力做一个赋能的老师，做一个赋能的辅导员，做一个赋能的领导者，在不确定的危机中进行化危为机、破局成长。我们要做局外人，而不是深陷局中。

要做一名赋能的老师。老师现在已经开始赋能，我们辅导员也应该学会赋能。它既是我们学生管理课程化的内在需求，又是教育部43号令九大职责的必然要求，更是实现立德树人的具体体现。

学生管理课程化赋能的课堂是灵活的课堂、机动的课堂，而不是把学生困在教室里的课堂，可以在教室里上课，但是更可以在寝室、在食堂、在操场、在社区等地方上课。

例如，内蒙古电子信息职业技术学院的辅导员贺栋老师，将5S管理的企业文化融入学生公寓日常服务管理的实践全过程。他开发了《公寓5S星级管理育人》课程，将课堂建立在公寓中。坚持以师生为中心的发展思想，以公寓5S管理项目为抓手，围绕师生、关照师生、服务师生，把握师生成长发展需要，提供靶向服务，增强供给能力，彼此赋能，有效引导师生的思想和行为，促进以文化人、以文育人。

目前，有的领导存在疑虑，认为辅导员会不会把学生管理课程化走偏了、做歪了，变成像专业教师一样上课，像思想政治理论课一样教学。其实，学生管理课程化绝对不是前两者的复制，更不是前两者的模仿，而是将教学设计理念融入思想政治教育和学生管理过程中，通过课程化的形式具体呈现。

学生管理课程化的赋能课堂不是两手一背认真听讲、做好笔记，而是给学生不断地赋能，让学生不断地进行体验互动，从而促进学生的改变成长。

在互联网时代下，特别是在这场疫情之下，靠严防死守的时代已经结束了，纵使我们辅导员有通天之力，200个学生也管不过来、守不过来，只有让学生内在自我改变，才能促使学生积极向上、自我成长。

学生管理课程化让教学方式发生了深刻的变革，课堂形式发生了深刻的变化。以行为管控为导向的教学力不从心，我们也不想采取这样的教学方式，而以学生责任为导向的教学才让人惊喜不断。通过学生管理课程化，让思想政治教育和学生管理软着陆，也就是放弃对学生的管控，对学生进行个体赋能，从而激发学生的成长动机，实现软着陆。

辅导员要成为学生管理课程化课程的超级传播者。

如何上好学生管理课程化的课堂？辅导员应该怎么做？方法是可以用自己的全部热情去感染学生，找到第一个积极响应者，而且重奖第一个积极响应者，不断地给他赋能。这种赋能的影响力不断在学生之间进行次级传播，最终带动全班形成良好的学习氛围。这就是学生管理课程化的赋能之法，需要我们辅导员慢慢体会、消化吸收。

辅导员如何进行赋能？即在学生管理课程化过程中，如何进行有效赋能？如何让我们思想政治教育和学生管理具有实效性、针对性？这属于教学方式方法问题，需要我们辅导员不断地去学习、去思考。

学生管理课程化的赋能之法，那就是通过学生管理课程化，给学生实行“胡萝卜加大棒”政策。

对学生要进行不带敌意的坚决“大棒”，同时对学生也要进行不带诱惑的深情“胡萝卜”，坚决与深情有机结合，就是做好我们学生管理和思想政治教育的有效法宝。这也和之前分享交流的一招三式管理异曲同工，即软化冲突、淡化权威、强化边界。

如何通过学生管理课程化，让我们辅导员成为高手，成为学生管理的高手，成为思想政治教育的高手，成为授课的高手？这需要我们辅导员不断地进行修炼。在学生管理课程化过程中要把学生深度卷入课程中，不能是蜻蜓点水，敷衍了事。同时，学生的改变成长，时刻体现出辅导员的判断力、分寸感和颗粒度，即对学生超强的判断力，与学生谈话的分寸感，和学生融入的颗粒度，这是辅导员日常管理过程中要求必须做到的。

一个真正的辅导员高手是让学生冷热结合、远近结合、亲疏结合、内外结合，这也是辅导员的工作方式方法问题，需要我们不断地总结、反思、复盘。

学生管理与思政教育，既是管理，也是教育，更是课程，是一门具有课程内容的教育管理学问，需要我们不断地进行设计。

二、学生管理课程化的激活

田俊国老师认为，传统的课堂、课程、对象以及辅导员或者老师的教学状态没有在一个频道上，所以出现了课堂上学生昏昏欲睡、低头族一片、抬头率少见的现象。这样的课程缺少了老师状态、学生状态、课程状态、课堂状态。

目前在多数主题班会过程中，辅导员犹如送知识的快递员，学生被动接受、毫无兴趣，如果辅导员在课堂上或主题班会中没有成就感，没有像游戏一样不断地给予学生正反馈，给学生体验感，没有控制学生的情感脑和行为脑，激活学生，必然导致课堂场域死气沉沉。

辅导员、学生、课程、课堂构成了学生成长裂变的四大元素，需要四者之间相互发生化学反应，四者缺一学生都不能发生真正的成长改变。

辅导员应付学生，学生也会应付辅导员，所以学生评教有其自身合理性。

学生管理课程化的核心就是激活。辅导员在学生管理过程中先要激活自己，然后激活内容，最后激活与学生同频共振的场域，才能完成真正地激活学生。四大元素无论哪一项未激活都会导致学生管理课程化无效、无力、无味、无奈。

激活自己，就是要让自己从内心深处热爱学生，从而走进学生、了解学生、融入学生、关爱学生。鱼离开水不能呼吸，辅导员离开学生不能激活。

激活内容，就是要把学生管理过程中的痛点、热点、难点通过课程化的形式变成学生喜闻乐见的兴趣点，把天边的事情讲成身边的事情，把有意义的道理讲出有意思的深刻。

激活课堂，就是在课堂中进行辩论、批判、研讨、交流、共享、共创，形成师生互动、生生互动的同频共振的场域。在这种场域中学生才能“吸收天地之灵气，日月之精华”。

激活学生，就是让学生动起来，通过三脑结合，让学生认知脑提升认识，情感脑获得体验，行为脑完成行动，让死知识变成活体验。不是知识改变命运，是知识转化成能力才能改变命运。

> 问题越大，机会越大，危机中育新机，问题就是机会，解决问题，才能彰显本领，有真本领的人才能解决真问题。辅导员通过不断地赋能激活，为课程注入活力，以终为始、重新定义、野蛮关联、深度学习、立体表达。

在课堂上真正地“以学生为中心”才能打通育人最后一公里，实现学生管理课程思政暨学生管理课程化的立德树人使命。

学生管理课程化要求我们重新定义课堂，重新定义师生关系，重新定义学生管理。学生管理课程化，为课堂注入活力，为学生赋能成长。

例如，河北科技师范学院的辅导员白晓玲老师，在进行第一次主题班会课程设计过程中进行赋能激活。她设计破冰游戏，通过“抢凳子”“青蛙跳水”等活动让学生放下戒备、拉近距离，快速建立同学间的亲密感；她设计佩戴校徽仪式，邀请学院主管领导、教师代表、学生会主席、国家奖学金获得者，在嘹亮的校歌伴奏中为每一个新生佩戴校徽，增强仪式感；她设计梦想清单撰写，为每一个新生准备一个信封，让学生给四年后的自己写一封信。通过赋能激活，让学生成长。

辅导员的赋能激活目标，不是为了讲课而讲课，不是为了写教案而写教案，不是为了板书而板书，不是为了老师身份而站在讲台上，学生管理课程化真正的目的是育人，让学生实现真正的裂变成长。

对于学生管理，与其说是我们给予它存在的理解，不如说是它赋予我们辅导员成长的价值；对于课程化，与其说是我们给予同仁们经验分享，不如说是同仁赋予我们能力提升；对于学生，与其说是我们给予学生前行的力量，不如说是学生赋予我们人生的意义。

管理即赋能，教育即激活，所以，学生管理课程化的终极之本就是：你不是在讲课，而是在帮学生理解，为学生赋能，把学生激活，助学生改变，促学生成长！

本节反思复盘日记

主题：最有效的输入就是输出

日期：　　月　　日

事件 Facts	F1：今天学习本节文字，让我印象深刻的内容是哪些？ 哪些点最触动你？你现在一下子就想到的最有价值的是哪些内容？
感受 Feelings	F2：这些内容让我联想到了什么？ 结合 F1，对此请联系、描述自己的相关经验。
思考 Thinking	F3：这些给我现在工作的启发、启示有哪些？ 结合 F1、F2，让你深入反思的或让你深刻意识到的、学到的是什么？
行动 Actions	F4：未来我打算如何应用我的这些启发、启示？ 结合 F3，下一步你会怎么做？下一步你的计划是什么？

第八节　课程化的五星四有三感设计

一、学生管理课程化的五星教学

五星教学法是当代国际著名教育技术理论家和教育心理学家梅里尔教授倡导的教学理论。五星教学模式的核心主张：在“聚焦解决问题”的教学宗旨下，教学应该有不断重复的四阶段循环圈——“激活原有知识”“展示论证新知”“尝试应用练习”和“融会贯通掌握”。

我自己在假期也进行了挑战，读了爷爷级加涅大师的《教学设计原理》，也读了父亲级梅里尔大师的《首要教学原理》这两本晦涩之书，说实话，没有读懂，也没有任何精进，因为读不明白，也记不住，更不会用。所以辅导员在学生管理课程化开发设计过程中，很多辅导员没有专业的教学设计背景知识，一定要多读些书，提升自己的教学设计理念与意识。可以不用熟练掌握教学设计原理，但应该熟悉了解基本简单的教学设计流程。

五星教学设计包括聚焦问题、激活旧知、示证新知、应用新知、融会贯通五个方面，被称为吸星大法。

学生管理课程应该融入五星教学设计理念，这样才能激活学生、激活课堂、激活内容。

（一）聚焦问题

在学生管理课程化的课堂中辅导员应该通过问题进行导入，不能直接进入班级开始灌输知识，采用好的问题引发学生的思考。所以，课堂上辅导员不应该用问题征服学生，把学生难住，而应该师生共同征服问题。但有时候在主题班会中我们不自觉地陷入了前者。

> 学生有问问题的权利，辅导员没有直接给予答案的权利。

回答问题时要聚焦问题、激活旧知，而不是为答案而答案。我自己以前就是所问所答，高手应该是"答非所问"，由学生自己思考得出答案。

（二）激活旧知

在学生管理课程化开发设计过程中要用问题激活学生的旧知，让学生通过共创、体验、交流、评比、探讨的形式，可以想一想、说一说、考一考进行激活。

> 旧知是消化新知的酶，但也有可能是阻碍新知的网。所以，激活旧知的时候要注意学生的状态，给予有效引导纠偏。

旧知是给新知铺红地毯，所以空杯状态学习不是说自己啥也没用，而是要激活学生的旧知。

（三）论证新知

通过学生的共创交流分享，每个学生积极融入课堂之中，辅导员有效引导，将大家的发言进行归纳、整理、提炼，形成规律。

老师不能直接给新知，否则又变成了知识灌输，而是让学生自己通过旧知提炼、归纳、总结，引出新知。老师要把学生平时碎片化的知识进行归纳精炼，找到合适的机会引入新知，变成学生习得。但在现实中，往往很多辅导员也包括老师上完课夹包走人，自认为铃声一响传授知识已经完成。其实这不是知识转化，只是知识传递，而且只应用了该星，属于认知的灌输。

所以辅导员在学生管理课程化的授课过程中要注意不能沉浸在论证新知上，而是要聚焦问题、激活旧知。

（四）应用新知

学生从知道转入到做到，通过小组讨论、个人总结、对对碰等形式，要让学生动起来，不断地尝试做起来，辅导员要给予引导鼓励，不能一棒子把学生打进虚无之中。

对于正确应用新知的学生，老师给予鼓励，让其释放多巴胺，对于还处于不会使用的学生，老师要给予指导纠偏，进行多巴胺止损。

高分低能往往在该星上体现。高分只输入了知识，低能却忽略了应用，缺少实践行动。

（五）融会贯通

经过反复实践锻炼，形成自己的自动化反应模式，张嘴就来，闭眼就会，新知和旧知进行完全融合。每次上课都需要备课，如果机械地备课还是属于应用新知，而不是融会贯通。

举一个周付安老师讲过的一个案例：比如在课堂上让学生学会画老鼠简笔画的课程内容。

第一步：聚焦问题。

同学们，今天本节课我们要学习如何画老鼠。那么，如何才能画出又好看又好玩的老鼠呢？

第二步：激活旧知。

我们每个同学从小就看见过老鼠，在电视中也看过老鼠的动画片，那么，请同学们思考一下，你心中的老鼠是什么样的？按照你的脑海中老鼠的样子请画下来。（此时学生脑海中开始浮现各种各样版本的老鼠，也画出了各自不同的老鼠，千奇百怪，因为每个人的旧知是不一样的。）

第三步：示证新知。

好，同学们，看了大家画的老鼠，有的像鼠猪，有的像鼠马，有的像鼠鹿，有的像鼠鸭，大家很有创意啊（给反馈，让学生释放多巴胺），那么，请大家看看我是如何画老鼠的。接着，老师用五笔画出了老鼠的简笔画，得到了同学的赞叹。

第四步：应用新知。

好，同学们，按照我刚才示范的方法请大家继续画老鼠。大家画了一只又一只。

第五步：融会贯通。

刚才大家学习了如何画老鼠，那么，请大家画出一只在森林中的老鼠、在大海中的老鼠、在奔跑中的老鼠、去油缸里喝油的老鼠！

学生管理课程化最高境界要融入五星，不能只握一星示证新知，否则又重新回到了填鸭式教学、灌输式的主题班会。思想政治教育要五星连体，才能体现出真正的实效性、针对性、灵活性、意义性。

二、学生管理课程化的四有设计

在学生管理课程化开发设计过程中要把死知识变成活体验，所以要做到四有：有目标、有策略、有活动、有释放。

（一）有目标

在学生管理课程化开发过程中，课程一定要有目标。但目标是什么形式呢？传统我们喜欢用陈述性目标即理解、掌握、了解来表述。当年我参加学校的项目化教学改革，这六个词深深印在自己的脑海中，反应在教案里。但这种陈述性目标无法测量学生是否掌握。所以所谓的理解、掌握、了解都是我们以为的理解、掌握、了解，至于学生是否理解、掌握、了解，和我没多大关系。

学生管理课程化的教学目标一定是表现性目标。表现性目标包含知识、态度、技能。例如，如果开发一门感恩教育的微课，撰写课程目标，我们传统的写法：学生理解感恩的内容和意义，在日常行为中提升感恩的意识。那么这个课程目标就属于陈述性目标，通过45分钟的主题班会，学生就一定能提升感恩的意识吗？我们无法衡量，无法考察，所以这样的目标不是一个好目标。我们要把它变成表现性目标，它的写法是：学生理解感恩的内容和意义，并能够在课后给父母打一个问候祝福电话或洗一次脚。这个目标看得见、摸得着、够得上、可观察。当然，后期我们将具体探讨如何撰写课程目标。

（二）有策略

知识（Knowledge）的目标是能够用自己的语言陈述。个体要不断地进行消化建构，让学生形成个人版本的理解，要把知识进行转化，所以不是知识改变命运，要将知识转化后才能改变命运。例如，开发设计一门加强学生的四史教育课程，在课下让学生通过查找资料了解当时的发展背景，并做出PPT，在课堂上向同学进行演示分析。这就是将知识进行了转化。

技能（Skill）的目标是能够完成某种行为。技能分为技能化知识和刻意练习。技能化知识要有套路。让学生先学技能化知识，然后不断地刻意练习，形成自己的行为自动化反应。

例如，开发设计一门《如何做麻婆豆腐》劳动教育的课程。让学生先了解制作麻婆豆腐的流程，属于技能化知识，然后按照流程进行操作。第一次也许不完美，继续第二次，第三次，不断地进行刻意练习，最后形成了个人版本的套路，做出了色香味俱全的麻婆豆腐。

情感（Attitude）的目标是能够看到情感反应。态度类教学最难，所以我们有时感觉到思想政治教育无效、无力、无味，我们讲得口干舌燥，学生依然平静如水。

例如，开发设计加强爱国主义教育的课程，结果现实中在课堂上我们把态度类内容也变成了知识化，直接向学生脑子里进行灌输。情感教学应该在情绪化的状态场域下进行，所以思想政治教育要有仪式感。例如，我们开展爱国教育活动，不应该在教室里听辅导员讲，而应深入红色基地，采访老英雄，重走长征路，让学生现场感受体验，激发学生的情绪，最后达到爱国主义教育的效果。

> 技能和态度在教学过程中不能知识化，在学生管理课程化开发设计过程中，营造氛围比教什么更重要，不要做只复制知识的优盘。辅导员要做到有意识学，无意识用。

（三）有活动

学生管理课程化的教学活动要融入三段论：场景导入、理论升华、工具落地。

场景导入。把学生管理课程化内容主题纳入当时的场景下进行，学生将自己代入到情境中，有背景、有问题、有思考，野蛮关联、深度思考。

理论升华。在课堂中通过讨论、对话、质疑、交流等，对问题进行论证提炼，对过程进行升华总结，形成模型、原理、套路，可复制、能迁移。

工具落地。形成自己的个人版本后与现实生活的场景进行关联，解决现实中遇到的问题，触景生情、抽刀断水。

（四）有释放

学生管理课程化过程中要设计教学活动，在教学活动中设计能让学生不断释放多巴胺的活动载体，让学生融入其中、乐于其中、学于其中、成于其中、变于其中。

所以学生管理课程化要做到四有：有目标（表现性目标），有策略（ASK），有活动（场景导入、理论升华、工具落地），有释放（多巴胺）。

例如，琼台师范学院的辅导员杨敏老师，对品牌活动进行了设计，将理想信念教育与社会实践有机融合。从师生共读《习近平的七年知青岁月》《中国共产党海南历史》《琼台三百年》等书籍，到带领学生实地参观琼台书院博物馆，以红色基因育人，以育红色基因人为目标。将志愿服务与琼台红色文化有效融合，带领学生深入海南省各大幼儿园开展志愿服务活动，通过讲故事、科学活动、做手工等有趣有益的活动载体，促进青年大学生收获成长，树立志愿服务榜样人物，发挥朋辈的育人价值，加强志愿服务典型人物的宣传，通过实践体验来影响大学生的价值判断和行动选择。

7年来持续引导学生去三沙永兴学校附属幼儿园支教，克服"高温、高湿、高盐、高辐射"的艰苦条件，扎根基层，实现支教南疆"爱"的接力棒届届相传，整个学生活动品牌设计做到了有目标、有策略、有活动、有释放。

三、学生管理课程化的三感设计

在学生管理课程化开发设计过程中要体现出反馈与反思，所以要做到三感：意义感、效能感、成就感。

每次学习老师经常鼓励我们要分享、要鼓励、要表扬。通过大家的点赞、鼓励、表扬让自己的大脑也随之循环运动。

虽然大脑进行了循环运动，但并没有产生愉悦回路，因为自己没有参与到社会化体验中，所以情感脑没有释放多巴胺。

辅导员要想让学生产生愉悦回路，必须激发学生的内在动机，也就是让学生在课堂上或者平时不断地释放多巴胺。

经过学习我们知道塑造学生改变的两把刀：一是反馈，二是反思。反馈释放多巴胺，反思释放内酚酞。

如何释放多巴胺呢？释放多巴胺的载体有运动、欣赏、表扬、交流、分享、共创、点赞等形式。

学生沉迷游戏就是因为不断地进行情感激发，从而让学生释放更多的多巴胺。无论是打地鼠还是连连看，加分、升级、你真棒，这些都激发学生释放了多巴胺。

但现实中很多主题班会的课堂上没有释放多巴胺，这是因为没有激活学生的情感。所以道理要讲透，情感要给够。

“学习强国”设计了挑战答题、争上游答题、双人对战，通过这些载体让你释放多巴胺，不断地学习。

学生管理课程化的课堂不能出现赤裸裸的知识、冷冰冰的情感、木呆呆的状态。

给信心比给黄金更重要。虽然知识是黄金，但学生不感冒。

靠扣分、通报、处分等外在压力给动机不是真动机，学生情感依然没有被激活，所以行为没有发生改变。

在主题班会过程中只注重了意义感，但是赤裸裸、冷冰冰的意义感，没有场景化，更没有体现效能感和成就感。

学生管理课程化要将意义感、效能感、成就感三者有机结合，才能让学生发生真正的改变。

意义感要场景化，在场景中寻找价值、意义、理由。与学生本身周围的实际生活相关联，通过问题探讨引发学生思考。

效能感要互动化，通过展示、示范等形式，让学生参与进来，让学生感受到，激活学生的旧知，通过分享交流，找到自己的卡顿点给予解决。不是一人独舞，而是双人舞或多人舞。

成就感要体验化，现场进行练习，摸得着，看得见，闻得到，拿得起，放得下，色香味俱全，从每个毛孔中都散发出一种沁人心脾、回味无穷的舒服。

学生管理课程化真正地让学生产生愉悦回路那就是形成共鸣之乐、重构之乐、关联之乐。

所以我在一次6小时的全国辅导员培训直播过程中，现学现卖，融入了2分钟的情感体验活动，360：2的课堂虽然很小，但终于迈出了万里长征的第一步。

所以我把自己在训练营小组打卡群里大家对我的设计活动提出的建议进行了整理思考，小组成员对我幼儿园水平的作品不厌其烦地热情帮助，领教直接作出了思维导图，这些让我不断地深入思考、消化、反思、迭代。

所以我通过发哥工作室为全国辅导员进行了一个半小时的学生管理课程思政设计

课程分享，得到了大家的积极反馈，能够为大家拓展思路，很多辅导员纷纷加微信好友，通过直播分享让自己体验到了意义感、效能感和成就感，激活了自己的三脑。

所以我学习了田俊国老师的音频课程，并完成了两个作业打卡，运用三感元素进行设计，让自己的多巴胺不断地释放。

所以自己完成了与西安钜驰学院的课程设计开发，对钜驰学院专家反馈的校园危机管理课程内容意见进行了修改完善，完成了PPT设计，录制了新的微课，使自己不断地裂变成长。

本节反思复盘日记

主题：最有效的输入就是输出

日期：　　月　　日

事件 Facts	F1：今天学习本节文字，让我印象深刻的内容是哪些？ 哪些点最触动你？你现在一下子就想到的最有价值的是哪些内容？
感受 Feelings	F2：这些内容让我联想到了什么？ 结合 F1，对此请联系、描述自己的相关经验。
思考 Thinking	F3：这些给我现在工作的启发、启示有哪些？ 结合 F1、F2，让你深入反思的或让你深刻意识到的、学到的是什么？
行动 Actions	F4：未来我打算如何应用我的这些启发、启示？ 结合 F3，下一步你会怎么做？下一步你的计划是什么？

第五章 绽放之花：IP化路径，站稳核心赛道

第一节 辅导员品牌IP路径思维

一、辅导员品牌IP实现路径

（一）挖掘价值

辅导员要结合自己的学生工作和专业基础，发现自己的特长，通过SWOT分析法找出自己在学生工作中的优势、劣势、机会、阻碍，找到目标服务人群为他们提供价值，建立链接，找到自己的优势，然后将这种特长和优势创造出来，并进行文字输出。

辅导员打造自己的品牌IP，要挖掘出这个聚焦点的亮点特色，人无我有、人有我精、人精我特。要进行内容定位，人设立好了以后就要围绕定位进行内容的输出。

其实不管是公众号还是短视频，无论是写网文还是做项目，无论是讲座分享，还是论坛交流，这些都是实施大学生思想政治教育的一种手段和载体，但最重要的是内容，也就是你想要传达给学生的思想、价值才是“王道”。

例如，现在视频号很火爆，很多辅导员开始通过视频号进行思想政治教育。但部分辅导员的短视频虽然拍了，也发了，但却没能够引起有效传播。视频的点赞率有的只是个位数，粉丝寥寥无几。根本原因在于短视频的内容不够垂直，过于松散，虽然有观点展示的视频，也有搞笑催泪的视频，但用户对她的记忆不够深刻，用户的黏性比较低。所以，要想在短视频领域塑造个人IP，输出的内容必须是垂直的，视频拍摄的手法和剪辑的方式等也要相对来说是垂直的。

（二）学习技能

这里学习技能指的是辅导员要学习课程设计的技能。通过不断的学习，将各种教学设计技能融入文字中输出，变成一门40~60分钟的课程。能够设计课程大纲，搜集课程素材，制作课程课件，掌握讲课技巧，能够进行整体设计，实施单元设计，学会故事表达，能用案例分析，掌握活动创新。目前，这是辅导员最大的弱项，所以需要辅导员要多读一些教学设计的相关书籍。

课程化是辅导员打造个人品牌IP的必经之路。

辅导员无论是提升学生管理能力，还是提升课程设计能力，都要读一些教育学、心理学方面的书籍。例如，斯滕伯格的《教育心理学》、田俊国的《精品课程是怎样炼成的》、段晔的《建构主义7D精品课程开发》等，这些书籍能让你了解基本的教学设计原理，在大脑中形成一个宏观的整体课程设计思路。

通过不断地将学生管理和思政教育与教学设计有机融合，形成自己的原创版权课、分享公开课、成长引流课等，构建自己未来品牌IP的课程体系，逐渐形成自己的品牌IP影响力。

（三）获取头衔

辅导员拥有了自己的课程后，还需要有一定的头衔，这是辅导员在打造品牌化过程中遇到的最大难题。

有课程但无头衔，无头衔也就无影响力。

从辅导员受邀论坛发言、平台分享、院校讲座的百度数据分析，课程内容好、接地气、能受益、最受欢迎的前十名辅导员（该数据为作者写作时的百度数据）为：陕西科技大学辅导员李萌、哈尔滨师范大学辅导员刘国权、山东大学辅导员范蕊、沈阳工业大学辅导员李青山、郑州大学辅导员胡波、华中农业大学辅导员祝鑫、重庆大学辅导员袁利、江西理工大学辅导员饶先发、中南大学辅导员张金学、南华大学辅导员马军，以上十位辅导员都拥有一定头衔或荣誉。

有课程、有头衔的辅导员一定能够形成自己的品牌IP，但有头衔、无课程的辅导员不一定形成自己的品牌IP，无课程、无头衔的辅导员一定不能形成自己的品牌IP。

获取头衔有两种方式：第一种是他人授予，例如，很多辅导员获得全国“最美高校辅导员”“辅导员年度人物”、辅导员素质能力大赛一等奖、高校思想政治工作中青年骨干队伍建设项目等，这些荣誉就属于他人授予，属于官方认证，具有权威性和影响力；第二种是自己编辑，对于我或者我们大多数人来说，都属于默默无闻的普通辅导员，没有这种官方荣誉，只能通过第二种方式自己编辑。

所以，当时我策划了一个项目叫“百场校园巡讲”行动，这就是我给自己编辑的一个称号，每次讲座向大家介绍的时候，自称“百场校园巡讲行动发起人”，后来完成了全国100场讲座之后又自称为“百场校园巡讲行动完成者”。国家教育行政学院的“校园危机管理课程主讲人”，也是我给自己编辑的一个称号。

当然，我们给自己编辑的时候不能弄虚作假，不能禁不起推敲，要符合实际，要守法、有底线。例如，我们可以编辑“原创版权课程开发人”“社群创始人”“公众号运营人”“畅销书作者”“工作室主持人”“心理咨询师”，这些头衔都有助于辅导员打造个人品牌IP。

获取头衔的同时也要进行人设的打造，通俗讲就是你要把自己塑造成什么类型的品牌IP，比如“辅导员男姐”她的账号定位就是一个大龄剩女辅导员与男生宿舍的故事，她的内容输出主要围绕“男姐找到男朋友了吗”以及“她去男生宿舍检查的故事”；而“莹哥话真多”她的账号定位就是观点型博主，主要是围绕大学生学业、就业、人际关系、恋爱情感等输出自己的观点。人设要根据你自己的知识储备、兴趣爱好、专业专长来进行打造，不要盲目跟风。

（四）同行见证

有了课程，有了头衔，则需要将你的课程传播出去，那么如何进行传播呢？作为辅导员，所带学生人数基本都在200人左右，按照小班分配大概为3~4个班级。如果是针对学生的课程，辅导员可以在自己的每个班级中进行讲授分享实战。自己班级分享完成后可以去其他辅导员的3~4个班级进行分享。可以对全体同学进行分享，可以对学生干部进行分享，可以对特殊群体学生进行分享，可以对入党积极分子进行分享。如果是针对辅导员的课程可以在自己的二级学院进行分享，可以去其他二级学院进行分享，可以向学生处申请对全体辅导员进行分享。随着不断的分享，同行见证给你提建议，课程不断地迭代，在校内一提辅导员培训或学生讲座，第一时间大家想到的是你，这样你的品牌影响力逐渐凸显，一路分享一路歌，口口相传，其他学校开始邀请你去做分享，在省内高校间开始有了影响力，你的特色品牌IP开始形成。

（五）寻找渠道

随着你的课程在同行见证过程中逐渐有了影响力，此时不能沾沾自喜，局限在校内的分享，要继续扩大影响力，夯实打牢你的品牌地基。要不断地拓展你的人脉，寻找各种平台，加入各种社群，使你的品牌大厦逐渐建成。

例如，发哥工作室经常开展全国性辅导员论坛或训练营，我们如果有了自己的课程，就可以向发哥申请主动进行分享。我就是通过发哥工作室这个平台，让大家进一步了解了自己，了解了我的课程。在论坛上分享一次远远大于写一百篇文章所带来的品牌红利。

那么对于我们全国的辅导员来说，有哪些个人成长平台呢？

第一个是全国辅导员素质能力大赛平台，辅导员通过参加校赛、省赛、国赛，一路过关斩将，收获满满。很多辅导员通过这个平台走向全国形成了自己的品牌。

例如，哈尔滨师范大学的辅导员刘国权老师是第七届全国高校辅导员素质能力大赛一等奖获得者；中南大学的辅导员王梓懿老师是第八届全国高校辅导员素质能力大赛一等奖获得者。他们将参赛经历变成了经验，把经验变成了课程，通过全国辅导员素质能力大赛平台形成了自己的品牌IP。

第二个是全国高校辅导员工作优秀论文评选平台，每年开展全国高校思想政治工作优秀论文征集活动，由教育部思想政治工作司指导，《高校辅导员》编辑部主办。入选论文将择优在《高校辅导员》上发表。

例如，华南理工大学的辅导员徐喜春老师，撰写的《高校辅导员网络意识形态传播能力的提升研究》荣获2019年全国高校辅导员工作优秀论文评选二等奖；撰写的《论党建引领在高校公共空间文化建设中的实现》荣获2018年全国高校辅导员工作优秀论文评选一等奖；撰写的《大学生事务管理法律风险及其防控研究》荣获2016年全国高校辅导员工作优秀论文评选三等奖。通过此平台形成了自己特色品牌IP。

第三个是全国高校网络宣传思想教育作品评选平台。每年由教育部思想政治工作司、中央网信办网络社会工作局主办，中国大学生在线承办此项活动。“全国高校网络教育优秀作品推选展示活动”征集优秀网络文章、优秀工作案例、优秀微课、优秀新媒体作品等。辅导员可以积极参加此项活动，通过此项活动打造自己的影响力。

例如，河北政法职业学院辅导员李晓辉、周兆娟两位夫妻辅导员共同创作的《辉哥娟姐叨叨系列漫画》作品，荣获了第五届全国高校网络教育优秀作品推选展示活动新媒体作品二等奖。“辉哥娟姐叨叨”结合学生工作实际已创造五十余期漫画，贴近学生生活，形式喜闻乐见，目前已经成为二人的自有原创特色品牌IP。

第四个是全国辅导员年度人物评选平台。教育部会同中央宣传部每年评选出“最美高校辅导员”10人，“高校辅导员年度人物”20人、“高校辅导员年度人物提名”30人。此项荣誉为辅导员生涯的“奥斯卡金像奖”，这也是国家对辅导员工作的重视与支持。

例如，长春中医药大学的辅导员齐勋老师，曾荣获全国“最美高校辅导员”称号。他带领学员班开展青马告白祖国、初心宣讲大赛等活动30余次；开展社会实践活动190余次；赴井冈山、西柏坡等地开展红色主题教育实践活动1000余人次；累计和学生面对面谈心谈话千余人次；坚持开展中医经典学习竞赛，实现每日晨读、每周考核、每月比赛，贯穿全年覆盖2万余人次；开展“线上自习室”，收取学习心得9112份、收集学习成果照片5000余张。他通过社会实践、活动开展形成了自己特色品牌IP。

第五个是高校思想政治工作中青年骨干队伍建设项目平台。此项目支持对象为高校思想政治工作队伍，具体包括高校党政干部和共青团干部、辅导员、班主任、心理健康教育教师、网络文化建设管理干部等人员。每年委托10名思政工作干部开展相关工作，支持期为2年。教育部给予入选者每人一次性工作经费支持。此项目竞争激烈，是辅导员生涯中的“诺贝尔奖”。每年入选的辅导员也仅仅1~3人。

以上这五个平台属于每一个辅导员成长中的珠穆朗玛峰，但如果我们坚持付出积累、聚焦创新，就一定能够成功登顶。这五个平台可以让你形成自己的特色品牌IP，

可以让你迅速成为思想政治教育中的网红大咖。

当然，除了以上这些平台外，还有一些网络平台，也能够让我们形成特色品牌IP，也更适合我们普通辅导员的成长。

第一个是中国大学生在线平台。此平台分为网页版和公众号版。每个辅导员都可以入驻中国大学生在线，开通校园号，随时登陆随时发文章。校园号每周进行热度榜排名。热度榜主要以校园号最近7天的活跃度（包括发文量、浏览量、评论数、点赞数）为主要指标进行计算。

例如，南昌大学抚州医学院的辅导员廖名海老师，每天将学生工作中的所见所闻所感随时记录下来，利用晚上完成网络文章撰写，定期更新校园号，经常进入热度榜的前十。同时，他也运营“抚医海之言”个人公众号。他的文章越来越受到学生以及辅导员的欢迎，逐渐形成了自己的网文写作特色品牌IP。

第二个是全国高校思想政治工作网平台。此平台分为网页版和公众号版，工作已覆盖到32个省区市和全国2600多所高校，逐步成为服务高校思想政治工作的重要信息平台。每个学校或个人可以申请入驻“育人号”平台。“育人号”是全国高校思想政治工作网为高校思想政治工作者搭建的带有一定融媒体属性的资讯发布、成果展示平台。此平台适合打造学校整体学生工作品牌。

第三个是高校辅导员联盟平台。此平台虽然不具有官方属性，但由北京交通大学辅导员团队负责运行，审稿很严格。全国辅导员对此平台的关注度超高，具有很强的影响力，每篇网络文章一个小时内阅读量直接过千。

例如，我在讲课中经常向全国辅导员推荐此公众号，如果辅导员想打造个人品牌IP，最直接有效的方法就是连续在此平台上发十天的原创网络文章，那么全国辅导员很快就能够认识你，你的影响力自然而然就形成了。

第四个是个人自媒体平台。现在已经进入了自媒体时代，从网络贴吧到博客，从博客又到微博，从微博又进化到微信公众号，直到今天的抖音、快手、视频号。每一个自媒体时代如果辅导员能够抓住，都能获得这个时代所带来的品牌红利。全国辅导员开通公众号的成百上千，但现在公众号的打开率越来越低，10万+的网络文章几乎很难再现。所以需要辅导员不断地与时俱进，适应新媒体发展，但要做到你的新媒体只是载体，内容才是王道，对象要细分，内容要创新，做到精确制导，垂直打击。

例如，浙江师范大学行知学院的辅导员庄经纬老师，2015年创建微信公众号“庄经纬”以来，结合日常学生工作撰写日志300余篇，共50余万字，出版《100个大学生的青春梦》。《今日头条》《简书》《知乎》常驻自媒体人，公众号被收入中国大学生在线，曾多次获“中国大学生在线专栏人气作者”称号。同时她是千聊微课认证讲师、分答认证答主、饭团认证团长，多次获得“全国高校网络宣传思想教育优秀作品推选展示活动网络文章”一等奖、二等奖。

辅导员可以充分利用公众号、小红书、百家号、企鹅号、头条号、微博、抖音、快手、B站、知乎、行业垂直网站等平台。尽管新的媒体渠道会层出不穷，但你要选择一两家作为内容的主要输出阵地，熟悉每个平台的特点和风格，把你的特长和优势更好地展现出来，让更多的人熟知。

（六）链接群体

开发了课程，获得了头衔，同行给了见证，找到了平台，那么需要辅导员继续向前走，不断地扩大自己的认知视野格局。

> 扩大认知最有效的方法就是加入优质圈子，你的认知基本上会是你圈子成员的认知平均值。

我们加入这个圈子，就是为了进一步和大咖、网红、榜样学习交流，从这些人身上汲取正能量。

辅导员打造个人品牌IP的最有效办法是什么？最直接的答案是学会出圈。

出圈的含义是什么呢？出圈的核心逻辑就是你认识了一群能量大于你的人。例如，你想认识更高势能的人，他也认识了你，这就是出圈。

出圈最直接方式就是参加各种论坛进行交流，加入各种社群进行分享，在各种平台发表文字，链接高能量人群，在圈子里为大家提供服务和价值，积极主动帮助别人解决或回答问题，你的出圈影响力就会越来越大。

例如，我们很多辅导员都加入了发哥工作室，成员从几个人到几百人，粉丝从1人突破到14万人，工作室矩阵图横行纵向越写越长，有项目申报，有书籍出版，有作品诞生。发哥工作室汇聚了全国各省的一线辅导员，有的是辅导员年度人物，有的是辅导员素质能力大赛获奖者，有的是优秀辅导员，有的是普通辅导员，大家汇集在一起是朋友、是战友、是家人。在这个群体大家庭里一群人，一条心，重新开始、抱团取暖、相互鼓励、彼此赋能、能量流动、逐梦成长。所以，发哥工作室成为辅导员成长的加油站、充电桩、暖心港。

但大家一定要记住：如果进入一个圈子，在圈子里不能再沉默。因为每个圈子（社群）都可能有90%以上的人是沉默的，如果你也继续沉默，那就等于加入了个寂寞的圈，即使你加入再多的圈，也不能打造个人品牌IP。千万不要认为，我加入的圈子越多，我学到的就越多，圈子的数量和你的收获不一定成正比。请大家把书放下，打开手机，查阅一下我们现在加入了多少个圈子或社群？如果你继续在圈子（社群）里沉默，不露脸、不说话、不互动，对你的个人品牌IP打造没有任何帮助，反而会增加你的信息负担。所以要先进圈，再出圈，最后破圈，改变思维，链接资源。

辅导员打造个人品牌IP的核心是什么？核心就是被看见。被看见也是一种能力，你让大家觉得你好学、勤奋、有思想，从你身上能汲取正能量，"哇！我很想靠近他。"

辅导员打造个人品牌IP的路径其实藏在工作学习生活中的每一个细节里。

每天每周每月每年我们都要立一个flag，可以先在自己的班级里出圈，可以在运动场上出圈，可以在精品活动中出圈，可以在案例评选中出圈，可以在谈心谈话中出圈，可以在分享交流中出圈，让更多的辅导员想要去链接你，想要去认识你。

作为辅导员，要学会"我的地盘我做主"。

学生是我的地盘，班级是我的地盘，课堂是我的地盘，寝室是我的地盘，操场是我的地盘，体育馆是我的地盘，实训室是我的地盘。作为辅导员，在自己的地盘上围绕学生、关照学生、服务学生，为学生点亮理想的灯，照亮前行的路；作为辅导员，在自己的地盘上因事而化、因时而进、因势而新，让学生心中有信仰，脚下有力量；作为辅导员，在自己的地盘上以文化人、以文育人、立德树人，为学生系好人生第一粒扣子。

也许很多辅导员会问：学习了很多文章，听了很多网课，当时心潮澎湃事后平静如水，怎么办？其实，包括我在内直到今天没有取得成就，根本原因在于：第一，不够痛，所以我们要想明白；第二，足够懒，所以我们要动起来。

这里和大家分享一个公式，叫“贝克哈德变革公式”，它是指对现状的不满意乘以对未来的愿景乘以采取的第一步大于现实的阻力。

$$D \times V \times FS = RC$$

D（Dissatisfaction）代表对当前现状的不满意。

V（Vision）代表对未来状态的期望、愿景。

FS（First Step）代表迈向愿景的积极行动第一步，以及采取行动的意愿。

为了持续发生改变，上述三者的乘积必须大于RC（Resistance to Change），即当下对变革的抗拒。

很多辅导员包括我自己在内，对现状不满意，对未来有很多期待，每天躺在床上幻想未来如何如何，但是我们缺少的是采取的第一步行动，由于三者之间是乘法关系，所以我们有再多的对现状不满意乘以再多的对未来的期待，但是乘以零行动，依然是等于零。这是值得我们每一个辅导员思考的问题。

在辅导员成长过程中，如果只有要素1者，我们就容易满腹牢骚、怨天尤人；如果只有要素2者，我们就容易好高骛远、白日做梦；如果只有要素3者，我们就容易三天打鱼、两天晒网；如果只有要素4者，我们就容易压力山大、随波逐流。

只有$D \times V \times FS > RC$，行动第一，改变发生！只有我们把对现实的不满和对未来的憧憬转化成有力量的第一个行动，冲破阻力，才能创造自己喜欢的人生！

> 辅导员打造个人成长品牌IP，不是成为网红流量，不能一蹴而就。成功打造个人品牌IP的人，都有默默无名的积累时期。

打造个人品牌IP，不是你打造了什么，而是你积累了什么。积累一定是持续的过程，而非三天打鱼、两天晒网。无论是“发哥”还是“萌哥”，无论是范蕊还是胡波，他们作为辅导员，每天和学生打成一片，深入寝室、走进课堂、漫步操场，问学习、说情感、谈工作、聊生涯。面对无数学生及家长在他们自己公众号下的留言，能够第一时间给予一一回复，耐心解答。这就是日积月累、水滴石穿的力量。

被全网5000万人迷恋的“互联网恋爱大师”陶白白在纪录片里说：“我觉得任何一个能够从所属时代中脱颖而出的人，最开始都是随机的，他是被时代和环境所选择出来的人。”所以，我们要适应时代发展，走进学生，投入工作，不断学习成长。

辅导员打造个人品牌不难，最重要的是下决心。因为打造个人品牌就是持续提升打磨自己的过程，也是持续做内容扩影响的过程，需要长年累月的个人积累，三天打鱼、两天晒网是没有办法打造个人品牌IP的。如果什么都想要，就什么都得不到。

二、辅导员品牌IP的流量思维

辅导员打造个人品牌IP，要具有流量思维。这里所指的流量思维不是通过非法、过激、哗众取宠的形式获取流量。而是结合自己的课程进行有效宣传。

第一，流量池。辅导员要建立一个流量池。换句话说，辅导员要通过公众号、微博、抖音、视频号等平台进行宣传，扩大自己的流量知名度。酒香也怕巷子深，特别是在新媒体自媒体高度发展的今天，如果你有好课程，但是无人知晓，那等于没有。通过流量池不断地聚集粉丝，增加你的被关注度，认识了你，也就了解了你的课程，了解了你的课程，也就是认识了你。

我为大家分享一个快速提高自己流量的渠道，那就是去各大平台进行公益分享。一次分享胜过于你写三十篇原创网络文章，你的三十篇文章也许阅读量超不过三千，但你的一次分享能让全国三千名辅导员记住你。

例如，可以向“发哥工作室”申请公益分享你的成长经历，可以向“民生讲坛”申请公益分享你的收获感悟；可以向“德育圈”申请公益分享你的实践思考；可以向“米有校园”申请公益分享你的就业创业；可以向“华清笃学”申请公益分享你的思政教育；可以向“仁能达”申请公益分享你的生涯规划；可以向“钜驰学院”申请公益分享你的安全教育，可以向“聚焦职教”申请公益分享你的品牌特色。以上这些平台都是笔者亲自实践分享过的，平台正规，影响力大，专注于思政教育和学生管理，是辅导员打造个人品牌IP的最有效平台。

第二，公信力。辅导员要有公信力，这就需要辅导员通过写网文、发论文、立课题、报项目、出专著，增加自己的公信力；可以参加各种学会、协会成为会员，获得多重身份，增加自己的公信力；可以不断地参加各种高端会议、论坛，增加自己的公信力；可以出专著，增加自己的公信力。要通过畅销图书、爆款文章、多重身份、高端论坛为自己的品牌IP背书。

全球“定位之父”杰克·特劳特曾说过一句很经典的话：建立品牌最重要的不是“我比竞争对手好在哪里”，而是“我在哪个方面是第一”。

第三，搜索到。每次参加培训听到主持人介绍主讲人的时候，都不自觉地要到百度中搜索一下，看看他取得了哪些成绩，产出了哪些成果，获得了哪些荣誉。也就是说，我们想了解一个人时，通过百度、微信、微博、抖音都能搜索到他，看看他在这个行业表现如何，看看他在哪个领域取得哪些成就。经过搜索：“哇，原来是位深藏不露的大咖。”所以你不自觉地开始好好听课。如果没有搜到，你的听课注意力和好奇感开始降低。

在当今自媒体、融媒体时代，每个人都是产品，每个人都要为自己代言，每个人都应该把自己当成最好的产品去打造。

个人品牌IP就是个人成长的最好护城河，一旦打造出来，很难被copy，只要不断聚焦裂变，时间越久价值越大。

秋叶大叔说：图书是高配，百度是低配，两者都是打造个人品牌IP名片的最小成本路径，但两者加起来就属于事半功倍，威力更强。

此时正在阅读此书的你，可以尝试在百度中搜索一下自己，问问“度娘”你在她心目中的品牌IP影响力有多大。

三、辅导员如何进行有效学习

目前有的辅导员陷入事务性工作中，每天焦头烂额、疲于应付、牢骚满腹、情绪满天飞，正可谓才下眉头，又上心头。如果在成长过程中既不输入也不输出，将会导致思维认知固化、老化、僵化，方式方法陈旧、古旧、老旧，工作中形同木偶，没有探索创新的思想、激情和动力。

辅导员不能只凭一腔热血做工作，要破除思维定式，把视野格局放大，将专业做细做深。

一个学习真正的发生必须要将理论学习、社会化学习和实践学习有机融合。在未来的学生管理课程化开发和打造个人品牌IP过程中，更要注重将这三者有机融合。

理论学习是指知识提取，社会化学习是指情感体验，实践学习是指技能提升。

但在传统的思想政治教育和学生管理过程中，我们只注重了知识学习也就是理论学习。例如，主题班会中讲爱国主义含义，讲感恩的意义，讲社会主义核心价值观。所有的这些都是强行灌入学生的脑海中，学生既没有情感的体验，也没有实践的锻炼，结果导致我们主题班会的效果依然是冰火两重天。辅导员热情如火，学生内心平静如冰。

知识、情感、技能如果没有让学生形成愉悦回路，成长没有发生，那么学生将不感冒，无兴趣，远离你。作为学生管理课程思政暨学生管理课程化的设计者，也就是我们的辅导员，学生管理课程化的老师如何面对我们学生管理课程化的课堂呢？

一个人的学习会在大脑中产生两种状态：一是批评态；二是学习态。批评态就是用自己的旧知阻止外面的新知进入；学习态是欢迎外面的新知进入大脑进行重建。

这就解释了我们平时工作中发个言，布置项工作，公布个评比，总有人挑三挑四、品足论道，各种不合理，总认为自己是对的。现在才明白原来这样的人在潜意识中不自觉地进入了批评态中，本能地习惯性拒绝。

作为辅导员，要主动进入到学习态中，不断地接受新事物、新力量，扩大自己的新格局。

进入学习态之后怎么办？不能仅仅进行理论学习。目前我们大部分辅导员却偏偏陷入了理论学习的陷阱之中。很多辅导员只重视输入，网课各种听，图书各种买，培训各种报，但没有进行社会化学习和实践学习。所以导致了上课激动，下课不行动。大家没有将知识进行转化，更没有进行输出，没有通过和学生进行有效链接，和战友、同学、同事进行社会化学习、实践化提升。所以听了很多课，学了很多知识，依然很迷茫。

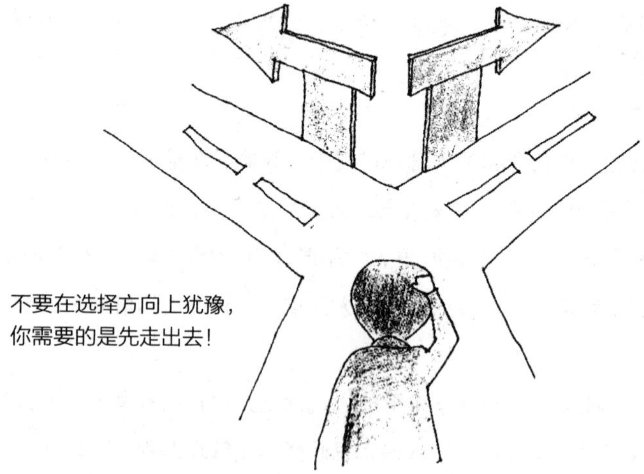

有些辅导员在进入学习态后，在输入过程中经常会产生焦虑。听这个专家讲感觉可行，听那个大咖说感觉可做，可是到头来自己却依然不知道如何？

学习是一种缘分，哪怕一个字让你感悟，也是自己的成长。就好比现在你正在阅读此书，书中的某个字、某句话、某张图突然让你灵感迸发、有所开悟，这就是学习的收获。

很多辅导员见了网红、大咖、人物之后，万分激动、心潮澎湃。可是发现合影、签字留念之后，内心产生更多的却是焦虑。因为上进，所以焦虑；因为努力，所以焦虑；因为知不足，所以焦虑。辅导员焦虑的根本原因是老想让大咖、专家、人物的缘分出现在自己的身上，而又不自觉地进入了大咖、专家、人物的赛道中，忘记了自己的赛道和段位。

学习不要贪大求全，读一百本书不如把一本书读一百遍。

相信喜欢读书的辅导员战友们肯定有过这种感觉：读经典书籍，每读一遍，都能读出新的东西来。例如，我正在读《三国演义》，到目前为止已读了五遍。读第一遍看热闹，读第二遍找情节，读第三遍析人物，读第四遍建联系，读第五遍思背景，不知道第六遍、第七遍还会迸发出哪些灵感？

读得足够深，所以能读出很多别人读不出来的好东西。我在读《三国演义》第三遍的时候突然迸发了一个灵感，开发了一门《从三国演义看学生管理艺术》原创课程，围绕教育部43号令九大职责，将《三国演义》里的事件、人物、情节与学生管理相结合，设想刘备、曹操、孙权作为辅导员如何开展班级管理建设工作，如何选人、用人、育人，如何处理危机事件，如何做到自我情绪管理。做到读经典、学管理、有方法、接地气、知趣味。

努力的过程像是堆土成山，明明只差一方土就能成功，有人偏偏停止了，这就是所谓的“功亏一篑”。作为一名辅导员，要懂得坚持的意义，在长期的坚守中积累每一次微小的进步。

很喜欢一句话：“如果柴米油盐太辛苦，就加一点热爱和情调，让生活更有动力；

如果风花雪月太缥缈，就用踏实的奋斗，让爱永久驻步停留。”

每天进步一点点，365天就是一大进步。持续的输出，是你成功到达彼岸的方向。

和大家分享一个苏格拉底坚持的故事。大哲学家苏格拉底有一天给他的学生上课。他说：“同学们，我们今天不讲哲学，只要求大家做一个简单的动作，把手往前摆动300下，然后再往后摆动300下，看看谁能每天坚持。”

过了几天，苏格拉底上课时，他请坚持下来的同学举手，结果，90%以上的人举起了手。过了一个月，他又要求坚持下来的同学举手，只有70%多的人举手。

过了一年，他又同样要求，结果只有一个人举手，这个人就是后来也成了大哲学家的柏拉图。此时的柏拉图很年轻，在学识上与后来的哲学家柏拉图相比仍显稚嫩，但已表现出一个杰出人物所具有的执着追求、坚持不懈的优秀心理素质。

他在成为哲学家之前，大部分时间仍然显得平淡无奇，所不同的是在那些人们看似平淡、枯燥的重复中，柏拉图能认准目标，始终坚持。甩手固然甩不出一个哲学家，但是目标游移、耐不住寂寞的人是很难有大的作为的。两个同等条件的人，一个学习坚持不懈，一个学习浅尝辄止，两年以后，差别会很明显。

每个人都是自己成长的设计师，善于规划，懂得调整，一定能找到人生的最佳模式。

最好的输入就是输出，最好的输出也是输入。

只有从输出中体会到满足感和成就感，它们才会反过来成为你去坚持成长的动力，而不是强迫自己每天读一页书或者两页书。通过持续输出，可以不断打磨升级你的操作系统。

辅导员在输出过程中能够理清自己的思绪，通过不断思考和自我提问，逐渐梳理清楚文章、讲座、网文的前后逻辑，为自己的疑问找到答案，形成条理化、模块化、立体化知识体系。输出的过程可以类比为熵减的过程，通过逻辑把自己大脑内无序的、混乱的碎片知识梳理成有序的、完善度更高的知识体系。

但是，目前我们辅导员陷入了一种无限输入、有限转化、无效输出的漏斗模型状态，那就是在成长的过程中无限地输入，买网课、入社群、听讲座、购图书，但在输入过程中没有进行有效转化。例如，我买了几千元的千聊、喜马拉雅等网课，买了各种图书，但每个课程一直停留在第一集，每本图书一直停留在第一页。没有将输入的内容转化为自己的个人理解，更没有进行输出。所以学也学了，看也看了，听也听了，但依然没有成长。

辅导员真正的学习成长模式是有限输入，及时转化，高效输出。

辅导员要聚焦自己的优势特长进行选择性学习，不能胡子眉毛一把抓。要及时进行转化，边输入边思考，形成自己个人理解的知识版本。同时不断地进行高效输出，写网文，搞活动，做讲座，立项目，网络分享，社群分享，论坛分享，现场分享。越分享，越成长，越成长，越分享，形成输入、转化、输出的内在成长闭环系统。

思想政治教育工作要拔节孕穗，而不是拔苗助长，要静待花开。

本节反思复盘日记

主题：最有效的输入就是输出

日期：　　月　　日

事件 Facts	F1：今天学习本节文字，让我印象深刻的内容是哪些？ 哪些点最触动你？你现在一下子就想到的最有价值的是哪些内容？
感受 Feelings	F2：这些内容让我联想到了什么？ 结合 F1，对此请联系、描述自己的相关经验。
思考 Thinking	F3：这些给我现在工作的启发、启示有哪些？ 结合 F1、F2，让你深入反思的或让你深刻意识到的、学到的是什么？
行动 Actions	F4：未来我打算如何应用我的这些启发、启示？ 结合 F3，下一步你会怎么做？下一步你的计划是什么？

第二节　辅导员品牌IP九大方向

辅导员在哪些方向上打造自己的品牌IP呢？我在“百场校园巡讲”行动过程中，通过对近千名辅导员调研访谈发现，很多辅导员都想打造自己的品牌IP，但却都很迷茫，都面临精力不够、能力不足、道路不清的困窘，不清楚自己向哪个方向发展，不知道如何打造自己的品牌IP。

艾·里斯、杰克·特劳特在《定位》一书中写道：“为了在容量有限的消费者心智中占据品类，品牌最好的差异化就是成为第一，做品类领导者或开创者；其次分化品类，做到细分品类的唯一（即细分品类的第一）或是成为品类第一的对立者”。

一般情况下，当你进入到某个方向之后，会发现这个方向的头部位置早就已经被人占了，很难超越。不过没关系，你要做的并不是超过他，而是找到你们之间的差异以及自己的独特之处，用自己最突出的特长优势持续聚焦发力，从这条方向中打造专属于自己的细分方向。

我继续从教育部43号令九大职责的角度和大家进行分享，从九大职责中聚焦一点、结合优势、萃取经验、设计教学、实施课程、形成品牌，从九大职责的方向中找到属于适合自己的一个方向。同时，每一个方向还可以继续细分领域，领域越细分，越能体现你的差异化和独特性，形成个人品牌IP的机会就越大。

（一）思想理论教育和价值引领

在思想理论教育和价值引领这个方向中，我们应该怎么做？当前的状态是我们就文件读文件，就理论讲理论，枯燥干涩、昏昏欲睡，学生在思想上难以发生认知改变。如果我们转换一下方式，把理论、文件、著作变成一门微课，融入教学设计理念，变成自己的语言，用喜闻乐见的方式对学生进行引导，那么思想理论教育和价值引领的效果肯定不一样了。

这里面有的辅导员形成了化书成课品牌IP。我们可以把很多文件、著作、论述结合学生成长实际变成一门课程，在课程中有理论、有故事、有案例、有活动、有设计，在日常的行为管理中与学生进行分享，从而打造自己的品牌IP。例如，针对《习近平的七年知青岁月》一书，我们如何把这本书化成一门课程？我结合大学生的成长实际化为一门《走进知青岁月　点亮理想心灯》新生入学教育课程。通过总书记如何“过五关斩六将”为切入点，结合学生的学习、生活、成长，通过故事、案例引发学生思考。那么在实践中我们可以把《习近平谈治国理政》化成一门理想信念教育的微课；把《马克思靠谱》化成一门生动有趣的《阅读经典　走进千年思想家》的微课；把《中国共产党简史》化成一门大学生入党教育微课……书海无涯，化课无限。

把一本书或者几本书，变成一门对学生有用的课程，通过授课，既能让自己得到升华，又能给学生带来启发，还能打造自己的品牌IP，何乐而不为呢？

把书变成课程，可以引导帮助学生处理好思想认识、价值取向、学习生活、择业交友等方面的具体问题；可以承载任何你已有经验或感兴趣的领域，如沟通、情感、谈判、心理学、法律、亲子、历史、旅行、生涯、就业等；可以让你拥有自己独特的知识产品，让你获得多元化的品牌IP打造途径，打开一个更大的生存空间；可以帮你解决成长难题，人际交往、职场瓶颈、师生关系等，书中都有解决方案；可以让你修炼成更好的自己，腹有诗书气自华，不断为自己储蓄成长动能，由内而外地散发出个人魅力。

如果一本书就是一门课，那么这世界上会有多少门课？无论是《非暴力沟通》还是《你的船你的海》，无论是《高效能人士的七个习惯》还是《新时代校园学生危机管理指导与实践》，无论是四大名著还是武侠小说，你都可以通过化书成课成为任何一本书的原创版权课程开发人。

（二）党团班级建设

这个方向我们辅导员可以做党建团建、班级管理、主题班会，可以做入党积极分子培养、学生干部培训、青年大学习，可以做班级文化、团队文化、寝室文化等，聚焦到一个点，通过课程化形成自己的特色品牌IP。

例如，河北师范大学的辅导员胡海霞老师，开发了一门《主题班会育人功能的案例实践与思考》微课，目前成为全国辅导员培训的火爆课程，课程视频浏览量已达24万余次，形成了自己的品牌IP。

主题班会作为高校重要的思想政治教育渠道和德育阵地，对促进学生的全面发展起着至关重要的作用，是辅导员进行思想政治教育工作的重要途径。未来我也将专注于学生管理课程思政设计研究，也就是把我们的学生管理课程化，说具体一点，就是主题班会课程化开发与精品项目设计。

例如，北京林业大学辅导员李香云老师，开发的《党团班一体化建设理论与实务》获批2021年度高校辅导员网络培训课程建设项目暨百门精品培训课程征选立项，现已完成课程建设。

（三）学风建设

学风建设是一个老大难问题，人人都谈学风建设，人人都抓学风建设，但如何让学风建设有效，是值得辅导员深入研究的课题。

在学风建设的方向上辅导员可以选择某一个点进行聚焦。对于本科辅导员来说，可以做考研教育，考研是促进学风建设的最直接动因，也是辅导员形成品牌IP的最好聚焦点。让学生在日常的学习中不断积累，图书馆挑灯夜战，自习室奋笔疾书，课堂上专心致志，作业中认真思考。定期为学生发布考研的材料，让学生掌握考研专业信息，学会专业选择。通过讲座、直播分享，形成辅导员自己的特色品牌IP。对于专科辅导员来说，可以做专升本教育。通过专升本，让学生树立目的，不断努力学习积累，经过三年的刻苦努力，开启学生人生的第二个转折点。

例如，燕山大学的辅导员王银思老师，聚焦学风建设，每年新生入学，她都会让学生签一份四年的“成长协议”，让学生写下想成为什么样的人、想做的事，列出未来目标。通过“开学预讲”“笔记超市”“义务答疑”“学霸讲堂”等多种形式，为学生提供持续、强大的学业支持。在她的努力下，学院学习氛围日渐浓郁，优秀率逐年提高，欠分率不断降低，她的学风建设成果荣获河北省辅导员工作精品项目二等奖。

她开发的《新时代高校学风建设的内涵与实践探索》网络微课入选了中国教育干部网络学院，已成为全国辅导员入职的必修网络课程，形成了自己的特色品牌。

（四）学生日常事务管理

这个方向也包含了很多内容，它包括入学教育、国防教育、资助育人等。我们都知道最火爆的是开学第一课。上级部门每年开学季都要组织开展开学第一课，如果我们聚焦开学第一课的某个点，选一个好的主题，通过课程化设计，这样就能够形成辅导员自己的特色品牌。例如，“校园贷防范”“大学生恋爱关系处理”“我的大学我做主”“大学生安全教育”等，深挖一个主题，进行整体设计和单元设计，一个主题越讲越熟练，越讲越迭代，越讲越特色，每年的学生是变化的，但不变的是你和你的课程，这样逐渐形成了自己的特色品牌IP。

例如，吉林师范大学的辅导员赵东方老师，聚焦新生入学教育，她将入学教育与生涯规划有机结合，开发了《辅导员新生入学教育规划与设计技巧》课程，获得高校辅导员网络培训课程建设项目暨百门精品培训课程立项，现已完成课程建设。

例如，辽宁职业学院的辅导员王冬老师，专注于大学生征兵工作。他将大学生征兵工作、国防教育与学生日常管理有机结合，将预征对象统一组织起来，每天坚持和学生一起跑操，锻炼学生的体魄，增强学生的意志力；同时，将征兵政策和国防教育有机结合，为学生开展国防教育讲座。他利用寒暑假亲自走访北海舰队、中国人民解放军国防大学、中国人民解放军火箭军指挥学院等，慰问入伍学生。在他的努力下，成功申报了“全国国防教育特色学校”“辽宁省国防教育示范学校”，他先后荣获“辽宁省人民政府廉洁征兵监督员”“辽宁省征兵先进个人”“辽宁省军训工作先进个人”等荣誉称号。

他开发的《大学生应征入伍政策三十问》微课深受学生喜欢，他将政策宣讲和国防教育有机结合，将爱国主义教育融入课程设计中，既让学生了解了大学生入伍政策，又加强了大学生爱国主义教育。

例如，昆明冶金高等专科学校的辅导员王译梓老师，自2008年参加工作以来，一直从事学生资助管理工作，经手办理申请资助的家庭经济困难学生10000余人，上报贷款材料的学生3000余人，申请勤工助学的学生600余人，被誉为学校“资助小能手”。2018年被全国学生资助管理中心授予全国学生资助工作“推荐学习个人”，同年8月被全国高校辅导员工作研究会推荐至对外经济贸易大学学生处资助管理中心进行辅导员岗位交流。

2020年她开发了《手把手教你做资助》网络微课，将资助与育人有机结合，是新入职辅导员的一门必修课。她发起了“资助万里行”活动，为全国三十余所高校开展资助课程公益讲座，先后在民生讲坛、全国辅导员论坛、辅导员素质能力提升训练营中进行分享交流，深受高校辅导员的好评，形成了自己的特色品牌IP。

（五）心理健康教育与咨询工作

这个方向属于专业方向，但辅导员可以从这个专业方向中再一次细分方向。辅导员可以做绘画治疗、沙盘游戏、亲子关系等内容。每次讲课我都要提到亲子关系，为什么这个细分方向值得我们去做，是因为我们现在所带的学生，有心理异常学生，他们有可能是由于原生家庭导致出现心理问题。

我们能不能聚焦到一个点，也就是说，从现在的学生表现，倒推他的原生家庭关系，而这门课程是全国很多年轻父母需要学习的。没有一个父母希望把自己的孩子培养成上大学后发生心理问题的孩子，可是现实中为什么我们周围会出现心理抑郁的学生呢？

所以我们开发一门亲子关系课程，通过现在学生的表现，了解他的原生家庭，通过谈心谈话、寝室交流、深入家访，萃取出亲子关系课程内容，为中小学生父母讲授。用你身边的案例现身说法，用你经历过的特殊群体学生以案说教，生动、实用。该课程既促进了你进一步关注特殊群体学生，又让你打造了自己的品牌IP。

例如，河南中医药大学的辅导员刘旭初老师，聚焦于大学生心理健康教育。从大学生入学时的适应问题，到大学期间的学业困难问题，再到大学生毕业时的择业就业问题，她坚持“分年级”地为学生提供心理健康指导；从大学生的人际交往问题，到大学生的恋爱问题，再到情绪管理，她坚持“分主题”地为学生开展心理健康服务；从正常大学生的心理困惑，到重点关注学生的抑郁症、焦虑症，她坚持“分人群”地为学生开展一对一心理帮扶。

刘旭初老师不断地开展家长课堂分享讲座，历经十年的精打细磨，她开发出了《如何做好亲子教育》精品微课，在课程设计中将学生管理和心理教育融入亲子关系中，让家长学会如何说，孩子才会听；学会如何听，孩子才会说。她在心理健康教育方向上已经找到了自己的特色品牌IP。

例如，西安交通大学的辅导员张楠老师，开发了《我们如何认识理解学生》《情感反应助人技术在学生谈心谈话中运用与探索》两门网络微课。这两门课程已入选中国教育干部网络学院，课程浏览量已达16万余次。

（六）网络思想政治教育

这个方向是大家所熟悉的，既是热点也是重点，而且也非常容易出成绩。在网络思想政治教育这个方向中，辅导员把网络大数据以及网络载体应用到我们的日常思想政治教育和学生管理中，形成自己的特色。

例如，武汉纺织大学的辅导员凌杰老师，创建了“辅导员参谋”微信公众号，对全国辅导员微信公众号以及个人思政文章进行大数据抓取分析，每周进行排名统计。他创建的全国高校辅导员微信公众号影响力排行榜数据由“清博大数据”提供支持，排行数据均来源于系统自动采集，依据WCI进行排行（依据总阅读数、平均阅读数、最高阅读数、总点赞数、平均点赞数和最高点赞数六个指标的不同权重进行计算）。全国辅导员都以进到排行榜前30名为荣，这也形成了凌杰老师的个人品牌IP。

他开发了《学生工作项目申报与品牌培训》课程，从网络大数据的角度进行课程设计和分析，先后为全国十余所高校开展讲座交流分享。

例如，长安大学的辅导员石涌泉老师，将思想政治教育传统优势和先进网络技术相融合，主动占领网络思想政治教育阵地，以学生喜闻乐见的方式开展思想政治教育。他开通了“CHD说”公众号和“石老师的直播间”，引领学生思想、陪伴学生生活、助力学生成才。发表网络文章53000余字，累计阅读35000余人次，在线回答学生及家长问题上千条；发布音频、视频、手绘、漫画等原创校园网络文化作品20余件；他利用直播开展思想政治教育，已直播28期，覆盖超过31000余人次。

他开发的《以网络直播为载体创新思想政治教育工作》课程获得高校辅导员网络培训课程建设项目暨百门精品培训课程立项，现已完成课程建设。

其实不管是公众号还是短视频都是实施大学生思想政治教育的一种手段和载体，然而最重要的不是载体和平台而是内容，也就是你想要传达给学生的思想、价值才是核心，这也是短视频类辅导员个人品牌IP塑造最根本的部分。

我们辅导员中已经有一个非常成功的案例，那就是合肥师范学院的辅导员陈梦莹老师，她目前已经做到了短视频教育领域的头部博主。如果想要超越她或者成为她已经非常困难，所以我们后期想要做的是更精细领域的内容输出，比如专注大学生的情感教育、校园贷方法、女性自我成长、学生恋爱关系等。选择这样的内容输出是因为这些都是学生关注的点。

（七）校园危机事件应对

这个方向和心理方向不同，但很多人经常把校园危机管理和心理危机混为一谈，其实二者具有不同的内容和方向，否则不会把心理健康教育指导与校园危机事件应对作为两项独立的职责区别开来。

这个方向也是我目前一直研究的领域。我们既可以聚焦校园危机事件应对与处理，也可以做校园危机事件预案撰写，还可以做网络舆情分析、舆情研判报告撰写。每次让上报月季度的舆情分析研判报告，看看我们交的材料，可以说自己都不知道自己写的是什么。

目前我申请了《高校校园学生危机事件应对与处理能力提升》《新时代校园危机管理与网络舆情应对》等多个原创版权课程。《校园危机管理》网络微课入选了中国教育干部网络学院课程师资库，目前课程视频浏览量已达17万余次。新开发的《辅导员校园危机管理七堂课》已获批2021年度高校辅导员网络培训课程建设项目暨百门精品培训课程立项，现已完成课程建设。

（八）职业生涯规划与就业创业指导

这个方向是辅导员最喜欢的，同时也是最容易形成品牌IP的方向。在这个方向中，辅导员可以聚焦生涯规划，也可聚焦简历撰写，还可以聚焦模拟面试，更可以聚焦创新创业。

例如，沈阳工业大学的辅导员李青山老师，聚焦学生生涯规划与就业指导。他开发的《新时代高校辅导员职业生涯规划》《高校辅导员谈心谈话工作的思路与方法》课程已成为辅导员素质能力提升的爆款课程。

例如，武汉体育学院的辅导员耿石艳老师，聚焦职业生涯规划。她寓教于乐，用游戏帮助学生完成生涯规划。她创建的“耿妈工作室”成功打造出了“成长蝶变主题班会”“黑马菁英训练营”“卡牌里的人生系列工作坊”“筑梦企业行”“启航生涯体验活动”等特色品牌活动。

她先后开发了《互联网思维下的生涯课堂》《生涯规划在学生工作中的应用》等

课程，她也成功地打造了自己的品牌IP，成为北京仁能达教育科技有限公司生涯规划培训讲师，实现了辅导员从人生导师到培训讲师的蝶变。

例如，湖南大学的辅导员于涵宇老师，秉承“以新浇心、以新筑信、以新践行”工作思路，积极探索以“新”的方式解决实际问题，形成了可复制、可推广的工作模式和经验。

2020年她在教育部高校毕业生就业统计工作视频会议上做典型发言，并作为全国辅导员唯一代表参加教育部就业工作新闻发布会介绍工作经验。她创建了“于涵宇辅导员工作室”，面向全校学生指导、修改简历1000余份，“一对一”生涯规划与指导500余人，组织就业力提升训练营、少数民族学生专题就业指导等，累积服务校内外毕业生近万人。

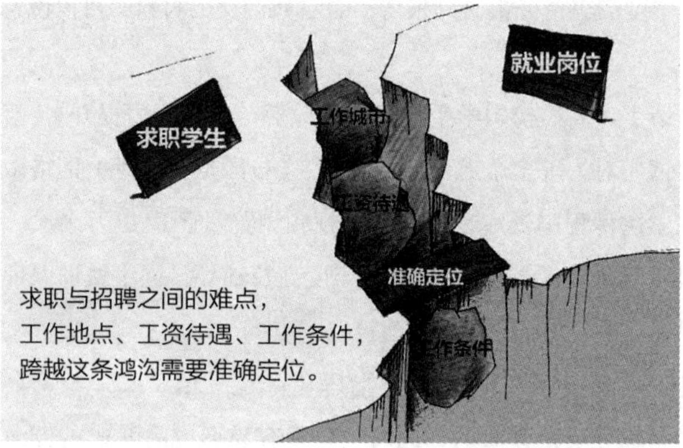

她开发的《辅导员就业育人的“道”与“术”》课程已获批2021年度高校辅导员网络培训课程建设项目暨百门精品培训课程征选立项，现已完成课程建设。她在就业指导方向上逐渐形成了自己的独特品牌IP。

例如，无锡城市职业技术学院的辅导员彭容容老师，聚焦学生职业生涯规划教育。她创建了“容融生涯规划”工作室，开设“我的生涯故事”“青说”“解忧杂货铺”等专栏，累计发表原创文章10余万字；连续多年指导学生在省级大学生职业生涯规划大赛中获奖。

她开发了《吾心所向 素履可往——大学生职业价值观探索》《青年人如何选择职业——巧用平衡轮厘清职业价值观》等课程，连续获评江苏省微课大赛二等奖。她不断在生涯规划方向中打造自己的特色品牌IP。

（九）理论和实践研究

这个方向是辅导员群体最关注的，因为涉及自身评职称等切身利益，但在这个方向上出成果也是最难、最漫长的，需要耐心、坚持、积累、创新。出成果之日就是辅导员个人品牌IP形成之时。在这个方向中可以聚焦课题研究、论文发表、项目申报、教材出版等。

例如，吉首大学的辅导员唐业喜老师，聚焦科研能力提升。他指导学生干部积极申报全国大学生创新创业项目，形成学生-老师相互提醒、共同进步的模式，并形成了师生课题申报奠基→成果撰写完成项目→指导学生科学研究→学术论文征集参赛→师生论文发表积累→服务师生课题申报的良性循环；指导学生获得全国大创项目2项，省级大创项目2项，他成功获批省部级课题20余项，学术论文获奖10余项，发表学术论文30余篇。

他开发的《辅导员科研：课题从哪来，论文往哪去》《辅导员相关国内学术期刊分类与投稿经验分享》等课程，已为全国20余所高校开展了辅导员科研能力提升讲座，逐渐形成了自己的特色品牌IP。

例如，兰州大学的辅导员夏睿老师，聚焦科研能力提升。她将科研与实践有机融合，把工作问题转化成研究成果，用研究成果再指导工作实践，将科研和实践同向同行，水到渠成地推动工作专业化发展。她认为辅导员应该主动从日常事务工作中"跳"出来，结合自身学科背景和学生特点，将育人与研究紧密结合，勇于走出舒适圈，使育人工作更有意义和深度。

2021年，她开发的《辅导员科研能力提升的十二个胶囊课》获高校辅导员网络培训课程建设项目暨百门精品培训课程征选立项，现已完成课程建设。

以上就是从教育部43号令九大职责的方向中成长起来的辅导员，在学生管理和思想政治教育过程中融入教学设计理念，通过课程化实施形成了自己的特色品牌IP。

当然，从九大职责中衍生出来的辅导员成长方向可以是9个，90个，900个，甚至是9000个，无穷无尽、无期无限，就看我们辅导员如何挖掘自己的特色，找到自己的聚焦点，从而进入自己的品牌IP方向。所以当前辅导员99%的迷茫，都源于没有找到属于自己的方向和领域。

> 辅导员找到属于自己的一个品牌IP打造方向，在这个方向中继续细分领域，挖掘最核心的优势区能力，在这个领域内不断进行攻城拔寨，不断地精进和外化，形成强大的核心竞争力。

作为一名辅导员，我们要经历成长四步曲。首先，要做小池塘里的小鱼，忍得住清贫，耐得住寂寞；然后，做小池塘里的大鱼，甘于付出，挑战自我；随着进一步的发展，努力做大池塘里的小鱼，开阔视野，拥抱变化；最后，不断地成长为大池塘里的大鱼，裂变成长，化茧成蝶。一个人的成长是逐渐递进的过程。例如，我受邀参加多个网络平台为全国辅导员进行分享，来到这些网络平台我就成了大池塘里的小鱼，所以我要努力，向每一位分享大咖学习，向全国的每一位辅导员学习，我的目标是成为大池塘里的大鱼。

> 每个人现在的高光时刻都是我们自己过去所埋下的种子。只不过有的种子开花结果，有的种子正在破土而出，有的种子依然埋在地下。

电影《教父》里有一句很著名的话："花半秒钟就看透事物本质的人，和花一辈子都看不清事物本质的人，注定拥有截然不同的命运。"辅导员通过打造个人成长品牌IP，就是让我们拥有在学生工作中看透育人本质的能力，发现自己航行的灯塔，树立职业心锚，多快好省地找到正确的方向，成人达己。

> 生于专注，死于单一，辅导员未来的个人职业发展，千万不要以升职为目标，而是要围绕学生去做专业，放大自己的成长方向，实现九大职责的专业化、专家化、品牌化。

想明白能为谁提供什么价值，把这件事做到极致，你就是最厉害的人。辅导员职业化、专业化、专家化的道路自然而然地就形成了。

> 辅导员职业化、专业化、专家化本身就是一个强弱项、补短板、凸优势的过程，也必然是一个枯燥乏味、循环往复的过程，守得住清贫，耐得住寂寞，忍得住孤独，需要循序渐进、脚踏实地，聚焦主责主业，用工作实绩来验证，量的积累才能达到质的飞跃。

古典老师说：作品让你走得更远。成长中如果有什么东西比资产更保值，那就是作品。作品帮你创造价值、创造信任力、创造影响力。很多人以为作品是一本书、一节课，其实不然。作品的含义更宽，作品可以是一个档案整理，可以是一个表格制作，可以是一次主题班会，可以是一次谈心谈话，可以是一场活动开展，可以是一项精品项目，也可以是一次寝室交流。

在辅导员成长过程中，学生就是我们精雕细琢的最好作品。

今天，如果你想拥有更大的影响力，与其去做交际，去拉关系，还不如踏踏实实做好学生工作，深入寝室与学生聊会天，和学生一起打打球，与学生一起探讨一本书，利用中午和学生一起在食堂就餐，让作品替你说话，让学生替你说话。

有的辅导员说学生是人走茶凉，那是因为你没有投入、没有付出，你的茶压根就没热乎过。如果你的学生工作到位，即使人走了，“茶”也会保持着100℃的沸腾。

一名优秀的辅导员，必须能帮学生拨开成长过程中所遇到的迷雾，为其答疑解惑，让学生找到真正适合自己的成长路径，明确放大自己的优势，当然也会得到学生发自内心的感谢。

一个合格的辅导员是学生心目中的榜样，一个优秀的辅导员是学生心目中的偶像。辅导员是学生的一面镜子，改变学生先从改变自己开始。

辅导员工作是一场暗恋，费尽心思去爱一群人，结果却只感动了自己；辅导员工作是一场苦恋，费心爱的那一群人，总会离你而去；辅导员工作是一场单恋，你若不离不弃，我便点灯相依，你若自我放弃，我依然倾尽全力。

本节反思复盘日记

主题：最有效的输入就是输出

日期：　　月　　日

事件
Facts

F1：今天学习本节文字，让我印象深刻的内容是哪些？
哪些点最触动你？你现在一下子就想到的最有价值的是哪些内容？

感受
Feelings

F2：这些内容让我联想到了什么？
结合 F1，对此请联系、描述自己的相关经验。

思考
Thinking

F3：这些给我现在工作的启发、启示有哪些？
结合 F1、F2，让你深入反思的或让你深刻意识到的、学到的是什么？

行动
Actions

F4：未来我打算如何应用我的这些启发、启示？
结合 F3，下一步你会怎么做？下一步你的计划是什么？

第三节 辅导员品牌IP战略箴言

辅导员成长的主要途径，是双线晋升、单评单列，这个政策我们实施了很多年，但是有的学校依然没有落实，那么结合我们自己的实际工作，既然抱怨改变不了现状，改变不了学校，改变不了制度，那么我们扔掉抱怨唯一的出路是改变自己，打造自己个人版的“双线晋升、单评单列”，让自己强大起来。

一、辅导员品牌IP五步战略

辅导员品牌IP五步战略是指把经历变成经验，把经验变成课程，把课程变成品牌，把品牌变成价值。

通过线上网络课、线下品牌课，围绕五步这条战略主线，完成自己个人成长品牌IP的打造，实现自己真正的成长蜕变。

第一步：积累经历

很多新入职辅导员认为自己研究生学历毕业，不屑于也不应该做那些检查卫生的琐事、数据统计的碎事、签到点名的小事，不能让自己大材小用。但作为辅导员，在成长过程中要不断地积累自己的经历，把每一件琐事都能理出头绪，把每一件碎事都能整合资源，把每一件小事都能做到极致。

作为辅导员，要上得了厅堂，下得到了厨房，查得了寝室，解得了迷茫，写得了文章，用自己经历丰富成长阅历。

例如，我无论是白天还是晚上经常处理各种学生突发事件，无论是去学校还是去医院，无论是陪伴学生还是与家长交流，处理这些突发事件的经历都能让自己不断地思考，不断地成长。

第二步：凝练经验

辅导员具有了经历后，不能在经历中停滞不前，不能在大量的经历中形成黑洞旋涡把自己旋进去。

目前，我们99%的辅导员，都沉浸在经历中：例如，查寝室是经历，出早操是经历，看晚自习也是经历，统计报表还是经历，就是因为我们没有走出第一步，没有迈出那关键的第一步，把经历变成经验，这点至关重要。所以，平时我们大家都是抱怨经历，但从来没听过抱怨经验，都是分享经验。

例如，你有统计数据的经历，但随着你不断地统计数据，制作表格，你的Word、Excel使用越来越熟练，所有的数据经过你的表格统计一目了然，及时准确。所以大家都向你请教Word、Excel软件的使用方法，你需要把你的表格制作经历萃取成经验，给同事进行分享，给全校的老师进行分享，最后你成为新入职教师办公自动化能力提升培训的主讲人。

因此，我们的任务是把我们的这些经历变成经验，从经历中萃取经验。如果变成经验之后，就可以在我们二级学院进行分享，可以在学校进行分享，可以线上分享，可以线下分享。

例如，自己不断地处理各种突发事件，将每一起突发事件的处理经历进行复盘，牢记注意点，挖掘相关度，找出规律性，形成自己的经验，避免下次出现同样的突发事件让自己不知所措、手忙脚乱。同时，将校园危机处理的经验不断地向全国辅导员战友进行分享，避免其他辅导员再次掉入同样的坑里，重蹈覆辙。

目前，各个学校辅导员培训经常邀请全国优秀辅导员到校为大家进行分享，他们每次分享的就是经验，而不是经历。我们每次听各种大咖级辅导员的讲座交流，他们就是把自己的经历变成了经验来为我们分享。

例如，江西理工大学饶先发的“发哥工作室”、山东大学范蕊的“陌上花开工作室”、哈尔滨师范大学刘国权的“新时代新青年新担当工作室”，每年都邀请全国优秀辅导员分享交流。如果你把学生工作中的经历变成了经验，就可以向他们申请，为全国辅导员进行分享。你把生命中的一部分时光拿出来跟很多人分享，就变成了很多很多的时光。

分享，才能让你走四方、闯天涯，在荒芜的沙漠中寻找属于自己的生命绿洲；分享，才能让你了解大家从事学生管理的柴米油盐酱醋茶；分享，才能让大家知道你面朝大海诗酒花的育人情怀。

第三步：课程设计

随着经验的分享，你不断地把这些经验进行系统化整理，融入教学设计元素，把经验变成一门课程。那么什么是课程？课程要有主题、有目标、有结构、有内容、有设计、有成果。把经验变成课程之后，你就可以申请国家版权局颁发的作品登记证书，打造一门属于自己的原创版权课程。

例如，我先后向国家版权局申请了《高校校园学生危机事件处理能力提升》《学生管理课程思政—主题班会课程化开发与精品项目设计》《新时代校园学生危机管理与网络舆情应对》三门原创版权课程。

一个演员遇到一个好的导演，如果去参加评审，就能够获得奥斯卡大奖；一个运动员遇到一个好的教练，如果去参加比赛，就能够获得奥林匹克大奖；一个辅导员遇到一群成长的学生，如果实施了课程化，就能够获得立德树人大奖。

第四步：打造品牌

随着课程的发展，课程化变成了你的独有标签。一提到你就想到了你的课程，一提到课程就自然而然想到了你，这样你的品牌化逐渐形成。高校就会邀请你去交流，协会就来请你做培训，平台就会找你做讲座。

例如，我专注于校园危机管理实战研究，把校园危机管理的经历变成了经验，把经验变成了课程；先后为国家教育行政学院、陕西省教育厅、河南省教育厅、中国职业技术教育学会以及全国高校等平台做讲座；同时开发了《辅导员七天素质能力提升训练营》课程，目前已开营六期，累计打卡输出80余万字，逐渐形成自己的品牌IP。

我们身边大咖级辅导员，他们都有自己独特的课程，持有自己独特的品牌IP标签。例如，江西理工大学辅导员饶先发聚焦高校辅导员工作室建设；哈尔滨师范大学辅导员刘国权聚焦理论宣讲；陕西科技大学辅导员李萌聚焦辅导员素质能力大赛；泉州师范学院辅导员朱应开聚焦网文写作，辽宁农业职业技术学院辅导员尤长军聚焦学生干部队伍建设；昆明冶金高等专科学校辅导员王译梓聚焦资助育人。

第五步：形成价值

辅导员的价值怎么提升？一是增加附加价值；二是确定替换价值；三是展示成长价值。

什么叫附加价值？它是指在辅导员岗位上你除了会查寝室，出早操，发通知，统计报表，开主题班会之外，能做一颗螺丝钉，但你不会做其他高能力事情即没有附加价值。

附加价值就是除了刚才所必须完成的辅导员岗位职责外，你还会搞科研，能申请省级辅导员专项课题；能写文章，每年能发表一篇SCI论文：能进行授课，打造一门属于自己的网红课程；能玩抖音、视频号，一分钟正能量短视频能传播过万。这时候你的价值自然提高了。

当然附加价值其实也是辅导员岗位职责的基本要求，但需要将岗位职责成果化、可视化，能让大家看见或让大家有感受，成果化、可视化就变成了附加价值。

什么叫替换价值？在学生管理过程中，你所带的200个学生，如果没有你，200个学生正常生活学习，班级正常运转，工作正常开展，有你没你都一样，你在与不在都一样。学生有事不找你，同事有事不求你，领导有事不安排你，对组织没有任何影响，谁都可以替代你。你的学生管理可以被替代，你的思政教育可以被替代，你的岗位工作可以被替代，那么你离下岗或失业就不远了。

如果学生离不开你，同事需要你，领导第一时间能想到你。为学生排忧解难有你，在工作中冲锋陷阵有你，在关键时刻堵枪眼有你，这样你确定了自己的替换价值，如果你的不可替代性越强，说明你越有核心竞争力。

辅导员要努力成为替换别人的人，而不能成为被别人替换的人。

什么叫成长价值？从事辅导员工作十年，你是靠一个经验从事了十年辅导员工作，还是从事辅导员工作获得了十年经验？如果是前者，证明你在这十年中没有成长；如果是后者，证明你不断地从工作中萃取学生管理和思政教育经验，芝麻开花节节高，一步一个脚印，不断地拔节孕穗。

辅导员要完成从辛苦到价值、从感性到理性、从小白到专家的成长蜕变。让辅导员这个岗位所给予大家的不再是一味地情感付出，而更多的是自我价值的挖掘和实现。

很多辅导员从普通辅导员做起，不断学习积累，成长为校级优秀辅导员：不断努力付出，成长为省级优秀辅导员：不断反思迭代，成长为全国辅导员年度人物；不断创新发展，成长为全国最美辅导员。道理很简单，谁拒绝成长，价值就会拒绝谁。

辅导员打造品牌IP要学会讲故事。通过故事化表达，让大家更容易记住你的品牌IP。

讲好一个品牌IP故事，故事能够让自己的品牌更加具有生命力，让品牌IP更贴近学生。好故事成为满足人们情感需求的无形资产，引发大家情感共鸣，从情感上去打动听者，从而能引发大家对自己的品牌IP联想。

例如，我在打造自己“校园危机管理”这个品牌的时候，每次在全国讲座中都会分享“自己如何成为一名被告”的故事。通过曲折故事引发全体辅导员情感共鸣，大家不一定记住我，但一定记住了“成为被告”的故事。同时，将学生管理中的每一个故事案例进行整理，出版了《新时代校园学生危机管理指导与实践》这本书，通过真实案例解读危机管理，一线体验，诠释情法交融；入脑入心，构筑治理思维；有理有据，浸入思政教育。

由一门课变成了一本书，课程和书籍成为自己品牌IP打造的鸟之翼、车之轮，形成了听课买书扩大影响力，买书听课扩大品牌力。

对上述五步战略用武侠小说术语概括总结为：照妖镜、勤练剑、等风来、滚雪球、请拔刀。

第一步：照妖镜。辅导员要通过自我分析找到自己的优势，发现自己的长板，把自己的爱好变成特长。

第二步：勤练剑。辅导员要把自己的特长聚焦，通过实践反复训练，冬练三九，夏练三伏，把自己的课程变成自己的独门武功。

第三步：等风来。辅导员要耐心等待，不急不躁。如果武林大会的风不来，那就要主动去找风，加入各种社群、平台，与他人进行武功切磋。

第四步：滚雪球。随着你不断地挑战各大门派，你的名气越来越大，你的影响力也越来越大。江湖上便有了你的传说。

第五步：请拔刀。这时各大门派会纷纷上门主动邀请你去讲学，和你切磋武功，让你指点迷津。“大侠，请拨刀吧！”“大咖，给我们做一场讲座吧”。

所有人都看见了你“一剑封喉”的精彩，却很少有人知道你背后默默无闻的忍耐。所以要勤学苦练真本领，方能闯荡江湖扬威名。

辅导员能否进行知识变现？我认为在互联网时代下，辅导员具有了附加价值、替代价值、成长价值，应该将其价值进行知识变现，变成课程、书籍、讲座等，通过线上与线下的方式让全国更多的辅导员学习成长。

全国各高校都有辅导员专项培训经费，可以邀请具有课程化品牌化的辅导员进行分享，给予一定合理的知识报酬。辅导员不在乎报酬多少，而是让其真正获得了学生工作可以进行知识变现的成就感，使其更加努力地反哺投入到学生工作中去。

知识变现并不可耻，辅导员不仅要奉献，更应该进行知识变现。我们评职称的最终目的也是为了变现，那么把学生工作凝练成价值也是为了变现，殊途同归。

我们没有必要几百人挤在屋里和大家抢那一块可怜巴巴的“职称肉”，我们要勇敢地推开门走出去“打猎”，虽然外面有风、有雨、有霜、有雪，但是如果你成功了，你收获的将不只是“一块肉”，即使打不到“猎物”，也提升了你抢“职称肉”的能力。“打猎”就是打造自己的个人品牌IP。

辅导员品牌IP五步战略，从经历到经验，从经验到课程，从课程到品牌，从品牌到价值，形成了辅导员“单评单列”的成长主线。那么线上可以开通网络课，通过千聊、喜马拉雅、蓝墨云班课、超星尔雅等平台分享；线下打造自己的品牌课，这就是辅导员成长的“双线晋升”。那么经历变成经验，经验变成课程，课程变成品牌，品牌变成价值，这就属于辅导员个人版的“单评单列”。

二、辅导员品牌IP三者结合

辅导员品牌IP需要将以下三者结合。

第一是受众者。也就你课程的对象是谁，你要清楚是针对大一学生还是大四的学生？是针对家长还是学生？是针对学生干部还是入党积极分子？是针对贫困学生还是心理问题学生？是针对辅导员还是学生处长？

第二是竞争者。确定对象之后你要知道，在你开发的这门课程中，全国谁和你在讲授一样的课程，他的课程有哪些优势？你的课程有哪些优势？你要和他进行分析对比，不断改进。

第三是对标者。你要找到你这门课程所处的行业或者领域中最权威的专家、大咖，向他学习，查找自己的不足。

例如，我开发的校园危机管理版权课程中，课程的受众者是全国高校辅导员，我只做辅导员校园危机管理能力提升，即使亲子关系市场前景再大，我也忍住不去来回更换受众者对象。

我的竞争者是一些保卫处领导、派出所警官和律师。他们也在讲校园危机管理。他们有他们的优势，但我们也有我们的优势。举个案例，对于学生退学事件，我知道退学分为三种情形：一是回校主动型，二是外地配合型，三是斗智斗勇证据留痕型，而不是就退学讲退学。这就是从经历中得出的经验，又把经验变成了课程。

我的对标者是艾学蛟老师和唐钧老师。我买了他们的所有网课和书籍，就是为了不断地学习提高。

在全国讲课过程中，很多辅导员都在咨询我平时都读哪些书，哪些书能够快速提升辅导员的综合能力，哪些书适合辅导员的自我成长，其实我自己也没有固定的书，而且对读书也没有深入细致地研究，和大家一样东西南北中党政军民学都接触一下。

我还是对照教育部43号令九大职责分类为大家推荐几本书，这些书都是我反复考察之后才买来读的。当然仅代表个人观点，因为每本书每个人读、听、看、写的收获是不一样的。

第一项职责是理想信念教育和价值引领。辅导员可以读《习近平谈治国理政》《中国共产党党史》等。

推荐理由：要想让自己的文字和文章有含金量，能够与时俱进，必须得读原著、学原文、悟原理。这句话虽然天天讲，但我们几乎都没入脑入心。所以只有经过反复、认真阅读经典，才能达到才思泉涌，才能让你的理论宣讲顶天立地、有据可依。

第二项职责是党团班级建设。辅导员可以读《归属感》《赋能》。

推荐理由：《归属感》是由美国国际顶级NLP（神经语言程序学）大师罗伯特·迪尔茨所著。通过此书可以探讨学生干部领导力和学生归属感建设过程中，如何通过身体语言的引导和建设，达到学生班级团队归属感的建立；能让你迅速区分出你的班级里面哪些学生是梦想家，哪些学生是实干家，哪些学生是批评家。《赋能》这本书在2018年属于排进前十的书籍，由美国的一位驻伊拉克的将军所写。军队需要赋能，那么我们的班级更需要赋能。辅导员应该学会赋能领导力，为班级赋能，为学生赋能，更为自己赋能。

第三项职责是学风建设。辅导员可以读《高效能人士的七个习惯》《终身成长》。

推荐理由：《高效能人士的七个习惯》这本书是经典之作，仅次于《圣经》的影响力，属于所有讲师派必读之书。所以，对于学生来讲，要养成七个好习惯，终身受益，通过七个好习惯形成良好的学风。所有辅导员可以从书中进行知识萃取，然后化书为课，潜移默化培养学生行为习惯，不断地扩大自己的影响圈，缩小自己的关注圈。《终身成长》这本书告诉我们如何具有成长性思维，而不是因循守旧在固定性思维中；让学生在成长性思维中不断地锻炼能力，改变自己的思维模式，从而改变自己的认知结构，进而改变自己的行为习惯。

第四项职责是学生日常行为管理。辅导员可以读《轻有力》。

推荐理由：《轻有力》这本书是我走向全国授课舞台的第一本书。该书没有长篇大论，只是很薄的一本书，但清晰明了地讲述了如何与90后相处，如何对90后进行管理，因此深受企业领导人喜欢。很多HR经理都阅读此书，就想了解90后的各种表现。这是第一本研究90后的书籍，从企业中产生，而不是高校。通过这本书让你拥有一招三式管理：软化冲突、淡化权威、强化边界。

可惜高校老师知道这本书的并不多，据我了解，目前辅导员中引用这本书理念化书成课的只有两个人，其中一个还是我自己。所以，我们现在手里有这么多00后，我们最有发言权，我们也可以研究00后的管理方法。希望第一本研究00后的书籍从我们高校中产生，从我们高校辅导员中产生。

第五项职责是心理健康教育与咨询工作。辅导员可以读《掌控谈话》。

推荐理由：《掌控谈话》这本书告诉你在谈心谈话过程中是有套路的。如果把这个套路弄明白，估计你在辅导员素质能力大赛中谈心谈话一定牵着学生鼻子走，而不是被学生牵着鼻子走。所以，辅导员备赛的话，可以死磕这本书，让你的谈心谈话脱颖而出。

第六项职责是网络思想政治教育。

目前我没有买到相关的书籍。但网络思想政治教育绝对不是通过微信、QQ简单地聊天，并不像我们写总结的时候：建立微信群、QQ群，进行了多次网络沟通交流，召开了多次网络主题班会等。其实网络思政需要我们深入研究。

如何利用网络这个有效载体发挥网络矩阵的作用，需要我们进一步学习探讨，这点我们可以向秋叶大叔学习如何玩转新媒体，把新媒体的各种玩法植入到我们的思想政治教育过程中，这样我们的网络思政也就有特色了。

第七项职责是校园危机事件应对与处理。辅导员可以读《新时代校园学生危机管理指导与实践》。

推荐理由：此书也是我的最新著作，是经过了线下一百场讲座，线上一百场直播分享凝练而成。本书将思政教育、学生管理、法律条款有机融合，从案例回放、危机预警、法治导航、危机应对与处理、法条拓展五个模块进行论述，包含了从入学期到毕业期三十余个主题危机事件如何应对与处理。同时包含了各种预案和方案。此书是招聘备考的助燃器，学生管理的护身符，思想教育的指南针，依法治校的警示灯，成为辅导员的枕边书、工具书。

第八项职责是职业生涯规划与就业指导。辅导员可以读《你的船你的海》《远见》。

推荐理由：《你的船你的海》这本书是程社明老师的著作，他也是最早研究职业生涯的人，这本书已经买了十年，当年给学生做职业生涯规划讲座的时候就是萃取了这本书的理念，也是我的成长启蒙之书。该书现在依然适用于辅导员的生涯规划发展。当辅导员在迷茫失落的时候，可以读读这本书。它会告诉你如何看待评优、评职称、评荣誉的外职业生涯，如何做好自己的本职工作，如何在早操晚自习中积累自己的内职业生涯。作为辅导员，只有自己规划好自己，才能为学生规划，否则依然是纸上谈兵。《远见》这本书告诉辅导员成长不再是短板决定论，而是长板决定论。不能总是盯着自己的缺点，要挖掘自己的优势，聚焦长板，天赋优势，日积月累自己的可迁移技能，建立自己的生涯甜蜜区。

第九项职责是理论和实践研究。辅导员可以读《公文高手的自我修养》《结构性思维》。

推荐理由：《公文高手的自我修养》这本书不是博士专家写的，而是一位央企的中层干部写的，但写得荡气回肠、通俗易懂。据说这是秘书的必读之书。读完此书，你就知道你的网文、论文、报告、总结该如何撰写了。《结构性思维》这本书让你学会如何将问题结构化，汇报结构化，写作结构化。能够锻炼自己的结构化思维模式。

通过读书能够让辅导员迷茫之时清醒，焦躁之时平静，管理之时得法，思考之时凝练，抱怨之时开悟，逆境之时奋进，痛苦之时成长，阅读之时收获！

书不必多，但要读精、读深，还要不断地输出。可惜自己读书的时候也常常囫囵吞枣，没有深入消化吸收，书不停地买，老找借口没时间读。所以买书是种病，读书才是药。

辅导员品牌IP五步战略需要的是我们一步一个脚印走过来，做到踏石有印。对于我们大部分辅导员来说，不能凌波微步，一步跨到天。

三、辅导员品牌IP五字箴言

一是听。听要做到有深度地听。

辅导员每天都在听，听汇报、听请假、听诉苦、听反馈、听畅想。但好的师生关系应该从有效地听开始。

辅导员要听学生背后深层次的内容。要做到听背景、听需求、听感受、听情绪、听目的。

辅导员要做到用脑听、用心听、用情听，可惜我们有时候处在听声音的阶段，甚至是不听。

我们本能地拒绝听，其实就是拒绝学生，拒绝工作。所以不能把工作当工作，而是要把工作当成对自己的赋能、实践过程。这样才能主动走进学生、深入学生，主动听、愿意听、乐于听，否则就是“虚假”的师生关系。

二是说。说要做到有情感地说。

辅导员要自己进行陈述，要带着情感说，而不是带着情绪说。说的语言要丰富，能够激发学生思考；说的表情要生动，能够激发学生情感；说的语速要有节奏，能够激发学生沉浸。

说道理不如说案例，说案例不如说故事，说故事不如说身边的故事，说身边的故事不如说自己的故事。

三是评。评要做到赋能型评。

辅导员对学生的每一次进步要评，每一次错误也要评，每一次表现要评，每一次改变要评。

辅导员要面对面地评，要键对键地评，要深入寝室评，要深入教室评，要主动评，要敢于评，要激励评。

辅导员要先抑后扬评，要先扬后抑评，要曲折迂回评，要荡气回肠评，要感天动地评，要涓涓细流评。

四是问。问要做到有套路。

> 好的问题让学生思考，不好的问题让学生困扰。一问天下知，而不是一问全打死。

要做到苏格拉底式之问，循序渐进、循循善诱、步步为营、攻城拔寨。

问让学生反思状态，而不是反射状态，要放空自己，和学生进行对话，用问题激活学生的旧知。

五是答。答要做到有场景。

> 把自己的旧知恰当地融入回答之中，将知识进行串联，让学生看得见、够得着、望得远。

辅导员要及时地答，要与时俱进地答，要接地气地答，要耐心地答，要引发学生思考地答。

> 老师是站着的学生，学生是坐着的老师，师生低频无效果，师生高频才能高场域。

在学生管理课程化过程中不能只追求激活学生，不激活自己。辅导员的状态就是学生的状态。

> 辅导员专家化是指辅导员和学生彼此赋能的过程。学生上你一次课，你给学生上*n*次课，*n*等于多少就是你成为专家化的过程。

辅导员品牌IP的五字箴言是听、说、评、问、答。辅导员在学生管理和思想政治教育过程中要学会十个指头弹钢琴，不能变成单曲循环，真正做到深层次听、故事化说、赋能型评、有套路问、场景化答。

英国画家雷诺兹说："天才除了全身心地专注于自己的目标，进行忘我地工作以外，与常人别无两样。"作为辅导员，要发自内心地热爱学生工作，热爱自己的学生，只有和学生在一起才能摆脱工作单调和乏味。当你能够悟透育人内涵的时候，当你能够贡献你的价值的时候，你的自我效能感会得到极大满足，自己的能力也能够得到极大的发挥。

> 当你形成了自己的品牌，品牌促使你更加心无旁骛、全身心地投入工作，从工作中不断积累升华，精神世界获得充实和欢愉。

正如莎士比亚自己所说："人们渴求的不应是天赋，而是坚强的意志。"换句话说就是，人们不应只想获得外在的助力，而要时刻保持内在的毅力。内因和外因要同时发挥作用。

教育是不分场合、不分人数、不分形式，时时处处都可以进行的。思想政治教育也不一定是非得通过站在讲台上我讲你听才叫教育。遇见学生打个招呼，是礼仪教育；与学生交流，是谈心谈话教育；和学生一起打篮球，是锻炼身体教育；发个朋友圈，传递正能量，是网络思政教育。

如果说“处处留心皆学问”，那么对于一个辅导员来说，就是“处处用心皆教育”。

本节反思复盘日记

主题：最有效的输入就是输出

日期：　　月　　日

事件 **Facts**	F1：今天学习本节文字，让我印象深刻的内容是哪些？ 哪些点最触动你？你现在一下子就想到的最有价值的是哪些内容？
感受 **Feelings**	F2：这些内容让我联想到了什么？ 结合 F1，对此请联系、描述自己的相关经验。
思考 **Thinking**	F3：这些给我现在工作的启发、启示有哪些？ 结合 F1、F2，让你深入反思的或让你深刻意识到的、学到的是什么？
行动 **Actions**	F4：未来我打算如何应用我的这些启发、启示？ 结合 F3，下一步你会怎么做？下一步你的计划是什么？

第四节　辅导员如何化危为机

一、辅导员的危机意识

辅导员要学会化危为机的能力，在学生管理过程中，危也是机，既要克服危，又要创造机，要把失败看成是提升自我的良机。通往成功的路上会遇到各种沟沟坎坎，但千万不要一蹶不振，从失败中总结经验，是远比失败本身更有价值的事情。有很多时候，危机也是转机，如果你能再坚持一下，或许就能迎来柳暗花明。

优秀的人，往往习惯把失败当作给养。

2020年，新型冠状病毒肺炎疫情来势汹汹，学生不返校，上网课，体温打卡，行程报备，辅导员每天都在不断地进行数据统计，那么如何在这场疫情下化危为机呢？

我们看看2020年这场疫情下我们学生管理出现了哪些关键词？通过百度搜索发现最开始出现的热词分别是抗疫之战、提前返校、违纪处分、网课学习。那么从一则学生违纪处分谈谈如何化危为机。

在疫情开始之时，学生在家上网课，有的学生为了考研复习，有的学生为了做实验，有的学生为了写论文，他们偷偷地提前返校回到了校园内。但当时不允许任意流动，所以这种行为严重违反了防疫要求。2020年2月2日，西北农林科技大学对两名提前返校的学生做出了违纪处理，这个违纪处分公示后可以说引发了流量高峰。那么10万+的流量帖子是如何产生的？我们分析一下当天大家所关注的关键热词。

第一个热词是提前返校。在疫情持续期间，一部分学生违反了学校的规定，偷偷地从学校侧门或者围墙跳进了学校。由于那时疫情刚刚开始，各个学校校园防控措施还有一定漏洞，所以学生进入了校园。

第二个热词是抗疫之战。在疫情持续期间，全国人民都在居家抗疫，不流动、不瞒报、勤通风、戴口罩。居家是最好的抗疫，疫情期间每天进行日报告，但有时因学生的瞒报行为导致数据统计不准确，排查不彻底，给疫情防控带来了安全隐患。

第三个热词是学生处分。在疫情持续期间，在学生管理过程中出现了有的学生瞒报行程，有的学生瞒报体温，有的学生私自流动，给学生管理带来了极大困扰。可是疫情刚刚发生，我们的学生管理规定中没有关于疫情期间对于瞒报、漏报、提前返校等行为的明确处理规定，在学生管理过程中无依据、无条例、无程序，导致出现想处理无依据的尴尬两难境地。

第四个热词是网课学习。在疫情持续期间，学生在家上网课，但网络不好使、学生上线不听课的局面，给辅导员日常管理带来了很大困扰。

以上疫情期间出现的四个热词给我们带来了新挑战。那么20200202这个从前向后和从后向前都一样的数字，是1100年才轮回一次的日子，结果在这一天，因西北农林科技大学学生违纪处分的公布，让我们学生管理上了一回热搜榜，引发出现了数篇10万+的网络文章。

第一篇原创网络文章来自天津师范大学辅导员张家玮老师，他于当日下午四点多通过其个人公众号发出了题目为“重磅，这是一条严肃的消息”原创网络文章。该文章对学生提前返校事件进行了评论，说到了辅导员心中的痛点，犹如一股清泉浇灌了干燥的内心，瞬间引爆了辅导员朋友圈，全国辅导员纷纷给予转发，向学生进行警示。几个小时后文章浏览量达到了10万+。

第二篇网络文章来自山东大学辅导员范蕊老师，她本来也想写文章，可是时间来不及了，于是她的个人公众号转发了张家玮老师的文章，但是她换了一个标题，改为“同学们，听老师的话别提前回来”。那么这条帖子继续在朋友圈之间转发、评论。几个小时后文章浏览量达到了10万+。

第三篇原创网络文章是我写的。当时我在做什么呢？当时接到了一所省外高校学生处处长的电话咨询，他们学校也有一名提前返校的学生，也要给予纪律处分，想让我提供一下处分的依据。

正当我抓耳挠腮、冥思苦想、四处查找资料时，突然看到了西北农林科技大学违纪处分的通报和张家玮、范蕊两位老师的文章帖子，当时灵光一现，用了30分钟也写了一篇网文，题目为“疫情之下，做一个守法遵纪的大学生”，通过“辅导员联播”公众号发布出去。

这篇文章的确是撞到了风口，蹭了一回热度，看着公众号后台浏览量数据不断上升，粉丝关注人数不断增加，恍如坐火箭的感觉，一夜之间粉丝增加了4000人，相当于一年的增量，终于遇到了一回“股市涨停板”。也是后来才知道一篇文章浏览量超过了10万后，文章下面不再显示出具体浏览量，只显示出“10万+”，只有后台才能看见具体数据。

第四篇原创网络文章来自华南农业大学辅导员陈巍老师，他是2月3日发出的这篇网络文章，他的文章题目为“疫情之下，为什么不要提前返校？”此时的热度依然不减，继续在辅导员的朋友圈霸屏。他的这篇文章浏览量也达到了10万+，先后被其他各大网站以及相关平台转载。

第五篇原创网络文章来自泉州师范学院辅导员朱应开老师，他也是2月3日发出了题目为“特殊时期，不提前返校是一种社会责任”的网络文章，文章阅读浏览量也达到了10万+。

以上这五篇10万+的网络文章可以说在疫情这场危中变成了辅导员成长的机，大家抓住了思想政治教育的热点，写出了学生管理的痛点，变成了自己成长过程中的亮点。当然，我们不是为了追流量而追流量，也不是为了蹭热点而蹭热点，只是说我们应该对新闻、事件要有敏感度，能够从热点中找到思政教育和学生管理的关注点。因为我们都是这场疫情的经历者、见证者、抗疫者，也是每篇文章帖子的阅读者、转发者。其实，当天你也能写出这样的文章，可是你却偏偏没有想到。

我就是依托这篇10万+的网络原创文章，2021年成功地获批了“辽宁省高校网络育人名师工作室”立项、“辽宁省高校辅导员名师工作室”立项。

危也是机，既要克服危，更要化危为机。

2020年寒假由于受疫情影响，开学不返校，线下变线上，线上教育给我们带来了巨大的挑战。主题班会怎么开？线上课程怎么讲？网络思政怎么弄？一切都是未知！

面对这种危，我开始接触各种教学软件进行学习摸索，经历了各种翻车现场：换电脑、换房间、换网线、换房子，对各种教学软件由之前的本能性拒绝到被迫性接受到习惯性适应一直到现在的主动性提升。从钉钉、腾讯、小鹅通到超星尔雅、云班课，从千聊、喜马拉雅到微视直播，自己对各个教学软件都熟悉了解了一遍。用钉钉进行录课，用腾讯会议进行工作布置，用企业微信进行网络宣讲，用超星学习通进行话题讨论。小鹅通从1.0版本现已升级到了7.0版本，自己的成长与小鹅通升级迭代的速度基本保持一致。

面对这场疫情危机，我们每个人都是经历者、参与者、战疫者，与其牢骚抱怨，不如抓住机会，开启云思政、云课程、云问候、云主题班会、云就业、云毕业照，化危为机。

2020年疫情期间，我先后为全国高校以及辅导员进行了100余场直播，特别是开发了“七天辅导员素质能力提升线上训练营”课程，和大家一起线上学习，累计打卡输出80余万字。2021年整合了全国优秀辅导员资源，开发了“七天学生干部成长线上训练营”课程，为全国辅导员以及学生干部成长赋能。

辅导员在成长过程中不要害怕遇到问题，问题可以激发你的创造力，做难事，必有收获。例如，在硬着头皮解决一个从未想象过的难题的过程中，磨炼了你的坚强意志，培养了你的抗挫能力，提升了你的专业水平，最终解决问题的时候，更收获了无与伦比的成就感，下次再面对同类问题的时候，你就比其他人更多一份挑战的胆量和信心。不遇问题，不出智慧。

危机是最好的考验，也是最好的锻炼，更是最好的团建，每一次危都是你崛起的机，不要浪费每一次危机。发生在别人身上的是故事，发生在自己身上的是事故，辅导员要具有化危为机的能力，将事故变成故事。

每个人的一辈子都可能遇到一次“奥密克戎”式的危机，让我们在工作与生活中遭遇极大的困苦。但人生最重要的进步往往都是在聚精会神、孤独憋闷、周围没有太多光亮的状态下才产生的。

在学生管理过程中，辅导员会遇到很多坑，掉进一个坑里，爬不出来叫挫折；爬出来了叫成长；如果爬出来后拍拍身上的尘土，微笑着把坑填上，那叫复盘高手；如果你能够在坑的地方埋下一颗种子，让它开花结果，那叫专家。

没有一个冬天不逾越，没有一个春天不来临，辅导员在成长路上要找到属于自己的星辰与大海。

辅导员要不断地构建自己的愿景空间，打造自己的成长护城河，不要等潮水退去之后，才发现自己在裸泳。

二、辅导员品牌IP的四个赛道

人生没有假想的赛道，我们每一个人都在进行弯道超车，所以作为辅导员，我们要找到合适的生态位进入适合自己的人生赛道。可是现实中我们有一部分辅导员却偏偏不自觉地进入了别人的赛道。在别人的赛道中，大咖、网红、楷模，他们都是属于全马选手，而我们属于百米冲刺。100米过后，我们就累得气喘吁吁、大脑缺氧、心跳加速，跟不上他们的节奏了，处于既焦虑又无力的状态，在成长过程中逐渐丧失了动力和执着。

成长是一个渐进过程，每个人都有自己的拔节孕穗期。

刷书100本，求快贪多，没有独立思考却花了大量时间，改变却不成正比。今天摘抄，明天截图，后天朋友圈转发，全是知识残片，似乎知道很多，却往往既没深度又没体系。也想要写网文、发论文、报课题、做输出，计划定了一堆，一下笔就抓耳挠腮被卡住，大脑一片空白。其实我们都知道改变自己会痛苦，但不改变自己会吃苦。很多时候，可能只是一个细节的改变，就会给你带来极大的正向反馈。当你不再那么执拗，当你开始改变自己，去更新思维，去拓展眼界，或许很多问题都能迎刃而解。

我们无法改变别人，因为每个人心中都坚守着一扇从内向外的改变之门，无论动之以情还是晓之以理，我们都不能替别人开门，只能自己通过改变才能打开自己的内心之门。

沿着旧地图，到不了新大陆。如果想拥有未曾拥有的，那就去做未曾做过的。当今时代，不想被替代，就要先自我迭代。

我的建议是：对于我们每一个辅导员来说，要建立属于自己的赛道，在自己的赛道上自己和自己跑，不跟跑、不抢跑、不越跑、不领跑，合理分配时间体能，坚持积累、执着付出，铁杵磨成针，一定能够达到属于自己赛道的终点线。

因此，我们向"川哥""发哥""萌哥"他们这些个人品牌IP学习，是学习他们在成长过程中所展现出来的精神和能量，而绝不是复制他们的成长模式，因为他们的个人成长模式有其自身的背景与土壤，并不一定适合我们自己，我们要找到属于自己特色的个人成长品牌IP模式。

经过近年对全国辅导员年度人物、最美高校辅导员案例数据分析，我发现辅导员形成品牌化需要四个赛道：教育赛道、出版赛道、培训赛道、咨询赛道。他们都是在这四个赛道的某一个赛道中产出了可视化成果。但要想持续成长，则必须在这四个赛道中随时进行身份转换。

教育赛道是指分享经验、论坛交流、受邀讲座等。这也是辅导员最常驻的一条赛道。辅导员形成课程化之后，可以先在教育赛道进行奔跑。目前大部分辅导员都属于在教育赛道上奋进。

例如，由中国大学生在线、高校辅导员网络培训中心、高校思想政治工作队伍培训研修中心（高等教育出版社）、全国高校思政网联合开展的2021年度高校辅导员网络培训课程建设项目申报暨百门精品培训课程征选中，共有91门课程予以立项。这91名申报者包括辅导员未来可以在教育赛道中继续奔跑前行，打造自己的品牌IP。

出版赛道是指随着不断地分享积累，将自己的网络文章、心得体会、学生故事等内容进行出版，形成自己的著作。这个赛道上我们已经有很多辅导员出版了自己的个人著作。

例如，泉州师范学院的辅导员朱应开老师，出版了专著《阅·青春——一名大学辅导员的工作实践与思考》。该书是朱应开老师网络思想政治教育工作的积累和结晶，共84篇文章，30万字。话题涉及大学生的学习、工作、友谊、恋爱和成长，记录了“80后”辅导员与“00后”一代年轻人的成长故事，也记录了高校辅导员对自身职业发展的一些思考，集中展现了当代大学生的精神面貌，也展示了高校辅导员的风采，形成了网络思政独特的品牌IP。

出版书籍最大的投入是你的时间精力，拼的是你的历史积累。

写出一本爆款好书就是打造个人品牌IP的最佳捷径。投入时间写出一本好书，得到全国辅导员的认同，带动口碑传播，细水长流地扩大个人品牌影响力，这可以说是打造个人品牌IP性价比最高的路径。但在辅导员这个群体中，还没有出现年销售5万册以上的爆款书籍。

出书对很多辅导员而言，最大的挑战并不是有没有时间写书，而是要从讲课的思维、写网文的思维、做分享的思维，切换到写一本书的思维模式。所以，我们还得从最底层做起，先培养写网文、做分享、开讲座思维，然后进行有效切换。

看一本书是否受欢迎，可以看该书进行了几版几次印刷。目前深受辅导员欢迎的关于辅导员方面的书籍主要有广西师范大学出版社出版的《辅导员工作100个怎么办》、上海交通大学出版社出版的《高校辅导员工作实战指南》、高等教育出版社出版的《辅导员应对大学生心理危机指导手册》。这几本书在京东以及当当排名均位于前列。

2021年由辽宁大学出版社出版了我写的《新时代校园学生危机管理指导与实践》，该书在全国各高校辅导员的大力支持下，一个月之内进行了2次印刷，目前销售近万册。那么您在阅读的此书，也是在中国石化出版社主动邀请下才有信心出版的。

很多辅导员说自己没有名气，出版的书籍销售不出去咋办？我们在京东、当当网去搜相关的图书，会看到很多书，我们对作者其实都不熟，影响我们买书的关键因素，反而是书名、内容、封面、文案、目录、评论以及定价。

我统计了部分辅导员所出版的图书价格：《新时代校园学生危机管理指导与实践》定价为58元；《高校辅导员学生工作实践手册》定价为65元；《辅导员梦工厂》定价为68元；《新时代高校辅导员工作室建设指导手册》定价为65元；《新时代高校辅导员素质能力提升新探》定价为49元；《新时代高校辅导员工作理论与实务》定价为50元。

价格影响其实很大，如果定价不高，封面你喜欢，目录很给力，也一样可以吸引读者购买。如果书写得好，读者自然会去关注作者，给作者带来流量。

如果辅导员想出版自己的专著，要从读者对象、书籍题目、书籍内容、价格定位四个方面进行整体打造。读者对象要广泛，能保证多群体购买；书籍题目要精炼，能吸引眼球，激发购买欲；书籍内容要有方法论，能实操，看完就会用；价格定位要合理，大家能接受。符合这四点，你在出版赛道中就有可能形成自己的特色品牌IP。

培训赛道是指对辅导员或大学生融入教练技术开展互动式、体验式培训。目前这个赛道我们辅导员做得还不好，一般都是企业人士的培训做得好。这个培训指的是互动式、体验式的培训，而不是我讲你听模式的所谓培训，我讲你听的模式依然属于教育赛道。

例如，我经过全国“百场校园巡讲”之后，发现我讲你听的授课模式并没有让辅导员发生太大改变，课上激动，课下不行动。辅导员需要现场进行交流体验，现场能产出可视化成果，让辅导员看得见、摸得着、够得上。而不是你讲你的PPT，我玩我的游戏机，铃声一响，下课走人，上课签到，回去报销的培训状态。

所以我正在开发设计“学生管理课程思政设计暨学生管理课程化开发”工作坊，就属于体验式、互动式的培训学习，通过互动分享、学习交流、团队合作，现场出成果、学习有收获、课后给反馈。

咨询赛道是指辅导员开展心理咨询、生涯规划咨询、就业创业指导咨询，特别是一对一咨询。在这个赛道上需要辅导员专注地投入时间、精力，甚至是金钱。通过不断地进行专业知识的学习积累，才能在这个赛道中获得收获。当然这个赛道也是含金量最高的赛道。

辅导员要想成为真正的大咖，你必须得两个以上赛道进行随时转化切换。能讲课、会出书、有互动、一对一。例如秋叶大叔、易仁永澄、萧秋水、段烨老师都是在这四个赛道中随时转化切换，所以他们才是真正的大咖。

辅导员中的大咖，无论是“川哥”“萌哥”还是“发哥”，他们都有自己的课程，随时可以和大家分享；同时，他们出版了自己的专著或书籍，左手课程，右手书籍，发挥出了书课同频效应，他们同时在两个赛道上进行转化切换，形成了自己特色品牌IP影响力，并且不断地保持了品牌IP的新鲜度。所以对于普通辅导员来说，如果此时的你正在教育赛道上奔跑，那么下一步你要进行赛道切换，进行弯道超车；如果此时的你还没找到赛道，那么此刻要自我反思总结，看看自己该从哪个赛道入手。

当然，这里所说的赛道依然是从教育部43号令九大职责的大方向入手，找到自己聚焦领域，然后从九大职责的大方向中进行四个赛道随时转化切换。

三、辅导员如何鱼跃龙门

有这样一个鱼跃龙门的画面场景：每年春天，在黄河激流中有一群金色鲤鱼逆流而上，在龙门形成跳跃的群体。

鱼是指我们每一名辅导员，在学生工作的激流中游来游去；龙门是指辅导员的品牌化、标签化；水是指我们的学生工作；春天是指辅导员队伍发展的政策机制；逆流而跳是指我们在学生管理过程中克服困难的勇气和毅力。

在成长过程中每一条鱼都想跳过龙门，每一名辅导员都想形成自己的品牌化。但是如果鱼离开了水，就会变成干巴鱼跳不了龙门；辅导员离开了学生工作，也形成不了自己的品牌化，辅导员只有结合自己的学生工作才可能跳过龙门形成自己的品牌IP。

那么鱼什么时候跳龙门呢？鱼必须在春风和煦的春天进行。辅导员当前遇到了国家好的政策机制，1∶200落实，双线晋升实现，专项补贴到位。所以在这么好的天气下，这么好的政策机制下，辅导员要抓住机会“跳龙门”。

那么鱼怎么样才能跳过龙门呢？鱼在黄河激流中要逆流而跳，面对各种惊涛骇浪，需要克服各种困难的勇气和毅力。在学生管理过程中辅导员要处理各种突发事件，解决各种各样的问题，在惊涛拍岸中坚定理想信念，在风吹浪打中砥砺前行、迎难而上，在学生工作中形成自己的品牌化，最终成为“跳过龙门的那条鱼”。

2020年“发哥工作室”开展了七期论坛交流分享，我对主讲人进行了分析对比，总结出一个规律：他们都是以辅导员的身份在学生工作中形成了自己的特色品牌标签。台州学院辅导员徐敏老师的品牌标签是辅导员+科研，天津理工大学辅导员马红建老师的品牌标签是辅导员+党建，河北师范大学辅导员黄福元老师的品牌标签是辅导员+心理，江西理工大学辅导员饶先发老师的品牌标签是辅导员+工作室，莆田学院辅导员陈国成老师的品牌标签是辅导员+科研，广东科技学院辅导员雷桂平老师的品牌标签是辅导员+网文，忻州师范学院辅导员郑茹楠老师的品牌标签是辅导员+创业。所有这些人的身份都是辅导员，每个人都是在学生工作的大海激流中，跳过了龙门，形成了自己特色品牌IP。如果离开了学生工作，那么我们就是无根的浮萍，无水之源，我们根本不可能形成品牌。即使你去了马院赛道，去了行政赛道，你还得用10年时间从头再来。

> 辅导员要找到属于自己的“龙门”，不能去跳别人的“龙门”。没有“龙门”，那么自己就给自己建个“龙门”；找不到“趋势”，自己就给自己打造“趋势”。

例如，我在别人写网文的时候，自己开始进行了公益分享；当别人开始进行公益分享的时候，自己开始线下实战讲课；当别人开始讲课的时候，自己开始线上直播；当别人开始直播的时候，自己开始设计了系列“七天训练营”；当别人开始做“训练营”的时候，自己开始进行“两天一夜”体验式、互动式工作坊。所以，要不停地自己给自己建“龙门”、造“趋势”，永远走在前面。

> 每一次成长裂变既是终点也是起点，面对辅导员春天的到来，我们每一个人都有轻舞飞扬的机会。

面对新时代红利，辅导员要勤于充实自己、勇于突破自己、敢于奉献自己，“鱼跃龙门”，打造个人品牌IP，成为新时代乘风破浪的优秀辅导员。

> 在思想政治教育和学生管理过程中，辅导员以自己为圆心，以自己的能力为半径拼命地画圆，辅导员的能力有多大，辅导员在未来思想政治教育中的圈就有多大。

四、辅导员成长需要三个条件

面对新时代新形势，辅导员要围绕立德树人的根本任务，切实提高学生思想教育工作的针对性和实效性，改变日常经验式的工作模式，提升打造个人品牌IP意识。有时辅导员往往会因为工作任务繁重、工作压力大，缺乏改变现状的内驱动力。辅导员的成长需要三个条件，用东北话概括为：

第一，你得行，这叫能力资本投入。要不断地学习，不断地投入，要主动学习，要有效学习。不要等着学生处长派我学我才去学，不派我、没有钱学我就不学，即使自己花钱也要去学，给自己进行资本积累。

第二，得有人说你行，这叫人脉资源积累。寻找你身边正能量的人，不断和身边这些高能力辅导员进行有效链接。

第三，说你行的人还得行，也就是平台资助。寻找平台，加入平台，抱团取暖。所以大家都纷纷加入“发哥工作室”，我们要珍惜这样的机会，主动向“发哥”申请不断进行输出和外化表达。

人生没有白走的路，每一步都算数。每一次发展契机，都需要有贵人点醒，才能踏上那个快车道踏板，才能实现梦想，达成所愿。事事分成败，唯成长不可逆，投资自己永远是最好的保值增值方式。

每一个学生都是独立的个体，每一个学生都有自己的美，在学生管理过程中不能千人一面，不能胡子眉毛一把抓，而是需要我们辅导员去发现学生的闪光点，去挖掘学生的兴趣点，去走进学生的低谷点。

一名优秀的辅导员背后承载的是N^N次谈心谈话、N^N次主题班会、N^N次危机处理、N^N次深入寝室、N^N次活动开展，每一次经历都可以让自己积蓄能量，挖掘自身潜在优势，成为个人成长的品牌化方向。

力量生长于“她”久久为功、坚韧不拔。骐骥千里，非一日之功。2022年2月6日，中国女足决赛中上演逆转绝杀奇迹，时隔16年再次重回亚洲巅峰，让我们每一个人为之动容、热泪盈眶。他们如果没有赛场外十年磨一剑的艰苦训练，就没有赛场上敢抢敢拼的竞技状态，就没有关键时刻的挺身而出。

作为辅导员，我们驰骋在学生工作的绿茵场上，在常态化疫情防控下我们会接到来自四面八方的任务，能不能把任务接稳接好？能不能做到“工作及时办、学生问不倒、问题难不住”？能不能做到“提笔能写、开口能讲、动手能干”？手中有粮，心中不慌。唯有“耐得住寂寞”，时刻保持“本领恐慌”，像海绵吸水一样不断汲取知识养分，抓住每一次可以提升自己的机会，方能练就可担重任的宽厚肩膀。

辅导员是学生的人生导师和知心朋友。人生导师需要“技高一筹”：用高一些的眼光、情怀和能量去引领自己和学生的发展；知心朋友需要“同频共振”：建立互信、加强互动、促进互学、达成互赢。

作为辅导员，要做到有态度，因为态度决定一切。辅导员知道自己的使命职责，作为立德树人的前沿阵地的守卫者，要高举中国特色社会主义伟大旗帜，弘扬社会主义核心价值观，捍卫旗帜尊严，传递中国正能量，发出中国好声音，确保红旗飘扬在学生心中。

辅导员自己要做到理论自信，才能让学生受到雨露滋润；自己要做到道路自信，才能让学生不误入歧途；自己要做到制度自信，才能让学生提升民族自豪感；自己做到文化自信，才能让学生实现中国梦。

作为辅导员，要做到有本领，因为能力决定未来。辅导员要有综合素质能力，教育与管理、沟通与协调、总结与升华，能够用宏观思维发现细节，能够用微观视角思考成长战略，能力是在点滴小事中反思积累，积极主动中提升收获。让学生不是因为你的权力而是因为你的能力对你发自内心地尊敬，让你成为学生为之学习模仿的对象与楷模。

作为辅导员，要做到有特色，特色才能创新发展。辅导员在思想政治教育工作中要有属于自己的特色注释，掌握属于自己独一无二的“降龙十八掌”。生涯规划树立目标，就业指导认清形势，主题班会引导理念，谈心谈话沁人心脾，行为管理别具一格，思政教育春风拂面，每一个领域都能形成特色创新，每一个领域做细做实都能精进发展。避免局限于每天机械地上传下达，麻木地重复着“放羊－娶媳妇－放羊”的小格局中。

辅导员在思想政治教育工作过程中要做到管理＋创新，能管理，会创新，如果一腿软一腿硬，就会导致自己以及学生成长畸形发展。管理过程中有可能百密一疏，但创新过程中却可以瑕不掩瑜。只会管理没有创新的辅导员只能在365天里不停地画圆，最后随着时间的消磨萎缩成一个小点。

作为辅导员，要做到有公平，公平彰显正义。在学生管理过程中要做到公平、公正、公开。公平对待每一名学生，公正处理每一件小事，公开每一项评选。特别是对学生干部的管理，也许学生干部围在你身边帮你做了很多事情，所以在感情上给予过多关注，但更要严格要求，不能让学生干部享有"特权"。对那些普通学生更要积极关注，要谈话到每一个学生，从心理上让普通学生感到温暖。在奖助学金评选上要统筹兼顾，有理有据让学生信服；处理问题要兼听则明，不要听风就是雨，要进行调查了解。辅导员也许对每一名学生不能照顾细微，但在情感上对每一名学生要给予积极回应，一个微笑、一个表情、一条短信，让学生感受到自己的存在感，而不是无视感和漠视感。

作为辅导员，要做到有方法，细节决定成败。在学生管理过程中要做到细致入微，掌握方法的度。

方法就是在坚持原则的前提下又要具有灵活性。就好比原则是个圈，灵活是你在圈里任意地挥洒自如但却不能突破到圈外。有的辅导员在工作过程中虽然坚持原则，但却把圈变成了点，最后导致了物极必反，没有了缓冲的空间。

细节就是学生的每一条QQ、微信动态你要关注，分析其心理情感变化；每一个名字是否与户口本保持一致；每一次谈话字里行间背后的内容表达含义；每一次寝室检查空间死角的深入；每一次活动的时间地点人物和注意事项；每一份文字材料的措辞语句甚至标点符号；每一次任务能够积极回应、落实完成；每一次解决问题的程序是否一致得当。

辅导员打造个人品牌IP就是最好的排毒解药、灵丹妙药，能够让辅导员在未来成长中百毒不侵。

本节反思复盘日记

主题：最有效的输入就是输出

日期：　　月　　日

事件 Facts	F1：今天学习本节文字，让我印象深刻的内容是哪些？ 哪些点最触动你？你现在一下子就想到的最有价值的是哪些内容？
感受 Feelings	F2：这些内容让我联想到了什么？ 结合 F1，对此请联系、描述自己的相关经验。
思考 Thinking	F3：这些给我现在工作的启发、启示有哪些？ 结合 F1、F2，让你深入反思的或让你深刻意识到的、学到的是什么？
行动 Actions	F4：未来我打算如何应用我的这些启发、启示？ 结合 F3，下一步你会怎么做？下一步你的计划是什么？

第五节 “双师型”辅导员

一、“双师型”辅导员的内涵路径

我们都知道现在国家打造“双师型”教师，那么对于我们辅导员来讲，怎么样才能够成为“双师型”辅导员？

什么是“双师型”辅导员？我个人认为：辅导员的“双师型”，一是人生导师，在思想政治教育和学生管理过程中以育人为核心；二是培训讲师，在思想政治教育和学生管理过程中以点燃为核心。

> 教育不是灌输，而是点燃。人生导师加上培训讲师，就是我们的辅导员未来成长的角色定位。

也许有的辅导员说：我手里的学生是“一把湿柴”，点不着怎么办？我们辅导员先要把“湿柴”烘干，烘干之后就可以点着了。

> 烘干的过程，就是思想政治教育和学生管理的过程。

我们要实行1+x，1是指辅导员要具有教师资格证，要学懂教育学、心理学、法哲学，要有教学设计理念；x是指辅导员要结合九大职责进入一个赛道获取一个证书。当然这个证书可以是资格证书，也可以是能力证书。无论是心理咨询师、生涯规划师、舆情分析师、职业指导师、学习设计师还是思维导图师，一个足矣，但要精通。1+x，就是辅导员的“双师型”。

目前很多辅导员盲目地陷入了考证的误区，包括我本人在内，由于之前没有研究品牌IP打造，所以错误地认为证书越多越好，结果花了很多钱、费了很多力、考了很多证书，但一项技能也没有学会。根本原因在于没有聚焦、没有赛道、没有课程、没有品牌，所以证书一大堆，技能却不压身。

辅导员真正的成长应该是先有聚焦、有赛道、有课程、有品牌，然后针对赛道课程品牌去考一个与之对应的证书，通过证书为自己的品牌增加影响力，形成自己的特色品牌IP。

“双师型”辅导员有两条路：一是内修品质，二是外塑品牌。

辅导员如何内修品质呢?

一是内容为王，专业制胜。辅导员要结合自己的学生管理工作和所学专业，找到自己的优势定位，开发一门接地气、能实操、用得上的课程，课程内容要高度垂直聚焦、精细化、深入浅出、直达本质，形成自己的特色品牌。

目前很多辅导员认为自己不是学思想政治教育专业的，但学校却安排做了辅导员工作，荒废且浪费了自己的专业。但如果换个角度思考，通过你所学的专业，结合你所从事的学生工作，二者有机结合创新，进行学生管理课程化设计，你的专业劣势则变成了专业优势。

二是放下自我，点燃学生。辅导员要真正地投入到学生工作中去，和学生打成一片，与学生一起开展活动，深入寝室、深入教室、深入食堂，锻炼学生能力，激发学生热情，不断地为学生赋能成长。辅导员的成长是从学生中来，到学生中去。

三是解决问题，注重成果。在问题面前，人与人之间的距离会被逐渐拉大。辅导员要走进学生中间，真正地帮助学生解决问题。通过谈心谈话了解学生思想状态；通过主题班会引导学生健康成长；通过开展活动调动学生积极热情；通过奖助评选体现关心、关爱、支持；通过微信、短信提升网络思政能力。在解决问题中不断地发现新问题，在这些实践中不断地提炼成果，将成果进行可视化。而不是每天在办公室里憋论文、憋课题、憋教材。解决真问题才能不断激发辅导员内心的能量。

一个辅导员最大的价值不是在于搞了多少活动，而在于帮助学生解决了多少问题。

四是持续学习，提升技能。军人不训练就没有战斗力，辅导员不学习就没有成长力。要积极参加校内外的各种比赛活动、论文评选、项目申报、线上交流，提笔能写、开口能讲、做事能精；制表格、写方案、审新闻、搞策划、会主持、能讲课。

辅导员如何外塑品牌呢？

一是注册个人商标。辅导员可以申请原创版权课程，打造自己个人明显的标签符号。

二是运营私人平台。辅导员可以建公众号、抖音号或视频号，确保每天都能够保持更新，不断地刷新你的存在感，通过朋友圈不断地体现你的成长动态。

你的朋友圈动态就是你的成长基因颗粒。

三是布局网络搜索。辅导员可以注册百科词条，注册微博，在百度中能够找到你，有简介、有照片、有经历、有作品、有点评，一看就自带光芒。新浪博客也是最有效的捷径。

例如，芜湖职业技术学院的辅导员王茜老师，在疫情防控期间充分利用抖音、今日头条、悟空回答等多个学生喜闻乐见的网络平台，积极推动高校思想政治教育。其通过“抖音”平台变身“主播”，精心设计相关短视频，传播正能量，进行爱国主义教育；利用“悟空问答”及时了解学生的思想状况和思想动态，进行互动答疑；利用“今日头条”微头条模块开辟“今日我想对你说”栏目引导学生认识生活的价值，培养学生良好生活习惯。她既创新了工作形式内容，又扩大了自己的网络知名度。

四是借力三方平台。辅导员要寻找渠道和平台，加入各种社群，加入各种训练营，要向自己品牌赛道领域的前辈大咖学习，与前辈大咖建立链接，通过前辈大咖口碑传播，学会借势而上、顺势而上、借力打力。

例如，辅导员如何通过朋友圈进行宣传呢？如果学生生病，你半夜陪学生去医院，忙碌了一晚上，到第二天凌晨才结束。这时候你给领导打电话汇报但领导没起床呢，直接去办公室汇报感觉事件还太小领导会不会认为是小题大做？这时候朋友圈则变成了你最好的表达载体。那如何发朋友圈呢？

直男版：今天很兴奋，学生检查没有多大问题，不知不觉天亮了！

文艺版：天微凉，夜未央，你见过凌晨四点的医院吗？然后配一张医院图片。

公共版：凌晨四点的沈阳，打车真不容易啊，差评！下面附上医院地址。

同情版：拍一张学校的空旷图片，配文“今天这么早上班，有点怕怕+表情”！

逗萌版：老婆不让我加班奋斗，求问怎么离婚?

发完几分钟后，突然发现领导给你点了一个“大赞”，同事和学生在朋友圈下面留言“辛苦啦！”。此时你一夜的忙碌疲惫被“赞”扫光，“留言”像蜜儿一样甜，满血复活又投入到了工作中。大家看看，一个小小朋友圈将你的工作表达出来，承载了领导对你的满意、同事对你的支持、学生对你的爱戴。你的负责敬业、积极主动的形象通过朋友圈跃然纸上立体化表达出来。

辅导员打造的个人品牌IP所展现的是一种信任、一种努力、一种责任，更是一种认可，大爱利他才是王道。

二、“双师型”辅导员的燃烧岁月

我将“双师型”辅导员的成长划分为五个阶段：

第一阶段是高中阶段。辅导员要用像在高中三年那样的学习状态专注工作，不断进行成本投入。所以3年的辅导员属于高中阶段辅导员。

第二阶段是本科阶段，辅导员用本科四年时间聚焦一个领域，坚持深挖，持续精进。所以4~7年的辅导员属于本科阶段辅导员。

第三阶段是硕士阶段。辅导员用硕士三年时间开始专注于一个赛道，不断进行公益输出，逐渐打造个人品牌。所以7~10年的辅导员属于硕士阶段辅导员。

第四阶段是博士阶段。辅导员用博士三年时间进入各大平台进行价值输出，实现了知识变现。所以10~13年的辅导员属于博士阶段辅导员。

第五阶段是博士后阶段。辅导员用两年时间形成自己的特色品牌IP，在教育部43号令九大职责的某一赛道领域形成专家风范。所以14~15年的辅导员属于博士后阶段辅导员。

辅导员的成长由小白到专家一共用了15年，这也是辅导员职业化、专业化、专家化的15年成长之路。但是，如果你足够付出、足够努力、足够创新，你的成长可以提前毕业。

在学生工作中很多付出其实不见得会立竿见影产生价值，因为思想政治教育工作是做人的工作，不是金融炒股，不能立拍立现，而是一个循序渐进的日积月累。所以，在日常管理过程中不打鸡血、不煲鸡汤、不喊口号，从零开始，一步一步、一天一天，积土成山、积水成渊。

学习，是一个水滴石穿的过程。读一本书，你可能感受不到什么变化。读百本书，你掌握了更多的知识和技能，就能游刃有余地解决各种问题。读千本书，你的见识和胸怀打开了，遇到再大的波澜也能从容应对。

学习分为三种状态：一是虚假学习，二是浅表学习，三是深度学习。

虚假学习是一种被动学习状态，属于不燃型。即使外面给他加满了油，充满了气，发动机依然不转。因为你没有发挥自己的主观能动性学习。人在课堂，心在飞扬，只是按照上级要求完成点名签到就属于学习了。

浅表学习是一种机动学习状态，属于可燃型。自己不清楚自己是否有学习的愿望，但参加一次培训，听了一次讲座，某个点、某张图、某句话突然点燃了自己内心小火苗，让自己血脉沸腾、豪情万丈，于是决定要好好学习。购书、买课、做计划，可是过了几天或几个月却没有坚持下来，或者一个突发事件将自己的学习热情小火苗直接浇灭了。

深度学习是一种主动学习状态，属于自燃型。不需要外界给刺激、点火，自己内心就有一团熊熊烈火，不断让自己投入到学习中。对于自燃型学习者来说，成功是一种学习，失败也是一种学习；请进来是一种学习，走出去也是一种学习；诗和远方是一种学习，生活的苟且也是一种学习，学习无处不在，学习无时不在。

当你一直处于一个主动学习的状态时，你永远都是一个新的人。所有的东西都是不确定的，你永远都是无知的，不管你多大年纪，处在人生哪个阶段，总会有新的东西出现，所以我们要永远处于学习的状态。

例如，沈阳农业大学的辅导员杨宇老师，经常说像自己这样的普通人，学习不光要花钱，还要花时间。如果时间成本很高，她宁可选择花钱加速，而且每次交了学费后就告诉自己，一定会想办法赚回学费。到目前为止，她投入到学习上的费用已达10余万元。她先后获得了全球职业规划师（GCDF）、全球职业规划师培训师（亚洲区）、国家生涯规划师（CTM）认证证书。入选国家生涯规划专家库专家、辽宁省青少年生涯教育专委会副理事长、辽宁省高校教师培训库专家、辽宁省首批高校辅导员名师工作室“启明星”工作室主持人，在行行家、今日头条职场领域认证撰稿人。

作为辅导员，我们不要把自己当成一个器皿，不要给自己定型，不要局限了自己的发展空间。

你过去可能是这个领域的，但如果你想升级到一个新的领域，实现多领域的发展，实现层次和人脉的全面升阶，你就必须跳出自己的舒适圈，进入自己的成长圈。

如果你知道去哪，全世界都会给你让路。辅导员要克服躺平看长远，克服内卷看全局。

面对挫折困难，如果退回去，将会前功尽弃，万事皆休；如果坚持住，守得云开见明月，柳暗花明又一村；如果迎上去，东山再起，天地换新。

三、“双师型”辅导员的教学相长

虽然我们天天提教学相长，但教学相长的真正含义是什么？那就是辅导员和学生彼此赋能，师生同修。无论是日常行为管理还是教学，很多人本能地拒绝学生，没有真正认识到自己的成长是学生帮我们修来的，他们认为只有出去培训学习才能修自己。

其实真正的修自己就是身边，你的课堂、你的教室、你的寝室、你的学生。

在工作和生活中的许多不解与疑惑，都能在学习反思中找到答案。无论是驱赶迷茫、对抗平庸，还是消解苦难，学习都是最简单也最实用的方法。辅导员是学习者还是传递者取决于自己的状态。要进入学习态才能让自己的软件不断升级。

一个人有三种区域：舒适区、恐慌区、最近发展区。在舒适区里是表面的勤奋，在恐慌区里是虚假的坚持，只有学生和老师都在最近发展区才能让教学相长。例如，我自己加入了一个教学大咖群，虽然也互动点赞，但一直不敢在群里发言，就是因为自己在压力下进入了恐慌区，感觉自己的能力不行，所以没有和群内小组成员达到同频共振。

辅导员在学生管理课程化过程中要做到事前三刻意、事中要激活、事后要复盘。

事前做到三刻意。刻意引用、刻意练习、刻意抒情。

刻意引用要结合学生状态，根据时间、地点、人物、环境等因素进行引用。引用故事、案例、情节，让学生进入场景化，引发学生思考。

刻意练习是我们最熟悉的，但也是最难坚持的。所以辅导员要对学生有效引导，通过看、说、评、问、答等形式不断让学生释放多巴胺。

刻意抒情让辅导员和学生的关系进一步融合，是辅导员发自内心的真情流露。刻意是时间、地点的刻意，而不是情感的刻意，否则变成虚假。

事中要激活。在学生管理课程化的课堂上要激活学生，同时也要激活辅导员。很多时候主题班会的课堂是师生都没有被激活。激活要在对话中产生，通过提问、互动、讨论、共创，让学生和辅导员达到同频共振。

事后要复盘。复盘是一个人成长最快的方式。时时可复盘，事事可复盘，处处可复盘。

辅导员在平时查寝室却不复盘，出早操却不复盘，写材料也不复盘，搞活动也不复盘，处理危机事件也不复盘，其实复盘就是工作的过程。复盘是动态的，而不是静止的。

辅导员复盘的最高境界就是：人人是吾师，事事是主题，处处是道场，时时可复盘，分分可成长。复盘是思考学生是否激活，内容是否激活，课堂是否激活，自我是否激活。复盘是思考思想政治教育和学生管理过程中哪些是痛点，哪些是难点，哪些是兴奋点。

> 用蜡烛比喻老师燃烧自己，照亮别人。燃烧就是激活老师，然后再激活学生。可惜现实中很多蜡烛燃尽了自己却没有照亮别人。

在舒适区里不是学习态，但很多辅导员喜欢待在舒适区里，因为在舒适区里可以睡觉休息，可以打游戏刷抖音，可以啤酒撸串，所以朋友圈的勤奋体现的是表面的勤奋。

在恐惧区里也不是学习态。很多辅导员在学习过程中不自觉地陷入了恐惧区，缺乏自信，寻找各种拒绝学习的借口，随波逐流。虽然每天朋友圈里也发学习的状态，开车听网书，走路听网课，回家看视频，睡前听“得到”，但这些都没有进行知识消化，属于虚假的坚持。

老师修，学生悟，学生帮老师修，老师帮学生悟，二者是彼此促进、相互滋养的关系。舒适区是表面的忙碌，恐惧区是虚假的坚持，学习区是寂寞的突破，成长区才是看得见的裂变。

> 学生管理课程化就是辅导员与学生共同修行的过程。一个辅导员帮200个学生悟，200个学生帮一个辅导员修。辅导员要用心帮学生去悟，在悟的过程中很多创新性、革命性的灵感就能够破土而出，化茧成蝶。所以辅导员没有成长，要么是没帮学生悟，要么是学生没帮他修。

和谐的师生关系是学生和老师都在最近发展区里调频，这样才能同频，否则就是师生关系的裂痕。

事前三刻意，事中要激活，事后要复盘，三者结合才能形成认知－情感－行为的有效循环回路。

茶壶里煮饺子不对话不是一个合格的辅导员，学富五车能量不流动等于零，才高八斗不激活只是传声筒。所以教育不是灌输，而是点燃。学生管理课程化就是让辅导员和学生教学相长、修悟同频。

四、“双师型”辅导员的劳动价值

辅导员工作属于一种创造性的劳动，而不能只是简单机械的重复性劳动。马克思告诫我们，如果我们的职业没有创造性，那我们和机器上的零件有什么区别呢？当然，这里强调要选择有创造性的工作，绝不是要排斥重复性劳动。它的真实含义是强调从事任何工作都要充分发挥人的主观能动性，要有创新，而不墨守成规。

古人讲做人有七种境界，奴、徒、工、匠、师、家、圣。所谓奴，就是被动工作。所谓徒，主动工作但处于起步阶段。所谓工，能干活但干得很粗糙。所谓匠，能干活，也能干好活，但缺乏创新，永远老一套。所谓师，超越匠，能总结规律，能创新，能让人眼前一亮。所谓家，自成一派，见物识人。所谓圣，融通天地，由此及彼，见微知著。要想工作有尊严，至少得成为“师”，哪怕是重复性劳动，也能目无全牛，善于总结规律，创新方法，让工作更有效率。

我们都明白一个道理：看到、知道和做到是三个维度的空间距离，不能只看到不知道，只知道不做到。

辅导员如何从“看到”跃迁到“做到”？需要发挥劳动精神、劳模精神和工匠精神。

劳动精神是指辅导员的职业化，就是一个字“干”。在学生管理和思想政治教育过程中充分发扬劳动精神，要做到崇尚劳动、热爱劳动、辛勤劳动、诚实劳动。

劳模精神是指辅导员的专业化，就是一个字“钻”。在学生管理和思想政治教育过程中充分发挥劳模精神，要做到爱岗敬业、争创一流、艰苦奋斗、勇于创新、淡泊名利、甘于奉献。

工匠精神是指辅导员的专家化，就是一个字“专”。在学生管理和思想政治教育过程中充分发挥工匠精神，要做到执着专注、精益求精、一丝不苟、追求卓越。

做同一件事情，你要比别人做得好；别人也做得同样好时，你要比别人做得快；别人也做得同样快时，你要比别人成本低；别人成本也一样低时，你要比别人附加值高。

总之，你能把非凡的工作干得有声有色，把平凡的工作干得不平凡，让人感到你是最棒的，别人无法与你比拟或无法取代你，这就是职业化、专业化、专家化。

有人问：“为什么年年买衣服，年年没有衣服穿？”有人回答：“因为一年比一年有气质，去年的衣服配不上今年的你！”所以总结出一条规律：人的成长是变化的。

躺平是辅导员的成长之忧，也是时代之痛。辅导员是学生的人生导师和知心朋友，躺平的辅导员，带不出有坚定理想信念、努力奋发的学生。

网上有一句话说：躺平是我的梦想，但是生活总把我薅起来暴打。所以每天我们要不断地思考：理论学习，你跟上了吗？网络时代，你落伍了吗？四年一轮，你倦怠了吗？学生成长，你进步了吗？得出的结论那就是敬业还需专业，我们仍需继续努力。

很多辅导员每天都喊自己很忙，没时间、没平台、没机会、没心情。忙可不是普通意义上讲的每一天瞎忙，要忙得有秩序，忙得有质量，这种忙才叫作真正的忙。辅导员去界定一下自己的忙碌标准就可以知道：如果你经常忙忙碌碌取得不了什么效果，这个时候你不能说自己是一个忙人，实际上你就是一个盲目跟随者、一个机械执行者、一个不假思索者。

辅导员在工作中要学会思考，不能看到别人做什么之后你就直接跟随做什么，要建立一套思考逻辑和一套思考的标准，思考复盘，不断迭代。例如，辅导员如何围绕自己的成长打造自己的个人品牌IP，辅导员要设计自己的成长蓝图，围绕自己的成长制定长期计划、短期计划、综合计划。比如说每五年一个发展计划，或者是一年一个发展计划，以及几个月一个计划，甚至是每周进行计划以及每天进行计划，等等，所以忙代表的是你的计划性和你的时间统筹性。

任何一个做不好时间管理的人，实际上都不能说自己是一个忙碌者或是一个有目标的思考者。作为职业的选择和发展路径，我们一定要记住，做你喜欢和你擅长的事情。我们一定要清楚自己的优势，不能跟着别人走。把自己的优势发挥出来，就是最好的职业发展。

萧伯纳就曾说过："世界上只有两种物质，高效率和低效率；世界上只有两种人，高效率的人和低效率的人。"

低效率的辅导员：每天好像总有一堆事要做，但却说不出来具体忙了些什么；工作随机无序，一天下来，真正完成的事一件也没有；看似很有执行力，但经常干到一半，发现方向错了；每项任务都做得一般，总抱怨自己时间精力不够用。

高效率的辅导员：对自己有清晰规划，知道每个阶段的目标是什么；懂得时间管理，把最佳时间安排给最重要的事情；关注事情本质，想清楚再行动，极力避免低效和无用功；善于凝练总结，不断复盘思考，从每一个微行动中产生灵感火花。

稍后再做等于永远不做，即刻行动，才能掌控主动权。每个辅导员都要提高自己的时间管理能力，拥有高效能的生活，快速掌握核心硬本领，提升个人竞争力，摆脱分身乏术的状态，平衡工作与生活，实现职业生涯转换，找到未来发展目标。

斯蒂芬·盖斯曾说："摆脱高期待值的心理压力，每天从做一些微小的、没有负担的积极行为开始。”不妨将大目标拆分为小目标，然后一步步去实现，不断地积累，最终裂变。

我们在工作中，要清醒认识到，你的报酬不是和你的劳动成正比，而是和你的劳动不可替代性成正比，所以我们要做一名“斜杠式”辅导员，“斜杠”前提是我们要做一个“单杠精”，首先把辅导员工作做细、做好、做实、做出创新，然后在辅导员的基础上发展为一个“斜杠”，例如成为心理咨询师、生涯规划师、职业指导师、舆情分析师等。

当然，有些辅导员现在做微商卖面膜，认为也是自己的“斜杠”，但这并不是我所讲的“斜杠式”辅导员。我们要围绕学生工作而产生“斜杠”。

> 学历如山，经历如水，二者相依，方成山水，作为一名辅导员，我们要不断地努力学习，不断地去做事儿。只有将二者有机结合才能打造自己心中的山水田园牧歌。

辅导员通过打造自己的品牌特色，补充燃料，聚焦长板，提升可迁移技能，寻找到自己的生涯甜蜜区。学生工作不仅有眼前的苟且，还有梦想中的诗和远方，同时也不能扔下家里的锅碗瓢盆。

> 辅导员在成长过程中不要羡慕任何人的生活，其实谁家的锅底都有灰。

你的现在加上你的未来等于全新的你，现在开始永远不晚，只要向上就有空间，作为辅导员，要先积累后收获，先量变后裂变，先公益后收益。

我们要寻找自己的小趋势，那么什么是小趋势？它是指成型之后、爆发之前、视野之外、意料之中的学生管理品牌，辅导员要用自己的特色个人品牌IP，让自己华丽转身。

作为辅导员，我们要做到躬身入局、广泛结网、成长裂变，不苟且；不断坚持、深挖聚焦、积累付出，不懈怠；进入赛道、打造品牌、规划生涯，不放弃；坚守职业、专注专业、成为专家，不转型。

本节反思复盘日记

主题：最有效的输入就是输出

日期： 月 日

事件 Facts	F1：今天学习本节文字，让我印象深刻的内容是哪些？ 哪些点最触动你？你现在一下子就想到的最有价值的是哪些内容？
感受 Feelings	F2：这些内容让我联想到了什么？ 结合 F1，对此请联系、描述自己的相关经验。
思考 Thinking	F3：这些给我现在工作的启发、启示有哪些？ 结合 F1、F2，让你深入反思的或让你深刻意识到的、学到的是什么？
行动 Actions	F4：未来我打算如何应用我的这些启发、启示？ 结合 F3，下一步你会怎么做？下一步你的计划是什么？

第六章 绿树之荫：成长中对标，聚焦立德树人

第一节 成为价值引领的航行灯塔

【引言】辅导员打造个人品牌IP的过程，就是辅导员与学生彼此互相成就的过程。辅导员与学生之间形成师生成长共同体，真心换真心，真诚对真诚，真实见真实，学生是辅导员的代言人，辅导员是学生的领路人。

代表人物：杨庆实

工作单位：聊城大学

个人介绍：先后担任学校学生工作处副科长、科长，宿管中心主任，学院团委书记，党总支副书记、副院长，学院党委书记

荣誉及成果：“山东省高校思想政治教育工作先进个人”“山东省高校优秀辅导员”；出版专著《中国高校学生资助政策体系理论与实践研究》；主持教育部、省教育厅等课题4项，发表论文31篇

聚焦方向：思想理论教育和价值引领

原创课程：《打造“135N”党建模式，助推新时期育人实效》

品牌IP：会议纪要专项整理

用心与坚持让平凡的工作出彩

2000年本科毕业后，作为学院学生会主席，我有幸留校工作。2001年3月，因工作需要，我被安排到学校学生工作处负责学生宿舍管理工作，开始从事学生工作。

自2004年6月起，我坚持18年撰写工作会议纪要520期，累计240.23万字；自2009年10月起，连续12年记录工作日志8100条，累计55.36万字；对班级内34名学生进行了实地家访，行程近4.61万公里；坚持每年创新，累计学生工作实践、制度、理论等各类创新20余项。

> **思考：**作为一名辅导员，我们每天参加无数个会议，有的用笔记，有的用脑记，有的用心记，有的用本记，有的用手机记，有的记一篇扔一篇，有的记一本丢一本。杨老师将每次工作会议纪要进行整理，形成了自己的品牌IP。

《中国教育报》以“键盘敲出近4000条学生工作

日志”为题，对我个人事迹进行了长篇报道。

一、精准滴灌，提升育人实效——做学生信赖的“青春导师”

深入调研、精准施测、因材施教，不让一个孩子掉队。根据每位同学专业技能水平、学习成绩及家庭经济状况，科学制定个人《大学学业成长规划指导手册》，每学期逐一进行“跟踪”指导、完善。

悉心关照全班每位学生生活与学习，通过创建班级班委、全体学生，以及所有学生家长3个微信群，及时关注、掌握、沟通学生思想动态，准确掌握每位学生在学习、生活、交往等中的实际问题与需求，及时予以帮扶、解决。

> **思考**：建立家长微信群，是辅导员开展思想政治教育工作的最有效途径载体。但前提取决于辅导员自身能力能否hold住家长，如果辅导员只在群里发个通知，@个家长，传达个信息，则没有发挥家长微信群家校合作作用，反而引起了家长对辅导员能力的质疑。家长微信群是一把“双刃剑”。

科学编排学期学业成绩，通过实施学生代码代替学生姓名等方式及时与家长进行充分的交流沟通，构建了畅通、良好的家校联合培养机制。

利用组织召开“改革开放40周年”“中国共产党成立100周年”等主题班会时机，先后多次自费购买生日蛋糕为38名学生过集体生日，让全班每位学生能时刻享受到家的温暖与关怀。

> **行动**：“过生日”是辅导员走进学生最直接的方式。00后学生喜欢仪式感，辅导员可以创新“过生日”形式，打通走进学生内心的“最后一公里”。

在工作中我坚持强化教育载体，分类指导。针对家庭经济困难学生，实施定期逐一谈话制度，随时了解学生生活困难，并及时解决；针对助学贷款毕业生，持续十余年开展“七个一”诚信教育主题活动；针对大一入学新生，连续七年每年坚持跟每人逐一谈话，详细掌握其家庭经济状况及成长环境，以便开展后期资助帮扶指导。

工作中只要有一点空隙时间，就联系学生到办公室促膝座谈、沟通交流。在我办公桌后侧的正面墙上，张贴着全院1200名学生信息卡，从学生个人基本信息到家长联系方式，做到“随找随查、随到随谈”。

二、夯实基础，勇树一流标杆——做辅导员岗位的“五星标兵”

自2004年至今17年间，我先后制定实施220项制度方案，起草、调研、完善，全程参与并反复论证修改，力求用制度优化、推进各项工作；我亲自设计各类学生工作表格、证明材料150余种，确保各项工作程序规范严谨、易懂易行。

2009年，为了推进生源地助学贷款工作，我冒着酷暑，利用暑假整整两个月的时间，下县区、上网络，摸清了全省17地市及所辖163县市区资助经办机构的办事地点、联系方式，整理下发给学生和专职辅导员使用。全省学生资助管理中心相关负责人说："有关金融部门、教育部门及其他高校都没有想到的工作，居然让聊城大学做到了。"

行动：学生工作需要脚踏实地做出来，杨老师的"资助专著"是用脚走出来的。

在我负责学校困难学生资助工作期间，学校助学贷款成功到账率、贷款金额及人数连续多年均居全省高校第一，在全省近100所高校开展的学生资助绩效考评评估中，综合考评成绩次次位居首位。

一年365天仅有200个工作日，但我一有时间就"泡"在办公室，最多时一年能有330余天在办公室加班加点、学习制度、开展科研、交流座谈。

行动：不加班的辅导员不是真辅导员。早八晚六的生活不是辅导员的生活。"加班"就是给自己成长"加餐"。

在我负责学院学生工作期间，我院在全校25个学院开展的年度学团工作绩效综合考评中，从过去下游位次一直提升到全校前列，先后取得第六、第三、第一的好成绩。

三、创新载体，优化管理效能——做教育管理的"创新之星"

"苟日新，又日新，日日新"，作为新时代专职辅导员，我注重更新观念，勇于创新。20年间，我大胆探索，注重交流调研，坚持每年至少一个工作创新，在辅导员不同的岗位上，创建了全省高校层面上20余项学生工作创新：最早推出宿舍楼层长管理机制，最早研发并实施集困难学生认定、勤工助学、助学贷款等为一体的《聊城大学困难学生信息管理系统》；率先组织开展校内困难资助工作督查督办表彰制度；率先创建独立的贫困生档案室；针对艺术类学生，重点加强学风考风建设，通过开展加强领导、完善制度、营造氛围、强化教育、全程监控、加大监督、严肃处理"七步走"，营造了浓郁的学习氛围。

思考：创新是学生工作发展的灵魂，创新是辅导员成长的核心动力。辅导员要做到一年创一个，一个创一年，才能年年有创新，事事有品牌。

2006年年底，在设计开展2000余份调查问卷，并进行大量座谈调研的基础上，我在全省高校率先开展家庭经济困难学生认定工作，规范建立书面、电子注册档案。

> **行动**：辅导员开展一项工作，应该实施“冠军战略”，要么是第一个，要么做第一，这样才能形成自己的品牌IP。

2008年，我又大胆尝试困难学生量化认定办法，从家庭经济状况实地调查、学习状况摸底等多个参数进行量化，通过三级指标48项指标的动态变化，开展家庭经济困难学生精准认定，实现了困难学生从定性认定，到定性与定量相结合认定的转变，充分保证了困难学生认定工作的科学性和实效性，并于2012年推广到全省高校量化使用。

2013年创建学团工作“六化”体系（队伍“职业化”、制度“系统化”、教育“专业化”、管理“精细化”、党建“特色化”、服务“人性化”）。

2014年实行学生党员“三阶段七环节”发展培养模式；2015年在宿舍创建学生通宵创作室。

2016年围绕学风建设实施“十个百”学团提升工程；2017年施行学生党员量化积分考核办法。

2018年提出辅导员科研工作“六步法”；2019年起每年3~6月，组织全院学生党员开展“讲党性、重修养、强素质、敢担当、育新人”主题宣传教育实践活动季。

2021年底，创建了全校首个辅导员工作室团队——“创艺家”辅导员成长工作室，开创了新时期辅导员成长“14459”工作模式，这些都大大提升了学生工作管理水平与服务能力。

> **行动**：辅导员工作室已成为辅导员开展思想政治教育工作的有效载体。辅导员工作室要实现“蓄水养鱼”，报团取暖。

四、拓宽平台，高扬党员旗帜——做党性教育的“模范旗手”

我牢记思想政治教育工作的根本出发点和落脚点，努力创建学生工作品牌，于2013年11月在美术学院创建全省高校首个学生公寓“党建工作站”，充分发挥并彰显其独特的“张力”和“引力”。

推行实施学生党员宿舍床铺、所在宿舍、服务承诺、教室桌椅“四公开”制度，接受广大同学监督，并把党员个人日常行为表现纳入毕业鉴定考核。

> **思考**：如何发挥学生党员作用，是辅导员开展思政教育和学生管理的重要课题，要让学生党员平时看出来，关键站出来，行动做出来。

致力于党员锻炼平台建设，逐步创建实践区、体验区、责任区、学习区、拓展区“五区”建设，连续9年坚持开展学生党员“八个一”实践活动。

聘任学生党员担任低年级班主任助理工作，让其深入班级学生生活、学习、工作，提供全方位服务，以便进行深度体验；将所有学生宿舍楼划分安全责任区，让学生党员全面负责“责任区”日常管理。

购置“百册经典”图书，设立“学习区”图书角，专门强化提高学生党员队伍理论水平。

2018年12月，学生党支部获批教育部开展的首批“全国党建工作标杆支部”创建培育单位，并如期通过验收。作为全校唯一的全国党建工作样板支部，班子建设、制度体系、载体平台、特色措施等切实发挥了党支部在全校基层党组织中的示范和引领作用。

五、兢兢业业，奉献成就大爱——做恪尽职守的“工作典范”

我每周都安排至少四五个晚上到宿舍区进行走访巡查，直至宿舍熄灯才放心离校回家；坚持利用周末时间到男生宿舍逐一检查，曾多次利用晚上熄灯前两三个小时的时间，连续深入200余间宿舍进行消防、违章电器等专项检查；对于学生反映的宿舍问题，第一时间赶到现场并妥善处理，经常加班至凌晨。

> **思考**：我们每周进了几次学生公寓？陪学生吃了几次年夜饭？所以个人品牌IP是踏踏实实做出来的，兢兢业业干出来的。

在负责学生资助、宿舍工作期间，连续十二年的除夕夜，我放弃和家人团聚，坚持陪同留校的困难学生共享年夜饭。

> **行动**：量的积累达到质的飞跃。专著、课题、论文是平时谈出来的、写出来的、干出来的。专著、课题、论文要写在学生工作中，写进学生内心里。

我坚持7年时间，主要利用周末、晚上及寒暑假时间创作了62万余字的专著《中国高校学生资助政策体系理论与实践研究》并出版；主持并完成教育部人文社会科学研究课题、山东省高等学校人文社科项目课题、全国高校学生工作课题。

爱心激发热情，奉献凝练价值。虽然工作中有苦有乐、有笑有泪，但我无怨无悔，因为我热爱所从事的辅导员事业。

高校专职辅导员岗位使命神圣，学生工作乐趣无穷。真诚感谢辅导员工作事业，它是我生命中最重要的舞台，我愿为之付出毕生精力，继续我的辅导员之梦。未来，如有机会，我依然会选择辅导员岗位，坚持一直走下去！

【品牌IP指南】

辅导员打造个人品牌IP，就是在学生面前展示自己的人格与情怀，让学生记住自己。学生只有记住了辅导员，被辅导员的人格魅力所折服，才能进一步建立更好的师生关系。但辅导员绝不是讨好学生，而是能真正地帮助学生解决实际需求与问题。

我们都想有一个美好的未来，未来在哪里？其实，未来就在学生里。走进学生、融入学生、关心学生、爱护学生、陪伴学生，和学生一起学习知识、增长才干、放飞梦想，引领学生用脚步丈量祖国大地，用眼睛发现中国精神，用耳朵倾听人民呼声，用内心感受时代脉搏。

代表人物：胡颖

工作单位：浙江水利水电学院

个人介绍：先后担任辅导员、学院团委书记、校党委学工部思政科科长

荣誉及成果：党政理论网浙江编辑委员会顾问、浙江省大学生职业生涯规划大赛优秀指导教师、浙江省第三届辅导员典型案例工作大赛三等奖、杭州市禁毒工作先进个人

聚焦方向：思想理论教育和价值引领

原创课程：《大江大河畔的党史故事》

品牌IP：思想引领

“颖”约之间，做有情怀的思想引领者

2012年研究生毕业以后，我选择了我热爱的辅导员工作，转眼间我已经在学生工

作岗位上走过了10个春秋，10年里我一直在一线从事思想政治教育工作，从没有离开过，也从没有间断过。

结婚我定在了国庆假期，国庆七天就是我的婚假。生宝宝正好临近寒假，孩子出生后42天我就回到了工作岗位。胆囊穿刺引流手术是在暑假做的，开学以后挂着引流袋我又回来了。

思考：有付出一定有回报，不计较眼前的得与失，因为能量都是守恒的。

从2012年的3月到今天，10年1个月，1516名学生，我也从当年的那个年轻姑娘成长成了如今一位6岁男孩的妈妈。

一、把握青春律动，勤勉不怠，用爱点燃梦想力量

记得2012年我刚参加工作的前两年，那时的我就觉得学生只要管理好，不让学生出问题，就是一名辅导员该做的事。所以那时候，我每天就死看死守，出了问题就用处分的方式处理，一味地严格要求就是我唯一的工作方法。

思考：处分不是解决学生问题的灵丹妙药。对学生是给炮弹还是给糖衣，取决于辅导员的能力。但一流糖衣本身就是炮弹。

随着工作的逐渐加深，我发现学生对于有些事情的处理并不理解，受到处分的学生不但没有进步反而自暴自弃，我也渐渐意识到，只有管理没有教育的方式是行不通的，学生在大学是塑造世界观、人生观、价值观的关键时期，教育引导是我们作为辅导员应该做的更重要的一项工作。

所以我不断摸索自己的教育方法和教育模式，针对学生专业的不同特点，针对学生群体的不同类别，系统性地开展工作，我希望自己站位更高、工作更暖，不仅仅是学生的好老师，也希望能成为学生成长成才的人生导师。

例如，小洪曾是我重点关注的一名学生。军训期间我例行摸排学生情况时了解到，他在高中毕业之后涉足了校园贷，通过定期谈话，我与学生建立了信任关系。两个月后，学生突然给我留下一封遗书、电话失联，我第一时间赶到监控室寻找他最后的动向。

寻找过程很焦灼，但内心始终有个声音告诉自己，相信自己、也相信他。经过那命悬一线的1.5小时，孩子被找到了。

事后我常想如果不是因为他对我的牵挂，念着给我留一封书信；如果不是自己真

爱学生，见微知著，在学生心中早早种下了希望。也许这个鲜活的生命就永远打上了人生的休止符。

这起突发事件也让我常常反思：作为辅导员，我们应该用心倾注一个目标，将学生的成长、青年的成才作为奋斗方向，匠心育人；用教育双向管理、精细专业发展作为职业方向，努力实现每个学生精细化管理；通过定期针对性帮扶，及时掌握学生学习生活思想动态，预防突发事件的发生，促进学生成长成才。

思考：从工作上讲，如果辅导员平时不与学生建立有效链接，远离学生，关键时刻一定是无头苍蝇四处乱撞。

从情感上讲，如果辅导员在工作中没有爱心，没有细心，没有责任心，失去的不仅是一个学生，更是学生的未来。

从法律上讲，如果辅导员没有第一时间采取行动，则属于没有采取积极有效措施，需要承担一定责任。

二、创新活动形式，主动求变，壮大共建共享“朋友圈”

当今社会发展日新月异，我们辅导员不能固守一本书、一支笔、一张嘴、一块黑板的传统教育教学方式，而应成为“活水”，不断地汲取新知识，不断地尝试根据现实条件的改变来调整解题参数，变换解题思路，让我们的思政教育更具亲和力、感染力和冲击力，更能入脑入心，行之有效。

我先后担任了机械与汽车工程学院的团委书记、校党委学工部思政科科长，作为分管党团工作的老师，我深知思想引领的重要性，努力在教育实践活动中坚定学生理想信念，厚植家国情怀，让学生不仅做到认知、认同和践行社会主义核心价值观，在实践中加深理解和体会，真正做到知行合一、内化于心、外化于行。

刚担任学院团委书记期间，我分析总结学院学生特点，紧紧围绕“匠心机械，创新发展”建立团员青年先锋指数，狠抓学生干部队伍风气，开辟了“匠新大讲堂”“书记院长面对面”“书记讲团课”专栏，创新性地开展了“识别毒马甲，争做青年无毒宣传卫士”禁毒志愿服务项目。

思考：干一行爱一行，爱一行思考一行。在辅导员学生管理过程中不是学生工作品牌创造了你，而是你创造了学生工作品牌。

我连续五年带领学生赴杭州、绍兴、嘉兴等地近40个乡镇、50余个自然村参加活动104次，很幸运，团队荣获“浙江省最美禁毒人”“钱塘区2021年度优秀志愿服务项目”等38项省市级荣誉，累计受教育学生达35000余人，我希望通过我的微实践可以开辟大世界，增强学生新本领，提升育人新视野，把我对这份工作的热爱与情怀，在我的教育实践活动中找到一个又一个小的着力点。

转岗至学工部后，我觉得带领全体专兼职辅导员一起进步、共同提高，这是我的岗位职责，也是我的职务使命。所以，从2019年担任科长以来，我准确应变、主动求变，开设了“浙水院微学工”官方公众号，创办了“育人月月谈”“弄潮青年说”“辅导员微思享”“大江大河畔的党史故事”品牌活动。

行动：从接受辅导员指令到给辅导员发出指令，胡颖老师身份的转变走向了更高的舞台，扩大了自己格局和视野，但并没有高枕无忧，而是主动创新求变。

作为辅导员，无论是接受指令任务还是发出指令任务，都需要态度、能力、责任，三者缺一不可。

三、聚焦理论前沿，潜心问道，将经验上升为科学

随着互联网技术和新媒体的快速发展，各种文化交流、交融、交锋，各种意识形态多元、多样、多变，都导致学生的成长环境日渐复杂，面临的诱惑越来越多，这对我们思政工作者提出了新的挑战。

我们如何开展思想政治教育？如何给学生增强政治定力？如何让学生经得住考验，不让自然而然变成理所当然？我们如何才能让学生在多元文化这样的背景冲击下，安然无恙地守住他们的中国情怀？很简单，我们说病毒绕于身边的时候，最有效的办法就是提升自己的免疫力。所以，这个时候辅导员需要帮助广大青年学生树立自己的精神盾牌，我们得让他自带免疫力去适应这个生活、这个社会，让他自带免疫力地去明辨是非，带着我们的社会主义核心价值观，带着我们的四个自信，逢山开路、遇河架桥，昂首阔步地走在他自己健康成长成才的路上，而这个时候也正是考验我们辅导员自身修养和工作能力的时候，我们要掌握思想政治教育工作相关学科的基本原理、基本知识和方式方法。

对我个人而言，为了具备以上宽口径的知识储备，我连续9年承担《毛泽东思想与中国特色社会主义理论体系概论》课程授课任务，也参与了浙江省高等学校一流本科课程建设、思政微课大赛，结合学校特色组织开发了《大江大河畔的党史故事》原创课程，组织优秀辅导员进行校园宣讲。

思考：辅导员既要会讲课，更要会设计课程。好课程都是设计出来的。

这些经历让我有非常大的一个感触，让我感觉和学生心灵产生了共鸣，同频共振

的这种波峰就像是一针又一针的强心剂，鼓舞着我要学下去，要讲下去。

我感觉到青年学生是有政治学习需求的，他们渴望理论知识的滋养，同时我也深刻地意识到，我们要践行立德树人的使命，就要真信、真用、真学、真懂，不仅仅要把这些理论装进自己的脑子里、肚子里，还要围绕学生、了解学生，我们要知道怎么才能把理论讲到学生心里面去，要知道怎样才能把理论思想政治工作做到学生心坎里面去，要在灵魂深处敲响鼓，在思想深处起共鸣。

十余年，3600多个日夜，手机从未一刻关机过，我的学生工作生涯也有过迷茫，也有过惆怅，甚至也曾伤心失望，但是我觉得更多的是幸福快乐和自豪。

> **思考**：辅导员如何消除职业倦怠，取决于我们的态度：看山是山，看水是水；看山不是山，看水不是水；看山还是山，看水还是水。

我们经常会说，辅导员就像是一个圆规，画了一个又一个的圆，圆自己的梦，圆学生的梦，也圆大家的中国梦。那么为什么圆规可以画出如此完满的圆呢？是因为脚一直在走，但是心始终不变。

【品牌IP指南】

辅导员打造个人品牌IP，就是要不断地向内探索，提升自我，赋能学生，解决问题。而不是追逐于向外求索，要奖励，获荣誉，评先进，一旦没有获得，则失去了平衡心。品牌也是一个人品质的外在反映。

辅导员打造个人品牌IP，扩大自己的影响力，通过品牌能够跨越辅导员与学生之间存在的无形鸿沟，与学生建立有效情感链接。情感链接的核心是你理解学生，你懂学生。有时，懂比爱更重要，理解状态大于理想状态。

第二节　做党团班级建设的赋能者

【引言】辅导员打造个人品牌IP，其实是一个从新手到老手、从老手到高手的成长过程。聚焦自己的特长优势，不断地深挖积累，不断地刻意练习，不断地实战操作，每一次转化都是一次自我成长突破，更是对自我进行精准定位的过程。

人物代表：尤长军

工作单位：辽宁农业职业技术学院

个人介绍：先后担任辅导员、二级学院党总支副书记、学生处处长

荣誉及成果：辽宁省优秀辅导员、辽宁省高校辅导员工作精品项目优秀奖、辽宁省普通高校毕业生就业工作优秀工作者

聚焦方向：党团班级建设

原创课程：《学生管理团队文化建设系列课程》

品牌IP：图说思政

图说思政，思政融图

全国各位辅导员战友，大家好，我是“图说思政”的创始人尤长军，在不断自我学习与交流提升中，很多辅导员经常咨询我是如何成长起来的，如何把自己的实战经验升华为理论输出，并进行学生管理课程化开发。今天和大家分享一下我的成长经历。

一、迷茫中发现一束光

教师是人类灵魂的工程师。作为一名辅导员，我不敢自诩是哪一个人的灵魂工程师，在工作中时时提醒自己教育好每一个学生就是自己的责任。回首参加工作的二十二年，从事学生管理一线工作二十一年，在工作中有过收获后的欣喜，有过失去后的感伤，更有过喧嚣过后的淡然，静下心来才知道，教育不是简单轻易就能去塑造一个灵魂，而是需要把一个成功经验复制为两个、三个、三十个直到更多，这样才有机会更好地去塑造灵魂。

二十一年在学生工作战线上跌跌撞撞地摸索，很长时间都忙碌于日常的工作事务，很少去思考把实践工作中的经验变成指导实践的理论，日复一日地重复着同样的工作。

行动： 理论从实践中来，到实践中去。实践是检验真理的唯一标准。我们大部分辅导员多有实践，少有理论。所以需要辅导员不断地思考、凝练、总结。

虽然没能突破自己，也没有取得所谓的成就，但我从不敢懈怠，也从未懈怠，因为深深知道育人不允许懈怠。一个学生的身后是一个家庭，一个家庭的背后是一个家族，一个家族的背后是一个国家。

二十一年的一线学生工作历程给自己留下一笔巨大的财富，我给自己定位是一名“老学工”。有应对危机的经验，有进行实战的案例，有管理参考的条文，每个学期都有很多故事，翻开自己的微信，每一天都有完成的工作记录，但整理起来才发现很多但又很凌乱，都是流水账没有成果化，与职业化、专业化、专家化的“新辅导员”相比还有很大差距，前行的路还很长。

困扰也随之而来，自己从事学生工作多年，不禁自问以下几个问题：自己的“品牌”有没有？自己的个人“IP”有没有？未来努力的方向有没有？继续投入到学生工作中的热情有没有？这些问题常常让我陷入沉思。

思考： 打造个人品牌犹如选择伴侣一样，要学会彼此欣赏、相互付出、终生陪伴。

2017年刘明耀老师受邀来到我校做了《高校校园学生危机事件处理能力提升》培训，他的这一次报告使我从井底之蛙跳跃到井台之上，让我看见了更广阔的天空。

2018年刘老师又受邀来到我校做了《辅导员如何打造个人成长品牌化IP》的报告，让我知道了大学生思想政治教育与学生管理还可以这样做，我仿佛是被惊醒的梦中人，大梦初醒、春色不晚，动起笔来把自己近21年的学生工作提炼出来。

琢磨得多了，就勇敢地投到各个大咖级的微信平台上，在“辅导员联播”平台上开始了我的处子秀。新媒体时代给了我们太多的学习平台，2018年我开始尝试写文章，从浅显的日常记录感受开始，到学生身边事件的启发教育，再到工作指导性的理论总结，逐渐找到了自己的努力方向，这个方向就是学生管理团

行动： 打造个人品牌IP，最重要的是行动。在行动中解决问题，在行动中调整步骤，在行动中优化决策，在行动中取到战果。

队文化建设。

这是一个大课题，可以分解成为若干个小课题，每一个小题目都可以分成多节课程来进行讲解。自己不断地坚持去写，写自己十几年来的积淀，把凝练的经验写出来，把复盘的方法写出来，把总结的规律写出来。

二、把光变成了一团火

也正是从“辅导员联播”平台开始，我试着运用“图说思政”方式解读思想政治教育和学生管理，用图画的方式来讲述大学生思政故事，从第一篇阅读量500+到以后的1000+，3000+，到中国大学生在线、高校思政网的6000+，再到现在的5万+，让自己在学生管理过程中找到了努力的方向，“图说思政”就是自己表达的方式，虽然数字不能代表什么，但却是自己继续走下去的动力之源。

> **思考：**辅导员打造个人品牌IP，要结合自己的优势特长，持续赋能、深耕技能、行动高能、提升势能。百万阅读量就是在你的坚持中不断累加增长的，最后形成了你的独特品牌。

中国大学生在线、高校思政网是官方的大平台，登上了这个平台有机会让自己与全国更多的“战友”成为“好友”，彼此的鼓励与学习，让自己的目标更加坚定。

在不断的学习交流过程中，自己逐渐意识到，要让自己的经验实打实地落地，让自己的一线工作经历能给更多的人提供参考，不也是一种检验自己工作质量的方法吗？怎么做？从哪里入手？自己一直在深深地思考着。

“学生管理课程思政设计”这一理念，让我找到了方法与路径，我要把思想政治教育与学生管理变成一门课讲给学生听。于是，我把这些年自己学生管理、培养学生干部的实践经验整理出来，经过设计后变成了一门课程。

> **思考：**课程化是辅导员打造品牌化的成长之门，只有自己主动推开门，才能沿着品牌化这条路走向职业化、专业化、专家化的未来。

就这样《学生管理团队文化建设》系列课程的构想形成了，第一门课《学生干部管理的“三投六避”》经过打磨正式出炉。2020年4月通过云端走进了周口职业技术学院，迈出了课程化的第一步，“齐步走”已可期。

> **思考：**有课程就一定有需要，好课程一定有好市场。教育需设计，管理即课程。

不间断地写让“图说思政”的标签更加固化，用心提炼学生管理经验让《学生管理团队文化建设》系列课程的内容更加丰富。先后开发了《学生干部管理的“三投六避”》《学生干部修炼秘籍“一二三四五六”》《辅导员班级管理中的语言艺术与沟通技巧》《辅导员修炼点穴大法》《辅导员日常工作中五大育人体系构建》等原创课程，并申请了原创版权课程证书。

我通过“云端课堂”已经走进二十余所院校，先后在高校思政网、高校辅导员在线等主流平台上发表图说文章50余篇，浏览量达15万人次。并在“辅导员联播”微信平台上开设图说思政“老尤谈育人”专栏。

思考：静待花开一定能结果实。

随着自己脚步的加快，我逐渐感觉到自己动力不足，之前的激情似乎在逐渐消退，脑海里隐约有一个声音在问自己，二十年已经很久了，还需要这么努力吗？还需要坚持做一个重复的工作吗？还有向上的阶梯值得你去进取吗？问得多了自己也彷徨了，该如何让自己坚持下去？

我常常在想，有几个人做学生工作有二十年呢？怎么就没有自己的标签和符号呢？自己反复地告诉自己必须抱着积极主动的心态，寻找一切有用的教育资源，利用一切可能的机会向书本学习，向专家学习，向学生学习，向社会学习，向实践学习。

三、有光有亮的路最好走

学生管理课程化是自己在“图说思政”后找到的品牌IP打造的激活点。最大的感悟就是我们要把日常学生工作实战经验升华整理为一个理论，把一个理论变成一门完整的课程。做好“复印机”最好的办法就是让更多的人听到、领会到其中的道理。其实道理就像一层窗户纸一样薄，但你不去捅破它就永远不知道，你与这层纸后面的世界原来如此之近。

行动：辅导员与窗户纸的距离既遥远又很近，需要在学生工作中找到它，捅破它。

学生管理课程思政设计让我们的课程插上了翅膀飞进了云端，让我们一起把日常的行为管理围绕教育部43号令九大职责进行课程化开发，通过学生管理课程化成为辅导员手里的一件法宝，把学生管理课程思政设计变为推动学生思政教育与日常管理的加速器，全员、全过程、全方位地做好新时代赋予我们的立德树人的育人使命。

在工作中我们把最有效的管理方法汇集起来，不再无方向、不再无头绪、不再无抓手，这个转变就是近二十年工作带给我的启发，自知没有聪慧的天资，没有敏锐的嗅觉，没有运筹的谋略，那就用时间把它补齐，二十年够久，久到足以让自己走过成长接近成熟。

> **思考：**正确认知后的坚持才是辅导员成长的最佳选择：不躁动、不过度、不悲伤、不慌乱、不忘形。

成熟的人应该理性地处理失去和获得，我自己感悟到：埋怨环境不好，是因为我们自己不好；埋怨别人狭隘，是因为我们自己不豁达；埋怨学生难教育，是因为我们自己方法太少。

> **思考：**懂得自省，是一种难得的修养。辅导员在工作中只有不断地躬身自省，才能看到真实的自己。自省能潜移默化地改变一个人。每日三省吾身，努力成为更好的人。

不要停下自己的脚步，理解好因事而化、因时而进、因势而新，把一个事件变成一个案例，把一个案例变成一个经验，把一个经验变成一门课程，把一门课程变成一个品牌，做好“复印机”讲给别人听。

作为一名“老学工”要尽快适应“新辅导员”的角色，提升不能仅靠经验，而是要坚持找新思想、新方法、新途径，让学习成为自己的一个习惯，让积淀成为前进的基石，让理论与实践的结合成为自己不竭的动力，努力去做有理想信念、有道德情操、有扎实学识、有仁爱之心的职业化、专业化、专家化的辅导员，才真正会把“老”转换为“新”。

在人生跑道上，有的人用心欣赏风景，有的人努力让自己成为风景，人人都希望追求到美好，其实美好正是无止境的追求。

> **思考：**奋斗的青春最美丽，每一个辅导员都要努力成为职业化、专业化、专家化成长道路上的一道靓丽风景。

正如托尔斯泰所讲：“如果教师热爱自己的事业，那他就会成为一个优秀的教师，如果教师像父母那样爱学生，那他就会比那虽然读万卷书而不爱事业也不爱学生的教师好得多。如果教师能够把爱事业和爱学生结合起来，那他就是一个完善的教师。”

【品牌IP指南】

辅导员打造个人品牌IP，要学会分享。通过分享既可以利他，如分享干货或方法，帮助他人解决问题，又可以利己，如分享自己的生活、喜好、情绪，得到大家的点赞与反馈，释放多巴胺，滋养自己。当然分享不是去作秀，不是故意表现。

辅导员打造个人品牌IP的核心内涵是重构自己的知识体系，即围绕教育部43号令九大职责中某个领域构建一套逻辑化、系统化、能够解决问题的方法论。

代表人物：贾昌路

工作单位：新疆理工学院

个人介绍：先后担任辅导员、学生党支部书记、二级学院团委书记、学工办副主任

荣誉及成果：2021年获得亚欧商品贸易博览会网络直播运营大赛“杰出指导老师”第二名；2020年获得第八届全国高校辅导员素质能力大赛三等奖、第八届新疆高校辅导员素质能力大赛一等奖；2019年获得阿克苏地区教育系统“优秀党务工作者”

聚焦方向：党团和班级建设

原创课程：《主题班会，你真的开好了吗？》

品牌IP：主题班会

启智润心，主题班会的关键所在

谈起班会，我们似乎都不陌生，而且会一致认为，班会就是班集体的一个会议，是探讨班集体各项事宜、进行集体学习、共同沟通交流的一个时机，其实，从严格意义上来讲，班会是班级会议的总称，它可以分为普通班会和主题班会两种。

> **思考：**主题班会是辅导员打造个人品牌IP的最佳载体。

作为辅导员或者班主任，召开普通班会是我们日常很普遍的一项工作，是落实好学校、院系有关部门工作安排的最主要一种措施，对每一位学工同仁来说都很简单而且很平常。那么，针对主题班会，我们该如何去做？如何去实现主题班会启智润心、引领思潮

的作用？这需要我们深入思考、精心组织、有效落实。

一、初识、渐近

2016年7月，我有幸成为新疆理工学院的一名辅导员，对于初出茅庐的我来说，身份已然发生了转变，由曾经的懵懂青年摇身变为一名人民教师，今后的学生工作对于职场小白的我来说是一个挑战。面对毫无工作基础、经验积累的辅导员工作，如何使这项工作真正体现出它的价值和意义，我陷入了深思，开始在学生工作上不断地进行探索。

思考：每一个辅导员都要学会思考，在工作中思考，在思考中工作。

2018年的9月，当时的我还是学工部的一名职员，新一轮的援疆干部来到我们学院，学工部也有幸迎来了一位来自浙江省的援疆干部，记得在一次交流过程中，他向我们展示了一段辅导员开展主题班会的视频，这一刻，让我开始清楚地认识到，辅导员不仅要开班会还要开主题班会，不仅要开主题班会，还要切实发挥出主题班会的价值和作用。于是，“认真探索主题班会，发挥好主题班会的育人效果，将辅导员的工作做实做细做好”的想法不禁深深地埋在我的心里。

思考：成长小班会，人生大舞台。

二、探索、求知

通过接触到“主题班会”这一概念后，我开始思考，我们的主题班会到底该如何去开展，如何去谋划，如何去落实才能达到预期的育人目标。于是，我开始大量地收集资料，想看看其他院校的主题班会都是如何开展的，通过对资料的查阅，我发现，主题班会的形式可以有很多种，比如：可以在教室中通过理论讲解、师生互动、总结升华的形式进行；也可以在宿舍、文化长廊、红色基地等更加贴近实际需求的场所进行；还可以通过学生展演、辅导员把控与总结等方式开展……

思考：学生管理课程化的课堂就是主题班会的课堂，是行走的课堂、辩论的课堂、流动的课堂、能力的课堂。

但无论是怎样的形式，不变的一个原则就是“辅导员是整场主题班会的把控者或者说是客串者，而真正发挥作用的则是学生”，也就是说，在整场主题班会中，要始终坚持“以学生为中心”的理念，将学生作为主题班会的核心，而老师则是起着穿针引线、把控大局的作用。

思考：老师是站着的学生，学生是坐着的老师。不以学生成长为中心的主题班会不是真班会。

把握了开好主题班会的基本原则后，另一个关键点也随之而来，那就是“主题该如何确定”的问题。看了诸多的主题班会资料后，对于主题的确定可以归结为以下几个方面：

一是结合重要的节点，如节庆日、纪念日等；二是结合学生的学习生活、思想动态等，比如学生因一些网络热点问题而产生的思想波动等；三是结合学生当前的实际需要，比如学生因失恋产生心理压力等；四是结合学校主要工作任务及安排，等等，这些方面为我们确定主题提供了一个可参考的依据。

掌握了主题班会的基本原则及选择主题的基本方法后，开展好主题班会的中心任务——“如何开”的问题也成为探索的主要内容。通过前期查阅资料以及观看一些从网络上搜索的主题班会的视频，我发现大部分的主题班会是在教室开展的，而在开展的过程中，学生参与度是比较高的，这也就意味着，要想让一次主题班会发挥较好的作用，我们必须要让学生在准备、实施、总结中发挥出主观能动性，通过学生彼此之间的讲解、说明、展演等，来达到教育与引领的目的。

思考：一次主题班会的召开，准备过程其实就是育人的开始。

除此之外，正如前面所述，还有部分的主题班会开在了宿舍里、开在了红色教育基地里、开在了文化宣传阵地中，这也就是说，我们的主题班会可以是多方面、多场合、多形式的。结合查阅资料及自己的一些思考和想法，针对如何设计好一次主题班会，我开始进行梳理和总结。

行动：主题班会的课堂可以是教室、可以是寝室、可以是操场、可以是田野。

我认为：要开好一次主题班会，一定要从以下几个方面入手：一是选择好主题；二是凝练好主题；三是要针对整场主题班会做好统筹协调和安排，要尽最大可能地发挥好学生的主观能动性，切实把学生的主动性、积极性融入主题班会教育之中，形成学生彼此之间的自我教育与自我引导；四是要进行有效的总结和凝练，要切实把主题班会的意义与价值凝练于最后的总结之中，要充分展现出总结的精辟性、延展性、回味性。

三、实施、改进

当对开展好主题班会的程序进行总结与思考后，我认为可以进行初步的实施，并通过实施来进行进一步的探索，为形成具有可借鉴、可参考的主题班会的形式与召开程序奠定基础。

2019年3月，正值“雷锋月”，为向学生讲好雷锋故事，传播好雷锋精神，同时将学习雷锋与弘扬社会主义核心价值观结合起来，以更加深入地教育、引导好学生，使学生能够更加深化爱国主义情怀，强化践行社会主义核心价值观的能力，我计划开展一次主题班会，同时结合拟达到的目标，我将主题设为“以社会主义核心价值观指引青年人生航向 用雷锋精神培育时代新人”并开始着手准备。

思考：知识不能改变命运，知识转化为能力才能改变命运。行动才是第一王道，实践才能出真知。

为坚持主题班会“以学生为中心”的原则，在召开前，我组织了班级的班委和入党积极分子、普通学生代表，对如何召开好本次主题班会进行探讨和意见征求，同时对本人初步确定的主题进行探索，在所有人员达成一致后，接下来我们进行了分头准备，我主要负责课件的准备及整场主题班会的把控，班委则负责对学生的前期安排。

与此同时，为保证主题班会的效果，在整场主题班会中，还穿插了“雷锋故事我来讲”“雷锋语录我来读”“雷锋歌曲同传唱”等活动，并对每一项活动内容进行责任到人，做好组织和安排。在主题班会的最后，由大家共同朗读臧克家的《有的人》，切实让广大青年学生感受到作为青年人当有的奉献精神与使命担当。

按照初步策划的主题班会进行实际操作，从整体的开展情况来看，效果较以往简单的说教式的主题教育好很多，且同学们的参与度与积极性也提升了很多，整场主题班会下来，学生都保持着良好的精神面貌，整体效果不错。这充分表明，一场有计划、有组织、有想法、有内容的主题班会对学生的教育引导有着事半功倍的作用。

思考：学生管理课程化育人于无声。主题班会就是最好的消音器。

但在开展过程中也发现了一些问题：一是时间安排上有些过长；二是内容虽然较为丰富，但丰富的内容就失去了核心所在；三是部分学生还是存在放不开、较为拘谨的情况。

因此，结合此次开展的情况及发现的问题，我再次对更好地开展好主题班会进行探索与总结：一是主题要选好，简短且精辟；二是过程要连贯，层次见鲜明；三是内容要合理，丰富不冗长；四是总结要凝练，升华加回味。

四、总结、成型

在多次开展主题班会的基础上，我也逐渐对开展好主题班会有了一定的认识和一定的积累。2021年5月，在学校党委书记的亲自安排下，在学校开展了一次观摩性的主题班会。当时在接到任务后，有些许的紧张和不知所措，但凭借着自己前期的准备，我也及时放下了包袱，结合前期总结的步骤、策划的方法、注意的事项，全身心地投入到了主题班会的准备当中。

> **思考**：主题班会是走向学生管理课程化的第一步。勇敢地迈出第一步，未来一马平川、海阔天空。

经过近一个月的探索、打磨，最后终于在全校辅导员范围内成功地开展了一次以“学习党史强自信、绽放青春报家国”为主题的主题班会，整体内容新颖、结构合理、层次清晰、效果较好，虽然不能说是十全十美，但也得到了大家的认可，成功地开辟了学校主题班会示范课的新路。

这次主题班会后，我进行反思复盘，对于主题班会的开展，还应该要把握好几个关键点：主题——短小而实在；目标——具体而简明；内容——互动而育人；形式——多样而丰富；结尾——精彩而震撼。这样才能确保我们开展的主题班会教育有温度、引领有深度、影响有广度。

> **行动**：一个好的主题班会，需要好的教学设计理念。学生管理课程化才能让辅导员打造个人品牌IP。

主题班会是辅导员开展思想政治工作的主阵地，要充分发挥好主题班会的引领作用，坚持以围绕学生为中心点，以学生需要为切入点，以家国情怀为立足点，以社会实践为展现点，以共同成长为成果点，有目的、有计划、有组织地引领和助力学生成长成才，才能让我们更好地做好对青年学生的教育引导，使广大青年学生爱党爱国、积极向上、不负青春、不负韶华。

【品牌IP指南】

辅导员打造个人品牌IP，就是助人利他利己的过程。没有个人品牌，我们就像一艘四处漂泊找不到港口码头的船，打造个人品牌，让我们重新建造属于自己的港口码头，找到自己的心灵港湾，也会吸引更多的船停泊靠岸。

辅导员打造个人品牌IP，在互联网时代不断放大自己的个人能力。个人品牌IP打造的过程也是自我成长升级的过程，个人品牌IP的价值取决于给学生创造了多少真正的价值。

第三节　学风建设中的轻舞飞扬

【引言】辅导员打造个人品牌IP，就是不断地增加自己的辨识度，让学生记住你；增加自己的专业度，让学生认可你；增加自己的链接度，让学生依赖你；增加自己的价值度，让学生欣赏你。

代表人物：孔祥彬

工作单位：西南交通大学

个人介绍：先后担任辅导员、学院团委书记、网络思政科科长、二级学院副书记

荣誉及成果：国家教育行政学院入库培训专家；《为学为事为人》被认定为四川省一流课程，入选高校学生思想政治工作百佳案例；全国高校辅导员优秀论文三等奖、全国高校网络宣传思想教育优秀作品三等奖

聚焦方向：学风建设

原创课程：《为学为事为人》

品牌IP：学生工作课程化

用辅导员之法开出“最火”选修课

一、三年辅导员生涯，练就学生工作十八般武艺

大学毕业后，我以免研辅导员身份留校，并成为学校第一批进驻新校区的辅导员，作为该校艺术与传播学院唯一一名常驻教师进驻犀浦校区，开始了三年幸福而充实的拓荒之路。

思考：走前人没走过的路才是属于自己的路，做前人没有做过的工作才是属于自己的创新工作。辅导员在工作中要当好排头兵，做好拓荒牛，撸起袖子加油干。

作为学院常驻犀浦校区的唯一一位老师，处理包括学生工作在内的各种事务非常之多。我没有因为头绪繁多而推诿退缩，反而是乐在其中，经常深入到班级课堂、学生宿舍了解学生学习生活情况，及时解答学生疑问，解决各种困难。

谈心是与学生交流的一大法宝，我开展的“孔老师冬日谈心月”活动受到了学

生们的热烈欢迎，纷纷邀请我到寝室解答关于就业、考研、人际关系等方面的疑惑，《中国青年报》还报道了这一做法。

> **思考：**谈心谈话是考验辅导员对学生个性特征、学生成长成才规律了解把握程度的重要手段。辅导员在谈话过程中要真正谈到学生心坎里去，对学生要有“滴水穿石”的耐心、“光明磊落”的公心、“雪中送炭”的暖心。既要和风细雨滋润心田，又要触及灵魂直抵内心。

大学四年，我一直是学生干部。工作之后，我将自己的切身体会和对往日师长的培育之恩都转化成自己对学生的爱，转化成促进学生干部成长成才的各种措施。

例如，实行的学生干部不加分制度，提倡学生干部不求索取求贡献的精神；实行了学生干部轮岗制度，让尽量多的同学能够得到更多的机会在不同的岗位上得到锻炼。逐渐形成了一套以入口上植根“奉献意识”、过程中强化“综合素质”、出口上突出“就业能力”为主要内容的“彩虹计划”体系，培养出了一大批“素质高、能力强、能战斗、真奉献”的学生干部，这一做法入选了四川省大学生思想政治教育案例并被教育部网站登载，还被评为全国高校校报好新闻评选一等奖。

> **思考：**加强学生干部管理，要做到“选、用、育、留”四字箴言。“选”保证后继有人；“用”体现最佳位置；“育”构建能量场域；“留”达到目的效果。

二、八年机关经历，始终不忘立德树人

由于表现优异，我研究生毕业后即被调入学校党委办公室，在做好本职工作的同时，也时刻不忘管理岗位的育人特性，通过不断提高自身素养、完善工作方法来影响学生、服务学生。

我将辅导员工作延伸到机关工作中。不管学生到党办约见领导、反映问题还是办理其他事务，我总是热情接待、细心解答、件件落实，赢得了办事同学的一致好评。

我还将办公室助勤的学生按照学生会的方式进行组织，组建了“党办助理团”，像在学院时一样对他们悉心培养和指导，学生们都称我为他们的第二个辅导员。

> **思考：**只有做辅导员的工作经历，才能在内心中打下深深的烙印—服务学生。即使不做辅导员，也保持着一颗辅导员热诚之心做好自己的本职工作。

在机关工作的同时，我还时刻关心着曾经带过的学生。学生进入毕业年级后，我主动帮学生联系推荐

用人单位，几名学生也受我的影响走上了辅导员工作岗位。我还将自己和学生一同成长的经历编印成文集《携手奔跑的四年》，作为毕业礼物赠送给毕业生。

思考：辅导员在工作中经常说没有创新思维，不会打造学生工作品牌。其实，所有的创新都深藏在你的点点滴滴日常经历中。

三、课程品牌联姻，打造学风建设新载体

2018年春节，我带着家人去云南旅游，不想父亲突发疾病，幸而在众人帮助下转危为安。在陪护父亲的日子里，我充满了无力感，只能寄希望于医生，最后父亲病情好转，我当时就在想，我要在自己擅长的领域去做一些善事，来回报给我帮助的人们。

回到学校后，我参加了学校组织的教学设计工作坊。在工作坊上，听完专家讲述，我立刻在课堂上将“君子虚拟书院”的这个模式进行了课程化的教学设计，然后进行了开课答辩，并顺利通过。于是，“悠然见君子”这门课程就于2018年9月正式开课。

自此，我便成了一个跨界选手，在学校跨学科教学团队以及校内外专家学者的指导下，源源不断地将学生工作的方法、理念与教育教学的方法、理念进行交叉融合，各种新做法便集中呈现在教学实践中。也先后在通识教育领域和学生工作领域的一些会议、研讨会、研修班上分享这个跨界融合的成果，获得了业内同仁的积极肯定。

思考：跨界的前提是聚焦专注。只有在学生工作上足够地聚焦积累，才能让自己进行跨界融合，才能实现自由换挡。跨界需要辅导员站在学生工作的基石上进行融合创新，是跳出现有框架的横向思考。

课程成功得益于我的学生工作经历。因为辅导员这个群体最了解学生。这个课程本身就是学生工作课程化的成果。这门课虽然是以儒家君子观为核心来构建的，但是课程讲授的内容、课堂组织的方法以及师生关系的强化等方面，都是用学生工作的方法、辅导员的方法。

思考：学生管理课程化对于辅导员来说具有天然的优势。因为你每年每月每周每天每时每刻都在进行着课程化。

相比专业教师，辅导员在知识储备、教学理念和教学方法等方面稍显不足。因此，辅导员开课，大多数还是讲党课、团课、思政课和通识课。在这些课程方面，辅导员反而具备独特优势，可归纳为三个方面：

一是辅导员和学生贴得“近”。寝室、课堂、食堂，QQ、抖音、B站，处处都有辅导员的身影，他们最了解学生，最懂学生，课程针对性比较强。

二是辅导员管得“宽”。德、智、体、美、劳，过去、现在、将来，什么都要管，这就决定了辅导员在进行课程设计时自然会注重课程的思政性以及课程设计的综合性。

> **思考**：学生管理课程化的课堂形式多样、丰富多彩，只要让学生“嗨”起来的课堂就是好课堂。

三是辅导员玩得“嗨”。比赛、晚会、活动，种草、打卡、三下乡，样样都能“嗨”，这就决定了辅导员知道什么样的形式能够调动学生的积极性、课堂的互动性，由此营造的氛围就会比较好。

> **行动**：辅导员需要学点教学设计基础知识，将教学设计理念融入学生管理过程中。

当然，在课程教学方面，最专业的还是专任教师。所以辅导员开课，还得首先向专任教师学习，请教教学设计的理念和方法，请教如何安排教学环节以及考评方式等。

我开设《悠然见君子》这门课程，大家都说有一种陶渊明“悠然见南山”的气质。看来我给这个课程取这样一个名字的初衷达到了，就是要给人留一个好印象，又留一点悬念待人进一步了解它。解析这门课程首先要从课程名称开始说起。

课程名称有三个关键词：君子、悠然、见。

> **思考**：好名称决定了课程成功的一半。好名称是打造课程品牌的基础。一个好的课程名称能够很快吸引人，神形兼备，让人过目不忘。在设计课程名称时不能太长，不能太大，不能极端。一个好的课程名称需要“设计感”。

第一个关键词是“君子”二字，这也是该课程的育人目标。儒家君子观关注作为人性修养理想人格的君子，在古代产生了深远影响，也是我国历史上探索人人自由全面发展的尝试。

君子是自先秦以来中华民族最有代表性的人格理想，一开始是指“君之子”，即有一定社会地位的人，后来由儒家将此概念转换为有道德的人、符合当时社会主流价值的人。

中国的发展进入新时代，君子的内涵也应该与时俱进，培养“德智体美劳全面发展的社会主义建设者和接班人”是“新时代君子”应有之义。因此，课程教学目标就是引导学生成为新时代君子。

第二个关键词是“悠然”。在2018年的全国教育大会上，习近平总书记强调，立足基本国情，遵循教育规律，坚持改革创新，以凝聚人心、完善人格、开发人力、培育人才、造福人民为工作目标，加快推进教育现代化、建设教育强国、办好人民满意的教育。

第三个关键词是“见”。怎么样才能“悠然见君子”呢？我根据10多年学生工作的经验，再结合课程教学的范式，在学校教学设计专家的指导下，设计了一套“从游育人”的课程体系，主要内容是一个目标、一个理念、一个方法。

> **思考**：辅导员开发的课程是否是班级所需？是否是学生所需？如果有需求，你能开发吗？要结合自己的知识体系和知识经验不断融合，不能“霸王硬上弓”，要多读书，扩大知识体系，增强实际工作经验。辅导员教你所做的，做你所教的，不能纸上谈兵。

一个目标即“新时代君子”。该课程以“君子人格养成”为目标，旨在培养德智体美劳全面发展的社会主义建设者和接班人。

一个理念即“从游”理念。提起从游，大家最熟悉的莫过于梅贻琦先生的从游论：学校犹水也，师生犹鱼也，其行动犹游泳也，大鱼前导，小鱼尾随，是从游也。从游既久，其濡染观摩之效，自不求而至，不为而成。这段话我觉得把大学应有的师生关系和教育规律讲得特别透彻。

一个方法即“三全育人”方法。全员育人、全方位育人、全过程育人的“三全育人”方法体系，是新时代高校落实“立德树人”根本任务的“法宝”。这个法宝，同样适用于具体的课程建设——从学生的视角，全员育人对应着“向谁学”，全方位育人对应着“学什么”，全过程育人对应着“怎么学”。

在未来的思想政治教育过程中，我愿意将这门课程继续发扬光大，用所有的热情与创新，围绕学生、关照学生、服务学生，不断探索实践立德树人的有效方法，成长着学生的成长，幸福着学生的幸福。

【品牌IP指南】

辅导员打造个人品牌IP，需要实力支撑“爆点”，需要能力支撑“燃点”，需要经历支撑“亮点”。没有实力的爆点是作秀，没有能力的燃点是浮云，没有经历的亮点是虚假。

辅导员打造个人品牌IP，就是我们给学生留下的整体印象，有核心价值、外表形象和文化特质。人们评价一个人就像评价一个产品一样，辅导员要把自己当作一个产品来打造。

第四节 做学生成长成才的知心朋友

【引言】辅导员打造个人品牌IP，找到自己的超级案例。你的在校生取得了哪些成绩，你的毕业生在岗位上有哪些表现，你的入伍生立了几等功，你的考研生上了多少岸，你的班级获得了哪些荣誉，展现出来，分享出来，为自己的信任背书。

人物代表：白晓玲

工作单位：河北科技师范学院

个人介绍：副处级辅导员、副教授

荣誉及成果：河北省骨干辅导员、河北省德育工作先进工作者；河北省网络作品征集一等奖、全国高校网络教育作品优秀奖；河北省高校思政工作论文征集三等奖。

聚焦方向：日常事务管理

原创课程：《新手辅导员进行班级建设需要把握的六个“一”》《手把手教你做辅导员——学工小白入门培训课程》

品牌IP：日常管理

赢在起点，我的“六维一体”学生管理实践心路

如果把大学四年比作春夏秋冬四季的话，那么一年之计在于春，也就是说班级带得好不好，大一至关重要，因为大一是从高中到大学的过渡阶段。

> **思考：**每个学生在收到录取通知书后都踌躇满志、意气风发，对大学美好生活充满了向往与期待。辅导员是学生进入大学的第一位领路人，当学生面对现实与理想的落差时，辅导员要身体力行，做大一学生的教育引领者。

第一天：工作首日管理

在新生报到第一天晚上，我会安排一名同专业大二年级的学生做“首日导游”，带领学生集体参观校园，熟悉未来学习和生活的环境，消除陌生感；参观教学楼走廊里的优秀校友事迹展播，在学生心中树立学习的榜样；如果条件允许，带领学生参观校史馆，如果条件限制，提前安排助导为新生讲解学校的光辉历史，增进他们对学校的了解，提升爱国爱校的情怀。

辅导员进行“工作首日管理”要提前做好两方面准备工作：一是选人，二是备料。

> **行动**：辅导员“首日导游”至关重要。辅导员要选好人，备好料，做好开学“黄金第一周”的准备工作，带领学生开始他们的大学之旅，为学生答疑解惑。

第一次：主题班会活动

从思想政治教育意义的角度来说，第一次主题班会活动是新生步入大学后的第一次课。这次课的目的：一是辅导员要给学生树立一个良好的形象；二是学生之间通过活动互动要给彼此留下一个深刻的印象；三是通过主题班会辅导员要给新生的大学生活指明一个清晰的方向。

> **思考**：大学里辅导员开了无数次主题班会，但学生毕业后能记住的唯一主题班会就是新生入学时的第一次主题班会。第一次主题班会也是你作为辅导员的第一次正式亮相，所以第一次主题班会要做到有主题、有设计、有内容、有参与、有仪式。

例如，在班集体组建过程中通过主题班会给学生们仪式感。辅导员要郑重地宣布：财经学院2022级财会教育专业0102班，是由咱们60名学生和我这个辅导员共同组成的班集体，明确我们的共同目标是什么，我们要遵守哪些校规校纪、班规班约等，我们要打造什么样的班风学风等内容。

除此之外，还有佩戴校徽仪式。我会提前邀请学院主管领导、学工办主任、团委书记、教学部主任、学生会主席、国家奖学金获得者等，在嘹亮的校歌伴奏中为每一个新生佩戴校徽，他们一定会难忘这一刻的。

第一周：班情分析

班情分析的内容包括显性内容和隐性内容两种，显性内容是最基本、最直观的信息，它包括学生的姓名、性别、民族、联系方式、身份证号、生源地、高考成绩、有无特长、中学时获得的荣誉奖励等。在这里要特别说下高考成绩这项内容，这是很多辅导员容易忽略的。

例如，我曾经遇到过这样一位学生，第一个学期大学英语考试重修，我找他谈话问的第一个问题就是“你高考英语考了多少分？”学生说“45分”，我就知道了这是由于中学英语基础薄弱造成的重修。所以在第二个学期我直接联系了英语老师，把这个学生的情况和老师做了反馈和沟通，希望她上课的时候特别注意到这位学生，多提问，调动一下学习英语的积极性。后来该生两个学期大学英语都顺利及格。

隐性内容包括宗教信仰、心理状况、家庭经济状况、父母状况、恋爱状况、兴趣爱好、是否残疾、有无班干部经历等。与显性内容相比，隐性内容恰恰是辅导员最需要深入透彻去了解的内容，因为学生在大学里出现问题往往都与这些隐性内容有关。

第一个月：贫困生认定

把握两个维度。贫困生认定工作在合法的前提下还要合理、合情。“合理”，指公理、常理。贫困生认定是精准资助的前提，也是助学金评定的基础，“助学”即帮助学习、资助学业之意，要好钢用到刀刃上，真正帮助到那些生活困难、遵纪守法、勤学上进的学生。如果一个学生学习不努力、活动不积极、干啥啥不行、捣乱第一名，民主评议小组是不会把他纳入助学金评选范围的，即便认定了大多数同学都会觉得这很不公平，因为这不“合理”。

> **思考**：资助工作要精准滴灌，而不是大水漫灌。资助工作目标是不让一个学生因贫困而失学。

“合情”。从辅导员的角度来讲，贫困生认定的过程，是辅导员充分深入地接触学生、了解学生家庭的过程。对于家庭经济困难的学生，辅导员一般都能做到在共情的基础上给予学生必要的心理疏导、关心和鼓励等；从学生的角度来说，对于贫困生认定及其后续助学金的评定，评上的学生要有对国家的感恩之情、体会到同学之间的互助之情和勤勉之心，未评上的学生要有平和之心、大度之心。

> **思考**：资助是手段，育人才是目的。要让学生知道国家奖助学金的每一分钱都是纳税人的钱，好钢要用在刀刃上。

确保三个到位。一是确保政策要宣传到位。我们一定要召开专门的主题班会向学生传达、讲解国家的资助政策，确保每一名学生知晓和了解国家实行这项政策的目的是什么，符合条件的学生如何享受国家的这项政策，这是做好贫困生认定工作的前提。二是过程要实施到位。在贫困生认定过程中，需要成立由辅导员任组长、学生代表任组员的民主评议小组，一般为3~7人。辅导员在确定学生代表时要考虑人员组成，要有班干部、要有来自不同宿舍但不能包含申请者本人的学生，确保民主评议的公平性。三是资助要监管到位。从时间上，新生贫困生认定工作结束很快就进入助学金评定阶段，而贫困生认定工作存在的很多问题当时并未发现，而是在后续助学金评定过程中反观出来的。

注意三个结合。第一，定量评价与定性评价相结合。既要严格遵守学校有关文件规定中细化的量化指标进行客观评价，又要根据班里同学的实际情况和现实表现综合考虑。第二，公开透明与保护隐私相结合。辅导员要在确保认定公正的前提下，尊重保护学生的隐私，严禁让学生当众诉苦、互相比困。第三，积极引导和自愿申请相结合。既要引导学生如实反映家庭经济困难情况，主动利用国家资助政策完成学业，也要充分尊重学生个人意愿，遵循自愿申请的原则。如果学生不愿意，一定不要强迫，尽管你的出发点是好的，但有可能好心办坏事。

> **思考**：贫困本身是一种隐私，不要为了爱心而暴露隐私，要做有温暖的资助。自愿是学生获得资助的第一原则，学生享有获得资助的权利，也有放弃资助的权利。

第一学期：培育班干部

在班级管理过程中，我们都想成为领袖型的辅导员，手下有一支能干又好用的班干部队伍，不用太操心班级又带得很好，但是班干部队伍好不好用，多半是由辅导员的育人功力决定的。

我们很多辅导员可能是用人用得狠，但是育人育得少，结果往往是越用越吃力。辅导员要想后面少操心，前面在班干部的培养上就得多用心。我们就从拆解“领袖 leader”这个词来看看辅导员该如何培育班干部：

> **思考**：千里马是赛出来的，不是选出来的。看不清就先遛马，肯奋斗就要努力培养。聚是一团火，散是满天星。

L：listen，倾听。辅导员不能光想给学生干部布置任务让他们干活，还要学会倾听。听什么？一是听学生干部的心声；二是要听同学们的反馈；三是要听学院领导、专业老师对班干部的评价等。辅导员听到声音才能发现问题，才能有针对性地进行教育和引导，进而解决问题。

E：educate，教导。一个领袖型辅导员，要多用专家性权力（辅导员的专业、技能、经验，硬实力）去教，多用参照性权力（辅导员的价值观、人格魅力、情怀，软实力）去导，少用强制性权力去管，育人的效果会更好。

例如，我带的班级里的学习委员，是学小学教育专业的，很好就业的专业。她在大四考研的时候竟然报考了我研究生毕业的学校和专业，我就问她为什么放弃那么好就业的小学教育专业而选择跨专业考研呢？

她的回答让我出乎意料：她说大学四年是我影响了她，改变了她，她将来也想成为一名辅导员去影响和帮助更多的学生，我听了之后特别感慨。

> **思考**：身教胜于言教。辅导员要播撒阳光到学生的心中，首先自己得活成那一束光。喊破嗓子不如做出样子。辅导员要通过自己的“硬实力”征服学生，通过自己的“软实力”走进学生。

A：authorize，授权，辅导员要学会授权，前面刚刚讲过辅导员要讲究授权的艺术，要学会有效授权，至于使用的授权方法是目标授权、充分授权还是逐渐授权、是引导授权还是弹性授权，要根据具体情况具体任务而定。

> **行动：**辅导员要学会授权。授权五部曲为：示范做、告知情、引导好、提问题、给支持。做到分权有道、集权有序、授权有章、用权有度。

D：discuss，研讨，就是群策群力，注重班干部队伍的整体打造。从任务的角度，可以随时研讨，助力任务的完成和目标的实现；从时间的角度，可以定期研讨，比如每学期甚至更短时间，召开一次班干部的研讨会，目的在于阶段性工作的总结和人的提升。

E：evaluate，评价，班干部队伍要有公平的评价机制，要有明确的奖惩措施、考核体系、淘汰机制等，绝对不能干好干坏一个样。如果一个班级实行班干部四年一贯制，因为没有了压力，也就失去了追求进步的动力，当然最终影响的还是班集体的凝聚力。

R：responsibly，负责。学生干部能力够不够、意愿足不足、干得好不好，辅导员都要为其承担责任，这就是为什么授权而不授责的辅导员总是更受欢迎，学生干部更心甘情愿地为学生、为老师服务。

第一学年：情感关注

辅导员要从三个方面对学生进行情感关注：一是关注人，二是关注事，三是关注景。

> **思考：**情感关注是辅导员开展思想政治教育工作的全新视角，也是发挥思政育人的威力所在。

关注人。一定是关注学生本人，主要是指关注学生的身体健康和心理健康。除了关注学生本人还要关注到学生的家人，经常与学生父母保持联系，如有特殊情况还需要进行寒暑假期的家访，尤其是学生家庭发生重大自然灾害或突发重大意外事件等，辅导员更要在情绪情感上及时安抚疏导，在行动上帮助学生渡过难关。

关注事。事分为班级整体的事和学生个体的事两种。班级整体的事比如学校运动会、集体舞、大合唱等集体活动，辅导员要注重班级凝聚力和荣誉感的塑造。学生个体的事，考察辅导员能否在学生心中建立起信任感。在大一学年里，有三件非常重要的事值得辅导员重点关注，一是考试、二是谈恋爱、三是网络诈骗。

例如，我抓住00后学生喜欢节日这个特点，以节日为契机、以主题班会为载体打造爱情观教育三步曲：

行动：当节点和主题相遇时，迸发了创意火花。利用节点主题，打造学生工作品牌。

在11月11日前后，也就是新生入学两个月的时间里，以《光棍节里谈爱情》为主题召开班会，引导学生端正恋爱动机，懂得如何接受、经营和拒绝爱，好好珍惜大学里宝贵的单身时光，为未来积蓄力量；

在12月1日“世界艾滋病日”前后，召开《知爱防艾》主题班会，引导学生理智恋爱，提高甄别不良恋爱动机的能力，正确预防疾病，有效保护自我；

在5月20日前后，召开《因为爱情》主题班会，引导学生平衡好爱情和学业的关系，树立正确的恋爱观。通过爱情观教育主题班会三步曲，引导学生对待爱情就要文明爱、健康爱和责任爱，学生反响还不错。

关注景。包括网络热点、特殊节日、特定场所等。特定场所是指与学生学习生活有关的场所，比如宿舍、食堂、操场等地方。

2007年9月，我成为河北科技师范学院艺术学院的一名专职辅导员。

2014年9月，经过七年的努力付出，我荣获了“河北省骨干辅导员”荣誉称号，获得了河北省第二届辅导员职业技能大赛团体一等奖和个人单项奖。

2020年9月，学校面向校内招聘思政课教师，我是为数不多符合条件的人。但正是十三年的辅导员工作经历让我深刻体会到：辅导员的工作虽然繁杂琐碎操心，但工作如同生活，你适合哪条路只有走了才知道，我的辛苦你难以理解，我的快乐你也无从体会，所以我毅然选择了留下来继续从事我的辅导员工作。

2021年9月，我把这十四年在学生工作实践中摸索出来的“六维一体”学生管理经验进行了课程化设计，形成了一门《手把手教你做辅导员——学工小白入门培训》原创课程，并获得教育部高校辅导员网络培训百门精品课程立项，现已完成课程建设。

我庆幸自己选择了高校辅导员这样一个永远和年轻人在一起的职业，辅导员工作实苦，但我却甘之如饴。最后，借用电影《老师·好》中的一句经典台词与大家共勉：“我不是在最好的时光遇见了你们，而是遇见了你们，我才有了这段最好的时光。”

【品牌IP指南】

辅导员打造个人品牌IP，找到成为细分领域第一的定位。做到第一是打造个人品牌的终极目标，如果无法做到学生工作中第一，那就做学生工作中九大职责细分领域第一。例如，在网络思政中做到第一，在日常管理工作中做到第一，在校园危机应对与处理中做到第一。

如果不能做到细分领域第一，那就做细分领域中细分技能的第一。例如，做到网络思政教育中写网文第一，做到日常管理工作中专属台账第一，做到校园危机应对与处理中危机处理第一。

如果不能做到任何一个细分领域的第一，那就做其中一个子项目的第一。例如，做到网络思政教育领域写网文中的运营公众号第一，做到日常管理工作领域表格专属台账中表格制作第一，做到校园危机应对与处理领域危机处理中写预案第一。

如果做不到任何领域任何项目的第一，那就做班级里的第一，自己二级院的第一，自己学校的第一。从第一篇网文、第一次主题活动、第一次分享、第一场讲座开始自己的第一之旅。要么做第一，要么做唯一。

代表人物：王译梓

工作单位：昆明冶金高等专科学校

个人介绍：从事一线辅导员工作近14年，“资助万里行”品牌活动全国分享发起人，全球规划师（GCDF）

荣誉及成果：2018年被全国学生资助管理中心授予全国学生资助工作“推荐学习个人”；中国大学生在线《资助育人工作中的三大误区》微课主讲人；云南省优秀职业规划指导师

聚焦方向：学生日常事务管理

原创课程：《十万个W——手把手教你如何做资助》《看 写 发 返——手把手教你“搞定”通知》

品牌IP：资助育人

助人、助己，温暖有力

一、Who——我是谁

我是一名普通辅导员

如果要在前面加两个字的话

那就是“一线”

如果要再加一个头衔的话

那就是“一线资助工作”

如果非要再加一个年限的话

那就是“十四年一线资助工作”

所以，我是一名在一线做了十四年资助工作的普通辅导员。

> **思考：** 把每天的努力汇聚在一个点上，不断聚焦。

同时，我还是一个逛吃玩的旅游达人，曾经自驾19天，7000公里，挑战过海拔5380m的拉姆拉措，穿越了无人区、可可西里，也曾徒步翻越过零下26℃的雪山……

> **思考：** 辅导员的生活不仅有家里的锅碗瓢盆，还有诗和远方。

几年来，我时常在思考，我的工作与爱好应该如何才能相结合？定然有一天我发现，我可以一边旅行，一边家访（当然都是自费和自发的），带上自己的心意去所到之处的学生家里看看，给家长、学生送去力所能及的温暖，跟他们拉拉家常聊聊未来，同时也把热爱的旅游变成“人文旅游”。

> **行动：** 很多辅导员把工作当工作，生活当生活，但最高境界是工作即生活，生活即工作。

家访工作是一种自愿自发行为，不是为了完成而完成。它是情谊，也是情怀。惊人地发现，我去过家访的学生和去之前时对比，不论在学习上还是积极主动上，都会发生很大的变化。

二、What——我与资助

通过“我是谁”的描述，大家一定觉得我是一个从入校做辅导员就一直热爱资助工作的辅导员吧？

其实，我与资助工作用一个词来形容词那就是“相杀相爱”。为什么这么说呢？杀，很好理解，大家都知道，资助工作不好做，如果可以选的话没人愿意做，如果说其他学生工作是错不得，那么资助工作就是不能有瑕疵，没有人愿意去做一份不容易出成绩还不能有瑕疵的工作。

思考：工作不是偶然碰上的，而是由自己亲自制造出来的。遇到一份工作，完成一个项目，那就是“有缘千里来相会”，如果无法改变别人，那就改变自己。

你会发现，所有学生工作中，资助工作人员流动是最大的，比如我，就眼巴巴地看着当年跟我一起同为资助战友的领导和同事换了一批又一批，而我，就是那个全校由始至终一直做资助的老人。由至我做了一首打油诗和大家分享：

在天愿作比翼鸟，
译梓开始做资助；
春花秋月何时了，
译梓还在做资助；
天若有情天亦老，
译梓依旧做资助。

思考：辅导员不能躺平在自己“老”的经历里，倚老卖老。要主动创新，才能让老树开新花，芬芳自不言。

那么是什么支撑着我这么多年一直做资助呢？是什么让我在2020年居然开发了一门属于自己的全国稀缺的资助类原创版权课程？

因为爱和情怀吗？

现在的答案是，但那并不是当时自己的想法。最开始，是因为我“跑不掉”……其实和大多数辅导员一样，我一点儿也不想当保姆式的辅导员，一点儿也不想去碰那些表格、数据，一点儿也不想做繁杂还错不得的资助工作……我有过抱怨，我也有过职业倦怠，我觉得我的工作不仅没有一点儿技术含量，还一点儿价值和意义都没有。说实话挺无奈的，我本是一个向往自由，大大咧咧，毛毛躁躁的人，应该是被资助工作变成了一个有严重强迫症、唠唠叨叨、事务型的人。

思考：学生工作没有奇迹，每一个奇迹背后都是辅导员的默默努力、坚持、探索。

但因为“跑不掉”，所以不得不做资助，但出于使命感和责任心，我坚持着，我探索着，我努力着，这时候，有一天，奇迹出现了……

在我坚持不懈地用心做资助育人的过程中，看着学生对我的反馈；看着他们因为资助工作，可以从需要别人帮助到可以自己自助再到去帮助别人的时候；看着他们从入学时的唯唯诺诺，到毕业时候那种由内而外的自信变化的时候。这一刻，我突然我明白：嘿，原来我的能量可以那么大！原来我的工作可以那么伟大，它是可以改变一个人甚至一个家族的！而资助工作过程中的那些数据表格，是可以有规律所循，可以提前避坑去高效工作的。

> **行动**：助人者自助，温暖就在你身边。

我被那些个可爱的学生改变了，我被资助工作改变了。

三、Why——助人助己

有没有想过，如果让您给资助工作下一个定义的话，会是什么？

今年是我与资助工作的第14年，如果让我来下定义的话，那么就是助人助己。

助人——可以用三个数字来表述我14年的育人成效：

10000———经我手申请的贫困生人数高达10000余人，某种程度上极大满足了自己的虚荣心，我可以骄傲地说，我帮助过10000多名学子顺利完成了学业……

1——组建了一支又一支专业稳定的学生资助工作队伍，队员全部由贫困学生组成，除了国家给予的资金资助，还有各种培训和实战，实实在在提高了他们各类技能和工作能力

> **行动**：用贫困学生做贫困工作才是最好的育人于无声。

5个0——达到了5个0的工作实效，即因贫失学率为0；投诉率为0；上报材料延期率为0；上级部门驳回整改率为0；补助发放错误率为0。

助己——这个己包含两个己：

学生自己——帮助学生自己成为有能力帮助自己的人。被资助的贫困生们通过资助，成为一个有能力帮助自己，甚至帮助别人的人。他们中有中途要辍学而现在顺利专升本的；有突发眼睛失明现在是班长的；有说话都不利索最后职业生涯规划大赛第一名的；有来的时候不敢直视老师眼睛，毕业时要求把我举高高的……

我自己——当看着这些贫困学子因为国家、学校的资助，因为我的帮助而改变的

时候，我的内心无比自豪，我因此找到了人生的意义，通过他们实现了帮助“我自己”。

其实在帮助学生的过程，改变的过程是有痛点的，我现在都深刻记得14年前第一次接触资助工作，没有人告诉我应该怎么做，就给你一个文件，然后自己看，自己摸索，很多东西如果没有自己去做过，很难会有“预见性”，工作效率很低，也容易出错，很挫败，很无助……

思考：改变，需要你在当前做出夜以继日的努力，挥洒远超他人的汗水才能完成。从现在开始改变，虽然你可能追不上太阳，但你一定能比自己更快！

因为不希望新加入资助工作的同仁们像我以前一样，连最简单的通知，最简单点表格都看不懂，为了让大家觉得“资助”这些事务性的工作其实也没那么难，甚至是可以把它变得很有意义的。

2020年我把资助工作进行了整理，开发了两门原创版权课程《十万个W——手把手教你如何做资助》《看 写 发 返——手把手教你“搞定”通知》，向全国的辅导员、学生干部分享，让他们少走一些弯路，提高一些技巧。对我而言，输出才是最好的输入，实现了自我价值，再一次因为“资助”实现了“帮助自己”。

思考：品牌化才能让辅导员真正实现自我价值。

被资助的学生，成为有能力帮助自己甚至帮助别人的人；而我，也因为坚守资助工作，收获了人生中最骄傲的三件事：

第一件事：被全国资助管理中心授予“全国学生资助工作”推荐学习个人；

第二件事：被全国高校辅导员研究会推荐至小时候想考却没考上的学校——首都对外经济贸易大学，去到他们的学生处资助中心进行为期半年的岗位交流，圆了儿时的梦；

第三件事：开发了属于自己独有的全国稀缺的资助类原创版权课程，能够与全国的学工人进行分享交流。

请永远不要小看那些不起眼的工作，那些烦扰你的“垫脚石”，那些让人措手不及的“痛点”，去发现它、打磨它，把它变成你的左膀右臂，也许有一天，它将是你最有力最独特的“试金石”。

思考：改变时是痛苦的，改变后是惊喜的。

坚持去做一件别人不愿意做的工作，有意识、有目标地去总结提炼，再不起眼的点，甚至是工作痛点，都可以让你拥有独特闪亮的品牌IP。

【品牌IP指南】

辅导员打造个人品牌IP，要学会公开表达，主动推荐自己。大部分辅导员喜欢埋头苦干，不喜欢宣传分享。大家一致的想法是怕同事说自己出头，怕自己不够完美，怕别人产生误解。如果自己不主动掀开自己的面纱，别人永远不可能认识你。你的每一次分享表达都是一次在别人脑海里留下记忆痕迹的过程。

辅导员要在九大职责中不断深潜，专注一个细分领域，把全部精力聚焦在一个点上，集中优势兵力与资源，向深处生长、扎根、拓展，把一个点变成一个体系，成为最好。

第五节　在心灵埋下健康成长的种子

【引言】打造个人品牌IP，不是晒朋友圈，不是直播带货，不是网红流量，不是辞职创业，更不是标榜自己第一。而是要定位自己的价值观，重构自己的思维认知和知识体系，能够解决真问题，这才是个人品牌的核心内涵。

代表人物：普俊

工作单位：周口职业技术学院

个人介绍：先后担任辅导员、团总支书记、学生管理办公室主任

荣誉及成果：河南省优秀辅导员、河南省青年好网民；河南省师德征文大赛一等奖；河南省辅导员年度人物入围奖、提名奖

聚焦方向：学生日常事务管理

原创课程：《如何让抗疫之花在青春中绽放》

品牌IP：学生管理

爱在当严处，严在细微中

一、以爱的名义

2011年，我成为一名光荣的人民教师，并走上周口职业技术学院学生工作辅导员的岗位。十一年来，我常常思考一个问题：作为一名教师，应该如何体现自己的价值？靠什么当好学生的老师和辅导员？

思考：这是每一个辅导员都要思考的“辅导员之问”。

有人说，教师是塑造人类灵魂的工程师，但我自忖，我还没有那么高的修养，也没有那么大的能耐，我自己的灵魂还很不完美，又何以塑造别人的灵魂？

我更愿意做一名快乐的陪伴者，陪伴学生共同走过少不更事的莽撞岁月，共同迎来喧嚣繁杂的懵懂年华，共同寻找人生的航道和真谛。我也希望做一名称职的领路人，在他们信马由缰的时候，或者及时断喝一声，或者默默拉上一把，或者手挽手领跑一程，使他们在人生的道路上不偏离正确的方向。其实，我最大的梦想是成为一名

“成就者”，成就每一名性格迥异的学生。无论他多么顽劣，有多少缺点，我相信他们都是一块块质地优良的璞玉，我希望能通过自己的努力，把他们打磨成熠熠生辉的瑰宝。

行动：新时代下的学生管理发现每一个学生的优点，放大每一个学生的优点，支持学生的每一个优点。

记得那是当辅导员的第一个学期，开学不久，我发现一名男生性格孤傲、桀骜不驯，于是就特别关注他的动向。通过接触，我了解到这名学生是个个性鲜明的孩子，在刚上高中时学习成绩很好，可是高二下学期有一次打篮球脚部崴伤了，卧床两个多月才回到学校，成绩渐渐跟不上了。老师不再对其关注而是把他列入差生行列，慢慢地，他开始自暴自弃，高考也没发挥好，只考了个高职专科。知道了这些情况，综合考虑他的实际表现，有一天我突然对他说：“你愿意当班长吗？”他当时一愣，回答说：“我吗？”我说：“对啊，有信心吗？”他回答说：“我怕做不好。”我说：“放心吧，我会帮助你做好工作的。”

结果，在此后的三年里，这名学生成长为一名优秀的学生干部，毕业后在郸城县一所中专学校任教，先后于2014年、2015年被评为郸城县优秀教师、优秀班主任。有一次他给我发信息说：感谢你，普老师，是你让我重新认识了自己，是你的言传身教让我感受到了老师的爱、价值和影响。我以当年你带我的方法带我现在的学生，收获颇多！

谁都知道，高职院校学生难管、难带、难教。正如不幸的家庭各有各的不幸，问题学生也各有各的问题。但有一点是无疑的，和懂事乖巧的学生比起来，他们更需要关心和爱。他们之所以有这样那样的问题，正是因为受到的关心和爱太少了。所以，我始终认为，打开他们心灵的钥匙只有一把，那就是关爱。

思考：严在当严处，爱在细微中。教育的过程要充满爱和期待，用心用情用力，才能取得意想不到的效果。

2015级学前教育班有个女生，日常生活中有严重的社交恐惧症，不善于沟通，不愿意交流，连和别人说话都感到害怕，缺乏安全感，不愿意住校。通过和她家长沟通得知，这名学生的性格与她从小生长的家庭环境有很大关系。因为她父母离异，这名女生从小跟着奶奶长大，独特的家庭环境造就了她孤僻的性格。再加上自小远离父母，极度缺乏安全感。得知这种情况，我先是和学校的心理咨询中心联系，然后和这名女生的家长沟通，约好时间，带着这名女生去做心理疏导。经过三次的心理疏导，这名学生明显改善了很多。

有一天这名女生通过QQ对我说，老师，今天是我生日。我当时就产生了一个想法：要利用这个机会，让她体会到集体的温暖。我把自己的想法告诉了班长。放学的时候，班长走上讲台，对全班同学说：今天我们班有一名同学过生日，让我们一起祝她生日快乐！随后她在黑板上写上了这名女生的名字，和大家一起为她唱生日歌，每个人还分别送给她一个拥抱。我又联系了校园广播站，通过广播站为她点了一首歌，并告诉她，她是大家的宠儿，大家爱她。那一天，这名女生第一次在集体中勇敢地站了起来，露出了久违的微笑。慢慢地，在班上能常常看到她欢笑的样子了，也按要求住校了。

有一天她母亲来到学校，流着泪对我说：谢谢你，普老师！你救了我的孩子，也救了我，孩子是我的全部，看到她变了，我也觉得活着有奔头和依靠了！

思考：作为一名辅导员，你的一个眼神，你的一声问候，你的一个拥抱，你的一个动作，你的不经意间的一次表现，都可能改变学生一生的命运。

二、给家的温情

在学生眼里，一个好老师，是可以信赖的导师，是可以依靠的兄长，不仅睿智包容，而且温暖平易。

我曾经经常在操场上碰到一位刻苦锻炼的学生，看上去年龄很小，就主动与他攀谈。得知这名学生家庭条件不是太好，不满12岁就上了中专，读的是戏曲专业，想早点进入社会谋生。我便经常请这名学生来教师公寓吃早餐，并在潜移默化中影响着这名学生。后来，他回去重新读初中，成绩一直名列前茅。学生发消息说：感谢您，老师，是您给了我阳光，给了我自信，让我有了新的选择、新的希望。

从学生真挚的话语中，我终于明白，一名教师所带过的学生之于家庭、之于社会的价值，就是这名教师的价值。

人们常把教师比喻为园丁，我觉得这个比喻特别适合我们这些职业院校的辅导员，而学生就像正在疯长的花草。没有园丁的辛勤照料和修剪，学校就是一片杂草丛生的荒原；正是有了园丁默默无闻的劳动，才四处鲜花盛开，成为绚丽的风景。

思考：教育的本质是“爱”，但不是冷冰冰的爱、机械麻木的爱，对待学生，要做到管而不死，严而不厉，爱而不冷。

当桃红李艳、百花盛开的时候，当人们陶醉在美丽的风景中的时候，我可以骄傲地说，这就是我们教师的价值，也是作为一名教师的幸福！至于人们是否注意到园丁的存在，又有什么关系！

在2016年寒假前最后一节课后，当我发现班上的十几名菏泽籍学生订的是深夜11点的火车票，便冒雨开着车一趟趟把学生送到火车站，看着他们进站时灿烂的笑容，我感到开心。

军训期间看到一个学生的裤子破了，我帮他缝补，看着他穿上补好的裤子露出幸福的表情，我感到开心。

晚上查寝看到一个学生没有枕头，就赶紧去超市给学生买枕头送给他，看着他抱着枕头羞涩的笑脸，我感到开心。

学生的脚碰破了，我把学生背下楼，并亲手为学生上药，看着他慢慢康复，我感到开心。

在学生生日的时候，自费买蛋糕给学生送惊喜，学生幸福地哭了，我感到开心。

一名学生突发阑尾炎，我深夜送他去医院，垫钱为学生看病，并在医院照顾他一直到家长到来，看着他们一家如释重负，我感到开心。

……

有人感慨：当教师的，“采得百花成蜜后，为谁辛苦为谁甜？”我不这样想。教师虽然是一门职业，但更是一项事业，没有蜜蜂的辛劳和付出，人们就不能啜饮到蜂蜜的甘甜。为师之道，就应该像蜜蜂一样，从日常的点滴做起。

对于因为缺乏关爱而干渴的心田来说，点滴的甘霖虽然微不足道，但它能让种子发芽，能让希望萌动。没有这些日常的点点滴滴，何来迷惘之后崭新的人生？

行动：时代的一粒尘埃，落在每一个学生身上都是一座山。多些温暖，少些冰冷；多些鼓励，少些数落；多些欣赏，少些打击；多些主动，少些被动。

作为一名从事职业教育的辅导员，没有清华北大的光鲜，没有本科名校的光环，但是我为自己所从事的事业感到骄傲。因为我深知，我们是“输在起跑线的孩子”在学生时期最后的同行者和领路人。当他们在我们身边匆匆而过的时候，只要我们能够轻轻地拉一把，哪怕只是稍微那么关注一下，就可能永远改变他们的人生轨迹，永远改变一个家庭的命运。

所以我所从事的事业，是崇高的事业，是促进社会和谐与进步的事业，我有理由为当一名职业院校的辅导员而骄傲！

2021年教师节，我收到了来自学生的108个问候，其中很多是以前带过的学生。当一个人知道，除了身边的人，还有那么多曾经相遇但现在毫不相干的人在关心着你、感念着你，我不知道，还有什么比这更让人幸福和感动！

思考：辅导员最大的“名”就是学生能记住你的“好”。

为师如此，值了！

我亦将一生如此为师！

【品牌IP指南】

辅导员在学生管理过程中，无论是主题班会还是谈心谈话，无论是开展活动还是深入寝室，你的行为或活动既要让学生理解，又能够引导、激发、支持学生获得解决方案，那么学生对你的信任值也会增加。

辅导员打造个人品牌IP，要做到知行合一，诚意正心，给学生心灵埋下健康成长的种子，用自己不断溢出的爱浇灌，使其发芽、破土、开花、结果。

第六节　指尖里的世界你最懂

【引言】以前我们认为只有实力足够的人才能打造个人品牌，但是现在，在互联网新媒体时代，人人都有出彩的机会，人人都可以打造个人品牌。

代表人物：邓萌

工作单位：陕西科技大学

个人介绍：先后担任辅导员、团委副书记、易班指导教师

荣誉及成果：全国易班创新技术大赛一等奖；陕西省高校网络思想政治教育工作案例省级三等奖；陕西省大中专学生志愿者暑期“三下乡”社会实践优秀调研报告指导教师

聚焦方向：网络思想政治教育

原创课程：《从0到1做社群创业》

品牌IP：社群运营

相信微小的改变，从社群运营开始

2019年9月，我正式成为陕西科技大学一名辅导员，迎接着自己第一批学生的到来。紧张、期盼、担忧、兴奋，各种情绪充斥在心间，有为人师的自豪与憧憬，当然也有初入职的迷茫与不安。迎来学生后，我就按部就班地开始了军训、开班会、班委选举、家庭经济困难生认定等日常工作，在这个过程中了解学生情况，适应工作环境。

一、初识，新手小白，突遇疫情

一切都在忙碌有序地往前走，但我发现自己的工作和其他前辈比起来总是差点什么，他们总能和学生打成一片，教育学生的时候能看出学生确实是心服口服，学生无论大小事总会主动来找他们。而我和自己的学生总有说不出的距离感，偶尔学生犯错我叫来办公室谈话，态度里只有客气，只有“嗯，好，行”这些一个字的回应。

每天没有休息、忙忙碌碌地付出却得不到学生的认可，内心既挫败又委屈，我开

始反思，向前辈们求教，我意识到了出现问题的原因：一方面，自己与学生相处时间不长，感情都是培养出来的，所以要给自己一些时间，也要给学生一些时间；另一方面，学生的认可都是源于辅导员工作的付出，只有辅导员为学生解决问题，真心实意对他们好，他们才会由衷认可，而我作为一名新辅导员，遇到一群新学生，没有深入了解和付出，自然没办法走进学生心里。

行动：辅导员的成长就是一个不断思考、复盘、迭代过程。

2020年1月下旬，新型冠状病毒肺炎疫情突然爆发，打乱了所有人的计划，当然也包括我和我的学生们。和全国所有辅导员一样，我们由“放假过年”状态立即切换为“云端作战”模式，每天给学生打电话、统计疫情数据、开线上会议、疏导学生情绪。

2月底，疫情得到了控制，全国人民也都习惯了居家生活。在和学生的交流中，我发现最影响学生情绪的不再是疫情本身，而是居家生活的无聊与迷茫，很多学生说每天除了吃饭、睡觉就是玩手机，自己也试过列个计划、每天好好学习，可坚持两天就放弃了，这样的生活自己明知太浪费生命，可也无力反抗。

我意识到，这是学生们遇到的普遍问题，一定要想办法解决，于是，我先拿自己做起了“实验”，加入了一个双创教育学习社群，先让自己充电，再带着学生一起充电。

二、结缘，照猫画虎，初尝甜头

2020年3月，我印象很深，这一定是我最忙、看手机时间最长的一个月。因为这一个月的时间，我在体会到疫情之下社群运营带来的充电快感后，也开始学习运营起了自己的社群。

社群运营，听起来简简单单四个字，刚开始我自己心里也想着，不就是在群里发发通知和大家互动互动，这有啥难？还有啥辅导员不能干的事？就是在这样的一份“莽撞”下，我们正式运营了第一个双创教育社群。

思考：社群运营，不是简单地建个群，拉杆旗，换个名，需要赋予社群激情与活力，属于现实班级的网络再现。

我们借鉴自己之前参加过的专业社群的运营经验和书上的资料，做了一份无比详细的话术清单，从建群、自我介绍、暖场、组长竞选、组建小组、开营仪式，到每日活动、作业布置、课程导入再到小组评比、结营仪式等方方面面、每个阶段，该说什么、该怎么说，我们都仿照搜集到的专业运营资料做了准备安排。

7天的时间，手机不能离身，时刻关注群里消息，早上8点要发开灯语，中午11点要布置当天作业，中午1点要开始批改前一天的作业，下午4点要组织群内答疑，晚上7点要提醒大家观看直播听课，晚上11点要发关灯语，当然，还有群内随时随地提出的问题以及直播中途出现的问题，都要第一时间回复、第一时间安抚、第一时间解决。

> **行动**：用社区运营思维开展网络思政教育，时时处处分分秒秒皆可能。

7天下来，感觉自己的眼睛都要瞎了，每天的心情就像坐过山车。忙碌中，我们按部就班地结束了第一期的社群运营，虽然有些不熟练、有些没经验、有些小混乱，但还算成功。经历了这一次"零基础成功运营"后，我们的信心也更足了，想着趁热打铁，组建我们的第二个社群，迎接第二次胜利。

三、进阶，直面失败，重"心"再来

当我们信心满满邀请大家进群后，发现第二期和第一期完全不同，一连两天很少有人回应我们，大家不修改备注、不看群消息、不参加群活动，不完成作业，整个群里，只有我们自嗨，主持是我们、捧场是我们、分享是我们、提问还是我们，这不是社群运营，这是尴尬运营。

第二次运营的失败，让我们重新认识了社群运营，这不是简简单单的群聊客服，这也不是话术的复制粘贴，我们必须要学习专业的知识。

> **思考**：每一项工作的完成与完美都需要不断地投入聚焦。

所以，我们用了半个月的时间，主攻社群运营，开始了专业学习，买书、看书、整理、分享，邀请专业的老师来做指导，建立我们自己的资源库，设计运营问卷，参加社群运营培训，报名去参加大咖的社群，并且招募志趣相投的老师们作为军师团，共同学习社群运营。

充电完成后，我们忐忑地开始了第三次运营，这一次，我们和自己的运营团队从头开始。当然，压力更大，怕努力付出后还是失败。我们像辅导员熟悉学生一样，建群后，和每个人进行私聊沟通，及时了解需求，定期督促交流，让每个人感觉到我们对他们的关注，我们不单单生搬硬套所谓的客套话术，而是真诚地与大家进行沟通。

当然，这一次我们的工作量比之前多了四五倍。早上9点运营团队准时线上开会，交流群里每位学员的情况；复盘前一天的运营情况并提出优化，通常一开就是一早上的时间；中午12点开始批改群内作业，写好评语，挑选优秀作业；下午2点开始准备每日颁奖，为每位获奖者制作奖状、写好颁奖词；下午4点组织群内分享；晚上6点组织直播听课；晚上9点设计作业……

思考：经验是时间的积累，能力是岁月的沉淀。

我们运营团队都是女老师，而且都是宝妈，虽说当时还未正式开学，但我们都在线上办公，每天除了要处理学校工作、做好疫情防控统计摸排，还要照顾好家庭和神兽，很多时候我们忙到晚上11点才吃一天的第一顿饭，一边拿着手机回消息一边抱着哭闹的孩子，一边开会一边给孩子准备饭，但我们都靠着一股子劲儿坚持了下来。

功夫不负有心人，我们这一次真正地成功了，看着结营仪式上大家对我们真诚的称赞，看见大家在社群里的点滴成长，看见大家在朋友圈对我们的肯定，我终于明白社群运营和辅导员一样，不能光靠技术，要真诚、要热爱、要付出、要传递价值、要有感情。

行动：只要有辅导员的工作热情，没有过不去的沟坎，没有攻不下的堡垒。

四、收获，自我成长，反哺工作

社群运营的经验，让我成功找到了破解学生居家生活无聊空虚的难题的办法。我能用社群运营带着素不相识的一群人云端充电一起学习，为什么不能带着自己的学生一起充电学习？

于是，我列出计划，为了防止自己再一次因为不了解“用户”需求而出现尴尬运营的方式，我先进行学生的需求了解与调研，统计出学生的期末考试成绩、挂科人数、挂科科目，结合学生的挂科复习、新课预习、英语四六级三个目标，建立学习社群。

自己申请B站账号、开启直播模式，邀请成绩优异的同学就专业课学习和英语学习每天直播讲题讲重点，通过“屏对屏”实现“面对面”，辅导挂科同学做好复习；利用“番茄APP”为学生建立云端自习室，鼓励学生“戒掉”手机诱惑，在家脱网自习，每天在群内公布学生的自习时间，在群内营造“比学赶超”的良好学风；为学生建立共读社群、健身社群，组织学生每周阅读一本书，每天进行居家体育锻炼，让大家线上交流、线上分享，收获知识，约束身材，丰富学生假期生活。

这一系列的新鲜操作，学生们直呼“惊呆了他们”，同学们笑称“辅导员是如何一夜之间想到这么多‘折磨’他们的办法”，虽说是“折磨”，可当我看到直播间近千人观看、每天大家脱网自习的时间持续提升、朋友圈里晒出的读书和健身照片，我明白这种“折磨”，大家乐于参与并且乐在其中。

思考：任何技能都是相通的。学会迁移能力，将技能融入学生工作中则变成了学生工作的创新品牌。

我开始关注学生的改变，像提升社群学习积极性一样提升自己学生的学习兴趣，激励加约束，我用社群运营的“小打卡”程序开启了学生们的笔记大赛，让学生们每天上传自己所学课程或者所学知识的笔记内容，进行打卡，自己和学习委员们每天对大家上传的笔记进行评论和评优，每周日晚7点，举办“线上颁奖仪式”，对优秀的笔记、优秀的学生进行表彰，走心的颁奖词加精美的奖状，一下子激起了学生的兴趣，当然更重要的是，学生们明白他们的改变和付出，有人懂、有人看、有人关注、有人在乎。

2020年的一整年，社群运营是我的福星，不仅让我自己学到了东西，也提升了我的思维，当然更重要的是，让我切实帮到了学生，让学生认可了我。我自己也获评了学校“大学生思想政治工作先进个人”荣誉称号。

思考：无社群，无品牌，无学习，无成长。学生工作与品牌IP是滋养与反哺的关系。学生工作滋养品牌IP，品牌IP又反哺学生工作。

我们社群运营的理念是相信微小的改变，我们自己在一点点改变，也希望和更多的人一起一点点改变起来，让明天的自己比今天的自己更好。社群运营和辅导员工作一样，没有标准的版本与话术，要相信相信的力量，更要相信改变的力量，希望大家都能在学生工作这片沃土里结出自己的果实。

【品牌IP指南】

辅导员打造个人品牌IP，通过定位找到属于自己的赛道，然后在赛道中通过卡位打造自己的专属标签，不断打磨自己的标签，形成自己的品牌IP。

辅导员打造个人品牌IP，要学会借势。借势就是找到比自己更牛的平台和个人。

向谁学习，向有目标、有行动的人学习，向有经验、有结果的人学习，向有利他、有大爱的人学习。跟从正能量的人奔跑才是捷径，看别人的路径，找到属于自己的路。

代表人物：李晓辉、周兆娟

工作单位：河北政法职业学院

个人介绍：20多年初心不改的辅导员两口子

荣誉及成果：第五届全国高校网络教育优秀作品推选展示活动网络文章二等奖、新媒体作品类二等奖；河北省高校网络思想政治教育优秀工作案例三等奖；河北省高校“网络思政领航员”、河北省先进德育工作者。

聚焦方向：网络思政

原创课程：《高校辅导员应具备的六种基本思维》《辅导员工作的色香味形意养》

品牌IP：辉哥娟姐叨叨叨

用心播种，它总会发芽的

一、70后辅导员遇上00后大学生

辉哥娟姐是两口子，辉哥娟姐都是辅导员，辉哥娟姐又都是从事20多年辅导员工作的两口子。从2001年9月至今，我们从事辅导员工作已经整整21年。虽然在大学学的都是思想政治教育专业，理论功底还算扎实，但经过多年的辅导员工作磨炼之后，还是越来越感觉功力透支严重，时常力不从心，迫切需要一场蜕变和升级。

> **思考：**既是夫妻，又是战友。辅导员伉俪让你看到爱情最好的模样。拥有辅导员之家，也是一件幸福的事儿。

因为，00后大学生来了。

00后大学生跟原来的学生不一样。他们与中国互联网的兴起一起成长，身上的网络属性极为明显，可以说是生活全面上线，思想实时连线。面对这样一群“Z世代新新人类”，思想政治工作该如何开展？怎样才能抓住他们的视线？如何深入他们的内心？我们一度为此大伤脑筋。

我们主动把网络基因融入思想政治工作的实践。认识总是在与实践的不断互动中逐渐加深的。平时也会通过QQ、微信跟他们聊天、互动，但总觉得这都是浅层次的

行动：朋友圈的状态就是每个辅导员成长的基因颗粒。

工作，效果比较一般。后来，就开始有意识地在QQ空间、朋友圈发布一些积极、向上、正能量的文字、图片，竟然引起了学生们纷纷关注和点赞，一下子把网络思政的火花给抓住了。于是，在朋友圈和QQ空间与学生互动就成为日常工作内容之一，并一直坚持至今。

我们经常会思考的就是网络思政要解决什么的问题，如何解决问题，怎样更好地解决问题。这种一开始就不断坚持的问题导向，督促我们不断思考、不断探索，开始尝试发挥新媒体在育人方面的潜在优势，盘活网络思政的育人功能。

二、那些曾经为公众号操心的日子

思政人要保持年轻态。与年轻人在一起同向同行，首先就要让自己忘掉自然年龄，保持心理“年轻态”，不能因为自己不熟悉就妄下结论，也不能因为自己不适应就回避抹杀。年轻人的关注点在哪里，我们就要把思想政治工作的阵地扩展到哪里。

行动：纸上得来终觉浅，绝知此事要躬行。只有走进学生，才能了解学生。

不断地学习培训提升，为辉哥娟姐打开了一扇新的窗户，新鲜的空气扑面而来，对于网络思政有了更加深刻的认识，也有了前所未有的紧迫感。我们开始动手申请自己的公众号，开始写网文，开始尝试用编辑器进行公众号内容排版……一切都是新的，既让人激动不已，又让人困惑不已。

工作开始做了，学生们开始有反馈了，跟他们在网上的互动多了，也开始在他们的评论和留言中了解到他们的喜怒哀乐、急难愁盼。都说新媒体的生命在于参与和互动，那就要充分调动大家的热情和积极性。

于是，我们策划了“我的成长微语”主题征文活动，用一张图片加百字左右的文字记录自己最真实的成长状态，呈现2017年暑假独特而难忘的成长印记。这个活动可以说取得了出乎意料的成功：一共刊发了“记录青春成长点滴”“人生何处不成长”“无奋斗不青春”“青春如诗岁月如歌”“留住我的青葱岁月”等6期，一共50多篇稿件。大家在来稿中记录了暑假的成长瞬间、心灵感悟，文笔虽然稚嫩，情感却充沛无比。

我们为了把这次活动做好，也真的是倾注了满腔热情和心血：不但要与作者进行充分沟通，了解幕后故事，还要逐字修改、逐篇审定，力争每一篇稿件都充分展示出作者的闪光点。

思考：每一个作品都需要辅导员精雕细琢。学生是你的作品，学生工作是你的作品，每一个努力的自己也是你的作品。

三、一边赶路，一边叨叨叨

《辉哥娟姐叨叨叨》的推出既是意料之外，又在情理之中。

不断追求创新升级的辉哥娟姐并没有停下探索的脚步。总感觉还能再进一步、更上一层楼。在多次与学生的聊天中，得知学生们平时很喜欢“二次元”，就瞬时萌生了做漫画的念头。甚至还去网上看了不少国内外的漫画作品。一通看下来，心里凉了半截：那都是要有绘画功底才能做出来的啊，咱们没这技术看来是做不了。

因为这事儿，我们两人经常在上下班路上讨论，到底该如何解决问题。不擅长画画，那就画面简单点；不会设计人物形象，那就找人帮忙；没有跌宕起伏的情节，那就在文案上下功夫，用幽默风趣的语言吸引人。

既然是在路上叨叨出来的创意，那干脆就起一个接地气的名字，《辉哥娟姐叨叨叨》作为系列漫画的名字。以辅导员日常工作场景为依托，通过简笔漫画这种学生喜闻乐见的表现形式，把高校思想政治工作的内容和情怀融变成可视化的情景故事。以有趣、有料、有态度为核心要求，做到内容生动、文字有趣，贴近学生、联系实际，立场鲜明、弘扬正气。

“辉哥娟姐叨叨叨”首先从最简单的美图漫画开始设计，并咨询了艺术设计专业的教师，对漫画形象进行多次改良，设计了春夏秋冬四版人物形象，与季节相适应使用，尽量避免审美疲劳；在文字设计中，针对学生获取信息追求“短、平、快”的特点，摒弃长篇大论、鸡汤说教，力求简短明快，采用剪纸体字体，与试图呈现的内容高度整合，增加趣味性，学生不仅乐于接受，更能够入脑入心。

行动：无论是“十大育人体系”还是“九大工作职责”，每一个领域都能让你成为专家。辅导员需要找到某个领域某个点，聚焦它、打爆它，品牌IP自然而然也就形成了。

“辉哥娟姐叨叨叨”将辅导员工作概括为10大场景，并将之解析为88个关节点，从中撷取细节点，采用漫画配幽默文字的可视化形式加以呈现，内容上紧扣学生喜闻乐见的热点事件，增强时效性和新鲜感。

目前，本项目已陆续推出“抗击疫情”系列、“校园防诈骗”系列、“学生干部培训”系列等共计30余期，不但受到青年学生好评，而且在全国学工系统中产生了一定的影响力。抗击疫情期间，项目团队适时推出了“应对疫情”“宅人四大流派”“为啥拉黑TA”“表哥表姐”“最难环节”“诈骗电话直接挂”“手机控新招”“校园直播引热议”“当心‘听话水’”等作品，被诸多高校辅导员用作主题班会和网络思政素材，产生了一定的品牌效应。

实际反馈和数据统计均证明，幽默诙谐甚至略带夸张的文字、带有“二次元”风格的画面，更能吸引青年学生的关注；说学生身边事儿的做法更能激活思政教育的功能性和育人特点；百字左右诠释一个问题，不仅满足了学生获取信息“短平快”的特点，更凸显了网络育人平台的优势。

> **思考**：走进学生、了解学生、融入学生的过程，就是打造学生工作品牌化的过程。

面对学生层出不穷的“花样”，辅导员在繁杂的日常工作中要善于发现问题、分析问题、解决问题，最主要的是通过高度概括和总结提炼，打造思政精品。同时，针对学生的特点，在表现形式上应引入视觉引导技术，拓展为微视频形式，使思想政治教育更加具体化、形象化，从而使老师与学生实现无缝连接。

四、不断播种，不断收获，不断有惊喜

2017年10月，我们牵头成立了“光辉岁月思政工作室”，专门致力于网络思政的探索。工作室运营的微信公众号，截至目前已发表各类网文近400篇，其中半数为原创作品，多篇被“高校辅导员在线”“高校辅导员联盟”或兄弟院校转载。

2019年7月，《光辉岁月思政工作室》被评为学院辅导员工作典型案例三等奖。

2020年5月，《光辉岁月思政工作室》承担学院提质培优项目的建设任务，工作室正式获批院级辅导员工作室立项。

2020年12月，《“辉哥娟姐叨叨叨”的诞生与成长》荣获河北省高校网络思政优秀工作案例三等奖。

2021年4月，“辉哥娟姐叨叨叨”系列漫画荣获河北省高校网络教育优秀作品推荐展示新媒体作品类二等奖。

2021年11月，“辉哥娟姐叨叨叨”系列漫画荣获河北省网信办新媒体影响力评价与扶持工作“千优作品”称号。

2021年12月，“辉哥娟姐叨叨叨”系列漫画荣获第五届全国高校网络教育优秀作品推选展示活动新媒体作品类二等奖。

时光流转，春华秋实。回首五年来的网络思政探索之路，既有蹒跚起步时的迷茫无措，也有勠力前行时的壮怀激烈，既有遭遇瓶颈时的踯躅徘徊，也有化解难题时的豁然开朗。

在网络思政的道路上，作为大家的“辉哥娟姐”继续躬身耕耘，默默播种，把爱的种子播撒在学生心中，因为此刻心中已然明确：把种子播下去，它终将发芽、开花、结果。

行动：成长，长成自己的样子。

【品牌IP指南】

辅导员打造个人品牌IP，找到自己的核心标签，让人一下子能记住你。找到与别人的差异化，放大差异，形成优势，有时甚至你的劣势变成了你的优势，与众不同，独自特色。

所有学习的目的都是为了改变。所谓一学就会，一做就废，如果光学不练，再多的知识都只是信息，行动才有价值。

打造个人品牌，花三年时间做通一个领域，才能花一年时间精通三个领域，因为坚持本身就是一种力量。

第七节　与黑天鹅、灰犀牛共舞

【引言】辅导员打造个人品牌IP，把自己作为工具，把自己作为方法，打造自己成为“可移动优盘”。要利用活动运营思维，完成个人品牌的蓄能。

代表人物：王丹丹

工作单位：广东工业大学

个人介绍：先后担任辅导员、学院团委副书记、学工办副主任

荣誉及成果：广东省辅导员素质能力大赛一等奖，广东省辅导员年度人物；广东省防艾骨干教师授课大赛二等奖；主持省级以上课题5项，连续4年获广东省党建研究会论文一等奖。

聚焦方向：心理育人

原创课程：《辅导员考取思政专项博士三步曲》《园艺育心，点亮心灵》

品牌IP：社会工作的方法和理念融入心理育人工作

园艺育心，给你最温柔的治愈

一、反思探索，雾散云开

2020年9月的一天早上，我收到了一则通知：学院即将举办新的一期心理健康教育活动，需要我策划和组织。于是我发信息通知了学院心协的学生们，问问大家有没有什么想法，集思广益。“让学生们先聊着吧，看看有什么好点子”，我这样想，于是忙起了其他工作。

> **思考：**每一个人对于新工作都面临恐惧感，但每一个新工作对自己的成长既是危，也是机，关键是如何化危为机。

学生们积极地参与到讨论中，大概一个小时之后，已经有几十条信息。我点开群聊，看到学生们好像在讨论什么主题，有些疑惑，直到我往上划到了第一条消息“老师，我们要举办什么主题的讲座呢”。这让我十分诧异，但仔细想来也在情理之中——学校的心理健康教育活动大多是以主题讲座的形式开展。或许主题讲座已经成为学校里大多数学生对

心理健康教育活动的第一印象了吧。虽然这确实是引起学生们重视心理健康、进行科普教育的重要方式，毕竟基础的理论知识不可或缺，但或许也应该有其他途径。

心理健康教育不仅是向学生们输出理论知识，更是对学生们心灵的滋养，需要学生自己去感受，而感受，是沉浸的、春风化雨、润物无声的。润物无声！隐性教育！脑海中，一条新的道路迅速开辟，不断向远处延伸……

> **行动**：辅导员对于每一项工作，创新才是成长的灵魂。

确定了方向后，也许是喜悦刺激大脑，不断地有问题从脑海中蹦出来——潜移默化的心理教育要以怎样的方式进行呢？怎样的方式适合学生们？学生们又希望能以怎样的形式开展呢……问题太多，不如以终为始，从学生们希望通过活动获得什么出发。这个问题还得多听听学生们的意见，于是我向心协的学生们提出了融入"隐性教育"的想法，让大家提出自己的见解和意见。

与学生们的交流给了我很多灵感，也让我意识到必须把学院社工专业的优势利用起来——充足的设备器材、丰富的社会工作经验、专业的老师、充满热情的学生们……而且这次活动能为社工专业的学生们提供实践的平台，让他们尝试将"助人自助"这一社会工作的基本原则运用到实践中。与此同时，我开始深入了解各种心理疗法，买书、看书、查资料，还去了校外社工机构参观，与专家们面对面交流，希望能从中得到些灵感。

> **思考**：辅导员开展学生工作，既要顶层设计，又要远程指导，更要亲自实践。

最后，在各种启发之下，经过谨慎仔细的考量和权衡，我最终借鉴了园艺疗法，决定以"园艺育心"的方式举办这次的活动。迷雾散去，准备出发！

二、顺利出发，多云转晴

心中有方向，脚下就有力量。

我联系了院心协和社工专业的学生们，建立"园艺育心"工作小组，然后大家一起着手策划活动——准备"绿色缤FUN园艺小组课"、创办"园艺育心"工作坊、布置和装饰工作坊、进行活动宣传、开展报名活动……得益于以往开展活动的经验，活动的流程自然而然地从脑海中蹦出来，再加上团队成员对这次活动满怀热忱，我几乎不再觉得这是件难事。

思考：细节决定成长，点滴汇聚海洋，不能当甩手掌柜。

但事实上，很多事情并不是有了大的目标就容易开展，因为大的目标由无数个小目标组成，事情细分了才发现有很多的工作量，并没有表面上那么轻松。不仅如此，正因为我对这次活动有太多的期待，反而促使我去"抠细节"——怎样的小游戏能帮助学生们尽快熟悉起来？哪种植物更适合用于植物疗法？社会工作的理念和手法如何运用进来增加活动的专业性？工作坊的装饰要用怎样的色彩搭配会显得更加舒适温馨……

在此之前，我完全没接触过正式的园艺疗法，不了解具体的原理，也不了解它的过程和注意事项，于是我必须对心理疗法有较为全面而深刻的认识。此外，负责活动的学生们对这个形式也比较生疏，准备的过程也是困难重重。但是，我们都在不懈努力着，既已起航，只向彼岸，心之所向，素履以往！

思考：打造学生工作品牌，就是要保证活动具有创新性、内涵性、连续性、趣味性、互动性。

终于，策划工作完成，准备工作就绪，总算可以看到学生们参与到活动中了。此次活动总共分五期进行，分别是"互相了解·建立契约""以植为友·加强默契""树叶拓印·放松心灵""亲近自然·舒展身心""自我感受·吐露心声"。这些环节的设计是让学生们通过对植物的栽培和管理，让学生们在"绿色"中得到情绪的恢复和精神上的愉悦，令学生们在清新馥郁的芳香中，得到性情的陶冶，以植物的成长映射自身的成长，认识生命的顽强，学会敬畏生命，增强生命的韧劲，从而明白合理计划、持续成长的重要性。

思考：互动是学生管理课程化的核心，增强学生的参与感、体验感、获得感。

首先是"互相了解·建立契约"，它的设置主要是希望大家互相认识，明确活动目标。为此，我准备了破冰小游戏，以后的每一期活动也都会以一个小游戏来暖场。破冰小游戏结束后，学生们自由讨论、确定小组目标、签订契约，承诺共同成长，互帮互助。接着，开始初步进入"园艺育心"的主题——学生们需要使用彩色笔绘制植物生长手册的封面，用笔尖勾勒出心中对植物生长的见解。

以后的每一期活动，大家也都会在手册中记录自己的种植经历和感受，并进行交流分享。最后进行青春健康心理测试，记录本次活动的心理动态。看着学生们认真参与的神情，我受到了极大的鼓舞。

“以植为友·加强默契”主要是对薄荷和种植薄荷的介绍以及学生们亲自动手种植薄荷。在实操环节，学生们可以给自己的花盆做装饰，还可以给自己的种子取名字，增强种植的仪式感，正如生命也需要仪式感。学生们沉浸于栽培植物中，似乎在以孕育生命的态度培育植物。看着一颗颗被学生们种下的种子，我的心中有了小小的成就感。于是我也拿起材料，种下了自己的盆栽。阳光透过窗户洒落在盆栽上，心底是满满的期待。

三、突遇暴雨，转危为机

就在我以为这个活动可以顺利进行下去之时，活动中最重要的环节出现了问题。

日子一天天过去，被我带到办公室的薄荷却没有任何要发芽的迹象，看着桌上的盆栽，我隐隐担忧。如果没发出来，我要如何对学生们说明这个情况？学生们种植时脸上绽开的笑容在我的心头萦绕，焦虑的情绪挥之不去。身边的老师安慰我说：“这也是正常现象，种出来就算是幸运了。”是啊，生命可贵，存活下来本就不易，所以我们才要敬畏生命。于是我开始准备起了相关的预案。

几天后，学生们带着没发芽的盆栽来到工作坊。当初是怎样的期待和用心，现在就是怎样的失落和难受。生命的消逝无疑是沉重的，但这份沉重也许能给学生们带去一些对生命的感悟，无感和漠然比体会这份沉重更加令人难过。

> **思考**：好的活动，好的课程都是能够让学生触景生情，化危为机，有效引导，引发思考，隐性教育，育人无声。

好了，难过之后，还需要播种希望。世上没有什么难以跨越的事，经历了送别，才更能明白生命的真谛；尝过了酸甜苦辣，才懂得珍惜美好。生死间的多种变数，正意味着新的机遇与开始。于是，我拿出了新的营养土和营养液，让学生们别灰心，再试着种一次，并展示出了我用这些新的材料种出的芽。这颗从土里冒出的嫩绿的芽，让学生们的眼里多了一份光亮。

看着学生们重新用心投入到种植中，又想起几天前的准备，我终于微微地松了口气——自从预感到这些薄荷大概率活不下来时，我便决定直接购买调配好的土壤和营养液。毕竟时间紧迫，而且禁不起再一次失败，并不那么专业的我不得不做出妥协。材料到手后，我自己先试着种了几盆薄荷，看看发芽率是否足够高。

与此同时，在征得学生们的同意下，我稍微延后了新一期课程的时间，给新栽下的薄荷一些发芽的时间。在新一期课程开始之前，那几盆薄荷都已经发了芽。看着盆栽里的那抹新绿，我悬着的心终于落了下来。

呼，危机解除，继续前进。

“树叶拓印·放松心灵”是通过用不同的树叶和颜料进行拓印，学生们发挥想象，大胆创作，表达自我，在拓印中缓解压力，改善心理状态。而“亲近自然·舒展身心”这一期是带大家走出校园，感受自然。在那一期，我带领学生们游览了植物园。看着学生们背着背包，穿梭于各色各样的植物中间，那样灿烂的微笑，那样富有朝气的模样，真是令人动容。

参观完毕后，学生们在草地上围成小圈，分享各自的所见所闻所感。经过几期的互相陪伴，学生们已经相处得十分融洽，大家侃侃而谈，氛围轻松愉悦。

不知不觉活动就到了最后一期，“自我感受·吐露心声”主要是回顾和延续。学生们带着茁壮成长的薄荷又回到了工作坊。大家翻看自己的植物生长手册，回顾活动历程，从植物的生长周期反观个人成长历程。然后进入疗愈环节——大家戴上手套，发挥自己的奇思妙想搭配水果和汽水，制作水果茶并交换品尝。

接着是“延续”：学生们一起学习薄荷的扦插技巧，这能让学生们在活动结束后也能把这件事情延续下去。再接着，学生们填写了青春健康测试表，对照活动前后的心理变化。最后，学生们用笔写下了自己的心得体会，表达对未来的期望。

就这样，第一次“绿色缤FUN”——园艺育心活动结束了。每期的活动结束以后，我们都会合影留念，而这些合影，也成为我珍贵的回忆。

> **思考：**学生工作品牌是打造出来的，好课程也是设计出来的。

四、彩虹绚丽，步履无停

> **思考：**辅导员在学生工作品牌打造过程中要有机融入生命教育、生活教育、生存教育、生态教育。

此次“绿色缤FUN”——园艺育心关爱行动让学生深入了解了园艺育心相关知识，达到了为学生们提供有情感、有趣味、更鲜活的青春健康教育学习体验的目的，在一定程度上加强了学生对生命的敬畏以及对计划未来的重视，是对青春健康教育新模式一次初步的探索。

在活动过程中，我同步进行了数据调查——本次活动核心知识知晓率从15%上升至85%，效果显而易见；满意程度高达100%；活动知晓率可达90%。这些数据都将转化为我今后继续探索青春健康教育新模式的动力。

于是我开始了新的探索，希望这项活动能推广到更多的地方去。功夫不负有心人，去年暑假，这个项目融入了延安市儿童福利院“关爱青春专题教育”的暑期社会实践活动中，受到“南方都市报”“今日头条”“中国青年网”等媒体的宣传报道，获得了良好的社会效益。

“园艺育心”收获了认可，这是对我的肯定，也是让我再接再厉的助推器。于我而言，“园艺育心”的不断改进就像是在构建一座彩虹桥，这座彩虹桥不仅需要将草木与人的心灵连接起来，还需要通过丰富多彩的形式让学生们更能感受到生活的灿烂与美好。

思考：当活动赋予意义时，就变成了创新；当创新不断积累时，就形成了品牌。

于是，我开始研究更多有关草木滋养心灵的形式，像植物标本的制作、永生花制作和艺术创作、植物染料书签和叶脉书签的制作……希望能让这个活动更加丰富、更加成熟，让“彩虹”更加鲜明多彩。而自己也因此更加留意细微之处的美好，不仅在探索和实验的过程中得到身心的放松，还增强了化理论为实践的能力。

每一个植物的形态、颜色都记录着特殊的“生命密码”，以植物为依托，以社会工作理念和方法为指导，通过“园艺育心”的心理疗愈课程，逐步消除学生的不安心理与急躁情绪，获得情绪、认知、身体和精神方面的改善。

我们相信隐性教育的力量，它让“园艺育心”成为生活习惯；我们相信自然的力量，它让生命与生命对话；我们相信草木的力量，它让心灵的阴霾散去。

【品牌IP指南】

辅导员打造品牌IP，在活动设计过程中要引发学生深度思考，通过隐喻、比喻等方式深入浅出地把知识呈现给学生，通过分析、判断、示证等方式让学生转化。把抽象的道理用通俗易懂的方式讲出来、讲明白。

辅导员打造品牌IP，在活动设计过程中让活动与品牌同频共振，让个人品牌在活动里展现主角光环，形成品牌晕轮效应。辅导员打造个人品牌IP，既要不断地向外探索各种资源，更要向内寻求自己的核心竞争力，让自己发光。

第八节　用设计思维进行岗位创新

【引言】品牌极其重要，一个国家需要品牌，一个民族需要品牌，一个城市需要品牌，一个企业需要品牌，一个学校需要品牌，一个团队需要品牌，每个人更需要品牌，拥有品牌才能在社会中更好地发挥出自己独特的价值，活出精彩的一生。

代表人物： 郑茹楠

工作单位： 忻州师范学院

个人介绍： 辅导员、兼任学校创新创业与就业指导教研室主任、山西省高校就业创业指导师资库成员、山西省文旅产业规划设计研究院专家组成员

荣誉及成果： 山西省第四届辅导员职业能力大赛金奖、全国第五届辅导员职业能力大赛复赛三等奖、山西省大中专院校就业创业教师教学技能大赛一等奖

聚焦方向： 生涯规划与就业创业

原创课程：《创造与设计你喜爱的人生》

品牌IP： 创新思维

像创业者一样思考和行动的三娃妈妈辅导员

如何做像创业者一样思考和行动的辅导员？大家看到这个题目的时候，可能会有这样的问题。辅导员和创业者有什么关系？我们要向创业者学什么？创业者到底是如何思考和行动的？我们又如何做到？怎么就能把工作做得像创业一样精彩？

一、为什么辅导员也是创业者

> **思考：** 身份转变是内在的自我改造，而不是外界给予的标签。有的人明明是两个人，却活得比一个人孤独；有的人明明是一个人，却活得比几个人精彩。

首先，是因为我自己有三个身份角色：一个是三个娃的妈妈，一个是专职辅导员，一个是创业教师。我经常这么介绍自己：我是辅导员里面会讲创业课的，也是创业教师里面懂得学生心理的。2016年我开始从事双创教学工作，带学生参加创业竞赛，开始为学校培养双创师资。同时，鼓励老师们开发专创融

合课程，生成了一个创业教师团队，一起做了“五台山研学课程产品开发”的创业实践，又孵化出产学研模式的企业——山西心狮创能文旅有限公司。

做双创工作成就了我，让我更有行动力，更会在我的学生管理中识别机会、整合资源。从我的亲身经历，这样创新的思维方式极大地解放了我的工作动力，能够从新的角度来看待自己的生涯发展。所以，辅导员不仅仅可以是一个职业，也可以像创业者一样，成为校内外育人资源的整合者，成为辅导员岗位的创新者。

其次，为什么辅导员也是创业者？因为辅导员和创业者面临着相似的环境，那就是时刻充满着未知和不确定性，也充满着各种风险。不知道大家有没有这种感觉，我刚做辅导员的时候，特别害怕晚上10点半以后学生打来的电话，一定有事，不是急诊就是失恋要不就是夜不归宿，多一个人少一个人，是我工作中最大的风险。孩子们心里到底在想些什么呢？这是我们最大的未知。

> **思考：**辅导员可以创业吗？
> 答曰：不可以，因为一群学生要守候。
> 辅导员不可以创业吗？
> 答曰：可以，因为有守候的一群学生。

而创业者也是如此。我经常给学生讲课的时候说什么是创业者的状态呢？就像黄浦江上走钢丝，手里还拿着几个球转来转去，有团队、机会、资金、股权、产品、研发、市场、宣传等。

> **行动：**辅导员的第一次创业是经过自己的努力与付出成功地成为一名高校的辅导员。
> 辅导员的第二次创业是结合学生工作围绕教育部43号令打造自己的品牌与特色。

辅导员也一样，这几个球可能是班级管理、党团活动、心理辅导、生涯规划、创业指导、科研、危机干预等，哪个也不能偏废，还要注意脚下，最大的风险和创业者是一样的，就是维护稳定，脚下要稳稳地走。

最后，从环境来看，辅导员和创业者面临着未知不确定的环境做决策。听到这可能觉得，做辅导员好难好辛苦。但事实上，我们乐在其中，辅导员的职责也要求我们做学生知心朋友和人生导师，学生成长、立德树人让我们的工作充满使命感。

> **行动：**作为辅导员，我们用自己的创业之火点燃学生的青春之梦，用自己的创业之路搭建思政教育之桥，用自己的创业之光点亮学生理想的灯照亮前行的路！

当你看到一个学生因你的付出而成长，朝气蓬勃地行动，仿佛让我们看到祖国的未来，我相信这是每一个辅导员最幸福的时刻。就像创业者的成功，除了获取经济价值，也在贡献社会价值。我们和创业者对价值孜孜不倦的追求是一致的。

除此之外，我们和创业者还有一个相似之处，就是能力体系。刚刚我说创业者是在黄浦江上走钢丝，黄浦江上走钢丝这么危险的事儿，我们不会害怕吗？当然会。那杂技演员为什么不害怕？因为他背后的能力。杂技演员是训练有素的演员，他们懂得如何平衡自己的手和脚。

创业者也是一样的，他们的创业之所以成功，不完全是运气，而是经过数次失败，反思提升自己，形成一整套决策思维框架和能力体系，比如发现机会的能力、整合资源的能力、沟通力、表达力、反思力、合作力、设计力、行动力、愿景力、决策力等，这些能力难道不是辅导员也需要的吗？

同样的能力，辅导员也需要。辅导员工作中最重要的能力有三个：沟通力、学习力和行动力，但这三个能力背后还有更多能力支撑，如：共情、反思、设计、表达、领导、计划、评估、决策、执行等。这是成套的能力体系，可识别、可测量、可训练，可以面对未知和不确定其他环境进行迁移应用。

那辅导员如果具备了这样一套能力体系呢？我们就能从创业的全新的视角看待自己的工作，我们可以把自己看作创业者，把辅导员岗位作为创新的平台，把培养学生成长作为价值创造的目标。我们就能转变思维，带着成长的心态去看待每一个学生的问题，接纳、共情、激发他们的内在动力，影响学生也能够从创造的角度看待大学生活，我们会觉得每一天都充满动力呢。

> **行动**：作为辅导员，不仅要指导学生去创业，自己也要学会创业。只有自己有一桶水才能给学生一碗水。
>
> 作为辅导员不仅要创业，而且要光明正大创业，要兢兢业业创业，要围绕学生、关照学生、服务学生进行创业。
>
> 辅导员要围绕教育部43号令的九大职责去创业，去创因时而进的业，去创因事而化的业，去创因势而新的业。

我开发了一门课《创造与设计你喜爱的人生》，从创新创业角度看待生涯。我认为人生也是一场面向未知的创业，我们自己就是创造人生的CEO，学会和机会、资源互动，训练学生能力，像创业者一样，在人生的任何环境任何阶段任何领域任何岗位都会创新。如果我们的学生以后做老师会创新教学法，做公务员会根据实际情况来设计政策，做企业家会为国家创造财富解决就业，即使是做一个全职妈妈，也会设计方案创造性解决亲子关系问题，这就是我们要培养的合格建设者和可靠接班人。

那么作为一个辅导员，岗位就是我们创新的平台，从创业的视角看，我们的工作就有了神圣的职业使命感和创造人生的价值感。

二、辅导员如何像创业者一样思考

我们说辅导员是岗位创新创业者，我们到底向创业者学什么？他们到底是如何思考和行动的呢？我们先来做个小小的体验。大家放轻松，只想象就好，甚至可以闭上眼睛。

> **思考**：无穷的选择会给我们一种因为错过机会而产生的懊悔感，它提高了我们的期望。无穷的选择导致麻痹而不是自由。日益增多的选择会让我们加剧抑郁症。
>
> 我们缺乏的不是解决方案，而是方向。

假设，你现在突然掉进了一个漆黑的山洞，你会怎么办？我想有的老师会说，会哭吧。有人可能找手机，找周边能用的东西，大声喊叫等。我想，这个时候不管你做什么，你都已经激发了自己求生的欲望，你只有自己可依靠，你自己才是你最大的资源，求生的信念让你充满自我效能，你可能需要寻求他人的帮助，调动一切资源，走出去。

那我们要怎样走出去呢？你需要先冷静下来，不能让情绪左右理智，你要亲自确认周边是否安全，有没有什么可利用的资源。安全的话，你要慢慢站起来，尝试寻找方向。你或许可以看到亮光，但你要直接跑过去吗？不能，或许下一步就是深渊。所以，你要小心翼翼地摸索着一些坚实不变的东西，墙壁、地面等，你要向结果学习，这条路走过去堵住了，你要折回来，向下一个方向行进。但前提是你要先走起来，不能等，不能一直想，不能蒙住头逃避，你必须勇敢。

大家都知道辅导员是一个压力挺大的职业，一开始带班的时候，我也一样，我遇到学生军训期间连续失眠的、逃学私奔的、突然生病的、人际关系处理不好喝酒闹事的、失恋的、迷茫找不到方向的、各种校园贷广告进宿舍宣传的……各种问题袭来应对不及。这个过程我只想做好一件事，就是安全稳定，要把握得住学生的思想状况，这个想法也是一种黑洞里求生的欲望，我也希望我的学生都成长得特别好，所以，我一遇到问题就会记下来，去想解决办法，这个事情不能等。

同时我想，如果我是一个治学生心病的医生，我可不能只有满腔热情和爱心，我得专业啊，会打针会开药让学生按疗程服用。所以，我得马上行动去学习。

作为新手辅导员，因为能力不足让我的风险承担能力非常低。所以，我很焦虑。

我不会心理咨询所以去考心理咨询证书，不会生涯规划答疑解惑，就去考生涯规划证书。我是学生的辅导员，我只能依靠自己。

> **思考**：辅导员以身作则去创业，是勇做走在时代前列的奋进者、开拓者、创业者，我们坚信，只要持续精进，创业一定功成！

我调研学生情况，设计主题班会，把个性问题背后总结为共性问题，集体解决，把很多问题扼杀在萌芽里。同时，我觉得自己案例见得不多，就上网买了很多辅导员的书，加入许多公众号，不断地学习成长。

2016年3月，我进入了全省辅导员大赛决赛，我想知道优秀的人都是怎么做的，可能很多老师觉得这挺有压力，表现不好怎么办，我没那么想，我想我就是普通辅导员，见见世面也值得，表现不好也没关系啊，反正也没什么人认识我。十天准备，我拿了省赛金奖和国赛华北赛区三等奖。

> **行动**：想都是问题，做才是答案。只有行动才能解决一切问题。

这个行动给了我极大的鼓励，大赛平台让我认识了来自全省乃至全国优秀的辅导员，他们有的擅长心理，有的擅长生涯，有的擅长思想引领，有的擅长网文写作，都有自己的IP。我也开始寻找自己的方向，正好领导对我说来带创业课吧，我是我们系唯一不是本专业的老师，就拥抱一下意外，我就带上了。

带课前我先调研了学生，看看大家都想要什么，洞察学生的需求，设计好针对我们学校师范生的创业课内容，再选适合的教材和教法。又是一番疯狂地买书、看案例、找共性、加社群、提问题、蹭会议、找分享，认识了许多大咖，从中我找到适合自己的一套教学法和教学体系，开启快速的学习和培训，没有条件创造条件也要学习，学完就用，用不好就调整，有了效果就在朋友圈发我的体会。

这让我对自己的认知进一步提升，我可以重新定义自己吗？我可以不只是一个辅导员，我还可以是一个创业者。那后面的经历大家都看到了，其实我也没有规划过到底要做什么样的辅导员，晋升到什么位置，评到什么职称，就是有想法去行动，行动了看效果，根据效果又调整，不断行动、不断反思、不断拓展自己的边界，发展自己的潜能。

> **思考**：所谓幸运，都是正确选择埋下的伏笔。

这种思维方式不只对创业者有用，对一切处在未知和不确定环境的人和事都有用，这就是创业思维。我们辅导员就是自己最大的资源，我们要相信这份工作的价值，当我们在工作中发现问题，要看作成长的机会。

> **行动**：学校就是打造个人品牌的最好、最大的平台。把自己当手艺人来打磨，你就会得到超预期的回报红利。

很多辅导员也在指导学生就业创业工作，我经常听到辅导员抱怨没有顶层设计、资源、师资、政策，这样的情况在很多学校都存在。

在我2016年刚做创新创业教育的时候，经常出去蹭会、蹭培训，有的老师就很好奇，你一个辅导员，也不是商科毕业的，怎么对这个如此感兴趣？我当时就想，教育脱离不了实践，链接实践的教育一定不会错，这个决策就是不变的价值。

后来双创教育越来越得到重视，也会有老师跟我说你们学校没有创业园、没有创业学院，连组织机构都没有，干不成创业教育。但是我想，自己就是自己最大的资源。

我是辅导员也是创业教师，我们不能说，学校没有健全的创新创业教育体系，工作我就不做了，我们该种粮食还要种，天不下雨我们就种多肉植物，不出太阳我们就种蘑菇，各个学校不一样，总能找到突破口。我们都有自己的庄稼地，守好自己的责任田最为重要。

> **思考**：不敢提出大目标的人，是不会拥有掌声的；不能完成大目标的人，是不配拥有掌声的。丰满的人生需要一个好的自我设计。

虽然我们没有气派的大楼，甚至没有一间独立的教研室办公室，但只要我们的老师有创新创业思维：两张课桌，就是一个个创业小组；一间教室，就是一个个创意迸发的策源地；中马路，可以是我们5元创业的大舞台；大白纸、便利贴、彩笔，师生就在一起对话、共创、鼓励、获得，这就是创新创业教育。

有的老师也会说，你们资源不多，有资源的学校一旦有意识，很快追上你们。但我想，我们不求快，我们是笃定的，种粮食总有肥沃的土地和贫瘠的土地，换不了土壤就改良方法，种子总要长大，培养人才是我们最重要的使命。

> **思考**：先从小圈子圈地，然后跑马车围猎。用自己的一个人活成一个团队。

换到辅导员工作中也一样。如果我们都是具有内在创新动能的创新创业型辅导员，在我们言传身教下，学生也会充满创造的动力。

三、辅导员如何像创业者一样行动

思考：你和梦想之间，只差一个行动。用现在的行动决定未来的意义。

我们把创新创业思维与行动融入辅导员的生涯创造当中，影响学生成为敢创造、会创新的人。言传身教真的很重要，辅导员如果只有说教，而自己不是这样行动的，那育人的效果也会打折扣。所以，辅导员先行动起来，自己创造自己的职业生涯，从创新创业角度，看待自己的工作。

思考：辅导员成长就是一个适应、凝练、总结、突破、升华的过程，是从一个职业化辅导员向专业化、专家化辅导员转化的过程。

找到工作中的一个方向和着力点，通过学习提升、沉淀思考、行动挖掘、课程输出，最后形成自己的品牌IP。

我的《创造与设计你喜爱的人生》生涯课程，获得了山西省辅导员精品工作项目支持。在我的课程里人生也可以是创造的。这也和我辅导员工作的经历有关，基于对学生的了解，以及目前生涯教育不足的现状，我开发了这门课。同时，我们还可以在日常教育工作中融入创新创造的理念，激发和鼓励学生的创新创造意识，带动学生创新创造的动能。

行动：做一名具有创新、创意、创业思维的辅导员，做自己的天使投资人！

我想创造，我能创造吗？辅导员还需要有创新的方法。创新创业教育的方法论中有设计思维、商业模式画布等创新方法论，都适合融入辅导员日常工作中，成为全新的工作方法。

例如，将设计思维融入主题班会、党团活动策划中，让活动内容更贴近学生的需求；谈心谈话可以与创新思维相结合，从学生的认知出发解决问题；党团活动可以与设计思维相结合，让学生用创新方法论看待大学生活；生涯规划可以与商业模式画布融合，一张画布看清楚生涯全貌，如何在大学期间与资源、机会互动。

思考：每一个辅导员都想有一个美好的未来，但未来在哪里，其实，未来就在学生里。走进学生，融入学生、关心学生、关爱学生。

我认为思创融合人人可为。我们只要做到：第一，去做事，发现问题，去行动，解决问题；第二，相信自己是自己最大的资源，学会整合他人的资源；第三，别盯着眼前的目标，寻找长远不变的价值和意义；第四，人的成长要在实践中裂变，师生是成长的共同体。我们要和学生一起，构建学习成长的共同体，一起创造更大价值。

我是茹楠，我是辅导员，我和学生一起共创；我是创业培训师，教您上好创业课；我是课程设计师，开发一门生涯课；我有一个培训体系，旨在提升辅导员的创新性；我有一个产学研项目，期待更多高校的合作。

有句话很有名：创业很爽，一直创业一直爽，在辅导员工作中创业更加爽！

【品牌IP指南】

在成长过程中99%的迷茫，都源于没有找到你人生中最热爱的事。打造个人品牌先定位再定心，不断地打磨自己的内容和技能，找准赛道不偏航，不断地放大自己影响力，形成品牌IP。

辅导员打造个人品牌IP，不要老想着一夜爆红、一夜暴富，当你的能力、实力、经历、阅历不能够支撑你的成长品牌时，则就变成了“一夜暴雷”。辅导员要聚精会神做工作，全心全意为学生。

第九节　在科研之路上探索跃迁

【引言】在学生管理过程中，有风有雨是常态，风雨无阻是心态，风雨兼程是状态，改天是哪天，下次是哪次，以后是多久，辅导员全力以赴凝聚磅礴力量，保持热爱，在成长的道路上进一寸有进一寸的欢喜，拔一节有拔一节的幸福，不断地奔赴山海。

代表人物：徐敏

工作单位：台州学院

个人介绍：先后担任辅导员、二级学院副书记

荣誉及成果：浙江省高校辅导员职业能力大赛二等奖；主持省哲社科课题、省教育厅课题、省高校保卫专项课题等省部级近10项；以独立作者身份在《教育理论与实践》（CSSCI扩）、《当代教育科学》（北核）、《学校党建与思想教育》（北核）等期刊发表思政类学术论文6篇，以第一作者身份在Journal of Applied Animal Research（SCI）和Current Zoology（国家一级）等期刊发表论文2篇

聚焦方向：理论与实践研究

原创课程：《生命育心大学堂——打通信息化时代思想政治教育的最后一公里》

品牌IP：科研育人

学工小白的科研之路

大家好，我是徐敏，我不是思想政治专业科班出身，2009年从安徽师范大学动物学专业硕士毕业后，成为台州学院一名一线专职辅导员。学院非常重视学生工作和学工人员的成长，围绕立德初心、牢记树人使命，精心锤炼学工铁军的担当与作为，以永不懈怠的精神状态和脚踏实地的工作干劲，全力谱写着学生工作扎实篇章。

思考：万事开头难，只怕有心人。

我有幸一直工作在专业对口学院——生命科学学院，但是我从事的却是一个新的工作领域——思想政治教育，因此，一切都是新的，一切都得从头开始，于是，我的学工小白科研成长

路，也就从这时开始了。

考虑到如果干巴巴地聊科研这个话题，可能会比较枯燥，所以，我想借用修真小说的叙事方式，谈谈我自己的心路历程和失败经验。

> **思考**：辅导员科研之路其实很广阔，不能只局限在出专著上，否则自己将自己的路走进了死胡同。

一重天：科研之血

综合辅导员工作的实际情况，咱们学工人的研究成果主要有工作案例、科研论文、学术专著三种形式，其中，工作案例是具体工作中典型做法或经验交流成果的体现，内容最直接、方式最简洁；学术论文是对某个学术问题进行科学研究后的理论文章，篇幅更长、内容更系统、理论性更强；学术专著是对某领域研究的系统总结和升华，时效最长远、研究最深入、应用最明显。

对于咱们这些“上面千条线下面一根针”“白加黑”“5+2”“夜总会”的一线学工人来说，工作案例和科研论文应该是首选方式，对已经达到一定理论研究基础、具有明确的研究方向和较为系统的研究课题的同仁，可以涉足学术专著。

> **思考**：工作案例、学术论文、学术专著，辅导员要找到一条属于适合自己的科研之路。

可能因为我是理科出身，所以，脑子里总会有些理科生惯有的实验思路和科研想法，说白了，就是身体里还流淌着科研之血，总想把工作中遇到的问题梳理一下、研究一下。

> **思考**：科研之血都是来自实践的“心脏供给”。

例如，刚从事辅导员工作的前两年，我觉得工作特别忙、事情非常多、时间不够用，于是就撰写了一篇如何做好辅导员时间管理的文章，并有幸在全省辅导员工作论坛中拿到了论文奖。

例如，在工作中察觉到部分学生的入党动机不纯，我就申请了关于地方高校学生党员信仰情况调研的市级课题，开展专题研究。

例如，在做学生的思想工作时，我深深地感觉存在本领恐慌，非常有必要修炼一下关于学生理想信念教育方面的“内功”，就在查阅大量相关文献资料和多方请教的基础上，结合工作实际，下功夫写了一个关于大学生社会主义核心价值观培育途径的本子，申报了省教育厅思政专项课题……

可能就是因为这股科研之血在体内的不安分，所以，平时但凡脑子里冒出了小想思考：有些辅导员只看到了学生工作的琐碎案例、枯燥数据，转变一下思维，换个角度，这些案例、数据都是辅导员打造品牌IP的“血和肉”。

法，我就赶紧记下来，这些小想法很有可能就成为比较有价值的研究内容，毕竟，我们学工人是思政工作一线的实践者，具有得天独厚的理论研究优势，大量的学工案例和学工数据可以让我们学工人的研究变得“有血有肉”，避免了纯粹理论研究的“空、虚、大”现象。

大家在低头拉车的同时，其实已经积累了很多研究素材，而科研成果的梳理和成形，则需要我们用体内的科研之血催生出做科研的内生动力。

二重天：心怀“小无相功”

小无相功是金庸武侠小说《天龙八部》中逍遥派的一门内功，威力强大，其主要特点是只要身具此功，再知道其他武功的招式，倚仗其威力无比，可以模仿别人的绝学甚至胜于原版。“小无相功”是模仿的至高境界，之所以要用“心怀”二字，就是提醒自己心里时刻想着这个神奇的功夫，慢慢揣测它的妙处。

行动：一直在模仿，更要去超越，先模仿，后超越。

前面提到过，我是理科背景出身，在参加工作之前，没有接受过人文社科相关领域的系统培训，即便身体里流有科研之血，但是真心不会写文科的论文，也不熟悉相关领域的期刊，想写论文就只能靠模仿和琢磨。因此，我经常去知网看别人是怎么写论文的，去看核心期刊和C刊的论文，去了解不同期刊的属性，这在帮我提升专业素养的同时，还可以帮我更有的放矢地投递论文。

行动：在这快餐式的信息流量中，我们平时很难把一篇8000字的论文读下来。所以，静下心来，仔细阅读一篇论文，读完、对比、思考、总结。

在工作第二年，我写了一篇论文《高校学生党员信仰状况调查研究——以台州地区高校调研为例》，起初投稿到一个省级学报期刊后，一直杳无音讯，在认真研究了一下该学报的出版周期、自然科学版和社会科学版的交替出刊期数、学报编辑部的收稿量后，发现如果想要在双月一刊、社会科学版版次较少、人文社科收稿量较多的情况下“中标”，确实难度不小。

于是，结合此论文的党建属性，认真参阅了全国中文核心期刊、全国教育系统唯一党建期刊——《学校党建与思想教育》的论文行文风格，在适当修改后，改投该刊，惊喜中稿！心中不禁慨叹，原来心怀“小无相功”确实可以带来不一样的运气。

三重天：圈定“坐骑”

通过自我鞭策和学习模仿，在学工的科研成长路上，大家可能会很快地掌握一招半式，但如果想要走得更远、更持久、更有影响力，就必须得圈定适合自己的“坐骑”。

小说里的修真者在炼级的过程中，都会拥有属于自己独一无二的“坐骑”，故事里是这样，真实的学术世界里也是这样，但凡专家都有自己的研究专长，这就是科研世界里的“坐骑”，比如袁隆平的杂交水稻、屠呦呦的青蒿素。正所谓“术业有专攻”，圈定什么样的“坐骑”是修真者在修真路上必须经历和探索的，唯有圈定了自己的“坐骑”，方能形成系统化的研究方向，这是提升个人科研水平和辨识度的重要标志。

> **行动**：辅导员围绕教育部43号令九大职责，找到属于自己的“坐骑”。“坐骑”其实就是辅导员个人成长的品牌IP。

这个“坐骑”可以是自己感兴趣的研究内容、较擅长的工作领域，也可以是得天独厚的文化资源，比如浙江的“浙江精神”、嘉兴的“红船精神”、台州的“大陈岛垦荒精神”等，这些地方精神都可以作为有别于其他地区和高校育人的不二法门。

咱们学工人可以根据自身的专业背景、知识结构、能力特长、工作分工、已有成果、发展规划等因素，在思考凝练后，孕育出与众不同的“坐骑”，并在“坐骑”的助力下，驰骋在科研的成长路上。

四重天：抱团取暖

在广袤的非洲大草原上，人们有一条生存智慧：“要想走得快，那就一个人走；若要走得远，就一起走。”确实，前行的路上充满未知，一个人战胜困难的勇气和力量是有限的，大家一起走，人多力量大，可以遇水搭桥、逢山开路，毕竟众人拾柴火焰高。

很多人认为，咱们学工人大多时候拼的是体力和精力，的确，对于“两眼一睁忙到天黑”的学工人来说，要想在24小时内匀出时间做科研，确实是一件很奢侈的事情，尤其是在组建了家庭、养育了宝宝、年岁渐长之后，时间和精力愈发成为学工人的宝贵财富。

在我二胎之前，拼的是自己“年轻”，经常在哄睡了大宝之后，再爬起来搞研究、写论文，但事实证明，人的精力是有限的，这种长期熬夜带来的消耗，对身体的损害是不可逆的，所以，现在的我不得不思考如何抱团取暖，如何在并肩同行中相互扶持、风雨兼程。

> **思考：**“抱团取暖”的前提是辅导员也要给别人带来温暖。辅导员要通过自己的特色品牌IP温暖他人。

我加入了发哥辅导员工作室，这里云集了全国各地的学工大咖，大家经常相互搭台、交流切磋、启迪心智、升级认知，让更多骑马仗剑走天涯的独行客有了抱团取暖、结伴同行的可能。

当然，咱们每位学工人的身边也有很多“大拿”，如果有可能一起组队，也定会创造更多“多赢”的机会，在这点上，我非常感谢我的诸位领导，他们既是我的科研引路人、更是我的人生导师，在他们的指引下，天资愚钝的我方能在科研的道路上略微开悟。

抱团取暖的需要还体现在课题申报中，不同层次、不同年龄、不同背景的团队成员的梯队构成，对课题的成功申报是大有裨益的，因此，咱们学工人要主动申请加入科研团队并积极承担相关研究课题重大任务，充分发挥科研团队的合力效应，突破个人在专业知识、研究技能和方法上的局限性，最大化地提升整个团队的综合实力，多出成果、出好成果。

五重天：跨界之眼

有了同行的温暖，就该明白“三人行必有我师”的朴实哲理。现实中，很多创新成果和研究领域的成长点都发生在领域的边缘，或几个不同领域的交界处，因此，和别人一样不是优势，和别人不一样才是优势。

> **思考：**辅导员打造自己的品牌IP关键是定位。找到自己的特长，与众不同，解决问题，凸显自己的特色品牌IP。

我们每个人都是独一无二的，每个人都值得被学习，每个人的特质都值得被挖掘。想要在科研中有所创新和突破，就需要练就一双“跨界之眼”，努力看到同行者身上的闪光点，并根据实际将大家的特质做一个深度融合，这样既能实现不同学科之间的研究交叉或边际效应，又能提高研究内容的现实意义。

我主持过一个省厅的课题，做的就是跨界研究，是基于系统动力学的方法，来研究学生的社会主义核心价值观培育途径，这个灵感来源于我的先生，他读博期间一直做的是仿真研究，虽然研究对象是汽车，属于工科领域，但是，仿真研究作为一种研究工具，是可以被借鉴到人文社科领域的，于是在他的指导下，实现了我科研路上的第一次跨界。

思考：辅导员打造个人品牌IP过程中要跳出自身看自身，立足自己看自己。

除了在研究工具上的跨界，在研究视角、研究思路、研究方法等方面，都可以用“跨界之眼”去发现不同的创新点，这样就可以让同行人们越走越有乐趣、越走越有力量、越走越有希望！

六重天：乐此不疲

很多时候，在学工线以外的人看来，我们更像是学生的保姆，虽然工作很零碎、很烦琐、很辛苦，但是没有多少技术含量。别人误解我们学工人没关系，但是我们得对自己有信心、有要求。根据教育部43号令等文件精神，以及全国高校思想政治工作会议、全国教育大会的会议精神，很显然，学工人应该是一个高知高智的群体，因为我们需要与人的思想打交道，去影响别人的精神或灵魂，所以，学工人必须具有高深的专业素养，否则就无法说服学生，无法实现与学生心灵的沟通。我们学工人在低头拉车的同时，必须要抬头看路，不为别的，因为那也是一种以灵魂带动灵魂的方式。

思考：白龙马如果每天围着磨盘转圈，永远也不会找到取经之路。条条大路通罗马，辅导员要打开视野格局，找到属于自己的特色品牌IP之路。

还记得我工作第四年时，终日沉浸在对学生工作热爱的自我陶醉里，不知疲倦地奔波在辅导员的九大工作职责里，丝毫没有察觉到在光阴交错间我错过了些什么。

思考：奔跑在九大职责中并没有错，但核心是辅导员要从九大职责中进行定位聚焦积累，高筑墙、广积粮、深挖井。

有一天，我带过的毕业生返校看望我时，随口说了一句“徐老师，您怎么还是个辅导员啊？”听到这话时，我一笑而过，就当是学生的童言无忌，但心中禁不住泛起层层涟漪，那时我才明白——作为育人者，我们常常希望学生能够成长，殊不知，我们的学生对我们也有一样的期待，他们也希望我们能够成长！

思考：不主动成长的辅导员一定带不出主动成长的学生。

虽然，在学工线经常有一个怪现象：越出色的辅导员，越可能被提拔到行政岗，因而脱离辅导员队伍，可是，这并不妨碍真正热爱学生工作的辅导员们，继续坚守在自己热爱的岗位上成长、发光。对，我们就应该成长、发光！

曲建武、饶先发、徐川等一大批学工人，都是心里有光的人，他们能把自己对学生工作的情怀之光，照进广大学工人和青年学生的心里，他们身上的光芒就来源于他们对育人工作乐此不疲的思考、提炼和分享，而这些经验成果，又辅助他们在助人的道路上越走越宽、越走越远。

所以，从实践中来，到实践中去，并在这来与去的过程中记录下自己的所思所悟并著书立作，这就是学工人的科研，这就是学工人抬头看路的体现，这就是对我们学工人成长、发光的见证。

思考：学工小白的科研之路才是辅导员能走得通的科研之路。

在修真小说里，修仙等级从纳精入体、炼精化气、练气凝神、神降结丹、丹熟生婴、重婴产子、化婴敛神、修仙小成，到肉身成圣、白日飞升、无尽寿元……共有三十六重天。

我作为一个仅有十年学生工作经验的修炼者，水平有限，也仅能与大家分享到六重天，正所谓人外有人、天外有天，唯有不断修炼才能打怪升级，在此，愿天下所有的学工人都能成为既精通业务的学生管理工作者，又具有较高学术造诣的研究者，做“工作实践的研究者”，做“理论研究的实践者”！

【品牌IP指南】

辅导员打造个人品牌IP，要挖掘自己的故事，把自己的经历用故事表达出来，学会讲故事，让故事成为品牌传播的渠道，通过故事可以让他人看到未来成长的可能性。

个人品牌就是超级流量池，需要提前布局卡位才能获得成功。只有我们踩对了时代的鼓点上，才能敲出震耳欲聋的声响。学校就是打造个人品牌最好最大的平台。

辅导员打造个人品牌IP，要将大目标和小目标有机结合。不敢提出大目标的人，是不会拥有掌声的；不能完成小目标的人，是不配拥有掌声的。我们要把每天的努力汇聚在一个点上，不断聚焦。

后记

每个人成长过程中都会经历各种第一次，这本书在各种第一次过程中得以成稿。特别是在经历了抗疫之战，喜迎党的二十大召开之际，自己静下来思考，将这些年的第一次进行整理复盘，将大家的工作经历进行提炼变成了工作经验，又将经验融入教学设计变成了原创课程，在巡讲过程中不断地将课程进行迭代，变成了自己的品牌，终于在今天呈现给了大家。

第一次当了被告。2017年5月，因为一个学生违纪，所以启动了针对该学生的开除学籍程序。在这一过程中，由于证据、程序、权利没有得到完全的落实，导致被学生家长投诉，以致我第一次以被告的身份进行了应诉。在上级部门的指导下，我了解到在学生管理过程中要证据充分、程序正当、依据明确、定性准确、处分适当，要全力保障学生的合法权利与利益。此案例使我在学生管理过程中进一步明确了权利程序、法律依据以及如何进行取证留痕，完善了学生管理方法，令我在未来思政教育与学生管理工作中更加注重细节。

所以，掉进一个坑，爬不出来叫挫折，爬出来叫成长！

第一次提炼了主题PPT。根据违纪处分案例和被告的经历，我系统地对学生管理工作进行了梳理与自查，对学生从入学到毕业所涉及的学生管理过程中的每个细节进行了整理，分别从案例分析、危机预警、危机处理与应对三个部分进行了具体问题具体分析，形成了具有自己独特风格的校园危机管理PPT，并与全国辅导员分享。

> 所以，经历就是财富，理论来源于实践！

第一次登上讲台分享。2017年11月3日，我有幸受邀在杭州参加了一次全国高校辅导员学生管理论坛。第一次免费坐飞机，第一次免费去杭州，第一次以分享者的身份参加全国性辅导员论坛。但即将面对来自全国高校的辅导员战友们，我当时的确很紧张。我早晨五点钟就已经起来了，跑到会场看了一圈，结果门锁着，没有开。吃完早餐后我又提前去了一次会场，门开了，但没有人。我站在台上，望着台下黑压压的桌椅连成一片，闭上眼睛想象着过一会就要开始的学生管理论坛现场，深深吸了一口气以平复自己的心情。

在论坛上，我利用3个小时和大家分享了自己在学生危机管理过程中的所感所悟、经验与方法，得到了大家的高度认可。无理论、接地气、能实战，让辅导员少走弯路不掉坑里，大家的鼓励给自己增加了无比的信心与动力。虽然这次分享对大家来说是一小步，但对我的人生成长来说却是一大步。

> 所以，从0到1，解决的是有与无的问题。只要你勤奋、认真，大多数人都可以做好。如做一个可以hold住“00后”的合格辅导员。
>
> 所以，从1到99，解决的是好与更好的问题。除去勤奋、认真，还需要用上对的方法。如做一个可以hold住“00后”的优秀辅导员。
>
> 所以，从99到100，解决的是更好与最好的问题。除去勤奋、认真与对的方法，还需要你的天赋。如做一个可以hold住“00后”的卓越辅导员。

第一次受高校邀请分享。2018年3月下旬的一天，QQ突然闪动了起来，是一位来自南方某高校学生处处长的热情邀请，让我为他们的辅导员进行一场校园危机管理讲座。这是我第一次收到高校的邀请，作为同行，作为战友，我不能拒绝，也没有理由拒绝，而且我也很愿意分享自己的校园学生危机管理经验。通过这次分享，我认识了更多的战友和同行。

> 所以，“请进来”能拓宽视野，“走出去”才能扩大格局！

第一次受到官方邀请。2018年4月初的一天，我突然接到中国职业技术教育学会老师打来的电话，邀请我参加一个全国辅导员危机管理培训。几天后，我在中国职业技术教育学会举办的这次全国高校辅导员校园危机管理培训会议上进行了发言交流。

> 所以，积跬步才能至千里，积小流才能成江河！

第一次入选“中国大学生在线辅导员素质能力提升”专题。大家每天不断将自己的日常工作进行提炼，变成文字舞动飞扬，每个人的文章都向“中国大学生在线”进行投稿，都以能在“中国大学生在线”发表为动力。我也是屡写屡投，但屡投屡败，石沉大海、杳无音信，还好自己皮厚脸大心不死，继续向他们的投稿邮箱“狂轰滥炸”。也许是自己的执着感动了“中国大学生在线”，突然有一天，自己的一篇投稿得到了“中国大学生在线”的发布，当时我的确特别兴奋，5分钟时间内文章点击量3000+，平台大，舞台更大。接下来，又是一系列天上掉的馅饼砸到了我的头上，我的3篇原创文章入选了“中国大学生在线2018年辅导员素质能力提升”专题版块。

> 所以，不经意间的每一次表现也许改变一生的命运！量的积累一定会达到质的飞跃！

第一次为全国5000余名辅导员分享了原创PPT。我在学习交流中得知，很多辅导员都需要原创PPT，以便为辅导员培训、学生干部素质提升、积极分子和发展对象进行讲授。为此，我对17年来原创和积累的PPT素材及当前的时事热点问题进行了整理、提炼，为全国辅导员进行了20余个主题的免费分享。先后分享的“高校校园学生危机事件处理能力提升”“走进知青岁月，点亮理想心灯”“寻找伟人的足迹”“学生干部三大法宝”等多个PPT受到了大家的好评。

大家好评就是自己成长的最大动力，大家的认可就是自己最大的收获。我因为无私的分享，所以获得了很多的朋友，朋友圈中多了很多正能量的辅导员。他们当中，有为我们奔走发声的“时代楷模”曲老师，有“雷锋种子工作室”主持人孔祥慧，有“图说思政”创始人尤长军，有“资助万里行”的王译梓，有“聚焦实习法律研究”的朱里静，有“朱子微言”的朱应开，有“辅导员参谋”凌杰，有“创新思维”的郑茹楠，有“辉哥娟姐叨叨叨”的晓辉兆娟，有“副处级辅导员”白晓玲……还有许多许多，他们的坚持付出、他们的品牌聚焦、他们的走进学生，使我对学生工作更加有载体、有创新、有思路。本想送去一缕春风，没想到却收获了整个春天！

所以，最大的无私就是“自私”，朋友圈的水平决定你未来成长的高度！

第一次走进教育部辅导员培训研修基地。2018年7月，我第一次走进了教育部辅导员培训基地（辽宁大学），为全省的辅导员进行了题为《高校辅导员学生危机事件处理能力提升》的培训讲座。我用了两个星期的时间准备，将所有案例浓缩成一个半小时的精华与全省辅导员分享，让他们能够在未来的学生管理和思想政治教育工作中以危预危、以危度危、以危化危。

所以，起点决定终点，努力决定未来！

第一次申请了原创版权课程。经过30余场的讲座，经过一线辅导员、专家们的指导，我反复修改、提炼升华，撰写了5万余字的课程文字稿，完善了课程PPT，向国家知识产权局申请了版权，获得了自己人生中第一个原创版权课程证书——《高校校园学生危机事件应对与处理能力提升》，原创版权课程就这样诞生了。

所以，品牌是工作与事业贯通的桥梁。无品牌，则工作与事业永远是两条永不相交的平行线！

第一次和博导同台授课。2018年10月，我既兴奋又期待还紧张，因为要到重庆和两位博导一起为大家进行授课。兴奋的是向博导学习能够不断提升自己；紧张的是和博导同台授课压力非常大，怕控制不住场面。自己用了3个小时和大家进行了分享，说出了每一位学工战友的痛点，特别是对几个典型案例分析引起了大家的共鸣。课程结束后，大家留下来和我一起探讨学生管理中出现的各种突发事件，以及在未来的学生管理过程中如何做好、做细、做实。

所以，压力像弹簧，你弱它就强。与高人为伍，跟名师走路，才能让自己不断成长。

第一次走进国培项目。2018年11月下旬，我受邀为辽宁省教育厅主办的新疆塔城中职学校骨干师资班进行了为期一天的学习分享交流，和大家一起讨论针对“00后”学生如何在专业课程中融入思政元素，如何在课堂上发挥立德树人，改变只讲专业、不讲政治，只教书、不育人，只管理、不服务，只考核、不疏导的现象，通过嵌入式、融入式、浸入式的课程设计理念，扩大知识目标、能力目标、素质目标范围，在课程思政中塑造学生的灵魂、塑造学生的生命、塑造新人，成为一名具有大胸怀、大格局、大境界的“四有”好老师，使广大教师能够“守好一段渠，种好责任田”。

所以，每个人心中都有一片海洋，如果自己不扬帆，别人无法替你起航！

第一次与有关专家面对面。2019年3月份的最后一个周末，收到了来自教育部学校规划中心课程研究院秘书长、齐齐哈尔工程学院副院长张振笋老师的邀请。之前虽然加了张老师的微信，但一直没有具体交流。后来我拜读了张老师的一篇关于思想政治教育的文章，在微信上询问张老师是否可以转发，没想到张老师非常痛快地答应了。我于是通过自己的“辅导员联播”平台转发了张老师的这篇文章，引起了全国辅导员广泛的关注。所以，好的文章不仅取决于你平台关注的粉丝数量，更取决于文章的质量。

当收到张老师发出的邀请，我深深地知道，这是张老师给自己的一次机会，一次让自己成长的机会。张老师在从事着行政工作的同时仍然钻研教学业务，他的教育理念总是让人耳目一新、回味无穷。他平易近人，经典语录信手拈来，“闪电演讲”一直是他的风格。

所以，一直在模仿，从来未超越。有时需要小人刺激，但更需要贵人提携！

第一次完成全国100场讲座。看到校园危机管理对全国辅导员从事的学生工作如此重要，我为自己策划了“百场校园巡讲”行动。自2017年11月3日第一场线下讲座起，我对每场讲座都进行了统计留痕。感谢全国高校的支持与帮助，在2019年8月，我用20个月完成了全国100场讲座。

所以，当面对自己的天花板时，如果感觉到痛，那就意味着要破土而出，化茧成蝶！

第一次连续线上直播15天。2020年这场疫情改变了你，改变了我，改变了我们。这场疫情把我们从线下撵到了线上，自己从一个技术“盲流”到熟悉各种软件应用。钉钉、腾讯、小鹅通，超星尔雅、云班课，每一个软件都尝试了一次。目前，自己的成长速度和小鹅通的迭代速度是同频的。2020年，我还完成了全国辅导员线上100场的直播分享。

所以，危也是机，我们既要与时俱进，更要化危为机！

第一次获批省级工作室立项。2021年2月，我成功获批立项了辽宁省高校网络育人名师工作室、辽宁省高校辅导员名师工作室。两个省级荣誉“双黄蛋”，使我变得越来越自信，让我的未来成长之路更加坚定有力。

所以，能量是守恒的，如果付出了努力，能量一定会回流给你，只是不同的时间、不同的方式而已。

第一次出版了自己的专著。2021年11月，我出版了人生中第一本专著《新时代校园学生危机管理指导与实践》，五天内全国辅导员抢光了2000册，一个月内印刷2次，八个月销售近万册。目前该书已成为各高校辅导员的共读书目、培训教材、研讨案例，成为辅导员的工具书、枕边书。

所以，把文字变成铅字，需要不断地积累，厚积才能薄发！

“福格行为模型”告诉我们：每个人的成长都有一个“珍珠习惯”。珍珠的形成是因为蚌受到异物（砂粒、寄生虫）侵入刺激，然后分泌珍珠质，一层一层地把刺激包裹起来，成为珍珠。所以，每一颗美丽的珍珠，其实都是蚌包裹好的痛苦与刺激。

今天，《辅导员打造个人品牌IP实战指南》这本书得以和大家见面，就是在学生管理和思政教育过程中每一次发生的成长第一次，不断地包裹着痛苦与刺激，在时间的复利下孕育出一颗颗美丽的珍珠，最后穿成了五彩的项链呈现给了大家。

在完成此书之际，欣闻《辅导员如何打造个人成长IP》网络课程已经在中国教育干部网络学院正式上线，形成了书课同频共振的彩虹效应。

人生有三次成长，一是发现自己不再是世界的中心的时候；二是发现再怎么努力也无能为力的时候；三是接受自己的平凡并去享受平凡的时候。

第*n*次　未来已来

工作就是养生，这不是理论的逻辑，这是生命深处的震颤。辅导员打造个人品牌IP从爱上工作开始，让我们一起明道、信道、传道，成为一名课程化、品牌化、职业化、专业化、专家化辅导员。

最后想和大家分享的是：人生万事须自为，跬步江山即寥廓。在时间顺流而下之时，唯愿每个人都能逆流而上，以蓬勃的生活，尽享时代的馈赠！心之所向，便是阳光！

2022年7月

刘明耀

参考文献

[1] 抗疫战场，高校辅导员在行动[N/OL]. 中国教育报，2020-02-05.

[2] 教育部高校思想政治工作简报.

[3] 胡森林，马振凯.公文高手的自我修养[M].北方文艺出版社，2017.

[4] 程社明.你的船你的海[M].新华出版社，2007.

[5] 乔纳·伯杰.疯传[M].刘生敏，廖建桥，译.北京：电子工业出版社，2014.

[6] 布莱恩·费瑟斯通豪.远见[M].苏健，译.北京联合出版社.

[7] 冯刚.大学生思想政治教育工作概论[M].北京师范大学出版社，2020.

[8] 艾·里斯，杰克，特劳特. 定位[M]. 邓德隆，火华强，译. 机械工业出版社.

[9] 许荣哲.故事课[M].北京：北京联合出版公司，2018.

[10] 伍越歌.1000个铁粉：打造个人品牌的底层逻辑[M].北京：人民邮电出版社，2022.

[11] 王一九.从0到1打造个人品牌[M].北京：电子工业出版社，2020.

[12] 秋叶.个人品牌7堂课[M].北京：人民邮电出版社，2020.

[13] 秋叶.个人品牌技能指南[M].北京：人民邮电出版社，2021.

[14] 罗伯特·艾格，乔尔·洛弗尔.一生的旅程[M].靳婷婷，译.上海：文汇出版社，2020.

[15] B.J.福格.福格行为模型[M].徐毅，译.天津.天津科学技术出版社，2021.

[16] 袁茹锦.化书成课[M].北京：清华大学出版社，2020.

[17] 田俊国.精品课程是怎样炼成的[M].北京：电子工业出版社，2014.

[18] 刘明耀.新时代校园学生危机管理指导与实践[M].沈阳：辽宁大学出版社，2021.

在线微课玩转指南

本书融合“书+课”内容形态，通过配套在线微课，以帮助读者更好地学习和利用本书。

《学生管理课程化》课纲：

第1讲 为什么如此看重课程思政
第2讲 把课堂还给学生
第3讲 辅导员的名片
第4讲 两种课程思政的底层逻辑
第5讲 学生管理课程思政设计的8种授课形式
第6讲 扁鹊三兄弟与学生管理课程化特征
第7讲 拆解九大职责内容，打造课程化金课
第8讲 学生管理课程化的教学范式
第9讲 辅导员精品项目申报思路
第10讲 辅导员精品项目实施方法过程
第11讲 辅导员精品项目主要经验及改进
第12讲 学生管理课程思政的魂道术器
第13讲 学生管理课程化的三脑改变
第14讲 学生管理课程化的终极之本——赋能
第15讲 主题班会课程化开发与精品项目设计

三步玩转在线微课：

第1步：扫描课程二维码

第3步：订阅全部课程

第2步：免费试听课程

辅导员申请原创版权课程证书平台

沈阳易通专利事务所是经国家知识产权局批准成立的专利代理机构（注册号码为：21116），自成立以来，累计为1000余家企、事业单位提供过专业的知识产权服务。

业务范围：专利代理、专利分析、专利评价、专利导航、专利专题数据库建立、知识产权培训和原创版权证书申报等服务。

作品登记证书让你拥有一门属于自己的原创版权课程，打造你最独特的品牌IP。同时防止别人盗用、改编、抄袭，是个人著作权的有效证明。

《高校校园危机事件应对与处理能力提升》《学生干部团队建设的“三投六臂”》

作品登记证书

登 记 号：国作登字-2018-A-00618980

作品名称：《高校校园危机事件应对与处理能力提升》课程　　作品类别：文字作品

作　　者：刘明耀　　著作权人：刘明耀

创作完成时间：2018年05月07日　　首次发表时间：

以上事项，由刘明耀申请，经中国版权保护中心审核，根据《作品自愿登记试行办法》规定，予以登记。

登记日期：2018年09月14日　　登记机构签章

中华人民共和国国家版权局统一监制

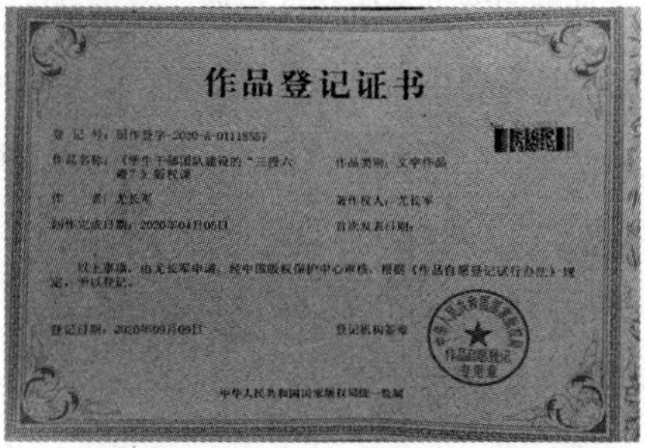

作品登记证书

作品类别：文字作品

以上事项，经中国版权保护中心审核，根据《作品自愿登记试行办法》规定，予以登记。

登记机构签章

中华人民共和国国家版权局统一监制

《10000个W——教你做资助》　　《雷锋精神育人“五字”工作法》

作品登记证书

No. 01205955

登 记 号：国作登字-2020-A-00024523

作品名称：100000个W——教你做资助　　作品类别：文字作品

作　　者：王译梓　　著作权人：王译梓

创作完成日期：2020年08月26日　　首次发表日期：2020年08月28日

以上事项，由王译梓申请，经中国版权保护中心审核，根据《作品自愿登记试行办法》规定，予以登记。

登记日期：2020年12月22日　　登记机构签章

中华人民共和国国家版权局统一监制

作品登记证书

登 记 号：国作登字-2021-A-00276157

作品名称：雷锋精神育人“五字”工作法　　作品类别：文字作品

作　　者：孔祥慧　　著作权人：孔祥慧

创作完成日期：2021年04月15日　　首次发表日期：未发表

以上事项，由孔祥慧申请，经中国版权保护中心审核，根据《作品自愿登记试行办法》规定，予以登记。

登记日期：2021年11月30日　　登记机构签章

中华人民共和国国家版权局统一监制

扫描二维码可获取更多信息！

陈姐姐元气好书系列

元气密码

激发辅导员工作潜能的77个关键词

陈　剑（陈姐姐）　著

中国石化出版社
·北京·

图书在版编目（CIP）数据

元气密码：激发辅导员工作潜能的77个关键词 / 陈剑著. -- 北京：中国石化出版社，2024. 9. -- ISBN 978-7-5114-7659-3

Ⅰ. G645. 1

中国国家版本馆CIP数据核字第20243CB139号

中国石化出版社出版发行

地址：北京市东城区安定门外大街58号

邮编：100011　电话：（010）57512500

发行部电话：（010）57512575

http://www.sinopec-press.com

E-mail：press@sinopec.com

北京艾普海德印刷有限公司印刷

全国各地新华书店经销

*

710毫米×1000毫米　16开本　19印张　360千字

2024年9月第1版　2024年9月第1次印刷

定价：77.00元

序

因为热爱，所以热情

发现没有，现在有很多热闹的研讨会在执着地探讨：如何让学生服管与听话。也有专家在各种场合手舞足蹈、津津乐道：如何降服学生。

在多年前的一次会议上，有位年轻的辅导员公开提问：如何才能让学生乖乖地服从她的管理。

那天，我只是淡淡地反问：你过得还好吗？

陈剑老师笑说，她曾经也纠结于此，暗暗使劲，后来发现根本就没有用。自己啥也不是，凭啥让学生服你。与其盯着别人，不如审视自我；试图管理别人，不如改变自己。

因为不能管住学生而焦虑，有时是我们的悲哀。只有管理不好自己的人，才常生控制别人的执念。

让自己好起来，是让别人好起来的前提。

教育是生命影响生命的事业。陈老师乐于折腾的鲜活生命样态，是给学生最好的教育。

教育家说："教育之道无他，唯有爱和榜样。"理想的师生关系是相互滋养，共同成长。

和你一样，我也还没见过陈剑老师，也只是通过这些文字，逐渐认识她的。陈剑老师给我的感觉，应一如眼下的盛夏般热情奔放。她的工作和生活状态，应该是"热辣滚烫"的。

热情的人容易发现热情、传递热情，热情的人受人欢迎。

几个月前，同样富有热情的太原理工大学张俊义老师向我推荐陈剑老师：对于教育，她很有热情。

微信通过后，陈剑老师就一股脑地给我发来了一连串她正在做的东东，她说："我就是希望辅导员能被更多的人看见。"陈老师以"从未定义、不断好奇、始终折腾"为题，梳理近年各种折腾：带400+名学生，一口气拿下3个国际职业咨询认证，完成了20+项生涯领域培训课程，自主学习100+个专题话题，阅读200+本书籍……从2023年开始，她全面开启“个人产品化”运营，把自己作为方法，通过抖音、视频号等方式，主持“陈姐姐对话辅导员”“陈姐姐元气微课堂”“和辅导员一起读书”等公益活动，以输出倒逼输入，她以实际行动践行“颠覆创新、好奇探索、力量敏锐、坚定自我和追求完美”的成长理念。

朋友圈里有陈剑老师在，看见她马不停蹄地奔走，热情似火地折腾着，反观自我，不免生出辜负时光、愧对学生的坐立不安来，于是也开始琢磨着干点啥。

生命的学问是实践的学问。折腾是对生命的尊重。

“印象最深的是前几年，那个时候人手不足，我一个人带全年级8个班、近400人，协调2个兼职班主任，自己要上课，再加上繁重的党建、团建、部系工作等，有时候一上班，光处理各部门下发的通知，整理转发、部署落实，一上午的时间都不够，很多时候来到办公室，一屁股坐下来都没挪过地方，一天就过去了，所以很多工作都要放在晚上、周末，加班加点地赶进度……”你有没有如陈剑老师所说的这种经历？这当然不应是我们高校辅导员工作的常态，关键是如何从这样的境遇中突围？

我一直深信：专业发展是赢得职业尊重与幸福的唯一方式。

身处泥泞，仰望山花。这本书源于陈剑老师的“元气微课堂”，书中的77个关键词是辅导员陈剑老师日常工作的77个“卡点”“槽点”“难点”……也是在忙乱中的77次仰望、深思、反省、追问、纠结与感慨，彼此没有内在联系，不论逻辑和层次，不必学术审视，这本书只是记录了一名普通辅导员日常工作的点滴、突破与反思，琴心剑胆，朴实表达，贵在真实。

在这本书里，陈剑老师几乎没有提及她的学生，听话或者叛逆，没有苦大仇深的抱怨牢骚或者与学生斗智斗勇的锦囊妙计分享。陈剑老师也没有像某些所谓名师一样絮絮叨叨：经由她的培养，多少学生获奖了，多少学生升学了，多少学生当老板挣大钱了，多少学生感激涕零来给她献花了……以此标榜成功，晾晒幸福。

你若盛开，清风自来。

自我成长是教育者的首要使命。成长从来不是由他人定义的，幸福感源于内在的富足与饱满。

诗人说：草在结它的种子，风在摇它的叶子，我们站着，不说话，就十分美好。

自我绽放，激励别人。

我被陈剑老师的热情所感染了。通过这些滚烫的文字，我发觉陈剑老师就是我眼中的“三好”辅导员，即具有“好奇、好问、好动”优质品质的辅导员，这“三好”也是辅导员自我成长的“元气”所在吧，人贵有精气神。辅导员职业品质源于他生命的饱满。

元气，最早属中国古代哲学概念。《庄子》一书中提到：“人之生，气之聚也。聚则为生，散则为死。”元气是人体最原始、最根本的气，是生命的本源、生命的原动力。这本以“元气”命名的辅导员工作笔记，其实是在探讨：新时期高校学生工作之道与辅导员的专业成长。

因为热爱，所以热情。

热情不一定非得是风风火火，坚定目标、浅积累、慢行动、持之以恒，也是一种热情。

教育即生命。陈剑老师有她独特的生命方式，相信你有你的方式。

所以，你不必像陈剑老师，做你自己就好。于日常忙乱间伸伸懒腰，随手抓起这本书，随便翻一翻，胡乱看几眼，或许其中有那么一句话就会引起你的共鸣，一如直面斜照进屋的那缕阳光。因此感慨：原来还可以这样啊！这，就足够了。

向热情绽放的人致敬。

张振笋

教育部学校规划建设发展中心课程建设协同创新中心秘书长

高校学生工作创新论坛发起人

德育圈创始人

推荐语

“陈姐姐元气微课堂”，第一次看到这个标题是在2023辅导员“双提升”圆桌会议1群，陈老师发了一条社群文案。后来连续几天在群里号召大家加入；接着就是她的“陈姐姐对话辅导员”栏目招募，还有就业指导课程的拆课海报，等等。我当时感觉这个辅导员“太能折腾了”，她做的这些事情还“非常不一样”，除了亮眼的主题、海报和文案，每一件事都是基于辅导员当前的需求来推动的。于是2023年9月的一天我主动加了陈老师的微信，一沟通，便发现陈老师真的是活力满满、热情主动、细致入微，就连我对她一些小小的鼓励，都被她视为大大的激励，写在了元气微课堂里。现在，这本书终于要出版了，希望更多的同人能够看见，也为你们的工作带去更多的能量。其实辅导员工作并不复杂，一个个元气关键词就可以为你打开不一样的世界，强烈推荐！

——全国网络正能量榜样、教育部高校思想政治工作中青年骨干、江西理工大学 **饶先发**

和陈剑未曾谋面，一直以网友身份交流，但每次交流都能从她的字里行间感受到元气满满、激情四射。作为一名工作17年的辅导员，没有抱怨，没有迷茫，目标坚定，执着前行，都来源于每天“元气微课堂”的正能量注入。每一个元气关键词都能打通你的“六经八脉”，形成自己的内驱力，找到自己的原动力。我们不是在读这本书，而是在感受一名辅导员的成长过程，更是在寻找全国一线辅导员未来的成长方法与路径，希望大家能在这本书里找到属于你的内在元气。

——《辅导员打造个人品牌IP实战指南》作者 **刘明耀**

高校辅导员的职业规划与生涯发展，历来是一本“难念的经”，理论一大堆，培训一大堆，但理论与自己发生“链接”还是很难的一件事情，何也？知道不等于心动，只有心动才能行动！这种行动，非指一般之行动，而是指对自己的工作和生活发起改变的行动。陈剑老师的这本著作，为辅导员发动改变提供了“心的连接”。77个元气关键词就像一个巨大的气场，从道、法、术、器四个层面让读者沉浸其中，如果你是一个对生活充满希冀和热情的辅导员，一定会在这种情境思悟交融的氛围里得到一种叫“气”的东西——我对这一点丝毫不怀疑，因为我初识陈老师就是被她的“气场”照见的。陈老师的气比她的光更足，我觉得这是“真气”，她凝结着陈老师一路走来的探索、情感、志向、愿景……她似乎并不那么期待照见谁，她一反教条的常态，洒脱、大气而又飘逸，潇洒地引导着大家“协奏”，真诚地热望着某种“抵达”：凝聚真气，共同探索后的“各自成为……”

——太原理工大学马克思主义学院副院长　**张俊义**

一口气看完陈剑老师的这本书，立意很好，构思很棒，最主要的是字里行间情真意切，能量满满，通过一系列关键词，生动串联起高校辅导员的日常点滴，给人以力量，给奋斗以坐标，也给偶尔困顿与挫败的灵魂以安抚。中医上说，元气是人体最根本、最重要的气，高校辅导员身兼光荣使命，同时也是大学思政教育的骨干，最需要在工作和生活中保有一股元气，把心胸打开，用爱去发电，才能更加从容开放，做学生真正的朋友与导师，也才能更加坚定地走好自己的学习成长与发展之路。

总之，真诚推荐这本书，金句灼灼，生机盎然，一起加油！

——北森生涯总裁　**张爱民**

我是先加入“元气微课堂”，再认识陈姐姐的。在陈姐姐的“元气微课堂”社群里，陈姐姐把十多年的实战经验，提炼成关键词，每天用大概7分钟的时间，结合自己的经历以“元气微课堂”的形式解读关键词，用情怀、用智慧、用案例为广大辅导员精准赋能。每次听她讲“元气微课堂”，我都觉得好亲切、好温暖、好有能量，经常感叹：原来辅导员工作还可以这样做，惊叹陈姐姐的优秀，如此与众不同……在她的影响和赋能下，我有了更多对辅导员工作的思考和探索，对未来努力方向更加笃定。在我看来，“元气微课堂”是充满智慧和情怀的学习天地，是既有温度又有热度的交流平台，非常期待书籍的出版，也欢迎大家加入“陈姐姐元气微课堂”，持续赋能！

——中山学院辅导员　**余建萍**

2023年下半年，我有幸加入了陈姐姐开设的“元气微课堂”。在这个平台上，我遇到了一群鲜活而真诚的辅导员同人，他们在自己所热爱的高校思政领域内主动规划、反思创新，并坚持自我完善。陈姐姐每天的7分钟微课点燃了大家的智慧火花，在这里，每位教师都展现出对生活的自觉态度，以创造性的精神对待工作与生活，并在这些活动中实现个人成长。教育本质上是对生命的启迪，每一节“元气微课”都充满了对生命发展和人生意义的深入思考。

这些辅导员可能没有最高的职称，也可能没有最显赫的职务，但在他们积极主动、自觉成长的日常互动和工作实践中，逐步体验到教学的自信、生活的充实、学生的喜爱、探索的新奇、成功的快乐以及生命的成长。他们对生命成长的高度自觉不仅体现在不懈探索和研究的乐趣中，也体现在不断创造劳动的成功体验中，进而不断提升教育境界，为高校的“立德树人”事业贡献智慧和力量。

——德州学院辅导员　**王培培**

陈姐姐的“元气微课堂”，是照亮心灵角落的“光启力”，是激发刻板理论的“鲜活力”，是推动知识探索的“原动力”。在这里，每一堂课都是一场精彩的冒险之旅，充满无限可能。陈姐姐用她独特的魅力，让学习变得有趣，让课堂变成了活力和创意的乐园，更重要的是，在学习中能感受到陈姐姐的热情和关怀，以及对学生管理事业的热爱和坚守。她鼓励我们勇于探索，敢于尝试，激发了我们内心的潜力，让我们在学生事业的学习道路上更加坚定和自信。“陈姐姐元气微课堂”，不仅是一个学习平台，更是一个创意的熔炉，一个灵感的源泉，每一堂课都注入了独特的生命力。

——河北青年管理干部学院辅导员　**梁玉荣**

陈姐姐的“元气微课堂”是我每天上班路上的第一缕曙光，有幸推荐她的大作，实感荣幸。2023年9月有幸成为“元气微课堂”的一员，本来也是抱着试一试的态度，没想到一试就完全停不下来，无论工作再忙，每天“输入、思考、输出”成了一天中最幸福的期待，在这个过程中感受到了自身积极的变化和成长，这是我从事一线辅导员工作19年以来从未有过的体验。77个元气关键词解锁学生工作的77把金钥匙，每天7分钟讲清楚一个问题，每个问题背后凝聚了来自全国各地辅导员的智慧结晶，招招有目标，期期有对象，帧帧见风景，每期将团队的智慧整合起来，用实用妙招帮助辅导员“破茧成蝶”，迅速成长。有句行内话：虽然辅导员不是万能的，但他们都在锻炼自己走向万能的路上。这本书想讲的也是这么个道理，它不是一本纯“心灵鸡汤”，而是一本“有方法、有逻辑、有思路”的工具丛书，是人人都可以掌握的一种能力，助力辅导员工作“轻松化”，让你惊讶地发现，用对方法，你也可以与“大咖们”比肩同行！非常建议大家认真阅读此书，相信它能成为广大辅导员工作必备的“活字典”。

——全国民办高校优秀辅导员、浙江省优秀辅导员、浙江越秀外国语学院　**赵莹**

初遇陈姐姐是源于朋友的介绍，通过她的一篇推文到加入“陈姐姐元气微课堂”再到“陈姐姐对话辅导员”等全网栏目，让我领略到这位“斜杠”辅导员身上的独特魅力。尤其是她躬耕力行，开启“个人产品化运营”，并持续探索“辅导员群体互助赋能”新模式，这种真诚和坦率是有温度的，我认为她是辅导员成长路上难得的引路人。这本书素材丰富，涉及辅导员科研成长、职业发展，学生工作方法等多个主题，直击问题，娓娓道来，可以说是点多面广，能够影响和带动更多同行者走出一条专业化成长的光芒之路。

——广东女子职业技术学院　**李梦花**

陈姐姐的“元气微课堂”，满满的干货与正能量，能给予我们辅导员希望、勇气、信心、工作思路及工作方法，给予我们向前、向未来之矢志和进取心。

——广东南华工商职业学院辅导员　**赖志聪**

我应该怎样来形容陈姐姐的“元气微课堂”呢？从“使命”这个词开始，2023年9月18日的早晨，在我准备去上班的时候，微信群里陈姐姐发布了第一条“元气微课堂”音频。因为好奇和观望的心态点击了下载，在听完整段音频后，我内心非常震撼，久久无法平静，甚至内心出现一个声音：“啊哈，工作原来还可以这样干！”因为元气课堂，这种兴奋感每天早上都会反复出现，为接下来一天的工作开启新的感知。与此同时，群里学工小伙伴们基于一个个元气关键词的表达，让我感觉就像“哥伦布发现了新大陆”一般，在不断地链接中重构了对辅导员工作的认知，甚至毫不夸张地说——让我在职业倦怠的节点找到了重新出发的信心和勇气！我强烈推荐此书给更多学工同人的理由是，透过这些关键词你会重温属于自己的故事，在与其他老师链接的过程中，你会找到有热情、干实事、有愿景的同频共振的小伙伴！

——四川卫生康复职业学院护理学院辅导员　**李秋虹**

自从2023年跟随陈剑老师每天早上7点一起在“元气微课堂”学习，每天都能听到手机“叮叮”的呼叫声，从陈老师分享的关键词中我也感受到了“从被动学习到主动学习的力量”，每天早上听7分钟的语音能够让我有所思，有所悟，让我能够结合近几年的学生管理工作而感同身受，也能够通过新鲜的动词或形容词来理解“元气微课堂”的元气所在。在每日“元气微课堂”过后，各高校的老师们也会在群里进行讨论和分享，进而让“元气微课堂”的理念再次升华，让我也能从不同地域不同年龄不同校况不同专业等角度对全国教育现状进行俯瞰和观察，从交流中也让我走出甘肃，走向全国，开阔视野，面向社会。

大学是大学生的小社会，社会才是大学生的大舞台，我作为一名辅导员，引领好学生思想工作，帮助他们树立正确的价值观、人生观、世界观才是最重要的。只有学生认识到才会做到，做到才证明我们的帮助是有效的。

从陈老师的“元气微课堂”中我学到的不仅仅是“引进来”，更多的是“用出去”。也希望同全国辅导员教师同人一同成长、一同学习，从该书中探寻属于自己的那份行动。

——甘肃卫生职业学院辅导员　**花蕾**

陈姐姐是实践派高手，不但想法超多，而且行动力十足，是我学习的标杆！如果你经常抱怨辅导员的工作繁杂琐碎，抑或职业发展遇到瓶颈期，那么陈姐姐的“元气微课堂”不容错过！里面满满的都是陈姐姐和全国各位学工同人的经验和智慧，它就像是一份特别有心意的礼物，就等你打开啦！有了它，相信会为你的事业注入超级多的活力，让你充满劲头儿地去努力！

——哈尔滨医科大学辅导员　**薛靓**

我与陈剑老师共事4载、相熟2年，深深地被她强烈的使命感、高效的执行力、充盈的正能量所折服。2023年9月，陈老师创办“元气微课堂”，我是第一批加入的，每天早上上班路上听着陈老师的元气关键词，仿佛把一天的能量都加满了。77个元气关键词，是她18年学生工作的复盘总结，也是应时而变的真学问。学完77个元气关键词，你将对学生工作有新的认知、新的想法和新的行动，将加快专业化、专家化的步伐，使更多学生获益。

——遵义医科大学珠海校区辅导员　**钟仁云**

我与陈剑老师从相识于《令人心动的 offer》，到朗达·拜恩的《秘密》，从读书会到后来的“元气微课堂”，一直以来她给我最大的感触就是——她始终是一个积极正能量爆棚的“提灯者”，一路照亮并温暖着同行的人。作为曾经多年工作在辅导员一线的我来说，对“元气微课堂”感触尤为特别：“77个元气关键词”是一种沉淀、是一种坚持，是一种态度，更是一种大爱，赋予我对思政工作的全新认知。陈老师的这一著作毫无疑问会成就无数思政一线老师的梦想。

——GCDF生涯规划师、人社创业培训讲师、高校教师、思学未来高报特聘规划师
杨锐

陈剑老师的这本书即将面世，我非常开心。作为“陈姐姐对话辅导员”系列的第一位嘉宾，我被陈姐姐深深感动和影响了。作为一名高校辅导员，我深知这份职业背后的责任与挑战。在阅读了这本书之后，我被书中的深刻见解和实用策略所打动。

书中，陈剑老师以她17年的丰富经验，将辅导员工作的核心要素凝练为77个关键词，每一个都如同一把“钥匙”，为我们打开了理解和引导学生心灵的大门。从“使命”到“信赖”、从“思维”到“规范”，每一个词汇都是对辅导员角色的深刻诠释，每一个策略都是对学生工作的深度思考。

我特别认同书中提到的“使命”关键词，让我又一次“看见”了自己选择这份事业的初衷。“信赖”一词，则让我意识到与学生之间建立信任关系是何等重要，它是辅导员工作成功的基石。

此外，陈剑老师的“个人产品化”运营理念也给了我极大的启发。通过抖音、视频号等新媒体平台，她将辅导员工作与现代科技相结合，创新了教育的传播方式，这不仅扩展了教育的覆盖面，也极大地提高了教育的实效性。

这本书是辅导员的良师益友，是每一位教育工作者书架上的必备之作。

——北京石油化工学院人文社科学院辅导员

朱明（北京高校就业指导课程教学大赛一等奖获得者）

陈剑老师，是我迄今为止认识的辅导员里最有想法与执行力的一位辅导员。我们是在校外职规培训上认识的，当时虽然在不同的组别，但也能感觉到陈老师所在的小组每天都是元气满满。也是在那时，机缘巧合下加了陈老师的微信，通过陈老师的朋友圈，又加深了对陈老师的认识，她很擅长总结与反思，而且乐于分享，我想这是一名优秀辅导员所必备的能力品质，在她身上学习到了很多！这本书是一群志同道合的辅导员共创共建的工作智慧结晶，对于新手辅导员，它能让您快速理解辅导员岗位；对于资深辅导员，它也能让您从中找到共鸣。

——广州中医药大学辅导员　**唐凯晴**

与陈姐姐相识于全球生涯教练课堂，培训课堂上的陈姐姐元气满满，活力十足，积极与讲师互动，主动分享工作经验，带动整个小组高质量完成课程任务。作为课程班主任，遇见这样的满分学员是一件十分幸运的事。有幸提前拜读陈姐姐的这本书，字里行间都流露出陈姐姐对岗位的热爱与珍视！

从17载的学生工作中提炼出77个关键词，层层思考，步步深挖，让我更加全面去了解辅导员这一职业的背后付出，了解学生这一群体的就业困惑。看完陈姐姐分享的一个个鲜活案例，我既觉得服务于学生成长，我们任重道远，又深感长路灿灿，因为出现问题时也能从陈姐姐这里找到“锦囊妙计”，也能从陈姐姐这里感受到教育引导的力量！

从学生中来到学生中去，从实际问题出发到实现全面发展，陈姐姐的“元气微课堂”紧紧抓住了这一中心主题，引导着教育工作者对学生工作的深入思考。

——北森生涯培训管理部　**孟森**

一次偶然的机会，难得的缘分，让我认识了陈姐姐，后来跟着陈姐姐的步伐参加了好几期职业生涯规划的培训。她充满活力，行动力爆表，每每交谈，可了解到她在党建工作和职业生涯规划课程等方面的心得和经验，被她的超强大脑、超强干劲、超强元气深深感染。陈姐姐的“元气微课堂”，以最朴实的工作日常，同行间最朴素的内心独白，诉说着辅导员的初心，让我回想起成为辅导员的那份赤诚之心。每每与学生交谈、见证学生成长进步，激起内心那份获得感和满足感。陈姐姐的好文如同一盏航灯，让我困顿于繁忙的工作事务、读博学业压力之时，再次照亮我前行的路。推荐陈姐姐元气好文，值得一读再读。

——五邑大学数学与计算科学学院党委副书记　**卓英莲**

自序

我能做到的，你们也可以！

讲真，虽然“陈姐姐元气微课堂”从一开始的目标就是出一本书，可当我坐在电脑前，真的开始为这本书撰写自序的时候，我的内心是异常激动的：我，一个普普通通的高校辅导员，居然，要出版一本书了！（此处应该有掌声……）

怎么说呢！出书，这搁在2023年之前，是我连做梦都没想过的事情，可在我人生刚刚迈入“四十不惑”的阶段，却悄然而至，关键还这么轻松、这么简单地就实现了，我必须把这样的美事分享给大家，因为我期待：每一个辅导员都能拥有一本自己的书，不为职称，没有压力，全是热爱！

那么，这个神奇的2023年到底发生了什么？或许这三件事，准确地说应该是三次思维升级促发的一次次具体行动，直接带来了这个结果，很值得和大家聊一聊！

第一次：源于斜杠。2023年元旦前后，趁着假期，内心那个想要自我突破的“小妖”终究是按捺不住了！我开始认真思考“我到底是谁？我来到这个世界的使命是什么……”对自己17年一线学生工作的深度复盘，带着自己在职业生涯领域持续深入学习与实践的突破体验，以及身边和在培训、交流中结识的学工同人们对工作的那份“偏爱”的无处释放……反正就是各种因素交织在一起，让我又忍不住想要“折腾”了……

于是，我的脑海中冒出了“斜杠”这个词，觉得自己可以在工作之外做点“不一样”的事。所以我花了几天时间，梳理了一份《陈剑诚意推荐函》，把自己十几年的工作罗列出来，找找自己的“斜杠点”，也的确发现了很多“自以为是”的工作成果，想以此为“突破口”，联合各高校的辅导员做一个“辅导员斜杠联盟”，带领和我差不多经历的，特别是手头已经有一些工作成果的老师们一起“抱团成长”。这期间，我还首次尝试了抖音直播，完成了就业指导课《令人心动的offer》和《大学生职业生涯自我成长训练营》的独立设计和运营，获得了“国际职业策略规划师”认证，并开始通过平台直播为职场人开展职业咨询，也不停地阅读、培训、分享等，却总感觉“哪里不对劲”……

印象最深的一件事，我们学校举行“校园双选会”，招就办负责人安排我去现场“摆摊”，为学生优化简历和开展就业指导。我以为我是去“打酱油”的，没想到当天被毕业生围得“水泄不通”，2小时，改了上百份简历……关键是这些简历中的问题，明明是在他们实习前的就业指导课中专题讲授过的，可怎么到毕业这个“节骨眼儿”了，他们的求职简历竟如“毛坯房”，连基本的“推销思维”都没有！

我开始反思自己的工作和课程设计。是啊，我自己当年毕业的时候都没有做过简历，虽然有面试，但和现在毕业生所处的就业环境完全不一样，加上学生对在校的就业课程只求“拿个学分”，没几个真正听课，导致毕业求职了，才“回过神来”，要做简历准备面试了，不能说太晚了，但起码会错过一些机会。而事实证明，不管是升学、创业，还是就业，策略地“自我推销”都是我们主动选择工作的“法宝”。其实，这也是和学生同样处在“象牙塔”的我们大大缺乏的呀！怎么办？我的想法就是：你期待学生能做到的，你首先做到！

我突然意识到，我不能再这样“闷头”干事了，我要“跳出工作”，去看看真实的社会、市场到底是一个什么“样子”，他们到底需要什么“人才”，然后将“一手实践”回归校园，继续为我的学生保驾护航！

第二次：始于破圈。2023年暑期，我通过自费学习文案、社群、商业等相关课程，和一大群个体创业者相识，打开了我在原有主动式“自我推销”基础上的被动式“自我营销”思维，开启了“个人产品化”运营，即把“自己”变成别人需要的“产品”。我经常和小伙伴们分享：首先，你要明确自己的价值；其次，你要让更多的人“看见”；最后，你要持续放大你的价值，并通过不断地分享和创造，来让更多的人获得更大的价值！

“陈姐姐元气微课堂”就是在这样的“营销”背景之下孕育而生，同期推出的还有“陈姐姐对话辅导员”。2023年9月18日早上7点，“陈姐姐元气微课堂”发布了第1个元气关键词：使命！开启了每周一至周五，每天早上1个元气关键词的“不见不散”和每周六“元气好书”的拓展分享。

第三次：忠于热爱。说出来不怕大家笑话，一开始做“元气微课堂”时我真的就是“脑子一热”，想着每天说7分钟，挺简单的。可当我拿起手机要开始录音的时候，才发现我的“脑子空空”“词不达意”“逻辑混乱”……但是，海报都发布出去了，社群也建起来了，可不能“半途而废”，必须“硬着头皮”开干。但具体要怎么做，纯属“摸着石头过河”！

我不停地叩问自己：到底是什么在推动我如此“乐此不疲”地前行？这也是很多同人问过我的问题，我也在不同的场合中回应：因为我的工作就是我喜欢的，做自己喜欢的工作是不会觉得累的……但大家对这个“答案”似乎并不满意，的确，它不具体，也不好去量化，更没有指向性，所以我用一个个关键词的方式来“重新定义”辅导员工作，没有生涩难懂的理论，也不是拿去就能用的妙方，更不是简单粗暴的指南，就是把我在日常工作中遇到的“卡点”“槽点”“难点”……换一个角度来聊，就这样变成了一篇篇“元气稿”。知道大家都忙，我又把文字录成音频，适合大家碎片化学习。甚至给每篇“元气稿”又提炼出“元气金句”，供大家高效思考，简单行动。久而久之，居然养成了这种复利式“工作日志”化的思考模式和写作习惯，受益良多。以至于现在的我，一天不思考、不写稿就非常“难受”。

当然，也不都是“一帆风顺”的。在写完第37个关键词“需要”之后，遇到了各种现实的具体事件，停更了一个多月，在“重启”中我还专门小结了这段时间的所遇、所思，特别感恩我的元气小伙伴们给予了我“回归”的力量，让我“毫无压力地自由切换”。直到第63个关键词：压倒性投入，我才开始尝试“不写稿、直接录音”的方式，一方面大大提高了效率，另一方面也让我的“功力倍增”，随之带来的还有思考频次的叠加和行动落地的增效……这也让我深深地理解，一件事从“想到”到“做到”的现实路径，没有捷径，唯有“热爱”能跨越这一道道“坎”。也只有你行动起来，哪怕是一小步，才会知道“下一步该怎么做”。你们看，我真的做到了，所以，你们也一定可以！

最后想说一下这本书的“使用说明”。当本书于2024年9月呈现在你的面前时，你可以试着这样阅读和使用：

一是顺着看。正好我也是从2023年9月开启，跟着工作的节奏输出，你这样看会有一条时间线牵引，包括新生入学、开学第一课、评奖评优、奖助贷勤等，有点类似“工具书”。

二是挑着看。你可以翻开目录，看看什么词吸引你，就翻到那里。因为每一个词的内容都“独立成篇”，还有学工同人的“元气加油站”，为你暂时的迷茫送去光芒，特别好奇你们会第一个看哪个词呢！

三是组合看。前面提到，“元气微课堂”的分享形式就是语音，很多小伙伴都是每天早上在上班路上播放着听，然后在群里分享心得，所以我也为大家准备了一些音频，全都是陈姐姐的声音哟。大家可以先听录音再看文字，或者看了文字再听语音，有的词可能需要反复多看几次、多听几遍，强烈建议你在书的空白处写下你的“即时感悟”，这样的“自我对话”真的是“价值连城”！

当然，不管你们选择怎样的开启方式，我都期待你们带着这样的行动，把书中的内容与你们的工作、生活进行“无缝连接”，大胆地试一试，不敢说“百发百中”吧，但也一定会是“百试不爽”！

好了，就说这么多吧，很多话、很多感悟，都写在每一个关键词里了，大家慢慢看。“陈姐姐元气微课堂”还在继续，欢迎更多的小伙伴加入，让我们一起：每天元气满满！

陈剑

2024年6月9日

于珠海

目录

元气密码

激发辅导员工作潜能的

77个关键词

元气关键词01

使命

什么是使命？一听到这个问题，相信我们每个辅导员的脑海中，都会出现这四个字：立德树人！这四个字赋予了我们辅导员工作的底色和内涵，也是我们所有行动的准则，那么在具体的工作中，大家又是怎么理解和践行的呢？

先来说说我的理解和做法！

我是本科毕业后留在学校工作的，第一个岗位是团委专职老师，说起这件事还非常有意思，最初我应聘的岗位是生理学实验室的实验员，就是专门负责学生做实验的，突然有一天学校通知我，根据工作需要，我被调到团委工作。我当时还在家里等毕业，接到这个电话呆愣住了，实验员好歹和我的医学专业有关，这个团委工作到底是干啥的还真不知道。尽管大学期间我一直担任学生干部，和老师们的关系也都挺好，但是对于从执行者到管理者的角色转变，还是适应了很久！

印象最深的就是，我去报到之后，第一次走进团委办公室，就被眼前的景象惊呆了，只见办公室里，不管是桌面、窗台，还是档案柜，到处摆满了各种材料、盒子、物品，当时的团委书记因为身兼数职，工作繁忙，经常不在办公室，平时这个办公室也主要由学生干部使用，所以特别杂乱！书记对我说："你先自己看看能做点什么吧，熟悉熟悉工作！"在没有接到任何工作任务的状况下，我便开始清理办公室堆积如山的材料。我一份份阅读，并根据自己的理解，把所有材料按类别、年限、内容等分类整理，几天后，办公室焕然一新……

我当时其实并不知道做得对不对，就是觉得应该这么做！也是在这个过程中，我逐步了解了团委这个部门是干什么的，已经做了什么，做得怎么样。现在回想起来，我的第一份工作真的就是在这种不知所措中开始的，当时根本不知道"使命"是什么，只是认真地把眼前应该做的工作和任务一个个完成、做好！

在团委工作的第三年，我就开始接手辅导员、学生党支部和本科生的授课工作了。自己那个时候年轻，没有家庭的负担，从早到晚都泡在工作中，但也仍然对工作使命没有太多感知。有的人可能会说，这就是一份工作，没必要上升到这样的高度！的确，辅导员在很多人眼里也就是一份工作，做好上级安排的，对接好学生需要的，该上班上班，该下班下班，没啥大不同！

可实际上，我们的学生群体，大多是一群怀揣人生理想、思想多元多变、处事懵懵懂懂的“成年小孩”，他们从不同的地方、不同的家庭、不同的学校，带着不同的期待来到我们身边，而我们可能是他们还未到校，便在新生班群第一个认识的学校里的人。也正是这样的契机，让我对使命有了不一样的体会！你会发现，新生进校几乎什么都要来问你，你就是他们的大姐姐，你不能回答“不知道”，你要冲在他们前面，把他们可能要踩的坑“先过一遍”，你开始期待自己“无所不能、无所不会、所向披靡……”这，就是我那个阶段理解的使命！

如今，我工作已经17年了，累计带班32个，直接管理学生近2000人，间接影响学生超过万人次。我现在对“使命”又有了很不一样的理解，我需要让学生“看见”他们的辅导员对事业的热爱、对自身能力的不断挑战，对他们的支持从背后到台前，为他们照亮前行的道路！

因此，我对使命有了更深的理解，即做你认为应该做的事，这件事正是你现在正在做的，也是你未来愿意一直做下去的事情！

元气金句

使命一点不神秘，它就藏在我们的脑海中和行动里，不断丰富我们的生命，提升我们的价值。它是一件“你认为应该做的事+也正是你现在做的事+你未来一直愿意做下去的事”！

元气加油站

1.遵义医科大学珠海校区辅导员钟仁云老师

【元气心得】立德树人的使命是我们繁杂工作的深层意义和不竭动力，也因为使命所系，鞭策着我们做更多有利于学生发展的事情，大到职业生涯规划，小到答疑解惑、关心生活。建立使命感，是大学生职业生涯规划中专业认同的最终目的。老师们可以挖掘自身的职业发展小故事，通过分享自己的职业选择故事，启发学生去探寻和思考自己的专业发展和职业规划，提高对专业的认同度，找到职业使命感，学生的行为大体都会朝着良性的方向发展。

2.浙江中医药大学辅导员丁艺雪老师

【元气心得】从日常小事中升格出宏大使命感，是辅导员琐碎工作与立德树人根本任务的链接，是克服职业倦怠的法宝。辅导员要做好学生的领路人，要有与学生站在一起的亲切感、比学生先走一程的经验、带学生再走一遍的耐心，始终围绕学生，关照学生，服务学生。一个不完美的人带着一群不完美的人向前奔跑。感谢陈姐姐的分享，坚持分享，倒逼输入，一起加油！

3.遵义医科大学珠海校区王婷老师

【元气心得】从陈姐姐的个人经历讲述中，让我明白了使命不应该是盲目的，而是要从实际出发，完成好自己工作或者生活中应该做的，这就是承担好了自己的使命！

4.德州学院辅导员王培培老师

【元气心得】“使命”一词，对于辅导员这个岗位而言，真的会本能地想到立德树人、为党育人、为国育才等让我们听起来都觉得浑身有力量、被满满赋能的话，在职场工作7年的我再次看这个词，理解的是“如何使用生命”！我如何把我35岁的年华活得淋漓尽致？经由这份生命状态的引发、这份呈现，去激发学生来自内在的无限美好。毕业后，很多学生会给我留言：老师，看到您工作、陪娃、自我成长都能兼顾得那么好，未来我也想像您一样。其实自己何尝不是忙忙碌碌，有时候身体疲惫不堪，有时候生活一地鸡毛。但每当想到学生这样真实反馈的时候，自己又满血复活，觉得一切都是有意义的。陈姐姐说使命是做你应该做、目前正在做、同时未来期待且愿意一直做下去的事，我想当下辅导员事业就是我要做的事情。

5.贵州商学院朱静老师

【元气心得】从陈老师的个人经历分享中，我再次回忆起当初刚踏入工作岗位的那份热情，把眼前的工作、任务一一完成，每天都像打鸡血一样，没有真正意义上理解使命的内涵。听了陈老师的分享，理解了使命另一个层次的含义：“你认为应该做的事+也正是你现在做的事+你未来一直愿意做下去的事！”另，辅导员的使命是人才培养，其实质内涵是辅导员要做好大学生成长成才的人生导师和健康生活的知心朋友……这点，科任老师在课堂上对学生的引导也至关重要。

元气关键词02

信赖

一提起“信赖”这个词，我脑海中就闪现出一件事情，让我至今都“无法释怀”……

我2015年带的班级里有一位女同学，从新生入学开始就很积极，申请做了班级的临时负责人，做得也很好，后来班级竞选成为文宣委员，给人的感觉很阳光，工作、学习、生活一直都挺好的。因为这个女孩来自单亲家庭，我对她也格外照顾，还给她申请了办公室兼职岗位和助学金的倾斜……后面因为家庭的原因，她多次跟我请假回去照顾父亲，她父亲就在我们周边的一个城市，车程1个小时左右，我们也一直沟通挺好！直到大三的某一天，她来到我办公室，情绪挺低落，说来办理休学，理由还是照顾父亲。因为她的父亲当时要做一个心脏手术，做完需要人照顾，恢复时间比较长，家里也只有她能照顾，于是提出休学……我当时也劝了她，比如家里人能不能协调，或者先请一段时间假，看恢复情况再说，因为都大三了，也要开始上专业课了，如果休学一年脱离课堂，对于课程学习的连贯性影响还是比较大的……我也和他父亲电话沟通过，后面还是没办法，学生执意休学……我到现在还记得当时她哭着对我说：“陈老师，我已经没有妈妈了，在这个世界上只有一个父亲了，虽然他没有尽到父亲的责任，但是我想给自己一个机会，为他尽责，等他身体恢复了，我就回来继续学业！”

学生办完手续就离开了学校，这件事好像就这么过去了，可到下学期开学没几天，就来了几个其他院系的学生找到我，说这个学生之前在学校用他们的身份证办了借贷卡，现在因为这个学生两个月没有及时还贷，不停有人打电话催钱，他们现在也联系不上这个学生，只能来找我了。我当时也不知道这个学生出了什么事情，也试了各种方式联系她，却始终联系不上。最让我惊讶的是，打了之前她父亲的电话，接电话的那个人居然说不认识这个女孩，后面我还根据她父亲身份证上的地址派人去找过，也没有这个人……我当时更多的是担心学生本人的安全，也发动班级同学通过各种途径找她，可也总会听到一些同学议论她之前在学校的一些情况，听得多了，心里也从担心变成难过，这种难过是一种“我以为学生有什么事情都会来找我，但是她却没有”，这是一种信赖感的动摇，对当时的我来说，确实有点“猝不及防”。

今天我把这件事讲出来，其实也是对这件事的释怀，就是我终于接受，学生是可以“不信赖”辅导员的，他们也应该学会独立去解决自己的问题；辅导员也可以不用事事想要去“挡”在学生的前面。那么辅导员和学生之间到底应该如何相处？也许需要一种“有边界的相处”，就像老朋友之间，不用时时、事事在一起，可一旦他需要你，你一定会全力以赴，然后事情处理完毕，你们又回到各自的领地，如此循环……想想，这其实也是一种信赖，不是吗？所以我发现，信赖也可以有很多表现方式，它可以是相信，也可以是放手，还可以是等待，我相信8年前我不得不放手的这个学生一定会在未来的某天，重新来到我身边，告诉我她这些年的喜怒哀乐，我等着！

最后我想说，当你因为和学生之间发生的一些事情，你快要“产生怀疑”的时候，请不要动摇自己的信赖，你只需相信学生在你面前说的、做的，在那个当下就是他想要呈现的，而你只需无条件相信，然后尽力去协助学生解决当下那个问题，因为和没有信赖感的师生关系相比，我宁愿选择去相信！也只有你自己内心充满了信赖，才会滋养出更有力量的自己，当你满怀信赖朝前走的时候，你也一定会收获越来越多值得信赖的人和事！

元气金句

信赖可以是相信，也可以是放手，还可以是等待！信赖是一种经由时间沉淀后的选择，当你选择全然相信，你就能生发出更多、更大的力量，让你的生命越来越旺盛！

元气加油站

1.浙江中医药大学辅导员丁艺雪老师

【元气心得】最喜欢分享中的“边界感”三个字。对学生积极关注、适时帮助、有边界感地介入，也许是这些年辅导员工作的最大体会了。如同医生治病救人，施救却也接受无常。辅导员与学生的关系是个大话题，也是我们其他人际关系的写照，其中最难的是不改初心。

信赖感来自对人的尊重。辅导员因工作获得学生信赖，也得处理好工作关系与个人关系的区隔。毕竟我们面对的不是一两个学生，允许学生保留也是一种尊重，这种允许也是对辅导员的更高要求。喜欢陈姐姐的案例分享，相互吐槽也是一种支持。

2.遵义医科大学珠海校区辅导员钟仁云老师

【元气心得】父母的信赖来源于物质的满足和心灵的呵护；朋友的信赖来源于精神的依靠和道义的支持；老师的信赖来源于制度的公正、成长的助推、生活的关怀、用心的倾听！

3.德州学院辅导员王培培老师

【元气心得】在我们辅导员日常工作当中也有类似的案例发生，比如给学生办理休学手续，比如我们无比相信的一个学生，突然发生一些变故，会让我们产生怀疑，我在思考，在规范、严谨办理完休学手续的前提下，那关于辅导员的我们，还可以做什么？陈姐姐在这里给出了很好的示范，就是"有边界的相处"，就好像是两个亲密爱人，既相爱又独立，给予学生100%无条件的信任。

NLP12条前提假设里面讲：每个人都有使自己成功快乐的资源。我们是这样，相信我们的那些所谓的"问题"学生也是如此，如果心怀慈悲，究竟发生了什么会让一个学生去做这样的行为，不得不离开校园？怀着这份慈悲，好奇、祝福和相信，在量子理论下，我们的这份祝福和心的力量，也会化为学生去向更好的动力。

元气关键词03

思维

回忆我的辅导员工作，截至目前有三个重要事件，对我现在的工作和生活产生了极大的影响。

第一件事就是在我工作的第五年，我选择了离开工作岗位去读研！前面也说到，我是临床医学专业本科毕业，第一份工作是在团委，因为大学期间一直是学生干部，所以在入职的前几年也还是以“学生心态”去做工作，和学生相处也挺好，直到现在我的微信里都有很多我那个时候的团学干部，我们从师生变为了朋友，这是我一生中的宝贵财富！随着每年新干部的不断更迭，我发现自己有些“吃不消”，和学生“打成一片”固然重要，但是如何更好地引领学生，激发出学生干部内在的动力，带领全校团员青年积极向上，成为我那个时候的困惑。我发现自己需要“充电”，于是选择了考研，也很幸运当年就考取了我们学校思想政治教育专业的研究生。

第二件事就是在我生完孩子的第二年，那个时候我在专职辅导员岗位工作，参加了学校辅导员职业能力大赛，然后通过校赛非常幸运地一路到省赛，两年两次备赛参赛的经历，让我对辅导员的工作有了非常深的认知！缘于我在准备理论考试的过程中，发现和我们工作相关的文件、制度、通知太多了，而且没有系统化，全部分散在网络中，很难查询！通常我在查到一个文件的时候，会连带发现其他的上级指导文件，我就跟着这条线索，不停地“寻根究底”，并按照类别分别建立文件夹，比如思想引领的、心理健康的、职业发展的、党团建设的、学习培养的……然后分别打印出来，归类学习，效果还挺好，在理论考试环节凸显的优势，使我取得了省赛的二、三等奖！

这段经历让我发现其实我们的工作，从上到下早就有了“蓝图”，我之前也是只在自己工作的圈子里“埋头苦干”，对这些所谓的上级政策“不感冒”，认为都是一些“晦涩难懂”的套路，其实根本就不是。就拿我们高校辅导员最经典的一个文件——“43号令”来说，它对我们辅导员的主要工作职责从九大方面给出了清晰的内容。比如在党团和班级建设方面，你就围绕“学生干部的遴选、培养、激励”，做好学生干部的培养，这对咱们辅导员来说相当于给我们的工作插上了翅膀，能减少很多精力，且能提升工作效率！文件上的每一句话，如果我们去拆解，都是一个工作板块，接下来就是结合本专业的特点和阶段发展任务加以润色、提升、整合和包装，一个精品项目也就做出来了！

第三件事就是在2021年的下半年，我连续参加了4个职业生涯相关的培训，获得全球职业生涯规划师、全球生涯教练的国际认证，到目前为止，我已经完成了20多项生涯培训。关键是在学习之后，我把我的所有工作都进行了整合和升级，还提炼了全新的工作模式——“12345组织育人全域成长动力支持体系”，同时开始对外公益咨询、主题分享、课程建设等，让我整个人由内到外地焕然一新、火力全开……

所以思维的转变，有时候就在某一天你突然意识到“不能再这样下去”的顿悟里，也藏在你日复一日认真对待事物的专注思考里，更是在对自我发展不断挑战的持续行动里！

我们每天都被很多“应该、必须、马上”的任务牵引，对内有家庭，对外有工作，当你觉察到自己失去了平衡、遇到了卡点、遭遇了瓶颈，抑或出现终日抱怨、无法喜悦、难以释怀等状态……那么，恭喜你，是时候停下脚步，换个频道，重新起航！

元气金句

思维就是一个念头、一个想法，它是你行事的原因，也直接导致你行为的结果。有时候停下脚步，换个频道，也不失为一种美好！

元气加油站

1.浙江中医药大学辅导员丁艺雪老师

【元气心得】感动于陈姐姐的三次换挡升级，自我动力满满，善于归纳总结提炼成果，这是我最需要学习的。烦恼着顿悟，顿悟中转变，转变时行动，行动后突围。跟随“元气微课堂”，学习分享记录，也是我的突围，感谢陈姐姐。有机会听一听“12345组织育人全域成长动力支持体系”的分享吗？谢谢！

2.遵义医科大学珠海校区辅导员钟仁云老师

【元气心得】意识决定思维，思维决定行动，行动决定结果，结果成为信念和铺路石，指引我们到达新的高度。人与人和现在的我与过去的我，最大的区别不在于生理上，而在于思维的不同。

四年前的我，在内地的一所大学教务处工作，感于对城市和岗位的不满，于是先后11次来到大湾区找工作，被多家单位录用，最后选择了珠海。现在回首，“特种兵式”找工作的经历，是一种宝贵的精神财富和人生信念，一切皆有可能。今年6月，繁忙的期末阶段，被部系要求写了一篇教育思想论文，自己又写了一个课题报告（已立项），又参加了学校辅导员素质能力大赛（获奖了），经历过才发现，原来工作之余能做这么多事情，也成为一次思维转变的契机和信念。

3.德州学院辅导员王培培老师

【元气心得】在今天关于思维话题的分享当中，我看到了陈姐姐的极致卓越和在工作当中的智慧与方法。很多时候我也会困惑于对学生干部的培养，好像毕业之后联系我们更多的，反而是一些普通的学生，我也在思考如何给予学生干部系统的、有效的支持陪伴，让他们愿意、乐意去做好学生服务工作，在这个过程中锻炼自己，成就自己。原来一切都那么简单，又回到了最初的文件本身，对照文件，归类、拆解、润色、包装就可以成为很好的项目，至少在指导我们工作的过程中有着积极而有效的工具意义，感觉今天又学到了，感谢陈姐姐每天用心的分享，这份遇见很幸福。

4.贵州商学院朱静老师

【元气心得】对这个词的认识最初得益于同事的分享：做中学。这次听了陈老师对思维的深入分享：顿悟中转变，转变时行动，再次加深了对思维的深度理解。以前老想着等所有东西都准备好了，再去做这个事，应该会事半功倍，其实结果并不是想象的那样。后面抱着试试看的心态，申报了一项课题（已立项），想想结果，这个事也可以做好的。

5.重庆第二师范学院辅导员刘莉老师

【元气心得】思维决定行动，行动是对思维的反应。在今天关于思维话题的分享当中，陈姐姐以自己为例，分享了三件重要事件，很佩服的是，陈姐姐看问题总是能够透过某个事件很快捕捉到事件背后的本质，并立马思考去改变它。其实我曾经也尝试去把辅导员相关的材料分门别类整理出来，但是我就真的只是整理出来了，没有很好地去进一步、深层次思考它，更别谈在工作中很好地用到它了，所以我还是要继续去把这个事情完成才可以。现在在补作业，听完了之后跟第一次听比起来，感觉对“思维”的了解更进了一步，今后要不断去打开思维，并用思维去指导行动，再在行动里面去提升思维。谢谢陈姐姐，带着我们一起加油！

元气关键词04

提炼

这两天一直在写一个省级申报材料，周六写完，周日交，周一得到反馈，材料“过于简单”，让我再“丰富丰富”……

回想这些年，其实我写了很多材料，印象最深的一次是2017年申报省级的一个党建品牌成果，这个材料主要基于2015年开始我针对新生开展的主题活动“党章学习小组”。这个活动前后做了两年，一共3期，效果也还不错，累积的电子材料都有32G。正好遇到这个项目的申请机会，就想着好好总结总结、梳理梳理。于是从7月暑期开始，我便和几个学生干部分工合作，我主要撰写文字部分，学生协助我把共性、效果这些数据化，等8月底开学的时候提交到学校，居然获得了省级评选的推荐。然后，也是给了2天时间完善，要求：重新提炼、提炼，再提炼，那种在自己好不容易写出来的材料上“再动刀”的感觉真的是无法言喻，因为你那个时候已经被自己的思维限制住了，相当于重新再来一次，还要进行更深层次的剖析，时间这么短，怎么提炼啊！

虽然不知道怎么改，但还是要硬着头皮去做。幸好当时办公室有一位才从校本部调过来的老师，他之前在工作中也经常写材料，重点给我说了一个方面，就是材料的题目一定要有吸引力，最好是有别人一看就记得住的内容……于是我按照这个思路，把申报成果的题目从原来的《打造“党章学习”科学化品牌化推动“两学一做”常态化制度化》，改为了《打造“党章学习”品牌化 推动“两学一做”常态化》，更加短小精悍。为了更具记忆性和传播性，我还将整个实施路径重新提炼出一个工作方法——“党章小组433”分步学习教育法，升级后的成果最终获得了2017年全省高校基层党建主题实践活动优秀成果一等奖（共3个），实现了学校在该奖项一等奖零的突破，并保持至今！

最令我惊喜的一次申报，当然要数2019年获得教育部第二批“全国党建工作样板支部”的那次了。第一次写这样的国家级项目，也没有任何参考资料，看着十几页空白的申报表，真的是无从下手！幸好有2017年申报的基础，加上工作以来的规范与创新，我一个人连续写了十几天的材料，从5月份提交学校评选，到9月份通知我推荐到省里，再到12月份获批培育创建单位，又一次实现了学校在这个奖项上零的突破。也正因为有了这两次突破，我所在的支部在这几年不断成为各类省级示范点、校级优秀案例，并发表多篇工作论文，等等。两年后又是各种加班撰写验收材料，最终通过验收！

回到开头最近的这次申报，这个材料其实也是在2018年材料基础上的同一个奖项的申报，每年的9月都有一次申报机会，前两年我也有参评，因为每次时间都很紧，让我报材料的时候，我也只是在前面的基础上修修改改，加点今年新增的奖励，确实没有尽心尽力去写。这次返工，我又借鉴了一下往年获奖老师的材料，发现我的一个环节虽然很凝练，但是从评审的角度来看确实“过于简单”了，所以静下心来，花了一个晚上的时间，从题目到框架到内容都做了大幅度的调整和提炼，尽管现在还没有出结果，但是通过这样的方式，对自己过往5年的工作进行了一个小结，获得感和自我效能感非常棒！

很多老师可能会说，我不是思政专业的，我也不会写材料，我就踏踏实实做好工作就行了；还有些年长的老师会认为，这些都是你们年轻人干的事儿，自己不适合也不想干这样的事儿！但是从这些年自己写材料的体会，有3点想法和大家分享：一是不管年资如何，有项目就要去写（大家工作都差不多，学习你能找到的最好的材料，先成为再做实）；二是不管能力如何，有想法就要去做（从学生需求、工作痛点入手，设计育人活动，积累育人实效）；三是不管结果如何，有机会就要去试（定期小结、迭代工作、提升思维，从低到高申报），总能有突破、有收获。衷心祝福大家在各自的工作中都能收获满满！

元气金句

不管你年资如何，能力如何，不管是主动为之，还是被动交差，只要养成定期提炼的习惯，终将带给你源源不断的“事业燃料”！

元气加油站

1.遵义医科大学珠海校区辅导员钟仁云老师

【元气心得】不管年资如何，有项目就去写；不管能力如何，有想法就去做；不管结果如何，有机会就去试。非常认可和受用的金句！有项目就去申报，倒逼自己去输出、去提炼，会得到意想不到的结果，对工作和精神都大有裨益。最近在提炼总结学业困难学生转换案例，跟学生谈话时发现最好的转换大法就是跟正能量的人待在一起，对于我们也同样适用。感谢陈姐姐死磕自己，持续输出分享！

2.浙江中医药大学辅导员丁艺雪老师

【元气心得】提炼是自己工作7~8年后发现的关键成长动力，听到陈姐姐的分享心有戚戚焉。工作不复盘一半白做，成果不提炼基本没戏。辅导员九大职能件件都有大大的提炼空间。从某一项工作想法开始，发现处处有学问，只待有心人。

3.德州学院辅导员王培培老师

【元气心得】陈姐姐就“提炼”关键词分享三点心得:不管你的年资如何，有项目就要尽力地去写；不管你的能力如何，有想法就要去做；不管结果如何，有机会就要去试。听完感到满满的震撼并充满动力，每一份成就鲜花和掌声的背后，都有常人所不知的艰辛与汗水。如何静下心来对过往的工作做一个有效的梳理提炼？如何经由自己的实践，将工作理论化、普及化？我想这应当是我接下来要着手用心去尝试的。我们经常说要百分之百地相信学生，可是当一个课题申报的通知下来，当一个评奖评优的通知下来，作为辅导员的我有没有百分之百地相信自己？无论结果如何，都要给自己这一个看见和鼓励的机会。无论结果如何，这个提炼的过程最有价值；无论结果如何，这份回头看的勇气最值得嘉许。感谢陈姐姐，今天的分享可谓“扎心，扎灵魂”。满满的收获，也是深深的赋能和启动。

4.贵州商学院朱静老师

【元气心得】这点感受很深刻，每次都惊叹于同事这么快就拿出了申报材料或一份总结，认真反思，平时的工作做了就做了，没有进行过深入的提炼，有时还存在畏惧心理，连尝试都不敢。确实如陈老师所说，需要养成定期提炼的习惯。

5.重庆第二师范学院辅导员刘莉老师

【元气心得】提炼的确是很重要，包括对每一次学习、培训，要如何把学习的东西提炼出来，用于自己的日常工作呢？这是我现在遇到的难点和堵点。不过我在努力尝试，今年暑假参加了北森的GCDF培训，现在就处于提炼的阶段。很好玩的是，提炼的过程中又发现了很多拓展延伸可以学习的点，并且越来越趋近于将培训学习的东西用在实际工作中，这也让我在工作中更有获得感和收获感。另外对于这三点，即“不管年资如何，有项目就要去写；不管能力如何，有想法就要去做；不管结果如何，有机会就要去试”，我觉得陈姐姐提炼得很好，也很受益，这让我对申报各类项目和参与教学比赛更有信心。一起加油！

元气关键词05

规范

秋季开学快一个月了，不知道大家近况如何，已经被忙疯的小伙伴请“举手”……

每年9月，都是我们学工人的“疯狂月”。和大家一样，一开学从成绩复核到重考重修，从听课查课到干部约谈，从评奖评优到奖助贷勤，还穿插各种项目申报的撰写和审核，特别是涉及学生个人利益的事项，哪怕是0.5分、1元钱、1分钟，都有可能对我们的工作产生不可预估的影响。

今年的评奖评优，我们年级有的班级就因为班委的调换，新班子还没有磨合，就开始接手评优工作，从而出现候选人之间的口角，差点上升到网络舆情。原因就是有学生认为评优过程不公平，班委有包庇获奖者的嫌疑。我和另外一位老师，分头给两边做工作，前后处理了2天才终于平息下来，我们那位老师还因为处理过程压力太大，半夜崩溃大哭！

前两天，年级评议小组刚把国家励志奖学金的公示发布出去，就收到一个学生给我发的微信：陈老师，我想问问我们励志奖学金评选，年级那里是怎么评的呢？您是觉得我哪里还不够格吗？……我跟他说了评选的流程，但学生还是不能接受，他认为自己足够符合，这个奖励理应给他，后面还写了一封信给我们上级领导反馈！当天下午我们就开会讨论，因为对我们整个流程和内容足够有信心，我把班级3个候选人的情况给大家逐一进行了说明，从班级评议小组的意见到年级综合评议的讨论方案等，都比较规范，最后大家都认为，结果无异议，后面该同学在了解全部情况之后，也对结果表示理解和接受，事情也就这样结束了。

其实不管学生出于哪种目的，对我们的工作进行监督，这本身就是一件好事！但关键是，我们的工作是否真的经得起同学的监督，也就是工作本身的机制、流程、内容是否真的规范，足以摊开来供大家查验？第一个评优案例，就是因为班委调换，在评议过程中没有做到评议规范，后面被学生一质疑，乱了手脚，也没有及时做到危机公关、耐心解释，班委公信力受到挑战！而第二个励志案例，也正是因为我们从申报、班级评议、年级评议的规范标准，特别是年级评议层面，每一年都花费了大量时间交叉评议（经常开会讨论到晚上11点之后），让真正需要的同学能够获得奖励，所以哪怕在接到同学的反馈后，也能应对自如！

工作这么多年，我做得最多的就是把我的日常工作规范化、制度化、标准化，具体可分为三个步骤。

第一就是要对标职责，即在学校总体的规章制度内，你需要结合本专业、本阶段学生的重点任务和需求，制定出切实可行的执行标准。比如我们年级从大一入校就制定了班级日常管理的“量化考核制度”，这个制度由我们分会办公室牵头，由各班班委参与讨论修订后实施，再根据每年度大家的重点需求，在9月份评优完成后进行修订再发布，涉及学生日常的管理、学分的增减、公益时数的计算、德育分的评议等，目前实践下来没有太大的问题！

第二就是要全程化参与，也就是在制度落实的初期，你一定要带着学生干部去调研、去实操、去落实，比如这个分数怎么加、怎么减；这个环节是否真的有利于班级管理；这个说法学生是否能理解，有没有行动；等等。特别是新生年级，很多工作都是我们今后工作的第一道关口，辅导员一定要亲力亲为、全程参与，既是考察培养学生干部，也是验证制度是否合理、可行的最佳途径！

第三就是要放手放权，也就是辅导员一定要善于锻造我们的“左膀右臂”，早日实现班级的自主运作。如：遇到基本问题能否自行解决？针对发生的问题有没有解决方案？要培养学生干部和学生“带着解决方案”来找辅导员，让学生用“选择题和判断题”的方式先思考，而不是只会用“问答题”的方式，不动脑筋、逃避责任，这种让学生“带着解决方案”来和辅导员的“碰局”，其效果远远胜过“听话照做”的成就感和获得感！

所以我们说，工作越多越需要规范，流程越细、执行越强、反馈越快，越能最大限度地彰显公平公正，让更多同学逐渐成为解决自己问题的专家和高手！

元气金句

规范就是把你的工作流程、内容标准化，腾出你80%的精力，去做更加重要的20%的事情，再反过来赋能那80%的事情！

元气加油站

1.广东南华工商职业学院辅导员赖志聪老师

【元气心得】学生工作多且杂，有必要把每一块辅导员职责范围内的工作规范化，有利于我们的专业成长，工作效率的提升，自我的保全，成绩的出彩！评优评先工作涉及同学们切身利益，个人工作体会只要规范了，做到全过程按标准、按程序公正公开接受同学们监督，一般都没问题。同学们如果有问题或有异议，像陈姐姐说的是好事，我觉得也是一个很好的育人机会。

2.浙江中医药大学辅导员丁艺雪老师

【元气心得】工作规范是维护学生权益的工具，也是保护辅导员自身的办法，做有规矩的辅导员是建立公信力的有效、有力途径，不仅要管好自己，也要管好团队小伙伴，以及学生干部，用经过检验的规矩流程办事，赋能整个团队。同时也给全体学生做了一个示范，可以挖掘育人元素。越来越喜欢陈姐姐的分享，对琐碎工作的整理与思考，非常受启发！

3.四川卫生康复职业学院辅导员李秋虹老师

【元气心得】毫不夸张地说，我听了5遍，陈姐姐的每一点都引起了我的强烈共鸣。9月的事务事关学生切身利益，执行起来如履薄冰，之前会焦虑，怕处理不好，今天听完元气词后豁然开朗。只要不断规范各类重点工作，让规章制度真的落地执行，那每一次与学生的碰撞都是新的育人机遇。此刻也不得不感慨，辅导员除了自身工作的规范化，还需要学工一体联动起来，但似乎我们学校任重道远，这也是危机下孕育的巨大新机。特别谢谢陈姐姐的分享，让9月辗转医院和学校，承接各类工作的我有了满满元气。

4.遵义医科大学珠海校区辅导员钟仁云老师

【元气心得】早上开车上班路上就听了语音，连轴转的一天到现在才有时间写心得。今天大家的分享热情很高，可能比较应景，刚经历过各类评优评先。规范化、制度化的学生服务、管理工作既能减轻我们的工作负担，也符合“00后”的心理特点。依法治国现在深入人心，制度化就是依法治国在辅导员工作的体现和落地，可以深孚众望，利于工作开展。从新辅导员到资深辅导员的转变就是从没有章法到有章可循、有法可依。与大家共勉！

5.德州学院辅导员王培培老师

【元气心得】今天的分享让我有种一起刚刚走过忙碌的9月的感觉，开学、迎新、贫困生建档、各类材料的上报，等等，确实如此，在各项工作中，我们的学生干部确实会带着一些疑问来请教或咨询老师。我记得有一次我在参观一家公司时，一个CEO办公桌上摆着一个台签，上面写着请带着三套解决方案提出你的议题。同样，陈姐姐今天也提到了这个部分。我们可以给学生传授一种理念，让学生带着资源意识，面对遇到的问题。同样，我们和领导沟通也是如此，让领导做选择题，而不是填空题，活出我们的资源人生！

6.贵州商学院朱静老师

【元气心得】这点感受颇深，每次提交工作任务都感觉在应付，有时和同事开玩笑，像小学生赶作业一样，总也赶不完，自觉这样的状况并不好，努力改变现状。深感陈老师的分享“规范就是把你的工作流程、内容标准化，腾出你80%的精力，去做更加重要的20%的事情”。在当前的工作中，一步一步做好每个环节，形成规范，朝着这样的目标和方向努力。

7.浙江越秀外国语学院辅导员赵莹老师

【元气心得】在这段内容中印象最深刻的是“把你的工作流程、内容标准化，腾出你80%的精力，去做更加重要的20%的事情”。确实，反思我们辅导员工作是有规律和流程的，因此在日常工作中，辅导员事务工作繁多，要善于总结规律，凝练经验，跳出舒适圈，总结出一套规范的制度和流程，有利于工作科学化、实效化。凡事有理可依，为因学生个人问题导致的网络投诉、舆情等事件提供了解围的保障。

8.重庆第二师范学院辅导员刘莉老师

【元气心得】这一次的微课堂让我感受最深的是：学生遇到问题首先自行解决，实在解决不了也要带着解决方案来找辅导员，让学生用“选择题和判断题”的方式先思考，而不是用“问答题”的方式，不动脑筋、逃避责任。在带学生干部的过程中，有些学生干部悟性高，做事效率高，咱们就配合得很好，但是有些学生干部就要老师推着走，所以我就觉得有时候带干部很累，但是在听了陈姐姐这一期微课堂之后，我立马付诸实践，正好班委换届了，我就用“请学生面对实在解决不了的问题，要带着解决方案来找我，让学生用‘选择题和判断题’的方式先思考，然后我们再来讨论”，已经运行几周了，我发现学生干部也有成长，我自己也从他们的成长中收获了一些微妙的东西。

9.遵义医科大学珠海校区辅导员周小璇老师

【元气心得】奖助评定，明确职责，规范化工作；全程参与，与学生共同制定规定，共同验证该规定是否合理；培养学生自己解决问题的能力，带着解决方案！

元气关键词06

定位

周末给大家推介了一本元气好书，叫《峰帅·个人品牌放大器》，第一章就讲到定位，就是你对自己有一个清晰明确的认知，与此同时，外界、他人对你也有一个同样清晰明确的认知。当你与外界“双向交互”就能形成“认知共识”，有了共识，才叫“有效的定位”！

你可能会说，我们高校辅导员有一个全国统一的定位——“做学生成长的引路人、同路人、开路人”，是的！可大家有没有想过，如果我们的学生来到我们面前，每个辅导员都这样介绍自己，学生会有怎样的反应？会做出何种选择？

所以，我们每个辅导员都需要做好个人定位，因为你需要让自己明白，你能做些什么，特别是你能帮助别人解决什么样的问题；同样，你更需要让你的服务群体看到、体验到、参与到，且相信，你能为他们解决什么问题。只有这样的双向互动，才能促进良性的师生成长！

个人定位可以从以下三个方面去界定：一是行业属性，它是一种核心角色或身份，比如高校辅导员，既是一名教师，也是一名管理者，这里就可以用职称、职务等来定义，如讲师、副教授，或科长、副处长等；二是专业属性，是你职责之外的专业技能，比如心理咨询师、生涯咨询师等；三是能量属性，这是你的核心价值，可使别人一看到你就觉得有亲切感、信赖感，比如辅导员背后的辅导员、学生最喜欢的知心姐姐等！

那么，具体怎么做好个人定位呢？主要有3个步骤：第一，梳理过往。就是把你工作以来个人、所带学生个人和团体做过的重大事件、拿到的重要结果等全部写下来，特别是你手把手策划、组织、参与的那些事情，自我感觉良好，最好是获得过相关的奖励，且未来也是你期待持续做下去的事情！按1、2、3、4……这样依次写下来，可以按入职时间的先后排序，也可以按重要程度排列。第二，提炼共性。把这些事情中反复出现的做法、路径、方法等提取出来，再按同类整合，每一类试着用一句话表述。第三，整合成型。就是在分类成句的基础上，进行价值再造，使之能用三句话高度凝练，也就是“如何通过三句话把你自己的价值说清楚”。记住：要别人一眼就相信，你能为他们解决什么样的问题，且这三句话包含了你在未来愿意做十年的事！

我们以“陈姐姐对话辅导员”嘉宾的三句话标签为例，来自北京石油化工学院的朱明老师，他给自己定位的三句话标签是：

北京石油化工学院辅导员（这是行业属性）；

生涯教育实践者（这是自我界定，非受众属性，所以大家看了这句话不会不清楚朱老师具体能解决受众什么问题）；

全球生涯教练/规划师（这是专业属性）。

当然，还有一些特殊情况，比如我自己的三句话标签：

高校思政副教授（这是我的行业属性）；

如果按照专业属性来说，我有3个国际认证，不能全部写上去，结合我一直以来做的事情，我就是在为学生的职业发展、就业指导做咨询，整合成：

学生事业梦想咨询师（这是我的专业属性）。

还是因为自己辅导员的身份，期待通过17年的工作，为更多辅导员赋能，所以才有了这句能量属性：

高校辅导员背后的辅导员。

所以，不管是学生，还是辅导员，当他们看到我的三句话标签时，是不是能够相信我能为他们解决什么问题了？

大家可以动笔试一试，一定能够从中得到很多不一样的体验，也就是，当你能精准提取个人定位时，才正式开启你对自我价值的深层次链接；也只有对个人定位不断确立和加强，你才会对你的工作逐步深入，慢慢喜欢，深深热爱！

元气金句

定位就是你对自我的认知+外界的认可+未来的认定！

元气加油站

1.遵义医科大学珠海校区辅导员钟仁云老师

【元气心得】职业定位跟个人品牌相似，是对职业人格的提炼。找准定位，发现自己的职业优势。

2.浙江中医药大学辅导员丁艺雪老师

【元气心得】反复听了3遍，确认自己听懂了。从未来十年远景的角度明确当下的定位，跳出当下看当下，用类似“成就事件”的方法概括个人“标签”，很受启发，实践之后再来分享。三句话概括也意味着辅导员的三个境界，职业化、专业化，最重要的还有叫作“梦想”的东西。尝试固定时间学习打卡，晚上补课太被动了，感谢陈姐姐每天早上7点的稳定播出！

3.德州学院辅导员王培培老师

【元气心得】今天陈姐姐分享的关键词是“定位”，同时强调站在未来十年的视角去看待自己的三个标签，这其实就是一种未来画面的召唤，让我们活出更好的自己。通过愿景、使命、价值观，不断纠正我们当下的行为。有时候我也在想，如果一入职的时候，就给自己清晰的定位，当下或许会更好。同样，种一棵树，最好的时间就是现在。那就给自己锚定一个未来十年的标签，然后朝着它一步一步接近：

（1）一名教育博士辅导员；

（2）大学生生命能量合伙人；

（3）高校辅导员背后的辅导员。

4.遵义医科大学珠海校区辅导员周小璇老师

【元气心得】（1）重要性：清晰认识价值！（2）个人定位标签：高校辅导员、学生的知心姐姐、英语学习陪伴者！（3）步骤：历史成就写下来，特别是你全程参与获得相关奖励的；好的路径概括并整合，即用3句话概括你的优势；此后10年愿意为之奋斗，可以随着职业发展不断变化！

5.四川卫生康复职业学院辅导员李秋虹老师

【元气心得】有效定位：个人认知&外界认知；个人定位界定：行业属性+专业属性+能量属性；确认个人定位的步骤：梳理过往+提炼共性+整合成型（三句话标签）。陈姐姐用最精练的语言、生动的个人案例为辅导员深入解读定位问题，百听不厌，元气满满。

元气关键词07

深耕

最早关注“深耕”这个词，是在几年前写材料时，写着写着，我的脑海当中就冒了出来，我当时用了“深耕学生工作”来介绍自己在辅导员领域的一种状态、过程和期待。

这几年，我在很多辅导员的材料简介中、会议报告中、演讲培训中也经常看到、听到这个词。“陈姐姐对话辅导员”第2期的嘉宾，来自德州学院的辅导员王培培老师在她给我的“对话提纲”自我简介中也提到了这个词，她描述自己“深耕大学生思想政治教育工作”。认真看完王老师的材料，并通过一个多小时的对话，我能感受到王老师在辅导员工作的7年中，在心理育人方面做了大量的学习和实践。她基于自己所学的教育学专业背景，通过自学自己感兴趣的心理学、教练技术等理论，与辅导员实际工作相融合，形成“课堂教学、团体辅导、个体咨询与谈话”的体验式+启发式思政培育新模式，这也是王老师未来想持续做下去的事情。如果王老师真的在这个方面持续做下去，就会形成自己独特的育人模式，从而不断验证和丰富她提及的“深耕大学生思想政治教育工作”这个承诺。把这个模式垂直“击穿”，不仅提升了辅导员九大工作职责的内涵，还拓展了辅导员工作的边界，更会对其他和王老师一样的辅导员群体提供“成功案例”，这本身就是一件非常有意义的事情。所以你看，这样一种“专业能力+兴趣驱动+路径聚焦+辐射影响”的工作模式，就是一种深耕！

那么，我们如何才能像王老师那样，找到一个自己又喜欢、又擅长、又愿意干下去的深耕模式呢？我总结了12字方针，供大家提炼，即我喜欢+我擅长+我应该+我需要：

（1）我喜欢。就是你平时一个人的时候喜欢做的事情，比如你可以看电影、制作美食、绘图设计、练习瑜伽、购物逛街等，只有从这个层面去挖掘，你才会有持续不断的生命力和创造力，这也是我们做好一份工作的基础！

（2）我擅长。就是你一定要从自己喜欢的事情中，找出你能够去做的事情，比如，你喜欢看电影，那你看电影的时候主要是琢磨电影的情节，还是欣赏配乐，抑或喜欢某个人物？也就是，看完电影，你能写出一篇影评吗？你能听两遍就能唱出电影歌曲吗？你能剪辑视频吗？这些能力都能在工作中助你一臂之力！

（3）我应该。就是我们需要把应该做的工作事项清晰地写下来，比如每周末开展晚点名，每周查课2次，每天和1位学生谈心，等等。只有把我们必须做的事情具体化，你才能看到自己能做的部分和需要补足的地方，从而找准工作的发力点，掌握工作节奏！

（4）我需要。就是找出我们工作中能不断转化为成果的某一个科研、项目、竞赛等，让你能切切实实地通过行动去达到、去满足，比如职称、竞赛奖励等，当我们获得了一个个工作成就，也就有更强大的动力持续做下去。这也是王老师提到的迫切需要解决的问题！

如果把以上（1）和（2）两点结合起来看，也许你可以用电影叙事的方式来为学生从大一入校开始记录他们大学成长的点滴，加上第（3）点，就是这个事情可以在哪个方面促进你的工作，比如高质量就业方面，你记录的侧重点可以是从新生一入校，自己对未来职业发展的认知，到通过大学期间开展的各种职业活动历练，再到毕业阶段他们对真实求职的认知是否有转变，是否真正达到了高质量就业等方面去表达。再加上第（4）点，如果你以教育部辅导员精品项目为最终的成果形式，那么你需要根据申报要求，把关键要求拆解到每个年度、每个学期需要完成的具体工作中，从校级辅导员精品项目开始，到省级，再到教育部……哪怕最后你没有获得你期待的结果，整个过程都会对你的工作产生积极的影响！

如果按照以上内容去梳理并实践，我们每一个辅导员都能为自己创建出独特的深耕模式，从而在辅导员这条道路上越走越好，越走越远！

元气金句

深耕就是从你喜欢做的事情中找到擅长，用擅长去推动工作，用结果来确定动作，直到在某一领域成为专家！

元气加油站

1.浙江越秀外国语学院辅导员赵莹老师

【元气心得】今日课堂内容深受启发，“精耕细作”，原本意思是：在栽种种子的时候，需要深深地挖土、耕地，以使种子能深卧在土壤里，有更充分的养分。深耕辅导员工作如出一辙，通过“专业能力+兴趣驱动+路径聚焦+辐射影响”的模式，以“我喜欢+我擅长+我应该+我需要的事情”的实践途径，让辅导员在工作中学会充电、蓄电、放电，播撒种子的“桃花源”。

2.浙江中医药大学辅导员丁艺雪老师

【元气心得】深耕，辅导员专业化的重要路径，经过陈姐姐概括的四个步骤，简单而有传播度；“垂直击穿”得好好思考，在单点上突破，先做好一件事，这与前面说的定位也有关联，这可能是第一个专业部分的标签。早上固定学习时间，早晨元气满满！

3.德州学院辅导员王培培老师

【元气心得】深耕：躬身入局+垂直击穿。突然意识到自己很幸福，能遇见陈姐姐，这份深深的看见、激发、唤醒、陪伴和无条件支持，于培培而言是莫大的鼓励。可能当下成果和产出有限，但是我相信在这份“喜欢+热爱+贵人引路+我应该+我需要”的强大动力下，定会收获自己的“桃花源”，为大学工系统贡献自己的智慧和力量！

4.贵州民族大学辅导员王倩倩老师

【元气心得】陈老师的分享，激发了我对自我的关照与关注。深耕意味着向下扎根，向上生长。向下扎根是沉淀，向上生长是突破，深耕既是压力也是动力，既是对象也是自己。与君共勉！

5.遵义医科大学珠海校区辅导员钟仁云老师

【元气心得】辅导员工作有九大职责，范围很大。对于新辅导员而言，每种职责都需要了解、熟悉。但要变成资深的、出众的、受学生欢迎的辅导员，还是得挖掘一两门特长，打造成个人品牌，作为直抵学生灵魂的触手。本科生是通识教育，要求学生全面涉猎多方面的知识。但是，在全面的同时，也有必要提醒学生，在本科期间至少学会一两门过硬的非专业技能，可以是体育、文艺等各类技能，这些技能可能成为他们以后工作中的亮点和社交货币，带来无限可能。

6.重庆第二师范学院辅导员刘莉老师

【元气心得】这一期关于深耕的话题，我特别喜欢这一句话，“把这个模式垂直‘击穿’，不仅提升了辅导员九大工作职责的内涵，还拓展了辅导员工作的边界”，我觉得这个跟另一个关键词“定位”的关系也很大。因为我刚参加工作的时候，我总觉得自己的发展肯定是以专业发展为方向，不会走辅导员专业发展的方向，所以就导致平时的工作主要围绕辅导员工作来开展，但是课程教学和科研项目又在立足专业去做，就是两条线，最后导致两手抓，结果一个也没有抓到。后来我开始慢慢去转换，把自己的工作和自身发展结合起来，就顺畅多了。所以陈姐姐这句话也再一次点醒我：垂直击穿，拓展边界。也特别喜欢总结的深耕12字："我喜欢+我擅长+我应该+我需要"，我也正在结合自己的情况，希望能提炼出像陈姐姐一样对这12个字的理解。

7.遵义医科大学珠海校区辅导员周小璇老师

【元气心得】深耕大学生思想政治工作！如何找到自己的深耕模式：我喜欢、我擅长，找到工作中能转化成成果的部分，如竞赛、科研等以助力你持续做下去；我应该、我需要，清晰自己必须做的事情，找到工作的节奏,如晚点名、谈心、查课！

8.四川卫生康复职业学院辅导员李秋虹老师

【元气心得】深耕能够帮助我们拓展工作边界，也能不断激发我们职业深度发展的动力。特别喜欢总结的深耕12字："我喜欢+我擅长+我应该+我需要"。生动的事例让我感受到陈姐姐深耕的智慧。收获颇丰！

元气关键词08

换位

在辅导员的日常工作中，会不会经常出现这样的情形，比如我们精心准备的活动，学生并不“感冒”；我们费尽力气邀请的嘉宾，学生并不“买账”；我们按规章制度办事，学生并不理解；我们加班加点，学生并不领情……

其实遇到这样的事情，或者产生这样的感受，对我们自己和工作都没有半点好处，但往往我们把这样的事情和状态归咎为：时间太赶了，规定太多了，要求太高了。这样的“身不由己”太多之后，呈现出来的工作状态就是：忙、盲、茫！

这不上周日，我正常去做晚点名主题班会，碰到几个同事，说：“都马上要开班会了，学生发来消息说要请假，这哪里是请假，这分明就是‘通知我’，根本没把这个班会当回事嘛……”言语中诸多无奈！那么，抛开管理层面的“必须”，我们的班会也好、活动也罢，如何能最大限度地发挥出实效，让学生从被动参与到主动为之，这需要我们经常性“换位”，而且是“技巧性换位”！

继续拿这个晚点名主题班会的事情举例，这是我们学校学生管理的经典方式，就是辅导员要在每个周日的晚上，把学生召集起来，围绕上周工作和下周重点等开展“主题班会”，这样就可以知道学生是否在校，有什么诉求，如何协调解决等，对学生的日常管理，特别是安全工作发挥了很大的作用！我自己也是从做学生每周参与晚点名过来的，后来自己做了辅导员，在落实这项工作的历程中，也花了不少心血。简单换位思考你就可以理解，偶尔开一次这样的班会还行，要每周日不落下，一个月4次，一个学期18~20次，还要每次主题有差异，一次组织200多人参与，真的是很考验我们的管理、组织、协调、沟通、协同、创新等能力了。所以我也经历了从一开始的被动执行到后面的积极改创，再到现在的不断整合，也是自己从应该做到我想做，从怎么做到怎么做得更好的一个转变历程！

那么，如何把我们必须做的事情，特别是周期很长、时间固定的一些工作，通过不断“换位”，开展得更加流畅、新颖和更有意义呢？

第一，把“独角戏”变为“一同唱戏”。辅导员要学会把讲台交给学生，把讲台变成舞台，从主讲人变为参与者，让学生从被动到主动。比如从学生大一一进校开始，我就会让班导组织学生，以宿舍为单位，每周轮流上台才艺表演，一个学期下来，大家也相互认识了，有才华的学生也看到了，学生干部也锻炼起来了……我记得我在带2015级新生之前，还专门调研了上一届我的毕业生，问他们毕业后最想念学校的什么活动，他们都说非常想念在大一进校晚点名开展的宿舍展示。

第二，把整块工作切细变小。也就是你不要看一学期要开展这么多次班会，要把一学期变为每月，再把每月变为每周，这样我们的班会就变得小巧玲珑了！比如每年3月、9月为学风建设月，5月、10月为爱国教育月，6月、12月为诚信教育月等，再把每月的4周根据年度、专业学习的阶段重点，提前安排好对应的主题，这样一来，你的工作基本就在你的掌握中了！

第三，按职责授权落地。也就是依照内容的类别指定对应的班委去落实，轮流安排班委领取工作主题（比如学风建设月交给学委，爱国教育月交给团支书等），从学生的视角传递主题内容，同时提升他们在PPT制作、逻辑思维、组织、表达等能力方面的通用素质，尽量不让学生干坐着，工作也不枯燥，辅导员要做的就是积极地欣赏、多多地鼓励和认真地表扬！

那么什么又是“技巧性换位”呢？就是我们辅导员虽然把内容、形式、环节等交给了学生，但是班会的主题需要我们提前设计，把上级要求的、工作必需的、临时突发的内容，通过会前研讨、环节设定、活动总结等巧妙地融入，让思想政治教育“润物细无声”，真正入脑、入心！

元气金句

换位并非简单地转换角色，而是应该站在更高的维度来重新设计你的工作，让工作由内而外焕发出更加绚烂的色彩！

元气加油站

1.德州学院辅导员王培培老师

【元气心得】“换位并非简单地转换角色，而是应该站在更高的维度来重新设计你的工作，让工作由内而外焕发出更加绚烂的色彩！”每天早上起来听陈姐姐分享，是一件特别幸福的事儿。因为有一个过来人，有一位知心姐姐，每天就工作经验凝练总结，手把手地和我们分享，可以让我在“跑步”的过程中不断地调整姿势。让自己的工作更加高效，充分调动学生的积极性，也能让自己做好换位，站在高维统筹谋划工作，对自己是一种有效的鞭策，久而久之，不知不觉让自己实现了角色的转换，从保姆型辅导员到大学生真正的知心朋友、人生导师。

2.潍坊科技学院辅导员苑霞霞老师

【元气心得】今天听了陈姐姐的分享，感触特别深刻，因为很多分享内容恰恰是我当下正在做的，比如班会的规划，班会交给班委召开，定期地复盘和总结。原本只是去尝试用“工作复盘法”提升班委的管理能力，有种摸着石头过河的感觉。今天陈姐姐的分享可谓给了我一针“强心剂”，让我信心倍增，能够更加坚定地做下去。对标今日分享，我目前的不足之处是：复盘时，对班委的肯定、赞美和鼓励，还远远不够。以后还要在细节上下足功夫，适当的引导加大大的鼓励，相信会朝着我预想的方向发展下去。

3.浙江越秀外国语学院辅导员赵莹老师

【元气心得】“05后”，作为Z世代中最年轻的群体，跟我们之前工作的对象“90后”“00后”又有很大的变化和区别。用我能想到的几个关键词来形容他们就是：数媒土著、“屏一代”、“数字化存在”、抢占C位的年轻人、为爱豆锤大墙的氪金系粉丝、颜值即正义、个人主义、心理问题凸显、思想涉猎广泛但缺乏辨别力等。学校组织大型活动、讲座的设计就像陈姐姐说的，不能唱独角戏，否则就容易出现学生参与度不高的现象。要学会换位思考了解学生想要听什么，让学生来说一说，《嗨，我是05后我有哪些特点》，根据学生爱好和所需来设计主题，和学生一同唱戏，化被动为主动。当然配套的奖励措施和学分认定制度也是提高学生参加活动积极性的关键。马克思指出：“理论只要说服人，就能掌握群众；而理论只要彻底，就能说服人。”因此在“05后”大学生思想政治教育上，需要因时而变、因时而进、因时而新，用创新的教育理念和方法开展各项活动，方能走进学生心里。

4.贵州民族大学辅导员王倩倩老师

【元气心得】昨天组织了一场校友讲座活动，我换位思考不给学院增加负担，让学生自愿通过第二课堂学分报名，但实际到会的学生还不到三分之二，这让我很是困惑。除了第二课堂不给学分外，下次组织活动只有把名额摊派至各学院。当然这同时也反映出学生的学习意识和诚信规则意识很淡化。不知道陈姐姐对于这件事有什么好的解答？

5.浙江中医药大学辅导员丁艺雪老师

【元气心得】“把讲台变成舞台”，这个观点太喜欢了。年级大会、主题班会，辅导员唱独角戏真的太常见了。让学生骨干动起来，把学生寝室亮出来，围绕设计好的主题，互动体验式实践课堂，让学生成为主角。换位，不仅交换台上台下的位置，也把信任交给学生，相信他们能做好，能学会，也是一种赋能。

6.遵义医科大学珠海校区辅导员钟仁云老师

【元气心得】换位是一个很重要的思维模式和工作方法，在我们日常工作中，需要多换位思考，站在学生的角度考虑，去设计主题班会和学生活动，提高学生参与的积极性。也可以征集主题或者学生参与众创活动，增加参与感，获得主人翁体验，提升自主学习、工作能力。工作中，我们很多时候依赖学生干部达到换位的效果，因为他们既是活动的重要组织者，又是学生，可以获得双重视角。然而，事实上，很多学生干部做不好这个双重角色，我们还是得找普通同学聊聊，才能获得更全面的视角，更科学地开展工作。换位能力，是辅导员素质的重要组成部分，是天眼一般的超能力。学生干部也需要换位，这是学生干部领导力的重要组成部分，也是我们要培养的他们的重要能力之一。

7.遵义医科大学珠海校区辅导员周小璇老师

【元气心得】思路：执行—创新。学会：把讲台变为舞台，把学生的被动化为主动，如大一进校宿舍展示活动；做到：将一学期划分为不同月份，一个月划分为不同周，提前选好主题，认真表扬多鼓励学生。思考：如何鼓励学生？如何进行工作创新？

8.云南医药健康职业学院辅导员齐思明老师

【元气心得】一是转变。做辅导员的出路其实很多，把应该做的转化为我想做的，我要做的转化为做得更好的，站在学生角度去改变被动的学生，其实做辅导员在制度的约束下我们也有自己的权利，开动脑筋做出改变，一样可以做得更好。二是分解。辅导员的工作虽然繁忙，但做过一轮学生工作后就清楚了每年每月每周做什么，在这个时候把任务分解到周，把不同任务分解到人，工作就有了秩序，也按照流程化发展起来。三是培养。单凭一个人是干不好工作的，所以要懂得管理思维，对待辅助自己工作的同事也好，学生也好，要认真表扬，多多鼓励，把资源变成自己可以使用的，大家都能共同进步。

9.四川卫生康复职业学院辅导员李秋虹老师

【元气心得】陈姐姐提炼的换位非常实用，引导我们站在更高维度来重新设计我们日常工作。透过换位让我们看到工作不应该是辅导员的独角戏，而应该是积极引导学生主动参与、共同演绎的大舞台。将日常的思想引领工作有计划、有深度地去设计，从学生感兴趣的方向切入，充分相信学生，做学生背后的支持者和支撑者，让学生在做中学，学中悟，悟中深。

元气关键词09

成就感

周二晚上做了一场咨询，一个工作近9年的女性，最近因失业后找工作到处碰壁，而导致“不自信、没方向、很迷茫”，也多次提到在过往的工作中“没有成就感”，不知道自己想做什么，期待找到一个稳定的、能有所发展的工作。她多次投递简历，也面试过，但是因为各种原因始终没有找到自己满意的工作，所以来咨询。在我近半年的事业咨询中，超过一半的职场人都提到了这个词——成就感。可见，当工作初期的新鲜感退去或工作始终找不到突破口时，很多人就会产生倦怠、迷茫，这个时候支撑我们更好走下去的重要内核就是：不断从工作中找到成就感！

回忆回忆我自己，其实工作这么多年，我好像一直都挺有成就感的，主要原因可能还是我在大学期间就一直是学生干部，工作的第一个岗位在团委，也是带学生干部的，后面做辅导员，更是和学生密不可分。可以说，我的成就感真的很大程度来自学生对我的包容、鼓励和陪伴！而这样一种相对单纯的“象牙塔式的工作模式”，让我从内而外有一种深深的安全感，也正是因为有了这种安全感，后面的成就感就“水到渠成”了！

那么，什么叫成就感呢？我认为，成就感就是：你认为值得，你乐意去做，你不问结果，也就是你想做的事和你得到的结果，两者之间的平衡点，是让你满足的、愉悦的、成功的，外在的评价也许会对你有所影响，但是影响不大，也不会持久！

很多人有个误区，这样的成就感一定来自轰轰烈烈的大事件，比如获得全国、全省的辅导员职业能力大赛一等奖，获评教授职称，出版了一部教材，获批一项科研项目，等等，其实还真的不是！你可以从以下3个方面细细体会：

第一，成就感会根据你不同阶段的不同需求而呈现出不同形式。比如你是新入职的辅导员，第一次带学生，你肯定希望你的学生能够快速认识你，如果你走在校园里，很多学生叫你某某老师，这种感觉就很满足；又如你到了需要评职称的阶段，如果你通过努力最终获得了职称评定，你就会觉得自己很棒，很有成就感。所以我们要学会觉察自己在不同阶段的核心需求，然后有意识地去设计，让自己获得一个又一个的小小满足！

第二，成就感有叠加效应。当你获得了一种成就，你就会对同样类型的成就更有信心，就能获得更多这个类型的成就，甚至相关的成就。比如我所在的学生党支部在2017年获得了全省党建成果一等奖，党建工作为我打开了天窗；2019年底获得教育部“全国党建工作样板支部”时，我写这个材料，心里是很有底气的，一个人写了十几天。最令我感到有成就感的是，我因为获得了这个样板支部，同年获得了副教授的职称，这样一种“突破体验式”的成就感，每每说起来都惊喜连连、成就满满，也让我对未来的工作充满信心。

第三，同一个事件形成的成就感不会持续太久，需要不停地注入“新的挑战”来强化这个状态，否则落差太大也会对工作产生影响。比如在获得样板支部之后，我很快就冷静下来，因为它还有两年的创建期工作要做，才能通过验收。所以又踏踏实实干了两年，做了3本100万字的工作制度手册，做了1本《学生党员培育与发展评价手册》、发表了2篇文章等，最终通过了教育部的验收，让我在党建工作板块的工作上又信心倍增。所以大家要保持良好的工作状态，有时候真的需要主动去接手一些新任务、新挑战，可以深耕某一领域，也可以全面发展，适合自己就好！

回到开头的案例，我最后怎么解决的呢？其实我只干了一件事情，就是“捅破这层窗户纸”。我通过提问让她思考，你想从工作中获得成就感，你想获得高薪，你想得到提升，等等，那你究竟为你的工作做了些什么呢？你这些年为了你期待的生活，又做了哪些努力和挑战呢？你现阶段又有哪些优势能够支撑你找到什么样的工作呢？所以你打算怎么做……今天，我也想为你“捅破这层窗户纸”，我们都需要好好思考，如何才能让我们从工作中获得源源不断的成就感呢？

元气金句

成就感就是：你认为值得，你乐意去做，你不问结果，也就是你想做的事和你得到的结果，两者之间的平衡点，是让你满足的、愉悦的、成功的；它可以通过你不同阶段的需求、叠加和挑战，来为我们的工作带来源源不断的动力！

元气加油站

1.浙江中医药大学辅导员丁艺雪老师

【元气心得】成就感是事业发展的内生动力，如陈姐姐总结的“认为值得、乐意去做、不问结果”。这种主观性的积极体验不仅需要自我目标感的支撑，也需要外界及时的正向反馈。辅导员的成就感可以来自学生的喜欢、专业的成长、组织的认可等。细想我们的平台挺多的，各类辅导员的竞赛、项目，围绕九大职能都有不少建立标志性成果的点，这也是建立内心成就感和安全感的护城河。

如何获得成就感？非常赞同陈姐姐的“阶段性”目标的提法。其实43号令里划分了初–中–高阶的不同标准。辅导员需要根据自己的情况觉察自己当下最需要获得成就感的“台阶”，在一个专项上累积，在几个相关的专项上叠加，我们可以越做越好。节前开启疯忙状态，坚持听讲，坚持思考，坚持分享，酷！

2.浙江越秀外国语学院辅导员赵莹老师

【元气心得】成就感就是人在完成一件事情时所获得的达成目标的愉悦感，尤其是超出了自己的设定期望而带来的惊喜，其实相对应的就是“马斯洛需求层次理论”的最高层——自我实现。对于工作超过七年的辅导员来说，就像婚姻到了七年之痒。因平时事情杂而乱，很容易被琐事缠身，渐渐地消磨了激情，泯灭了干劲。这个时候寻找新的“兴奋点”很重要，它可以通过你不同阶段的需求、叠加和挑战，来为我们的工作带来源源不断的正向反馈和动力！

3.德州学院辅导员王培培老师

【元气心得】在今天的分享当中，陈姐姐提到了“成就感”这个关键词，它是我认为值得、乐意去做、不问结果的一件事情、一种状态。让我想起了自己对心理育人板块的热爱。所以，聚焦本阶段以及未来十年自己的核心需求，给自己清晰了三个标签的定位。结合自己心理咨询、教练对话的优势，设计出一条属于自己的专属IP。当看到陈姐姐刚才在群里说“先相信，且看见，有计划，笃行动，终成为”，鼓励我把这三个标签做实，此刻心里满满的感动。在通往未来的路上，我不是一个人在战斗，我有全国26万名高校同人并肩作战，我有领导同事的鞭策、鼓励、支持，我有高校辅导员工作室、陈姐姐、萌哥等一些贵人的相助，我有给力、懂事的学生全程在线的相伴。原来，生命本就是一场爱的双向奔赴。

4.广州中医学院辅导员刘丹老师

【元气心得】听陈岸涛老师的培训授课，一句话让我无地自容，他说我们不能是这样一种状态“十年学工，两手空空”，若有所思，思深忧远，奋起学习，疯狂输出，略有所得，但依旧无感，沉心静气，沉浸感悟，才发现所有的成就感来自同学们：是他们手足无措时的求助，是他们成功喜悦时的分享，是他们将心比心般的体谅，是他们全心全意的信任，是他们以诚相待的体恤……

5.贵州商学院朱静老师

【元气心得】有过一段经历，承担了一项工作，和自己的学生团队一起开展完成，想想当时没有任何资源、支持，有的是一份热爱和态度，坚持了三年，但还是感觉到吃力，不太好平衡其他工作，选择了放弃，有点成就的同时感觉也很遗憾。

6.甘肃卫生职业学院辅导员花蕾老师

【元气心得】对于辅导员的工作，担好服务学校，关照学生的九大职责，以及立德树人，教师就是个“良心活”。当一届学生带出来，还有人记得在国庆中秋重大节日给你发消息、打电话、送祝福，我觉得一部分就是成功的。当自己的工作得到学生家长的支持和鼓励，我觉得也是成功的。所以说成就感就是我们一点点地努力付出得到的。如今带出了一届学生，我觉得成就感还是有的，付出一切也还值得。

7.四川卫生康复职业学院辅导员李秋虹老师

【元气心得】对于辅导员而言，找准自己的成就感是至关重要的一环。要敢于“捅破自己事业的窗户纸”，围绕工作要点有所深耕。听完陈姐姐讲述的成就感，我回想起今年暑期培训时，有个学工前辈提到辅导员要有所为，有所大为，不能忙忙碌碌一年又一年，除了感动自己什么也没剩下，既是自我的内耗，又会对自己的事业产生挫败感。

8.遵义医科大学珠海校区辅导员钟仁云老师

【元气心得】成就感，在心理学上也称为自我效能感，是由无数个期望的结果达成的心理感觉，是工作的动力源，是烦琐状态的慰藉。辅导员的成就感来自学生的成长、信赖、成绩等。学生也需要成就感，也就是自我效能感，提高自我效能感是学困生转化的最重要方法，找到学生的兴趣点，放大它、激发它、鼓励他，在小成就的不断鼓励下，取得大成就。

9.遵义医科大学珠海校区辅导员周小璇老师

【元气心得】含义：你认为值得、你愿意去做、你不在意结果。如何获得：觉察自己在不同阶段的需要，有计划地设计。特性：阶段性，不同时间段有不同的成就感需要；叠加性，哪方面获得成就感日后就更容易在哪方面成就。你想……没问题，那你究竟为你的工作做了什么事情？你为了你期待的工作做出了哪些努力？你自己有哪些优势能够支撑你在此方面发展？你打算如何去做？我如何获得成就感：指引学生全面发展，为职业发展努力，成为更好的自己！

元气关键词10

惊喜

今天是一年一度的中秋佳节，也是国庆假期的第一天，首先祝大家双节快乐！在经历了繁忙的9月之后，国庆假期的到来，正好为我们的工作按下“暂停键”。回家团圆的喜悦、沿途旅行的风景、自然醒来的舒畅……都会带给我们惊喜，也为我们的工作和生活注入新的能量！

昨晚得知，前段时间申报的贵州省最美辅导员公示了，也给我挺大的惊喜，算是在去年获得省级“最美劳动者”称号的基础上，工作的又一次突破！为什么这么说呢？其实我在2018年就获得了省级辅导员年度人物的提名奖，在这5年的时间里，也一直在往省级辅导员年度人物去争取，按照往年的申报要求，也是要先获得省级辅导员年度人物之后，才能在下一年申报省级最美高校辅导员。今年的申报应该说比往年都要难，除了基本的事迹材料、获奖材料、带班联络表之外，还要求有辅导员工作室的建设情况。申报时间还是一如既往的短，我快马加鞭地用两个晚上完成，交到学校之后还因为“过于简单”当晚返工！所以我写完最后一稿，也给几个领导看了看，算是过关了，报上去对获得省级辅导员年度人物还是挺有信心的，可没想到公示出来直接被评为了省级最美辅导员，这就是我说的惊喜！

所以说，什么叫惊喜？这里需要从生活和工作两个维度来思考。我认为生活中的惊喜，就是所有那些让你感到“意料之外”的事情，它不分什么大事、小事，就是你的一种自我感觉，比如你收到一束花、一张贺卡、一个好评，或看完一本书、读到一句话，抑或完成一次旅行、得到一次肯定，等等；而工作中的惊喜，是那些既是意料之外，又是情理之中的事情，即它是需要一定的个人积淀、外在条件和机遇的。如果大家能做到：做事有思路、干事有结果、成事有谋划，我们就能获得源源不断的惊喜！

1.做事有思路。还是那句话，你需要围绕“我喜欢+我擅长+我应该+我需要”12字深耕方针去谋划你的工作，而且这里我认为，我们最好先把九大职责做扎实，提炼出你的工作思路，再迭代成为你的深耕模式。比如我在申报材料中将自己的工作思路总结为：工作17年来，她始终用坚定不移的理想信念指引学生，精益求精的敬业精神引导学生，刻苦钻研的学习态度影响学生，开拓创新的思维方式激发学生，积极向上的乐观态度感染学生，通过不断优化工作机制，激发基层活力，引领青年筑梦，打造了“支部有活力、班级创特色、人人享参与”的特色师生成长互助工作模式，给人的感觉就是很有信赖感。

2.干事有结果。就是我们在具体开展工作的时候，要问清楚我们为什么要这么做？具体要解决工作中的哪一个问题？同一个问题别人是怎么做的？我的做法又有什么不同？做完了会有什么结果……我的材料中就有很多这样的缘起，比如我在2020年带毕业班的时候，因为突发疫情，学生全部在家里，就业工作很难推动，但是难做也要做。于是我就在网上给学生召开各种培训会，还为家长开展专题就业形势分析会，让家长协同就业，同时建立家长群、考研群、工作群等，想方设法把就业政策送到学生和家长面前。我印象最深的是，光为毕业生寄快递、收快递，我就经手了上千份材料。结果就是当年的考研率、就业率创下专业新高！所以我们一定要善于从工作的难点去找到工作的新机遇，要做就要做出结果，这个结果可以是一个数据，也可以是一个项目，还可以是一份责任！

3.成事有谋划。可能很多辅导员会认为，省级最美辅导员一年就10个，年度人物一年也就20个，更别说国家级的，简直太难了！其实，每一个奖项的设定，包括科研的分类，它都是聚焦某一类人群的，所以你可以是科研型辅导员，也可以是比赛型辅导员，还可以是综合型辅导员，也就是我们每一个辅导员都可以在我们自己的赛道上找到属于我们自己的惊喜！当然我们并不是为了成为谁而去做，而是为了成为闪闪发光的、真实的自己！真心祝福大家在我们热爱的辅导员事业里，发现、创造、设计出更多的惊喜！

元气金句

惊喜就是那些既是意料之外，又是情理之中的事情，只要你能做到：做事有思路、干事有结果、成事有谋划，就能为我们的工作创造出源源不断的惊喜！

元气加油站

1.浙江中医药大学辅导员丁艺雪老师

【元气心得】感受生活中的小意外、小美好。例如前天7点我就到了学校，一阵桂花的清香扑鼻而来，尚未花团锦簇，但惊喜就在眼前，要学会“停下来感受惊喜”。工作中的惊喜我认为更多的是“水到渠成”的结果。陈姐姐的12字“深耕方针”，奠基了辅导员职业或者说事业根基，然后就是把蓝图变成现实，把点滴累积成成果，一步步走向自己创造出来的高楼大厦，静静等待“花香扑鼻”。恭喜陈姐姐，感谢这个惊喜美好的中秋节！

2.浙江越秀外国语学院辅导员赵莹老师

【元气心得】辅导员工作是一个“非典型多面体”，不仅需要“艺术”，更需要“本领”，上得了讲台，进得了宿舍，去得了操场，报得了课题，写得了论文。无论在哪个方面，只要做事有思路、干事有结果、成事有谋划，久久为功、深耕积累，都能收获命运的惊喜。

3.四川卫生康复职业学院辅导员李秋虹老师

【元气心得】刚入职的时候，凭着一腔孤勇，认认真真地完成每一项工作，那个时候觉得很累，但似乎心和脑袋更空了。听完陈姐姐的分享，更能理解辅导员工作必须“做事有思路、干事有结果、成事有谋划”，在计划之中，在情理之中，有目标的行动和积累才会有源源不断的惊喜。

4.遵义医科大学珠海校区辅导员钟仁云老师

【元气心得】做事有思路、有谋划，才会有预期或者意外结果。想要获得意料之外和意料之中的惊喜，都得“蓄谋”良久，一分耕耘一分收获。惊喜也需要善于发现的眼光，惊喜可以是大奖，也可以是小收获。善于发现惊喜，才能促进学生持续进步、成长，也是辅导员工作的不竭动力。

5.重庆第二师范学院辅导员刘莉老师

【元气心得】恭喜陈姐姐，这都是陈姐姐认真生活和努力工作之后水到渠成的美好，向你看齐。对于三条干货，“做事有思路、干事有结果、成事有谋划”，我还要结合自己，认真思考，才会有更多的收获。这两天也因为学院被抽到巡查一直在加班做这种材料，人都麻木了，今天下午把这些又听了一遍之后，瞬间元气满满，感觉自己又活过来了，好喜欢那句话：“我们并不是为了成为谁而去做，而是为了成为闪闪发光的、真实的自己。”我自己再给自己打个气，终其一生，我只想成为一个更好的自己。谢谢陈姐姐！

6.遵义医科大学珠海校区辅导员周小璇老师

【元气心得】定义：意料之外的事情，情理之中的事情！如何获得：做事有思路，干事有结果，成事有谋划+12字“深耕方针”，把9大职责做扎实；明确你工作要解决的问题，别人是如何做的，重视结果；从工作难点中找到工作新机遇！

元气关键词11

阅读

今天是2023年9月的最后一天，花了一点时间，把截至9月份看完的50本书全部翻出来，除了有两本借给朋友外，其余全部罗列起来拍了一张“全家福”，有一种满满的幸福感！

其实我是从2021年才开始坚持每周读1本书的，到现在已经看完90多本。我看的书比较杂，有本专业的、有心理学的、有教育学的，主要是和自我发展、亲子沟通相关的！

在2021年之前，我总是把工作忙、孩子小、事情多当成借口，每个月都会给孩子买书，但是从来没有想过自己也应该看点书，可能也是不知道应该看什么书，或者总觉得看书这件事情是需要一整块时间的，比如一壶茶、一个安静的环境、一个良好的心情……其实就是想得太多，行动太少！

我是真的没想过自己有一天会爱上读书，回顾我两年来的读书体悟，想和大家分享3个方法，让暂时读不进书又想读书的你，悄悄地爱上读书。

第一，需求出发。就是你一定要找到让你真正想要读书的那个理由，比如当初激励我真正想要读书的原因就是我在2021年底，刚参加完“全球生涯教练”的认证之后，对教练技术产生了浓厚的兴趣，这才一口气把这类书籍全买回来，看了个遍。因为每天都在看，就逐渐养成了读书的习惯，就这样一直保持到现在。今天还有新入职的辅导员问我，有没有适合他们这个阶段看的书籍。当然有啊，后面我也会进行元气好书分享，但我对新入职的辅导员的建议其实不是先看书，而是先沉下心来，专心做事，去发现你的做事体感，对工作产生困惑了，遇到卡点了，再去看一些书，效果会更好……

第二，小步行动。就是一定要从简单、有效的行动开始，让书籍充满你的个人空间。比如你要把你经常休息的地方、目光所及的地方、经常工作的地方，甚至马桶旁边等，摆上一本书，这样你随时都能拿起来翻两页，习惯就会慢慢养成！

如果你是才开始看书，你一定要从那些少而薄的书籍入手，这样一两天就可以看完，会非常有成就感。你还可以给自己固定一个时间看书，每天从10分钟阅读开始，哪怕5分钟也行，只要你开始做起来就坚持21天试试。如果自己坚持不了，也可以找一个喜欢看书的朋友或读书群体督促你，等等。让自己真正行动起来，且不断得到正反馈，你才能坚持读下去。我就是把每晚睡前阅读10分钟，作为睡前仪式，现在不看几页书根本睡不着。特别是陪着孩子一起看书，那种感觉真的很好！

第三，积极分享。就是一定要把你的所读、所思、所用等“公布于众”，比如你可以把书中的经典内容分享给你的朋友，可以把阅读感受发布朋友圈，还可以推荐好书给大家，等等。对于这一点我发现很多人都不重视，好像“生怕别人知道我在干什么”一样，或者觉得自己“天天发你在读书、学习，太卷了”之类的。

这个问题，我这学期在给学生开各种班会和干部会议的时候也一再强调，你一定要多分享，不要觉得发了个朋友圈，大家多在意你一样，怕写错了、怕说错了、怕做得不好啥的，你认真读书、认真工作、认真学习，为什么不能分享呢？

作为一个辅导员，你的所思所想都是学生学习的榜样，除非你认为自己做的没有价值，不值得发布，或者不敢发布。我就是因为读书，很多学生也知道我读书，还在今年5月读书节带着几十个学生一起打卡21天，让更多人体验到了读书的美好，这个事情对我的感触很深。所以再说深入一点：你是一个怎样的辅导员，你带出来的学生就是怎样，或多或少有你的影子！

所以，我认为分享的过程就是一种“公开的承诺”，这种承诺可以反过来督促你持续行动。只有分享才能创造价值，也只有持续分享、更多人参与分享，才会创造更多、更大的价值！

自从给自己定下读书目标，我的工作和生活都更加丰富了。最大的3个变化就是：更自信，更平和，也更快乐！也希望大家在工作之余、生活之间、成长之时，拥有你专属的读书时间！

元气金句

读书是成本最低的事，读书也是收效最大的事！让阅读成为一种习惯，让读书生活化，生活读书化，不是带着目的去读，而是带着好奇去看，读“无用”之书最养心！

元气加油站

1.重庆第二师范大学辅导员刘莉老师

【元气心得】关于阅读，我本科和读研的时候倒是养成了这个习惯，但是工作之后对于读书，心态就有点像陈姐姐说的最开始那种状态，觉得忙，没时间，所以也就把这个习惯搁置了。但是听了陈姐姐分享的读书方法之后，我也就有信心了，只不过真正去落实还是很难。自从上半年在北森听了陈姐姐的专家课分享，加好友之后看了朋友圈，发现陈姐姐那么喜欢读书，我想向优秀看齐，我也就慢慢养成了阅读的习惯。不过我做得不好的是，我就属于那种不喜欢去分享或者去形成读书心得的人，接下来我也努力尝试在输入的同时也要去输出，实现阅读生活化和生活阅读化，谢谢陈姐姐！

2.遵义医科大学珠海校区辅导员周小璇老师

【元气心得】分享内容概括（如何上手）：（1）深挖自己想读书的原因；（2）固定时间看书，从10分钟阅读开始，从薄书开始提升成就感；（3）分享读书内容，分享心得。我想读书的目的是想看到不断进步、自我提高的自己。目前知识储备不够，需要多吸收营养。那就从最小的一步开始，定好周计划。多去分享，将自己的知识传递出去。

3.遵义医科大学珠海校区辅导员钟仁云老师

【元气心得】阅读是一种沉浸式心灵奇旅，可以获得极大的精神愉悦。然而，我们对于阅读，往往心存敬畏，觉得要庄重，要有一整块时间，还要做好学习笔记和学习心得，无形中阻碍了阅读的发生。所以，对于阅读的认知需要转变。作为辅导员，如何激发学生的阅读动力，是我一直在思考的问题。入职以来，在主题班会和课堂上也会偶尔给学生推荐书籍，让他们写读书心得，因为时间和精力有限，我没有好好看过学生的读书心得，收上来就没下文了。对于阅读这件事，还是要让学生重视，尤其是本科阶段，是通识教育阶段，应该涉猎广泛，获得常识和精神财富。

4.四川卫生康复职业学院辅导员李秋虹老师

【元气心得】陈姐姐提到的阅读真的太重要了，之前会为自己拖延、不阅读找各种借口。但现实告诉我们需要不断通过阅读积累智慧并输出到日常工作中。今年下单了不少书，是时候给自己定计划加快自己的阅读速度了。

5.德州学院辅导员王培培老师

【元气心得】今天陈姐姐分享的几个点都让我深深地认同，同时也打消了我很多内在的对话。输出倒逼输入，输出是最好的成长。有时候我也担心自己总是发朋友圈，会不会被别人认为是在“炫耀”，其实真实的意图只是记录生活——

正言，正心，正行。同时，我知道别人的提醒也是出于对我的保护。但是每个人的生命特质是不一样的，在做心理测试时，我的influence影响力部分是最高的，喜欢并且愿意去做分享。今天看到陈姐姐的分享，又让我重拾这份勇气。只要是对学生有益的事情，就大胆地、勇敢地、持续地去做，只需活在自己的热爱里，而非他人的眼光里！

6.浙江越秀外国语学院辅导员赵莹老师

【元气心得】阅读的重要性不言而喻。对于我们每个人来说，读书学习都是一个长期的、需要付出辛劳的过程，不能心浮气躁、浅尝辄止，应当先易后难、循序渐进，积跬步以至千里，积小流以成江海。听了陈老师的分享有几点感悟：

第一，建立微习惯，每天10分钟阅读。这样更容易坚持下去，因为我们经常会设立很多目标，但过不了多久就坚持不下去了。设立一个小的不能再小的目标，即使每天再疲惫也能执行起来，没有负担和压力，才会更容易坚持。

第二，学会输出，不以知识的输出为前提的输入，中途就会变得懈怠。最后很容易变成“自以为是地读书”，实际上不过是眼睛无意识地盯着文字而已。这样的结果是，读过的书在脑海中稍纵即逝，合上书本后，也就不记得自己看过什么了。所以我们在阅读过程中，可以围绕书本以批注、做思维导图、读书会分享、开班会等方式输出。

第三，找一批志同道合的小伙伴，一起坚持每天阅读，正如我们现在群里的形式，在陈老师的带领下，坚持每天学习和输出。

7.河北青年管理干部学院辅导员梁玉荣老师

【元气心得】今天这个话题触动很大，对于我个人而言，阅读，既熟悉又陌生，每天都在阅读，但并不是很清楚自己收获了什么，听了陈姐姐的分享，也倒逼自己，养成习惯，持之以恒，勇敢表达，强势输出，做一个腹有诗书气自华的辅导员！

8.浙江中医药大学辅导员丁艺雪老师

【元气心得】阅读于我而言并不陌生，每年读书量大约保持在30本，每月3本左右，寒暑假多些，6月、9月少些。我的问题是读得太散，今年的目标是进行主题阅读，例如读心理类或者思政类的专题书籍，4~5本，这样应该更有帮助；分享的问题引发思考，我就是那种不太愿意发朋友圈的，尤其是我的书单，觉得是个人的爱好，没什么值得说的。听了音频还是有触动的，不用把自己看得重要，平和，理性，越分享越丰富！

元气关键词12

真价值

今天是2023年10月2日，这两天哪里都没去，就是埋头写课纲，好不容易写完了，得到的反馈是：根本没价值！这里说的“没价值”，是从课纲看不出这门课程的价值，也就是你自己是做课的老师，你都写不出有价值的课纲，说明这门课程要么是真的没价值，要么就是你没写出真价值！

那么，到底什么是真价值呢？真价值就是，你是否真的帮助你的用户解决了他的真问题！那什么又是真问题？真问题就是，你的用户迫切需要解决的问题，比如他遇到工作、生活中的卡点、困惑、难题等。当真问题出现，用户群体产生解决问题的需求，就会出现“能够解决这个问题的人”，或者有的用户也许并没有意识到这个问题，你的出现让他看到了这个问题，也确实是他需要的，你也能为他解决问题，从而产生真价值！所以这两者是相互补充、相互促进的，也就是首先要有一个真问题，其次才会有“解决这个问题的真价值”出现，这个价值可以是新的认知，好用的方法、工具、模型，等等，总之，是能够解决某一个问题的！

这件事让我对就业指导的课程设计又产生了新的洞察，我是在2020年带完毕业班之后，突然对就业指导工作产生兴趣的，因为以前我们专业学生就业真的“不用愁”，可那年我发现很多毕业生在毕业阶段原来是非常迷茫的。怎么办？只有干啊，学生在哪里，我们的工作就要做到哪里，学生那个时候全部在家里，所以我就把就业形势开到网上，送到学生和家长面前……反正这么一折腾吧，考研率和就业率还不错！

2020年底，我就去参加了就业指导的课程培训，知道了原来就业还有这么多门道，这之后就一发不可收……2021年开始我就负责我们专业的就业形势课程，2022年开始做全校的就业指导课程负责人，这两年都在马不停蹄地变革，2022年才把课程改为《就业的六脉神剑》。2023年元旦在家里看一个职场综艺节目《令人心动的offer》，其中好几个场景让我哭了，主要是看到这些还未毕业的医生为了自己的理想而奋斗的状态特别有感触，于是我就又“心血来潮”，重新设计课程。如果说“六脉神剑”是想把求职阶段的东西全部告诉他们，《令人心动的offer》则想激发他们心中的职业理想，为他们创造求职的初体验！

但回到今天这个真价值的时候，我突然又迟疑了，我这样的课程设计真的是学生需要的吗？学生毕业面临的真问题到底是什么？这些问题真的是他们自己想要去解决的问题，还是外界需要他们去解决的问题呢？如果不是他们的真问题，这个问题就根本解决不了，一个课程解决不了，一群人解决不了……就拿今年3月我们学校搞校园双选会举例，招就办的负责人安排我去现场“摆摊”，我以为我就是去“打酱油的”，没想到“修改简历”的学生把我和我的同事围得水泄不通，比人家招聘单位的摊位都要热闹，2个小时改了上百份简历，还兼顾做了几个微咨询！于是我就纳闷了，我问了好多学生，我说这个简历怎么写，在你们实习前的就业课上专门说了呀，你们拿过来的简历怎么就像“没学过一样”？学生说：“老师，那个时候谁会认真听课啊，又没到找工作的时候……”所以你看，我们的就业课需要我们说就业，可学生那个时候根本没面临就业，他们不需要，所以课程在他们眼里就是修个学分，没有真价值！这就是开头出现的，我以为我的课有价值，其实没有真价值。而现实是，我们身边又有多少课程、多少活动、多少竞赛是这样的呢……

其实有了这个觉察，对我们的课程设计也好，学生管理也好，科研申报也好，你的思考和行动一定会有不一样的体验，期待大家的真思考和真行动！

元气金句

真价值就是长在用户身上的“疼痛点”，且是最痛的那个点，同时也是他们发现疼痛，想要寻找“解药”的那个点。如果找不到这个点，就没有真价值，又何谈解决真问题！

元气加油站

1.广东南华工商职业学院辅导员赖志聪老师

【元气心得】敬佩陈姐姐的热情与坚持，如果不是热爱，是无法坚持与实现真价值的辅导员事业的！不管是科研、教改还是工作，都必须有充足的调研，了解开展的意义，了解对象的真正需求，否则真的是做得形式化而意义不大。目前感觉也算找到了辅导员专项深耕的职业生涯与就业指导领域，希望在这方面服务大学生群体，并去做一些新的尝试，但是服务对象的生涯发展与就业指导肯定得是个性化的，如果要解决他们的真问题，说真的不容易。不管怎么说，继续深耕这条线，跟着大家共同努力，默默向大家学习。

2.德州学院辅导员王培培老师

【元气心得】今天微课堂的关键词是“真价值”，我觉得这个关键词特别有意义，扎心，扎灵魂。昨天上午学校督导组听我的“班主任与班级管理”课程，督导老师临走的时候说：“要不是下一节还有督导任务，我们真想把它听完。原来课程还可以这样上！”督导老师们的反馈给了我莫大的鼓励，也让我看到了自己在讲课方面的“我擅长、我喜欢、我热爱、我需要”。反思我给学生做的服务、开展的活动、写的课程设计、科研课题，是否真正地基于学生的需要，还是只是“一头热”？

昨天我们召开学生工作会，在研讨如何提高学生宿舍内务整理的积极性、主动性。公寓管理是我一入职就分管的工作。我该做怎样的思考调研，再去调整奖惩措施？我们的“奖”，学生真的需要吗？我们的“惩”对学生而言真的管用吗？到底如何才能增强学生的内驱力，今天就通过查阅文献去研究，再学习，再谈话，再落地。

3.浙江越秀外国语学院辅导员赵莹老师

【元气心得】细想多年的学生工作经历，学生活动、班会、讲座，课程、比赛、主题教育等设计与安排是对学生产生真价值，还是华而不实、劳民伤财的“政绩工程”？这对我来说是个灵魂拷问。千人千面，不同学生有不同的个性需求，一场讲座可能对于部分学生受益匪浅，但对于部分学生可能是“浪费时间”。因此，辅导员应该针对学生的个性化需求，从开展精准思政、精准助困、精准助学、精准就业等角度，从“云计算、大数据、物联网、移动互联网”等维度，探索新形势下的高校思想政治工作的有效途径。辅导员工作忙，从心，亡声。若带着自己的初心、本心、真心，则不会亡也。

4.遵义医科大学珠海校区辅导员钟仁云老师

【元气心得】人的发展往往要有两种价值：个人价值和社会价值。个人价值是内在的，是自我定位的实现；社会价值是外在的，是社会发展对个体的要求。大学生也是如此，兼具个人价值和社会价值。对于学生来说，两种价值都是真价值。从受益对象来看，叫个人价值和社会价值；从时间维度来看，个人价值更多是眼前价值，社会价值则是长远的个人价值。只有个人价值与社会价值契合，才能真正实现个人价值。基于以上认知，再来看学生服务管理工作，可能会有新的认识。

现在医学生最大的需求（眼前价值）是考研升学，围绕这个事情做的工作对于学生来说就是真价值，对学生一直跟踪督促提升考研这件事，他们会很感激，我们系19级学生说我太重视考研这件事了，真是太酷了。有些课程和活动似乎跟考研没关系，比如通识课程和“五育并举”的活动，是社会和国家对大学生的要求，学生可能会觉得没有价值，但是从长远来看，获益的是学生。这些课程和活动可能就是决定他们人生高度的重要因素，开展这些课程和活动时需要多花点心思。如何真正能够起到促进学生全面发展的作用，比如通识课程进行教改，今年我把“贵州省情”课程考核改了，暑假前先布置作业，让所有学生去“三下乡”调研家乡的情况，课上汇报，课程结业考核从写小论文改为写调研报告或者拍摄微视频，目前来看，课程效果比之前要好。第二课堂活动，德、智、体、美、劳五个方面，每个方向形成一两个品牌活动去促进，形成氛围和文化，可能效果好一些。

5.四川卫生康复职业学院辅导员李秋虹老师

【元气心得】今天的关键词再次捅破了辅导员工作的窗户纸，就像培培老师说的一样“扎心”，对各类承包工作、对学生实际需求、对个人深耕锚点……这个词都有许多值得思考的内涵。

近期在和班委一起商量班级三年的建设规划，想要在学校管理规章制度的基础上，结合学生的个体特点、发展需要，制定出更符合学情和班情的班规、班级发展目标、具体建设措施等。而对于学校安排必须完成的学生主题活动，它有一定的社会价值，但是被做成了粗加工的“快餐”，营养流失的同时还在逐渐消耗同学们的热情。现在想想是我们没有找到这些事情背后的真价值，没有结合学生实际的痛点和需求来组织、设计、开展……在科研方面，有点小白似的去贴热点，在完成的过程中总是会反问自己，这个项目对于自己工作的实际意义是什么？只是为了完成评职称的要求？它的落地性在哪里？对于我后续工作的支持有多大？现在想想其实我的真问题已经出现，我应该提炼形成真价值的科研命题。

6.北京工商大学辅导员赵杰老师

【元气心得】学生需要的真价值到底是什么？在当前以“05后”为主力的大学校园，这是一个有必要去思考的问题。10年的工作经验，使我深深感到当代大学生与过去的大学生在个性、需求、态度等方面有太多的不同，而了解学生的真正需要，是很多时候做好各项工作的基础。但针对陈姐姐提到的，很多毕业生说大三的时候不认真听讲就业指导课这一点，我认为未必是学校的设计不合理。简历是做出来的，不是写出来的，到大四甚至临近毕业再去给学生讲简历如何制作，可能已经为时过晚。既要了解学生的需求，也不能一味去迎合，做好教育引导，把握好“人生导师”和“知心朋友”之间的度，在当下更是一个值得思考的问题。

7.云南医药健康职业学院辅导员齐思明老师

【元气心得】回想自己做辅导员，从不会带学生到后来热爱辅导员工作，背后的信念：如何更有效地管理学生？学生的需求是什么？如何在制度的约束下放权去管理学生？过程太难了，但结果还好，能支持我走到现在的就是这背后的信念。《令人心动的offer》我也要看看这个节目，陈姐姐在学完课程后马上就能学以致用，还能在北森后台讲课，我也听了两次陈姐姐讲的课，真的是马上学习、马上输出，要解决学生就业的真问题，还是要自己有真本领、好思路，当你成为学生的偶像，你说的话才最有力量，现实偶像才能指引学生真行动。今天说到就业指导课，我也在讲这门课程，但还是自己的工作效率太低，总是有很多工作要忙，在课程的打磨和设计上用的时间太少，自己做PPT的水平也有待提高，真的觉得有太多要学习的东西。我认为真价值的输出一定是在真行动上的，所以不要“欺骗”自己，专注自身，着力提升。我们不是圣人，“救”不了全部的学生，但要努力改变一拨人。

8.浙江中医药大学辅导员丁艺雪老师

【元气心得】真价值背后是真需求，我觉得找到真需求、产出真价值是一种务实的工作态度。辅导员工作千头万绪，但真的想做好还是得出实招，有实效。最明白辅导员工作有没有真价值的其实就是我们的学生，他们的反馈也是检验工作价值的金标准。一是如何找到真需求？从这次主题教育里体会到调查研究真的很重要，从工作中的一个问题深入进去，一调查才发现问题不小，可能还会更大，就像房子里的“灰犀牛”，不是没有，只是不愿意看到，只有承认这里有问题才有可能找到问题。另外，近些年有个体会，学生的需求也可以被激发出来，被榜样激发，所以很喜欢做选树榜样的工作。二是如何产出真价值？还是回到自己身上修炼内功，我也是非思政专业毕业的，一直没勇气去面对思政、心理、生涯、教育、管理，甚至传播等一大堆的理论，但是越来越发现这个是绕不过去的，今年开始给自己列计划补课，理论指导实践才有能力产出真价值。真的烧脑，所以这么晚才有想法输入，坚持很酷！

9.甘肃卫生职业学院辅导员花蕾老师

【元气心得】我觉得真价值，确实是每个人的疼痛点，就像李尚龙写的一本书，你的努力，只是你以为的努力，是无效的，那如果在无效的状态下，你的真价值就不存在，后期就无法体现和无法运用。所以培养和建立符合自己实际需求的真价值就是有意义的价值。

元气关键词13

具体

今天是10月3日，给自己只安排了一件事——做课！

明天早上要给一个学校2024年考研的学生分享，关于考研冲刺期的准备事项。其实这两天也一直在思考，考研的学生在还剩不到三个月的时间里，他们最需要的是什么？冲刺资料？复习方法？心态调试……但其实最终他们需要的难道不是如何考上吗？要考上就要上线呀，要上线就要知道多少分才能上线，然后才是怎么上线嘛！

所以按照这个思路，我就给这次分享取了个主题：恭喜你，上岸了！副标题是：如何在考研冲刺期稳步提高你的初试成绩？大家看看这个题目，是否一看就有真价值？是不是考研冲刺学生的真痛点？还行对吧！但是我觉得还并没有把这个价值最大化，也就是说，如果我是一个马上就要考研的学生，我期待的是通过这个分享学习之后到底能提高多少分呢？大家说，是不是这个道理？我把这个题目发给了一位专家，然后也提出了这个问题，要不要加入具体提高分数的方法？那位专家说，不用写具体的，你写得太具体了，万一没做成，不是砸自己脚了！我当时想着，也是哈，先这样做吧，于是我就围绕“如何稳步提高初试成绩”这个核心诉求开始做课了！

因为我自己也是考过两次研究生嘛，一次是本科毕业时，一次是工作5年后。两次心态不一样，但是我认为有一条非常重要的决胜点就是：在不确定中找到确定，也就是越到冲刺阶段，自己的节奏越重要，80%的二战学子都是在冲刺期扛不下去的！其实只要能看到自己的成绩稳步提升，那些所谓的焦虑、心态都不是事儿，也就是我在分享当中提到的一句话：打败焦虑最好的办法，就是把“焦虑点”变成一个一个“可达成”的“固定标准动作”！只要“动作做对了”，结果也就水到渠成了，即便是最终结果没能如你所愿，整个复习—冲刺的过程，对学生的事业发展来说也是相当宝贵的经历！

于是我花了一下午的时间，制作了一张“考研冲刺期每日清单”，把这三个月、每周、每天的一些重点事项做了标记，每天还拆分为考研时间的三个时段进行区分，让大家根据自己报考院校近三年的初试线和提分目标，把一件件具体的“提分事件”写进去，每个时间段只安排一件事情，专注做好它，然后做完一件，画掉一件，配合着定期的复盘、调试和行动，想不提高分数都难！

那么问题又来了，我说的这个“稳定提高初试成绩”，到底是多少分呢？10分、20分、30分……如果我给不出具体的分数，我的内容也好、工具也好，就不可能“精益求精”，我就可以“打马虎眼”，就可以“蒙混过关”，说到底，“只要说到具体的东西，你就得真的做到”，做不到就没有价值，更别说真价值了！

为什么我在做这门课的时候卡住了？本质上是因为“我不敢承诺具体解决方案”，如果我能确定自己的这一套内容、工具，学生听话照做了，就能提高20分、30分，我为什么不能大胆地写在题目上、课纲里……也就是你的“承诺具体解决方案=付出代价=获得真正的回报”，这也是前面我们提到的真价值，通过具体的内容、工具、模型，解决某一个具体痛点，这对学生来说，才是真正需要的！

所以再回到我这门课程，我现在心里非常有底了，如果学生真的能够按照我的思路、工具去复盘和实践，学生一定能提高初试成绩70分以上，其中政治10~20分、英语10~20分、专业课30~50分，于是我的副标题就可以改为：如何在考研冲刺期将你的初试成绩提高70分？……其实，当我把副标题改为这个题目的时候，我的整个授课主旨也就定下来了，哪怕我才开始只能做到提高10分，那我就写10分，总有学生需要这10分，但是这10分是真的能做到，就是有真价值的！那么，放到我们的工作中，我们可以从哪些方面具体化我们的工作内容、思路、方法，使其发挥出更加强大的真价值呢？

元气金句

具体就是你敢许下的具体解决方案，它是一个公开的承诺，是你对自我真价值的笃定和解决真问题的决心，更是一个一眼就能望穿的结果，充满着无限的挑战和魅力！

元气加油站

1.德州学院辅导员王培培老师

【元气心得】考研分享—目标（考上）—初试上线—题目：恭喜你上岸了—把焦虑点变成可达成的固定动作—考研冲刺期每日清单列表—上午、下午、晚上时间段，写下具体目标，具体行动（行动达成，目标达成）—如何在考研冲刺期提高你的初试成绩70分……让我想起了，我们写论文，如何让题目更吸引人眼球；办活动如何让学生看了活动名称就跃跃欲试。原来所有的事情，都可以如此聚焦、如此务实、如此落地。今天把焦虑点变成具体可操作执行的动作让我很受启发，我需要放下焦虑，聚焦每日行动即可，结果顺其自然，水到渠成。感恩陈姐姐的分享，很有价值！

2.浙江越秀外国语学院辅导员赵莹老师

【元气心得】各行各业，都有自己的KPI考核目标，比如很多学校对学生的考研率、就业率、四六级过级率、学科竞赛获奖率等都有考核指标，要完成这些目标上不封顶。因此各二级学院开始内卷式PK，PK产生焦虑，打败焦虑的最好办法就是把焦虑点变成一个一个可达成的固定标准动作。动作对了，过程坚持了，结果十有八九也就达成了，即使没有达成也问心无愧了。今天话题“具体”也是昨日话题的“真价值”的延伸。具体的东西就能真做到，真做到才能有真价值。比如要提高学生四六级过级率，你制订一份“英语四六级提升工程”计划，告诉同学们英语学习很重要，大家要努力，心无旁骛地学习。这句话就好像学校领导跟老师们开会说要争创双一流大学一样，高大空，听起来是没有感觉的。那么真要提升过级率，就应该有具体分阶段的措施和抓手，比如具体提升几个百分点？通过什么方法和手段？具体每天可以做什么？过程分阶段目标如何检测和反馈？具象化后让目标变得可实施，而不是无从下手。目标并不可怕，“目标没有具体化才可怕”。每走一步都走向一个终于要达到的目标，这并不够，应该每一步就是一个目标，每一步都自有价值。

3.遵义医科大学珠海校区辅导员周小璇老师

【元气心得】考研的学习方法，标题要：新颖简短，围绕主旨，冲刺期最重要的就是稳扎稳打的心态，坚持下去，打败焦虑最好的办法就是把目标拆分成一个个小目标，一个时段只专注做一件事！

4.遵义医科大学珠海校区辅导员钟仁云老师

【元气心得】学生工作要有宏大的愿景，也要有具体的手段。比如考研专项推进工作，我的理念是先准备复试，再准备初试。从大一进校开始准备复试内容：学业成绩、四六级、综合能力等。每学年进行复盘，查漏补缺，推进考研。

5.北京工商大学辅导员赵杰老师

【元气心得】感觉具体是解决焦虑和迷茫的最落地的方法，也是能吸引人进取的法宝。无论是做学生工作，还是自我提升，都可以把目标具体化、可视化，一步步来，不断向着目标努力的感觉很酷！

6.四川卫生康复职业学院辅导员李秋虹老师

【元气心得】“具体”帮助我们“在不确定中做到确定”。把一个个目标具体化、善用工具帮助自己把目标可视化，不断激励自己。

特别喜欢今天陈姐姐朋友圈分享的——《××录取清单》，首先我们要“相信”自己能够达成目标，我们也能够具象地“看见”愿景是什么，围绕目标制订“计划”，透过具体的“行动”，一步一步地“达成”。周一的时候有个班长来咨询专升本培训班的事情，我了解到2023级不少同学有专升本的规划，姑且不论最后的结果如何，在入学之初有这样的目标是值得鼓励的。于是我最近在思考如何帮助这些同学解决专升本中“高等数学”考试问题，通过学习陈姐姐考研辅导的思路解决护理专业专升本的真问题。

7.云南医药健康职业学院辅导员齐思明老师

【元气心得】自己在做工作时也有畏难情绪，想让学生一步一步完成，自己有没有具体任务去执行？虽然工作有难题，但分解了工作后大困难就变成了小困难。感觉自己活在拖欠工作的内容里，总有欠着的工作，所以具体到目标任务，摒弃这样的工作情况，提高效率，具体到小点分解来完成。

8.浙江中医药大学辅导员丁艺雪老师

【元气心得】感触最深的是敢承诺，也就是自己先相信，才有可能让学生相信。这个目标具体、明确、可检验，才会吸引人，有说服力。联系到目标管理的SMART原则，第一条就是具体。其他任务也是一样，以终为始，确定目标就是预约了结果，行动才会更有动力。这是对老师自己的高要求。

9.重庆第二师范学院辅导员刘莉老师

【元气心得】以真价值为导向，形成真问题、真计划、真行动。落脚于真行动，跟着陈姐姐和各位老师的脚步，我把前天关于关键词“阅读”的感悟落到了真行动，目前还没法很快产出成果，因为阅读量和累积量不够，但是已经将阅读且读书心得落实到行动上了。只能说，每天的一小点进步，都是美好的。在工作上，由于部分“行政化”的工作思路，其实有很多学生工作都不一定符合学生的真需求，自然也没法实现真价值。在自主发展和自我提升上，拥有真价值的思维，即是要围绕工作中的实际问题去开展教学、科研、比赛等。关于具体，我认为是对昨天关键词“真价值”的衍生，也就是真问题和真落实，如果某些具体的真落实了，就能实现其真价值，而具体的程度有多深，真价值就有多大。“打败焦虑的最好办法，就是把‘焦虑点’变成一个一个‘可达成’的‘固定标准动作’！”这句话好治愈，这学期开始我也有每天列清单完成任务的习惯了，真正完完全全体会到了一个一个可达成的固定标准动作对每天焦虑而疲惫的治愈。很开心能够每天跟着老师们一起学习，有一种我们虽未见面却彼此温暖的幸福。谢谢大家，一起加油！

10.甘肃卫生职业学院辅导员花蕾老师

【元气心得】在老师谈到的一个具体问题具体分析，我们要考虑到他的这个固定标准动作，我们要放下焦虑，然后聚焦每天的行动，做到水到渠成，就是今天最后一个老师谈到的以终为始，我觉得很重要的是每一件事情的结束是这件事情升华版的开始。那这个升华版的开始也是对我们之前具体内容的一个总结和拔高。“具体”能够让我们的工作更有条理性，更有准确的、明确的目标和完成目标更大的信心。

元气关键词14

鼓励

今天是10月4日，下午正在开车外出的路上，突然收到饶先发（发哥）的微信消息，两个字“祝贺”，后面才看到发哥在辅导员群里转发的他工作室的一条消息，关于贵州省“最美高校辅导员暨高校辅导员年度人物”推选展示活动的内容，说真的，收到这条消息，挺意外的，一是本身和发哥加微信好友没几天，二是虽然我对发哥早有耳闻，但我对他来说是全新的，他居然能从一条推文里发现我，还专门给我发了一条祝贺消息，这本身就说明发哥这个人非常细心，也非常愿意用自己的宝贵时间去鼓励每一个积极向上的辅导员，所以我真的非常感动！

然后就是发哥一顿“操作猛如虎”，给我的朋友圈连续点了十几个赞，我也一激动，和发哥聊了好多，关于我的工作、我的元气群、我的读书感悟等。发哥对我今年已经读了50本书这件事非常感兴趣，还说可以面向全国的辅导员发起“同读一本书活动”，这的确是一件很有意义的事情！

我这个人吧，特别容易被别人的鼓励影响，脑子一热就开干，没想过太多的后续！比如做这个元气群，一开始想着应该没啥问题，每天也就7分钟的事，宣传一发、海报一做，第一次打算张口就录来着，后面发现还真不是这么回事，你说出去的话，要负责的，要经得起检验的，要别人听了真的有用的……这不就开始先写稿子，刚开始每天要花2小时构思和撰写，我基本都是从当天自己工作的一个小点去觉察，然后总结自己过往的经历和经验，写点感受。后面写了几天，做了一些方法论的梳理之后，发现这样的方式对自己和大家更能起到推动作用，也得到了鼓励，就开始朝着这个方向继续尝试，虽然更加费时间了，但对我本人来说，我是很享受这个过程的，所以每写出一篇就特别有成就感，也就更有动力坚持去做！

当然，最让我备受鼓励的就是看到大家听了语音后的自主分享，这才是我做“元气微课堂”的初衷，希望用我的抛砖引玉，能带给大家对工作更多的思考和行动，让辅导员心中有理想、手上有方法、行动有结果！所以我也希望大家能够在这个群里真的去听语音了，听完真的思考了，思考完最重要的是要能说出来、写出来，因为你内化之后的知识，才会真的成为你自己的，而只有你积极分享，才会创造出更大的价值，也才会更多鼓励到你，你也会有更多的学习和分享！

你看，受到鼓励真的是一件很美好的事情，特别是你正在做的某件事，因为没有经验、没有资源，不知道结果如何，甚至你快失去方向了……这个时候你如果得到了某个人、某些人，特别是行业内先行者，或是已经取得不错结果的人的些许鼓励和认可，这种能量会被无限放大，持续激发你更加坚定地做下去，你也会做得更好！

所以我认为鼓励至少有以下3个作用：

一是让人开心，信心翻倍。你可以回忆回忆自己每次受到鼓励的时候，有没有这个感觉，我相信那个瞬间一定是非常开心的，然后对被鼓励的这件事情一下子充满信心，能量满满。

二是相互流动，潜能激发。被鼓励过后，不管是鼓励方还是被鼓励方，其实都是受益者，这种正向的能量是能快速在双方之间进行能量交换的，当达到高峰的时候，真的说不清楚“谁鼓励了谁”，所以这种达到“高峰鼓励”的双方，都能得到自我潜能的激发，是一种非常幸福的体验。

三是指引行动，创造奇迹。每个受到鼓励的人，都一定会对眼前的事做出更加主动、更加积极的行动，甚至创造出更加不可思议的意外之喜！请记住：行动无失败，空想才是空！哇偶，此时此刻，我的内心也是充满了能量，真的希望我们每个人都能充分发挥鼓励的作用，用在我们的工作、生活中，用于我们的家人、学生、同事、朋友……当然，还有我们自己！

元气金句

鼓励的作用有3个：让人开心，信心翻倍；相互流动，潜能激发；指引行动，创造奇迹。还等什么，赶紧鼓励鼓励我吧！

元气加油站

1.遵义医科大学珠海校区辅导员钟仁云老师

【元气心得】鼓励是获得成就感的最直观方式，是一种正能量的传递过程，可以治愈双方，老师和学生都需要获得鼓励。鼓励表现在工作中可以划分为表扬和表彰，表扬基本上是口头的，表彰一般有证书，比较正式。作为辅导员要统筹用好鼓励的手段，适时使用表扬和表彰，激励学生不断朝着梦想进发，为梦想加油！

2.浙江越秀外国语学院辅导员赵莹老师

【元气心得】每个人都希望被鼓励，通俗一些来说就是通过他人的认可，肯定自己是个“有用的人”。孩子得到老师和父母的鼓励后会表现得更好；亲密关系中得到相互鼓励能更和谐；在师生关系中，老师的一句鼓励可以让学生走得更远。记得有个成绩优异的学生因内心胆怯不敢走上国奖评审舞台，那天我跟她聊了很多，当然多数是些鼓励的话。在我的鼓励下，学生参与了国奖评审并获奖，会后学生给我发了一条短信：老师，这次如果没有你的鼓励，我怕是没有勇气，感恩有你，我的大学没有遗憾了。此刻，我很开心，一方面是替学生开心，另一方面是为自己开心，我的工作有了真价值。这种达到高峰的鼓励使我们双方都能得到自我潜能的激发，是一种非常幸福的体验。由此我想到“辅导员鼓励师”，其意无外乎鼓励。注重的是对思想政治教育中出现的沮丧、疲倦、迷茫以及困惑，给予理念、方向、方法及目标，以期丰富其见识，改良其方法，有趣其灵魂，相忘于琐碎。如我的某个方案、策划的某项活动、发的某段文字受到领导或行内专家些许鼓励和认可的时候，这种能量会被无限放大。就像前几天我的“元气微课堂”感悟被陈老师发至朋友圈，写进元气课堂加油稿时，我备受鼓舞，这也会持续地激发我更加坚定地做下去且做得更好。

马克·吐温说过：“听到一句得体的称赞，能使我陶醉两个月。”生活中，每个人都期待他人的赞美和鼓励，因为我们内心都希望自己的付出被人看到，自己取得的成绩被人认可。鼓励是激励他人和成就自我的最佳方式。所以请不要吝啬你的鼓励，今天就来夸夸周边人吧！

3.四川卫生康复职业学院辅导员李秋虹老师

【元气心得】陈姐姐是一个被鼓励容易更加勇往直前的人，而我也在陈姐姐的热血下坚持和大家学到了十四课。鼓励真的很重要，是性价比最高的学生引导方式。7日例会上领导提到学生会对学生时代批评她的辅导员（老师）有很深的认可，当下的我是不认同的，我感觉“00后”“05后”的学生更喜欢被认可和鼓励。即使学生在一件事情中做错了，我们也应该首先看到这件事背后学生应该被肯定、鼓励的地方，充分相信学生，积极鼓励，对于师生情感流动、激发学生的行动力都是有效的。正如陈姐姐总结的那样——鼓励能产生积极情绪，促进相互间情感流动、潜能激发，指引行动创造奇迹。我们期待领导的鼓励和认可，学生也期待老师的鼓励和认可。赵老师说到“辅导员鼓励师”，我们似乎可以成为一个鼓励性的辅导员，跳脱琐事，从多面去看待学生，鼓励学生。

4.云南医药健康职业学院辅导员齐思明老师

【元气心得】工作的烦恼有时候真的让人很崩溃，但每次一回家看到家里人都会好很多，家人的鼓励就是我生活工作的动力。我们在讲生涯，生涯不仅仅有工作还有家人，当我们想在工作上发挥助人作用时，要审视自己的家庭是否和睦，是否彼此支持鼓励，把自己的日子过好，再去鼓励更多的人。鼓励，做着助人的工作，其实自己也需要被鼓励，比如在这个群里看着大家发心得感想、正能量，也是一种莫大的鼓励，一切努力都值得！

5.北京工商大学辅导员赵杰老师

【元气心得】辅导员的职业角色决定了要多肯定、多鼓励学生，要阳光、积极、向上，不得不说，这一职业有时真的在自己沮丧但又不得不面对学生的时候起到一种正面提振的作用，在鼓励学生、引导学生的时候对自己也是一种心灵的浸润和滋养。

6.甘肃卫生职业学院辅导员花蕾老师

【元气心得】鼓励我们谈到了，同样表扬也很重要，表扬跟鼓励都是一个正面的、正能量的词汇，同时，鼓励在某种意义上来说不是一个名词的呈现，它是一个动词，那动词的权限就代表它是有行动、有支持、有力量的。鼓励能够帮助我们“动起来去解决问题”，在这里给大家提出这两个词语，大家注意观察一下动名词，陈老师的很多词汇用的都是动词，也是一个具有行动力的词汇。

元气关键词15

实用

说来也巧了，从9月份开学到现在，我先后接到了4个已经毕业的学生党员，找我咨询党员材料的事情，其中3个毕业生毕业4年了，2个是要把档案转到现在的工作单位，1个是要把档案转到读研的学校，还有1个学生更是毕业8年了，也是突然发微信联系我，问我党组织档案的事。

我就奇怪了，我们每个辅导员在带毕业班的时候，特别是学生档案的重要性肯定是反复强调过，而且通常党员档案也是跟着学生档案走的，也会提供邮寄编号供学生查询等，所以不管是寄到工作单位还是当地人才市场保管，都会提醒学生一定要及时确认自己的档案是否到达，是否完好等！虽然我们也知道，像人事档案这样的材料，本人是无法查阅的，但“是否到达，在哪里”这样的问题，应该是毕业离校最重要的内容之一了。现实是，很多人都会像这4位学生一样，毕业之后就“遗忘”了自己的档案，等需要用的时候，特别是涉及自身重要发展的时候、不得不处理的时候再来询问辅导员，搞得自己很被动，还好最后都搞定了！

你看，不管是学生，还是我们自己，都曾经在处理、选择一些事情的时候，把“我认为的是否重要”在心里做了排序，比如学生毕业，可能更在意的是工作的薪资、待遇这种能直观判断和当下即可获益的内容，所以档案是否到位，对他们来说“并不是最重要的”，以至于尽管辅导员也反复强调了，很多学生仍然“没感觉”，自然也不会去重视！而反观我们自己的工作，又有多少是“为了做而做”？比如为了评职称而去上课、发文章、搞科研，不动脑筋去好好备课，不假思索照搬照抄，不做调查人云亦云……被职称要求、考核标准“牵着鼻子走”，而不是遵照内心脚踏实地，这种“满足于外在评判而失去自我内生动力的事情”，在我们的工作中、生活中比比皆是。结果是，很多人找到了高薪、得到了项目、评上了教授……也仍然过得郁郁寡欢、终不得志，我把这样的现象暂且定义为“实用主义”！

当然，你说这样的“实用主义”难道就没有什么好处吗？我认为也有，比如它能在短时间内激发出个人的潜力、能高效管理自己的时间、能做到精准目标细化，还能验证学习策略，等等，如果能获得预期成果，对自我发展的信心一定是能够大大提升的，特别是如果个体能从这样的事件中“觉察出新的认知，重新调整发展视角”，也势必能形成更加可持续性、更有价值感的事业发展路径。但从长期来看，不管是对个体自我发展，还是对组织持续发展，一定是弊大于利！

那么，针对这样的现象，我们辅导员自身和在学生管理中又可以从哪些方面加以利用和改善呢？

一是有计划。比如你是一个新入职的辅导员，你们单位规定3年后你才可以评讲师，那你就要明确自己这3年的工作目标，或者给自己定下4年、5年一定要评上讲师的目标，而不是看到大家都评上了，自己才开始慌乱。

二是列清单。比如你下决心入职3年要评讲师，你就把评讲师的文件找出来，拆分要求，按1、2、3、4……这样明确写下来，最好是清单化，依次排列下来，一目了然。

三是分阶段。列出清单后，你需要预判出要实现这些内容的优先级，比如评讲师需要一项校级科研项目，那你就要放在第一年中去争取，这样如果第一次没成功，还有2~3次机会。

四是促融合。当你分阶段把评职称的清单安排好之后，你还要做的一件重要的事，就是要把你的日常工作和你的个人发展目标相融合，只有回归到工作的推动，你的工作和成果才会真正地助你一臂之力，而不是“两张皮”。

五是去行动。完成以上4步之后，你的工作就可以在日常中推进了，请记住：无行动，不结果！强烈建议按每学期、每月、每周甚至每日形成工作清单，这样用结果来设计过程，用过程来丰富内容，用内容来推导行动，用行动来实现计划的“实用主义”，既满足了工作职责的需要，又实现了个人发展的目标，才是真正的实用！

元气金句

真正的实用，是用结果来设计过程，用过程来丰富内容，用内容来推导行动，用行动来实现计划！

元气加油站

1.浙江中医药大学辅导员丁艺雪老师

【元气心得】毕业了回来找学籍档案的去处，综合测评了才想起来没多少成果可以加分，期末考试前熬夜通宵复习，这样的情况在学生中太常见了。辅导员开展的教育，如果没有触动就没有行动。但是反过来看，如陈姐姐说的有计划、有行动、有成果的学生，就是我们特别欣赏的优秀学生，另外，这也提示我们自警自省，教育者首先受教育。我认为有内在动力的实用主义是一种生产力，务实、勤奋，只要不在过程中损害他人利益，就是个好的策略，如陈姐姐的五步法：有计划、列清单、分阶段、促融合、去行动，我们的目标就是可以实现的，这样的实用主义多多益善，一起做活在现实中的理想主义者！

2.遵义医科大学珠海校区辅导员钟仁云老师

【元气心得】真正的实用，是用结果设计过程（计划），用过程丰富内容，用内容推导行动，用行动实现目标，在这个闭环中获得成就和自信。文中陈姐姐也提醒，真正的实用主义不是功利主义，功利主义更多的是获得外在的名利，“真实用”是能发掘内驱力，让自身获得幸福。

3.甘肃卫生职业学院辅导员花蕾老师

【元气心得】通过尽早地学习认识到要将日常工作和发展目标结合，让日常工作贯穿自己的发展过程。进步、努力的始终，要有计划分清轻重缓急，列清单用于执行，分阶段则是设置长中短期目标逐个击破，促融合就是将日常与目标有机结合，最终达成目标。但其中最关键、最基本的就是去行动，没有行动就没有一切，所以一切实践才有发言权。

4.浙江越秀外国语学院辅导员赵莹老师

【元气心得】在高校中存在这样两种现象：一种是有些老师为了评职称去上课、当班主任、发文章、搞科研，只要跟自己利益相关的或考核相关的，他们就热情满满，高度配合，结果称职也评出了，荣誉也拿到了，但实际反观他们的工作，除了精致的利己主义，没有对学院、对学生做出任何实用的贡献或真价值；另一种是有些老师兢兢业业、老老实实忙于学院工作，忙于学生事务，但凡苦活累活都有他们的份，职称晋升等“好处”可能与他们无缘，可能工作几年后，啥也没有沉淀下来。以前我经常会为前者感到愤愤不平，为后者感到十分惋惜。

听了陈姐姐的分享，让我有了更深刻的思考和启发，真正的实用不是利己主义，也不是埋头苦干，应把日常工作与个人发展目标相融合，因为只有回归到对工作的推动，工作和成果才能真正助你一臂之力，而不是“两张皮”。在工作中，给学生做了培训和教育，但事后遇到问题还是会来问，这样的情况太普遍了。比如我们学校每月都开安全教育班会，以案例形式告诉学生谨防诈骗，但总是有学生被骗。我认为存在这样的现象主客观原因都有，主观上学生自身不重视，辅导员也不是万能的，学生把耳朵关闭起来也是没辙的。客观上辅导员“本领恐慌”，缺乏做学生价值引领的本事。“不畏浮云遮望眼，自缘身在最高层。”一些辅导员和学生有“代沟”，一些学生不接受辅导员的教育，其中一个原因，就是我们有的辅导员讲不清道理。辅导员工作还是要“从学生中来，到学生中去”，不必显山露水，但求问心无愧，努力做一名有温度、懂方法、会思考的辅导员。

5.四川卫生康复职业学院辅导员李秋虹老师

【元气心得】就如莹莹老师说的那样，我们会因利己实用主义而愤愤不平，也会为劳碌无为而惋惜。但透过陈姐姐总结的实用才更清晰地意识到，真正的实用是将工作需要和个人发展有机融合在一起，这既是对工作成果化的有效推动，也是对个人职业纵深发展的有力支撑。有计划、列清单、分阶段、促融合、去行动，用结果设计过程，用过程丰富内容，用内容推导行动，用行动实现目标，做好了这个闭环，相信我们自身的职业幸福感会更高。今天上午我们学院召开助学金总结大会，辅导员老师普遍提到护理专业的学生综合素质能力不突出，难以在校内国奖评奖中突围，大家提了很多原因，有人才培养的问题，有教学的问题……但在我看来，大方向的问题罗列难以短期有成效，我们何不对标某些项目，仔细分析评选条件，主动为学生创造更多的发展赛道呢？就像陈姐姐说的，我们实实在在地去做计划，用实际行动去确定我们想要获得的成果，这不就让学生也找到了自己成长的价值吗？

6.北京工商大学辅导员赵杰老师

【元气心得】真正的“实用”是用结果来设计过程，用过程来丰富内容，用内容来推导行动，用行动来实现计划，做到工作和个人发展同步。具体步骤是有计划、列清单、分阶段、促融合、去行动，目前我在促融合方面做得很不到位，主要是学生工作占据了很多时间，原因在于学生干部工作不够到位，很多工作需要我去替他们做，在这个基础上再拔高。我想接下来的行动应该要多和学生干部沟通，教会他们工作的方法，转变工作和态度，做到“磨刀不误砍柴工”，提升工作效率后，做到从工作中有效抽离，用于个人发展。

7.云南医药健康职业学院辅导员齐思明老师

【元气心得】用结果设计过程，用过程丰富内容，用内容推导行动，用行动实现目标，以终为始，由小及大，层层递进。这种规律仍需要自己实践探索，当这样的规律运用得十分自如时，事就成了，心里的恐惧也就减少了。我们希望学生成才，也应该让自己成才，这样的人才适合做引导者、指导者，不要只做日复一日的陪伴者，成就自己的路上成为引导学生变成更好自己的引路人，这才是辅导员的岗位意义。

元气关键词16

偷懒

大家总说一开学就忙得鸡飞狗跳，分身乏术，有时候连喘息的机会都没有，甚至因为繁忙造成身体抵抗力下降而导致身体出现问题，所以今天想跟大家说说，我们如何在工作中学会“偷懒”。

首先我先说说自己近三年的工作内容：一是五年制临床医学专业的专职辅导员，负责6个班、240人左右的学生，从大一带到大五全周期，辅导员九大职能同步推进；二是学生党支部书记，负责学生党员全过程培育，从大二开始几乎每学期一批次，目前共发展58名学生党员，负责党员发展的辅导员对其中的工作量应该比较了解，简单地说，一旦开启发展党员，其他工作都要让行；三是学校就业教研室的课程负责人，负责全校就业指导课程建设，包括课程设计、师资培训、课程监控、系统维护、成绩审核与录入等，这一块工作也是事无巨细，比如今年3月开启的就业指导课程，我就是从1月开始思考，3月形成初稿，到5月课程结束，完成了多轮的迭代；四是校级辅导员工作室和精品项目的负责人，周期是1~2年，以结项为结果导向开展日常工作；五是大学生职业生涯咨询室咨询师和培训讲师，日常工作是全校性的专题讲座、训练营、1对1咨询、公开课等，比如今年4月，光为毕业生修改简历就达200多份；六是对外职业咨询，做了1年北森公益咨询师，每月5名左右在校生1对1咨询，从2023年4月开始，在O课职场每周二晚做职业咨询，还有对外评审、专题培训，等等。

大家看了我的工作内容有啥感受？其实真的挺多，特别是第二项关于党建内容，要想做好，需要很强的工作能力和思路，所以我花了近2年的时间让自己从党务工作中“抽身”。

一是流程严格对标。党员发展五大流程+20多个环节，这个是我们党务工作的基石，第一步一定要做好“标准化规范化建设”，把每个阶段发展的规定动作做到位，落到实处，包括支部的“三会一课+主题党日”等，我全部都模板化、标准化了，每个月的每个内容也都落实到具体的人去推动，所以近三年我们党支部的年终考核都是“优秀”等次，每次自评的时候，我甚至找不到“扣分点”！

二是过程绝对公开。围绕党员发展的全过程，我会要求全部公开化，基本都是学生团队去统筹，包括评价手册的培训、审核和反馈、期满答辩的组织和评审、群众评议等，所以这样一套流程走下来，学生的“入党指数”总积分一目了然，再根据发展指标和班级考量等，哪些人能上，哪些人不能上，决定权完全放在了学生自己手中，形成争先创优的良性竞争。

三是质量必须优先。我很早就在党员发展培育中发现学生入党的动机模糊，也就是很多都是“被动入党”，所以我在每个阶段都重新设置了“质量监控”环节，比如针对入党前、入党中和入党后分别开展相应的质量提升专项计划，形成学生党员质量发展的全闭环，这也是我在全校首批获得全国党建工作样板支部的核心内容。

这样实践之后，我将党员发展的全过程和质量监控全内容编制成了一本《学生党员培养与发展评价手册》，只要是递交入党申请书的同学就发给他们一本，然后由班级团支书一对一培训，每学期会进行至少1次的审定，确定发展的学生还会进行多次评议，都是由党建工作小组去推进。我现在回看，我这两年之所以有这么多精力投入生涯的学习和建构，多亏了这本手册和学生团队，让我在这一块原本要占据我一半以上工作量的事务中可以“偷懒”。

其实我们工作中，还有很多事务都可以“偷懒”。正如我经常说的三句话，把“必须做的规范化、把应该做的项目化、把喜欢做的品牌化”，这样我们就可以在繁忙中有收获，在迷茫中有惊喜，在使命中有挑战，让有限的时间发挥出不一样的功效！

元气金句

偷懒就是前期沉下去、中期陪下去、后期不下去，你只要把必须做的规范化、把应该做的项目化、把喜欢做的品牌化，“偷懒”指日可待！

元气加油站

1.浙江中医药大学辅导员丁艺雪老师

【元气心得】听完分享，真的感受到会做“减法”的人才是会做“加法”的，没有减下来的工作量，就不可能做更多新的探索与尝试，做更多喜欢做的事情。流程化、规范化、培训、授权，既能保证工作质量，又能培养学生干部，还能解放辅导员的生产力，一举多得。

2.遵义医科大学珠海校区辅导员钟仁云老师

【元气心得】建立使命感，梳理清单，然后优化、规范，达到偷懒的效果，空出时间去提升自己，给学生塑造良好的人格形象，传递正能量。做减法往往比做加法更难，更考验能力和智慧。

3.重庆工业职业技术学院辅导员姚正平老师

【元气心得】听了陈姐姐的分享，很有感触！我觉得自己就是太不会"偷懒"了，因为很多事情交给学生做，总是做不好，感觉没有自己做效率高，有时候干脆就自己做了，久而久之学生就产生了依赖。自己被事务性工作所累，学生工作能力也没能得到提升。要像陈姐姐说的，把必须做的事情规范化，给他们统一的标准和模板。像党建和资助评优评先等这些工作，对学生干部把每一步都培训到位，按照标准来操作就行了。这样辅导员可以抽出很多时间做应该做和喜欢做的事情了。

4.云南医药健康职业学院辅导员齐思明老师

【元气心得】我也是一个爱"偷懒"的辅导员，带专科生和带本科生不一样，带专科生更需要用制度去管人，而不是用道理去说服人。之前我带班的时候用一个"班级魔方"的公众号管理学生，虽然领导怕信息泄露不让大面积使用，但我在使用这个公众号时很方便，尤其实现了网络点名，就是不用去教室就能看到谁去上课、谁没去。还有辅导员九大工作职责内容都有做综合测评的一个统计工具，任务分配足够明晰，加分、减分都很明了。说到就业课，我目前也从辅导员转成了我们学校就创处负责课程建设的专职教师，和陈姐姐想的一样，领导说你来了就上上课、做做教学，简单得很，但实际上是一个人负责一门课程的建设，从0开始，其间的挑战和难度不言而喻，压力也非常大。还好有幸遇到群里优秀的老师们，有思想、有方法，指引我即使有困难也要找规律、找方法，拆解目标，着手行动。

5.浙江越秀外国语学院辅导员赵莹老师

【元气心得】陈姐姐今天这个话题其实就是现在辅导员工作的痛点和难点，每次开辅导员例会大家都是一顿吐槽，每天工作太多压根儿就做不完。现在辅导员的工作内容越来越多，边界模糊不清，辅导员被要求"样样都要懂，样样都要精"，但在真正解决实际问题的时候，往往感到无从下手，只能纸上谈兵。有些辅导员把工作交给学生干部，最后的结果往往自己要重新返工做，与其返工不如一开始就自己做，然后左手不放心右手，什么事都亲力亲为，最后不要说做减法，每天不做加法已是万福。所以把必须做的规范化、把应该做的项目化、把喜欢做的品牌化，这句话说得太到位了，要把这个Slogan不断付诸实践，在繁忙中有收获，在迷茫中有惊喜，在使命中有挑战。同时，在辅导员入职初期、中期到后期，随着工龄的增长，要确定建设目标，坚持问题导向，系统推进。坚持目标性、系统性、成长性，否则容易出现职业倦怠感，要么跳槽了，要么摆烂了，要么转岗了。对于辅导员工作来说，我们既要做加法，又要做减法。比如弥补短板，要做好加法；现在，我们要向专家型辅导员转变，在最短的时间里最高效地去解决学生问题，走好辅导员专业化和职业化道路，就要学习做减法。就像陈姐姐编辑的《学生党员培养与发展评价手册》等这样类似的做法就很值得我们学习。“偷懒”不是不干活，而是为了腾出更多的精力帮助自己和学生成长，获得更多。

6.北京工商大学辅导员赵杰老师

【元气心得】其实，我感觉发展党员、评奖评优、资助等很多涉及流程性、规范性的工作，以标准化、规范化的办法交给学生去处理是可以做减法的，我也曾经实践过，效果还不错。疑问是，如果是团学工作，比如写社会实践申报书、总结、新闻等，这类没有模板和规律性不太强，考验文采、工作经验等需要发挥的工作，如何做减法交给学生呢？目前的实践中，学生写这类材料水平比较差，经常需要反复修改或直接自己写，比较耗费精力和时间！

7.四川卫生康复职业学院辅导员李秋虹老师

【元气心得】陈姐姐分享党建工作经历中提到“流程对标、过程公开、质量优先”，其实这也可以运用到辅导员一些必须做的工作中，比如“奖助学金评定、综合素质评定、推优入党”。我的困惑在于，对于一些常规工作“两张皮”的情况严重，我目前能够“偷懒”的做法是按照学校之前的规律，提前梳理工作，早点谋划。听了陈姐姐的元气词，我觉得我还可以在流程上规范化，多用工具处理事务性工作。

8.德州学院辅导员王培培老师

【元气心得】听完陈姐姐的日常工作分工，感觉如果不会“偷懒”那是完完全全不行的，同时把这句话深深地记在心里，“把必须做的规范化、把应该做的项目化、把喜欢做的品牌化”。今天聚焦其中的一项公寓管理工作，把日常管理表格、通报、检查安排等，逐一和学生干部确认核对好，规范化，把即将开展的公寓文化建设活动做成项目来开展，同时把喜欢的心理健康教育团体辅导做成特色来铺排。感谢陈姐姐，有您和大家伙儿在不孤单。

9.甘肃卫生职业学院辅导员花蕾老师

【元气心得】今天讲的“偷懒”，是另外一种规则的建立，一种制度的建立。只有在前提条件下“偷懒”才理所应当。要把它做到规范化、项目化、品牌化，那“偷懒”才真正指日可待。今天我也做了一件“偷懒”的事情，我希望在未来三年之内它的规范性能够有效。今晚班会我给班级同学一人一张白纸，每个人书写自己的“个人简历”，让学生明天张贴在班级的墙上，未来三年内只要有一项荣誉，或者实践，就趴在墙上把它写在自己的简历上。今晚让在校的学生把两个寒暑假完成的假期社会实践写1000字的实践报告，附带两张照片，以及每个月读一本书，上交字数不限的读书心得。我这样做是为了让学生在社会实践的这一栏简历中，可以有更多的内容可以填写，在奖励荣誉的这一栏未来他们不会“空白”。平时也可以去阅览全班同学的简历，谁比我强、谁比我弱，自己心里也有数。三年后当实习结束步入职场，他们就可以拿着这张墙上的简历，直接去面试找工作了。这就是我今天为未来三年学生职业规划做的“偷懒”的事情。

10.河北青年管理干部学院辅导员梁玉荣老师

【元气心得】听了陈姐姐的分享，每一个主题，都是我们日常工作的痛点，都能直击心灵。第一，梳理工作内容。必须做的：辅导员的九大工作职责、系部的创新创业工作；应该做的：辅导员科研能力的提升；喜欢做的：心理咨询师、生涯规划师的学习……自己往往陷入第一个必须做的事务中无法抽身。今天听了陈姐姐的课程后，也踏实做好规范化、模板化，形成工作手册，学生骨干就可以代劳很多事情，自己也可以有更多时间做应该做的事和喜欢做的事。第二，我是一个最不会“偷懒”的人，以前经常是用加班来做更多上班时间不能完成的事情，听了今天的课程，无论是工作上还是生活上，都得到了启发！

元气关键词17

真实

这几天抖音上有一个小伙儿“火了”，他叫于文亮，是一名山东男孩，10天涨粉百万，成为现象级人物、新晋网络红人。

我是前几天刷到好几个主播在分析这个小伙儿，昨天刷视频的时候突然刷到了，就顺便点进去看了看，还特意点了几个破百万的视频，说实话也没啥特别的感觉……然后又刷了几个人的视频，发现他们分享的内容都艾特了于文亮，也就是说他们都在模仿于文亮，点开评论瞧瞧，我才慢慢理解，原来于文亮的“出圈”是基于他的真实、不做作，很多人从于文亮身上看到了自己的影子，于是很多“于文亮”纷纷现身网络，丢开平日的伪装，勇敢地做起了自己！

前几天还有一个视频也火了，南京某高校晚会彩排现场，因排练到深夜太冷学生怒怼老师。原因是老师为了鼓励学生们坚持彩排，说出了“一切都要为效果服务，你们是演员，要有这一份必要的修养”之类的话，而学生方说：“我们是学生，我们不是演员，我们是演员有钱吗……”当然，我不在现场，也不是当事人，无法还原全部内容，更不能只凭几句话就形成所谓的评判。但是我从学生的话语里读出了：我累了、我冷了，我不想排练，我就想赶紧回宿舍等内心OS！反观老师方，其实也有诸多无奈，比如排练时间的协调、节目效果的预期、上级任务的压力、与学生沟通的技巧等，于是换位思考少了点、说话直了点、效果差了点……导致“费力不讨好”。你看，学生就是这样，他们很真实，有啥说啥，想啥干啥，这其实是很珍贵的，因为一个人如实地表达自我、做自我，就是难能可贵的！而老师们履职尽责，为了达到最好的工作结果也付出很多，可却少了几分“烟火气”！

这让我回忆起13年前我在团委工作的日子，也是每年都要做各种大小晚会、活动，也经常要和学生干部、演职人员一起加班。有一次突然接到工作任务，要做一场大型的接待演出，给省里几十所高校的校长、书记们展示学子风采。我和我们团委书记就开始筹备，把学生干部召集起来，分批落实，那个时候我也正好接手了新生，我记得在选拔合唱团成员的时候，为了选出个子又高、形象又好的学生真的是从班级里一个一个挑的，然后一个一个做工作，还好大家都很积极。临近演出的连续彩排也是只能安排在晚上，有一天晚上搞到将近凌晨1点，我印象很深的是，我们的党委书记居然陪我们到最后，还亲自开车送几个宿舍最远的学生回去，真的是非常感动！

所以你看，老师怎么做，学生就怎么看，老师怎么样，学生大概率也会是这个样，不管是干部选任、班级管理、党员发展，我经常听同事说，“某某学生和你好像，这个班级一看就是你带的，等等。”所以我们的言行举止、思维认知、精神状态等无不在影响我们的学生！再回到真实，它真的是一个非常宝贵的品质，我自己就是一个非常真实的人，也非常感恩我的领导、同事们、学生们对我的接纳和宽容，让我自上而下、由内到外地真实如一。但是我知道，很多人选择了生活中真实、工作中失真，虽然也可以理解，但是并不鼓励。所以我想为暂时在工作中“失去自我”的朋友们，提供3个“保真秘籍”，供大家参考和实践：

秘籍1：遇事慢半拍。比如你在工作中遇到一件什么事情，让你不舒服、很别扭，这是你真实的感受，请先记录下来，然后思考对于这件事，别人怎么说、怎么做，会让你舒服、不别扭，再次记录下来，然后去实施。慢慢地你会发现，尽管很多事情常常不如你所愿，但是你对待这件事的看法和做法已经让你保留了最真实的你，就挺好的！

秘籍2：喜欢就去做。你一定要勇敢地做自己喜欢做的事情，哪怕有时工作的安排不能如你所愿，但可以在能把控的流程、内容、部分结果中去重新设计，把你的真实带进去，做到身心合一，最大限度保护你的本真！

秘籍3：爱就要表达。你一定要对自己热爱的事情多分享、多表达，当所有的人都知道你就是这样的，你就会越来越保留真实的自己，到那个时候，谁都无法让你和真实的自己分开！让我们在真实的世界做最真的自己！

元气金句

真实就是“你就是这么一个人”，而工作中的真实需要你“遇事慢半拍”“喜欢就去做”“爱就要表达”，让我们在这个真实的世界做最真实的自我！

元气加油站

1.河北青年管理干部学院辅导员梁玉荣老师

【元气心得】听完今天的话题，我觉得自己可以从“云端”走下来！作为辅导员，总有“偶像”包袱，总喜欢端着，今天过后让自己真实化。第一，语言的艺术：辅导员初期，负责团委工作，也是各种活动，人手不足，工作非常辛苦，我的学生干部也都是经常加班。他们无条件的信任和支持，是我坚持的底气，而这一点能达到的原因，就是平时交流的语言艺术。第二，真诚真心，无论学生还是同事，都是关于人的工作，真诚是人与人交往的基础，真实、真诚、真心地待人，他人也必如此待我。第三，遇事慢半拍，得理也饶人；喜欢就去做，事半功加倍；爱就要表达，身心可合一，在真实的世界做真实的自己。

2.德州学院辅导员王培培老师

【元气心得】做过生命之花的探索，我的生命意图就是真实。真实最有力量，真实是对自己全然的悦纳和欣赏，真实也符合我们中华优秀传统文化里面的阴阳。俗话说，一阴一阳谓之道。“我可以积极、阳光、优秀、洒脱，我也可以抑郁、难过、委屈、悲伤。这两者都是我。”“我不完美，但我很完整。”这是我在课堂上和学生分享过程中的共识。

刚入职的头几年，感觉每天都戴着面具，生怕自己哪里做得不够好，哪里做得不能令领导满意，甚至对学生还会有所期待。而今的我，放下了所有的期待，活出最真实的自我，真实地呈现我的工作、生活、自我成长。教师的人格魅力，不只是说教，还有身教，作为辅导员的我们到底是如何“活”的？我们的生命状态对学生无形无声的影响同样重要！感谢陈姐姐的分享，每一个关键词都好喜欢，都直达心灵。

3.甘肃卫生职业学院辅导员花蕾老师

【元气心得】你的真实感值得更多人喜欢你、关注你、爱你。看了陈老师说的于文亮的视频，可以考虑什么时候我们可以去掉面具独自面对自我、理性分析和认知自我。就如《哈尔的移动城堡》中的哈尔，他只有遇到合适的机会才会展现自己最真实的一面。我是学美术的，我认为画自画像就是真实认识自己的独特时光，因此我们可以看到全世界许多名人画家都有自画像，如凡·高、安格尔等。在陈老师提出的这三个建议中我也有感悟：要冷静、要有兴趣才能有发展，无论是面对学生还是我们自己都是可以去呈现的。

4.遵义医科大学珠海校区辅导员钟仁云老师

【元气心得】做真实的自己，是让自己在工作中找到舒服的状态，找到幸福感。某项工作如果让自己很不舒服、不真实了，可能是工作方法出了问题，需要改进。工作中做真实的自己，就是要自己去设计工作，优化工作。

5.四川卫生康复职业学院辅导员李秋虹老师

【元气心得】从北森第一次认识陈姐姐就觉得她很真实，也感觉群里的小伙伴们很真实。第一，遇事慢半拍：急性子的我对于突发的工作会过于着急，后来发现着急没用，就慢慢形成先缓一缓、想一想的状态，松弛下来发现更加有效率。第二，喜欢就去做：今年的第一节课我改变了课程的设计，增加了很多互动的环节，虽然磨课的时候有点难受，但当与学生交流的时候她提到课堂的某个环节让她怎么样的时候，我觉得这份对于喜欢的坚持有了更大的价值。第三，爱就要表达：以前的我是个内敛的辅导员，现在的我是个夸夸群主，面对学生我会首先去看她闪光的一面，尽可能先肯定然后再说问题。一次次鼓励下我感觉彼此的状态都好了不少！工作繁忙中看到群里小伙伴的分享真的感到元气满满！

6.北京工商大学辅导员赵杰老师

【元气心得】第一，保持清醒，提高决策力。混乱的时候心不要乱，学会抽离，站出来去想问题，才能重新回归正常，做出有益的决策。第二，保持空杯，提高学习力。释放是为了注入更多的新知。持续学习，形成习惯，慢慢裂变。既不要不会释放，一味承受重压，也不要只释放不注入新的元素。学会减压，也要学会持续学习。第三，保持初心，提高行动力。用行动去验证释放的效率，用有价值的结果推动持续的释放，形成下意识的自主循环。释放的初心是更好地出发，因此要去行动，要做到让行动有价值、有结果。之后可以选择再释放、再学习，由此周而复始，形成持续进步的良性循环，正能量满满！

7. 浙江中医药大学辅导员丁艺雪老师

【元气心得】发现、悦纳、坚持真实自我，真是一生的必修课，对我们自己，也对学生。我们觉得孩子可爱，是因为他们保有童真。越长大，越戴着面具示人，戴着脚镣跳舞。对学生真实的欣赏既需要辅导员有正确认知，也需要有灵活工作的能力。有时候我们自己处于夹心饼干之中，别扭着被要求“不真实”的时候，就会不自觉地把压力传递给学生。非常赞同陈姐姐的观点，学生会越来越像自己的辅导员，一些正向或者反向的强化一直在默默进行着，直到显现出来被看到。少一点顾虑，多一点行动，给真实的自我松绑，也在真实互动中完善与成熟起来。

元气关键词18

释放

国庆期间回老家把一些衣物、个人用品和书籍搬了回来，这些东西因为各种原因，放在老家已经快两年了，衣服发霉的、护肤品过期的、书籍泛黄的……一件件清理，能穿的衣服放进洗衣机，不能穿的衣服、过期的东西丢进垃圾袋，犹如整理电脑中的文件！

想想，其实每天我们都在向电脑导入新的内容，慢慢地越来越多、越来越满，你总觉得这个有用、那个也有用，啥都舍不得删……可当有一天电脑提示你，“内存已满，请及时清理”的时候，你才会发现很多东西已经悄然发生了变化，比如速度慢了、查找乱了、文档许久都没打开过了，这个时候你会怎么做?

我们的工作也如此，正如我们一届一届迎来新生，又定期送到毕业，我们不断地在“师生”这个文件夹里导入新的内容，我们会记得和学生一起经历的点点滴滴，就像一张张相片，不断存入我们的大脑系统，我到现在印象都特别深刻。2015年准备辅导员职业能力大赛的时候，需要拍摄主题班会的视频，当时我刚接了2015级的新生，学生们都很积极。为了拍摄一个场景，近200名学生在学校椰林大道来回跑了好几次，而为了体现出校园的丰富性，我还找了好几个学生社团，在跑道的两边穿插、融入，我自己则开着车，带着摄像师在前面拍摄，现在想想都觉得非常不可思议……拍摄、剪辑、配字幕全部由学生完成，5分钟的视频真的包含了太多想表达的内容，虽然很辛苦，但是当时真的一点都不觉得累，意外的是这个视频还在校赛中获得了第一名！8年过去了，学生已经毕业4年了，可我有时候仍然会想起他们。

可能这是我真正从大一进校，历经5年带到毕业的第一批学生吧，投入的心力太多、太重，加上毕业的时候还遇到前所未有的新冠肺炎疫情，光为学生邮寄各种求职、复试的材料和证明就达一千多次！你说感情深不深？当然很深啊！

这期间还差点经历了一次“离别”，原因是就在我带班到大三的时候，领导找我谈话，要把我换到另外一个部系，虽然也是做辅导员，但是要离开我的这批学生，真的舍不得啊，自己哭了好几次……还好，最后因为我们领导要出差学习3个月，部系人手不够，我才得以留下来，一直带到他们毕业。现在想想，很多时候，不是他们离不开我，而是我离不开他们，因为他们身上有我青春的印记，因为有学生，所以才有辅导员！这种感受，只有真正全情投入、带完一轮学生的辅导员，才能体会到，特别是一入职就带新生，和新生一起成长，到毕业的辅导员。

而我带的2020级学生进校也第4年了，10月17日收到了转岗的正式文件，被调去学工办思政科，现在的党支部和班级工作由另外一位同事负责，当时我调整了很久，在微信群跟大家告别，开始还是很平静的，后来看到陆续有学生发出各种哭泣的表情和不舍的文字，甚至还有小诗，特别是一些同学单独私聊我时说的话……我的眼泪止不住地流下来了！但是和5年前那次相比我会更加有自控力，因为我知道还有很多事情等着我去做，流眼泪没有用，只有我们能更多地支持、帮助学生得到他们期待的结果，也就是成就我们的学生，我们的工作也才更有意义！

所以我们都要定期让自己释放，也就是给我们的工作来一个spa，这样做的好处至少有3个：一是保持清醒，提高决策力。比如工作很多、很乱的时候，切忌随意下决定，你可以给自己"放个假"，什么都不要想，或者做一些让自己轻松的事，你会发现效率更高、决策更准。二是保持空杯，提高学习力。释放的目的其实就是注入新知，当你秉持空杯心态，你要做的就是持续地学起来，形成习惯，慢慢裂变。三是保持初心，提高行动力。要知道，我们之所以要释放出这些过去的、陈旧的、被遗忘的内容，是因为有更值得我们去做的事情，要用行动去验证释放的效率，用有价值的结果来推动持续的释放，形成下意识的自主循环！

元气金句

释放就是定期给我们的工作来一个全身心的spa，让我们能够：保持清醒，提高决策力；保持空杯，提高学习力；保持初心，提高行动力！

元气加油站

1.遵义医科大学珠海校区辅导员钟仁云老师

【元气心得】我们的大脑每天需要接收、处理大量信息，持续的高强度运行，容易身心俱疲，工作效率低，幸福感下降。定期的释放可以缓解职业倦怠，找回初心，继续奋进。

2.潍坊科技学院辅导员苑霞霞老师

【元气心得】国庆假期后，感觉自己就是个小陀螺，一直转不停。每天看群里优秀伙伴们的分享，真的感到了被赋能。在陈姐姐和伙伴们的引领下，开始撰写辅导员日志，有时候只是金句，有时候加上反思。总之，人在事上练，理论也跟上。

3.浙江越秀外国语学院辅导员赵莹老师

【元气心得】说到释放这个话题，我想到《轻疗愈》这本书，它得到国内外无数心理学专家的推荐，是一本自助式的、实用性极强的书。大多数人面对自己产生情绪的状态时，会选择压抑、逃避或评判自己，也会错过处理这些情绪事件的最佳时机。所有在生命中伤害过我们的人和事，只有面对它、觉察它、深入它、处理它，才能真正消除它对我们生活的影响。希望《轻疗愈》能帮助大家释放身心，拿回力量。

4.浙江中医药大学辅导员丁艺雪老师

【元气心得】我很喜欢整理，虽然还不是极简主义者，但遇到心情不好的时候，我释放情绪的方式就是收拾东西、整理办公桌或者家里的房间，整理好了心情也变好了。看了一些整理类的书籍，我发现定期整理，清理电脑和手机，释放出空间，真的有心理疗愈的功能，对工作的帮助更加明显了。辅导员的工作挺有时间感的，按日、周、月、学期、学年、三年、五年为周期，都是可以整理出时间线的。释放情绪，转换视角，空杯心态，再出发。

5.四川卫生康复职业学院辅导员李秋虹老师

【元气心得】第一，保持清醒，提高决策力。开学到现在一直处于忙碌状态，身心俱疲，越是感到工作多、压力大的时候，越应该让自己从身体和心理上去释放。“表姐”做累了，我会选择去学生宿舍遛遛弯，去班上听听课，让自己抽离放松一下，用更好的状态去解决下一项工作！第二，保持空杯，提高学习力。辅导员是输出很多的一个工作，我本身是工科出身，在医学院校做辅导员，从专业背景看就壁垒满满。最近忙于心理普查学生的谈心谈话，说实话会因为自己的不专业有挫败感，为此在恶补相关的知识，有种元气满满的回到了学生时代的感觉！第三，保持初心，提高行动力。如果知道自己要锚定的方向在哪里，便只顾风雨兼程就好了。

元气关键词19

主动

昨晚一位职业咨询者的案例很有代表性，他之前一个人在外地上班，家里人不放心，所以让他回家，给他找了个国企的工作。小伙子入职3个月以来，自述“上班太平淡，同事们都各做各的事，也没啥交流，也学不到什么东西”，因此想跳槽，但又不知道自己喜欢什么工作，能跳到哪里……问他喜欢什么样的工作，也描述不出来；问他做过些什么事，也讲得不多……

这种情况其实是很多职场新人入职之后很常见的职场不适表现，也经常出现在工作换岗、转岗、轮岗等职场人群中，当然还包括我们的学生在新生入校、离校实习实践和毕业前后的不同阶段里。这其中的原因有很多，比如对岗位职能职责的认识不清而导致不知道要做什么；因自身工作能力不足，无法得心应手而没有成就感；因职业素养的缺乏而导致人际关系紧张；等等。但是，从我近两年对职场人士和不同院校在校学生的公益咨询案例中，60%以上的人群在对待自己即将应聘或入职的工作时所表现出来的状态看，缺乏主动性，是一个非常关键的影响因素！

什么是主动？主动就是你在做某一件事的时候，能够自发地去觉察、行动、修订和这件事相关的内容、环节、机制、细节等，使之更加符合、接近、超越你的预期或者让这件事朝着更好的方向去发展，最终让自己和更多人受益。当然，很多时候你可能无法预料到事情发展的流程或结果，但只要是基于你真实感受所牵引你想要去做的事情，就大胆去做！

我工作的80%都是我喜欢做的事情，这其中有很大的原因就是我总是善于发现工作中的问题，然后积极思考，主动作为！比如这两年我在生涯领域的学习和实践，就是基于2020年以来我亲身经历的各种就业下的学生困惑，有一种技能恐慌感，便开始了各种学习。记得2021年10月的一天上午，我和同事开车上班的途中聊到工作的卡点，我突然意识到“我不能再这样下去了”，我要继续学习。然后一上班我就直接去到就业办找负责人，询问最近有没有生涯的培训，她给了我一份10月底在广州的一场全球职业规划师GCDF的培训，但是费用报销问题有点难办。我在做好自费的准备的同时，又去找了人事的负责人，看费用能从哪里走，居然获批了！我如愿去参加了GCDF，第一次相对系统地学习了咨询的理论和流程。因为没有经验，对很多内容理解不到位，正好11月份又在广州有一次PCDF的培训，也就是GCDF的进阶版，我又申请去参加，费用从我自己的工作室经费走。说来又巧了，12月份又有一次全球生涯教练BBC的培训，我又去找领导，这次费用又从学工的培训经费走。所以在不到3个月的时间，我一口气学完了生涯规划的两大国际认证！整个过程，在做好自掏腰包的准备的同时，想各种办法去争取，认认真真学习，学完扎扎实实地应用。所以你看，当你积极主动去争取你想要的一切的时候，所有的资源都会为你打开，我的这两年真的是突飞猛进！

回到开头这个案例，用来访者的评价，我是怎么“点醒”他的呢？我说你要跳槽没问题，你首先要知道以你目前的工作能力能去什么样的单位和岗位，在没有合适的“下一家”之前，你能做的就是3点：一是调整心态、踏实努力。至少你要把手头的这份工作做到位，对得起这份工资吧，不懂就问、不会就学，不是等着别人教你，而是你自己要去请教。二是提升能力、结果倒推。你可以把跳槽的单位作为你下一个工作的目标，对照他们的要求，在这份工作中去提升职业技能，所有的单位都是看你的工作能力，而不是花钱聘你来聊天的。三是主动改变、设计工作。如果你暂时没有机会和能力跳槽，你所能做的就是主动改变，从你的工作入手，每天改变一点点，把你的工作的某一部分设计为你喜欢的样子，慢慢扩大，只有你的主动和投入，才能让你“掌控”自己的工作，获得更多选择！也把这3点送给偶尔会有点小emo和即将踏入崭新工作岗位的自己！

元气金句

主动就是你在做某一件事的时候，能够自发地去觉察、行动、修订和这件事相关的内容、环节、机制、细节等，使之更加符合、接近、超越你的预期或者让这件事朝着更好的方向去发展，最终让自己和更多人受益！

元气加油站

1.云南医药健康职业学院辅导员齐思明老师

【元气心得】听完了陈姐姐关于主动的分享，好激动。在沿着自己榜样的路走，跟您的经历有一点像，在做辅导员时就想着要找一个方向专攻，所以自己一直在生活里学习这方面的理论视频。只要有机会我就听网课，然后再经过2年的考察期，我决定自费报名GCDF培训，学习了生涯咨询相关理论。在这个契机下，领导知道我自己学就给我提供上课的机会，后来就创处缺一名专职教师，今年9月份我顺利转岗。这真的是主动的力量。

今早我来参加“职业生涯规划大赛指导师”线下培训，现在已经不用我自费了，可以走学校经费来参加培训提升自我，也不会辜负领导、不会辜负自己，会踏踏实实认真学习、提升自己。我一直认为自己很笨，每次学完回去必须复盘，不然知识学不会，这和做简历写个人经历很相似。陈姐姐很了不起，行动力超强，这是我的不足之处，我也会继续主动去执行，让自己的技能更强。

2.德州学院辅导员王培培老师

【元气心得】今日元气金句：主动就是你在做某一件事的时候，能够自发地去觉察、行动、修订和这件事相关的内容、环节、机制、细节等，使之更加符合、接近、超越你的预期或者让这件事朝着更好的方向去发展，最终让自己和更多人受益！主动就是把主动权掌握在自己手中，自由的选择如何做好工作，比如发现问题，解决问题，撰写论文、课题、案例、工作日记；比如陈姐姐发起的微课堂、连麦100名高校辅导员的实践、思明老师的职业发展经历等，让我深深明白，越主动，越自由！

3.遵义医科大学珠海校区辅导员钟仁云老师

【元气心得】学生工作任务量大、节奏快。我们有时候在高强度、快节奏的工作中容易陷入疲于奔命的状态，感觉没有时间去思考、改进，进入恶性循环。破除这种坏循环的方法就是主动出击，主动去思考、优化工作流程，提高工作效率。在工作和生活中找到更多愉悦点，结合兴趣点，主动去学习、培训，成为某方面的专家。越主动，越幸运！

4.甘肃卫生职业学院辅导员花蕾老师

【元气心得】主动就是不断进步，学校每天都会发各种培训通知、课题申报等，其实主动不主动都看自己。本周我就报了学校的省级科协的创新方法培训，省里给了我们学校30个名额，最后去的只有10个，其实他们组织这个培训也是一种探索，但是对于我来说我还是挺喜欢的。去年我也打算报GCDF，咨询了我们就业处处长，处长说太贵了，以后有机会我就跟你说，真的也是做好“自掏腰包”的准备了。今年也放下了心理督导的培训来学习生涯规划和就业指导，前几天我们学校请了吴沙老师来讲课，收获很多。只有不断学习才能不断认识，走出去才有探索，有探索才有新知，陈老师是我们的榜样，感谢您不断激励我们前进。

5.四川卫生康复职业学院辅导员李秋虹老师

【元气心得】主动是摆脱自我对当下工作不满意的最有效手段，只有主动出击，积极调整，才能最终朝着目标不断前进。在工作中遇到瓶颈不可怕，觉察到自己能力短板也不可怕；相反我觉得很幸运，意识到自己应该主动地去充电，感觉工作也有了新的奔头。和群里老师们相比，我觉醒得比较慢，在2019年生了一场病之后，我似乎对工作和生活都有了新的理解和认识。也是从2019年下半年开始，工作逐渐有了新的变化。从兼职系部科研干事，到团总支委员，再到职规课兼职老师（非专业性课程负责人），这一步步也算是踏踏实实主动蹚过来的。正是因为主动学习，才见到了工作外的天地，也碰到了陈姐姐，结识了群里面的小伙伴们！

6.浙江中医药大学辅导员丁艺雪老师

【元气心得】主动作为，才能干我所爱；主动争取，才能发现机会；主动改变，才能迎来转机。主动的学生在本科五年学习中可以做出一名研究生的业绩；主动的辅导员可以克服职业倦怠，乐此不疲，不会在“截止时间”的追杀中过着“被催”的生活。联系之前音频中一句话“谁难受，谁改变”，主动谋划，而不是被动抱怨，这种工作态度本身就能带来动力，并且影响周围的人，特别是积极的学生。

7.浙江越秀外国语学院辅导员赵莹老师

【元气心得】无论在工作中还是在生活中，只有那些有勇气和决心去主动追求自己想要的人，才会有更多的机会和成功的可能性。就像群里发言的几位老师，都是自驱型的成长模式，积极思考，主动作为，想不进步都难。别人在抱怨，我们在主动改变，所以我们能更优秀；别人在犹豫，我们在继续前进，所以我们不断进步。我想进入优待群的小伙伴们的初心大致是相同的。这段时间在工作上也受了一些委屈，但现在转念一想那些为难你的人跟事，都是在逼着你成长，你要是再争气一点，他们就不会跟你过不去了。所以更应该主动出击，让自己变得更加强大，越主动，越幸运！

元气关键词20

习惯

周五晚上健身回来，全身酸软，一点儿都不想动，可周六的元气好书分享还没准备，心里就开始冒出“放弃”的想法，躺到10点多，心里又有一个声音告诉自己，“不行，你今天放弃1次、明天放弃1次，……当你有了放弃这个习惯的时候，你再要重启就一定会变得更难。”也就是说，你可能要花费比第一次开启行为更为困难的模式。

我们的学生，他们在高中以考上大学为目标的驱动下养成了很多很好的学习习惯，比如早读、早自习、预习、复习，比如为了目标全力以赴，等等。当他们完成高考，先不说有没有考上吧，大部分学生都会先给自己来一次放松，睡他个一周、两周，或出去玩耍，考上了继续玩，没考上的另谋出路！这本身没有什么问题，可是如果没有节制，等这些考上的新生去到大学的时候，他们就需要重新养成学习的习惯。而且他们会发现，这个学习习惯的养成，比在高中的时候要难得多。60%的学生能在入校第一个月逐渐适应，30%的学生要花费一学期的时间来调节，10%的学生可能需要一年、两年、三年，甚至大学全周期，导致中途留级甚至退学！

习惯是我们生活、工作的增效剂，它是一个人在做某一件事情的固有行为模式，也正是因为这个行为模式而导致不一样的行为结果！那么我们如何培养自己的习惯？或协助学生个体或班级开展习惯的养成，从而达到增强我们某种目的的效果呢？

举一个例子，比如我想每天有至少30分钟锻炼身体的时间，那我如何把这个习惯养成？

一是觉察你的习惯。你要把自己每天从起床到入睡，且已经形成固定行为的内容记录下来，比如我早上7：00开车上班，8：10到办公室，11：30吃午饭，下午5：30开车回家，晚上10：00看书、11：30休息……按时间形成清单，让你一目了然！

二是设计你的习惯。你需要看看你的健身计划安排在什么时间最合适，从这些已经固定行为的前面或后面插入，比如中午午饭后的12点或者晚上10点看书前的9点半！

三是启动你的习惯。给自己设计一周的时间去实践，比如你可以连续7天在午饭后的12点，锻炼身体30分钟，为了达到启动习惯的目标，你可以先设置一个

12点运动闹钟，还可以为自己的这30分钟锻炼内容选择一个你认为最容易的，比如散步30分钟，记录自己的习惯感受，重要的是你得到的正反馈，比如有新同事加入、有朋友说你状态好了等！

四是调试你的习惯。如果7天过去了，你对这个新习惯已经适应，就可以继续保持下去，不一定非要试另一种晚上9点半的了。但是如果在这7天当中你无法连续完成，或者你如果没有其他的选项，你还可以把锻炼时间减少为20分钟，甚至10分钟来达到这个习惯的养成，一旦形成就坚持做下去，按每周7天这样的周期去调试。

五是养成你的习惯。当你的某个习惯已经成功嵌入你的固定模式当中，其实这个习惯也就变成了你另一个固定模式的内容，你就可以更新你的列表，把这个中午12点锻炼30分钟，插入11：30吃饭的后面一列，习惯也就养成，这就叫习惯成自然了！

所以你看，当你真正地想要去养成某一个习惯时，它并不是拍脑袋把你的这个想法随意切入你的生活或工作的，前提是要自然地融入你的固定行为，然后给它设计一个合适的路径，接着要去启动和测试，最终养成这个习惯！

一个好的习惯，真的会给我们带来很多好的结果！但习惯的养成，是需要外界反馈的，所以衡量习惯好坏的标准绝不仅是你通过习惯改变什么，也是通过习惯，能为别人真正带去什么！

元气金句

习惯就是你想做，且能够融入你已经形成的固定行为中的内容，不仅能让你自身受益，还能给别人带去积极的影响！

元气加油站

1.甘肃卫生职业学院辅导员花蕾老师

【元气心得】本周我也要有新的启动，上周和学生沟通约定这周四带他们去共享区图书馆参观。上周五没回家在校制定了外出申请表和安全责任书，一个是上交领导的安全申请，一个是学生自我安全的保证。做好后准备连同这两种材料上交学院审批，然后前往。我觉得就是要做别人所不屑、别人所不能的，才能与众不同，才能最后具有不可替代性。我的很多想法我们院长很支持，但是光靠我一个人的力量有时候无法完成，所以割弃了，但是这些确实能够提高学院影响力，形成学院的特色。今天准备再找领导谈谈，觉得一步一步也要做。要符合陈老师说到的习惯的养成是需要外界的认可和反馈的，确实要考虑能够给外界带来什么，给学生带来什么，给学校带来什么，以小见大！

2.浙江越秀外国语学院辅导员赵莹老师

【元气心得】我平时也会制定个人目标，但是每次都半途而废，很难坚持下去。很庆幸在今天陈姐姐的分享中找到了答案:（1）觉察行动。首先把每天固定行为内容记录下来。（2）习惯的设计。习惯安排在什么时间插入。（3）习惯的启动。每种设计用一周时间启动，设置闹钟，从最容易、最能坚持的内容入手，给自己正能量，得到他人正反馈。（4）习惯的调试。如果无法连续完成习惯，适当减少时间。（5）习惯的养成。该习惯已嵌入固定行为模式中，已变成另外一种固定的行为模式内容，将固定内容更新到行为列表中。

最近养成的习惯就是每周听陈姐姐的分享和输出自己的感受，其实好几次因为工作繁忙想放弃；但就像陈姐姐说的，我今天放弃了，那还会放弃n天，因此我坚持了下来。现在每天无论工作多忙多累，都会在群里说几句，已然也成了我的一种习惯。

3.遵义医科大学珠海校区辅导员钟仁云老师

【元气心得】今天听到这个关键词，突然想起来，我在不知不觉中失掉了在学校坚持运动的好习惯，今年体重增加了不少，很大原因是运动少了。去年上半年，我制定了一个在校期间的运动计划：八点到校后，在田径场快走20分钟，在办公室每隔1小时起身做操10分钟，中午十二点饭后散步20分钟等。

今天听完微课堂，找到了失去这一习惯的原因：一个是没有融入我已经形成的固定行为中，另一个原因是工作太忙了，被淹没了。同时没有找到同伴，没能坚持下去，并给身边人带去积极的影响。今天的关键词“习惯”，刚好是第20个，养成一个好习惯也需要20天，应该是陈姐姐有意为之。让我们从现在开始，捡起或者培养起好习惯。优秀是一种习惯！

4.德州学院辅导员王培培老师

【元气心得】今天陈姐姐分享习惯的养成，从觉察行动—习惯的设计—习惯的启动—习惯的调试—习惯的养成。需要我们每一步脚踏实地地付诸行动。之前一直说运动，还专门给自己请了一个教练，助力自己这个目标的达成，但再好的教练，没有自己实实在在的落实也是白搭。从2019年生娃到现在，已经有5年没有体检，我决定近两天给自己做一个全身体检。对自己的健康负责，就是对自己负责，也是对师生负责，对家人负责。感谢陈姐姐的提醒，谢谢您坚持输出，为这么多的学工伙伴赋能。

5.四川卫生康复职业学院辅导员李秋虹老师

【元气心得】习惯一词真的是融入我们生活和工作的方方面面，好的习惯容易被搁置，不好的习惯往往坚持下来。陈姐姐的分享从觉察行动—习惯的设计—习惯的启动—习惯的调试—习惯的养成系统地揭示习惯从无到有，再融入固定行为模式的过程。我总为自己丢掉了一些习惯而找各种理由，比如工作太多了，今天太累了，一下班就想躺尸，现在想想真的是对自己的不负责任。今年我重启了2020年拟订的参加马拉松这一计划，不知不觉跑了三场，将慢跑变成我下班后的固定动作。透过每一次马拉松活动，我也不断地去认识了一个城市，遇见了不同的跑友，感谢这个习惯让我的生活充满元气。

6.浙江中医药大学辅导员丁艺雪老师

【元气心得】习惯的力量不言而喻，今天讨论习惯的养成很有感触。新的行为需要融入时间表之中，需要协调一致，才有可能成为能做下去的习惯。习惯养成当中我觉得最难的是动机，为什么要养成这个习惯？对学生来说，学习、作息、运动等习惯的养成和保持都与他的动机有关。对于辅导员，工作、学习、阅读、运动等，也是一种习惯的建立。我目前准备捡起来的习惯是分享，重回朋友圈，主动分享自己的阅读、学习、思考和生活。越分享越能塑造个人品牌，这也是向峰帅学习。

7.云南医药健康职业学院辅导员齐思明老师

【元气心得】现在这个工作模式要养成一个自己的习惯真的是太难了，总是被分散精力，时间不够用。但今天大家分享的习惯，都在从健康方面开始找回好习惯，我也会继续养成读书习惯，坚守一件自己觉着方向正确的事，我相信在这个领域深耕5~8年一定会看到好的结果。好的习惯一定会塑造好的自己，最近一直在弄职规大赛，想着让学生意识到生涯规划的重要性和意义，自己也应该好好规划自己的人生，让人生有意义、有趣味。

元气关键词21

捷径

今天让我们部门的同事把下个月的辅导员值班表排一下，中午吃饭的时候，正好碰到了之前的负责人，小姑娘很积极地就问他：“这个值班表有没有啥模板或方法呀，快传授一下经验，最好是直接就能用的！”前负责人回复说：“内容都在文档里，每个月拉一下、核对一下人员是否有变动的就好了，但是这是我的处理方式，你最好自己看看怎么做会更好……”

中午吃完饭回来，接到了一个去年一起在广州参加培训的组员的电话，她现在工作调动，去到了学校一个院系做了总支副书记，之前做行政没有评职称的机会，现在到这个岗位就可以评职称了，所以想让我帮她做一下院系的品牌搭建，最好是“复制”我的一些工作成果，“短、平、快”一点，通过申报项目写出文章，早点获评副教授！

两个案例，都体现出“走捷径”的心态，一个是才入职的年轻人，一个是工作近20年的资深职场人，在工作的某个节点，遇到某件事情，想通过更加便利的方法获得自己期待的结果，大家怎么看？

我是这么和这位资深职场人沟通的，首先她找我的目标是想尽快获评副教授职称，聚焦这个她期待的结果，我了解了一下，其实他们学校要评副高真的还挺简单的，目前她只差两个项目和两篇代表作，而且校级项目就行，知网普刊文章就行。然后我对她的工作职责、优势、资源等做了梳理，虽然目标是评职称，但是我们的工作还是要指引育人，再加上她的职务身份，初步为她搭建了一个“党建+就业”的工作模式，并通过优化本专业学生创新创业项目的落地去拓宽学生就业路径，充分发挥党建引领高质量充分就业去整合工作，突破瓶颈，实现目标，当然后续还会持续推进！

而第一个新入职的小朋友，我在下午上班的时候，也和她深入聊了一下。首先肯定她工作积极主动，不懂就问挺好，但是如果对待每一个工作只想着“拿来主义”，你就不会从工作中得到乐趣。我之前也在微课堂里给新入职的辅导员提过建议，就是先不要学太多理论和看太多书，而是在你入职的头两年，至少第一年吧，全情深入我们的学生群体，和他们打成一片，你才有可能学会“换位”，从学生身上发现问题，进而推动去解决问题！

对待其他工作也是一样，同样一份工作，为什么不同的人处理方式、过程、结果都会有差异，就是这个“人”的不一样。关键是我们每个人都需要在这个过程中去发现我们自己能应对这份工作的能力或局限，这个经历是没有人能取代的，也不是通过捷径获取的，那些我们认真从工作中发现的问题，就是我们独特的项目、品牌和结果，更是持续推动我们前进的动力、初心和幸福！

所以说，“捷径”是一种短视思维，如果我们做事情脑子的第一个反应是“走捷径”，那你就根本体会不到过程的美好。但是如果我们把“走捷径”从想法变为结果，可能会有另外一种收获！比如说，我告诉小姑娘，你想让这个值班表简单点，这个没啥问题，但是你自己是否深入地思考过这个排班背后的制度、意义、目前存在的问题呢？当你在制作这个排班表时，你是否反复验证过它的作用，包括排序、发布流程、运行结果、应急预案等。当所有的内容你都了然于心，你的动作足够简单，让辅导员能快速地知道她们要做什么、怎么做，对于突发事件怎么处理等，运转起来之后，你才可以去想后面怎么走捷径，那才是你内化之后的简单，这就已经变成了你对工作全然于心的自信和掌控！我们的工作可以走捷径，更鼓励捷径，但捷径的顺序和时机才是我们要重点关注的！

元气金句

如果“捷径”总是出现在你的第一个想法或做法中，请你警惕；如果“捷径”是你行动后的点子，请你继续！

元气加油站

1.遵义医科大学珠海校区辅导员钟仁云老师

【元气心得】如果“捷径”总是出现在你的第一个想法或做法中，请你警惕；如果“捷径”是你行动后的点子，请你继续！今日金句很赞！辅导员工作内容庞杂，新辅导员必须躬身入局，沉浸式亲身体验至少两年所有工作流程，才会有自己的想法和见解，这个时候再去找捷径，是利自己也利学生的。投机取巧是“假捷径思维”，优化、规范是“真捷径思路”。

2.浙江越秀外国语学院辅导员赵莹老师

【元气心得】记得《奇葩说》中有个人说过的一句话：“只要人生有捷径，捷径很快就会变成唯一的路。”捷径走过一次，就很容易上瘾，以后每次遇到困难，第一个想到的就是走捷径。到最后，没有捷径可走时，你会发现自己已经无路可走了。因此，赞同陈姐姐今天分享的金句：如果“捷径”总是出现在你的第一个想法或做法中，请你警惕；如果“捷径”是你行动后的点子，请你继续！

单位里有这样一些人，之前没有任何学生工作经历，通过某些方法和手段，从其他行政岗位挤进辅导员队伍，借着辅导员身份获得了课题，评了职称。但是真正在处理学生事务时，一问三不知，不知所措，这种走捷径的功利操作，让不少脚踏实地的学工人寒了心。但反过来，他自身也是痛苦的，因为他根本不热爱这个岗位，只是为了某种目的，更不能从工作中得到乐趣。没有靠实力评上去的职称，只不过是海市蜃楼而已。

那我们是不是不能走捷径呢？其实也是可以走捷径的，我把捷径理解为“在巨人的肩膀上成长”。如果你第一次尝试报课题、处理学生突发事件、上就业指导课等，可以“走捷径”——向资深前辈请教。一个人的人生际遇，除了靠自己的努力之外，还有就是遇上一位好的指路人。人生最大的捷径，就是从巨人肩膀上展开人生，起点更高，格局更大！

3.四川卫生康复职业学院辅导员李秋虹老师

【元气心得】如果“捷径”总是出现在你的第一个想法或做法中，请你警惕；如果“捷径”是你行动后的点子，请你继续！（超级赞同）

想到捷径一词，今天我工作的时候也遇到了一个小插曲。学院让我们教研室负责二级学院职规赛种子选手选拔，比赛通知一发出，一年级的新生表现得很积极，但因为还没有怎么接触到职规的理论，脑子一头雾水，纷纷在群里问“有没有模板”，对于没有经验的同学，她们想用一个“模板”换得比赛的捷径。为此课程组的老师在交流群鼓励她们回归到比赛本身，结合评分细则，真的去思考自己的个人规划怎么去设计。也就是陈姐姐提到的：在工作中，把捷径落实在行动后的点子上。但透过这个事情，我也在反思，制定学院比赛文件时，我们有没有去预判到推动过程会遇到的问题是什么？是不是过于简单地解读了文件没有思考落地的问题？那是否代表我也走了不好的捷径？现在出现问题了，比赛组委会是不是应该尽快安排一个赛事的解读和撰写技巧培训？用实际行动降低初赛在学生心中的难度，避免一个很有意义的事情变成一种压力。

4.遵义医科大学珠海校区辅导员周小璇老师

【元气心得】对他人提出建议：先肯定对方，再委婉指出问题。

新入职的辅导员：全情深入学生群体，和他们打成一片，学会“换位”，发现问题，推动解决问题，而不是看大量理论书籍。所以，多走近学生。捷径是一种短视的思维，若什么事情都走捷径，就失去了过程的美好，应该内化之后再“走捷径”。发现自己做事的优势与局限，梳理自己的优势与工作内容相结合！

5.云南医药健康职业学院辅导员齐思明老师

【元气心得】在现在的经济形势下，工作真是越来越难做，刚加完班回来，但还是要跟着陈姐姐一起学习，在我心里走捷径就是跟优秀的人学思想、学方法。对于认真从工作中发现的问题，我有很多想法，可是我的时间总是不够用，自己水平有限，还要突破内心恐惧去行动。

6.甘肃卫生职业学院辅导员花蕾老师

【元气心得】今晚指导了一晚上的创新创业和职规，这会儿刚听完语音，觉得只有付出后的收获才是捷径。例如今晚学生拿来的项目，我可以做到听项目就知道能不能做，怎样调整，看完申报书我就知道哪里需要加强和补充。因为自己本科就参加过湖北省挑战杯，现在上班3年带了三年创新项目，早已经知道校赛怎么弄，就算国家调整政策我也不怕。学生觉得我是“万能的”，我也挺高兴，但是他们不知道这些都是我自己不断挑战自我、不断学习换来的。所以没有捷径，努力为目标付出就是捷径。

元气关键词22

浪费

今天真是忙碌的一天呀，新到一个部门有好多东西要学习，比如，上午接到通知，下午要交部门2024年的预算，同步还要做2025—2028年的预算！我这个人做事有一个“毛病”，就是总想把问题搞清楚再做，而且条理要很清楚，不然就很没有“安全感”，也做不下去，会变成为做而做，心里就特别难受，行动就特别迟缓……

就拿这个预算来说，我都还不知道明年具体要做什么，活动大小如何，要求如何，形式怎样，怎么去做呢？有一些人说，你就把去年的预算改改交上去得了，可是这个材料一旦交上去了，就很难改动了，到时候想做的工作没有经费或者经费不够，打好的预算活动无法开展，这不就是一种资源的浪费、时间的浪费、人力的浪费吗！

今天倒是把一件基础工作完成了，就是把辅导员晚值班、宿舍检查、校长接待日的工作流程和清单梳理出来了，这梳理下来也是震惊到我了，单单校长接待日这项工作几乎贯穿了一周，从周三和校长商议，到落实各部系学生报名、协调职能部门参会，再到周五现场的准备、记录和意见收集，以及各部门落实+反馈，最后到学生满意度测评，这项活动才算结束！这一套下来，如果从人力成本、时间成本、沟通成本等角度来评估，肯定是“亏本”的、浪费的，可这样的事情在我们的工作中却是真真实实地存在的，而且还是层出不穷！

对于一个才接手此项工作的新人来说，对于此类：领导重视（校长），频次固定（1周1次），群体多元（校长、职能部门、辅导员、学生），需多部门点对点沟通、协调、反馈和跟踪的工作，如何做到不浪费，或者少浪费时间和精力？思考如下：

一、价值最大化。校长接待日这个活动本身很好，我们的校长也很好，通过坚持每周做这个活动，真真切切地为学生解决了很多问题，特别是很多难的问题，我自己也能够感受到学校自上到下地“去行政化和问题导向”，包括这学期还在校长接待日基础上，成立了一个学生实时反馈问题的微信群，学校职能部门领导、学工队伍、学生宿舍的每栋楼层长都在群里，学生可以随时反馈问题，群里相关部门的老师们可以直接答复，打破了职能部门和学生沟通的壁垒。所以通过一个活动的价值塑造，能生长出很多相关的“衍生活动”，就像一棵大树不断长出分枝，分枝再长出枝、叶，只有长得越大越好，才能有更多的树荫给路人乘凉，更多的枝丫给小鸟筑巢，更多氧气供生物生长等，这样才能一举多得，不浪费！

二、影响最大化。任何工作也好、活动也罢，一旦有重要人物的重视、推动和参与，就能更加保障活动效果、传播、升级和影响力。要做到不浪费，就一定要把重要人物IP化，比如我们也可以看到一些教育界的大咖们，他们做的一些事情、发表的一些演讲、出版的书籍等，都能带给师生广泛的影响力，使其产生叠加效应，这时候这件事情就从“浪费”转变为“复利”，从“双赢”变为“多赢”！放在“校长接待日”这个活动上，如果我们把校长IP化了，各院系辅导员还会为每周五推荐学生而“苦恼”吗？那不应该学生都巴不得想要去和校长聊天、吃饭？如果学生听到别的学生说了一些学校不实的信息，学生难道不愿意为了校长“如实地澄清”吗？这不比单一的行政指令来得更实在、更容易让学生接纳吗？

三、效果最大化。当有了前两个方面的内容作为基础，其实整个活动的效果也就出来了，比如从师生覆盖面、工作推动面、学生受益面、部门管理面等，都会真正从解决学生当下问题的角度、从立德树人的角度做出重大的调整和优化，可能前期会有一些困难，但假以时日，会呈现爆发式良性增长的！

所以说，浪费并非单一的经济类词汇，放在育人视野下，“浪费”也可以通过价值放大、持续影响、效果增值来“变废为宝”。

元气金句

浪费并非单一的经济类词汇，也不是简单的节约之反面，而是可以通过“价值放大、持续影响、效果增值”来把我们的工作“变废为宝”。

元气加油站

1.浙江越秀外国语学院辅导员赵莹老师

【元气心得】从加班到996，再到“内卷”，我们生活为什么越来越忙碌？这可能跟今天的主题“浪费”有关。除了教书育人外，辅导员可能还要花费很多精力在学院领导布置的各种大型活动上，如组织大型晚会、大咖讲座、国际论坛、宣讲会、座谈会等。几次活动下来后感到精疲力竭，投入了很多人力、物力和精力，但效果甚微。大家怎样使自己花的精力“不浪费”呢？今天学习了几个点：

可以通过“价值放大+持续影响+效果增值”来为我们的工作“及时止损、变废为宝”。

2.甘肃卫生职业学院辅导员花蕾老师

【元气心得】今晚带学生去图书馆了，虽说浪费了时间，但是激发了200多个孩子的兴趣，我觉得挺值！

3.遵义医科大学珠海校区辅导员钟仁云老师

【元气心得】一件看似浪费时间的事情，比如每天中午请一个学生共进午餐，在轻松的环境下了解学生的思想动态，对学生进行指导转化。这个事情如果坚持做下去，价值会放大，更有利于开展学生工作。

4.四川卫生康复职业学院辅导员李秋虹老师

【元气心得】通过“价值放大+持续影响+效果增值”让工作及时止损、变废为宝、充满价值。今年我有一个班级是藏区中职，学生的语文基础很差，于是我和学生约定每周写一篇周记，他们每一次的周记我都会认真地评阅，虽然看似浪费时间，但是我直接透过这个任务看到了学生总体的学习和生活情况。为了进一步提升他们的写作能力，现在已经进阶到主题写作，等期末的时候我们还会围绕他们这学期的周记策划一场总结分享会。

5.北京工商大学辅导员赵杰老师

【元气心得】浪费可以通过“价值放大+持续影响+效果增值”变废为宝。工作之余和学生谈话聊天，200多个学生都谈完还是需要一些时间的，看似“浪费”时间，实际了解了学生的真实情况和需求，另外也增进了和学生的感情，交谈愉快、有效。

元气关键词23

信心

这两天马不停蹄地适应新岗位，其间也看到了自己很多心态的转变，比如，不要给自己太大的压力，工作需要慢慢地做，先把眼前最重要的事情做起来，不清楚的要主动去问，把常规工作标准化、流程化，等等，这其中有一个很关键的点在支撑着我，那就是对工作的信心！

也不知道从什么时候开始，我对做什么事、怎么做、怎么做好……有了非常强大的自信，我曾经不止一次和同事、朋友说起："只要是我想要去做的，我一定能够做好！"这也是我在很多元气稿中告诉你们的，一定要把工作设计成自己喜欢的样子的原因，因为一个人，只有在做他自己喜欢的事情的时候，才会是松弛的、有创造力的。同时，也能带来源源不断的能量！

那么，我是怎样一步步变成现在这样充满信心的呢？

首先，同领域积累。我毕业留校在团委从事学生工作，因为我在大学期间就一直是学生干部，对学生工作不陌生，工作起步没那么难，做事也比较主动，获得的正反馈也比较多，做的事情也都是我喜欢的。工作前三年几乎都是亲力亲为，本部门的、其他部门的，只要是叫到我的，我都去，没有一点怨言，所以工作基础比较扎实。但那个时候谈不上有多少信心，处于认真做事、不断积累的阶段！

其次，小范围尝试。在前面不断积累的基础上，大约10年前，我用我的一个日常工作：周末晚点名（也就是每周日开展1次主题班会），申报了一个校级辅导员精品项目，没想到被学校推荐到了省里，又经过了几次修改被推荐到了教育部。我印象很深刻：那天中午，我在办公室休息，突然接到省里的一个电话，要把我的项目报到教育部去，全省一共就5个。我真的非常兴奋，虽然最终没有被立项，但这件事让我第一次对自己的能力和所做的事情开始有了真正意义上的信心，让我知道了：原来我还挺不错！原来申报高级项目也没有想象中那么难！如果下次还有机会，我可以从哪些方面做得更好……

最后，持续性击穿。这件事过去之后，没过多久就开始启动自上到下的辅导员职业技能大赛，有了之前从校赛到省赛的经历，我对如何更加科学、有效地开展辅导员工作，有了更加广阔的视野和大的底气，特别是对工作项目化、品牌化，有了更深的理解。然后不断地把现有工作进行整合、再造，结合当时非常倡导的一些制度精神，设计了很多有趣的活动。其中一个就是我在2017年获批的校级辅导员精品项目“战手机工作坊”，这个活动结合当时最流行的游戏闯关方式，让学生亲身体验，通过长达一个月的参与，很多学生对如何更好地使用手机有了全新的看法和行动！

也是巧了，这个项目其实写出来已经有一段时间了，但是并没有启动，正好学校有个精品项目的申报，我就顺势重新撰写了项目书，很自然就立项了，然后在项目结束一年后，又正好来了一个全国医学德育工作会的通知，我们领导就说：“你把这个项目改改报过去试试吧！”你猜怎么着，居然“中”了！而且还被主办方邀请在分论坛上发言交流……这也是我第一次面对全国这么多所学校分享我的工作，虽然只有15分钟，但对我的意义尤其重大！我对自己的认知从原来我也可以，变为我真的可以，到我真的很棒！

2019年12月底获得“全国党建工作样板支部”的时候，从校级到省级到教育部的逐层推荐，到最后看到公示通知，虽然也是历史性突破，还是全校性的历史性突破，但其实我心里对这个结果是有预判的，我觉得我十几天写的材料非常务实，得到这个结果是早晚的事，只是没想到一次就中！这一系列的“组合拳”，让我获得了源源不断的工作信心，也让我敢说出“只要我想做，啥都能做成”这句话！

所以，强烈信心的构建需要日积月累、不断试错，最终步步击穿，从而获得扎实的、有创造力的、持续不断的信心之梯，最重要的是：你也可以百分之百拥有！

元气金句

信心是一种自我的内在感知，强烈的信心构建需要在日积月累中不断试错，直至击穿，从而获得扎实的、有创造力的、持续不断的能量，此所谓“信心之梯”，而更为重要的是：你，也可以百分之百拥有！

元气加油站

1.遵义医科大学珠海校区辅导员钟仁云老师

【元气心得】信心来自持续的成就感获得，来源于每一次“高光”时刻。“高光”时刻不只是课题立项、论文发表、荣誉表彰，也可以是一个学生成长的小事件，自身的“微成就”等。对“高光”时刻进行总结反思，才能持续获得成就感，收获信心。

2.四川卫生康复职业学院辅导员李秋虹老师

【元气心得】信心来自个人的成就和经验，是对我们自己的认可。“信心”就像陈姐姐说的“不断尝试后的水滴石穿”，也像钟老师形容的个人“高光”。只要是我们通过努力引发的质变，只要我们感受到了成就感，相信我们的自信心就会越来越强烈。陈姐姐讲到了自己信心建立的过程，我也深有同感。我所在的学校是医学类高职，我本身是材料专业出身，刚入职的时候觉得自己哪哪都不如教育学、心理学出身的同事，说实话陷入过自我怀疑。很庆幸自己是个“较真儿”的人，只要是觉得有意义的工作就会全力以赴。2020年的时候我们学院搞了一个主题班会大赛，我当时结合“极限挑战”的那期节目设计了一场就业意识唤醒的班会，有幸进入了校赛，也通过校赛看到辅导员工作的高光和高级。在第二届校赛的时候，我因学校万能墙上代课的话题设计了一场劳动教育主题的班会，这次的主题后面也变成了我的省级辅导员课题的项目，第一年因为某些原因没提交，我后面尝试投其他平台，修修改改后第二年如愿立项。正是因为这些历程，我看到了自己辅导员专业化的可能，更坚定了我要做一个“有想法，敢落地”的辅导员，这也许就是陈姐姐讲到的尝试后积累下来的信心吧！

元气关键词24

诚实

中午忙完校长午餐会后，自己也没有休息就开始继续工作，下午上班的时候经过领导办公室，看着她也是非常疲惫，她让我下班前出一个重要通知，我虽然没有拒绝，但当时脑子已是一团糨糊，硬着头皮接下来，坐到电脑前脑袋嗡嗡的……从3点多到4点，勉强拼凑，直到领导说时间来不及了，她改改先交过去，心里居然有一丝丝内疚，没有在规定的时间完成，还让领导在时间紧张、身体不适的情况下修改完善……

晚上继续完成一个线上座谈培训工作，其实任务量也不是很大，主要是这周一直感冒没断根，加上“大姨妈”又来了，新岗位适应节奏还在调整，一个多小时的培训结束，脑袋又开始持续搏动起来，就是那种不敢碰脑袋，也不能思考问题，需要躺着啥也不想，缓几分钟才行，关键从周一到周五，这已经是第2次出现这样的头痛了……然后又接到一个同事的电话，谈起近期的工作，她说她这段时间平均每天只睡2~3小时，别说要干好，现在连把工作能做完都保障不了！这一系列的事件，让我又重新对近期的工作、生活、身体状态等开始反思，我当即决定，第二天不去加班了，今晚也先不写元气好书了，周日的拆课也可以推迟再说，下周的微课堂也先暂停，我需要诚实地面对自己当下的“做不到、做不好”，这不是逃避、找理由或放弃，这是真实的接纳，是直面真实自己的勇气，这是最珍贵的人生品质！也就是，当你能够诚实地接纳自己的每一个当下，你才能最真实地保留你的完整性！

什么是当下？当下就是你正在经历的、感知的、行动的全部，是你真真实实可以把握且享受的此时此刻，比如你喝一口水，你能感受到它从口腔经过食道，再到胃的过程，然后你解渴了，浑身又充满了力量！

在我们的工作中，有很多这样的“不诚实”，比如我明明忙不过来，还要说我可以；这明显不是我本职工作的活，我还要笑嘻嘻地感谢；我明明身体承受不了，还要撑着继续……你也许会说，这样别人才会说你有责任心、有能力、有大局观，等等，可是一个人如果连自己身体都照顾不好，怎么能算有责任心、有能力、有大局观呢？这份“不诚实”的背后，其实是对个体价值的忽视，更是对这份工作不负责任，因为从事这份工作的人如果长期是这样的工作状态，就是对工作的不尊重。

那么，什么样的工作状态才是最诚实的，也是让大家最舒服，工作最有效的呢？

一是我自己知道这份工作需要做什么，而我也有能力去做，我也很乐意去做。比如我做梦都知道辅导员该做些什么，从新生入校到实习实践再到就业，整个流程都在我脑子里，每个阶段要做啥我也很清晰，做的时候也很自主，很多时候也很开心，这样的工作做起来就能最大程度地发挥我的潜能，所以工作成效十分显著！而且很多工作都是我“自找”的，领导也很支持，我就大刀阔斧干就对了！二是当我遇到工作的难点、卡点、困惑时，我能不急躁，积极去找解决办法，最终解决与否尽力就行。比如现在在新岗位遇到一些新问题很正常，不懂就问，认真学习，这个时候如实地表达自己的感受，也站在对方的角度协调解决，找出最佳方案，而不是勉为其难，这样才是对工作负责！三是技巧性地拒绝=发挥潜能。也就是你要知道自己的价值所在，把你的精力放在能真正放大你价值的地方，你也要让周围的人都知道你的价值点，不是故意“拒绝”这个工作任务，而是可以从另一个方面强化这个工作任务，并且效果翻倍，你要大胆诚实地说出来！

元气金句

诚实就是你对自己的价值足够清晰，且众所周知，可以通过持续放大价值来获得选择的权利，从而保持真实、完整的自己，对工作、对家人诚实才是真正的负责！

元气加油站

1.遵义医科大学珠海校区辅导员钟仁云老师

【元气心得】年龄和精力是最大的诚实，如果没有与工作要求相匹配的精力和能力，应该说出来，承认自己的局限，而不是硬扛。今年开展主题教育调研以来，我几乎跟所有相关领导表达过部系需要再进一名辅导员的想法，一个人带320余人，而且是五个年级的医学生，既要做好大量不同年级学生服务管理工作，又要抓党建团建工作，加上对自身发展的强烈需求，感觉越来越力不从心，有时候基本工作都不能按时完成。所以，敢于承认自己的不足也是一种勇气。

2.甘肃卫生职业学院辅导员花蕾老师

【元气心得】今天的主题是一个“不要逞强”的主题，以前我工作总是第一个交，抓紧干完一个，下一个就能开始，但是永远干不完。所以还不如慢慢思考着一样一样来，都在截止前一两天完成就好了。所以今年带新生我也已经放慢了一些脚步，不再强求尽善尽美。虽然都说成年人不做选择，什么都要，但是这个还是需要斟酌一下的。诚实认知自己也是对他人的一种礼貌，对不属于我们的工作勇敢说出“不”，也许我们就能更爱自己一些。

3.浙江越秀外国语学院辅导员赵莹老师

【元气心得】诚实接纳当下，才能够保持自己的完整性。在工作中，我也属于大包大揽的性格，承担了很多本职工作以外的工作。年轻的时候总喜欢逞强，凡事都要做得完美，经常加班到很晚，多年下来，每个方面都能做，但每个方面都没做精。今年我也一直在反思，对于领导布置的工作，应该学会技巧性地拒绝，要有直面自己能力不足的勇气，而不是一面接受，一面抱怨。把精力放在真正能出价值的地方，找到自己需要钻研的方向，深耕成长，让周围人都知道你的价值点。在未出成效前，要耗费大量的时间来学习成长，诚实面对自己的短板，才是对工作、对自己的真正负责！

4.四川卫生康复职业学院辅导员李秋虹老师

【元气心得】诚实是直面真实的自己，接纳当下的自己。当觉得累了的时候可以告诉自己不必事事完美，有的事其实做到60就好了。无原则地接活，不顾及自己的身体和精力，本身就是不负责任的工作态度。尤其是随着年龄的增长，越发觉得时间的宝贵，很赞同老师们说的要把精力放在真正能出价值的地方。从力所能及、感兴趣的方向入手，做好自己想做好的工作，对自己的热爱负责。

5.云南医药健康职业学院辅导员齐思明老师

【元气心得】陈姐姐提到要诚实面对自己，身体健康放在第一位。对于诚实，我自己有另外一个解读，就是不要自欺欺人。以前学习吧，以为学了就学会了，容易骄傲，现在学会谦虚了，总有人比你更厉害，学东西就要学本质、学内涵，诚实面对真实的自己，活得更洒脱。

6.遵义医科大学珠海校区辅导员周小璇老师

【元气心得】（1）诚实面对自己的做不到、做不好，真实接纳自己，诚实接纳自己每一个当下，保持自己的完整性，当下是你真实可以感受到的、能把握的每一个瞬间；（2）最舒服的工作状态：知道自己要做什么+我有能力做+愿意去做；（3）遇到卡点困惑如何做：心态平和，不懂就问，认真学，找出方案、技巧性拒绝；（4）你要知道自己的价值所在，让自己的价值发光。

元气关键词25

憧憬

最近一直被大数据推送一些很美好的信息，比如说我这个星座10月中旬以后干啥啥都好，就连我转岗的文件日期也“预测”出来了，说这一天会有工作的变迁啥的，就觉得非常有意思，也感觉到了满满的能量。所以当看到有多人预测10月29日还会有好事发生的时候，我就特别憧憬……

这一天从睁开眼开始，我就特别兴奋，早上先带娃去吃了美味的早餐，看到每一个人我都很开心，就连拖拖拉拉的感冒症状也有了好转，然后送娃去参加课外班，打算中午上完课去外面吃午餐，可一下课就接到闺蜜的电话，让我们中午去她家吃鱼，娃也爽快地答应了。接着，我们就去买了好吃的水果带去分享，吃了美味的饭菜之后回家各自休息，起床后我继续备课，从2点到4点都很顺利。晚上7点如约进行了第2期的拆课会，还差5分钟开课，居然还有2位老师加入，整个分享过程自己也很满足，把很多新的思考分享出去，对自己又是一次肯定！到了晚上10点多，洗了澡，开始继续第二天的元气稿，也很快写好、录好，不到11点和娃一起进入了梦乡……

我就这样度过了充满美好且充实的一天，我不知道我在憧憬什么，反正有惊喜就很期待，就像拆“盲盒”一样，因为不知道会遇到什么，反而让我把遇到的人和事都当成了“礼物”，看什么都是美好的，我还把拆课的时间也安排到了这一天，为自己设计了这样一个喜欢的内容，哪怕其他事情不能如我愿，至少拆课分享这件事是我非常喜欢的，我给自己在这样美好的一天附加了我喜欢的礼物！

什么是憧憬呢？我认为憧憬就是对美好生活的向往，不管结果如何、内容怎样，至少这个念头是你当下发自内心的、积极且正向的期待！正因为是憧憬，所以它充满不确定性，比如你辛辛苦苦写了好几天的申报材料，你满怀期待获得推荐，可最后的结果没能如愿，你就可能更加失落！所以说，憧憬有两种截然不同的结果，要么如愿，要么不如愿！但是，我们更要知晓、懂得、运用憧憬的三个积极作用：

一是获得能量。当我们心怀憧憬时，我们一定能从这件事、这个人身上获得能带给我们能量的东西，可以是大家都认同的，也可以是你独自发现的，比如对于星座推测的事情，有的人根本就不相信，而我选择了美好的部分去相信，且融入我的生活，让我的生活能因为这样一个预测变得更加美好。我从知道有这么一件事开始的十几天里，每天都在期待，每天都很有动力，也让我对每一件事都乐在其中，有一种探秘的感受！

二是激发行动。当有了憧憬，就会督促我们去发现、去寻找、去行动，正因为有了真实的行动，你期待的结果也才会一步步走入你的生活和视野，最终从憧憬变为现实。比如我今年在撰写省级辅导员年度人物材料的时候，我就很期待获奖，不管是从这几年我做的事情、取得的成果，还是材料的撰写等，我都坚信自己可以，所以哪怕申报的时间很短，材料很急，我都很认真地去做这件事，当时也确实不知道自己会转岗，也不知道可以直接评为最美辅导员，整个过程才会格外纯粹，结果也挺出人意料！

三是获得成长。正因为内心有了憧憬，所以我们在期待、经历、面对结果的过程中，才会以更加成熟、开放的心态去接纳，况且哪有什么不好的结果呀，你憧憬的都一定是美好的，也就是说，这个憧憬结果好与坏全部由你来评价。请记住：但凡憧憬，皆为美好！如愿与否，皆为成长！

所以，你会憧憬明天的工作吗？你会在入睡前期待第二天快快到来，去做你想做的哪些事情吗？你会翻来覆去地睡不着为第二天活动如何做得更好而反复构想吗？你会为了上好一次课连续一两个月不停磨课吗？你会因为学到一个有意思的工具而迫不及待分享吗？你会因为得到别人的鼓励而泪流满面吗……我会，我相信你们也会，因为所有的这些背后，都是一个一个我们对美好工作、生活的向往，那就多多益善吧！

元气金句

憧憬就是你对美好生活的向往，只要是从你的内心发出的真实憧憬，结果如愿与否都一定是最美好的，请多多益善！

元气加油站

1.四川卫生康复职业学院辅导员李秋虹老师

【元气心得】憧憬能让我们拥有实现梦想和成就自我的力量。既往不咎，未来可期。用憧憬的心，满怀美好向往地对待即将发生的工作。憧憬皆为美好，如愿与否皆为成长。

2.浙江越秀外国语学院辅导员赵莹老师

【元气心得】人的价值就在于不断地憧憬，并努力实现憧憬的一部分；人生来就是一种创造乌托邦的动物。——柏拉图

是啊，每个人都有对美好生活、美好事物的向往，那是我们心中渴望实现的“dream”,我们可以从中获得能量，让自己不断努力前行；我们可以为此激发行动，让憧憬变为现实；我们可以因此获得成长，让自己变得更加强大！阿基米德放言：给我一个支点，我将撬动整个地球。其实每个人都有自己人生的支点，低头找找，回顾一下自己已经走过的路，你也可以实现美好的憧憬！

3.遵义医科大学珠海校区辅导员周小璇老师

【元气心得】憧憬是对美好生活的向往，充满不确定性；有憧憬会让自己敢于行动，化理想为现实；有期待就会有努力，有努力就容易实现，保持期待、勤于行动！

4.遵义医科大学珠海校区辅导员钟仁云老师

【元气心得】有憧憬的人是幸福的，是充满正能量的。愿景—憧憬—计划—积极行动—结果。

5.云南医药健康职业学院辅导员齐思明老师

【元气心得】憧憬，是对美好事物的期待。有期待才可能有结果。我也不知道憧憬什么，但也是在默默行动，美好生活应该会在努力中慢慢走来。长期主义者在憧憬中获得能量，这种能量驱使我们在行动中变得越来越好。

元气关键词26

消费

前几天碰到一个同事，她告诉我，她之前比较忙，最近稍微缓和下来，把我在元气微课堂欢喜群的语音课逐条听完，且非常有收获，还做了笔记。我就顺势开玩笑说，你只需补49元就可以来优待群继续听课啦！然后你们猜怎么着……哈哈哈，到现在都没有下文！这让我也想起之前欢喜群才开始收费的时候，有一个外校的朋友加我，说期待和我学习，我说那你先入群吧。他问我：“入群要钱吗？”我说：“今天2元。”他就说：“收费就不入了，免费的就入。”我就回复了一句：“好的！”

我不想用“白嫖”这样的词来评价一个人，因为我以前也没有在工作上消费的习惯，好像觉得在单位里，什么都应该是单位负责，卫生纸、毛巾、肥皂、纸笔等，反正要用的一切都“理应”由单位出钱，让我多出一分钱，都感觉自己“亏大了”！但其实自己并不是这样斤斤计较的人，比如有时候我们搞活动买东西，一些小的物品开不了发票，或毕业生有时候几年了需要让你帮忙邮寄点什么材料，我们当时付钱了，也没说非要有发票、能报销我们才做！还有一种现象也很有意思，比如我们单位之前每个月的餐补是直接发到饭卡上的，我们每个月发现饭卡里充钱了，就会很开心，有时候去超市买东西，都觉得这不是在花自己的钱。可后面这个餐补发到工资卡了，每次要充饭卡的时候，就要从工资卡充到饭卡里，很多老师就会感觉是花自己的钱了，居然开始省吃俭用了！说起来，这些其实都是人之常情，也没啥好评论的，每个人都有选择自己喜欢的工作和生活方式，但是我发现自己这两年在消费方面确实有了质的改变！

我大概算了一下，单单2023年，我在自己身上知识付费的金额已接近3万元，其中包括9.9元的试听课程、19.9元的直播课程、999元的培训课程、2480元的文案课程，还有上万的陪跑营等，都是我自己找的，且自掏腰包的！这些都主要集中在上半年，利用每天晚上、周末和假期，把我感兴趣的、能找到的课程都学了个遍，还看了50多本书！我之所以这么主动地学习，最主要的原因就是我真的需要。

大家都知道我这两年学了二十几门各种各样的课程、工作坊、论坛等，可是我发现很多东西学了并没有对我的工作真正起到推动作用。我在这么多培训中结识了很多同仁，不说全部吧，至少有一半的老师在培训的时候是在“假学习”。有的为了拿证，有的被领导安排，有的就是换个地方工作，课程内容大部分也是“蜻蜓点水”，和实际工作脱离得不止一点点，我越学越觉得没意义，所以下半年开始，我基本不参加什么培训了……

我在自主学习的过程中，发现了很多学习的平台和渠道，当然这些都是要付费的，通过一点点尝试，我意识到一些高质量的付费渠道是真的可以让我学到我真正需要的内容，我也是在这个过程中一点点养成了付费的习惯，一点点看到知识付费的价值，也一点点开始想要自己去创造这样的价值！这些是我之前用学校的经费去参加规定的培训所体验不到的真实感。你们千万不要说，因为这是我花了自己的钱，所以才会有这样的感受。这也是我今天想要和大家讨论的，如果当一个人口口声声说这个课程太好了、太棒了，可一提钱，她就消失了，这个课程真的好吗？换句话说，如果我们精心准备的、自以为非常好的活动，想要动员学生参加，学生一看，还要收费啊，我不去了，这样的活动真的有必要开展吗？你千万别说：“学生还没工作，没有消费能力。”可他们买一杯20+元的奶茶，也没有半点犹豫，怎么到要付费参加活动了，却犹豫了呢？

也就是说，从“是否自愿消费”这句话上，我看到了自己对自我需求的真实渴望，它不是简单能用金钱来衡量的，所以我并没有把几千、上万块钱“当成是钱”，而是自我价值实现的手段、方法和途径！而很多人把2元的入群费、49元的学习费看得如此重，仅仅也是因为他们觉得不值得、不需要、不划算。从商业的角度来看，他们并非我们的客户群，不用太在意；但从工作的角度来看，如何挖掘出我们活动的“消费驱动性”，可能才是我们提升工作实效的核心所在！

元气金句

消费是积极、主动、有创造力地创建自己喜欢的生活方式的一种行为。放在我们的工作中，如何设计出有“消费驱动”的活动，往往可以验证其价值属性，多试试！

元气加油站

1.遵义医科大学珠海校区辅导员钟仁云老师

【元气心得】消费行为不是简单的金钱支出行为，而是主动、积极建构美好生活的行动。有时候推进工作进步，需要去主动消费，还可考验和提升判断、鉴别能力。前几天根据陈姐姐的推荐入手了几本职业生涯规划类书籍，昨天花200多元拍了形象照和证件照，效果不错，内心也愉悦，可能会是个新的工作起点。

2.浙江越秀外国语学院辅导员赵莹老师

【元气心得】为什么可以买一件衣服、买一套护肤品花大几千元不心疼，是因为你对这些物质的欲望，你喜欢、想要，你会毫不犹豫地购买。为什么2元的知识入场费、樊登读书一年365元的会费，每天一元钱，有些人觉得很贵，因为这不是你的必需品。我们为什么在学校里领取工资，就是因为传播了知识，我们的工资就是对我们创造和传播知识的报酬。好的知识需要付费很合理，也是对原创者劳动成果的尊重，因为当思想者在苦苦求索时，我们正在享乐。当我们要吸取精神营养的时候，应该交学费，而学费，就是证明我们想成功的渴望程度。毕竟我们每个人的时间都是有限的，高质量的付费频道是可以真正学到我们想学的内容，我觉得很合理。

3.甘肃卫生职业学院辅导员花蕾老师

【元气心得】以前就已经认识到了知识付费是大势所趋。我平常也会一直买买买，所以双11这种时间我都没注意过，曾经多次购买记录同时显示150+个包裹在待取件和正在发货的路上。但是我们家的理念是，买学习用品一点都不会犹豫。我老公画画的一支自动铅需要600元，他舍不得买，就买了一支便宜点的，但是说句实话，无论工资多少，在学习方面我们都是舍得花钱的。比如从开始上欢喜群和优待群，我的购买图书有五六十本，因为确实没有时间看，所以我在我的四个班级中组建了一个图书借阅活动，每位同学可以来找我借书，每人借五本书送我一本书，以此来做到循环借阅的一个模式。所以我觉得我自己的消费能够帮助学生成长也是一次很好的付出和收获。

4.云南医药健康职业学院辅导员齐思明老师

【元气心得】关于付费这件事我也是赞同的，在付费前会思考花这个钱对自己真正有没有用，如果有用付费是有必要的。自费花了一万多元进行培训后发现知识还是需要内化吸收思考创新的。所以我今年不再付费了，就把以前学的知识复盘，可能我有点笨，我认为少即是多。我今天做讲座用的PPT，梳理过往经历发现，在北森听的网课已经有3000多小时了，除此之外关于培训直播，工作以来有1万小时了，都说1万小时定律可以让你成为某方面的专家，但我显然还没有，所以于我而言对知识的输出和复盘更重要。

5.浙江中医药大学辅导员丁艺雪老师

【元气心得】付费学习我也赞同，但关键不是付费，而是用付费的方式筛选出更有价值的学习内容。买课很多学不透作用不大，买书很多读了不运用也是浪费时间，这也是对自己的提醒。付费还可以筛选用户。愿意用金钱投票是一种态度，其实我们的时间与精力才更加值钱。陈璐老师分享中说，她花高价去参加培训，有前辈指点说，总有一天能成倍收回。果然陈璐老师现在这么厉害了。

6.四川卫生康复职业学院辅导员李秋虹老师

【元气心得】付费学习是有必要的，我们可以主动地去筛选对自己有价值的课程，也会因为有消费更加珍惜学习的机会。我们学院推出了7门1+X的培训，整个过程不收取学生一分钱，导致学生学习自主性低，经常请假以至达不到开课要求，就连考试也直接睡过头不参加。因为疫情，网络培训得到了很大的发展。自主选择，主动消费，其实也是自我求变、追求突破的开始。

7.德州学院辅导员王培培老师

【元气心得】从2020年产假结束后感觉自己产后抑郁，这两年，我先后上了2万多元的舞动课、3万元的家庭系统排列导师班、5万多元的幸福心理学导师班，还学习量子咖啡师、职业教练认证也花了不少钱，钱没存多少，大部分都用来投资大脑和身体，我真心感受到了内在生命力量的提升，有了这份内在的力量，足以为我的外在行动提供更多的源源不断的生命能量。

经由学习，我告别了讨好型人格，克服了对于权威的恐惧，以及和异性沟通的不好意思，每天都经由自己的核心情绪“自由”，基于价值观“慈悲”，活出自己的生命意图“真实”，不论之前犯过多少错，受过多少伤，现在的我看来，都是一份礼物，我能从每件事情中，看到让我成长的部分，遇见了丰盛的自己。我感谢自己的勇敢消费，越来越爱自己，也发自内心地越来越能真正支持到学生。

元气关键词27

喜欢

今天是11月的第一天，本来按部就班地处理完工作，下午还因为突发事件有点手忙脚乱，回到家都6点多了，临近7点才吃完东西，7点的辅导员对话直播，和丁老师的交流真的是一气呵成、激情满满，这样的体验又再次点燃了我，让我深深觉察到，我是多么喜欢和别人交流，多么喜欢自己创设出来的生活模式，多么喜欢这样的自己！

今晚问答环节正好也有一位同仁提到：作为一名辅导员，当我们遇到“职业倦怠”该怎么办？丁老师说：“出现倦怠可能是我们在某个当下突然找不到工作的价值，出现了暂时的迷茫，可以通过重新找到工作的意义来建构。”这个话题，我其实在之前做职业咨询的时候专题分享过，我自己也曾在工作的某些阶段出现过短暂的迷茫，甚至倦怠，但是我自己调节的方式是：我会为自己设置不同的挑战内容来不断刺激自己对工作的好奇，让我不停地重新看待自己的工作，爱上我的工作。这也是我经常给大家分享的，你要有意识地把工作变成你喜欢的样子！

今晚我和丁老师都不止一次地提到，我们之所以如此喜欢辅导员工作，很大程度上不是因为我们自己做得有多棒，而是因为我们的学生源源不断地为我们输送能量！丁老师特别提到和学生一起备赛职规省赛10个月的经历，这期间她自己从学生身上获得了非常多的职业感悟，也为自己投身“学生职业发展合伙人”的事业目标奠定了扎实的工作基础！

我也是这样，从2021年学完教练技术，开启了我对认知思维的转变，顺着这个点，我不断地学习和实践，哪里不懂就学哪里，乐此不疲。然后2023年从大年初五开始，我利用寒假，每晚在抖音上直播1小时，我的初衷是源于我在元旦给自己定了一个斜杠计划，我想通过直播的方式，把自己学过的生涯知识分享出来，就是我发现我在和学生做咨询，或者谈心谈话遇到的一些问题，其实很多是可以梳理成共性问题的，你如果对每个人都这样说一遍，是很难做到的，可如果做成了一个视频，就可以让遇到同类问题的学生通过视频有一个初认知，很有意义！

其实一开始还挺难的，就是你才开播没有人来嘛，你如何对着手机“干”说一小时呢？然后我就开始拟主题，分享给带班的辅导员，让他们给学生，也让学生可以根据主题来预约，慢慢地人也多了，我就边直播边录屏，又把直播的一些观点剪辑为小视频，配上字幕放到平台！那段时间，很多朋友都开玩笑，说你大过年的也不休息，天天晚上搞直播，累不累啊！我真的不累啊，我还很享受这个过程！后面上班了，就没有坚持去做，9月份以来做辅导员对话这个栏目也是源于自己看到很多辅导员都疲于工作，没有获得感和成就感，希望能做个“穿针引线”的人，为更多辅导员从工作、生活等方方面面赋能，这个过程也是让自己不断获得能量的过程！

我们很多时候总是去抱怨我们的工作为什么那么忙、那么杂，其实你们有没有真正的思考过原因？原因很简单，因为你把工作仅仅当成了工作，你没有喜欢它、享受它，你没有真正地投入情感去付出你的爱，你对它只有索取、只有应该，你又如何能从工作那里获得你所期待呢？也就是说，当全身心投入去做一件你喜欢做的事情的时候，你会发现你遇到的所有人和事，都是来助力你的，你会发现这些人和事出现了不同以往的意义，这个意义不是他们告知你的，是你识别和定义出来的，然后你会发现，你越喜欢、越行动、越分享，越有意义！

让我们在喜欢里尽情奔跑，在行动中收获美好，在挑战中获得勇气，在分享后发现意义！

元气金句

喜欢就是你想做、也正在做的事情，它需要你投入情感、投入时间、投入精力，当你全身心投入去做一件你喜欢做的事情的时候，它会让你变得与众不同、充满能量，多点喜欢、多点爱！

元气加油站

1.甘肃卫生职业学院辅导员花蕾老师

【元气心得】对自己喜欢的事情就是能够全身心投入，全身心去做，于是乎都是事半功倍。但是不喜欢的事情有些是迫不得已，所以就是事倍功半，或者选择拒绝。昨天直播老师说得也很好，要做减法，要考虑断舍离是对的，我们不能像人民币一样让所有人喜欢，所以做好爱自己就可以了。

2.德州学院辅导员王培培老师

【元气心得】今天这个关键词本身自带能量，把工作变成自己喜欢的样子，也看到了陈姐姐大年初五直播基于热爱的乐此不疲，感受到自己在心理学方面赋能学生的喜悦。早上被陈姐姐赋能，打通私域的五大渠道：社群、直播、视频号、公众号、朋友圈。多思考，提前布局，真心为师生，大胆做自己。也看到了两年前自己写的公众号文章，真诚、温暖、有力量，可以结合时间节点、不同主题、学生现实需求，撰写音频，总结工作，赋能学生，相伴成长。同时，对自己的很多学习，做好融合转化和断舍离，聚焦工作，每一天都奔走在自己的热爱里。

3.四川卫生康复职业学院辅导员李秋虹老师

【元气心得】因为喜欢，我们相聚在陈姐姐的元气群，正是陈姐姐的喜欢让我们不断地被赋能。把工作变成自己喜欢的样子，重新定义工作的意义。昨天晚上在梳理近5年的工作时，看到每一年度写的工作总结，真的觉得没有辜负自己的热爱。虽然工作烦琐，但也在不断创新，从医路有你成人礼、岗位体验成果分享、早自习三分钟、学姐来了……在喜欢里尽情地奔跑，在行动中收获美好，在挑战中收获勇气，在分享中收获意义。

元气关键词28

产品化

我第一次分享这个词，是在2023年8月底做“令人心动的offer”就业指导课全网拆课备课的时候，突然从脑海当中冒出来的！当然这个词不是我创造的，可能是我之前在哪里看到的，又加上8月份以来一直在学文案相关的内容，做这个课的时候，就带着营销的思维在拆解，所以在拆课最后的PPT上提出了“上好一门就业课，绝不仅仅是为了就业，而是让学生把自己产品化”的思路和目标。

说来也神奇，我为什么会突然开始学文案，开始学做个人品牌呢？我很仔细地思考过这个问题，主要原因可能是我在这两年的自我发展中，越来越觉得一些现有的工作模式和生活模式已经完全满足不了我个人的发展需求；同时，我也看到身边和各种培训场合遇到的学工同仁们，他们在不同的入职阶段所凸显的个人发展困惑，我首先肯定不想像他们一样“边抱怨、边工作”。另外，我也期待先把自己做好，让他们看到希望，更好工作的同时也能拥有更加丰盈的生命状态；加上自己从2021年下半年开始陆续通过一些网络平台的分享，在全国辅导员群体的局部产生了一些影响力，每次得到的反馈都还不错，让我对自己今后的发展开始有了不一样的期待！

所以，我在2023年元旦给自己定了一个斜杠的目标，那个时候对斜杠的理解还比较浅显，简单地认为就是希望自己在工作之外也可以拥有一个让自己赚钱的事情，至于能做什么，能赚到多少钱，怎么去赚，并没有太清晰的思路。

于是，首先我购买了很多关于怎么做个人品牌的书籍，包括我在元气好书给大家推荐的那本《峰帅·个人品牌放大器》，知道了很多关于个人品牌的实现路径，但更多的是“非体制内人群”的示范和方法。其次，梳理了自己17年的工作经历和成果，包括辅导员相关的工作案例、各类申报材料、事迹材料、公开课、培训课、学生训练营、工作制度汇编等，真的还挺多的。接着我还专门制作了一个“自我推销”材料，取名《陈剑诚意推荐函》，把我现有的成果分门别类进行了标价，想通过认识的学工领导和辅导员进行销售，走出一条适合辅导员的路径。我还设计了一个“辅导员联盟”社群，想把和我一样已经有成果、有想法的老师们联合起来，提升他们的斜杠力，也就是把工作成果产品化、市场化，让大家在繁忙的工作之余也能实现个人价值的最大化！针对我的初步销售路径，我从元旦开始给自己已经成型的成果制作了海报，主要集中在学生考研指导和职业咨询，最重要的成果就是我在1月份独立设计了“大学生自我成长职业生涯探索训练营”，之后又独立设计了就业指导课“令人心动的offer”，当然这个过程中我也一直在买课、学课、听课，特别是发现不懂的内容，再继续去找学习的渠道，反正每天除了上班就是看书学习，非常充实！请注意：以上过程，均为自主自愿，非常开心，毫无怨言！

也是在这个不断学习和实践的过程中，我得到了很多人的支持和关注，对个人品牌的树立和运营有了完全不同的感受，特别是对“个人产品化”的实战，让我对自己的工作、生活、育儿等方方面面开始了全面革新。

那么，什么是个人产品化呢？我理解就是个体价值的最大化，且这个价值是需要经过市场检验的，也就是别人愿意买单。举个例子，比如我获得全国党建工作样板支部，其实有挺多很好的制度、机制和模型，我曾经想着可以在院系或者学校层面加以普及和推广，我挺有信心的，可现实是，每当我推荐自己的成果时，很多老师是持观望态度的，有一种会额外给他们造成工作负担的感觉，很多人其实是“不太愿意的”！所以你看，我们在各种材料申报中都要求写，你怎么去做推广，怎么做好成果叠加，现实中并没有太多人“需要”，因为不是他们真的需要，而是工作需要……那么这个东西就无法价值最大化了，那你说这个东西有多大价值呢？

所以我从2023年9月份以来，开始尝试把我的就业指导课程进行全网拆课，去检验课程的市场化价值，去打通市场化路径，有了很多新的思考，我把这些经过市场验证后的内容，重新放在我的就业课和学生求职辅导中，才能真正帮助他们走进社会“不至于那么脱节”！但怎么做到这一点呢？很简单的道理，你期待学生做到的，你作为老师就应该先做到。所以我从2023年下半年开始加快了个人产品化的步伐，有了自己的个人品牌，有了自己三句话标签，重新运营公众号、视频号，设计了“陈姐姐对话辅导员”“陈姐姐元气微课堂”这些栏目等，接下来还会推出一个又一个真正对学生、辅导员有用的“产品”！让我们一起挖出我们身上的宝藏，大方谈钱，认真做事，这，就是个人产品化！

元气金句

产品化就是能够为市场需求提供服务、内容的人和事，判断标准就是“有没有人愿意买单”。放到我们的工作中，你的课程、活动、项目等是否能够对学生真的有益，你培养的学生是否能够把自己推销出去，这些都是产品化的实际案例。这有一个重要的前提是，你自己产品化了吗？

元气加油站

1.四川卫生康复职业学院辅导员李秋虹老师

【元气心得】今天的元气词，让我看到了一个特别鲜活的陈姐姐，从斜杠青年的小愿景到梳理自己17年工作经验，撰写推荐函，进行课程创新，云淡风轻的描述背后应该是有丰富的爱，和无数次想把工作变成喜欢样子的死磕到底。2023年上半年在北森的网络直播课认识陈姐姐，鼓起勇气加了微信好友，逐渐发现自己加了一个宝藏小姐姐。她在社群、直播、视频号、公众号、朋友圈这5个个人品牌私域渠道全面开花，初时我不禁感叹"原来辅导员还可以这样干！"陈姐姐这一路来的努力和成长就是个人产品化最鲜活的例子。了解产品化，才发觉给学生做就业指导时的虚无感，作为辅导员都没有好好规划清楚自己的职业，没有形成自己的特色，没经过市场检验，怎么能用自己深信的价值去引领学生，让学生真正地认同？尺有所短，寸有所长，接下来我的目标是进一步梳理清楚工作的支点，逐渐形成个人工作的产品化，让喜欢的工作变得有价值！

2.德州学院辅导员王培培老师

【元气心得】今天分享的元气关键词是"产品化"。对我触动最大的一个点是全国样板党支部建设成果，实际的影响力在推广的过程中并没有我们预期得那么好，在辐射作用方面，惠及的人群有限。而落地实用的就业指导课，却能够使广大的学工同人获益。如何让价值最大化？如何真正让更多的人因为我们的工作品牌、工作成果而受益？如何让我们的工作成果产品化，从而经得住市场的检验，有人愿意为其买单？这些都值得思考。我们在给学生谈创业就业、职业生涯规划，陈姐姐做了很好的示范，自己先做到，大方谈钱，认真做事。这对学生而言本就是最好的榜样引领示范，这份生命状态令人钦佩，给人力量！

3.云南医药健康职业学院辅导员齐思明老师

【元气心得】见证了陈姐姐的成长路径是一条可复制的路，把时间花在哪儿，哪儿就有路。我太想安安心心好好研究生涯规划了，虽然有那么多杂事在干扰自己，但也许这和我们的学生想法一致：好好学习向上考就能有好工作了。明知道给我宽松的时间可能会变得懒惰，正是因为忙碌才更加珍惜学习时间、学习机会。至于产品化，我有点不敢想，就是在小步行动，不敢迈出大步伐，我怕自己什么都想干却什么都干不成，所以内心还是缺少自信心。

4.遵义医科大学珠海校区辅导员周小璇老师

【元气心得】含义：个体价值的最大化并得到市场肯定。

陈姐姐：学做文案与个人品牌，希望有丰盈的生命状态。

目标：内心深处希望为不同阶段的学工人解惑，为自己制定目标。

做法：自学很多书，梳理自己的经历与成果，把工作成果产品化、品牌化，为自己制定海报并分享。

个人心得：记录自己成长过程中的问题及解决方法，定期梳理延伸深化，坚持！

5.浙江中医药大学辅导员丁艺雪老师

【元气心得】认识到“产品化”概念的重要性是在今年参加某公司给我们学校定做了就业指导课之后，当时就在想，课程还能这样外包，才意识到学校竟然没有老师能够做好这个课程并推广，商业运作才有了空间。跟学“元气微课堂”，认真读完元气好书，大开脑洞。个人品牌，这个词很快占领了我的意识，好像找到了走出窄洞的那一束光，于是有了周三对话里的转向和思考。产品化意味着用商业逻辑把自己逼到市场上去，经历商业厮杀，才会有优质的产品诞生，这让我想起了“得到”的品控手册。用钱投票逼出真价值。

元气关键词29

想法

上周五下午，我第一次参与了“校长接待日”的全过程，出席活动的有校长、各职能部门负责人、老师，加上各院系学生代表，一共十几个人聚在会议室我们从2:30到4:30，讨论了30多个话题，让我对这样的活动和内容有了不一样的感知！

活动开始前，我们校长缠着“护腰带”最后走进来，坐定后就激情满满地跟大家沟通，他鼓励学生们不仅要带来大家日常生活、学习的诉求，更要积极地站在事业发展的维度，认真对待大学阶段的求学生涯，要想清楚未来你要做什么，现在应该做些什么，怎么一步步开始……说真的，我和校长的观点简直就是“异曲同工”。这也是我这两年悟到，且正在做的事，非常同频！

我向各位同学介绍了今天到场的老师，让同学们把收集到的诉求开诚布公地反馈即可。一个男同学首先发言，他提到一个诉求就是，校园里的蜗牛太多了，希望学校能想办法减少或消灭！学生说到的这个蜗牛，学名叫非洲蜗牛，繁殖能力特别强，而且超大只，有时候看着挺害怕的，我们这边确实很多，特别是到了雨季，它们就会跑出来，到处都是，经常不小心踩到，会觉得很恶心！学生提出这个问题后，后勤部门的老师也很耐心地解释了这个问题，也说了之前是怎么处理的，效果怎么样，下面继续怎么做！校长也很有耐心地和大家分析了这个蜗牛的生长特点，说着说着，校长突然从科研的角度提出了新的视角，他鼓励学生，如果我们能从蜗牛的生物性等角度研发出一些可控的机制，比如从基因角度，就比单纯消杀这样的被动清除方式更加有意义。他让学生可以顺着这个问题先去查查资料，看怎样结合我们医学专业更好地切入，要是组队有困难还可以找他去协调，说不定就能攻克一个困扰大家的难题！

我当时坐在旁边，听着这样一段对话，就感觉很有力量，如果这位同学真的是基于想要解决这个问题的想法，被校长这样一提点，激发了科研的动力，这不就是一件利国利民的大好事吗！

时间又来到第二天下午，我参加了学校大学生创新创业项目的评审活动，我是带着“投资”的视角来看大家的项目阐释和答辩的，其中有好几个项目主讲人都说得不错，我也很感兴趣。我问了几个项目的学生同样一个问题：你是怎么想到要做这个课题的？有的学生回答得很委婉，这是老师的一个项目，老师指导我们这样做的！而有一个项目是关于产后抑郁的，那个负责人就说，因为自己看到网上很多关于产后抑郁的报道，自己很痛心，经过了解后发现，很多人对产后抑郁并没有太多的认知，他们作为助产专业的学生，就想着如果结合专业，能够在未来的工作中对产妇提前做一些宣讲，能不能做一些干预来减少产后抑郁的风险呢？你看，同样是课题申报，初始想法的不同，目的不同，解决起来的动力、过程、结果就千差万别！

我并不否定做导师的课题就不好，我自己研究生的课题就是做的我导师的国家级课题的子课题，可是我们有的同学并没有搞清楚导师课题真正的价值和意义，一些主讲人就是在背稿，一问问题，就答不上来；反之，即便是做导师的课题，如果你不代入自己的思考，或者换成自己感兴趣的点或角度去重建，整个过程你始终会当成“为导师而做”，你就得不到真正的科研乐趣和成长！

每天都会有很多想法从我们的头脑中冒出来，大部分的想法都被我们自己扼杀在了摇篮里，比如，我想每天有固定的时间锻炼，可一上班就是一天，经常忙得连喝水的时间都没有，回到家只想躺着，锻炼就被抛到了脑后。而我们每天疲于奔命的居然都是别人的想法、别人的指令、别人的期待……当然这些也没有问题，但前提是，你是否顾及了自己的想法、自己的感受、自己的期待呢？如果你在做一件事完全没有自己的想法，那这件事也并非只有你才能去做，你就很容易“被替代”，你就仅仅是一个“传声筒”、一个“机器”！

工作再忙，也要带着自己的思考而忙；生活再忙，也要激活自己的想法而忙。不要错过和我们每一个想法的照面，那都是真实自我在向你say hello！

元气金句

想法就是你头脑中闪现的一个一个真实自我的心声，带着自己想法去工作、去生活，才是对自己和他人真正地负责！

元气加油站

1.重庆工业职业技术学院辅导员姚正平老师

【元气心得】当我们做一件事情的时候，产生想法的动力不同，会导致我们做事方式的不同。如果只是被动地去执行别人的想法、给定的任务，是享受不到做这件事的乐趣的。只有去执行从自己内心生长出来的想法的时候，我们才更有动力和创造力。就算我们平时的工作，很多是必须要去完成的别人的想法和任务，我们也可以换个角度思考，让解决这件事的方法变成自己的想法。也就是带着自己的思考去工作，而不是成为机械的"工具人"。这样既会提高工作的成效，也可以降低自己的可替代性。我们指导学生也是，要鼓励学生参考自己的想法，产生学习生活的内生动力。但这一点对我们大部分高职学生仍是一个难点，有一种带不动的感觉。不知道群里优秀的辅导员们有没有一些什么好的做法？

2.德州学院辅导员王培培老师

【元气心得】工作久了，有时候真的觉得：没有思考的工作就好像是"行尸走肉""被动执行""麻木不仁"。无论学校的要求是怎样的，形式要求如何，陈姐姐经常分享我们的理念是：一定要带着自己的思考去工作，把常规工作变成自己喜欢的事；一旦有好的想法或者灵感，第一时间就记录下来，通过每日随笔、视频等方式把想法落地。

3.四川卫生康复职业学院辅导员李秋虹老师

【元气心得】工作中我们多数时间在执行别人的想法，感觉自己就像个"传达机器"，所以才会对工作产生挫败感、倦怠感。正如陈姐姐说的，每天忙忙碌碌，但好像都和自己无关。将接收到的工作按照自己的想法去优化执行，不仅能提高工作效率，还能让辅导员有参与感、成就感。除了工作任务上的想法创新，我们还需要围绕辅导员工作职责，立足自己的优势特色，通过整合资源，去思考个人品牌化工作如何落地，让工作通过自己的想法变成自己喜欢的样子。

4.浙江越秀外国语学院辅导员赵莹老师

【元气心得】辅导员承担着立德树人、铸魂育人的时代使命。既然是"铸魂"，那必然是一份"用心"的工作。我们周边有部分老师十年如一日地做着"传声筒"的工作，转发一份通知，连个称呼都不改，直接转发给学生，完全没有自己的想法，这样丢了"魂"的老师就像一台机器或工具，不停地在运转，疲于拼命，但最后什么也没得到。

如果有一天你在做某件事情的时候，突然发现这就是你感兴趣的事情，这就是你喜欢做的事情，这就是你追求的事情，这就是你期待的事情；而且你是发自内心觉得做这样的事情，它有价值、有意义，而你不会觉得累，你越干越有劲。也许此时你要做这事情，就是你的想法的呈现，事情背后隐藏的本质就是你的灵魂。很多想法，大部分被自己扼杀在摇篮里，却疲于拼命别人的想法，这好像是我们大部分人都在经历的现状。因此我们要学着把别人的想法转化为自己工作的初衷，想想为什么要做这个？我该怎么做？我能从中获得什么？初始想法、目的不同，解决起来效果、结果也就不同了。

5.遵义医科大学珠海校区辅导员钟仁云老师

【元气心得】以学生为中心，一切为了学生的成长，就会在工作中不断冒出新的想法。带着自己的想法去工作和生活，是一种设计思维，更容易获得幸福感。想法多是好事，关键要落地。落地的同时还要了解学生的想法，也要警惕一味做“加法”的想法。老师需要有爱心做“加法”，也需要有智慧做“减法”。

6.贵州商学院朱静老师

【元气心得】工作再忙，也要带着自己的思考而忙。生活再忙，也要激活自己的想法而忙！“传声筒”的工作具有“高替代性”，你存在的价值并不大。拥有自己的想法去开展工作，会有更大的主动性。我们不要做后知后觉的那个人！

元气关键词30

目标

经过前期的准备，从本周日晚开始，我和学生以宿舍为单位进行考研清单的梳理和行动计划的调整！今晚做了两个宿舍、8个同学，聊了一个半小时。总体的感觉就是，大家的目标感不够强，导致行动过程变形，做着做着就不知道该怎么做了，然后就不想做了，或者没信心做了，一堆困难和不足就凸显出来了！

事情要回溯到我在2023年7月给他们定的目标：2024年12月第一次考研就被录取，且上线率达到80%，录取率达到60%。所以在暑期离校前，我就给每个学生做了一对一咨询，围绕这个目标，让他们对自己的目标进行对标。通过了解，大家的选择主要集中在以下3种情况：一是想考回家乡或者去某个地域院校的同学，那就让他们看看所在家乡或想考的那个地方有什么学校和专业选择，罗列出来去分析难易程度来确定第一目标和备选方案；二是想考名校的同学，那就看看自己现在的条件符合什么名校的选拔标准，把只要能考上的学校全部找出来，不管是在什么地方、什么专业，能去就读就行；三是优先专业的同学，那就查查这个专业国内排名前十的院校有哪些，按录取条件排序，再分析自己目前的条件符合第几，然后从保底院校往上努力。

你看，本来大家脑子一团乱，和他们一谈，把个人的考研诉求一聚焦，其实选择面就缩小了很多。当大家确认了目标，明确了方向，剩下的就是一步步“按部就班”地坚持做下去，一定会有结果的！

可是从9月份开学到现在，由于我们医学专业课加强，大家的学习压力激增，每天的课程都是满满的。虽然课程也是考研的重要内容，但是大家太注重对知识点的理解，而没有明白目标的指向性，导致埋头苦学，逐渐忘了自己考研的目标！比如有的同学说：“专业课很难，不知道怎么学懂，每天花了大量时间在书本上，学习效果还不行，导致考研复习迟迟无法提上日程。”有的同学陷入了考研的迷茫状态，不知道自己考研毕业以后能不能找到工作。还有的同学只看到了自己英语基础差、竞争能力不足、科研经验缺乏等问题，却没有根据自己的目标有选择、有侧重地去提升。到头来，事情做了一大堆，但都不是围绕目标的核心动作。结果就是，如果最终你没有考上，你就可以这样安慰自己，“我已经学了这么多、做了这么多，还是考不上，不能怪我，我已经尽力了”。但是，这根本就不叫“尽力”，这只是一种自我感动的“假努力”！因为一切远离目标、背离目标的付出和行动，哪怕你再怎么用力，都是一种“自我欺骗”！

那么，什么样的目标才是清晰的目标？什么样的行动才算准确的行动呢？举个例子，我在今年元旦期间，给自己梳理了一个工作目标：从2023年开始，通过5年的努力，为1000名大学生提供个人成长服务，使200个家庭因为孩子的成长而受益！围绕这个目标，我又给自己拆解到每一年具体要做些什么，比如今年我至少要给200个学生做一对一咨询，给40个家庭做一对一家访。当我这样一梳理，我的整个工作的方向和重点内容就定下来了。当然2023年的目标早就完成了，后面超额的就是惊喜了！

当你准备为自己设立一个目标的时候，可以参照“SMART”目标制订法。这个目标至少包含以下5个要素，即具体明确的、可以量化的、可以达成的、有一定意义价值的和有明确时间限制的。而一旦目标确立，你需要为这个目标配套一个“行动日历”，并把这个目标拆解到每个季度、月份、每周，再到每天的具体事情。和这个目标无关的事情不要写上去，它会分散你的注意力。这样坚持试试，在过程中不断觉察和调试，你的行动就会变得越来越准确，离你的目标也会越来越近！

回到学生这里，当我发现他们偏离了目标，我给他们主要做了3件事情：一是再次确认目标。这个学校、这个专业，一定是要基于学生本身想要去考取的，不是为了别人！二是重新规范动作。也就是鼓励他们做“取舍”，只做和这个目标相关的事情。比如我们的目标是考研，不是期末考试。你只要把考研大纲要求的内容学懂弄通，实在不行先死记硬背，而不是在那里“死磕”，这样才能保证每天都在往考研的目标迈进。三是持续加油打气。考研是一个漫长的过程，学生会遇到各种各样比考研复习诱惑更大的事情，我们要不断地告诉他们“你们一定行”！

有目标的人是幸福的，朝着目标每天迈进的人更是充满乐趣的，慢一点没关系，关键是你一直在这条路上前进！

元气金句

目标是你内在渴望达到的预期结果，是能指引你一步步行动的力量，更是你获得成功的强烈信念！请记住：无目标、不成功！

元气加油站

1.遵义医科大学珠海校区辅导员钟仁云老师

【元气心得】目标是人生阶段性奋斗方向，是指南针，指引我们前行。没有目标的时空里，很多事物都没有意义，变得空洞。学生成长成才需要目标，有了目标就有了内在驱动力，如果把目标分享出来，请周围人监督，那就有了外在驱动力。内在驱动力加持，人生不至于跑偏脱轨。有了目标，也要学会分解、细化目标，细化到可以落地行动。

2.重庆工业职业技术学院辅导员姚正平老师

【元气心得】确定目标：根据自己的实际情况，确定适合自己的目标。这个目标是自己想要的，而且是需要通过一定的行动和努力才能达到的。聚焦目标，拆解目标：把目标分解，具体到每天每周每个月要做什么，与目标无关的事情就不要太过于关注，会分散我们的注意力，甚至干扰我们的目标，导致行动偏离。有了目标和行动，还要看反馈。通过行动反馈的结果，适当调整目标，并指导行动的修正。

3.甘肃卫生职业学院辅导员花蕾老师

【元气心得】以主要目标为导向，积极努力实施具有重要意义和重要结果的事情，倒推每件事的可行性、结果性。通过结果性质来判断价值、成本输出是否划算。行动日历是对自己的监督与鼓励。

4.浙江越秀外国语学院辅导员赵莹老师

【元气心得】有目标的人群是迭代式成长，无目标的人群却似一盘散沙，因为实现一件事情的最短路径是聚焦与重复。如果一个人想要同时做好几件事情或提升几项能力，最后发现是没有有效的，能力也无法得到很好的提升，因为人的精力始终是有限的。如何才能确定清晰的目标，准确的行动？陈姐姐提到的，SMART目标制订法：目标+行动日历，做目标管理，一定要找到你的“北极星”！有目标是幸福的，朝着目标每天迈进的人更会充满乐趣，慢点没有关系，关键是你要一直在这条路上前进！

5.四川卫生康复职业学院辅导员李秋虹老师

【元气心得】在职业生涯中，目标是激励自己职业发展的良性力量。有目标才会有奔头，才会觉得自己的工作有价值。遇到的很多学生问题，大部分还是因为缺乏目标导致的，学生在求学期间因迷茫不知所措，错过了赋能最重要的时期，还因此衍生出其他问题——自卑、人际交往能力弱、解决问题能力差等。因此，引导学生树立目标非常重要。将目标按阶段进行分解，在细化中落地，一定要有阶段性的成果作为评估和反馈。

6.浙江中医药大学辅导员丁艺雪老师

【元气心得】今年正好带毕业班，上半年开始跟学生一对一谈考研目标的问题。同样发现学生目标模糊，走一步看一步的问题比较突出。一一分析下来，我认为有几个原因：第一，没有掌握定目标的方法；第二，没有定目标的意识；第三，不敢承诺确定目标，给自己留后路。反思了自己的目标，有但分解不够细致，所以落实起来的路径就不够清晰。把目标可视化，画出思维导图，放在最醒目的位置，确定好完成目标的奖励，对我的激励很有效！

7.云南医药健康职业学院辅导员齐思明老师

【元气心得】听完陈姐姐说的目标，感觉真的说得很清晰，为自己真实目标行动。以前我都是凭感觉往前走的，但后来转岗后前办公室领导和同事对我的评价都是太知道自己想要什么了，我自己确实在每年年底复盘，这一年干了什么、学了什么、收获了什么，因此这几年几乎年年有收获。虽然过程艰辛，但还好挺过来就挺欣慰的，以前想都不敢想的事现在自己也能做成，而且家里人也支持，也挺知足的。向着自己真实目标前行，想要的都会来！

元气关键词31

尝试

今晚咨询了一个来访者，她是小学教育专业毕业后，考了当地的小学老师编制，在学校从事语文老师工作，外加班主任。工作了一年多，自觉身心俱疲，每天忙得连上厕所都要“挤时间”。上课、带班就算了，特别头痛的是和家长沟通，还有应对各种非工作范畴的杂事。因为太忙了，根本没有自主时间，整个人的状态特别不好，连“工作”这两个字都不想提及，所以很想换一个职业，却又“不知道自己能做什么”，加上家里人都认为这个工作很稳定、很好，导致她迟迟无法改变现状。来访者想来咨询的是：如果要换工作，可以有哪些方向？

那我肯定要问，“自己有没有什么特别喜欢的职业呀？”她说：“不知道。”自己根本没有做过任何尝试，她了解了一些关于文案、编辑、策划等方面的职业，也只是因为这些职业的“门槛低”，可以接收她这个专业，但她也不具备这些职业所要求的专业技能。除此之外，她对自己“能做什么职业”真的是“一无所知”！

整个咨询过程可以感觉到：这个小姑娘是知道一个行业对从业者的基本要求的，也知道自己如果要转行目前还不具备足够的条件；虽然她对本职工作存在强烈的不满，但是除了抱怨、埋怨，却始终找不到“破局”的方法。

其实，这里有一个百试不爽、成本最低的办法：尝试！

比如这位朋友既然对文案、编辑、策划这些岗位感兴趣，又没有工作经历，贸然辞职的风险太大，就可以选择在现有岗位中做一些此类岗位技能的尝试，比如可以认真地把班级的每一条通知好好编辑，可以组织策划班级或者年级的主题活动。这样工作也开展了，技能也提升了，成功案例也有了，未来再想跳槽或换岗，选择的机会也多了很多，可谓是“一箭多雕”！

我们在工作中也有很多时候需要多尝试，比如你害怕和领导表达自我，想做一个活动担心出乱子，和家长打电话不知道说什么，想申报一个项目不知道如何做，等等。其实这些都可以从一点点的尝试开始：你可以多听听别人是怎么和上级沟通的，慢慢陈述自己的观点；你可以在策划活动时多预想可能出现的多种可能性，尽可能把过程完善，即使出了点乱子，也要以“平常心”应对；你可以和家长先从短信、微信交流开始，组织好语言发送，再过渡到电话交流，紧急情况需要马上电话沟通，也尽量说到当下的关键点，有理有据就行；想申报项目，你就去多咨询身边已经得到项目的同事，或者多看看别人的文献，多想想自己的工作有哪些痛点，怎么能更好地推动你的工作……

你看，当你能先主动做起来，就像你丢了一粒石子到池塘中，便会激荡起一圈圈涟漪，产生不一样的惊喜！当然，如果这个石子太小了，没有激起什么波纹，也没关系，再丢几个下去试试就行，实在不行，换一个池塘再丢几个看看！

所以，尝试是一种微小的行动，但是比起那些迟迟不想行动或者不敢行动的人来说，这就是一种巨大的改变和公开的承诺。当然，既然是一种尝试，那么它就有临时性、不可控性和可复制性，也就是它不是完整的行动，它的失败概率很高，每个人都可以做。

当我们决定尝试去做一件事情的时候，一定要把握3个原则：一是成本要极低，最好200元之内能解决；二是周期要极短，让别人还没反应过来就结束；三是迭代要极快，边做边调整，出一个新版本就再测试，跑出完整的行动路径后就马上行动。

比如我自己在做“令人心动的offer”拆课这件事情的时候，一开始我只是热情地给别人分享我的做课感受和收获，没想到有人会邀请我分享。然后我在准备课件的时候，就想着既然有一位老师认为好，肯定也会有其他老师需要，我就做了一个海报开始在群里和朋友圈发布。第1期有18位老师加入；接着我又马上迭代内容，第2期有13位老师加入；很快我的“课程合伙人”全网招募海报和公众号发布，当天就有4位老师加入，让我备受鼓舞。这样的一次次尝试，其实为我的课程设计指明了新的方向，也为今后的课程发售跑出了一条路径。做得不好的地方我下一次修正就行，做得好的地方我继续保留。但是如果我始终在那里“想而不做”，那我永远不知道这条路可以怎么走！就像我给这位来访者的建议，大胆去尝试一下，朝着心中的理想职业去做，哪怕只有一小步，也是自主掌控你人生的重要一步！让我们小试牛刀、阔步向前！

元气金句

尝试是一种微小的行动，是一种巨大的改变和公开的承诺，具有临时性、不可控性和可复制性等特点。在具体运用中，你需要掌握“成本极低、周期极短和迭代极快”3大原则！

元气加油站

1.重庆工业职业技术学院辅导员姚正平老师

【元气心得】尝试就是微小的行动，给自己试错的机会。不要求一次尝试就获得成功，最开始的尝试可以从成本低、周期短的行动开始，让尝试带给自己掌控一件事的信心。尝试是自己主动作出的改变，这种主动会让微小的行动带来心态上的巨大改变。不要给自己设限或者贴标签，有了想法，就勇敢地去尝试，或许会获得意外的惊喜。

2.浙江越秀外国语学院辅导员赵莹老师

【元气心得】昨天我也进入了陈姐姐的直播间，听了来访者（小学语文老师）的陈述，我心中的答案无非就是两种："要么跳槽离开这里，要么调整自己适应环境。"但这位老师嘴上说着想跳槽，心里却舍不得当下的安稳，迟迟不肯尝试新的领域，内心无比痛苦与纠结，有种"习得性无助"的感觉！

一个人痛苦的根源：内耗太多，尝试太少。以前我总是在想，为什么工作和生活中很多糟心事总会反复上演？为什么自己总是最倒霉的那个人？现在渐渐明白了，答案就是：你没有尝试改变！俗语说："不撞南墙不回头。"但是很多时候，即使撞了"南墙"，我们却依然想越过它继续向前走。而那些"南墙"教不会你的事，"老天爷"只会让你一次次遇到。难缠的人、难搞的事、学不会的东西，不会因为你躲开了就永远不再出现。一个人如果自己没有丝毫改变，怎么能祈求生活变得好起来？人生很多无解的困境和不公，看似随机，其实都是个人选择和时运叠加的结果。只有放下我执，尝试改变，才能停止这种恶性循环。大胆尝试，朝着心中理想职业去做。一小步也是掌握人生一大步的开始，小试牛刀、阔步向前，加油吧！

3.贵州商学院朱静老师

【元气心得】今天陈老师讲到的尝试，让我想到精益创业的主题内容：快速行动，小步快跑，尝试才会带来惊喜和更多的积累；结果可能没有达到预期，或有不完美，但却能督促我们不断去提升和迭代。

4.云南医药健康职业学院辅导员齐思明老师

【元气心得】很喜欢陈姐姐这个微课堂，真的有陈姐姐的鼓励，想想很多事都是值得的。陈姐姐自己在尝试，也鼓励我们去尝试。就像我们学校举办职规大赛，领导交给我，我实在不想办，因为我以前没做过策划，感觉很难，但是任务已经分给我了，没办法抱怨，就得勇敢尝试。所有的内容全做一遍后，感觉还好，没那么难；而且还计划在最后结束后做一个复盘，以期明年做得更顺畅。尝试会打破内心的恐惧。虽然我也在努力做减法，但有时候在自己想做加法的地方还必须要把事做了，现在自己做过一遍，下次就要想着怎么把工作安排出去，这样又有时间做减法了。克服内心的恐惧，勇于尝试才有机会。

5.遵义医科大学珠海校区辅导员钟仁云老师

【元气心得】人生不长，很多东西值得去尝试、去体验。有想法就大胆去尝试，通过这次与陈姐姐对话，把几年的工作梳理了一遍，个人标签确定了，今晚还尝试了第一次直播连麦，收获颇丰。应该给学生一些试错的机会和时间，他们需要去尝试，去试错，增长阅历，积累智慧。静待花开，心向往之。

元气关键词32

科学性

2022年11月新改版的生涯课程，下周就要开课了。今天看了看之前的内容，结合首届全国大学生职业规划大赛成长赛道方案，发现又需要迭代了！

之前的课程设计，更加注重对新生自我认知的探索，从规划的概要，到个人兴趣、性格、价值观和能力的讲解，再到职业世界笼统的介绍，对职业目标和行动计划这部分轻描淡写，但是不管从比赛的角度，还是从就业育人的角度，确实应该尽早地让学生聚焦自己的职业目标，围绕专业知识、通用素养、就业能力三大模块，从大一开始分阶段实施提升计划，在行动中能做到动态调试，使之不断朝着自己的目标迈进。大三上就业指导课，重点就是职业目标的确认、职业优势的萃取、求职实战的演练，发挥课程育人的功能和作用，也为学生参赛打下基础。当然在校期间的综合能力竞赛、职业实践活动、团体辅导、专题讲座和个体咨询等也要配套跟上，最终形成在校期间就业育人的小闭环。期待能达到学生毕业离校后也能对自己未来的事业发展主动规划、积极适应、勇于挑战的目的！

在备课中，关于成长赛道方案介绍的第一段提到一句话让我陷入思考，说比赛要“考察学生职业发展规划的科学性和围绕实现职业目标的成长过程”，这里的“科学性”到底有哪些方面的内容？如何才能体现出学生职业发展规划的科学性呢？科学性是由谁来评判呢？

科学性是一种符合事物发展规律、能得到大众普遍认同的标准。用在职规赛中，至少包括学生的成长规律和职业发展规划的规律，比如不同年龄、年级、性别、专业、地区、家庭、成长环境、性格、经历等学生在思考和实践自己职业目标时候本身就会千差万别，哪怕在同一个学校的同一个专业就读，他们所期待的职业目标都应该是有所不一样的。而职业发展规划的规律可以参照“舒伯的五个发展阶段”，大学阶段的学生正处于第二个阶段：探索期，正是对自我和工作世界探索的重要时期。当学生出现对自我、未来职业有需求的时候，我们的课程也好、育人工作也好，就应该在这些方面多做推动！

那么具体可以怎么做呢？还是拿生涯课程设计来举例。学生从天南地北来到我们身边，最直观的就是进入某个院系，开始为期四年或五年的专业知识学习，其间不断提高综合素质，毕业的时候达到专业的培养目标，升学或者获得一份工作！

要解决科学性这件事，首先需要厘清几个问题：一是他们为什么要报考这个专业？是因为自己喜欢、受家庭影响还是因重大事件或重要他人、环境因素、机遇等。二是他们对这个专业到底有多少了解？比如专业学习、学科发展、就业路径、领军人物、未来趋势等。三是他们如何将在校的专业学习与职业目标真正地结合起来？首先，引导学生从国家战略、社会需要、行业发展、从业要求等维度重新看待自己的职业目标。其次，需要协助学生梳理出个人现实情况与职业目标要求之间的差距。还是要从专业知识、通用素质和就业能力等方面设计，如何让学生深刻觉知，把“我想要做”变为“我能做到”，或者“我怎么才能做到”，这也是个人产品化的重要切入点，也是后期就业指导课的课程重点和就业赛道在“通用素质和岗位能力”的得分点。这里需要注意为学生拓宽职业目标的广度和深度，设置备选方案和潜力池，使之能更有信心过渡到下一步！也就是，根据梳理出来的差距，继续围绕“专业知识、通用素质和就业能力”三大模块制定个体行动计划表，且将职业道德融入三大模块中，更重要的是教会学生“成果化思维”，这个成果不仅仅是某个比赛的获奖、科研的立项，还有数据的存量、经历的成长、案例的积累等。成果是个体内在成长的见证，也是生涯发展报告的重点内容！最后，就是要教给学生如何进行自我评估和动态调整，可以结合课后的资料补充或者团辅专项来开展等。

通过对以上三个方面的逐层梳理，相信学生对职业发展规划科学性的理解会有更加清晰的认知和行动力！至于，这个评判科学性的标准该由谁来主导呢？我相信大家心里早就有了自己的答案，欢迎分享！

元气金句

科学是规律、规范、标准。针对生涯课程的科学性，需要以学生成长规律和职业发展规划中探索阶段的内容为依托，围绕专业知识、通用素质和就业能力三大模块逐层剖析，从而达到提升认知和转化行动的目的！

元气加油站

1.四川卫生康复职业学院辅导员李秋虹老师

【元气心得】让学生从“我想做到我能做，我应该怎么做”，不断拓宽就业的宽度和广度。这次的职规大赛，更加重视目标与行动规划的科学性，不再是空谈理想，而是要实实在在地结合自己的情况和外在职业环境分析制定出切实可行的方案，并且要求有现阶段性的成果，这就给到学生一个规划自己学涯、职涯的方向。我认为职规大赛的重点不是比赛本身，而是通过这样的形式让职规课老师去思考面对不同需求、不同学段的同学们，我们应该如何去设计课程，让课程更科学地服务学生的成长成才。这也让学校从全局去看待这个就业工作应该如何落地、如何做实，真正地推进就业工作，做到更高质量充分就业。

2.浙江中医药大学辅导员丁艺雪老师

【元气心得】辅导员工作科学性是在学科理论指导下开展工作实践，所以真的要很认真地学理论，并用于实践，才能掌握规律，提高规范和标准。认真研究，发现九大职能每一个都有很多可以探索深挖的学科背景，复合、交叉、融合。辅导员工作是人的工作，真是好复杂，我一直努力在补课。这几年一直带学生做职规赛，也学了一些生涯相关的知识，越学越感到不足，就拿我们相对熟悉的“霍兰德”职业兴趣来说也只是学了皮毛。提高科学性是推动工作效果提升的必要条件！

3.遵义医科大学珠海校区辅导员钟仁云老师

【元气心得】浅谈一下上课感受：职业生涯规划课，授课教师应该提前了解授课学生专业的就业率和就业去向，第一次把专业前景和就业去向讲清楚，也就是职业世界长什么样？把各个就业去向所需要的能力和性格特征说清楚，树立职业目标。比如想成为一名三甲医院的超声医学介入医生，那么这个学生必须要考研，且动手能力强，性格外向。在接下来的课程中就是自我探索，发现自己的性格特征和兴趣点，再后面就是自我与职业世界的匹配，再就是如何产生职业行动，最后是结果成效。

元气关键词33

分享

今天，我去参加了一个学校职业规划大赛的决赛。说来很意外，邀请我的这位老师，是我在今年4月参加国际职业规划策略师培训的时候认识的学员，我和她并不是一个小组的，尽管当时因为一次课间分享互加了微信，但也一直没有私下交流过，仅限微信好友！10月中旬的某一天，突然收到她一条微信消息，问我11月有没有时间，邀请我去他们学校做职规赛评审！今天到他们学校一聊起这件事，她说虽然没联系过，但是一直关注我的朋友圈，能感受到我在这方面的持续影响力，所以在策划这个活动的时候，就想到了我。于是才有了这次链接，而且今天和这位老师也深入聊了很多，有一种一见如故的感觉，也为后面的深入合作再次奠定了基础！

继续回到这次培训，因为我每次培训都很投入，上课认真、交流积极。当我看到主讲老师说到她从去年开始在网络平台做一对一咨询，也把一些案例作为课程内容拆解，我就在课间主动和老师分享，我自己从2023年元旦开始在抖音做直播的事情，还给她看了我的抖音和视频号，并主动加了老师的微信。4天的学习期间，每天晚上我还会把课程学习的复盘和感受私发给老师，不停地在思考和输出！我这可不是“拍马屁”，就是真的对课程内容很感兴趣，也习惯分享罢了。我结合我学的其他课程和老师探讨，老师也非常鼓励和欢迎这样的交流，也正是这样的学习与分享习惯，让我对知识的理解更加深刻！

培训结束后的第二天下午，我突然接到主讲老师的邀请，让我替她做周二晚上的职业咨询。因为这周二晚上，她正好在飞机上，无法直播，又不想中断咨询！我一听到这个邀请，确实有点惊诧：一是刚培训完没两天，内容还没消化，特别是咨询工作和流程根本不熟悉；二是自己虽然在做咨询，可之前都是面对在校学生，而面对职场人完全没有经验；三是对这样大型公司直播咨询群体的需求和交付也没有底！更重要的是，这位老师其实是生涯界的大咖，她自己也是多个公司的董事，每次上课都是从国外飞过来，我心里也有这样的顾虑，生怕“砸”了人家的牌子……

但是老师非常热情，也不断地鼓励我；我也就很快答应了，想着反正就试试嘛，总要搏一搏。其实我当时真的是，除直播了几个月不怕镜头之外，其他经验全部为零！于是我又赶紧回顾了一下课程内容，整理了咨询思路。因为能提前知道来访者的咨询诉求，所以做了咨询方案，稍微有了底，还算顺利地完成了第一场真实的职场咨询！也正因为这次机会，后面跟着老师继续做了下来。我还把很多咨询的痛点代入学生管理和课程设计中，希望能用真实的工作场域来解决校园的育人难点，让我有更多机会为学生提供真正的咨询和服务！

更神奇的是，同样是今天，这个培训机构的总经理正好来了广州，我们进行了一次非正式沟通。因为我每次咨询完会写一段咨询复盘发到我们当时培训的课程群里，他也关注了我的朋友圈，知道我一直在做些什么，他对我可能也在内心做了全面的考量吧，所以他也想和我就课程讲师认证、项目合作等进行下一步的链接，我也和他谈了谈自己的想法，也特别合拍！

从我决定做个人产品化以来，我越来越深刻地意识到分享的价值。只要你是发自内心思考、做事、分享，就一定会得到同频人群的持续关注。当然，如果再从个人产品化的角度聚焦，你发的每一条朋友圈、分享的每一条观点、点赞的每一个视频等，其实都会不同程度地触达、培养、激活你的目标人群，让他们不断地认识你、认可你，直到认准你。也可以说，我们的每一条内容都应该有意识地发布，当然背后的产品是基础，价值是必备！

就在刚刚，我的一位博士朋友给我发来消息。她说，她今晚发布了一个视频，是她本领域的内容，就是想告诉她的用户，她在这个方面在做什么、对别人会有什么价值！这种从无意识到有意识的过程，就是全新的突破！

请大家把这句话刻在脑子里：分享创造价值，更多分享创造更多价值！

元气金句

分享是建立在对某些人或事高度认可基础上的推荐行为，而有意识地分享则是个人价值最大化的实践体现。请记住：真价值就应该通过分享被看见！

元气加油站

1.遵义医科大学珠海校区辅导员钟仁云老师

【元气心得】祝贺陈姐姐因分享而获得的各种发展机遇。世界因分享而多彩，个人因分享而精彩！思考真价值，行动真价值，分享真价值，老师们共勉！

2.浙江中医药大学辅导员丁艺雪老师

【元气心得】对陈姐姐因分享而获得的各种机会心有戚戚，机遇就是这样神奇。今天一天都在反思自己的分享焦虑问题，根源就在于担心领导认为我“不务正业”，也确实在之前被重重打击过。还是围绕自己的工作，找到一点击穿，坚定做自己认为对的事；有意识地分享背后，是个人品牌的打造，先听听陈姐姐对个人品牌打造的思考！

3.四川卫生康复职业学院辅导员李秋虹老师

【元气心得】分享即价值，越分享越会产生更大的价值。很佩服陈姐姐在每一次培训中的积极主动，陈姐姐给我的感觉就像是“小太阳”。最近我也在培训，但感觉自己不是特别主动，没有积极地去分享自己工作的一些感受。我要积极地向群里的小伙伴靠齐，追寻光的同时也努力成为光。

4.浙江越秀外国语学院辅导员赵莹老师

【元气心得】其实本人以前几乎不在群里分享，就是陈姐姐口中参加完培训在群里默不作声的那种人。为什么不分享，可能原因有三：一是受制于无形的压力，怕自己说得不好，不被人接受，比较在意别人对我的评价；二是缺乏内在力量，觉得对某个领域自己没有把握，不敢轻易发表想法；三是羞耻心作祟，不自信，内心有点小小的完美主义。如何打破不敢分享的“囧态”？跟陈姐姐学习一段时间以来印象最深刻的就是先行动，不管行不行试了再说，这也是我现在敢在群里分享的主要动力。分享的意义在于，链接与你同频的人，人为地构建属于自己的圈子。分享你的知识、认知、见解，对他人始终有益。长此以往，就形成了别人对你的品牌认知，你也自然而然地拥有了自己的IP。

5.云南医药健康职业学院辅导员齐思明老师

【元气心得】元气满满，自己做事真的挺没动力的，在困境中就想放弃了，但只要听了陈姐姐的分享，就打起了精神。今天起个大早去距离家很远的地方听了一场职规大赛解读方案，又认识了一些新人物，感觉自己正在不断走入云南的职业生涯圈。每次我都勇敢提问题、加老师微信，现在我越来越明白，有时候努力都不一定有结果，资源多了再加上努力才有可能打破困境。自己最近偷懒了，公众号又要停更了，要分享，要把知识输出！

元气关键词34

感恩

周日是我身份证上的“数字生日”，每年的这一天，都会收到各种商家、平台的系统消息，但是我本人在这一天并不过生日。原因有二：一是阴历生日每年时间不一样，且生日晚一天过好像就晚一点长大，那就晚一点过吧，这算不算是一种年龄的焦虑感；二是从我记事以来，我的家人就对内对外介绍我的生日，都说是：和毛爷爷一天生的！再加上每年算阴历也很麻烦，久而久之，我自己和家人都把“毛主席诞辰”作为我的生日来过了，感觉早期我的家人在使用这一计算方法的时候，应该是有一种美好的寄托，希望我也能像毛爷爷那样有出息，后来我自己在沿用这一算法的时候一开始会有“沾光”的嫌疑，而现在只是为了方便！

但是你别说，在同一个日子或者前后相差几天出生的人，在很多方面还真有相似之处！比如之前我所在的部门，加上我就有3个是差不多生日的，我们3个人真的可以说是“工作狂”，虽各有特点，但看待事物的一些视角却惊人地相似，工作起来也就特别地合拍！我这个人其实不太喜欢和谁沾亲带故，对人际关系的处理也非常寡淡，特别是早期工作的时候，眼里只有工作，哪怕上级来视察工作，我也是坚持工作“敬而远之”，反正把该做的事情做完就行，从来不刻意去渲染自己什么！我一直觉得自己非常幸运，不管是工作中，还是生活中，我都能遇到很多真正帮助我的贵人，当然就包括很多和我差不多生日、身上有很多相同特质的人，就好像一眼能识别出彼此一样，这种感觉很微妙！

我刚工作的时候，真的是啥也不懂，领导让我做啥，我就做啥，好多工作都是在我班主任的帮助下完成的。印象最深的一件事就是我刚上班时，8月底去报到，然后代表部门参加了迎新办公会，在会上听说我们部门要出一份“迎新特刊”，我真的当时啥也不知道啊！校报社的学生也还没有返校，筹备的时间不到一周，我在之前报刊基础上，通过网络与学生沟通，经过反复排版修改后，我的班主任亲自开车带我去跑印刷厂，愣是按时完成了“新生特刊”的工作任务。后来因为在团委经常需要制作宣传材料，我的班主任又带我去广告公司，把我介绍给公司负责人，让他们派最好的设计师配合我，优先我的需求等。当然还有很多我在校学习就认识的老师，都在不同程度上给予了我帮助和支持，让我在职场初期，过得非常顺利和开心！后面因为自己考取了校本部的研究生，当时团委书记本身还兼任另一个系的党总支书记，在人员紧张的情况下仍然支持我回本部读研，还组织团委学生干部在我生日的时候寄来了好多温馨的礼物和鼓励的卡片，让我非常难忘！

在校本部学习和生活中我也得到了很多关照，因为之前的工作经历，我还在校本部团委兼职，在研究生学院帮忙，策划活动、做做评委，生活非常充实！印象最深的就是我们当时从校区回去的一位大领导，每次只要有校区回到本部开会的老师，他都会在请他们吃饭的同时把我叫上，让我改善改善伙食！

读完研究生回到校区工作后，先后几任领导，也都对我非常包容，就是我可以在我自己的工作范畴，做自己想做的事情，每件事情他们都很支持，这也是为什么我的工作幸福感很强，可以做自己喜欢做的事，不断取得了这么多成果，让我对自己的工作能力不断得到认可和提升。现在我又不安于现状，开始做个人产品化的尝试，仍然得到了很多人的关注和支持，虽然前路未知，但是我特别感恩，也正因为不断感恩，让我能以更加平和的心态去接纳身边发生的所有事，也正因为不断感恩，让我的身边不断有奇迹发生！

我特别喜欢一段话：当你认真、热爱地去做你喜欢的事情时，你会发现所有的资源都扑面而来！所以，感恩每一个过去、现在和未来，感恩我遇到的每一个人、每一件事，让我们把感恩用到工作中、生活里，去迎接每一个美好！

元气金句

感恩就是你意识到你的所得来源于他人的给予，从而产生感激之情的想法或行为！拥有感恩，就拥有了美好！记得也要感恩自己哟！

元气加油站

1.遵义医科大学珠海校区辅导员钟仁云老师

【元气心得】成长的每一步都有贵人相助，我们应该常怀感恩之心，感恩他人的帮助，感恩奋进的自己。我孩子的名字，除了姓和字辈，剩下就是一个恩字，就是希望他常怀感恩之心，感恩所遇，施恩社会。

2.浙江越秀外国语学院辅导员赵莹老师

【元气心得】这几天一直在忙心理助人的考试，本来觉得又是一件烦琐多出来的事，因为好几年前已经拿到了心理资格证书，没必要再去考这个。但因为要考试，我也仔细翻读了关于心理助人的书籍，从中巩固并解读新的“助人方式”，之后可以更好地运用于工作中。所以我们应该感恩工作中的每一次无意的安排给予我们不断的进步与成长。

好运来自感恩，没有人应该提点你、帮助你，在当今物欲横流的时代，怀着感恩之心交的都是互相扶持、尊重的朋友，好运自然而来。

3.浙江中医药大学辅导员丁艺雪老师

【元气心得】感恩让人平静。心怀感恩，看到的都是不完美世界中的小美好，心中充满的都是平静和幸福；这些年感恩给予我指导的老师，给我当头棒喝的朋友，给我鼓励和支持的亲人，还有给我机会让我不断反思和进步的学生。写感恩日记一度是我的日课。再来感谢一下陈姐姐，感谢这个小群，一群一起鼓励着向前走的小伙伴们。

元气关键词35

评判

今天下课收到一个消息，一个朋友说有个学校最近要做职业规划大赛的决赛，想让他帮忙请几个外校的评委，但是有个硬要求，必须是副主任或者主任级别，他本来要推荐我去的，但是我“不符合”他们的条件，觉得有点遗憾……

其实这样的事情在各行各业都挺常见，一个学历、一个职位、一个级别、一个证书、一项成果……都能从不同层面来评判一个人，而很多人为了获得这些所谓的评判标准，花费了巨大的精力和时间。我还是那句话，如果你在做的这些事情，是真的基于你的热爱，也是未来想持续去做的，能够为别人带去真正价值的，那没有问题；可如果你仅仅是为了评职称而评，为了获奖而拼，为了学历而读，那其实对你自身没有半点帮助，反而会消耗你在其他方面的能量。因为要达到外界评判的标准，是需要耗费很多能量的，你在这方面消耗太多，势必会在其他方面缺乏嘛！再加上很多外在的评判标准，是不断更新迭代的，你今年达到条件，明年可能就不符合了，所以你就要去花费更多的时间和精力去获得，如此循环，何时是个头啊！所以如果你还年轻，如果你已经对自己职业发展路径非常清晰，也喜欢做这份职业，就要趁早去完成这个阶段的重点任务，而不是一边抱怨一边消耗，然后机会越来越少、难度越来越大，最后只能被制度、机制框住，无法自拔！

上周六和另外一位老师沟通，她发了一条学校的公众号推文给我，分享的是学校最新发布的专家团队简介，我以为是她上榜了，原来并没有，所以她心里出现了“不平衡”。因为她自认为她的能力并不比这些发布的专家差，可学校的评判结果并没有达到她的预期，所以她找到我，想真正做点什么，让她的同事们能够对她“刮目相看”！其实你看，当我们对这些所谓的评判一认真，我们就被“框”住了。

首先，这些专家被展示出来，一定是符合某些人的评判标准的，并非全体人员，而你没有被展示出来，只是目前暂时不符合这些人的评判标准而已，并不能代表你就真的不行！

其次，我也理解每个人在成长过程中都期待能获得别人的认可，特别是这些人是自己很在意的人或需要在意的人，但是大家可能忘了一件重要的事，就是每个人对同一件事的评判标准都是不同的，如果你要在意别人的评判，那么你能满足所有人的标准吗？还有一件很重要的事，大部分人在评判一件事的时候，并不是真实的评判，可能会碍于政策、名额……评判本身其实是经不起推敲的，可能今天是这个标准，明天又变了，难道你也要跟着变动吗？

最后，我们可以把评判当成一种激励自己的好事，但是这个激励不是让你去靠近评判、符合评判，或是变成评判，而是你需要形成自己的评判，且这个标准的指向只有一个，那就是：你只需对自己进行评判！

那么，我们如何对自己形成评判？并通过自主评判，不断促进自我更好地提升和发展呢？

第一，寻找真实自我，设定合理标准！这是一个“剥洋葱”的过程，要想不被周围人左右，不被外界评判，你就要知道你自己到底是谁，你能做什么，你能怎么达到。所以你能始终在你自己的道路上，自己掌控方向盘，这种感觉是很爽的！举个不知道是否合适的例子，我这两年其实有很多工作思考，也想过申报科研，但是因为不想被科研结题框住，我就没有去申报，这样我就能掌控我的工作节奏，进退自如。当然没有科研，你也会失去一些机会，但是你只要知道自己在做什么，就不会被影响太多！而这个合理标准就是你自己的底线和底气！

第二，展现真我状态，公开评判标准！如果你做到了第一点，其他就非常简单了，用一句话表达：我就是我，不一样的花火！当你不再依附于外在评价，你就不会被伤害，不会被影响，你的全部能量回归自我时，所爆发出来的能量反而是能够带给别人更加真实价值的。这个时候你还需要做一件重要的事：通过各种途径和形式向外界发布你的评判标准，形成评判边界，让那些喜欢评判别人的人去评判那些容易被评判影响的人吧！

元气金句

评判是基于某个标准、内容、表现等进行判断和评价，除非你是评委，否则你只需要对自己形成评判，用自主评判来推动自我不断提升和发展！

元气加油站

1.遵义医科大学珠海校区辅导员钟仁云老师

【元气心得】评判由外转内，是一个人在某行业发展的一种过程。在入行初期，需要根据行业标准去规范、发展专业技能，需要得到行业的认可，外在的评判。在对标行业评价体系的过程中，发掘自身的潜能和兴趣点，逐渐转为自主评判。从悦人到悦己。

2.遵义医科大学珠海校区辅导员周小璇老师

【元气心得】虽然学历、职称、证书、成果是外界评判你的标准，但如果你喜欢做这件事情，这样做也会给他人带来价值，那就是值得做的。每个人的评判标准不同，最重要的是你对自己的评判。不断向内求，探索自身与内心，掌控自己的节奏，最重要的是想清楚自己要干什么。

3.四川卫生康复职业学院辅导员李秋虹老师

【元气心得】进入任何职业都免不了被评判，入行初期通过一些评判可以帮助我们判断职业的发展方向，但熟悉了工作，了解了环境后，你需要有针对自身实际发展需求的评判。周一发布了绩效的二次分配，我的一个同事因此情绪不太好，原因在于她有个少数民族班级，日常管理难度大，按照考核标准去评判的话，可能会有很多失分点，因为一些标准可能会影响她的月度考核，影响领导对她的评价。

4.云南医药健康职业学院辅导员齐思明老师

【元气心得】感觉工作让自己的脸皮更厚了，无所畏惧，以前还是工作里的小绵羊，只想安安静静做好自己愿意做的事，但是随着工作内容的增加，对外部世界的看法也不再是原来的标准，自己的确也在审视局势的改变。现在感觉不太怕事了，因为每一件发生的事情都会有不同的评判标准，最重要的是自己想要什么，自己最看重什么，如何避免自己陷入负能量的恶性循环中出不来，自己要有自己的评判标准，就不会被别人左右。

5.浙江中医药大学辅导员丁艺雪老师

【元气心得】形成内心稳定的自我评价是人格成熟的标志。自我概念的形成依赖于自我评价、他人评价和社会比较，内心越有力量，自我评价对自我概念的作用越重要。辅导员工作经常暴露在他人的评价之中，领导的、同事的、学生的，曾经也很在意满意度测评，觉得为工作付出那么多，为什么别人的评价没有想象中的高，慢慢地找到自我定位和真价值之后，对他人评价的依赖就少了。找到自己的使命，然后去行动。不随意评价他人，尊重他人的价值。

6.浙江越秀外国语学院辅导员赵莹老师

【元气心得】曲建武前辈前几年来我校做讲座的时候说过这样一句话：辅导员一定让他们扎扎实实地工作，从问题出发，一个一个问题解决，慢慢就成为行家里手。如果他们的心浮躁了，急功近利，总想一步登天，即便在比赛中获得了名次，也证明不了其工作就一定优秀。辅导员工作的业绩一定是在教育引领学生上，不是在大赛、论文上。当时我十分认同他的观点。评价的标准在每个人心中都有不同的丈量标准。如果把它当成孙悟空头上的“紧箍咒”，别人一念，你就死去活来，死磕到底，从此花费数年时间和精力去证明自己，一定程度上失去了内心的自由。杨绛先生在生命列车即将到站之际，以睿智而平静的眼光审视世界，观照人生。她笃定地说：我们曾如此期盼外界的认可，到最后才知道，世界是自己的，与他人无关。别人的评价只是注解，自己的内心才是原文！

元气关键词36

选择

今天真的是超级忙的一天，本来打算今早完成辅导员工作室期中考核材料，突然接到任务要开展首届职业规划大赛，算了算时间节点，为了让大家时间更充裕，赶着在下午下班之前把通知和材料整理发布。同步还进行了对辅导员三年聘期考核的通知梳理和表格修订，也赶在下午下班之前发布。然后娃因为从中午开始有点低烧，已经在家休息一下午了，晚上6点回到家我就开始给她喂饭、喂药、陪她，晚上7点半又如约和我的课程合伙人拆课到9点，之后把娃哄睡，又继续和明晚的对话嘉宾沟通主题、标签、宣传文案等事宜，再联系设计师制作海报等，接着继续撰写元气稿！

其实整个过程下来，特别是当我在选择首先完成职规赛安排，把工作室期中考核材料先放下的时候，这本身就是一种对工作重要性的内心排序和行为展现。用生涯的视角分析，这也是我真实职业价值观从选择、评估到行动的全过程体现，对自己喜欢的工作内容迎难而上、乐此不疲、优先行动！

其实我们的工作中有很多这样的“选择时刻”，比如同时有几项任务下发，你选择先处理哪一项；同时有几个培训开展，你先选择去哪一个；工作和家庭同时发生事情，你优先处置哪边；等等。

在我的工作中，我做出的一个最重要选择就是，当时在团委工作到第五年，义无反顾选择回学校本部读研的事情。其间还因为男友不支持，差点闹僵。那个时候在很多人眼里，我已经被任命为团委副书记，大家都认为我就是未来的团委书记，如果去读书了，这个职务就有可能不是我的了，损失不止一点点！但说实话，虽然我留校就在团委，但对职务高低、个人前途没多大概念，在团委工作了五年，还上课、带班，居然没有在评职称方面有过行动，没有科研，也没有文章，只是埋头工作，当然是非常投入、喜欢这份工作才会这么“傻”。

后来也是为了继续提升自我，更好地工作，才考了校本部思政专业的研究生，在读书期间好像也是“开悟”了，科研、文章、竞赛等样样都拿到手软，还连续两年获得研究生的国家奖学金，当时是一年2万元，完全够我生活费开销！

想想那两年不管学习还是生活都非常满足，后来毕业回来就生了宝宝，很快又评了讲师，然后到副教授。虽然从时间上看，可能比同期留校的同事晚了一点，但是我却一点没有后悔和遗憾，虽然团委书记已不是我，但我得到的又何止是这个单纯的职务所能带来的呢？所以到现在我都这样认为，每个人的发展都应该有自己的节奏，在别人眼里，也许当时不去读书，得到团委书记这个职务就非常好了，可我正因为选择去读书，才有了后面这么多丰富多彩的经历呀！

这里有一个非常重要的概念需要澄清，就是：但凡选择，皆为最好！也就是说，只要是你自己主动做出的选择，你在选择的那一刻，就已经得到了最好的结果，没有什么失败、遗憾，也不用自责、焦虑，勇敢地选择，大胆地行动，开心地接纳即可！

当然，我们在工作中的选择可以分为主动选择和被动选择。主动选择和你所处的职岗职责、你本身的工作能力，还有工作机遇等相关，就像我今天快速选择先做职规赛策划这件事一样，几乎是不过脑的“自动选择”。而被动选择除了和你的职岗职责相关，还和你当下所处的工作状态、时间期限、工作难易程度等有关，就像我这个工作室期中检查一样，上周就知道13日要交材料了，可一直拖着不想做，本打算今天一定要做了，又被突发工作的主动选择所替代，本质还是因为这件事我能掌控，只是需要一个马上做的理由！比如11月1日早上接到电话，当天下午必须要提交一个党建结题的材料，虽然也有难度，但是我真的就是一早上就把结题材料整理出来交了。现在想想，对于这些“被动选择”的工作内容，借助外力来推动不失为一个好主意！

我们每个人都拥有选择的权力，在工作中主动选择是推动工作更好发展的重要因素，而被动选择也不失为一个好的选择，关键是我们要不断提高自身选择的能力，来获得更多的工作机会！

元气金句

我们每天都会做出很多选择，大部分都是无意识的！而工作中的主动选择能够让我们获得更多的机会，因为：但凡选择，皆为美好！

元气加油站

1.遵义医科大学珠海校区辅导员周小璇老师

【元气心得】选择，如对任务、个人与工作、工作与家庭的选择，贯穿在生命的每一天。真实坚定的自己，有自己的节奏。但凡选择，皆为最好。自己一直都在勇敢大胆地选择，开心接纳。提升自己做选择的机会与能力，选择最适合自己的。

2.云南医药健康职业学院辅导员齐思明老师

【元气心得】凡是选择，皆为美好。依旧认可，以前做辅导员总怕学生出事，然后就想各种办法提前预防，后来学生出事主动解决，再加上前期防范有基础，所以出了事也能很好地解决，渐渐地不太害怕学生出事了。所以事情来了去做就好了，不用害怕，越做越有勇气。

3.浙江越秀外国语学院辅导员赵莹老师

【元气心得】人的一生，从出生开始就在做选择题！就像前几天我的一个朋友问我关于她单位搬迁后去留的问题，我帮她权衡了利弊，最后她自己作出了选择，她告诉我其实她内心老早有了答案，只是同事都不支持她，所以她有点犹豫不决。我告诉她不管你选择什么，你都有路可走，每个选择的背后都是新的开始、新的机遇。学会选择，是一种人生智慧，在重大转折点上，果敢作出选择，从而奋勇前进。就像陈姐姐读研的决定，因为做了取舍，后面才能收获高质量的人生，毕竟鱼和熊掌不可兼得。

4.四川卫生康复职业学院辅导员李秋虹老师

【元气心得】再次重温“选择”这个词，我联想到近期发生的一个故事。前不久2024届毕业生找我咨询专升本志愿补录的事情，为了快速厘清学生的需求，我询问了她几个问题，诸如“考生类别”“考试分数”“全省排名”等，这一顿沟通操作下来，学生主动地提到：“健康服务与管理已经没有补录名额了，我虽然是建档立卡，但这次真的没办法补录，我升不了本，那就去日本研修学习养老方面的技能。”当学生说出来后，我知道她内心已经作出了选择，这个时候她只是想要找个人倾听或者帮她确定她已经确认过的事实。这件事在我看来是一个遵从内心、认清现实和自己的故事。就像陈姐姐说的：“当我们面对当下的每一个选择时，勇敢地选择，大胆地行动，开心地接纳”，那些我们无法选择的也并非只是遗憾，而是让我们在另一个方向发现生命的美好！

元气关键词37

需要

今天没去上班，在家陪娃+在线办公，孩子一生病就特别黏人，这次这个病毒可真的是很强大，中午娃疼得嗷嗷哭，我一量体温，39.5℃，赶紧上美林，她要我抱着她，说好冷，我一抱着才发现，娃浑身发抖，估计这个时候体温还在上升，然后我搂着她，她就很快安静下来，很快进入梦乡，随着药性的发挥，娃出了一身汗，体温慢慢降下来……这是有孩子的父母定期会体验的生活模式，这是一种深深的需要！

工作中的需要也非常重要，比如新生进校后，刚刚离开家来到陌生环境是特别需要关照的，记得2020年接新生的时候，有个女生因为爬上铺不小心踩空了扭到脚，需要在宿舍休息。我急忙跑去宿舍看她，聊天才发现她是单亲家庭，因为来到学校不太适应，这次“摔跤”事件是她“自行设计”的，为的是引起我的关注……我当时真是又好气又好笑，不管怎样，学生用伤害自己身体的方式来引发关注都是不提倡的！但是从侧面我也感受到她的需要，或者说我在她入校那个阶段是很重要的！今后也会让我格外关注入校新生中这些单亲、性格内向、没有朋友的群体！

还有一件事情也是让我终生难忘，那是2019年的某一天，我的学生正处在实习阶段的考研冲刺期，突然接到一个学生姐姐的电话，说她弟弟一个人跑到了另外一个城市，给她打电话，说：“有人追杀他，所以他逃出去要躲起来！”有经验的辅导员一听就知道怎么回事了！

现在问题就来了，学生不受控制了，为了“逃脱”他脑子里的那个被追杀的声音，他把原来的手机和手机卡分离，因为怕被“监听”，所以只能他联系我们，我们找不到他。领导指示，想尽办法联系学生，把学生平安送到家人手中！于是我就只能用他姐姐提供的新号，不停地给他打电话，直到接通……庆幸的是，学生对我无比需要，加了我微信，给我说了好多他目前的处境，让我去“救”他之类的话，我才得以和他保持联系，一步步确认他的所在地，然后和他家人配合，最终通过警方找到了他，第二天家人赶到当地接他回家……

那么，什么是需要？需要的前提首先是缺乏，然后才是因为缺乏什么而想要得到什么，得到的结果可能是一个具体的物品，也可能是一个抽象的寄托。

需要是可以被触发或提醒的。比如你看到有人晒了一张喝奶茶的图片，看着就非常诱人，你可能也会想要去买一杯。可你真的需要这杯奶茶吗？还真不一定，但是因为看到别人做了一件事情而想要去做的情况还真不少，所以如果你真的需要减肥，就试着关闭美食频道吧！

需要还有个“好兄弟”，叫能力！比如你要评职称，你就要先了解评职称的具体要求和标准，然后一项一项地达到，结果就是评上或者没评上，这个结果就受到你个人能力大小的影响。也就是说，当你出现某一个需要的时候，如果你的需要大于你的能力，结果就有可能会落空，反之成功概率就很大。我在2019年评上副教授后，也仔细研究了一下教授的评审标准，发现“简直太难了”，所以我压根就没想“为难”自己！可是，随着这两年个人能力的提升，特别是获得了一些工作成果后，我发现评教授这件事似乎又离我更近一步了，我要好好设计一下我的评审之路，争取一次拿下！也就是说，如果你内心对某个事物“久久不能遗忘”，只要你持续发力，某一天也一定会有“重启”的一刻！

需要也是把“双刃剑”，比如当你出现了评职称这个需要，一定能快速激活你的能量，去穷尽所有办法，为自己梳理出路径。更重要的是，会促使你重新看待你的工作，科研也好，文章也好，源头都在你的工作，所以一旦你把大部分精力聚焦到评职称这件事上，是能够推动你在某个时间段大量产出工作成果的，这是一件非常好的事情。但反过来，如果这个需要实现路径周期太长、难度太大，或者又有突发事件的介入等，你有可能又被拉回到过去，或者停滞下来，这个时候你将需要用更大的需要来重启。如果这个需要受到外界影响过大，比如你拖上两年，可能这个职称要求又提高了，又会多一层影响因素，让这个需要难上加难。所以当你的某个需要出现，你需要做的就是快速启动实现路径，在最短的周期内全力以赴，把能力提升作为核心，把结果当成礼物即可！

元气金句

需要因缺乏而产生，因得到而满足，因能力而获得！

元气加油站

1.遵义医科大学珠海校区辅导员周小璇老师

【元气心得】需要的前提是缺乏。在需要与能力的关系中，能力更重要。清楚你的需要，紧急、非紧急、需要程度，快速启动实现路径。能力是核心，结果是礼物。

2.浙江越秀外国语学院辅导员赵莹老师

【元气心得】从心理学的定义，需要是对有机体内部不平衡状态的反映，表现为有机体对内外环境条件的欲求。无论是陈姐姐提到的学生事件还是评职称事件，都是因个体内部缺乏而向外部所求的需要，就像人渴了要喝水，花干了要浇水一样。每个人从物质和精神层面都有很多需求，满足需求的最好办法是提升自己的能力，让自己的能力能匹配得上自己的需求！否则就如空中楼阁、梦幻泡影。如果你真的想要满足自己的需求，那么请快速启动起来，在最短的周期内全力以赴，把结果当成礼物即可。

3.四川卫生康复职业学院辅导员李秋虹老师

【元气心得】这一周在省内做我们学院各专业人培的调研，在这个过程中我们发现四五线城市的托育机构发展情况不容乐观，影响的因素很多，如家庭收入、育儿观念、质量担忧等。让我印象深刻的是资阳某家托育机构园长建议我们学校培养学生的时候不能太局限，万一学生不喜欢自己的专业，那她毕业后也可以有更多的选择。当园长提出这个观点的时候我特别受触动，因为我知道有的学生选择托育这个专业也许是被迫的，在学习的过程中她也有可能发现这不是她内心需要的！那作为我们老师又应该怎么做呢？苦口婆心地劝她既来之，则安之？还是劝她先干这一行然后再爱这一行？显然这样做可能满足不了某些学生的期待。当一个学生不知道自己需要什么的时候，我会建议她去体验，因为在真实的环境里才能感知自己内心的需求，才能知道自己真实的需要是什么。理想的结果就是学生押对了，从此找到自己的人生奋斗方向。没那么理想的结果可能是把之前的多选项逐渐地减少了，也算是逐渐认清自己的需要。

元气关键词38

重启

停更的这几天，孩子的肺炎终于康复了，给新生的生涯课也更新完成了，学校的重要工作也接近尾声了……感觉一切又恢复到了从前，但又是崭新的每一天。这种恢复是对前段时间的总结，也是对每一个当下的期待，我想叫它：重启！

其实在发布暂停的时候心里是无比纠结的，因为在过去的40个元气关键词的准备中，也有好多次因为想不到主题、写不到7分钟，或者自己不满意内容等想过放弃，可每一次写完一篇元气稿，特别是每过一段时间回顾元气稿内容，我都惊叹自己，怎么能写出如此文字。慢慢地，我养成了这种“工作日志式”的思考模式和写作模式，每天不断地思考自己的工作，通常是将当天遇到的人和事，用来激活我的过往经历，再结合当下的新思路、新方法，用一篇方法论，或一篇加油稿，或一篇小总结来呈现，都是我独特的思维洞察和实践心得，以至于我一天不思考、一天不写稿都非常“别扭”。所以我知道，这次是暂停，不会是放弃，因为我非常确定我喜欢这样的自我对话方式，也期待每一天给自己的遇见定下一个主题词，所以就此重启，开心回归，此处应该有掌声，送给自己！

其实这几天也遇到很多想要写下来的事情，比如每次带娃去医院面对医生的建议和自己的坚持，左右摇摆背后的独自焦虑，现在孩子痊愈之后对健康和孩子成长的重新定义；比如在准备专家进校的各项工作，对于“有可能”这三个字所付出的“百分之百”努力，让如何真正“回归常识、回归本分、回归初心、回归梦想”成为下一步工作的新起点；比如在做辅导员聘期考核的标准认定时，如何更加合理地评估和量化辅导员的工作，既不挫败大家的工作积极性，又能推动下一个聘期的争先创优，是用金钱激励，还是制度育人，从执行者到管理者的思考角度有了不一样的期待；比如在听了一场关于高质量就业研讨会后，被主讲人的演讲观点所激发，那种感觉就是你作为一个名不见经传的人，居然和台上的大咖观点一致，这是一种灵魂“被认可”的确认，就会被鼓励、被推动，甚至还想到了要不要读个博这件事，看看缘分吧；还比如我在反复督查几间有可能被走访的宿舍卫生的时候，让学生把门框擦干净，学生说“专家又不可能来摸这个门框”，但是宿舍整体的干净状态对于一个突然进来的人其实影响很深，于是我和辅导员守着学生打扫，甚至亲自动手，以至于我开始反思劳动教育的真正意图和设计，早就不应该是简单地扫地、擦桌子，而是通过劳动与人、环境建立的这种和谐关系；还有就是在设计课堂教学的时候，如何让学生放下外在的评判和评价，遵从内心的声音，有勇气让兴趣生长，有能力让志趣开花，真正过上自己期待的生活，破茧成蝶的触发点和持续行动的结果激励，等等。这些都是我在这段时间遇到的、想到的、持续在脑海中盘旋的，你看，终于用一种自己最满意的方式重新“保存”下来，真幸福！

其实我也可以放弃，对吧，因为放弃是最简单的事。在这个浩瀚的宇宙、漫漫的人生路上，你不认识我，我也不认识你，哪怕你认识我，我也认识你，又怎样呢？我的放弃又会带给你多少影响呢？所以我不放弃的原因只有一个，就是：我愿意、我想做、我开心，当然如果你也有些许的期待，我感恩、我备受鼓励、我继续加油！但并不代表，我会因为你的期待而“迎难而上”，如果一个行为本身不是从内到外的驱动，而是背负了别人的期待，注定就要接受别人的评价，一旦接纳了别人的评价，就会按照别人的评价去调整、去适应、去改变，那就会变味，还不如一开始就放弃来得痛快！

之前我喜欢利用中午和晚上的时间梳理元气稿，在暂停的这几天，我除了每天按时工作、回家陪娃，又恢复了晚上健身、睡前读书的节奏，这是我喜欢的生活，不是为了写稿而端坐，而是有感而发、有感而写、随性而为。所以重启之后可能也会断更，断更之后还会继续，虽然可能会失去一些规律，但是尽可能保留自己的初心，才是“元气微课堂”的初衷。所以，重启不需要勇气，只需要行动！想想那些你想做却久久没有持续下去的事情，给自己重启的机会，让自己重获力量，何乐而不为呢！

元气金句

重启就是遵从内心，做自己想做的事！它不需要理由，也不需要声明，更不需要解释，只需要行动！

元气加油站

1.甘肃卫生职业学院辅导员花蕾老师

【元气心得】陈老师的重启也能督促我早上做做笔记，自我反思下。遵从内心做点自己喜欢的事情是必要的。这些天我也强行压住自己自娱自乐，把自己做的“花蕾工作室”公众号捡起来，也算是新的重启吧。不在乎有多少人会看，我每天发布讲座和转载的文章咨询，但是如果不做就永远没有机会，所谓厚积薄发也是要积累再输出，所以我也算是重启了公众号的制作。其实每天花不了多少时间，就是自我激励吧，昨天就在想转载不能解决问题，还是要自己写写网文，锻炼一下，所以准备写写了。在这里感谢陈老师带大家一起进步，大家一同成长很好，感谢美好吧！

2.浙江中医药大学辅导员丁艺雪老师

【元气心得】重启这个topic太棒了，我的公众号也活过来了，手动比心陈姐姐和花蕾老师。

3.浙江越秀外国语学院辅导员赵莹老师

【元气心得】今日收到陈姐姐的重启课堂，熟悉的声音，久违的感觉又回来了，真的非常亲切。原来不知不觉40天的陪伴已成为一种无意识的习惯。在陈姐姐停播的这段时间中，没有灵魂的召唤，感觉自己再次掉入繁杂漩涡中无法自拔，很挣扎又无力抗拒。我知道这不是我要的状态！今日看群里的小伙伴有重启某事的计划，有目标的感觉很好！正如陈姐姐说的，太忙的时候需要停下来好好想一想再激活—赋能—重启！

元气关键词39

理由

今天下午有一个很可爱的学生突然走进办公室，问了我一个问题，她说："陈老师，今天专家都走了吧，你现在是不是不忙了？"

我说："专家是走了，可是该做的事情还是要继续做着呀，年底了也有很多工作要做啊！"然后她又说："那你怎么一天有那么多时间做直播？"我被问笑了，我说："这些都是我喜欢做的呀，我做直播和大家聊天很开心，还能学到很多东西。以后也会和学生通过直播来沟通，你愿意来吗？"她说："我愿意……"

我突然就意识到，一直以来，不管在工作中，还是在生活里，我做的很多事情，深究起来都没有什么具体的理由，如果非要给做这些事情一个理由，真的就是：我喜欢！所以你看我上班很忙、很开心，下班也很忙、很开心，根本闲不住！

那么，我们在开展工作的时候需要理由吗？或者需要什么理由呢？或者在不同的理由驱动下，我们的工作状态和结果是否会有不同呢？这是一个很有意思的话题！

什么是理由？理由就是行为产生的意愿，是你在做一件事情的原因，它可以是"自成一派"的独立行为，也可以是发生发展的"自然而然"，还可以是内心期待的"突发奇想"。比如你在开展工作的时候，特别是能自主开展工作的时候，需要提前安排工作计划，这些就是一个又一个内容，其实大部分都是独立存在的，类似于每个月我们都要开展的"三会一课"。但是我们往往会在开展某项工作的时候，从plan A慢慢延伸为plan B，或者更丰富，或者更简易，是在完善方案、行进过程中的思维迁移。很多时候会有很多意想不到的点子冒出来，让你很兴奋，会推动你快速实施，享受和期待这个过程或结果！这里你可以评估一下自己日常的工作模式，你在做这些事情的时候，到底是出于何种理由呢？

我就很喜欢在学期末花几天时间来对下一个学期的工作做一个安排：首先，把必须要做的放到对应的月份甚至具体的日子里，比如学生的转正时间要开会讨论，这个日期就是固定的，要写进去，当你把必做的内容安排好了，其实内心就不怎么焦虑了，这些都是我们工作必须做的理由嘛！其次，我就会根据下一个学期学生所处的成长阶段和需求，设计一下也是必须做的内容，比如专业竞赛、专题辅导、党课主题等。最后在下学期落实的时候，还会根据当下的一些突发事件和突发奇想修订具体操作内容，也就是让自己的工作开展得更有意思的事情。所以，基本上我每个学期的工作，都是在自己的掌控中，推动起来还是比较游刃有余的！但是我经常会突发奇想，行动力又很快，特别喜欢在原有工作上叠加环节和内容，就会出现收尾和总结阶段不及时，加上对工作的要求也比较高，期末和年底也经常赶工，这个方面需要改进！

前两天同事还和我开玩笑，说我换岗之后，她所在的党支部自评分数居然是最高了，而我原来所在的学生党支部自评分数居然没到90分，我想想之前其实在做自评的时候经常是找不到扣分点，其实也不是我做得有多好，主要是我对工作内容和要求比较熟悉，很多材料也都比较规范，加上比较自信，反正自评就如实打分！而他们很多党支部在自评的时候，其实是有保底思维的，认为自己把分数打低点，整改起来就轻松点，我给自己如实打高分的理由，就是我知道我做得到，也会默默加班整理材料，最后结果也就如实“优秀”通过了！

所以你看，我们在做任何一件事情的时候，不同的理由所呈现出来的行为是有很大不同的，行为产生的结果自然也就大相径庭，你的工作状态和你的工作理由息息相关。那就给我们的工作找个期待的理由吧，被动的也好，主动的更棒，因为我们和工作在一起的时间真的太长啦！

元气金句

理由就是行为产生的愿意，是你在做一件事情的原因，它可以是“自成一派”的独立行为，也可以是发生发展的“自然而然”，还可以是内心期待的“突发奇想”！给我们的工作找个你自己期待的理由，你就会发现工作的可爱之处！

元气加油站

1.浙江中医药大学辅导员丁艺雪老师

【元气心得】陈姐姐重启了，分享也重启了！给自己找一个做下去的理由，跟不去做的理由，代表着一个人对这件事情本身的态度，我感觉有时也是潜意识的，并不一定是完全在意识范围的。在有清醒的自我觉察下工作，主动性真的是加倍的。我反思了最近自己的工作状态，很多时候没有想过做这件事情的理由，但我知道这样做我乐在其中，自觉加班，不去抱怨。看到周围同事的种种不满和牢骚，我觉得主动工作和被动工作的差别，同样做完一件事，主动带来成就感，成就感带来动机，动机促进行动，行动产生成果。下周二，样板支部建设要结题验收了，写好了5000字的结题报告，赫然发现我已经完成了建设计划200%，成果早已超出我的预期，而下一轮的建设方案也已经呼之欲出了！

2.哈尔滨医科大学辅导员薛靓老师

【元气心得】做事情不一定必须有理由。有时候，我们的行为可能是出于本能、习惯、直觉，或者是纯粹的内心驱动，并不一定需要一个明确的理由来解释。可能它是一种源自内心的力量，驱动我们超越自我，追求美好。有时候外界会喧嚣，会有很多质疑的声音，但我们要坚守自己的信念。因为正确的事，本身就散发着光芒，它引领我们走向更广阔的天地。或许过程中会有困难与阻碍，但那又何妨？无须多言，行动便是最好的证明！

3.四川卫生康复职业学院辅导员李秋虹老师

【元气心得】工作状态和理由息息相关。想要做好工作就为自己找个理由，主动的、被动的都好！我觉得人或多或少都会有一定的惰性，如果是工作中必须要完成的任务，且有明确时间节点的，一般情况下我们都会去完成，只是质量高低的问题。而对于一些不是必须完成的，我的话就会处理得比较拖沓，例如整理工作案例，撰写文献笔记等，这也许就是因为我缺乏去完成它的理由。既然我们要与工作长期为伍，必然就需要给自己的工作找个理由，从而激发自己工作的创造力，让自己的工作变得更有价值感。

4.上海商学院葛欢老师

【元气心得】今天的“元气微课堂”听了三遍，热爱可抵岁月漫长。对自己工作的主动思考，做好规划，我们的工作是为自己而做，每件事都代表我们自己。理由决定行为，行为决定结果。工作状态与工作结果息息相关。推荐稻盛和夫三件套，让我们的心沉淀安静下来，在自己的热爱里享受生命。

元气关键词40

适应

万万没想到呀，我也会出现工作不适应的状况。最近因为工作任务重、工作要求高、工作安排急等各种问题，心里出现了对工作重心的偏移和畏难情绪。

首先，我自己对本职岗位的职责和要求尚未摸清。一些常规工作还没掌握，一波一波的重点工作就接踵而至，每一步都要问，问了之后有些也不太懂，就出现一件工作反复折腾，又事关大家的直接利益，心里也非常着急，做事就缺乏耐心。

其次，对行政管理的工作流程很不适应。以前在院系，我有啥想法直接就去办公室找部系领导沟通，能做就做，不能做就放下，通常只要是和学生工作相关的，部系领导也都支持我做，而且往往我的一个想法会从年级层面上升到部系层面，反正我也要做，就带着其他年级做了。有时候也会遇到一些很紧急又必须要落实的事情，基本在可控范围，所以大多数时候工作节奏是可以自己把控的，工作的创新性也比较高，工作成果也比较多。

但是现在的工作确实让我很不适应。一是对工作内容不太熟悉，这个倒是很好理解，毕竟不同的岗位对从业者的要求不太一样。我个人经常在参与者和管理者之间换位，视角转换还不够到位。二是很多细节和环节比之前的工作都要复杂，其实细节方面我觉得还可以适应，毕竟之前在团委待了5年，又一直在做活动，对细节把控的敏感度还是在的。但是我对这个工作流程感觉太过刻板。比如做一件事，我需要和我的上级先沟通，他会先给我提出意见和建议，然后再由他向他的上级汇报，甚至上级的上级还会再往上汇报，然后又倒着一层层反馈到我这里，可能好几天，甚至一两周就过去了！可能有人会说，这就是职级职别的区别，工作就是要这样一层层上报，可是这样大大降低了工作效率，叠加了工作难度，延迟了工作实效，甚至失去了很多发展机会。

最后，工作思维的转换。也许还会有人为这样的层层汇报点赞，因为层层汇报的终极目的其实就是将工作的责任转移，也就是“反正我已经向上级汇报了，出了事情就会由上级来承担责任”，这就是事情自己做了，问题别人兜着，换个角度真的是“爽歪歪”。可是这又会出现三种情况：要么这个人真的是很想做这件事，层层推动，直到落实；要么这个人干脆不做，或者坐等安排，得过且过；要么就是处在两者的中间层，对于自己想做的事情积极推动，对于不想做的按部就班，工作有侧重，做法大不同。其实不管是哪一种情况的选择对工作的开展和自身的发展都没有真正的帮助：第一种情况的汇报者事必躬亲，每件事情这样一套流程下来，对于个体的精力和要求都极高，而且需要不断有推动之后的正反馈加以驱动，才有可能持续保持；第二种汇报者可能是一开始就这样，也有可能是做着做着就变成这样，工作推了几次无法推动，干脆就不推了，求稳心态；第三种可能大家会觉得很灵活，但是从工作的角度来看，这就是一种"权衡利弊"，当我们做一件事情的前提是权衡利弊的时候，这个工作已经失去了真正的价值和意义，怎么做都"别扭"。

所以，当我明知道这样下去不行，这样做不应该，这样说不合适的时候，我还要这样去适应吗？我的内心是抵触的，我又重新对自己的价值进行了审视，我也确认领导把我调到这个岗位的真正意图，我要做的难道不应该是持续放大自我价值，通过带领辅导员队伍，进而影响更多的学生吗？我只需要在正确的道路上"披荆斩棘"，而不是把精力"浪费"在适应这些外界的应该、必须和转变中去！其实想想，这样的适应才是最应该具备的能力！

元气金句

适应是一个人对自我价值由内到外的确认和核实，然后做出的坚定选择。很多人都在不停地适应外在的评判和要求，但却忽略了内心真实的期待和能力！

元气加油站

1.哈尔滨医科大学辅导员薛靓老师

【元气心得】我们都会有面临各种工作或环境的变化与挑战的时候，适应则是应对变化与挑战的关键能力，但它并不意味着妥协，而是一种勇敢的选择，是我们主动去拥抱变化、迎接未知的积极态度。当我们勇于面对挑战，去适应新的情况时，我们就在不断拓展自己的边界，挖掘自己的潜力。每一次的适应都是一次成长的契机，它让我们变得更强大、更坚韧。不要害怕挑战，因为它正是我们成长的阶梯。

2.四川卫生康复职业学院辅导员李秋虹老师

【元气心得】陈姐姐极度擅长从自己的工作中去总结和反思，遇到问题会主动去分析产生的具体原因，思考得深刻且全面，这是我由衷佩服的地方。在“适应”的背后是面对工作时的主动出击，敢于应变。从工作的角度来看，面对工作权衡利弊，工作逐渐失去价值和意义。当我们发现工作这样做不行、不应该，这样说不合适时，需要重新审视自己的价值和职业初心。“适应”是让我们更加坚定地去实现自己的价值，而不是为了应该、必须去妥协、去放弃、去消耗自己有限的精力。

3.甘肃卫生职业学院辅导员花蕾老师

【元气心得】听到陈老师谈到自己的适应，包括对新工作是否需要硬着头皮去干，是否需要做出成就，是否需要承担后果。现在的我们都有畏难情绪，面对需要挑战的问题抱着一种退一步海阔天空的心态。但是做辅导员，在应对突发事件和相应的事件处理中，我们就是一个个冲锋陷阵的战士。今年是辅导员工作的第四年，我也在不断地适应这种工作，不断地调试自己的工作状态，不断地适应学生的不同。在种种下，我觉得适应自己才是最好的，作为一个独立的个体，要适应融入大环境中才是有效的，不会让自己活得很拧巴。

元气关键词41

突发

上周三一大早接到领导的消息，要在周四之前安排一次外出参观学习，确定时间、展馆预约、租车联系、人员安排、通知拟定、横幅制作……一整套动作下来，一上午时间就没了！关键刚刚确定好周四下午开展，就接到电话，周四下午要进行和校本部连线的辅导员工作室期中汇报，于是又马上协调一整套活动事宜，改为周四上午外出参观，下午连线汇报。除此之外，我是第二天下午要作辅导员工作室汇报的人之一，但我的汇报PPT还没做，周三晚上还有“对话”，于是我中午没休息，全力做PPT，2小时基本完工，心里最终才踏实下来！

其实这个期中汇报很早就通知了，之前也交了纸质材料，就是没有做PPT。因为前段时间各种工作太多了，每天都在被具体的事情推动着走，就把这件事不停地滞后，直到被告知“明天下午汇报”，才启动了真正的行动！

你说这是突发状况吗？的确是！你说这真的是突发状况吗？又不全是！还是自己在安排这件事情上，出现了“区别对待”和“侥幸心理”，所幸亡羊补牢，最后也顺利通过！

但并不是每一次遇到这样的“突发”状况你都会如此幸运。比如有好几次，因为科研申报的通知发下来只有几天的准备时间，加上工作忙，事务多，一下子也没思路，那就只能放弃了……当你因为这样的原因放弃一件事情的时候，你就会接二连三放弃，直到有一天你会因为缺少科研立项而导致评不上讲师，或者聘期考核没有科研加分项等实际问题，产生抱怨，其实本质上还是因为你自己在之前就选择了“轻松”！那么，如何才能减少这样的事情发生，让你的工作更加有节奏感呢？

一是能马上做的事情当下、立刻、马上完成。比如要发一个通知，要打一个重要电话，要交一个材料，准备好了马上就做，不然你真的不知道会遗忘在哪里。说起来特别不好意思，有个毕业生从11月份就找我核实一个数据，我直到现在都没有完成，因为毕业4年了，材料不在我办公室电脑里，每天回家又各种忙碌，有时候我让她晚上联系我，我在家里查，她又忘了，反正就这样拖了一个月没搞定。

二是不能马上做的事情记入“待办事宜”。在截止日期前2天必须完成，且上好闹钟提醒。这种情况其实是最多的，但是我经常把这件事情记入了“待办事宜”，也仍然不停地往后推迟，直到无法再推的时候或者像上面那个例子，突然被告知才会去做，效率也非常高，只是会格外紧张，高度专注，脑子空空！所以这一步骤最好还需要有一个外力介入，比如你和你的同事都要做的事情，你们相互提醒，共同推进，千万不要抹不开面子，一定要以事情完成为终点！

三是给自己每天只安排一件必须能完成的事，留出足够空间应对突发事件。大家可能会觉得惊讶，我们怎么可能每天只做一件事情呢？其实呀，这里说的一件事情，就是你从上面的“待办事宜”中选取一个今天必须要完成的事情去重点完成，这样下来，你对工作就不会有太大压力了！比如你每天早上到办公室后，就明确写出：今天上午10点前完成新闻稿的修改和发布！那你一上班就会集中精力只做这一件事了，哪怕这件事拖拖拉拉，你也能在今天完成它，完成之后你还会特别有成就感。而且如果你早上10点顺利完成了，你还有很多时间去做其他的事情，你就更加有成就感了！一定要试试这个方法！

四是学会授权和鼓励，让喜欢做这件事的人来做这件事。如果某件事只能由你自己完成，那你就要反思，你是不是“太把自己当回事了”，我们每个人都有擅长的点，只有我们在做自己喜欢做的事情的时候，我们才能发挥出超强的潜能，事情也能做得更好，对自己和学生也都是一个道理！

所以，突发事件并不“可怕”，可怕的是我们没有意识到我们可以去改善，而陷入反反复复的低效、无能状态，就让某个“突发”给你一个改变的提示吧！

元气金句

突发就是工作节奏被打乱，它可以促进你短时间加速，也可以迫使你遗憾放弃，它可以让你很难受，也可以让你去警醒，决策在你！

元气加油站

1.遵义医科大学珠海校区辅导员钟仁云老师

【元气心得】生活中的意外、突发事件，没有在计划内发生期待的结果，大多数是挫折，它们的到来，对于强者来说，是提醒，是垫脚石，可以使强者更加快速成长，提升境界，获得降维打击的实力。

2.四川卫生康复职业学院辅导员李秋虹老师

【元气心得】辅导员的工作经常会经历突发事件，这些事件的出现常打乱我们的节奏，如果没有应对突发事件的意识，不去改变，将会产生更大的恶性循环。减少突发事件的办法：时间管理四象限+待办事宜提醒（小程序/同事提醒/每日事务清单……）+下放（依托学生干部处理部分突发事件）。

3.哈尔滨医科大学辅导员薛靓老师

【元气心得】在工作中，我们常常会遇到所谓的突发事件，但仔细思考后会发现，这些往往并不是真正的突发，正如陈姐姐所说，这是我们在工作中的区别对待和偷懒的借口。这种现象不仅影响工作效率和质量，有时还会让人感到精疲力竭，甚至还可能对自身的职业发展造成阻碍。认识到这一点了，接下来就让我们一起改变吧！

4.河北青年管理干部学院辅导员梁玉荣老师

【元气心得】能马上做的事情立刻做，这是提高效率和减少拖延的好方法。不能做的事情加入“待办事宜”，并设定截止日期前两日完成，这有助于我们合理规划时间，避免工作堆积和最后期限的压力。每天只安排一件必须完成的事情，这可以帮助我们集中精力和资源，确保最重要的任务得以完成。其他时间可以留给“待办事宜”，这样我们就有更多的灵活性和应对突发情况的能力。学会授权和鼓励，把事情交给喜欢的人去做，这是团队管理和合作的重要技巧。通过授权，我们可以发挥团队成员的特长和兴趣，提高整体的工作效率和满意度。同时，鼓励和支持也是非常重要的，可以让团队成员更有动力和信心去完成任务。这样我们可以更好地管理自己的时间和任务，提高工作效率和成果。

元气关键词42

公平

上周五，我组织了学校辅导员年度人物的评审会。5位候选人的个人陈述都非常精彩，听完真的是激动满满！每位辅导员都陈述了自己在过去三年的阶段工作中的具体工作思路和育人实效，的确是有方法、有案例、有成果、有温度、有展望，让我看到了大家做好扎实工作的背后，不一样的辅导员展示现场！最终，排名靠前的两位辅导员进入公示环节！

公示发出不久，我收到了其中一位未被选上的辅导员的反馈消息，大抵是他对本次评审工作的一些疑问。比如他本人的业绩确实不错，近三年获得9项校级荣誉、3项省级荣誉；他一个人负责整个部系的学生管理、团建和党建工作，呕心沥血地付出，感觉“没得到认可”；从育人实效方面，他认为他的“投入和产出”没有在评审环节中体现；对个别没有从事过辅导员工作的评委也提出疑问，指出这种只看汇报和事迹材料的评审对于辅导员工作的导向是否合适；等等。

说真的，看到这个结果我是既意外又并不意外。意外的是，在我心里，我对这位老师的整体工作是非常认可的，也知道他做了什么，成果是什么，我对他这次的“入围”十分期待。而并不意外的是，我在现场听完5位辅导员的汇报后，从现场的表现力和陈述逻辑来看，他的汇报展示的确相对弱了一点。这个“弱”，并不是说明他真的不行，而是同台展示的其他老师也不错，加上女生的表达力和感染力更突出，所以结果并没有如他所愿！从他自身来讲，自己付出了这么多，也取得了这么多成绩，好像“理所应当”应该得到这个机会，结果却不尽如人意，心里肯定就会失衡，认为评审环节不公正！

在得到他的反馈后，我也马上逐一私聊了其他没有入围的两位辅导员，希望能从他们的实际体验中找到下一次这项工作能做得更好的突破口。我认为，这样的及时复盘，是每一次进步一点点的重要步骤！就像当我看到那位反馈老师写的那一段话，我一直在换位思考，我在想如果他汇报之前给我看了PPT，我一定能帮他做一点改观，甚至在他和我抱怨“不公平”的时候，让我给出一个合理解释的时候，我想的仍然是：我该如何协助他把属于他的育人体系设计出来、深耕模式构建出来、事迹材料打磨出来，等等，而不是简单地把他反馈的内容复制粘贴给上级，我要做的是解决他为什么做了这么多事情、取得了这么多成绩，却仍然无法“脱颖而出”以及其他和他有类似情况的辅导员的问题！

我非常理解他的想法和感受，我自己前几年也是同一个奖项申报了好多次，每年都被驳回来，被告知“我不行”，可我并没有觉得我不行，我也曾经用“如果我都不行，还有谁能行”这样的话来证明“我行”！后来我真的想通了，只要我做的是我期待的、喜欢的，我就十分享受了，至于结果如何、获奖与否，我根本不在意。难道获奖了才证明我行？难道不获奖，我就真的不行？说来也奇怪，当你只管去做，不问结果的时候，结果却突然就来了！我2023年获得省级“最美劳动者”的时候，其实已经连续4年，从部系报到校区，再由校区报到本部，每年都止步于学校。2023年领导让我再继续申报，我根本不想报，但因为每次申报的时间都很急、我也有几乎现成的材料，就又被“赶鸭子上架”报上去了。然而这一次，竟然通过了，而且是学校辅导员群体第一个获得这个奖项的！更值得一提的是，这次省里面的评审还是在“口罩”下和广大医护工作者一起PK 的，格外惊喜！

你发现了吗？很多时候我们真的只能做好自己能做的，其他的评审也好，推荐也好，结果也罢，和我们本人的努力、辛苦、成果，可能有那么一点点关系，但总体来说，越高级别的奖励大多是在总体实力基础上的一种机遇！

所以，“公平”这个词并不是内容的公开、环节的透明、结果的真实就可以一笔带过的。它还包括个人的实力、贵人的推荐、赛道的选择、自己的坚持，再加上一点点好运气！没有绝对的公平，唯有真心的热爱，足矣！

元气金句

公平就是我得到了我想要的！

元气加油站

1.重庆工业职业技术学院辅导员姚正平老师

【元气心得】只管去做，不问结果。但行好事，莫问前程。放平心态，放低期待。真心热爱，享受过程。保持努力，持续精进。谢谢陈姐姐一早的元气分享，提醒自己保持好心态！

2. 广东南华工商职业学院辅导员赖志聪老师

【元气心得】一看就是热爱职业的实干家。没有绝对的公平，只有相对的公平，这个话题大家都有共鸣。去年第三大目标希望评个省辅导员年度人物没实现，连续两年申请校级推荐都没过。原因是第一年第一次讨论通过，结果被一个竞争者投诉投票构成人员不合规，重新由各院系分管领导投票后没过；第二年又是各院系分管领导或委派代表投票，也没过……感受就是：不能功利，也不能只顾埋头苦干，还要广交益友、良友与多助人，当然这种定性评价荣誉随缘，善待学生就好。继续努力，持续精进，有实力才有运气，一起共勉！

3.遵义医科大学珠海校区辅导员钟仁云老师

【元气心得】（1）太过于看重结果，就是太在意外部评价，很容易打乱节奏，失去初心；（2）学生对于公平非常渴望，尤其在评奖评优时，作为评奖评优的主导者，我们要好好思考评奖细则和流程，营造相对公平的环境。

4.四川卫生康复职业学院辅导员李秋虹老师

【元气心得】生命是属于每个人自己的感受，不属于任何别人的看法。坚持在自己感兴趣的领域深耕，静待花开即可。没有绝对的公平，只有真心的热爱。公平需要天时地利人和，这个群的存在就是获得公平过程中的宝藏！

5.德州学院辅导员王培培老师

【元气心得】陈姐姐说："所有的荣誉都是总体实力基础上的机遇。"听完最大的感受是，你只管努力，其余交给命运。不以物喜不以己悲，既不因为获奖而沾沾自喜，也不因没有获奖而否定自己，自身的价值取决于自己，提升个人实力，选择合适的赛道，加上贵人相助和自己的好运气，结果一般不会差。一句话，做好自己能做的。

元气关键词43

希望感

今天和同事去佛山参观，一路上聊了好多事情。这个同事之前也是一个院系的辅导员，工作成果很丰富，她其实是和我同一年评的讲师，中途遇到转岗、生二胎等事情，直到今年才提交副教授的评审材料。她的材料其实已经非常丰富了，个人省级奖项、团队奖励都很多。前几天她突然告诉我，今年职称“没希望”了，因为按照最新的文件，她缺一项科研相关的内容，奖励这方面只能算在其中的一个标准上，虽然有点小遗憾，但是她发现了下一步需要关注的内容：申报一个科研项目且结题。所以一路上我们对她现有工作进行了简单的梳理，初步定了一个方向，明年的工作重心就围绕这个主题去布局，然后对标一个国赛或国奖去击穿！当然这个方向也是她工作的重要内容，且有较好的基础和业绩，当她看到了这个希望，对现有工作反而是一种促进和提升！

我也趁机复盘了一下我的工作。首先，在职称方面，要想从副教授到教授，一个“硬指标”就是先要成为硕导，且带完一届硕士。可要成为一名硕导前提是先要有基金，也就是要有科研经费，这一步就好像“走不通”！有一个“切入口”就是读博，但不知道能不能考上，若考上还要3年才能毕业，毕业之后还要申报基金，再申请硕导，再带学生……天哪，这样一算下来，如果啥都不耽误，打底也要6年起，而且读博不带薪，自己支付读博学费和生活费，似乎怎么都“不划算”！其次，从分级评审方面，要求在逐年提升，导向也是偏重科研。在职务方面，从正科到副处也是“难上加难”，自己也不太想往这方面去发展……所以我现在仿佛“看到了我十年后的样子”。我想，很多老师可能也是在多次尝试无果之后，选择了“等待退休”的状态吧！

这样一种“消极怠工”的情况在很多单位里是非常常见的，也是用人单位非常“头疼”的。我们都明白，当一个制度、文件、要求对大部分人群无法起到“激励”作用的时候，其实就已经失去了“效用”。反过来，一个好的制度或机制，是能够调动起大部分老师的积极性，创造出更多的岗位价值，从而激活潜力，让大家处于更加自主、幸福的生活状态，持续推动我们的工作！当我们能明白这个逻辑之后，在对工作设计的时候，就要想清楚：如何更好地激发学生的自主性，让他们看到希望，愿意朝着内心期待的方向去试一试，且不断能看到同辈群体常试之后的正向结果，才有可能持续追求和创造！

那么，如何让我们的工作更具“希望感”呢？

一是参与面广。就是我们在出台一个制度，策划一个活动之前，要尽可能让更多人参与，这个参与性最重要的就是“我的想法被采纳”。一旦让他们体验到“我的想法被采纳”了，这件事情就变得“和我有关”，那我当然会充满期待！

二是获得感足。当这件事情“和我有关”之后，我就会投入更多时间和精力，一旦我把时间和精力投入进去，我的收获一定是成倍增长。

三是持续性强。当我持续投入自己的时间和精力在某件事情上时，我也一定能积累更多相关的成果，反过来又增强我的投入，又会持续叠加成果，变成一个“增强回路”。

四是价值感强。要顺利完成前三项，最终要回到“我认为做这件事到底有没有用”这个问题上来，也就是这件事除了“和我有关”，还要“对我有用”，最好再加上“还很喜欢”。

这样一来，我们的心里就有了满满的希望感，就能一直去做，且做得越来越好，直到我们能够开启自主运转。读博也好，升职也罢，这些就变成了“副产品”，而不再是目标！

元气金句

希望感就是我感受到了这件事“和我有关、对我有用、还很喜欢”！

元气加油站

1.遵义医科大学珠海校区辅导员周小璇老师

【元气心得】一个机制无法激发群体动力时就算过期了！如何激发学生的自主性：（1）参与感强，即可能采纳我的想法；（2）投入感足；（3）价值感强，即我认为这件事值得。心得：在制定规则时尽量使它让更多的人都具有希望感，即大多数人都觉得此目标经过努力可实现，起到激励作用。过程中多激发学生的主动性，即参与感、获得感、被注意感！

2.四川卫生康复职业学院辅导员李秋虹老师

【元气心得】作为高校辅导员也要深入了解学校职称评选细则，如果自己还没有明确发展目标，不妨对标职称标准，给自己一个职业发展的方向，在完成任务的过程中逐渐找到职业发展的希望。设定的机制能够激发学生的主动性，让学生看到希望，主动参与并去创造。如何提高希望感：更广泛参与性、更足获得感、更强持续性、更大价值感。从有关到有用再到喜欢，不断增强自己的希望感。

3.云南医药健康职业学院辅导员齐思明老师

【元气心得】在听完了陈姐姐几天讲述的元气课堂后，依然保持了对工作的希望感，自己也想出成果，但这其实跟指导学生一样，光说不练就等于“总喝鸡汤自己也没胖起来”，所以我也开始行动起来。行动的方向就是找可实施方案，再回顾自己过往，已经找到方向，方向是对的，只剩下行动用时间来检验，带着希望感去前行。

4.德州学院辅导员王培培老师

【元气心得】听完陈姐姐的分享，我回看自己，如何找到自己职场中的希望感。当下通过读博，将来积累成果评副教授、教授，这也是正常思维。事实上最近也在做着考博报名的关注以及研究计划书的撰写。切换思路，无论我当下是否是教授，我都是一个勤奋上进、正能量的自己，因为我是这样的人，所以，我做当下的选择。这是生命内在能量的驱动，这是根本，当然不排除事业发展的瓶颈，可能当下的选择会令我艰难、平淡地走一段路，但是我清晰地知道，这是我想要的。卸载了抖音等刷视频软件，每天安心高效工作，业余时间安静地成长。

元气关键词44

发展

前段时间接到一个邀请，让我围绕“辅导员发展之路”这个主题进行一场一个半小时左右的分享。这个话题可大可小，往大了说，国家已经给了我们“双通道”的路径了，又有九大工作职责，还有细化到初、中、高级的职业能力要求，对标去做不就完了吗？可现实是，很多辅导员并不知道具体该怎么去做，或者在行动的过程中，总是被各种限制所打断、暂停或放弃，也就是往小了说，还是对自身的发展没有清晰的定位！

正如我今天给一位成长赛道的学生辅导，我问她：“你的职业目标是从哪里来的？”她说：“因为家里有人从事和医学相关的职业，自己耳濡目染，在高考的时候也就选择了学医，来到了我们学校，未来想通过保研来实现自己从事心内科医生的职业理想。”我继续问：“那你知道5年之后、8年之后，一个三甲医院的心内科医生需要什么职业能力吗？”学生说：“不知道！”我就说：“那你怎么知道你这样做就能实现你的职业目标呢？或者说，你明知道你不确定这样做会实现职业目标，你还要这样去做，你不就是‘拿你的青春赌明天吗’？”比赛并不是目的，而是通过这样的评审标准，让你真的去思考：我到底要做什么？我到底能做什么？我离我的目标还差多少？我现在还可以如何去提升？等等！当一个人真的想做一件事的时候，也就是我们说的动机或触发事件，且在行动过程中得到反馈，通过这个反馈再去调试下一步的行动，就会无限地接近目标，这就是自我实现的正确方法！

回到我们辅导员群体，你是否真的静下心来思考过，是什么原因让你选择成为一名辅导员？是真心喜欢，还是条件刚好符合？是机遇使然，还是无奈之举？是看重工作稳定，还是选择挑战，或是作为跳板……你看，不同选择的背后，其实对应的发展之路是截然不同的！不管选择的是什么，做好下面这三件事，一定能让你的辅导员之路越走越开阔。

第一，职责做全。虽然我们说要尽量在你的工作中学会“偷懒”，但是这份“偷懒”一定是建立在你对这份工作全然熟悉之后的再融合，而不是从九大职责中选一个你自己认为最轻松的赛道去开启。通常对于新入职的辅导员来说，最好从大一新生入校开始接班，连续带完一届，你就能在九大职责的方方面面都有了

“体感”，然后在认真做事的过程中，找到你真正喜欢、擅长、需要、能有结果的事情，形成你的育人体系，构建你的深耕模式，积累你的工作成果，你就一定能从这份工作中找到价值和乐趣！

第二，成果做透。辅导员的工作职责决定了我们育人实质，这里说的成果首先是我们的学生有没有成长成才，评价体系有短期的挂科率、立项率、过级率、考研率、就业率等，而长期的评价内容包括学生自我的评价、用人单位的反馈、社会的评价等。在这些内容的基础上建立起来的辅导员育人体系，自然也会成为我们工作成果的“活水源头”！比如最近两期“对话嘉宾”，他们都是在日常工作中，通过发现一个个工作痛点，采取科研立项的方式深化，既解决了带班的实际问题，又为自己的职业发展积累了成果，反过来又提升了自己的职业能力。那么，什么叫作透呢？其实就是击穿，你一定要相信，你当下遇到的某一个卡点，一定有一部分群体也遇到过，我之前喜欢查阅文献，看看大家的普遍做法，再嫁接到我的工作中，改良工作方法，形成工作案例，参加案例竞赛，尽快见刊发表。现在还会多一个步骤，即形成自己的方法论、工作模型和成事路径，复制给更多需要的群体！

第三，事业做活。也就是站在个人事业发展的维度重新看待我们的工作，和你的单位、同事、朋友、家人等志同道合的人形成“事业联盟”（不限于线上线下），用团队的力量，推动工作成果的价值最大化，不断拓展你工作的边界，你才不会轻易被制度、机制、条件等限制！

以上三件事，也可以看成辅导员专业化、职业化、专家化的进阶之路，不一定非要“泾渭分明”，关键是你自己认为你走到哪里，该往何处继续！

元气金句

发展就是我需要、我行动！

元气加油站

1.德州学院辅导员王培培老师

【元气心得】职业辅导：8年后，你的职业目标需要什么能力？辅导员只需做好的三件事：一是职责做全、认真做事。偷懒是在全部熟悉工作后。带一届学生后找到自己擅长的方面。二是成果做透。考研、立项、就业、四六级；自我/他人评价。若遇到疑难问题，可以通过科研的角度解决，发现问题—分析问题—解决问题—总结。三是事业做活。与志同道合的人形成团队联盟，不断成长！

2.四川卫生康复职业学院辅导员李秋虹老师

【元气心得】职业发展需要有清晰的定位，要知晓自己与职业目标之间的差距，对标发展。辅导员发展需要做好三件事：职责做全（在熟悉后明确自己深耕的领域）、成果做透（击穿）、事业做活（团队）。

元气关键词45

吸睛

今天晚上我们学校举行了“辅导员年度人物”的现场展示环节，12位辅导员同台竞技，十分热闹。自从有了“辅导员年度人物”的评选，每年我都会参加，或是作为汇报人，或是作为旁听者，今天是作为组办方，心态会有一些不一样。

今晚很开心的是，看到了我本科进校担任大学生艺术团团长的毕老师，一晃我都本科毕业17年了，他居然还在辅导员岗位上发光发热，还一直在各类活动中引领辅导员和学生，真的很羡慕。他站在台上其实就是一个“结果”，让我们看到辅导员是一个多么充满生命力和价值感的职业啊！还有一个辅导员是我本科的同学，她是研究生毕业后留在校本部，后来从事了辅导员工作，至今也有12个年头。她的整个汇报非常有“差异性”，一开始就是一个1分钟的工作视频，用沙画和学生评价展示，引出的主题也非常吸睛：《做学生心中的那个“显眼包”》，这个题目一出来就引起了大家的关注，很有“网感”，也非常有时效性，汇报内容我没记住啥，题目倒是牢牢记住了！相反，我也很明显地看到有的汇报者，想讲的内容太多、汇报逻辑不清晰、育人实效凝练不到位、汇报时间没控制好等，坐在台下的感受就是“这是谁啊？啥时候结束？他说了啥？”

你看，当我们在这样的全校性或者更大场合中展示、汇报、比赛、分享的时候，我们是需要带着这样的“观众视角”来引导他们记住“你想要他们记住的内容”，而不是“吐槽点”。比如你的姓名、你的育人体系、你的某一个特质或你的成果中某一个突出数据，等等。

那么，我们如何在这样的场合成功吸睛，得到评委的青睐、现场的喝彩、持续的关注、真正的成长呢？你需要关注四个方面的内容。

一是吸睛主题（Subject）。这是你是否取胜的关键一环，也是考验你对自己育人体系构建的功力，是评委和观众“不走神”的“制胜法宝”，具体怎么写好一个主题呢？给大家3个词：结果化、互动性和指向性。也就是你写出的这个主题一定是别人“一眼就看得到结果的”，且这个结果是别人期待的结果，而不是你自嗨的结果。如果一个结果“和我无关”，我干嘛要听呢？如果一个结果“对我也没啥好处”，我又怎么会认真听呢？如果一个结果“我听了之后也觉得很高大上，但是并没有实际可操作的路径”，我又怎么会有所行动，更不会有所提升了！

比如我们校区的丁老师汇报的主标题是:《亦师亦友亦知己　精准思政育英才》，副标题写的是：基于就业目标导向开展思政教育。其实已经非常好了，她来问我："还可以怎么提升？"我说："如果你是观众，你想知道什么？你能记得这么长的内容吗？"建议她再浓缩提炼一个数字或字母体系，让别人一看就能记住。在今晚的汇报中，她的副标题就改为了：基于"OKR"工作法总结就业工作。是不是一下子就吸引了你的注意力？想知道这个OKR是啥。当然这个副标题还可以更好，比如叫：用好"OKR"工作法让你的就业率提升至少20个百分点。看到这个副标题，你又会有什么感受？是不是更加有"传播性、记忆点和吸引力"！

二是牛逼自我介绍（Presentation）。任何场合一定不要忘记给自己"30秒的广告时间"，丁老师来找我看PPT 的时候，我就明确跟她说，一定要有一页自己的自我介绍，这是让校本部师生认识你的重要机会。虽然只有5分钟的汇报时间，这30秒一定不能少，哪怕是比赛，"自报家门"也是非常重要的。一个人连"我是谁"都说不清楚，别人怎么信赖你？想更厉害的话，你能不能用三句话给自己做个定位，让别人通过三句话就知道"你能带给他们什么价值"！

三是独特的育人体系（System）。也就是你要把工作进行整合，形成你的专属育人体系，然后围绕这个体系不断调试和迭代。记住这个体系要能涵盖你工作的全部内容，就像一串"葡萄"一样，每个分支都是一个主题，每粒葡萄都是一个"育人点"。

四是高逼格的工作展望（Expectation）。就是在汇报的最后一定要有一个对未来期待的描述，可以是和第一页主题相关的诗词、名言，最好是你自己独创的口号和陈述，让观众信赖你，想持续关注你！

恭喜你，掌握了这套SPSE辅导员工作汇报吸睛大法，一定能让你的工作更有吸引力和可复制性。

元气金句

吸睛就是念念不忘的行动点，辅导员汇报工作的SPSE吸睛大法，你值得拥有！

元气加油站

1.德州学院辅导员王培培老师

【元气心得】案例中打动我的点：（1）艺术团团长毕老师现在台上就是"结

果”，鲜活的生命力和满满的价值感。（2）独特的自我介绍：做学生心中那个“显眼包”。基于观众视角的学生工作汇报吸睛四要素：（1）吸睛的主题：对听者有用；（2）牛逼的自我介绍：三句话定位自己，专属PPT；（3）独特的育人体系；（4）高逼格的工作展望，首尾呼应，自己的专属口号！

2.四川卫生康复职业学院辅导员李秋虹老师

【元气心得】SPSE辅导员工作吸睛大法：吸睛的主题，结果化、互动性、指向性；牛逼的自我介绍，30秒的广告时间；独特的育人体系，涵盖你的工作主题；高规格的工作展望！

3.遵义医科大学珠海校区辅导员周小璇老师

【元气心得】存在问题：汇报时间不足、逻辑不清晰、育人时效不突出；演讲时要具有观众视角，引导观众记住你想让他们记住的点：姓名、育人体系、某一特质、成果中某一突出数据；好的汇报：Attracting subject，结果性、互动性、指向性；Presentation，有一页自我介绍；3句话定位，让他人知道你能给他人带来什么价值；Unique system，育人体系充分概括所有内容；Expectation，对未来工作的描述，让观众信赖你！

元气关键词46

重视

今天我去参加了一个学校的“职规赛”校赛决赛，是前两天一个朋友推荐的。因为之前也去过一个学校做评审，所以这次我的底气和经验更足了，再加上自己才设计和完成了大一新生的生涯课程，就是从职规赛的赛制改创的，也很期待从赛事的层面多看到课程落地的切入点，毕竟课程的覆盖面和有用度是远远高于竞赛的！

昨晚就收到了选手的汇报材料，10个成长赛道的选手，一半以上对他们的职业目标从描述和制作PPT展示都是相对清晰的，好几个同学在计划实施与路径等方面都可圈可点，让我感受到学生在对职业目标的理解和实施等方面是有真实思考和实践支撑的。今天一到现场也是被浓浓的比赛氛围所震惊，三个就业宣传的大展板和两个赛道的选手大海报立在教学楼下非常吸睛，会场的门外也有一个大展板，供师生们拍照留念，还有全程的摄影团队实时图文更新，现场打分也是点对点马上出结果，志愿者和老师们也都非常热情，分管领导和指导教师们也是全程参与，对选手比赛全过程无条件支持！

其中有三件事情，让我的印象尤其深刻：一是前三位选手汇报结束后，评委移步到另外的房间进行合议，以便对后续的打分相对标准化，以往我们都是几位评委大概定一个最低分，并没有对具体的内容做出要求，这次我们5位评委是真的把前三位选手的优势与不足好好梳理了一下，并站在校方能推选出更具竞争力选手的角度加以强化，比如选手本身汇报是否有丰富的内容、形象与表达、可塑性等。二是在宣布完评分结果之后，我看到他们的分管领导在记录哪个学院有几名选手获奖，哪个学院一个都没进入决赛等，然后和旁边的老师进行交流，大概意思是从获奖结果可以看出院系对待本次活动的重视程度，也就是重视的院系成果自然比不怎么重视的院系成果多。三是在颁奖环节，选手的证书已经写好对应的名字且顺序和学生站位一致。我们做过活动的老师都知道，很多时候我们在这样的比赛中都是拿证书壳充当拍照的“道具”，之后再打印好证书补发给学生！他们的分管领导说：“证书就应该现场做好给学生，不然一个壳给学生不太好！”所以，整个活动下来，我感受就是：校领导非常重视，老师们非常认真，学生们非常给力！

你看，我们的工作一旦得到重视，最直接的三大表现就是：经费有保障、组织更积极、成效更显著。首先，经费的保障真的是活动创新和提升吸引力的重要保障，“巧妇难为无米之炊”，再好的内容也是需要外在包装的，你要先能吸引学生，才有可能持续影响学生；其次，组织积极，领导重视，大家协作起来都会特别有动力，有什么困难都能很快得到解决，从教师组织团队来看，自己的工作更能出成绩，得到领导器重，而从学生组织团队来看，则会更加有成就感；最后，领导重视的结果就是“要出成绩”，而且最好是“好成绩”“突破性成绩”，通常是在有了前两个方面的基础上，我们就会按照“怎么更出彩、怎么更有效”来设计整个活动，对应的成效自然也就会更加凸显。但现实是，这一块也是大家比较有压力的，就是领导不重视还好，工作没结果也能有个交代，可一旦投入的时间和金钱越多，领导的期望值也是越高的，工作的结果也需要“水涨船高”。如果“迎难而上”真的实现了突破，那就是“一拍即合”，可如果“不如人意”，也难免会出现“压力山大”！

所以呀，被重视的程度和内容决定了我们的环节和结果，但如何更加客观地看待被重视的结果，是需要领导和组织者共同磨合的。比如这个比赛是为了结果而“表演”，还是通过比赛这个“放大镜”去重新审视就业育人的路径和实效，再反过来促进比赛的结果，都是值得探讨的。总之，我们的工作得到领导的重视是好事，我们要利用好这个机会，把我们的工作更好地迭代，让大家都期待的效果成为现实！

元气金句

重视就是你在某件事情或人身上，因为各种原因投入较多的时间和精力，从而期待的结果也就不一样！

元气加油站

1.四川卫生康复职业学院辅导员李秋虹老师

【元气心得】对一个项目重视的体现：经费有保障，组织更积极，成效更显著。陈姐姐透过一次职规赛的评委经历梳理了重视和活动成效之间的联系。领导重视一个项目，是期待有好的结果、突破性的结果，但有的项目的成效可能是隐性的、需要时间的。同样拿职规赛来说，它可以透过这个比赛让更多的同学认识生涯规划和实践的重要性，这对于促进学生成长、提升教学质量、助推就业是有很大意义的。

2.贵州商学院朱静老师

【元气心得】很欣赏陈老师能量满满的原动力，每一件事或大或小都有反思。领导要重视一个项目，随后的经费保障，组织给力，成效这些都会凸显出来，也会带来更大的效应。这次职规赛的开展，一定程度上会让职业生涯课程在课程改革上有改变。但也会出现形式化的情况，完成任务，应付差事，做无用功。

3.遵义医科大学珠海校区辅导员周小璇老师

【元气心得】先吸引学生才能持续影响到学生！因为重视，投入更多时间和精力，结果才会不同。启示我在希望有改进的方面，多加重视。

元气关键词47

丝滑

今天下午我发了个朋友圈，点赞了这次和我配合完成校区首届大学生职业规划大赛的勤工就业部部长王同学和她带领的团队，我用了一个词“丝滑”来形容我的感受，一点都不为过！

为什么这么形容呢？就是我和她在推进各项工作的时候，基本做到：我把我的想法说出来，她就能领悟，然后马上落实，给我的东西基本都是我想要的，需要修改的也很快完成给我。我这个人有时候想法也比较多，经常想到什么就告诉她，她没有半句抱怨，只有落实，真的让我惊喜连连，所以我说，非常丝滑！比如昨天接近11点半活动才结束，1点左右大赛的视频就搞定，基本不用额外修改。我问她，有没有人做过公众号推文，她说之前一直是另一个部门专门做，他们没做过，我说那就试试，毕竟你们参与了全过程，制作起来也会比较熟悉，晚上9点多她就把推文链接发过来了，我看了一下，除了文字内容需要把关，其他构图这些完全没问题！

啥叫“丝滑”？就是入口即化，毫不违和，不用你多费口舌，结果全都在你“心坎上”！这种感觉真的太棒了！

这让我不得不回忆起我本科毕业在团委工作的那五年，大部分的时候也是这种感觉，不管是接到上级任务，还是学校的活动，通常我们都是一个任务下达后，找到对口的负责干部，这件事情基本就能推动下去了，干部们不会抱怨，反而会主动去做“如何解决这个问题”，甚至是在完成这个任务基础上，会多想几步、多做几步，而不是为了完成任务而做！所以每次活动完成，大家都是意犹未尽，同样的活动在下一次开展还会不断推陈出新！

记得有一次举办迎新晚会，邀请了很多校友回来。我和学生干部就在想，怎么能让校友们体验到“回家”的感觉，连给他们准备的湿纸巾选用什么味道，都对比了好几个品牌，关键是我们在做这件事的时候，根本就不是既定的工作内容，而是我们期待去做的事情，所以一点也不觉得累！还有一次，我们在策划“校园十佳歌手”比赛的时候，和宣传部的干部们共创了好多新奇的想法。比如为了让更多同学知道，除了传统的手动主题海报、广播、班群通知等，我们连学生打饭的碗碟都“动起了心思”，比如学生正在吃饭，吃着吃着，突然发现有个

“十佳歌手”的宣传构思，会不会很惊喜？包括还想着要不要在厕所门大家蹲着的那个视角区贴宣传，诸如此类的，把学生各种学习、生活的场景进行了区分和设计，真的超级有意思！就是你有个啥想法，大家都是朝着怎么更好地完成去思考和行动的，而且干部们会想好各种细节，也不用老师去推，学生干部们会不断来推动你，常规工作根本都不用你提醒，委员带着下面的部长直接就干完了，工作文档打包分类给你复制到桌面，如此等等！是不是太好用了，太丝滑了……

后面我研究生毕业去到了院部系，也带分团委和年级学生干部，同时，还有自己的班级干部，说真的，对比我在团委那些年所遇到的团学干部，他们在干部能动性、创造性和协作性等方面，特别是在干部责任意识等方面差距不止一点点！来到思政科之后，这是我阔别10年，再次带领校级层面的学生干部来做全校性的活动，还是第一次做，在没有前期任何磨合的基础上，能如此顺利地完成这次比赛，真的是相当令我意外和惊喜，也让我重燃了带领学生干部的热情！

今天还在和另外一位老师谈起这个学生，她也非常认可，也通过切实的工作实践证明了真的是有这样既主动，又有能力的学生存在，为我们的工作注入了持续不断的发展动力！于是乎，我们也得出一个结论：很多时候，我们都在说，是我们在为学生提供锻炼的平台和机会，但其实遇到这样的得力干将，真的是学生在成就我们的工作。这是一种最美好的师生双向赋能，感恩遇见的每一位学生干部，因为有你们，属于我们的大学才更加美好！总结一下，如何与学生干部“丝滑”工作呢？

三大法宝送给你们：一是全然相信；二是指令清晰；三是使劲鼓励！

元气金句

丝滑就是入口即化，丝丝入扣，毫不违和，不费口舌，结果到位！

元气加油站

1.云南医药健康职业学院辅导员齐思明老师

【元气心得】陈姐姐今天讲到的学生干部，是可遇不可求的，经历了辅导员到职业生涯规划教师的身份转变，每一次上课都把自己的微信二维码亮给学生，加微信的学生都是主动的、积极的。昨天看了一本如何和学生有效沟通的书，沟通的前提就是关系的维护，与学生建立信任关系，学生才能相信你，跟着你做事，让他产生“自我效能感”，大家都开心。

2.四川卫生康复职业学院辅导员李秋虹老师

【元气心得】学生干部是学生中先进的代表，她们有愿景、有干劲儿、有想法。让学生干部做到陈姐姐所说的丝滑，需要做好学生干部的培养。从学生干部到有潜质的学生干部，要抓好工作态度引导和工作能力提升，增强学生干部工作的获得感。前段时间我们分团委组织部部长找我交流时崩溃大哭，一问原因，她自感工作太多、太累，但仔细梳理发现问题症结其实在于内部分工不明确、干事培养不落地，从而导致她个人疲于奔命，逐渐削减了她的积极性。所以学生干部的成长也是我们应该重点关注的内容。

3.遵义医科大学珠海校区辅导员周小璇老师

【元气心得】好的团队这些方面都很强：能动性、创造性、协作性、责任意识。如何带出好的学生团队？（1）相信；（2）指令清晰；（3）十足鼓励。带学生四个月，近期在思考如何带出主动性强的好团队。各班学生干部加起来有150人左右，在他们工作中我认为部分班委存在的问题有：一是机械完成任务，不思考，导致创造性不足；二是协作性不强；三是责任意识不强。计划采取的措施：通过班委培训强调他们在班集体的重要性；细化工作职责与要求；分享做好这份工作的收获与益处；每次活动后都给出表扬与点评。

4.遵义医科大学珠海校区辅导员钟仁云老师

【元气心得】对学生干部团队要充分信任，放手让他们去做；指令要清晰；使劲鼓励。上周离开学校四天，正好有几个大活动要举办，开始心里还是有点担心，结果活动进展都很顺利，有很多惊喜。通过这次体验，对学生干部培养有了新的看法，给他们发出清晰的指令和建议，然后充分信任他们，让学生发挥自主性和创造力。活动后通过班会、社交群、朋友圈给予表扬鼓励。

元气关键词48

使命必达

今天是2024年的第一天，从前几天开始，我就特别兴奋，因为内心有一个声音不断在告诉自己：2024年会发生非常多美好的事情。因此就会特别期待2024年的到来！

昨晚，应该是今天凌晨1点，终于完成了自己这两天一直想做的事情：回顾我的2023年。本来计划是前天就开始回顾的，因为突然想唱歌了，就在群里号召了一下，就去和朋友唱歌提前跨年了，所以昨天我哪里也没去，从早上起床之后就开始着手回顾起来！

前两天在贵州出差的时候，和发哥聊起了年底工作总结的事情，他问我有没有写工作总结之类的，可以在“高校辅导员工作室”的公众号给我推送一下。我说：“我还没写工作总结呢，但是我打算给自己的2023年来一个复盘。”发哥也给我提出了一些思路，这件事我也始终放在心里，出差回来后纳入计划中！

我本来也想用几个关键词来总结自己，然后把一些相关事件放进去，可当我开始做这件事的时候，我看了看文件夹、手机里的资料，再翻翻我的朋友圈，发现我的朋友圈真的是个“宝藏”，我真的是把自己的主要经历都呈现给了朋友们，从1月到12月这样一梳理，非常丝滑，我想着先按时间线来“走一遍”，再从中提取关键词来总结，应该就能很好地完成我的2023年回顾了！

这一梳理不要紧，好家伙，我这每个月的“工作里程碑”和“成就事件”可真多，除了固定的看书、健身、陪娃和上班，其余时间全部都投入我热爱的“斜杠实践”中去了，带着反思的回顾，我一边写一边再重新提取那些“有成果的事、待完成的事、需要继续推进的事和2024年必须要开启的事”，这样写着写着……到晚上10点多了，才回顾到8月份！眼看时间就要来到零点了，内容还没写完，配图也还没做，坐了一天也很累了，但是我的内心从来没想过放弃，哪怕超过了12点，我也要坚持写完、发完，就这样一下子“跨年”到了2024年，终于在将近1点的时候发布成功！

写完这篇总结，我真的激动地哭了，对自己这一年的敢想敢做，充满了感动和感恩！虽然这个过程很耗时，但是当我按下发布键的那一刻，真的非常治愈！我终于把我想做的这件事完成了，这件事，就是一件我在2023年最后一天必须要完成的“使命必达”的事，我做到了！我太棒了！

那么，什么是使命必达？相信大家从上面的这个例子中能够体会到，使命必达就是你受到内在的感召，必须要去做的那件事，且为了做到这件事，你会想尽一切办法去实施，直到完成！

其实我第一次接触到这个词，是在2021年12月的全球生涯教练培训中的一个激发内在动力的探寻环节，叫作：我的一次“使命必达”故事，要求我们在小组内分享：自己的一次使命必达经历，你的目标是什么？你的动力是什么？你是如何做到的？然后组内讨论：到底是什么让我们使命必达？

我印象特别深刻，小组内有分享如何坚持顺产的、怎么找到工作的、怎么说服上级来培训的，等等，其实共性非常突出，就是凡是我们的“使命必达”事件，都是我们自己强烈想做的事情。当你对一件事情报以强烈的意愿，特别是“非做不可”“不达目的不罢休”时，其实大部分事情都能够实现的，哪怕最后的结果会出现偏差，比如那位坚持顺产，后面被迫顺转剖，最终的结果也是为了得到一个健康的宝宝嘛，也是实现了既定目标！

所以你看，如果一件事情真正是从我们的内心自发产生的，当我们确定这样一个“使命必达”的目标时，剩下的就是想方设法去实现，也正是有了这样一个目标，才让我们的生活和工作更加有意义，也正因为有了一件件的“使命必达”事情，我们对自我发展的方向和能力也就更加笃定。这是一种“放弃外在、回归自我、脚踏实地”的行动力和获得感！相信大家在过往的经历中都会有这样的“使命必达”事件，也期待大家在2024年的前三天，为自己全年来一个“使命必达”的行动计划，我们一起一步步去实现它！

元气金句

使命必达就是你受到内在的感召，必须要去做的那件事，且为了做到这件事，你会想尽一切办法去实施，直到完成！

元气加油站

1.浙江越秀外国语学院辅导员赵莹老师

【元气心得】新年很高兴又与陈姐姐的“元气微课堂”相见了！

今日关键词让我联想到上周刚完成的一件大事——迎接本科教育教学合格预

评估联络员工作，用三个关键词来形容这项工作就是：披星戴月、惊心动魄、受益匪浅。

（1）披星戴月：联络员工作可谓是早出晚归，全天24小时随时待命，每天专家碰头会基本开到半夜近12点，但我们联络员坚守现场，日夜驻扎在学校；在艰巨挑战前，大家用使命必达的精神成就了一个奋进、高效、团结的团队，很有一种平时学工队伍抱团取暖的感觉。

（2）惊心动魄：专家推门听课，论文、试卷抽查，实践基地走访，师生访谈都需要我们联络员第一时间响应与安排，如果哪个环节出现问题可能就是大问题。我成功地挺过来了（后续在全校反馈会上得到专家点名表扬还是很开心），我想这得益于平时处理学生突发事件积累的经验和能力。

（3）受益匪浅：一周的联络员工作任务艰巨，使命光荣。从评估专家身上学到了什么是严谨、规范和敬业，让我意识到使命必达，是始于足下、志行千里的极致追求。

新的一年准备好好想想自己的目标，借助这个平台，让自己使命必达，加油吧！

2.四川卫生康复职业学院辅导员李秋虹老师

【元气心得】冬至阳生，岁回律转。2024年第一个工作日，盼来了新的元气关键词，在小伙伴的加持下元气回归。

（1）听了陈姐姐对于使命必达的解读，让我想到了上周结束的我们院的职规大赛。从接触到生涯发展，就想要办一场护理学院的生涯规划大赛，于是在学期初就上报了活动计划——生涯规划大赛和令人心动的offer模拟面试大赛。好巧不巧的是今年教育部启动了首届职业规划大赛，于是在天时地利人和的推动下，我们学院的首届职业生涯规划大赛得以推动。历时两个月，为了举办好这次比赛，和学习部的同学们多次研讨，针对比赛细节，不断设计和优化比赛的实施流程，整个大赛下来对于参赛学生、学习部的同学们，包括我自己都有非常大的收获。

（2）面对职业，在逐渐明晰自己的定位后，也能不断地感受到内在的感召，回归真正的自我，用脚踏实地的行动力，去做好自己的产品和服务，争取2024年有更大的获得感。

（3）突然想到了《最初的梦想》这首歌，“最初的梦想，紧握在手上，最想要去的地方，怎么能在半路就返航，最初的梦想，绝对会到达，实现真的渴望，才能算到过了天堂！”

3.甘肃卫生职业学院辅导员花蕾老师

【元气心得】从上次和陈姐姐直播对话后，我就觉得自己确实要干点自己的事情了，然后我就利用周末查找了甘肃省乃至附近省份的高校，做了分析和了解，在要走的路上开始行动。人嘛，总要有必须要做的一些事，人人不同才能美美与共，因此，2024年就要付诸行动开始努力，不再等待而要主动出击，才能有使命感，才能更加靠近成功！

元气关键词49

思想引领

今天是2024年第一个工作日，本来给自己安排了一件事，就是把下学期的就业指导课的教学日历做出来，不料系统出了点问题，显示不了课程。正好领导说，让思考下学期的工作，思政科如何发挥好思想引领的作用？这一下子把我问住了！

其实，“思想引领”这个词，对于我们辅导员来说，真的是太熟悉不过了，在“中华人民共和国教育部第43号令”中，对辅导员工作要求和职责的描述中，一马当先的就是：思想理论教育和价值引领。具体包括：引导学生深入学习习近平总书记系列重要讲话精神和治国理政新理念新思想新战略，深入开展中国特色社会主义、中国梦宣传教育和社会主义核心价值观教育，帮助学生不断坚定中国特色社会主义道路自信、理论自信、制度自信、文化自信，牢固树立正确的世界观、人生观、价值观。掌握学生思想行为特点及思想政治状况，有针对性地帮助学生处理好思想认识、价值取向、学习生活、择业交友等方面的具体问题。

你看，这么一大段文字内容，你读完之后啥感受？我反正感觉是既熟悉又陌生。熟悉的是，这些事情好像我们每天都在做，比如“学习强国”看看要闻、做做题目；或者通知你要开一个理论学习中心组学习或者党员大会政治理论学习，或者让你就某个主题给学生开一次班会，传达一下文件精神，或者引导学生站在爱国、爱党的层面去思考和行动；或者你的学生因为“翻墙”、宿舍人际关系、学习压力太大等原因来找你谈心谈话，你需要对他们进行引导、化解和给予一定的方法等。而陌生的是，有可能你在参与以上事务的时候完全是“被动的”，也就是说，可能你就是把语音打开累积积分而已，你并没有关注上面说了什么；或者你真的也认真听了，但你并不是特别理解，更不知道怎么运用；或者你也并不知道具体该怎么解决好学生的这个问题，你只是去倾听了，你的内心也很着急，想要去解决，可你也并没有实实在在地解法，学生只是来哭了一场或者抱怨了一次！

回到我们的主题，到底如何引领学生的思想呢？首先要弄明白什么是“思想”。其实思想就是人们对周遭事物的看法或想法，从而产生的某种行为，导致的某种结果。比如我认为这次英语四级我考不过；我认为寝室的某某总是排挤我；我就是要考一所名牌大学的研究生；我不想申请这个困难补助；我对这个活动没兴趣；等等。请注意：以上的这些想法，我们其实都在“刻意假设”它是“不成熟的、不切实际的、需要调整的”，所以才会出现一些专门的群体来发挥“引领”的功效。比如家长、老师甚至学长学姐，反正都是“过来人”，用他们的经历去说服、影响“后面的人”。

这里有一个非常简单的道理：如果这件事情不是学生自己经历过的，他一定不会吸取经验或教训，比如这个同学和宿舍同学发生了矛盾，辅导员知道后必须要去“调解”，其实是阻碍了学生的自我“习得性”学习的机会。也就是说，他本来可以从这件事中学到人际交往的技巧、自我发展的觉察、口语表达的重要等，可这一切，都有可能因为外界的干预而减慢或者停滞。然后又会出现下一件事情，也许是同一性质的，或许是不同事件，可是底层矛盾一定是一样的。因为没解决，所以反复发生，那样的结果才是我们“思政引领”不想看到的！

真正的思想引领是：学生发现问题、学生主动解决问题、问题真正被解决、学生反思问题、学生邀请老师见证成长！好，说到这里，你可千万不要误会，以为我在强调要对学生“不帮助、不引领”。错！这恰恰是我们和学生“最舒适的陪伴模式”，就是：你可以勇敢去尝试，我在背后默默支持，直到你展翅高飞，转过头你会发现我就在你的身旁！

元气金句

思想引领就是学生发现问题、学生主动解决问题、问题真正被解决、学生反思问题、学生邀请老师见证成长！

元气加油站

1.浙江越秀外国语学院辅导员赵莹老师

【元气心得】今日分享的话题让我明白了辅导员的境界在哪里，自己作为一名辅导员的价值所在。辅导员最高的境界应该不是帮助学生解决一切问题，而是要教给学生为人处世的道理，培养学生解决问题的能力。明白了这些，再跟学生谈心谈话，处理学生事情，立意就不一样了，就不再是这件事情该如何帮学生解决，而是教会学生遇到这类问题从中能收获什么，从中能获得哪些成长。这种自我“习得性”学习的过程，就是思想引领的最佳效果。生活中却有很多家长“以爱为名”，事事包办，将孩子圈养在象牙塔中，遏制了孩子独立向外探索的能力。

作为辅导员亦是如此，学生遇到问题时，我们只要指方向、给建议，鼓励其自主决策，要少干预、少说教，允许他们大胆做自己，从旁默默观察，让学生发现问题、主动解决问题、问题真正被解决、学生反思问题、学生邀请老师见证成长！教育孩子就像放风筝，拉得太紧，线会绷断，太松，又飞不起来，收放有度，才能发挥引领功效！

2.四川卫生康复职业学院辅导员李秋虹老师

【元气心得】思想引领不是刻板的宣教，而是授人以鱼不如授之以渔，通过启发式、引导式、陪伴式、共创式的思路去真正地引领学生。海南电视台主持人肖某不恰当言论事件引发的网络极端言论让我更加深刻认识到思想引领的重要性。我们培养的学生，应当有自己理性的判断，应当是具备发现问题、解决问题能力的人，而不是随意被煽动、引导的工具人。辅导员思想引领法与度真的很重要，像赵老师说的放风筝，松弛有度。也像陈姐姐说的不是撒手不管，而是放手不放眼，放眼不放心，默默陪伴，适时帮助。

3.甘肃卫生职业学院辅导员花蕾老师

【元气心得】最近觉得自己思想还是存在“禁锢”，前面我们同事去了幼儿园工作，我原来觉得一个大学老师去幼儿园工作有些“掉价”。11月同事结婚我们见面了，聊过之后发现人家在幼儿园干得比现在舒服太多，下午4点多就下班了，在他们县城也获得了幼儿园的编制，也回到家且和我另外一个同事领证了，她自己觉得挺好。听她说完我反思自己的思想，在哪个层次都能教学，怎么会瞧不起幼儿园老师？都是为祖国培养希望的工作，分什么贵贱。因此从教育角度的价值、思想引领来说，我们就是解决学生问题，改变他们思想行为价值观的，做好思想教育无论在什么层次都是有意义的。

元气关键词50

认可

今天的话题还是从发哥开始，自从认识发哥，每次和他沟通时，他总是不停地说“优秀”这个词，我知道他是在用他的方式鼓励每一个积极向上的辅导员。我昨天和他开玩笑道：“如果每天都被发哥说优秀，我一定会变优秀的！”所以你看，当我们愿意把自己和一个词、一件事、一个人进行“捆绑”的时候，你就会变成那样，也就是说，环境也好、语言也好、经历也罢，都可以塑造一个人，就看你选择“靠近谁”！

就在今天下午5点左右，发哥公众号推送了我的2023年个人总结那篇推文，看到推文发出来的那一刻，真的非常激动，有一种被深深认可的感觉，不得不说发哥的格局就是非常大，原本以为我写的这样的内容和格式，不能入发哥的“法眼”，毕竟看他公众号之前推送的几篇其他同仁写的工作总结，又红又专的，我这篇就挺“非主流”的，所以当发哥夸赞我写得很好，让我准备个人简介的时候，我非常惊喜！

这篇推文发出来之后，就不停有辅导员加我微信，还有直接关注我视频号和公众号的，还有一些辅导员用“震撼、感动”之类的词来分享他们的阅读感受，真的非常感恩！我在元气群里和老师们分享了我的喜悦，毫无炫耀之意，也有老师私聊我“你一定会火起来”之类的话，非常感谢大家对我的认可。

但是我头脑也非常地清醒，我虽然做了一些事情，也取得了一些成果，但离所谓的“火”还差得很远，或者说，我压根没有把自己定位为“网红”之类的流量IP，我只是在我的真实工作实践中，依托自己的热爱，想切切实实地为辅导员和学生做点事情。当然你说被更多人认识重不重要，当然重要啊，我做公众号也好、视频号也好、直播也好，都是为了吸引更多的人关注我，先关注了，才能进一步影响，也就是从认识我、认可我到认准我！当然也并不是人越多越好，只有明白哪些人才是真正需要我的，且只有我才能为他们服务，我才有可能把我的真价值带给他们，让他们像“涟漪”一样，一圈一圈播散开去，从而吸引更多同频的人加入，再扩散开去……

回到“认可”这个关键词，它的解读就是“我认为你行！”至于其他人怎么看待，并不重要，因为我们每个人“被别人认可的点都是不相同的”。比如之前有老师就说，我的普通话不标准，如果录制“元气微课堂”的话，会影响效果，可是有可能有的老师反而觉得很真实呀，很可爱呀。所以当我们被别人认可的时候，你一定要大胆地问一问对方：我究竟是哪里吸引到你了，或者你如果看到别人哪里做得很好，也要多多告诉他！

当我们因为认可某人而主动去加对方微信或获取任何方式联系时，认可这件事还可以分为以下三种类型：

一是“赋能式认可”。就比如9月发哥加我微信，就是看到我在辅导员群里发了很多内容，他认为我在为辅导员赋能，换作其他人，有可能直接就把我踢出群了，我真的有过在一些培训群里面，发了一些内容直接被踢出去的！自从和发哥联系上之后，就经常得到发哥的赋能，也增强了我和他的交往黏性，这是一种最棒的认可模式！

二是“精准式认可”。这里指有的人主动加你，是带着明确目的的，因为他们发现“你的某些东西是对他们有用的”。比如之前就有老师加我，直接提出让我发“样板支部”的申报材料，被我委婉地拒绝了。

三是“模糊式认可”，也就是说，对方加了你之后，并没有马上和你产生链接的行为，而是想进一步知道你在做什么，或者验证一些他内心对你的疑惑，等待时机链接或者直接“沉入大海”。比如今天就有十几个新朋友加我，有的人和我简单客套两句就不说话了，有的人和我聊得火热！当然这并没什么对错之别，正如我说的，你不需要让所有人都认可你，你只需要在真正认可你的群体中持续放大即可！

元气金句

认可就是“我认为你行”，当一个人因为认可而和你联系，通常可分为赋能式认可、精准式认可和模糊式认可！

元气加油站

1.四川卫生康复职业学院辅导员李秋虹老师

【元气心得】从北森专家课认识陈姐姐，铆足勇气加了陈姐姐微信，在了解到陈姐姐的工作理念逐渐认可陈姐姐“真价值”“有结果”“行动力”下的工作智慧，不知不觉已经学到50个元气关键词了，想想有点不可思议，但认定就会和群里的小伙伴一起，继续乘风破浪、披荆斩棘。从模糊式认可、精准式认可，再到赋能式认可，这一路上陈姐姐是最好的样板。其实学生对于辅导员的认可也可以这样解读，模糊式认可是在观望，有期待但是没能迈出去。精准式认可是你在学生管理过程中的所作所为是基于学生真的需求。如果能立足学生成长过程的实际需求，创新性地开展工作，做好工作，那带给学生的便是满满的能量。昨天晚上我值班的时候和学生聊了很多，讲到我会给他们定制"寒假作业"，讲到打破班级原有模式的基于兴趣和个性化需求的三个学习圈的建设和管理，讲到学生个人的发展……这些都是群里小伙伴给到的灵感，感恩！

2.浙江越秀外国语学院辅导员赵莹老师

【元气心得】模糊式认可，回想首次认识陈姐姐是在去年9月的圆桌会议群，当时她发了关于欢喜群的招募广告，想加入是因为关键词"辅导员实战交流群"吸引了我，入群后我也认识了群里很多正能量的小伙伴。每日的元气分享让陈姐姐注意到了我，大概半个月后她私加了我微信，并把我在群里的发言内容加入"元气微课堂"的加油稿中。从第1~50期，每期都听了，大部分都分享了心得，从中让我学会了如何长期坚持做一件事情。

精准式认可，是在后续就业课程拆课、平时聊天和O课职场分享的过程中，我看到了陈姐姐身上一种认真、死磕的精神。虽然大家都是"网友"，但感觉越来越熟悉和依赖这个群体。与很多网红专家型辅导员不同的是，陈姐姐好像就在我们身边，离得很近，从基层普通辅导员—优秀辅导员—卓越辅导员—未来无限可能……大家一起慢慢迭代成长的过程是最难能可贵的。

赋能式认可，作为辅导员背后的辅导员，陈姐姐确实通过一言一行在润物细无声地影响着我，PUSH我们动起来、干起来、用起来，感受到了一名"强悍的利他主义者"的紧迫感。同时也感谢群里小伙伴，不间断学习资料和学习平台的赋能，一个人可能走得更快，但一群人才能走得更远！

3.甘肃卫生职业学院辅导员花蕾老师

【元气心得】认可，我觉得是先要树立自己认为自己能行的概念，跟着陈老师学习的这段时间就在被赋能，感谢陈老师，也感谢群里各位老师的分享，从大家身上我也学到了好多，能和大家沟通也非常开心和满足。从陈老师的语音中，我也认可先做，再得到认可，是必要的。

元气关键词51

觉察

今晚一位师范汉语言文学专业、才考编入职4个月的小学老师来咨询，对于现在的工作管理模式非常地不适应，对管理班级和授课也不喜欢。她喜欢“表达自我”，不被“条条框框”所限制，也喜欢跳舞、唱歌、旅行、看电影，对新闻传播感兴趣，也曾经想跨专业考研，但因为“战线太长”，最终没有去考。鉴于现在的工作模式，想等到今年7月合同到期后就辞职，期待通过咨询来明确：下一步选哪个方向？什么样的路径？现在能做些什么准备？

首先这个来访者很年轻，真的就像我的学生一样，对于从校园人到职场人的角色转变，出现这样的不适应很正常。咨询一开始，我就问她对于想要改变现状的迫切程度，如果按1~10分来打分的话，会是几分？她说：“9分！”可见，她确实对现在的工作产生了很大的不适应，她说她现在的工作完全占用了她全部的生活，就在刚刚咨询前，还在不停地回复家长的消息，平时回到家只想“躺平”，啥都不想干！

对于未来想做的事情，她提到文案策划和品牌策划，也在3大招聘平台投送了简历，接到过面试电话，但岗位多半是销售岗，她自己不太喜欢，基本上投20份简历，会有4~5份有回应，但是并没有文案、品牌策划相关的岗位。所以，她不知道该怎么做。

其实像她这样的情况真的很多，在校生也好，职场新人也好，哪怕一些职场老人也会有这样的状况：知道很难受，但不想去行动，期待外力来告知，听完发现“原来还要做这么多事情啊”，还是就这样吧。大部分人在短暂“折腾”之后，仍然“维持原状”，继续难受或者周期性难受！这个来访者前面也是在别的地方咨询过两次了，她说才咨询完会有点改观，后面还是无法真正地改变，所以又来找咨询师了！

这个小姑娘开始也是这样的，说工作太累了、家长太难应付了、学生太不听话了……就想找一个自由的、能让自己开心的、不累的工作。我说真实的工作，老板不会在意你“喜欢什么”，只会关注“你会做什么、你会做的这件事能不能给他带去更多的效益”，你能做你就来，你做不好就辞退，谁管你喜不喜欢、开不开心呀。她就被震撼到了，说：“原来现实这么残酷啊！”

对啊，其实任何工作都有利有弊，只要是一份工作，就带着这份工作的要求，你接受了这份工作，就要完成这份工作的职责，不然人家凭什么要给你发工资呢！但是我们对待这份工作的态度和视角是可以改变的，也就是说：跳出现有工作来看这份工作，你会发现很多惊喜的地方！比如这位来访者，既然决定了7月合同到期就离职，你现在就应该“骑驴找马”做好三件事。

一是岗位梳理。把你想做的岗位要求，在网上梳理出来，分大中小公司对同一岗位的要求，找出共性，看自己当前的匹配度，然后写下你对这个岗位的疑问有哪些。

二是资源搭建。想方设法挖掘身边已经在这个岗位的从业者，通过他们，分初中高级别岗位去了解并进一步加强自己对该岗位的认知。再看看前面的问题解答到什么程度了，还有哪些新的疑问。

三是岗位实践。直接去到对应公司的具体岗位上工作，作为实习生也好，跟班也好，免费劳动力也好，连续7天或者半个月，看看这个岗位到底在做什么，自己上手去实操，大概八九不离十，你的取舍就出来了！

这三个步骤其实是试错成本最小的真实职业体验了，也只有走完这一轮，对于职场新人来说，对一份职业的初认知才算是成型的。所以你看，我们现在的课程也好，教育也好，到底有没有在这个方面使力呢？学生上了那么多的课程，学了那么多的内容，毕业了或者工作了，一头雾水，他会对我们的教育产生什么样的觉察呢？

来访者在总结的时候说了一句话，让我印象非常深刻，她说：“这个咨询收获太大了，原来我之前的想法太幼稚了！”你看，这个觉察又非常地珍贵了，如果我们能对自己正在经历的事情保持这样一份觉察，就没有解决不了的问题！

元气金句

觉察就是你对你做的事情保持着相对清醒的认知，以此来调整你的行为，从而产生不一样的结果！

元气加油站

1.甘肃卫生职业学院辅导员花蕾老师

【元气心得】从直播和自我反思中我确实需要整理和巩固，陈老师说的对，学的东西都要付诸实践才能有结果，不能“纸上谈兵”。

2.四川卫生康复职业学院辅导员李秋虹老师

【元气心得】这个词我想到了最近我同事分享的她的经历，她因为喜欢地理，从高考填志愿到研究生阶段都是坚定地学地理，但到了毕业却因为感觉不到地理的职业价值，选择进了我们学校做辅导员，辅导员还没有带完完整的一届，又因为休产假等原因，调整岗位到了学院团委。她总感觉自己的工作一直是被推着走的，对于自己的工作丧失期待，就想这样干到退休。因为最近“小砂糖橘勇闯哈尔滨”火了，她有天中午吃完饭和我聊天说到：“文旅局的工作也挺有意思的，当初自己怎么没想过去文旅局呢？”听完她的话我特别有感触，原来觉察的时机真的很重要，但是如果不能够坚持去做我们认为对的事情，有的时候觉察就像是昙花一现。

元气关键词52

啊哈时刻

这两天参加“跨界生涯·新时代高校人才培养与发展2024北森生涯年度主题交流会”，参会的都是全国各高校就业、学工口的领导，还有笙芽的专家们。参会的嘉宾有来自各行业的大咖，好几位都是坐拥众多粉丝的“网红”，但我自己并没有太强烈的期待，毕竟我连大火的《人世间》还没有完整地看过！

当天早上从开幕式到总裁致辞再到两位嘉宾不同视角的分享，听课间隙我还专门体验了“AI就业实验室”项目，学生可以通过这个平台自行去模拟面试和修改简历，这不就是我们就业课的核心内容吗，如果真的可以落地，对于补充课堂实践还是值得期待的！

下午2点，郭继承老师带来的《中华传统文化与卓越人才的培养》这一主题，让我有种猝不及防的豁然开朗，这就是我今天想重点给大家分享的“啊哈时刻”。

什么是“啊哈时刻”？最早看到这个词，是我2021年看的一本书，清华大学彭凯平老师的《活出心花怒放的人生》，“啊哈时刻”英文叫“Aha moment”，有的人翻译为“爽点”“顿悟时刻”“尤里卡效应”，即伟大创意的诞生！我自己形容这一时刻的感受就是：天哪，就是这样的！

原本郭老师这个分享的题目并没有引发我太大的兴趣，讲座开始前，心里还有点嘀咕：这时间安排得也太长了吧！没想到啊，真的是没想到，郭老师一开口就直接让我进入“啊哈时刻”。郭老师从自己入职的第一份职业——辅导员谈起，到后面工作中面对领导慰问“延迟微笑”后的打趣，再到被上级领导推荐会议发言的“后知后觉”……真的是太多与人共鸣的场景了！将近4个小时的分享，郭老师的修得、幽默、真诚和对传统文化的践行，都深深地触动了我！他还提到自己当年因为在评副高受阻后连续两周都很难受，当他某一天读书，看到孔子56岁放下所有去普及文化的坦然和执着，他一下子就豁然开朗了。用郭老师的话说：“只要你内心是真的想做一件事，并不是非要等评上副高、正高……才能去做。”这其实与我近年来的体验和觉察也不谋而合。由此，我联想到自己评上副高5年了，在当前的体制内，不是博士，不是硕导，没有国家级的项目或者省级教改、核心文章等加持，真的是相当难！自己又不想为了学历而去读博，为了评教授而去写教材，为了课题而去绞尽脑汁，所以，我早早地就把自己评教授这件事“抛在了一边”。但是工作中我并没有选择“躺平”，而是仍然像之前一样，做自己想做的、该做的！当然你也可以说“我不行”，但我的内心真的也无比真诚，无须证明什么，看我的行动和状态即可！

我们不必去羡慕谁又成为博士了，谁又获得了成果奖了，谁又是教授了……或者很多人也总在“自我暗示”：等我评上教授了，我就好好享受课堂；等我读到博士了，我就可以找到一份好工作了；等我被更多人关注，我就可以分享我的观点了……并不是说这样的观点不对，但至少如果你总这样去想，一定会拉高你“马上行动”的门槛。

究其原因还是因为“你并没有觉得自己是这个世界上独一无二的存在”，你更习惯将自己定义为一个“学习者”，而不是“引领者”。你很努力、很用心，每天也很辛苦、很疲惫，却心甘情愿地让自己的“使命”埋没！最后，和大家分享郭老师提出的“卓越人才的6个维度”：（1）立志与家国；（2）在全球视野中坚定做中国人的底气；（3）安身立命的真本事与找到最适合自己的路；（4）历练是人生的必修课；（5）平凡做到极致，人人可以成就；（6）内圣与外王，心灵提升与外在功业！

感恩这个美好的“啊哈时刻”，让我看到一位真正的“中国知识分子”专注做自己该做的事情的使命与担当。如果每个人都能够找到自己最合适的平台，活出生命的自足，那该是多么美好的事情呀！也祝愿大家不断涌现出自己的“啊哈时刻”，记得要马上记录下来，一定会越来越多！

元气金句

啊哈时刻就是：天哪，就是这样的！

元气加油站

1.德州学院辅导员王培培老师

【元气心得】早上醒来听着陈姐姐的分享特别感动。因为有这样一个行动力、领导力非常强的省级最美辅导员在身边日日陪伴，而自己也是第一批第一时间能够听到“元气微课堂”的幸运伙伴，无限感恩。

2018年，我在北京国学盛典收官盛宴上有幸听到郭继承老师的汇报，他是具有中国风骨的真正知识分子。平时我也经常把他的视频转发给学生，也在第一时间购买了他的著作《直面人生的困惑》。陈姐姐和郭老师提到的一个观点我特别赞同：不是拥有了才去做，而是先成为再拥有。以学生入党为例，我上课就给学生讲，我们都知道中国共产党的宗旨是全心全意为人民服务，并不是说我成为一名党员，才去做为人民服务的事情，而是我一直脚踏实地服务班级学生，拥有了良好的群众基础、学业基础、成果积累，我才有可能成为一名共产党员，一直用党员的身份去指导自己的工作、生活、学习，才有可能成为一名党员。也就是经常说的先“Being”后“Doing”。

2.云南医药健康职业学院辅导员齐思明老师

【元气心得】最近很茫然，总结自己这一年，就是一直在忙，忙于事务性工作，忙于把毕业班学生送走，忙于收尾，忙于在新岗位熟悉锻炼，也忙于被领导“安排”，很忙的一年，但成果甚微，所以很没信心。但听了陈姐姐的“啊哈时刻”、发哥辅导员工作室汇报、培培老师分享等，就感觉自己的能量又来了，被同类人所做的事鼓舞，自己的新计划又来了。家人说其实你们这样的工作挺好的，可以不断倒逼自己学习，一直学习一直进步，一行动，就创新。的确，自己也有自己的目标，虽然平凡，但要去做自己热爱的事，我们一直这样激励自己的学生，自己做不到就是“假大空”，自己不能骗自己，所以这个假期也开始着手自己的计划，把自己能做的、想做的着手一步步去开展。

3.潍坊科技学院辅导员宛霞霞老师

【元气心得】跟了陈姐姐的“元气微课堂”有一段时间了，虽然不是每天都在听，但每次听的时候都非常认真，甚至要重复听几遍，抓取关键点和我认为的金句。

今天感触最深的是“将平凡做到极致”。我发现陈姐姐每次的分享都非常“应景”，或者就是陈姐姐当前的经历和思考，不管是工作、培训还是生活，只要有反思都在总结与记录。现在的我，在各位辅导员大咖的感染下，也开始记录生活中的点点滴滴，并分成了不同的板块，比如“工作突围100句”“口不择言记录”“反应慢半拍记录”等，这样便发现生活、工作中的每一个反思都及时有了去处，有了归档，同时以前经常纠缠思索的“心事”，似乎也都放下了。我想这可能是做好平凡事的起点，也是作为辅导员需要练就的基本功。感谢陈姐姐每天的实时分享，感恩遇到一群可爱的同人！

4.湖北生物科技职业学院辅导员胡晶晶老师

【元气心得】陈姐姐说的行动力。昨天，孩子参加春晚的录制。回家后，我在群里发了一堆感谢老师的话，但群里只有我一个人发了一堆的文字，感觉有点像显眼包。今天看了陈姐姐的“元气微课堂”，发现群里面有这么多的同人在真诚直接地表达自己的学习心得，看到这些文字我很震撼，这比我平时在群里的分享更有行动力。我突然意识到，行动力就是去做自己想做的事，认为对的事，去做就可以了，把平凡的事做到极致，像培培老师说的先成为后拥有，像苑老师一样，把思考和总结去记录，去表达，去分享。然后用行动力去感召家人、感知学生，成为女儿和学生的榜样！

5.遵义医科大学珠海校区辅导员钟仁云老师

【元气心得】今天产生共鸣的点有：①先成为再拥有，②传承中华优秀文化与卓越人才培养的关系。

首先，先成为再拥有。很多事情都是内在评价先于外在评价，想成为博士，先按照博士的生活方式去做；想成为医生，先按照医生的职业操守去行，工作启示就是对学生的职业认同工作必须提高重视，创新方法。

其次，传承中华优秀文化与卓越人才培养的关系。这也是我最近在思考的问题，我倒没有想到卓越人才那么大，想的是学生高质量发展的几个维度问题，除了学业、科研、就业、党员高质量发展几个维度外，就是素质高质量发展，要想实现素质高质量发展，必须引入优秀传统文化的熏陶。

今年年初学生给我发新年祝福时，我得知2024年考研英语小作文是写中国古代科学家，学生说第一时间就想到了我在他们大一时开展的医学史课程人物篇中他负责介绍的张仲景，说感谢老师“押中”了题目（10分）。2023年党中央分别在六月（文化承传）和十月（宣传思想文化）两次强调文化，加之之前提出的文化自信，国家目前非常重视文化这块，尤其是优秀传统文化。

优秀传统文化现在可以说是个“风口”，2023年大火的贵州村BA、山东淄博烧烤、董宇辉、哈尔滨冰雪背后吸引人的都是优秀传统文化。做辅导员的幸福之处和时代使命在于，我们可以为构建中国现代文化出一份力，可以直接影响和提升众多学生的文化底蕴。老师们在之后的工作中可以有意识地多加入传统文化元素，比如抓住各种传统节日节点开展学生活动（融合劳动教育、体育、美育）、各种主题活动、阅读社等。在指导学生大创、三下乡选题、申报精品项目时也可以关注这块。

6.上海商学院学生处迪娜尔老师

【元气心得】我在学生处工作，负责资助专项工作，忙碌于事务性工作中，同时这一年准备了开学典礼、毕业典礼、十一青春向祖国表白、民族音乐党课、优秀学生颁奖典礼等8台节目展示活动。在排节目的过程中，我需要及时给自己充电，掌握了解每个节目的内容及其深层含义，在这个过程中，我慢慢地了解了每个民族的文化和特色，为我开展民族学生工作奠定了基础。排节目、彩排时也加深了与同学们之间的关系。但是我这段时间在总结自己的2023年时，我会有些许的迷茫。以前在上大学或在实习的时候，觉得每天都能学习到新的内容，每天都很充实。我会时常问自己：这一年我提升了自己的哪些能力？是不是原地踏步了？从上次看到高校辅导员公众号的推送，立马加了陈老师的微信，进群以来听了陈老师两次微课堂分享，有种给心灵充电的感觉，感觉陈老师的分享直击内心深处，很神奇，感觉和陈老师认识很久了。

7.甘肃卫生职业学院辅导员花蕾老师

【元气心得】听了大家的发言，我今天也下单了郭老师的书，后期看看。先做后谈论，符合陈老师提出的先Being后Doing，所以我来补作业了。

8.浙江中医药大学辅导员丁艺雪老师

【元气心得】一开始看到陈姐姐分享的目录时，目光并没有停留在郭老师这趴，不是对传统文化不感兴趣，而是觉得话题太宏大了，跟我的工作没什么关联。看到陈姐姐分享的书，才眼前一亮，立马去查《直面人生的困惑》这本书，下单找来读，希望体会一下陈姐姐的“啊哈时刻”。

很巧合，10月开始，我入坑了“播客”，很喜欢的一档栏目叫“放学以后”，栏目最新两期也在讨论“aha moments”，借此反思总结过去的2023年。年龄不能虚长一岁，aha才是打开新世界的门铃。2023年我的一个“aha moments”就是被陈姐姐邀请加入本群。只因为年初我加了发哥的群，才遇到陈姐姐，就像闯入了一个“兔子洞”，来到了一个日常生活之外的平行世界，看到这么多优秀的同行感觉真的好棒，不再“孤岛式”地抗压，至少看到我头疼的问题大家也不轻松。我很诚实地思考了自己的“分享焦虑症”，发现病因还是不够真诚地面对自己，不够勇敢地面对生活，很忙很累，但也很偷懒，因为不主动选择自己想要的生活，被动被安排还抱怨，不用面对主动选择却做不到的时候对自己的失望。两年，我一再推迟读博、报课题、写论文的计划，然后心安理得地给自己一个理由，因为我很忙，忙到没时间想自己的事情。看，我多么勤奋多么敬业，这样其他人也就没有理由指责我、批评我了。所以我不愿意分享，哪怕是分享我正在读什么书，写什么感想，都觉得会被其他人发现我没有在好好工作，尽在做别的事情。这半年，我重回朋友圈，今年1月重启公众号，也敢于把自己的想法发出来告诉大家，放下“把自己看得该死地重要”的执念，好好暴露自己，才能好好接纳自己，也感谢这个让人感到安全的小群。还没开始读郭老师的书，但我想文化的力量是深沉的。越困惑，越应该回到内心，向内探求，去找到自己，发现真正的使命和热情，然后积聚力量，能把愿望变为现实的只有行动！感谢陈姐姐一直push，做有结果的辅导员，不断触发洞察，不断“啊哈”下去！

9.四川卫生康复职业学院辅导员李秋虹老师

【元气心得】因为北森专家课和陈姐姐的分享，我被深深地吸引，陈姐姐是一个立足学生成长的教育者，做的是实实在在的事情，让我看到了辅导员的另一种可能。

但行好事，莫问前程，有想法只管去落地，收获总会不期而至。今天的分享让我看到了自己刚入职的前三年，很拼命地想把领导布置的工作做好，很想满足所有学生的期待，但事实上我连续6次评优陪跑。让我彻底破防的是在第二届主题班会大赛决赛现场，我们前学工部主任点评时花了2/3时长表扬了我的作品，但最后我获得的却是优秀奖。在一次又一次的失望下，我放弃对职业功利性的追逐，开始专注创造工作价值，我感到自己在不断地获得能量。别的老师吐槽学生一届比一届难带时，我自己带班的感觉越来越“丝滑”。在传承中华传统文化与人才培养上，之前也和陈姐姐聊过，我想基于自贡本土的文化做成研学、主题班会或者团辅的形式，在传承中与学生专业发展链接，激发他们基层服务的意识，真正留得住我们的毕业生。

10.上海商学院葛欢老师

【元气心得】看到陈姐姐2023年的年终总结可以说我是“啊哈”的，有崇拜、惊讶，也有小小的内疚。今天早上连续听了三遍，充满了能量。2017年9月—2021年3月担任辅导员，2021年3月—2023年3月做班主任，离开了辅导员队伍，转岗后总感觉自己没有成长，没有核心竞争力。和大家头脑风暴，先Being后Doing，继续找到自己喜欢的方式。我最喜欢的单词是Unique，独一无二的，个人品牌的塑造很重要。勇于推销自己，我曾获得过上海市辅导员素质能力大赛二等奖、上海市主题班会优胜奖，指导学生荣获上海市职业生涯规划大赛银奖等，发挥社群作用，主动链接，共同成长！

元气关键词53

风格

继续聊聊我参加这次主题交流会的感受。前面说了，我对嘉宾分享的内容一开始并没有太多期待，但是既然参加了，我还是给自己下了点“任务”，那就是“偷师学艺”：主动学习大咖们在这样全国性的公开场合是如何输出自己主张的！下面就给大家一一梳理。

周五下午3点首先是进行了一场笙芽专家库的小型交流，有点像沙龙，参会的大概有40名特邀笙芽库的专家们，会上发布了北森下一个阶段在专家库的新计划，邀请了3位专家来分享，每个专家30分钟的时间。

第一位是北京大学教育学院教授、博导——岳昌君老师，岳老师分享的风格很幽默，他说自己“根本不知道要说些什么”，他从经济学专业的角度，谈了谈自己对“就业优先促进高质量充分就业”的观点。我听完其实非常受益，让我想起去年我在学习“设计人生”课程的时候，王成老师提到的一个大咖，每次说完课程，都告诉大家：刚刚我说的都是错的！这是一种对别人高度的尊重，很值得我们反思，对自己所说的话、所做的事，要负责；同时，你说的不一定正确，因此不要强求别人都听，还要做，包括对自己的学生、孩子等！

第二位是浙江大学的谢永梅老师，她是首次分享自己20多年的课程实践，谢老师的风格就是非常务实，她说她虽然干了20多年的生涯工作，但并没有申报过什么成果，所以尽管之前也有很多人邀请，但她都没有在这方面输出，我听完后的感受就是诚意满满，内容实在！

第三位是东北大学学生指导服务中心的张小诗老师，分享的是“体验式生涯课程教学设计实践”，其实张老师现场真的很有气质，但是从海报中并没有这样强烈的感受。现场分享也是非常自如、得体，很有想法、很有激情，比我稳重多了，这也是我需要提升的地方！

第二天上午就是正式的交流会了，首先分析一下总裁张爱民的致辞，从寒暄到阐明办会的意图，到成果的自然输出，最后是对未来的展望，都是比较真诚和实在的，声音也很好听、气场也适中，“广告植入”也比较自然！我其实并不是第一次现场听他致辞，总体感觉就是张总是一位有想法、有行动、有情怀的人，有的地方也和我相似，我们都是对自己的职业充满热爱，且能持续影响周围的人！

周丹老师从企业端视角分析了行业、技术的深度变化所带来的人才模式新洞见，有很多一手数据的支撑，因为在业界也是持续深耕很多年，现场的分享气场是很足的，全程站立分享，就是我们在电视上看到的成功女企业家的范儿，很自信、很独立。给我的思考是：高校的人才培养如何跟上用人单位的真正需求，按道理应该是“超前”的关系才对，而不是学生毕业之后找不到工作，或者需要花费几年，的时间去适应所在单位，这本身就是BUG！

第二位分享人是北森生涯研究院院长谭菲雪老师，因为之前在线上听过谭老师的课，对谭老师的逻辑力和分享风格都非常喜欢。谭老师擅长运用自己经手的案例来引发思考、导入理论，将生涯的3个核心素养如“剥洋葱”一样慢慢展开，即“生涯认同、知行合一和积极应变”，带给我的思考是：生涯本土化的建构，一定是基于我们国人真实的生涯需求来孕育，从而生根、发芽到结果！

周六下午是让我“啊哈时刻”的郭继承老师，这里就不赘述了！

周日上午就是大家期待已久的梁晓声老师，70多岁的高龄，当我看到梁老师出现在会场，脱下外套，坐到讲台上，不紧不慢地先喝点茶水，整个过程不知道为什么就非常感动！梁老师的主题叫《以青春之力，铸造新时代的力量》，这句话本身就非常有力量，他从自身的从业经历出发，讲述了很多自己的职业选择、授课和学生交流的日常，更像是一位老者在向后人分享他的一生，非常平和、淡定！可是到了提问环节，对于很多青年的观点，梁老师又非常地“护犊子”。他不希望看到，青年人毕业后变成一只“流浪猫”，强调青年一定要重视自己的“从业能力”，要把自己的所学运用到实际的工作当中；他希望大家不要过度“消耗青年”，所谓的“躺平”“内卷”都不是青年真实的状态，我们要积极为青年成长创造条件；他还说，走到他现在这样的状态，他明白了“人是没有太多选择的”，不是人人都要干出一番惊天动地的事才算成功，只要是能用所学，真真实实对周围人提供帮助，就是一种很好的人生选择！

你看，不同的人所带给我们的听觉、视觉感官，包括听后的思考与行动，都是不一样的，这就是一个人的风格。我理解的风格其实是基于个人成长经历的，比如你经历了什么，就说出来什么，很自如，也很值得被信赖！但是我们看到有的风格也是可以刻意形成的，比如一些专业的讲师，他们其实是经过很专业的训练的，也就是你看到的，有可能就是演讲者想让你听到的！有一句话，什么场合说什么话，我好像一直都还“学不会”，也“学不好”，所以索性还是做自己吧，我的风格虽然还不完美，但贵在真实、真诚，而你的风格又是什么呢？

元气金句

风格就是从你积淀下来的个人经历中，能够在公开场合对他人产生持续影响的独特价值，包括文字、声音、形象、作品等，可以通过后天练习不断加强和提升！

元气加油站

1.云南医药健康职业学院辅导员齐思明老师

【元气心得】今天陈姐姐谈到风格，想想自己的风格：真诚、直率、爱助人，由内向发展为“显眼包”。想想自己原来真的是个很内向的人，默默努力，想着只要努力就好了，在实践的过程中发现悄悄努力永无出头之日。所以开始用公众号记录自己的思想，把自己的思想分享出去，开始在会议上提出自己的见解，开始站在台上给老师们分享自己的成长过程，开始参加教学能力比赛！从内向转变为主动、开放包容。但是距离品牌化的个人风格还有很大的距离，要再聚焦，去行动，把个人特质清晰化、简洁化。

2.湖北生物科技职业学院辅导员胡晶晶老师

【元气心得】今天学习陈姐姐的元气课堂，首先关键词“风格”，我也要偷师学艺。陈姐姐这一次在北京学习带回来的几点：主动地去学习，学习大咖们在全国性公开演讲是如何输出的。我从陈姐姐的分享中总结出：一个人需要提升，首先要有自学的能力+思考+输出，从而形成自己的一套风格。

虽然我没有亲临现场，但是通过陈姐姐前方发来的照片和文字，我能够感受到专家们的基本风格，有的呢，是比较幽默，通过自己所学的经济学专业，去分析如何充分就业，把人生的课程讲解出来；也有的专家在讲完课以后会补充一句说，刚刚我讲的是错的，其实是对别人的一种高度的尊重；还有的专家，是非常地务实，诚意满满，输出的内容是非常实在的。

再就是北森总裁致辞，通过很专业、很激情的输出方式，从寒暄到阐明开会意图，到成果展示，对未来的展望，都是非常真诚和实在的。通过他的演讲能够看出他是一个有想法、有行动、有情怀的人。我们能够聚集在一起，说明我们也是同频共振的人：对自己职业的热爱，想持续影响周围的人。高校的人才如何培养？如何了解用人单位的真正需求是我们辅导员的必修课题。

想一想，我个人有哪些风格呢？别人对我的评价是有亲和力、真诚、值得信赖、愿意做一个知心姐姐、一个倾听者，那我觉得现在我需要提升的是自己的演讲能力和持续输出能力。希望能够跟着陈姐姐在微课堂不断地学习，提升自己的输出能力和逻辑思维能力。在自己的课堂当中通过案例去很自然地导入想要表达的理论知识，让学生听得懂、愿意听，听完有行动力。希望自己拿出行动力，先去靠近优秀的人，学习优秀的人，成为一个优秀的人，再带动身边越来越多的人一起优秀。

3.四川卫生康复职业学院辅导员李秋虹老师

【元气心得】讲到风格我想到在大学期间担任学生干部时，学妹会形容我是一个气场很强、做事风风火火的人。工作后我问学生他眼中的我是什么样的？他回我：严厉且温柔，具有洞察力、较强的原则性。之前参加学校的比赛硬把自己装成温婉内敛的风格，参与过后发现自己不太适合。每个人还是要在工作中找到自己舒服的状态，基于自己的工作产出、性格、经历，不断去调整自己的风格特质。

4.浙江越秀外国语学院辅导员赵莹老师

【元气心得】非常感谢陈姐姐学习后第一时间给我们分享自己的听讲感受，虽未到现场，但从她的描述中可以想象这是一场视听盛宴，专家们风格各异，各有千秋。当然，我非常羡慕在台上能脱稿侃侃而谈的人，所以很多时候我也会去看一些像ted演讲、罗永浩年终演讲等视频，想着自己是不是可以模仿他们的风格。实践证明不可行！

莫言年轻的时候，非常仰慕鲁迅。有一次，他费了很大的心力，模仿鲁迅的笔法，写了一篇《猫事荟萃》。然而当文章发表之后，反响平平。这让原本信心满满的莫言，很是沮丧。但同一时期，具有莫言独特风格的《红高粱》却引起了轰动，许多粉丝慕名写信，表达自己的仰慕之情。他渐渐意识到：在他仰望别人的同时，原来自己也成了其他人眼里的风景。所以风格无关高矮胖瘦、无关长相是否漂亮、无关好坏，风格是特点，是标识。在万千课堂中，元气课程一开讲，我就知道是陈姐姐的“元气微课堂”。

正如网上有段话所说：你不必非得长成玫瑰。你乐意的话，可以做茉莉，做淡菊，做无名小花，做千千万万。

元气关键词54

抱大腿

前几天听到一个案例，某个公司在前期发展的时候，因为认识了很关键的人物，连续几年都承办了某项全国性活动，很快在业内占据了一席之地！后来这位关键人物换部门了，他们也就失去了这个活动的承办权，公司业务面临了严重的危机！还好及时止损，改变了公司战略，从“抱大腿”变为了“自力更生”，慢慢有了属于自己的、稳定的生意模式！

我们在工作中、生活中，其实也有很多“抱大腿”现象，比如别人要申报一个项目，你为了给自己加个分，就厚着脸皮去找人家，当然，最好是啥也不做、排位还在前三名；你听说某某获得了一个什么奖励，你也想得，于是找人家打听或者让人家带着你做；你知道同事家人因为炒股挣钱，你也想多赚钱，于是你想尽办法和对方“连上线”；等等！但是大家有没有发现，别人虽然申报项目了，但是却不一定能立项；别人虽然这次获奖了，但不是次次都能获奖；别人虽然这次炒股赚了，但也并不是每次都能赚钱！

我在去年开始做个人产品化的时候，也有“抱大腿”的心态，当时我已经在北森平台分享过一次了，反响也还不错。自己两年多也参加了20多个大大小小的培训，不管是线上的还是线下的，不管是在班级里还是在小组里，都是很主动、积极的存在，也有不少外单位的学工领导、辅导员、学生等加我微信，所以我当时想当然地以为：他们是“需要”我的！

于是我做的第一件事情就是梳理了自己17年的工作成果，都是校级一等奖、省级一等奖、全国奖项，这些肯定有人需要，想着只要把这些成果“转卖”出去，这样不就可以实现自己的“产品化”了吗？当我把这个“推荐函”做出来之后，在年前就私发给了几个我认识、自认为关系还不错的学工、院系领导等，但却“石沉大海”！后来就自己开始做抖音直播，不断地摸索形式和内容，以为自己做的学生都很需要，但是关注度却一直没有太大的突破，更别说“变现”了！4月得到O课职场的职场咨询的机会，以为自己是不是也能“搭上快车”“抱上大腿”，开启直播变现的“新法门”，但事实证明，这个“大腿也并不好抱”！

直到8月开启真正意义上的商业陪跑之后，不管对开新能源加油站的能量哥，还是已经年入百万的辣妹，或其他创业者在做咨询或者辅导的时候，都在让我们“去大腿”。很简单一句话：如果你自己本身不行，抱什么“大腿”都无济于事。这也是我经常在反思自己和给大家强调的事情，首先你要知道你身上到底什么东西最有价值，然后找到需要这个价值的专门人群，为他们持续创造价值！而不是自己都不知道“自己是谁”，却总想着“抱大腿”、找资源，你以为那些所谓的“大腿”“资源”真的会把自己的时间和精力放在一个“看不到价值的人”身上吗？你想“抱大腿”，有可能“大腿”还想抱“更大的腿”呢，或者，你没有真本事，连“抱大腿”的力气可能都没有！

每个人可能对“抱大腿”的观点不太一样，或者理解不太一样。我的理解是：“抱大腿”就是当你想做一件事的时候，你的第一反应是“看看别人做过没有”，我能不能“偷个懒”；或者说我只想付出2分的努力，却想得到8分的收益；又或者更直接，啥也不做就能“坐收渔利”。本质上其实就是“偷懒”！我前面说过我们的工作中需要“偷懒”，但是那是建立在前期“辛苦”的基础上。而这里的“抱大腿式的偷懒”，对我们的工作是没有任何促进作用的，反而你是把原本属于自己成长的机会拱手交给了“大腿”，如果这个“大腿”真的存在！

那么我们如何克服“抱大腿”这个心态呢？很简单，让自己成为“大腿”，哪怕一开始你只能做一只“小腿”，也要努力让自己看重自己，从小事做起，从自己能掌控的事做起，为别人提供真价值，去吸引和你差不多的“小腿”，你们可以一起变成“大腿”，这样，你每走一步，都是真的自己！

元气金句

当你想做一件事，又对自己没有信心的时候，最期待的就是“抱大腿”！

元气加油站

1.遵义医科大学珠海校区辅导员钟仁云老师

【元气心得】“抱大腿”是配角思维，“成为大腿”是主角思维，看个人选择。先成为“小腿”，再成为“大腿”。在团队中持续分享价值，输出影响，人心归附，产生依赖，成为“小腿”，不断积累成为“大腿”。

2.云南医药健康职业学院辅导员齐思明老师

【元气心得】机会、出路在哪儿？在我们辅导员的职业生态圈里，好像有时候关系更重要，那些唯领导是从，有时候我们看不惯，硬要用自己的实力说话，可是这种实力要给领导带来很大的荣誉他才会看到，给予你支持，所以在关系和能力中，我想群里的小伙伴多数都是后者。大家都想成为自己的“大腿”，也在努力在各自的领域增长自己的“小腿”，远离“被束缚”，获得“内在的自由”。

3.河北青年管理干部学院辅导员梁玉荣老师

【元气心得】刚听到陈姐姐说“抱大腿”的时候，我脑子中就想说，陈姐姐就是我的“大腿”呀！“抱大腿”思想主要的根源来自对自身的否定，缺乏自信，总想为自己加码，以确保我们想做的事情能够如愿以偿。其次，“抱大腿”思维的产生与社会现象有关，总觉得别人会找关系，自己不找就会被“埋没”，所以想方设法地要“抱住大腿”。陈姐姐的说法很新颖：先成为“小腿”，首先，要增加自身的内驱力，化被动为主动；其次，知行合一，不管想法是否成熟，行动起来；最后，持之以恒。在陈姐姐以及群里各位前辈同行的激励下，迈出开始最难的一步！

4.湖北生物科技职业学院辅导员胡晶晶老师

【元气心得】在工作当中，我们都会忽视个人能量，而去想着“抱大腿”，去依附别人。但实践证明，我们有的时候“要来的资源”往往只是一时的，甚至是无用的。真正长久的是让自己变成“大腿”。比如每次看到其他老师在班上讲得热火朝天，然后我也去找人家要PPT，但实际上PPT拿过来不是我想要表达的；又比如人家在看某一本书很火，我也会去借过来，但是看完以后发现也不是自己想要的；也有人会去找我要资源，我觉得他和我是同频的，很热心地去把所有的信息资料发给他，后来没几天他就杳无音信……这说明任何人都不能成为别人的“大腿”或者让别人成为自己的“大腿”。只有自己迈开腿，自己成为自己的“大腿”，才能走得远，走得稳！

5.四川卫生康复职业学院辅导员李秋虹老师

【元气心得】“天下熙熙，皆为利来；天下攘攘，皆为利往。”没有无缘无故的“大腿”，没有百利无一害的“抱大腿”，当我们在“抱大腿”的时候，其实对方也在评估你是否够格，是否有能力？你自带资源？还是你和他的私人关系好？与其等待“大腿”，不如依靠自己，让自己成为“大腿”，把自己想做的，从能做的部分做起，不断地做大做强。

回想自己从事辅导员这个职业开始，自己都是在“成为自己大腿”的过程，获得成果的过程虽然慢一点，但比较踏实，自己也觉得很棒。虽然没有蹭过别人的热度，但现在同事有好的想法、好的项目还会找到我，邀请我一起共创。我也曾经为了保证项目的完整性主动找过看似厉害的同事，加她名字她很积极，但让提意见的时候她却很敷衍，一句“我觉得你写得挺好的，我没什么意见。”项目执行过程也不会主动参与，说实话这样的“抱大腿”对于项目执行来说并没有任何意义，反而增加了自己的工作量。努力成为自己的“大腿”，在这个过程只管播种、浇水，一定会遇到和你同频共振的伙伴。

6.浙江中医药大学辅导员丁艺雪老师

【元气心得】一是抱别人“大腿”的感受：我也曾经有过抱别人“大腿”的时候，有些还是愿意提携晚辈的老师们的“大腿”，发论文、做课题，但因为大家关注的真问题不一样，整合成果的时候没办法相互加持，还是得自己有真本事、真价值，从老师们那里学到方法更重要，这样才可能螺旋上升；二是被别人“抱大腿”的感受：看人，有些新同事一开始没方向、没头绪、没积累，我愿意被他们“抱大腿”，带着一起干活，一起飞，但有些同事明显就是来挂名的，我当然是不情愿被抱的，甚至有点讨厌他们，不劳而获，吃相难看。总结：飞机起飞需要“好风凭借力”，但“送我上青云”的是核心竞争力，是飞机自身的发动机。

7.甘肃卫生职业学院辅导员花蕾老师

【元气心得】在听完今天陈老师讲的“抱大腿”，我觉得对于入职不久的教师来说“抱大腿”是有意义的，如果真的能“抱上大腿”学到东西，我觉得对于自己未来做课题或自己成长是有很大帮助的。但如果只是为了所谓的排名、“摘桃子”、晋升职称确实“吃相难看”。但是这个大环境又让你不得不前行，所以还在努力。我认为还是要自己做，做完以后有成就可以带走，但是自己不能不努力。

8.上海商学院学生处迪娜尔老师

【元气心得】今日分享的主题“抱大腿”让我想起了我非常喜爱的一款游戏——蜘蛛纸牌。这款游戏中的提示机制与“抱大腿”有相似之处。在关键时刻，一次合适的提示或许能助力游戏通关。然而，若一直依赖提示，而缺乏自主思考，未必能取得最终胜利。这款游戏蜘蛛纸牌，颇有趣味。在游戏中，玩家需要运用策略和智慧，把握时机，才能成功通关。类似的，在现实生活中，我们也需学会独立思考，勇于面对挑战，才能赢得成功。“抱大腿”这一现象，在一定程度上反映了人们对捷径的渴望。然而，过分依赖他人，忽视自身能力的培养，往往会导致成长的滞后。正如游戏中，过于依赖提示，反而可能错失胜利的机会。因此，在现实生活中，我们需要学会独立思考，勇于面对挑战。只有这样，才能在困境中找到解决问题的方法，实现自身的成长。同时，我们也要善于借鉴他人的经验，发挥自己的聪明才智，以达到事半功倍的效果。在成长的道路上，既要勇于独立思考，又要善于借鉴他人。这样，我们才能在人生的舞台上，赢得属于自己的胜利。

9.浙江越秀外国语学院辅导员赵莹老师

【元气心得】“抱大腿”这个话题很有意思，说实话，“抱大腿”现在已成为一种社会现象了，大家都想通过“抱大腿”来获得更多的资源和机会，尽快实现自己的目标。正能量的“抱”，对于推动自身的发展也是有很大好处的，毕竟单打独斗是件很累的事情，站在巨人的肩膀上或与巨人同行才能使你离目标更近，不要觉得向别人求助是什么丢面子的事情，也不必因为别人“抱了大腿”而愤愤不平。当然有些人“抱大腿”是不择手段的，通过攀附、拍马屁、攀高枝、走捷径从而达到自己的目标。但“打铁还需自身硬”，就像陈姐姐说的，给你“大腿”也要抱得牢，抱得好，否则“靠山山会倒，靠人人会跑”，只有不断“修炼自己的内功，强健自己的大腿”才是最牢靠的。总之，“抱大腿”不仅是一门艺术，更是一种能力，只有在正确的道路上“抱大腿”，我们才能真正实现自己的价值和梦想，否则就是背道而驰。

10.遵义医科大学珠海校区辅导员张玲老师

【元气心得】听了陈姐姐对“抱大腿”的解读，自己有一些小思考：首先，明确自己的价值，你之于“大腿”能发挥什么样的价值，起到什么样的作用，“大腿”能为你提供什么样的资源，搞清楚自己的价值和作用才能更具有目标性；其次，在平时的工作中去提升自己的能力，让自己在某个领域或学生管理方面取得比较突出的成绩，使“大腿”能够注意自己，进而可能会提供给你想要的资源和平台。“抱大腿”能够成功的，个人认为都是相互价值可利化，相互成就。

元气关键词55

显眼包

上周去参加北森的交流会，来自全国各高校近300人参加，整个会场非常大，至少我自己是很少参加这样大规模的集体培训或活动的。我们这次去参会，还根据报名的先后顺序设置了座位编号，周五晚上我提前去会场看了看，我被编到第四排左手边的第1位了，看着进出还挺方便的，就回去休息等着第二天开课了！

第二天早上去到会场后，当主讲嘉宾把课件播放出来的时候，我就发现，我坐的这个位置太偏了，那个屏幕是长条形的，看着着实有点费劲，拍照也不合适！怎么办呢？我突然想起这次交流会有一个微信群，于是我在群里发了两句话：前排的领导老师们，可以逐页拍一下嘉宾的PPT分享群里吗？然后某大学招就处处长马上就发了一张正在讲解的PPT原图到群里，紧接着我就收到这位领导的私聊消息（我和她是去年8月的时候认识的），她是这样说的："你真是个'显眼包'，永远充满激情！及时反馈！"然后跟了笑脸和大拇指的图……接着说："我都被你带动了！"我回复道："哈哈哈，你本来就是这样呀！"接一个"爱心"！她接着说："我本来是想偷偷藏起来的，看到你在群里发要求，朱老师马上也跟上，都是熟人，就'逼上梁山'了！"你看，首先在这样的全是领导的群里，大家好像都不方便提要求，我这样的发言，在很多人看来就是一种"打破常规"，好像是说：你还敢让领导给你做事！可是我当时真的就是知道这样的分享是拿不到PPT的，我自己的位置又太偏了，看不到屏幕的全景，所以"下意识"地就这样发出了请求，没想到群里好多老师都点赞，看来这正是大家的需求呀！

那么，什么叫"显眼包"呢？有人也叫"现眼包"，原指一个人爱出风头、丢人现眼，或者经常做一些匪夷所思的事，听上去有一些贬义的意思。但是现在，大家对"显眼包"已经弱化了贬低之意，甚至在特定的场合中，正因为有了"显眼包"的热心肠、不拘小节、直来直去等，才让原本的"冷场"变为"热场"，这种"破冰"作用实在是不容小觑！

所以这位领导这样形容我，我一点都不生气，我知道自己并不是"哗众取宠"，我也知道她对我没有贬义，而是看到我一如既往的热情，为我点赞！也就是说，如果我当时坐的位置但凡靠中间一点，我能拍得到全景，这件事我都会直接自己来做，我会选好角度，拍摄好原图发群里，因为我知道肯定有人需要！

后来这位领导就一直手动拍摄并分享了两天全部老师的PPT内容，而我又继续做了一件“显眼包”的事情，就是把主讲嘉宾现场口述的、我认为重要的内容，用文字的方式发布在群里，类似主讲嘉宾的“金句”或内容概要，也得到群里老师们的点赞。我做这件事的初心是：一是我对主讲嘉宾分享内容的认可，好多内容说得都很好，我就想多记录点，可因为他们有的内容说得太快了，为了防止我一瞬间就遗忘，我是快马加鞭地用手机记录；二是总有和我差不多的老师需要嘛，既然我自己都记录了，就“顺手”分享到群里，方便自己，也就方便了大家！

后面会议结束回到单位后，我才按顺序，又从头到尾把群里的照片分类，再次打包分享到群里，还是那句话，我自己需要，肯定也有其他老师需要，顺手的事而已！

也正是我把这个材料在结束后还整理打包发到了群里，又有几个老师分享了他们工作的成果，包括公众号文章、校友约稿邀请等，我也顺势把我的2023个人总结那篇公众号发了进去，没想到一下子十几个老师，准确地说有十几个学校学工口领导主动加我微信，搞得我也受宠若惊！

那么，这次“显眼包”的经历，让我想到什么呢？第一，保持本真。因为我平时的工作和生活就是这样的一个状态，所以我在做这一系列动作的时候，是很自然的，并没有多想；第二，得到激励。当我得到大家积极正反馈的时候，比如群里有人感谢，有人主动加我微信，有人和我聊了很多工作感受，等等，又会强化我继续做下去的动力；第三，大胆推销。我一开始会认为这些学工领导可能不会欣赏我这样的辅导员，太闹腾、太有个性，其实不然，你并不是需要所有人都肯定嘛，包括今天早上还有某大学的一个招就处处长加我微信说，看到我在群里的文章很精彩！这个对我真的是非常大的肯定，如果大家未来有机会在各种培训、会议、学习中交流的时候，一定要多多地推销自己，总会有和你同频的人看到你的光芒，然后认可你、走近你，让你成为你自己！所以，何不做一个快乐的“显眼包”呢！

元气金句

当代“显眼包”必备3要素：主动融入、认真分享、大胆推销！

元气加油站

1.浙江越秀外国语学院辅导员赵莹老师

【元气心得】“显眼包”是这几年经常会被提到的网红词汇，一开始对于这个词持有“贬义”的理解，因为从小父母的教育、老师的教育、朋友的提醒都是：高调做事，低调做人。没事别出风头，高调死得快，枪打出头鸟等。但随着这个词汇向网络流行语言领域转变，它的含义已逐渐弱化了贬义意味，转变为中性词。印象比较深的是一篇叫“谢谢你，那些火出圈的显眼包”，描述了每个领域都有自己的“显眼包”火出圈，比如大家都比较熟悉的舞蹈界“显眼包”奖——科目三，这些“显眼包”是个性创业创意的最好体现，也是社会活力的最佳注脚。今天有了陈姐姐的解读，对于这个词汇有了褒义的理解，因为“显眼包”其实是实力的象征，把自己练就成“显眼包”非一日之功，需要久久为功，才能让人显眼起来丝毫不扭捏、投入并且充满成就感。所以当“显眼包”不仅需要有能力、水平，还得有勇气。

群里的各位小伙伴，让我们一起向陈姐姐学习，争做学习能力出众的“显眼包”，做工作态度认真负责的“显眼包”，做勇于尝试、善于创新的“显眼包”吧！

2.厦门城市职业技术学院辅导员涂晓婷老师

【元气心得】早上听了“显眼包”的分享，其实很多时候我们聚焦自己的需求勇敢表达的时候，很容易被认为是“显眼包”，因为敢想敢说，因为与众不同。但是我们的诉求是存好心的，因此也比较容易收获认同和欣赏。陈姐姐影响了整个“领导圈”，也被“看见”了，收获了更坚固的友谊，感觉非常棒。生活中我也经常有这种“显眼包”的行为，比如做法和常规有所不同，想法和圈子有点不一样，结果是好的，过程是好的，那就足够了。向陈姐姐靠拢，做那个“独一无二”的“显眼包”！

3.遵义医科大学珠海校区辅导员钟仁云老师

【元气心得】陈姐姐的北京培训“显眼包”经历，让我想起去年浙大培训，因为之前去过杭州，培训期间经常给大家发“研学”攻略，培训结束后在群里分享培训期间老师们提到的国家最新文件汇总，得到大家点赞，加了很多参训老师们的微信。在学校辅导员群体中也经常分享工作、生活经验，有时候也会犹豫，自己没有突出业绩，经常“出风头”合适吗？但是想到影响辅导员可以影响更多学生，使更多学生获益，也就继续做了。往大了想，其实中华民族伟大复兴需要更多“显眼包”，因为中国走的是改革开放的发展道路。改革就是深挖国内资源，其中最关键的就是人才资源，“显眼包”的存在是推动人才资源发展的重要推手。开放就是分享资源的思维，“显眼包”也是这种思维，主动融入、认真分享、大胆推销。所以，“显眼包”的价值在这个时代是真价值，与大家共勉！

4.浙江中医药大学辅导员丁艺雪老师

【元气心得】今天的关键词真是“吓”到我了！先收下我的点赞。刚开始工作就被教育：“枪打出头鸟”，做“显眼包”是要吃苦头的。也不知道是因为相信说话的人，所以甘愿被规训，还是心里原本就害怕，于是把这个作为借口逃避。反正我从“显眼包毕业生”变成了“泯然众人的辅导员”，这种“收着打”的难度真不是一般地高，比一路高歌猛进还要难，关键是自己不舒服。这几天看到陈姐姐开启的关键词都很“生猛”，触及的都是我以前不敢表态的观点，总算看到了例外，有观点，敢表达，善沟通，活得潇洒精彩，太棒啦！羡慕一下！我也要开工啦！

5.四川卫生康复职业学院辅导员李秋虹老师

【元气心得】时兴的“显眼包”是外在形象、性格特征、能力特点在一群人中“与众不同”“引人注目”的存在。以前的显眼包在四川话中有“宝器”的意思，略带嫌弃，爱出风头的意思。时移世易，“显眼包”有了更加积极正向的解读，陈姐姐的解读更是突出了辅导员显眼包的特征。对比陈姐姐在培训、人群中的主动积极，个人觉得我还需要继续打开自己，要更加积极主动地融入进去，不要因为不好意思、怕说得不好而放弃分享的机会，大胆推销自己的成果，这样才能遇到更多优秀的小伙伴。自从加入微课堂群，越来越喜欢群里的“显眼包”老师们，都是积极分享、走心分享的小伙伴，就像心理学上的“同质效应”，因为是相似的人，所以吸引到了一起。学生“显眼包”的出现，可能是“渴望关注”“自我表达”“社交需要”“竞争心理”，所以针对这部分同学可以稍加关注，说不定会有奇妙的碰撞！

6.湖北生物科技职业学院辅导员胡晶晶老师

【元气心得】今天我的关键词是：做一个快乐的“显眼包”。听到陈姐姐在培训当中做了一个非常正确的正向的“显眼包”，我自己其实也是具有“显眼包”特质的。在读书工作中，我的性格就比较活跃，喜欢发朋友圈，喜欢在群里破冰聊天。但是，有一天，当我听到朋友对我说，你是不是觉得自己现在混得蛮好？回想父母经常会说，做人要低调，不要太过显眼，枪打出头鸟。渐渐地，我关闭了QQ空间，停止了发朋友圈。

自从结识到陈姐姐，我发现我和她的性格很像，热情、热爱学生。接连这几天我都会在工作群里主动给大家分享一些工作心得，鼓励大家，一对一地夸同事。我记得上一次在夸一位老师的时候，他回应的是：我在捧杀他。从那以后，我很少在办公室去夸别人。

现在我听到了陈姐姐的“元气微课堂”，我还是决定做自己，我还是想去发现身边每一个人身上的优点，想正确地去表达自己。我现在发得最多的一个词就是“分享给你”。同时，我也收到了一些朋友对我的点赞。看看身边的一些网红、大咖、领导、项目带头人，哪一个不是打破常规、主动融入、事业上有成果的？哪一个不是会分享、会大胆推销自己？这些正向的表达就是成功的软实力。我所需要做的就是马上行动、及时分享、用文字总结，为下一步工作做准备。

7.甘肃卫生职业学院辅导员花蕾老师

【元气心得】听了陈老师的语音，我觉得我就是“显眼包”，在学校以及省里培训我就是代表我们学校或我们组发言、组织规划的那个人，有时候也说得很实在，但是难免也会有点过（但确实是问题）。上次我们处长主持毕业班就业会就让我在全省大会代表我们学校发言，话筒递给我，我就正儿八经地“胡说八道”了一顿。我在学院辅导员里也比较“扎刺”，显眼。但是派给我的工作都能漂亮完成。提出的想法，院长、书记也说好，今年也报成一院一品的项目提交。我觉得“显眼包”有时候还是要当，这样我们的能量才能有辐射性、外延性。

元气关键词56

撞南墙

2023年12月的某一天，我被交警查车罚款了。原因是：我在每天上下班的必经之路上，有一个左转需要等红绿灯的地方很堵，我有时为了赶时间，就会从旁边的道往前开，然后在转弯前再挪回正道，这个过程就会压实线。当然我也是看很多司机这样做，自己偶尔也这样开一次，也没有发生啥事，心里对这件事就没有太大的防备之心！直到有一天，我又这样开过去的时候，突然有交警向我招手，示意让我停到一个地方，指出我压实线这件事，然后拿出手机拍照，又让我交出行驶证的时候，我这才恍然大悟！虽然整个过程处理得很快，但这是我开车十几年来第一次被处罚，心里还是五味杂陈……后来的后来，大家都应该想到了，从此之后，我每到那个地方，就算再堵车，我都老老实实地排队，有时候看到从岔道开到前面去的车子，我还想去提醒他们：别这样压线！你看，很多事情，只有自己真实地经历了，你才会从心里真正地理解、接受、改正，从提高认识，到改变行为，再到现身说法，反复强化，直到杜绝！

我想把我的这个经历，叫作“撞南墙”。那么，什么是“撞南墙”呢？就是当你在做一件事的时候，尽管周围的人也会告诉你这样做的后果（比如我之前也看到过别的车主被交警拦下来，但是我也没当回事），但是你却因为某些理由而选择一意孤行，或者执迷不悟，甚至有意而为之，直到自己遇到了那个所谓的后果，你才真的明白当初别人说的那个后果是什么意思！这个后果，可大可小，每个人的承受程度和带来的最终结果也是不一样的。

在我们实际工作中，有的学生不关注班群的通知，等某个申请奖助学金的时间过了，突然来找你他要申请，但是已经无法再补了，这个时候，有的学生可能会接受这个结果，而有的学生可能会纠缠，甚至过激。如果学生确实需要这样的资助，我们可以想其他办法加以帮助，但遇到这样的事情，我们更应该做的就是让他们自己“撞南墙”，而不是事后“救火”。所谓“规矩在前、做事在后”，只有严格遵守规则，执行规则，才能保证更多人的利益！

当然，如果这个后果还不足以让你幡然醒悟，可能还需要反复地去经历或者更大的事件叠加，直到后悔莫及！我之前有一个学生就是这样的，总是逃课，当时是系统考勤，就是人必须到教室里，才能识别到信号，但是他却一而再、再而三地逃课，谈话也多次，该联系家长也联系了，仍然没用，最终累积到了严重警告的处分进入档案，也正是因为这个处分，没有拿到学位证，一直影响到后面的工作入编，这其实是极为不划算的！

现在回想我之前的辅导员工作，很多时候我们都在试图帮助学生"拆墙"，因为我们一直把他们"当成孩子"，害怕他们"撞墙会受伤"，所以尽管每个学校、院系都制定了很多规章制度，但在在执行过程中都"形同虚设"。更多的时候主要依靠辅导员去给学生"做思想工作"，学生领情还好，能改变也行，可依然我行我素的大有人在，让制度失去了效力，也让一些习惯违反规则又没有得到惩罚的人"无法成方圆"！事实证明，他们该撞的"墙"终究还是会撞，该拆的"墙"需要独立去拆，不要因为我们的"护犊"行为，让他们在后期被撞得更猛烈！

再者，这个所谓的后果，也不一定是仅限于"不良的后果"，它也有可能是你持之以恒之后产生的一个新突破、新结果。一些领域、一些事情，是需要有这种"撞南墙"的创造力的，只要我们在这个过程中秉承"为他人持续创造真价值"这一主旨，我们就一定能够不断拓展我们的"墙"，直到你看不到这道"墙"，因为原本就没有这道"墙"！

元气金句

"撞南墙"的3个层次：从毫无觉察，到一意孤行，再到打破边界！

元气加油站

1.四川卫生康复职业学院辅导员李秋虹老师

【元气心得】一个人真正的觉醒，1%靠别人提醒，99%靠"撞南墙"。学生的成长，有的"墙"必须撞，有的"坑"必须踩，因为跌倒之后才会形成他直面社会和未来的勇气，才有能力应对未来人生出现的其他挫折。前段时间有个学生因为抑郁复学到我班上，行为习惯尤其是卫生习惯让同宿舍的同学有苦难言，因而找到我。一和家长沟通才知，她原来是家中最小的，所以一家人都很溺爱她，她有卫生问题也都帮她善后，导致她进入集体生活后根本不知道与他人相处的界限和规则，引发人际冲突。今天的关键词让我想到《拆掉思维里的墙》，生活也好，工作也罢，我们应该做到持续升级心智模式，直面人生的恐惧，走出我们的舒适圈，做自己的主人。撞了“南墙”，失败了，也为下次成功积累了经验，成功了，说明我们这次“南墙”撞得不错，打破了我们固有的边界，创造了更大的价值。

2.上海商学院葛欢老师

【元气心得】总会在合适的时间阅读到合适的文字，在工作中也会有“撞南墙”的时刻，会有不安痛苦焦虑，但往往也是通过一件件事情成长，这个时候也需要我们学会复盘。今天早上阅读浙江宣传的推文“繁华，凡花”，文中有个观点：能说服一个人的，从来不是道理而是“南墙”！

人生有两个问题：第一，找到问题；第二，把它解决掉。在苦难中体会和感悟，更加深刻地认识问题所在，更加主动地寻求破解之道。《繁华》中宝总曾说过：“从来没有不出错的人生，或许才是真正的成长。”在学生工作中，我会借用“仪式感”开展工作，用身边的案例和同学们分享，如考前签订诚信协议，让学生去按手印，通过这一个动作产生链接。在新生时就和大家“约法三章”，让同学们学会真正为自己负责。分享一个金句：有时候，我们应该闭上嘴巴，放下倔强，承认是自己错了，这不是认输，是成长。

元气关键词57

放假啦

从今天开始，我和很多同人就正式开启寒假了，不知道大家是如何看待这个假期的。说实话，我个人是非常期待这个假期的，也非常喜欢假期的节奏，因为我又可以有很多自主的时间来安排自己想做的事情，想想就特别美滋滋！

我也并不是每个假期都能如此惬意，疫情三年的假期和大家一样，被安排了很多工作，比如每天要盯着学生健康打卡，完成各种数据的报送，好像做完这些工作，就只想着休息了，所以假期真的也干不了什么。而疫情前的那些假期，一放假必先睡几天，然后这里玩几天，那里躺几天，一个多月的假期也就很快过去了，也没啥特别的感受！而且，一放假，娃也放假，生活重心就从工作上转移到了陪伴孩子上，很长一段时间，虽然我有假期，但是这个假期并不真实！

直到近两年，我对假期的掌控才越来越清晰和自在，这可能是我自己对假期的理解与需求导致了假期质量有了实质性的提升，从而对我整个的生活、工作状态也起到了潜移默化的推动作用，也间接影响了我和孩子的亲子关系，等等。

我仔细想了想，这样的模式转变，好像也是因为在疫情期间，经常需要居家办公，又不是完全放假的状态而慢慢养成的工作模式。就是你每天也是按上下班的时间作息，虽然多了一日三餐的内容，但是却少了每天2个小时的通勤，还增加了和孩子有效互动的时间，工作起来还特别高效，工作完了还能有大块的自主时间，真是一举多得！

比如从去年开始，一到放假，我就和孩子各自安排自己的假期计划，我的假期主要是用来读书、学习，孩子的假期也需要完成假期作业，除中途和朋友出去玩，大部分时间我们都在家里，和上班的作息一样。每天按时起床，然后吃完早餐，孩子做作业，我把午餐需要的菜配好，就开始做自己的事情，等到快中午了，孩子负责煮饭，我负责炒菜和洗碗，中午一起睡个午觉，又按时起床，继续我们各自的安排，晚餐简单点，吃完后我们一起运动，又一起看书……这样的节奏我和孩子都非常地享受！

去年寒假我也做了很多事情，从元旦开始就学了很多课程，又开始做抖音直播，设计训练营，思考就业课程，等等，非常地忙碌，最终大家看到我的2023年个人总结都震惊，我居然做了这么多事情。但是，就我个人而言，我并没有实现我给自己定的目标，我顶多是在某些层面感动了大家而已。

所以2024年的第一天，我给自己重新定了3个目标：一是挣到100W，二是出书2本，三是出国1次。为了完成我的这3个目标，我给自己从年度计划，到季度、到月，再到具体每一天，我应该完成的事情，制定了一个行动计划，接下来就是在行动中去验证、纠偏！请注意，我做这些事情，仍然没有半点的不情愿，正如元旦我在群里和大家说的那样：2024年，我们只有拿到了结果，才能为更多的人带去力量！我的这个结果就是我的3个目标，而你的结果又是什么呢？

之前也有不少辅导员加我微信，信誓旦旦地说：不想被工作裹挟，想考博、想评职称、想有自己的个人品牌，等等，可没过几天，又重新“回到过去”，遇到问题后，又再次“抱怨一番”，如此循环！我第一次遇到这样的辅导员，还会耐心地鼓励，认真地赋能，可反复多次之后，我发现“永远叫不醒那个试图装睡的人”，有多少人“把计划当许愿、把行动当演戏、把结果当玩笑”，却把别人的“成功当运气、失败当活该”。我在很多场合也都说过：没有失败，只有不行动！这里的行动，是对标你的目标之下的具体动作，是你做了这一步，能知道走到下一步的标准动作，不是“拍脑袋”的自我感动和感动他人！所以，在2024年1月已经过半的今天，你真的有认真想过你在2024年真正想要使命必达的那一件事情吗？比如你要设计一门课程，你要申报一个校级项目，你要考上哪个学校哪位导师的博士，等等。请你写下一件事情就行，从寒假第一天开始！

元气金句

放假并非对生活和工作的简单切割，而是对你一以贯之的生活和工作模式的高能补充和延展！

元气加油站

1.遵义医科大学珠海校区辅导员钟仁云老师

【元气心得】硕士毕业后，已经经历15个寒暑假，一开始就是玩、堕落，后面想着要利用假期提升自己，就做了一些计划，但是都无疾而终，没有达到预期结果。从第16个寒暑假开始，有意识地全盘规划，最关键需要一个核心目标引领，一个经过深思熟虑、时不我待、“昭告天下”的目标。谢谢陈姐姐，与老师们共勉！

2.湖北生物科技职业学院辅导员胡晶晶老师

【元气心得】人生轨迹和命运的改变，根本上取决于两种力量：一种是自己的认知力；一种是自己的行动力。这两种力量中，最根本的是行动力。认知有偏差可以矫正和引导，但行动不落实，空洞的认识毫无意义。越在躁动的环境中，越应该高度清醒，时刻能够沉下心来思考。昨晚听培培老师分享的课，结合陈姐姐的语音，更加深刻体会以终为始的目标、近细远粗的计划、拿成果导向说话的含义。将“知”落实在当下，知行合一！一句话，空谈无益，实干才能兴邦！2024动起来：（1）让自己身体动起来，每天坚持运动1小时，让身体充满活力；（2）考一个心理咨询师资格证；（3）大方谈合作！打造个人IP。

3.浙江中医药大学辅导员丁艺雪老师

【元气心得】2024年要完成的三件事：

（1）学完BCC，开始规律性生涯咨询，年度个案时数60小时；

（2）完成学校丛书（宁波卷）的编写付梓；

（3）参加两项省级比赛（思政微课、职规）。

对应寒假的任务：

（1）BCC课程+案例：课程时间1月22日—1月26日，杭州；

（2）丛书初稿编写，2月20日交；

（3）比赛文本、课程设计+教案，2月25日（开学）交。

其他计划：

（1）运动：每周一趟环湘湖快走；

（2）旅游：国内、国外各1个城市游，带上娃。

4.广东南华工商职业学院辅导员赖志聪老师

【元气心得】2023年总结和2024年计划还没写。大概今年要完成的五件大事：

（1）联系导师及准备报读博士材料；

（2）完成教育部项目1项、省级课题1项、地市级项目1项、校级项目3项结项；

（3）申报校级、省级项目或辅导员相关育人案例征集比赛各1项；

（4）准备省级精品课程及准备教学能力大赛材料；

（5）假期也开始学习试水直播咨询！

5.潍坊科技学院辅导员苑霞霞老师

【元气心得】2024年计划：

（1）心理咨询师培训结业，顺利拿证，顺利实操，寒假完成；

（2）阅读职业相关书籍20本，集中在辅导员基础技能、职业规划、管理学；

（3）完成职业生涯规划方向论文2篇。

日常习惯：分类随想随记，年底整理。

健身计划：体重目标105斤。

旅游：带娃省外旅游一次。

2024，过充实富足的龙年，一起加油！

6.江苏眼动生涯咨询师孙一文老师

【元气心得】今年最重要的目标是成为一个有职业胜任力并且总收入可以过十万元的学业规划师。

职业胜任力：

（1）加深对于政策的获得与理解；

（2）生涯理论的深入理解与应用；

（3）测评的解读能力；

（4）专业，行业，企业等资料库的建立；

（5）辅助学生加深自我认知（价值观、学科、兴趣、人格、能力）。

建立产品矩阵与销售：

（1）待梳理（1 月完成）；

（2）借助外脑调整；

（3）制定行动计划并落实。

7.浙江越秀外国语学院辅导员赵莹老师

【元气心得】2024年完成以下事项：

（1）发表核心期刊一篇，市级课题立项一个，争取省级课题立项1个；

（2）凝练党建品牌，为申报市级德育成果奖积累素材；

（3）每两周一本书，每天锻炼半小时；

（4）重新梳理学生生涯与就业课程，更新教学大纲与PPT，带学生去走访10~15家企业。

8.德州学院辅导员王培培老师

【元气心得】回顾疫情三年假期和疫情之前的假期：忙忙碌碌、浑浑噩噩、自我表演、自我感动，可视化成果为零。2024年，我们只有拿到了结果才能为更多的人带去力量，因为结果不会陪我们演戏。立志自己在2024年六月之前考上首都师范大学岳欣云老师的博士。以终为始，制订三个月备考计划，以及每天的学习计划，小四十天的寒假除了早晚陪娃，一切围绕这个目标来。感谢陈姐姐每天“元气微课堂”如及时雨一般点醒我、督促我。

9.中山学院辅导员余建萍老师

【元气心得】2024年完成以下事项：

（1）写3篇论文，最少发表核心期刊1篇；

（2）完成校级课题1项；

（3）组织大学生沙龙20期；

（4）读书会领读20期；

（5）阅读10本思政类书籍。

感谢陈姐姐引领，感谢群里的小伙伴赋能！

10.四川卫生康复职业学院辅导员李秋虹老师

【元气心得】

寒假待办事宜：

（1）梳理2023年的学习笔记，主要围绕学习成果的落地，看还有什么是我可以做的；

（2）完成学生大一上学期的诊改事项；

（3）开启学生寒假赋能网上学习方案。

2024年计划：

（1）省级辅导员课题结题；

（2）指导学生立项2024年大学生资助计划1项；

（3）文化育人生涯团辅落地实施；

（4）指导学生立项2024年三下乡社会实践5项（所带班级每班至少立项1个）；

（5）22级护理专业的求职日历（整理出实物，纸质版免费赠给下学期职规成绩80分的同学）；

（6）职规1.2的迭代升级；

（7）和同事一起指导的互联网+创新创业大赛项目，争取实现护理学院三大赛零突破；

（8）完成实习生临床思政案例的收集；

（9）和每一个医院联办班的同学深入交流一次，在进医院前帮他们梳理好个人成长方案。

新的一年希望更加努力，也请群里的小伙伴们监督。

元气关键词58

接纳

今天去孩子的学校做了一回监考老师，因为是交叉班级，所以我找教室还找了半天，差点就迟到了！来到教室门口，正好看见一位老师拿着卷子走进班级，我也就跟着走进去，只见一群孩子看着我，气氛稍微有点尴尬。那位老师开始维持纪律，大概说的是，你们要认真考试，不听话的孩子会被记名字之类的！很快，老师就递给我一摞卷子，让我按7人一份数出来，分别发给每个小组，让他们传下去，这个工作我熟悉啊，很快就搞定。老师让大家先写姓名，不要答题，要等铃声响起才能动笔，所以又进入了5分钟的尴尬时间，有的小朋友开始左顾右盼。紧接着老师又突然说："你们的某某老师今天中午都没睡好觉，千叮咛万嘱咐让我告诉某某同学和某某同学，你们一定要好好答题，还有你们的作文一定要都写完……"说完，孩子们又是一阵骚乱，看来被老师"温馨提示"的这两个娃估计平时也没少让班主任费心！

随着上课铃声的响起，大家很快就进入做题模式，我按照大学监考的要求，在教室里走来走去。那位老师过来给我说："没事，你累了就坐着！"可我因为看着有学生在那里交头接耳的，想着还是走动走动为好，总不能看着他们有苗头也不管吧！接着，我就开始观察这群5年级的小学生考试的百态了。只见他们有的跪在凳子上写，有的写两句歇半天；有的总想看旁边同学的卷子；有的在奋笔疾书；有的不停地回头看墙上的时钟；有的从座位抽屉里拿出坚果补充能量；还有的不慌不忙地喝着纯牛奶……那位老师一直坐在讲台那里整理材料，我则在教室走来走去，有一种这个考场是我的主场的既视感！

有很多瞬间，当认真看着孩子们写卷子的样子，我似乎可以从他们的面部表情中，预判出他们未来的样子。有的胸有成竹；有的怡然自得；有的投机取巧；有的懵懵懂懂。但共性是，他们都在调阅自己头脑中的知识，把他们"搬运"到卷子上。只是有的人轻松调阅；有的人费劲调阅；有的人无法调阅……只有极个别孩子我能感受到他们是在享受知识验证的过程！

时间就这样一分一分地过去，还有30分钟、20分钟，直到下课铃响起，孩子们突然沸腾起来，欢呼着：终于考完了；今晚又可以打游戏了；我们放假了之类的话。可把我吓了一跳，我以为这样的场景，是专属于高考的孩子们，一次小小的期末考而已，就已经让孩子们这么欢呼雀跃了，只能说这些孩子是很容易满足的，也挺好！

整理完卷子之后，我就回到女儿班上等她放学，在教室门口碰到数学老师。她一脸愁容地告诉我，女儿的数学期末考只考了80多分（没上班级平均分），还和我说了很多其他的事情，最后建议我要抓一下孩子的学习和身体（因为这学期确实因为生病请了一个多月假）……然后我陷入了纠结：一方面，我确实没有参与过女儿的学习，我认为她已经非常省心了；另一方面，如果按照老师的建议，我和女儿又势必需要开始一场“用外在评价标准来评判成功与失败、优秀与不优秀的漫长人生”，这真的是我期待看到的吗？回家之后，我把数学成绩告诉孩子，孩子抱着我哭了，我居然也哭了，好奇怪的感觉！

孩子说：“妈妈，我没考好！”我说：“分数考多少并不重要，妈妈更在意的是，你学的知识到底掌握得如何？上课的时候，你究竟有没有听懂这些知识呢？”孩子说：“我都听懂了的！”我又说：“那你学的这些知识，有没有用到日常的生活中呢？比如这首古诗的作者是在什么情况下写出这个作品？他为什么要写？它对我们现在有什么影响？一个公式，你背下来了，到底能不能在不同的场景下去使用？所以你会发现，你在做题的时候，好像是都写了，可能最终是写错了，因为你并没有真正搞懂它背后的意思。”我接着说，“并不是非要学到硕士、博士才厉害，社会是看你这个人最终会做什么事情，来提供对应的岗位，或者你凭借自己掌握的知识去创造出全新的岗位。你现在学的这些知识，除了真正的掌握之外，还需要为别人提供更大的价值，解决更多的问题，从而才能实现你真正的价值！”

当我们遇到以上情况，是按照大众的标准去适应、去折中，还是另辟蹊径呢？我想做的是，接纳。也就是，不管孩子做了什么选择，得到什么结果，只要是她深思熟虑的，哪怕是懵懵懂懂的，她能够乐享当下就挺好！而不是眼里无光、脚底无力、满腹抱怨地活着，祝福我们和我们的孩子都能享受当下，自给自足吧！

元气金句

接纳就是：对心里的期待说，NO！对发生的状况说，YES！

元气加油站

1.潍坊科技学院辅导员苑霞霞老师

【元气心得】人们要在生活和工作中获得幸福或者满足感，就会有多多的期待，期待自己的成长，期待环境变好，期待子女健康快乐长大，然而事实有时总是那么“不近人情”，正所谓不如意事十之九八。那么面临种种不如意，就要“认命”“躺平”吗?

近段时间看到一个评论很有意思，说猎豹捕捉瞪羚羊的路径，迈出的每一步都是错的，但是它每下一步都是在纠正上一步的错误，最终捕捉成功。我想接纳就是：我们勇于正视自己当前的现状，思考接下来的行动，让下一步更接近成功，哪怕最终不成功，也是一个阶段的失利，可以看成是前进得大一点的步伐，我们依然有“下一步”。接纳当下，坦然面对，前行不辍。

2.遵义医科大学珠海校区辅导员钟仁云老师

【元气心得】学习教育学专业7年的我，每每看到中小学校里还是在大量灌输知识、题海战术、老师讨厌上班、学生讨厌上学，很是心痛，这些明明都是在违背教育规律。后来理解了一些，高考“指挥棒”在那儿，大家不得不卷分数，高考又是当下最合适的有限高等教育资源的选拔机制，因为要面向全体学生，城里和偏远农村都要兼顾，不仅是教育本身的问题，还有民生和其他的问题。我爱人是小学语文老师，她说她们学校老师都觉得大学老师家长最难搞，都很佛系。农村家长没有什么资源和学识，他们只能让孩子卷分数来获得好的高等教育资源，得到孩子和家庭的阶层跃升。大学老师有很多资源，从胎教就开始了教育，早教、亲子陪伴阅读、游戏、培训班、假期的研学等，孩子从小就看遍了世界，分数已经不是最重要的了，即使以后考不上名校，综合能力很强，毕业后的发展潜力还是很大，后劲很足。“佛系”的高校老师家长们承受的心理压力估计更多的不是来自孩子分数不高，而是来自被老师找家长。不同家庭做出的不同选择，就是接纳当下的选择。

3.江苏眼动生涯咨询师孙一文老师

【元气心得】我觉得人生最宝贵的权利之一是成为独立的人，可以体验被旁人看好的事情或者不被看好的事情……在体验中人可以更充分认知自己，在动态调整中再出发，碰撞出自己想要的人生，用坚定的力量向着这个目标前进。

独立不是个体凭空就出现的能力，需要他的支持系统共同起作用，从小重视抚养者的培养、老师学校的教育、社会生活对试错的氛围。

我自己是掀起过一场“起义”的，在与父母漫长的斗争中，获得使用自己人生的勇气，拥有独立自主权。我敢于去尝试；敢于去承担后果；敢于过自己的人生而不是满足重要他人的期待，非常美妙的感觉！生命不息，课题不止，最近的课题是催生。非常感谢父母，他们也在成长，也在学会对心里的期待说：NO!对发生的状况说：YES!

PS：我觉得人可以对自己有期待，对自己有要求，但不要把你的期待施加于人，我认为这是对你好，你要感恩并且做到，否则就是不知好歹！

4.四川卫生康复职业学院辅导员李秋虹老师

【元气心得】陈姐姐今天对于接纳的定义不再是全盘接受，而是对某些期待的拒绝，和对突发状况的坦然处之。金句“对心里的期待说NO，对发生的状况说YES!”体现了对自己更大的包容和认可，希望新的一年能够更加接纳自己。学生特点的快速变化对于教育的冲击还是蛮大的，有的时候我也在思考应该激发学生还是更加“佛系”地任其发展。从小学到高中有高考的“指挥棒”在主导，那大学呢？用什么来检验呢？用什么去驱动呢？就像陈姐姐说到的价值，对于部分学生而言是她的驱动力。那没有驱动力的同学我们可能要花更多的时间让她去寻找自己的价值点，更多地去尝试。

5.云南医药健康职业学院辅导员齐思明老师

【元气心得】自己还没有孩子，但是家人群里的鸡娃家长真的是每天都在卷，孩子分数一降低家长就崩溃，真的是崩溃。从作为辅导员的角度来讲，自己目前无娃，如果有可能会提前规划，接纳孩子的分数，用长远发展的眼光看待孩子的成长和进步，所以还是要先学东西，学一些规划知识。不知道自己的见解能不能经得住现实的考验，但目前是按照这个方向思路在提前谋划。

元气关键词59

拒绝

大家都知道，每天上班我都需要开车往返近两小时的路程，于是我和2位同事轮流开车，这样下来，一周5天我们每人就开1~2次，既缓解了开车的疲劳，又节约了油费，还加强了沟通，非常合拍！

前几天发生了一件事情，当天是我开车，我和一位同事按往常时间开车回家，驶出学校大门，在前面的红绿灯处等绿灯的时候，同事接了一个电话，另外有一位同事想要搭车，可我那个时候已经通过路口往前开了，如果要掉头回去接那位同事，就要绕好大一个圈子。于是，当车里的同事问我要不要去接一下那位同事的时候，我脱口而出："不接！"说出这句话之后，我也觉得好像有点不近人情，说话太直接，会不会让同事误会啥的，但是转念一想：既然都说出去了，懒得解释，就这样吧！回家之后，我就把这件事忘了。

第二天早上，我们一边开车一边聊天，昨天和我坐车的那位同事突然又提到了这件事，说我说话太直接了，昨天那位想搭车的同事后来是打车回家的。我又再次回忆起那时的自己，为什么会这么直接地拒绝呢？一是当天中午娃跟我说头晕，我担心她又发烧感冒，想早点回家；二是我自己那两天也头重脚轻，感冒加重，想赶紧回家；三是确实绕一大圈非常不方便，我们学校门口在修路，搞得乱七八糟的，绕回去至少又要耽误10分钟，可能沿途还会堵车，回家又会耽误时间；四是每次那位同事想搭我们车的时候，沟通的时间都比较迟，经常打乱我们既定的回家时间，等等。这是我当时在等红绿灯快要启动的几秒钟的快速反应，我当时只能往前开，掉头的话，也是要开到前面的路口再回来，所以我义无反顾地拒绝了！同事说的意思，也是为我好。她说："你可以委婉一点拒绝嘛，当时手机扩音器是打开的，你这两个字别人听到多不好！"但是我都这样做了，虽然她并不知道我有这么多原因，如果因此那位同事就对我产生什么不良印象，我也接受！但是如果我因为当时抹不开面子，不情愿地绕回去接她，我也会产生不快！

所以我在反思，就这么一件小事，对自己、对同事，居然造成了这么多困扰，到底是为什么？我那个同事说，她当天晚上很认真地思考了我的整个过程，她说她肯定不会这样做，说我处理得太过自我。我当然没有生气，这个时代，还能有朋友真心点出你的问题，实属难得。我也把自己当时的想法如实告知，她们能接受，但是她们也说，可能不了解我的人，不一定能接受！

那么，问题又来了，我需要让每个人都喜欢吗？我需要每件事情都做到别人满意吗？我需要某一件事没有达到别人的期待就自责、内疚吗？我需要调整自己，等下次这样的事情再发生的时候我做得更好，让别人对我刮目相看吗……我不需要！真的不需要！当然，这是我的选择，你可以有你的选择！

我回忆了一下工作十几年的经历，我真的是那种家里没有钱、也没有权的普通百姓，以至于当初本科毕业留校，周围的人都以为我们家是有什么关系的，我们当时一起留校的5个人，我敢说都是没有依靠什么关系的，他们都是本专业的综合排名前几名，我虽然成绩不是最突出的，但是综合素质还是数一数二的。所以在我的眼里，什么事情都可以靠自己去创造，我从来没有为了得到什么而去“溜须拍马”，我都是做出什么结果之后让别人“刮目相看”，这也仅仅是我想做的，并不是为了得到而去做！但非常幸运的是，当你在应该做的事情中全力以赴的时候，你的机会、贵人、结果也就接踵而来，所以你让我这样的人，去费尽心思迎合别人的期待，是一件非常“烧脑”的事情，除非我乐意，否则我一点都不快乐，更做不出来！

这里还需要补充一点，我拒绝的背后是对自我真正价值的笃定，当被我“拒绝”的人在另外一件事情上需要我，且我能满足的时候，我也一定会是那个全力以赴去完成或协助的人！所以，别再被“拒绝”打乱，你需要大胆“拒绝”，然后坚定地去做你应该做的事！

元气金句

拒绝是一种对自我价值笃定后的选择，它不需要技巧，只需要习惯！

元气加油站

1.潍坊科技学院辅导员苑霞霞老师

【元气心得】今天听了陈姐姐的分享，总结出了五个字：拒绝的底气。我的性格是很难去拒绝别人的，看上去是个老好人，但实际上确实有太多因不会拒绝导致的不开心。学习心理学后，懂得了人与人之间是有边界的，我尊重他人的同时，也需要被尊重，理解他人的同时也需要被理解。拒绝或许就是在那个边界处，越界了，就要勇于拒绝。这样一来，内心就舒服多了。所以知识学习永远是增加底气的有效路径，理论加实践，自我价值不断形成和探索，于是拒绝也有了底气。

今日金句：拒绝是一种对自我价值的笃定。

必修课程：自我价值的探索。

2.湖北生物科技职业学院辅导员胡晶晶老师

【元气心得】拒绝，其实这个词经常被看到，但是我却很少说出口。就比如说最近朋友跟我约了很多次要出去见面，但是因为工作不好意思拒绝，就把工作的通知截图发给朋友，还想着请假和她一起出去，解释了一大堆，结果朋友很直接地说让我以工作为重，取消了。还有一次，朋友到学校来看我。为了尽到礼数，我执意要开车送她回家，但实际上自己的小孩马上要去上辅导班，结果一路上孩子不停地打电话，朋友坐在车上听到也很是尴尬。说到底，我还是对自己的选择不够笃定。看似为了面子在为别人着想，其实为难自己，结局也不美好。如果我学会干脆地拒绝，是能减少个人时间和精力的浪费及不必要的麻烦。成年人的拒绝就是坚定地倾听自己内心的声音，果断和干脆，不消耗自己，不耽误别人，才是真正的善良。

3.浙江中医药大学辅导员丁艺雪老师

【元气心得】今天的主题再次印证了我对陈姐姐的印象，因为勇敢，所以自由。我们都懂拒绝的好处，但却时常因为各种各样的原因不去拒绝，碍于面子，担心错过机会，害怕被人讨厌。刚刚听完的一起播客也是这个主题：想要自在如风，就要狠狠发疯。

有时候我们特别是女性，真的很难拒绝，更难向对方提要求，因为害怕自己被人拒绝。昨天去台州家访，学生的母亲因为无法拒绝婆家的无理诉求一直在受苦受累，连带着孩子都出现了心理问题。家长面对我这个第一次见面的老师，眼泪止不住掉下来，委屈自己看起来是我们最擅长的事情。好了，发疯几次也无妨，拒绝了被讨厌又怎样，不去做取悦他人的天使，首先关照好自己的灵魂！

4.江苏眼动生涯咨询师孙一文老师

【元气心得】拒绝别人和自己被拒绝好像都是一件让人感到有压力的事情，它背后的原因之一可能是把拒绝与个体本身相联系，我不仅拒绝了这件事还在拒绝这个人，如果有这样的联系就容易产生自我否认。面对生活有无限游戏与有限游戏两种假设，无限游戏的心态让事情没有终点，没有好坏的结局，一切都是下一次的开始。

如果自身有独特的价值，你有别人无法拒绝的诱惑，那在生活中的主动权更大，选择权更多。拒绝代表着注意力的分配，自身能量的分配，是把自己宝贵的注意力与自身能量投入最重要的事情而已。

5.厦门城市职业技术学院辅导员孙云莉老师

【元气心得】每次陈姐姐的课和大家的心得都让我很有收获，我也不会拒绝，因此吃过大亏，分析过原因，也觉得根本原因是自我价值感低，别人比我更重要，甚至是燃烧了自己去满足别人的期待，就是如此不敢搏了别人的面子。痛定思痛，就是要爱自己，不要委屈自己，不要做取悦别人的天使，每个人都有自己该承担的责任，不该牺牲自己去当救世主。育儿中，爱孩子，让孩子的自我价值感高，他/她才不会委屈自己，避免很多不良情绪和损失。

6.德州学院辅导员王培培老师

【元气心得】今天这个话题特别有力量，在生活中也会经常遇到，我们真的没有必要让每个人都喜欢，更没有必要每件事情都做到让每个人都满意，因为这几乎是不可能的。

在生活中大胆地拒绝是一种内在有力量的体现，也是对自我价值的一种笃定。刚工作的前几年，我也会因为抹不开面子，各种工作、各种事情都去接，无论自己是否能承担。疫情期间舍着两周的孩子，长期不回家，自己的身体也垮掉了。

但是现在，属于我分内的工作，我会全力以赴地把它做到最好。不属于我的，如果没有事先沟通，超出我的预期，我会勇敢地拒绝。有时候别人反而因为你的拒绝，知道了你的底线，也知道了如何更好地与你相处。希望别人如何待自己，先好好待自己。这不是自私，这是最起码的自我关照，因为爱满才能自溢。

7.四川卫生康复职业学院辅导员李秋虹老师

【元气心得】拒绝这个词对于初入职场时的我真的好难，那个时候担心拒绝会让同事觉得你不合群，难以在团队中立足。但久而久之，自己会感觉难受和疲惫，因为“老好人”的性子，同事们不想值的班会找我，回去打不到车时会明里暗里想让我把她送到家，甚至排课也不会过问我的意见，直接把我和某同事的课对调。基于这些让我不舒服的操作都是我“来者不拒”带来的副作用。就像陈姐姐说的那样，“没必要让每个人都满意，也不需要去达成每个人的期待，选择做自己就好了”。跳出“老好人、便利贴”的设定后，似乎拒绝也没什么说不出口的。后期就是需要调整自己拒绝的方式，减少因为拒绝这个事情本身给我工作、生活带来的麻烦。未来我想做一个更鲜活恣意的人，做自己的选择，对得起自己的期待，活出自己喜欢的样子！

8.云南医药健康职业学院辅导员齐思明老师

【元气心得】陈姐姐今天说起拒绝，最近在职场上也在拒绝领导多给我安排的工作。一提起这个工作心里就很排斥，后来我自己仔细思考了一下，到底怎么拒绝才能不驳领导面子，让关系不这么尴尬？跟家里人聊天时突然提到：当你依赖一个人时，你永远都只能被拿捏，会被这个人一举一动影响，如果不依赖别人只靠自己，你就不容易被拿捏了。幡然醒悟，我为什么非要依赖这个领导呢？他不喜欢我，我的工作也能照干，也会好好干，也有自己的出路。所以最近我在反思：既然领导强加给我的这个活我干不了，就趁早说，趁早拒绝，不然总被这些和自己本职工作无关的事压倒。所以我开始拒绝，用冷方式先让领导知道我做不了，再到开学时和领导好好说“自己实在精力有限，让他另选他人”，其次放平心态，不要在意，脸皮厚一点，不然永远推托不掉。

9.广东南华工商职业学院辅导员赖志聪老师

【元气心得】拒绝，就不要想着将心比心，只需要遵从本心。做自己想做的事，做自己能做的事，做自己擅长的事，是非常美好的。以前总不懂、不敢拒绝，现在能毫不动摇地拒绝，背后是有一定实力赢回来的尊重与勇气。

元气关键词60

社恐

“社恐”这个词，从我嘴巴里说出来，肯定很多人都很诧异，其实我也有点诧异！为此，我专门去查了一下它的由来和定义，不查不知道，一查还真吓一跳，网上关于这个词的解释可谓铺天盖地，所以赶紧关闭！

我之前经常听到别人说起这个词，在网上也经常刷到相关的解读，在没有深刻体悟之前，我把这个现象简单归结为：当代年轻人逃避现实的一种说辞而已，会随着时间和认知的提升而更迭、发展，甚至消解，不用太在意，就类似现在大家经常说自己“躺平”“内卷”一样，其实很多时候，能用一个词来表达自己当下的某个状态，不用多费口舌，大家都能秒懂，也是件挺幸福的事情。

不知道是不是因为听得多了，还是自己最近的心态变了，连周围的同事都明显感觉我变了，变得安静了，没之前那么聒噪了，喜欢思考了……

前段时间去北京开会，主办方晚上组了个饭局，我就问：“有哪些人参加？”说约了几个专家库的老师，还有几个学校的学工领导。我又问：“我非要参加吗？”对方说：“还是参加一下吧，累了可以早点走！”说实话，我当时挺不想去的，一是当天坐飞机挺累的，二是我一贯不喜欢饭局，特别是陌生人饭局，而且还有领导在，更是不知道要聊什么。吃饭嘛，难免还要敬酒喝酒，有时候还有人抽烟，我就特别难受！

我是第2个到的，进门发现朱老师已经先到了，我就说：“朱老师，如果不是知道你也来吃饭，我都不想来了，我现在有点‘社恐！’”朱老师一听就笑了，说：“陈姐姐，你怎么会‘社恐’，就吃个饭而已，你不喜欢就吃完早点走！”很快，陆续进来很多人，这些人都是之前在笙芽的专家课海报中看到过的，真的有点亲切，所以当他们走进来的时候，我体内的那种“热场”基因就自然浮现了，没说两句，我就开始张罗大家坐，还带动大家面对面建个微信群，让大家分享一下自己的海报，这气氛一下就热闹起来了！然后朱老师说：“陈姐姐，这就是你说的自己‘社恐’吗？你这明明就是‘社牛’啊！”

可到了吃饭的时候，我又整不会了，看着大家左右照顾着旁边的人，看着大家觥筹交错，看着大家你来我往，而我就坐在位置上，吃我喜欢的菜，不知道怎么进行这场交际！有的人“走一圈”到我这里，我也会恭恭敬敬地回礼；有人加我微信，我也会主动分享我的名片；我也会从旁边的老师开始分享；也会对一些气场很强的人刻意保持一定的距离，对自己感兴趣的人和话题也会主动出击。总的来说，就是：感恩遇见、各取所需！

我理解的“社恐”并不是真正医学上的“社交恐惧症”，而是基于一定的社交目的所形成的“选择性交往综合征”。也就是说，当我们在一个社交场合公开表达自己“社恐”的时候，其实只是个体在应对陌生社交场合的一种自我保护的“伪装”而已，或者叫“烟幕弹”，它可以为你后面的社交实战“打个底”。比如当我必须要参加这场晚宴时，我心里是“没有底”的，所以我下意识地想到了“社恐”，为我自己的不想说话、不想喝酒、不想交际“打个预防针”，也让我更加有胆量走进这场陌生晚宴。

一旦你进入社交场域，你就开始了一场社交实战，你就必须尽快撕下“社恐的外衣”，根据你对这场社交的需求，快速分配你的社交能量，来达到本次社交的目的。比如你可以在来之前问自己：你参加这次活动的目的是什么？哪些人群能满足你？如何满足？你应该从哪里切入？只有你速战速决，得到这场社交你想要的，你才能尽快回归到“社恐”模式，而不是在“要不要社交”的犹豫中失去你真正想要的。比如我当时想着既然要去参加这场晚宴，那就多认识几个人吧，所以一到那里我就主动寒暄，热心建群，我给自己定的目标几分钟就完成了。然后吃饭的时候其实是进入社交实战的决胜点，是对你的社交目的是否真的达成的验证环节，所以我当时选择收回了我的能量，认真观察一下哪些人才是真正与我同频的，为下一步持久社交积蓄能量。我当时就发现有一位专家是畅销书作者，我自己也正好想出书，于是就主动过去请教他出书的经验，受益颇多！

所以你看，“社恐”也好、“社牛”也罢，这种身份的自主切换，在一个明确的社交场合下，重要的是你对你的需求是否真的明确，你对别人能否满足你的需求是否清晰。当然，最重要的是，你是否也能为别人的需求提供超值的满足，不然，有可能别人也会选择用“社恐”来回避你的“社牛”！

元气金句

社恐就是我选择不“社牛”！

元气加油站

1.江苏眼动生涯咨询师孙一文老师

【元气心得】同一个词，对于每一个人的含义都是不同的，比如“社恐”。相信一个人说出我是“社恐”，那一定有自己觉得“社恐”的原因，但是这个原因是他独有的，不一定和网络词的含义一样，也不一定与我对“社恐”的理解一样，如果想要深入了解，最好可以进行澄清，避免造成误会。

了解了陈姐姐的“社恐”，我感觉是对自我认知与社交技能的清晰运用者，清楚地了解自己在哪些方面擅长，哪些方面不擅长，在社交的不同阶段，可以采用不同策略，匹配自己的需求。

人有时不是“社恐”，而是不需要那么多社交刺激。内、外向的人能量回流方式不同，内向的人倾向深入交流，倾向一对一沟通，需要思考的时间。外向的人喜欢在人群中交流，更多的外部刺激会让他们兴奋。个体不同，生活方式不同，别给自己贴标签，限制自己。认知自己，探索适合自己的生活方式。

2.浙江越秀外国语学院辅导员赵莹老师

【元气心得】今天的话题让我想到一本书——《无压力社交》，这书里对真正的“社恐”给出了三个关键词：过度敏感、负面思维和安全行为。其中，过度敏感意思就是“社恐人士”常常把所有的注意力都放在自己的反应上。他们会在参加社交活动之前就如临大敌，控制不住地想“我一定会搞砸”。负面思维指的就是总是用消极态度去解读别人的反应。例如，工作上求同事帮个小忙，如果被拒绝，“社恐人士”会消极地解读成：因为我很讨人厌，所以对方拒绝我。但事实很可能完全相反，对方可能非常乐意帮忙，只是暂时有别的工作忙不过来。安全行为就是一些让社交焦虑者感到安全的行为，比如回避和他人进行眼神交流，试图把自己的手或脸藏起来，从不谈论有风险或有争议的话题，等等。

因此如果你有社交方面的困扰，别急着给自己贴上“社恐”的标签，也不要让“社恐”成为你逃避社交的“保护伞”。当今，很多年轻人戏谑地称自己是“社交一分钟，充电两小时”，当然这是“社恐人士”的夸张表达，但有一点说得很对，那就是“充电”。如果你对永远在弹出消息提醒的各种工作群、微商群、好友群感到厌倦，如果你疲于应对职场中的社交礼仪和谨言慎行。那么，不妨在社交之余留给自己一点独处的时间，你可以远离社交媒体，去读一本好书，听一段音乐。适当地独处和“充电”，能够给你更多的精力，让你更加自信地去应对社交生活。

元气关键词61

太老实

这几天每晚都在做一件事，就是和学生连麦，一起萃取期末考试的复习方法，梳理职业目标和制定寒假计划。我为什么要做这件事呢？因为我近三年都在做我们学校学生考研的指导工作，包括报考专题讲座、个体辅导、模拟面试等，涵盖在校生的学业规划、实习前的考研动员、报考前的上岸指导、国家线出来后的复试培训、调剂统筹等，几乎是全过程参与。对什么人群能上岸、什么原因要“二战”、哪些人群持续发展会更好等问题一直在观察和思考，发现的问题及时改进，并通过课程、主题活动等前置到在校生群体，逐步改善学生的考研力、就业力和发展力。

这过程中，我发现学生最大的“问题”就是“太老实”，也就是太听话、太一板一眼、太乖了。就拿我们医学生考研这件事情来说，鉴于当前总体的行业要求，本科医学毕业生90%以上是找不到对口的单位的，所以学历提升是摆在每一个医学生面前最现实的选择，我们学校几乎每一个学生在实习期间都会选择报考研究生，当然能考上的占了三分之一，其他的同学要么继续“二战”，要么选择规培，职业的可选择度是相对狭窄的！不管从个体发展，还是行业要求，或是家庭期待，等等，很多学生把“自己要考研”这件事，作为一个“必选项”去看待，但是对于为什么考、怎么考、如何考上、考不上又怎么办等问题，并没有好好深究。大部分人都是按照别人的经验，老老实实地看书、老老实实地背题，他们会认为自己如果考上了是一种幸运，考不上一定是因为自己“还不够努力”，于是又继续努力一年，甚至两年……

这些年，我从广大考研学子的身上看到了太多因为“太老实”所走的“弯路”，所以我开始去“优化”这条路径，虽然无法避免“弯路”，但是想做点事情来减少“弯路”，也是挺好的。因此，我从去年暑假开始，就一对一和我带的这40个学生做了一次职业目标清晰度的梳理，让他们针对当时梳理出来的职业目标拟定录取计划，又在个人录取计划的基础上，针对宿舍协同录取进行了“宿舍录取清单”的梳理，并提出了2024考研80%的一战录取率这一班级共同目标，我真的认为要考上研究生很简单！

其实“考研上岸”的核心就是达到目标院校的初试线，既然是初试线，它就有具体分数。你可以根据目标院校前三年初试线的平均分，结合招生计划和趋势走向来综合评估自己达到初试线的概率，也就是说，你是能够分析出，你需要考到多少分来获得这个复试机会。比如我们评估下来，你要报考的这个学校初试线的平均分是345，再结合单科线的最低要求，你就知道自己英语最低要考50分、政治最低要考60分、综合最低要考235分，才能达到345分这一平均分！然后你再看看英语是不是你的强项，能不能考到60分，政治能不能考到75分，那你的综合至少210分就可以了……再继续拆分，这个时候如何把英语考到60分呢？那你的阅读理解要考30分、翻译要考15分、作文再考15分，不就考到60分了吗？所以，你的行动计划在英语这一科，阅读理解要保底30分该怎么做，翻译考15分该怎么做、作文考15分该怎么做，不就非常清晰了？

这两天相当于时隔半年，我第二次和学生一对一谈职业目标这件事，又发了一个“职业目标清晰度”的表格让他们梳理，目前已经谈了10人，我仍然发现部分学生对考研这件事还在“按部就班”。比如大部分同学都自述自己英语不好，想利用寒假抓好英语。我就问他们打算怎么学，他们就开始说，每天背多少个单词、怎么学语法、怎么学难句，等等。你看，他们在本身英语不突出、时间不充足的条件下，想要开启的学习仍然是“背单词”这个低阶式复习方法，12月就要考试了，还没有把做英语考研真题提上日程，这怎么可能助力录取呢？

所以，这两天我就不停地在“打破他们的幻想”，撕破他们企图“假装很努力”的外衣。比如针对一些四级还没过的同学，让他们不要苦逼复习四级了，要考过早就考过了，直接让他们买考研英语真题，硬着头皮做完3套试卷再和我谈英语备考计划。因为我们的目标是考研，考研要过的是考研英语，而不是英语四级。今天已经有学生开始给我反馈做完真题的感受了！

我想说，我也是这样一路老实走过来的，现在做人做事也很老实。并不是说老实不好，我觉得挺好的，但是如果我们在人生的关键节点出现了另外的“不老实”这一选项，我们也可以大胆去试一试。比如如果你是大一新生，你老老实实地背背单词、学学语法挺好，可你都大四了，你的目标院校英语可能40分就可以了，阅读可能只用考15分就行了，你没必要“从头开始”，你只需要让自己尽快找到阅读能考到15分的办法就行，考上了你再慢悠悠地背背单词也无妨！

如果你正好出现在学生的关键节点，请和你的学生一起“不老实”一回，助他们一臂之力！做一个“不老实”的人需要极大的勇气，他们是勇于“打破僵局、给你方法、直面结果”的斗士！

元气金句

“太老实”就是一板一眼、循规蹈矩、生怕改变！所以选择做一个“不老实”的人是勇于“打破僵局、给你方法、直面结果”的斗士！

元气加油站

1.四川卫生康复职业学院辅导员李秋虹老师

【元气心得】大部分学生一入学的目标就是专升本。很多学生不太明确专升本的路径，行动指南都是好好学习，妥妥的“太老实”，费了老大劲儿也不一定能实现专升本的目标。这学期寒假着手让学习委员开始做赋能社群，就是想组织有专升本意愿的同学一起备考，对升本方案解读，考点解析，阶段性有方法地复习，为专升本上岸创造更大的可能性。和陈姐姐所说选择做一个“不老实”的人是勇于“打破僵局、给你方法、直面结果”的斗士有异曲同工之妙。

2.浙江越秀外国语学院辅导员赵莹老师

【元气心得】说到“老实”，我就想到了这个和老板共进退，任劳任怨、兢兢业业的打工人，一个几乎靠一己之力让公司逆势上扬的老实人——董宇辉，董宇辉这一次的出圈，其实就是我们每个人的投射：谁还没有吃过“太老实”的亏。

无论是学生还是职场人，老实人往往会自觉生出一种很高的责任感和敬业精神，他们尽心尽力地完成每一项任务，对待每一份工作都一丝不苟。这种过于刻板的工作方式和思维，常常会让人陷入一种困境，就像陈姐姐提到的考研复习的学生，辅导员工作都是一样，看上去很努力、很踏实、最使劲，学习或业绩却并不出色，甚至垫底，这就需要我们去反思与破圈。“老实人”的标签无法帮你收获成功，赢得成功的前提永远都是你先成为团队中有价值的人，所以选择做一个勇于“打破僵局、给你方法、直面结果”的“不老实人”吧！

元气关键词62

运用

昨天晚上录元气好书的时候，突然又心流了。因为我在挑选这本书的时候，就有一种惊喜，打开看到我之前在看书时候的写写画画，更是非常亲切，重新又翻看的时候，又发现一些小工具是我在课堂上和生活中经常运用的，所以这是我第一次没有写稿就直接录制，且一遍就过。

大家有没有发现，当一件事情是你有过切身经历，哪怕当时只有些许感悟，但只要你把它运用在了你的日常生活、工作、学习中时，和你的生命产生了新的链接，且这种变化带给你的是积极正向的反馈，这种原始感悟就能在你体内不断生发，为你带来源源不断的动力。当你要提取它的时候，它就是一种自然反应、手到擒来、如数家珍、为你所用……然后还越用越好用、越用越想用，这真是一件非常幸福的事情！反之，则会消耗你！

举个例子，大家都去参加过很多辅导员相关的培训，线上的、线下的，不知道大家是带着怎样的心态去学习的？前几年我其实参加培训的机会比较少，以前的培训更多的是“走马观花式”的经验交流，正好去培训的地方周边玩一玩，有的培训通知上直接就写得很清楚，培训结束后有啥“旅游线路”，所以大家也没有把这种培训当回事，更别说学习完之后的运用了！疫情这三年倒是少了很多这样的培训，但是线上培训我参加了不少，都是针对某一板块具体工作的专题培训，就是战线特别长，有的专题甚至要十几个晚上，但是内容更加具有实操性。

我也是在2020年的寒假开始第一次正式接触生涯的培训，那个时候正好带毕业班，又遇到疫情，学校就给我们报了北森的生涯辅导师的课，总体感觉还挺好。然后我就把课程中的好方法快速用到了我的工作中，召开了全校首个网络就业形势课，分别针对毕业班学生和家长群体，一下就成了“网络达人”，天天泡在网上，指导学生复试、就业。结果还不错，当年的考研率和就业率意外创了专业新高。现在回想起来，自己那个时候的胆子是真大啊，真的就是“现学现卖”，好像那个时候也没有特别好的法子，只能是硬着头皮上了。从理论中，抽丝剥茧，找到适合我工作的一些内容，进行整合和运用，也没想太多！很幸运的是，整个工作的创新开展还被学校官微报道了，被领导推动着还写了一篇工作案例，获得了校级二等奖。也正因为这次工作经历，领导让我直接去上临床专业的就业形势课，这种课通常都是部系领导去上的，领导说："你才带完毕业班，就业形势课就该你去上。"这不一上就上到了现在！

后来也陆续参加各种培训，每次培训中我都是属于"学霸"型的，一是自己对培训的内容非常感兴趣，甚至有的培训是我想方设法争取的；二是对培训的形式非常喜欢，小组式的、讨论式的、体验式的；三是遇到的老师和组员也都非常专业和友好；四是上过的所有课程，我都"无缝衔接"地运用到了我的工作中、生活里，这样的运用又让我对新的知识产生了渴望。所以从2022年到现在，我前前后后参加了二十多个培训，北森的周四专家课也一样不落下，自己又在各种平台去买课学课，还看了将近200多本书，真的是学得不亦乐乎！

所以现在看到大家疯狂地在各种学习，我觉得是非常好的事情，至少说明你对自己是有期待的嘛！特别是咱们群里的花蕾老师，经常看她凌晨还在学校办公室挑灯夜学，参加各种培训班，买了各种书，也做了很多事，还写了各种笔记……我看着其实"挺着急的"，哈哈哈！因为我也是这样疯狂过来的，我特别理解那种把学习当成"救命稻草"的感觉。我2021年，决定学全球职业规划师，起因就是某一天在车上和同事聊到工作现状的诸多不顺，当即就决定一定要改变这样的模式。我一到办公室就去找领导申请去参加培训，是把这个学习机会当成了自我救赎的契机，也确实通过这次培训打开了我的生涯之路！所以我特别想提醒大家，你们可以多多学习，但是一定不要忘了去运用，哪怕这个培训，你只记得了一句话，你把这句话认真践行到你的工作和生活中，你就没有白学！

回到开头的读书也是一样，为什么我会对读书心得产生心流，真的就是我读了，也用了，更内化了，变成我思想的一部分了，就是我的了，然后写下读用感受，又会给其他人带去力量，这不又升华了嘛，真的是太美了！

元气金句

运用就是你用了之后发现很好用！

元气加油站

1.潍坊科技学院辅导员苑霞霞老师

【元气心得】感谢陈姐姐每天的分享，感受到了被支持的力量。

好巧不巧，今天刚刚写下的日常反思就是费曼记忆法的运用，真是异曲同工。昨天陪孩子去看了一场电影，是孩子喜欢的动画片《时空营救》。在观影过程中，有几个桥段心有所触，就赶紧用手机记录下来。在回家的路上，就开始和孩子分享，表达输出的过程，又是一种整理，讨论结束后自己的想法更深刻了。而更让我惊喜的是，孩子听了之后印象同样非常深刻，回家后还把我们讨论的内容很兴奋地分享给了爸爸。我想培训学习也是一样，学的时候有所思、有所悟，要及时整理，找机会就用，这样不但加深自己印象，更能给周边人赋能。

2.浙江越秀外国语学院辅导员赵莹老师

【元气心得】辅导员培训是我们工作中的一部分，我们大部分人总是培训前满怀期待，求知若渴；培训时认真听讲，疯狂记笔记；培训完束之高阁，慢慢淡忘。如此往复循环，只能身陷囹圄，求而不得，日生抱怨，获得感越来越低。在《中国革命战争的战略问题》中，毛主席说，“读书是学习，使用也是学习，而且是更重要的学习。”就像“有些人读了一些书，自以为有学问了，但是并没有读进去，也没有在头脑里生根，不会应用”。这就类似读书一样，不能读死书、死读书、读书死，要读透理论，还要尝试用好理论。只有这样，读书才读活了，学习才算学透了。

学以致用，方显真智慧。把切身所学运用到日常生活、工作和学习，和生命产生新的链接，变化带给你的是积极正向的反馈，原始感悟不断生发为你带去源源不断的动力。提取它的时候，自然反应、手到擒来、如数家珍、为你所用，越用越好用，越用越想用，获得感越来越强。

3.厦门城市职业技术学院辅导员涂晓婷老师

【元气心得】今天的主题很有感触，很多时候我们满足于学的过程，以为这样就是努力了。如果仅仅停留在这个层面，最大的可能就是知识遗忘了，学得越多忘得越多。或者记下的笔记、买的课程成了堆积的“资源库”，太可惜了。

行动永远是最重要的，做中学、做中悟、做中完善、做中批判。当我们真正把学到的理论分享出去，把学到的知识用起来，且“学而时习之”才会真正把自己“活出来”。为什么很多人“不运用”呢？因为突破认知和改变自己原有的习惯，是一件需要“自我革命”的事儿，本来就需要力量。不妨先别预想得太完美，勇敢迈出不一样的一步。

元气关键词63

压倒性投入

前两天我一直在做一门课，叫《辅导员的职业定位》，这门课其实在心里想了很久。

大家都知道，去年下半年以来我一直在做“个人产品化”，通过全网的一些分享，很多辅导员加了我微信，跟我聊了很多工作的现状，包括困惑、压力等。特别是看到我在做辅导员工作这十几年的过程中，能够始终保持这样一种积极的、向上的、正能量的、不断挑战自我的状态，他们都非常好奇，也非常渴望，更多的也非常鼓励我。不管是才入职的辅导员，还是工作几年的辅导员，甚至还有工作十七八年，和我差不多工作年限的辅导员，他们在工作的不同阶段都出现了或多或少的困惑。这其实也是我这18年工作在每个阶段遇到的相同困惑。

当我发现我们辅导员有这样的一些困惑时，其实也在想，既然大家都对我挺信任的，也期待能够跳出现有工作框架，让自己的工作更加轻松，让自己的生活也更加平衡，让自己的个人价值，更加地最大化。能不能有这样的一门课程，或者有这样的一种机会，能够协助我们的辅导员对自身的辅导员工作做出一些定位，然后在这个定位的基础上再去梳理自己当下的或者说某一个阶段的发展路径，让他们更加聚焦职业目标，从而实现自己的价值呢？当他们得到了在这个阶段的价值感以后，他们才会更加有信心、有能量、有动力去往下一个阶段，如此逐步向前……这也是我做这门课的一个初心，也就是找到方向感，收获成就感。

大概一周之前我就把课程海报做出来，因为放假了，时间也比较充裕。海报做出来之后，其实我心里对这个课是没有底的，就是具体该怎么讲呢，该怎么去呈现呢，该怎么让听课的小伙伴们，能够真正地通过这样的一个分享，去找到自己的定位呢？其实从你想做这个事儿，到你真正能够做成，并且做好，是要走很长的一段路的。我在开课前3天，给自己定了一个规矩：这3天，只做这一件事情，我要把我所有的精力“压倒性投入”，一定要把这件事情干成！

你看，当我们如果真的决定要做一件事情的时候，而且你真的是下定决心要把这件事情干成的时候，我们一定要“压倒性投入”，才可能在某个时间段有产出。也就是说，如果我们很多时候想做一件事儿，但仅停留在脑海当中，或者想象当中，压根不去行动的话，那这件事情，我敢说98%都不可能做成。

所以说，当我想做这件事情的时候，我就大胆地做了一张海报，然后发了朋友圈，那么当我把这样的一个“我必须要做”这件事情的“关键动作”完成之后，其实是让自己“无路可退”了。我海报都发出去了，别人都看到了，如果这个课做不出来，我在别人心中的信赖感不就降低了吗？因此，当你要做一件事情的时候，你需要有一个非常关键的“启动仪式”来告诉别人：你要干这个事，同时也是在告诉你自己：一定要干成！

当发出这个海报之后，我就开始想这个课到底该怎么做好，这3天从早上起床，带孩子，做完早餐后我就开始坐在电脑前去思考，去复盘自己这18年的工作中有哪些点、哪些方法、哪些瞬间是促成我一步一步蜕变的关键事件，同时从这样的一些关键事件中提取自己在当下会产生这样变化的一些原因，以及通过自己的努力去突破当下卡点之后得到结果所带来的一些成就感和获得感，接着又对自己下一个阶段提出新期待，开启新行动的一些过程，等等。整个过程对我自己18年的工作又进行了一次全面而丰富的梳理，也对我下一个阶段想要做的事情越来越清晰……

你可能不相信，我甚至是在开课的前一天才把课程的框架完全想清楚，当框架想清楚之后，其他的事情就能很快搞定。课程从拆解我的职业发展经历出发，通过不停地换位、换位、再换位，得出“辅导员职业定位的四股原力”，再设计出“辅导员职业定位4原力坐标轴”，聚焦当下辅导员的职业诉求，为辅导员的职业发展找到发力区间和发力点，从而聚焦目标，逐一突破，最终过上自主掌控的生活。整个做课过程非常投入，昨天正式上课的时候虽然出了一些小状况，但是我自己对这个课程非常满意，觉得自己得到了很好的职业方向感，也特别感谢有这么一次机会，让自己“压倒性投入”来做出这样的一门初阶课程。当然，下一步会结合老师们提出意见和建议不断地迭代课程，推动辅导员们来确认自己的职业定位，为下一步的工作打开一些思路。

尽管我在这3天“压倒性投入”的结果是颈椎病快犯了，腰快受不了了，但是整个状态是相当兴奋且享受的。当你真的想做一件事情的时候，你一定要给自己先开启一个开关，然后“压倒性投入”，也就是说要“一次性投入”，后面就只需要慢慢地迭代了！

元气金句

当你真的想做成一件事情的时候，一定要在单位时间内只做这一件事，然后“压倒性投入”！

元气加油站

1.河北青年管理干部学院辅导员梁玉荣老师

【元气心得】

第一，“压倒性投入”是全身心的投入，意味着将自己的全部精力和资源都投入某项任务或目标中，不留余地，不给自己留后路。这种投入不仅包括物质资源，还包括时间、精力、情感等各个方面。

第二，“压倒性投入”是为了实现卓越的成果。这意味着在投入的过程中，需要不断优化和改进自己的方法和策略，追求更高的效率和质量。

第三，虽然需要全身心投入，但并不是说不能调整自己的方向和策略。在“压倒性投入”的过程中，需要根据实际情况不断调整自己的计划和方法，以保持最佳的状态和效果。尤其是要保证身体的健康！

最后想说的是，“压倒性投入”是有一定风险存在的，必须有对自己客观的评估才能保证在预想时间内完成相应任务。

2.湖北生物科技职业学院辅导员胡晶晶老师

【元气心得】“压倒性投入”给一个辅导员带来的“好处”：

第一，提升学生的学习效果。“压倒性投入”意味着在人力、物力和财力等各方面的大力投入，这可以极大地提升学生的学习效果。例如，辅导员可以提供更多的辅导时间，购买更多的学习资料，甚至可以组织更多的课外活动，这些都将使学生受益匪浅。

第二，增强学生的综合素质。“压倒性投入”不仅关注学生的学术表现，也关注学生的身心健康和社交技能。例如，辅导员可以组织各种社团活动，提供心理咨询服务，甚至可以邀请校外专家讲座，这些都将有助于提升学生的综合素质。

第三，建立良好的师生关系。“压倒性投入”也意味着辅导员对学生的关心和照顾。这种投入将使学生感受到辅导员的关爱，从而建立起良好的师生关系。这种关系不仅有利于学生的学习，也有利于学生的人格成长。

“压倒性投入”，在实际操作中，辅导员需要根据学生的具体情况灵活运用，确保投入的效果最大化。

3.中山学院辅导员余建萍老师

【元气心得】“压倒性投入”，看到这个词想到了“置之死地而后生”，当我们做事没有了退路，会自然而然地“压倒性投入”。因此，“压倒性投入”是一种选择，也是一种结果。反过来想，为什么没有“压倒性投入”？因为有退路，甚至是更好的选择。所以，我们要对某一件事“压倒性投入”，首先是要自己认准了这个是当前的最优选择，最好同时还是唯一的选择，这时候大部分人是可以去努力奔赴的。难就难在，面对各种各样的诱惑，我们怎样保持初心，一直在最优的选择路径上不松懈，这是陈姐姐的“压倒性投入”和职业定位课带给我的重要启发。

4.许昌职业技术学院刘芳源老师

【元气心得】听到陈姐姐的分享，想起来最近写年末总结的经历。作为新手辅导员第一年上班，什么都不懂，总结和工作案例也是头一回写，磨磨蹭蹭拖延许久，终于和朋友一起逼着自己开始行动，一开始特别想写好，后来本着越完美越拖延还不如先写出来的想法，连续3天，日干14小时写完了1万多字的总结和3000字的案例，寒假作业写完的感觉真的很爽！

5.四川卫生康复职业学院辅导员李秋虹老师

【元气心得】“压倒性投入”是一种忘我的境界。沉浸在自己的计划中，调动自己和外界的一切资源，不断逼自己，从而达到完成目标的结果。“压倒性投入”需要立即行动。《道德经》讲：“上士闻道，勤而行之；中士闻道，若存若亡；下士闻道，大笑之。”

“压倒性投入”需要提前广而告之。陈姐姐每一次的大动作都会发布在社群、朋友圈、视频号上，这样的行为也是在促进自己进入“压倒性投入”的状态。尤其是在容易松懈的时候，向外界发布自己的计划，其实也是增加一种督促自己的途径。

6.浙江越秀外国语学院辅导员赵莹老师

【元气心得】稻盛和夫说：“没有退路的时候，才是最好的出路。”就像陈姐姐的“元气课堂”“对话高校辅导员栏目”“辅导员职业定位课”“令人心动的offer”等，无论哪一个如果没有豁出去的勇气，或许就跟我们大部分人一样，只停留在我想做的层面。所以人有时离成功，差的不是时机与运气，而是一种义无反顾的勇气。只要把自己“逼上梁山”，到了无路可退的境界，自然会辟出一条生路。

开启目标开关后，就要“压倒性投入”。有压倒性的投入，才会产生压倒性的实力，毕竟，结果不会陪你演戏。辅导员晋级小tips：找准方向→“压倒性投入”→阶段性成长→提升信心→更多产出→更大成就！

7.德州学院辅导员王培培老师

【元气心得】听完今天的分享，看到陈姐姐为了职业定位课“压倒性投入”全力以赴，成果产出并且规划后续课程，开始实战营，令人钦佩赞叹。让我再次回看今年的考博目标，考博，是一个漫长且充满挑战的过程，它不仅要求你具备扎实的学术基础，还需要有坚定的目标和高度的自我管理能力。

“压倒性投入”，意味着必须将自己的时间、精力，甚至情感，都集中在考博这一目标上。这种投入是全方位的，它涉及牺牲休息时间，减少社交活动，甚至暂时放下其他兴趣爱好。对于这样的投入，我的理解是多维度的：

第一，目标明确。考博需要有一个清晰的目标，这个目标不仅是获得博士学位，也是对自己未来职业发展的规划和对学术追求的渴望。

第二，计划周密。“压倒性投入”并不是盲目的，它需要一个详细的计划来指导每天的学习、研究和其他相关活动。这个计划应该包括学习时间表、研究项目的进度安排、考试准备等。

第三，自律性强。自律是“压倒性投入”的关键。没有高新的自我管理能力，很容易在漫长的备考过程中松懈或放弃。自律意味着即使在面对诱惑和困难时，也能坚持自己的学习计划和目标。

第四，情绪管理。考博的过程中难免会遇到挫折和压力，有效的情绪管理能够帮助学生保持积极的心态，避免过度焦虑和压力导致的消极影响。

第五，阶段性成果。将整个考博过程分解为若干个阶段，并为每个阶段设定具体的目标。每当达成一个阶段性目标，都应该进行适当的庆祝和反思，这有助于保持动力和调整策略。

第六，持续动力。“压倒性投入”需要持续的动力来源。这种动力可能来自对知识的渴望、对未来职业的憧憬，或者对个人成就的追求。

第七，平衡与调整。虽然投入是压倒性的，但也需要注意平衡生活。适当的休息和放松对于保持长期的学习效率和创造力是必不可少的。同时，根据实际进展和反馈调整学习计划也是必要的。

反思自己近期的行为，从1月15日放寒假到今天已经过去了半个月了，但是自己的复习进度完成了多少？每天有多少有效时间是花在备考上的？前天开始我试着记录了自己一天的时间，特别震撼地发现，是很多时间都花在了与考博无关的事情上，这样下去考博恐怕只是个口号。谢谢陈姐姐的分享，一针见血扎到我。

8.遵义医科大学珠海校区辅导员钟仁云老师

【元气心得】第一，在一个时期对一件事情倾入全部的时间和精力，像佛家的闭关修炼，持续刺激大脑某些细胞，分泌类似的多巴胺，可以获得相同的一系列观点，我们称之为思想火花。第二，回顾过往的成就时刻，大多都是“压倒性投入”的结果。沉浸式处理同类的信息，可以达到惊喜的效果。第三，“压倒性投入”某件事情时，要尽量摈弃嘈杂信息的干扰，沉下心去探索和思考。但是陈姐姐的“元气微课堂”的正能量是不能废弃的，元气能量是“压倒性投入”的助推器。

9.厦门城市职业技术学院辅导员涂晓婷老师

【元气心得】听“压倒性投入”这一节“元气微课堂”的分享，看到了陈姐姐超强的组织力和行动力。三周时间，从发布海报到课程的诞生，陈姐姐在想做和做成之间顺利完成了衔接，真的非常了不起！这种“压倒性投入”的劲和方法非常值得学习。

陈姐姐不止一次地说要勇于做出公开承诺，把想做的事变成承诺兑付，竭尽全力去达成，不得不做，且要做就按品牌去做，拿结果激励人。

10.潍坊科技学院辅导员苑霞霞老师

【元气心得】“压倒性投入”首先体现的是一种人生状态，积极的、热情的、自信的。人生只有拥有了这样的状态，才会做出“压倒性投入”的选择。其次，这是对目标的笃定。坚信目标一定能够达成，才会自觉舍弃与目标无关的事情。再次，“压倒性投入”是一种干事的专一精神。不管是精力还是财力，但凡相关，便有价值。越投入，越钻研，越深刻，越出成果。

元气关键词64

醒目

上周重新开始录制元气好书的推荐，那天晚上确实让我又重新审视了自己这些年读的书，因为里面有很多我在读的时候产生的思考，而且很多书里面的一些方法和工具，也是我长期在工作、学习和生活当中使用的。所以，当我重新翻开一本书，重新去阅读这本书的时候，真的是有一股满满的心流。那个时候我就在想：哎呀，我一定要找一个时间把我的这些书全部都拿出来，选出真正我看过、用过且很好用的书，在元气好书当中推荐给大家。

前两天也给孩子买了一堆书，她在整理书柜的时候“发牢骚”了，说：“妈妈，你看你的书怎么这么多呀，都把我的书柜给占满了。”当时我就想着，那就把我的书都清理出来分类一下，再看一看哪些书要把它放在柜子里，哪些书可以把它放在醒目的位置，让我一眼就能看到。因为只有当我一眼就能看见书，我才有可能去阅读。

在我卧室柜子里面有一个2层的书架，因为我的书特别多（这两年我大概看了200多本书），所以我会定期清理，把一些看过的书放在柜子里，但确实不好放，于是我就把它们叠在一起，这样可以摆放更多书。可也是这样的摆放，在我想翻找一些书的时候带来了很多不便。另外，你有没有发现，当有的东西，你把它叠在那里的时候，其实你在潜意识里就是在告诉自己“你不需要它”。

趁假期，今天我把柜子里面和几个书架上所有的书全都摆在了客厅那个大大的餐桌上，这样一摆开，哇！这2年真看了不少书，因为我看书确实比较杂，我把这些书按照我的理解进行了分类。比如营销财富类，高高的一摞书，这是我从2023年年底开始重点看的书；还有一摞是关于做课的书，因为我主要负责我们学校的就业指导课程，还有生涯课程、职业咨询相关的一些书籍；还有一类是工具方法类的书，非常实用；还有是我早期看的书，那个时候主要是看一些心灵疗愈类的，对当时的自己也很有启发；还有一类就是自我成长类的书，书中有些内容可以激发你，也有一些方法，可以让你运用到你的自我发展和自我成长当中，包括认知类、心理学、积极心理学，还包括育儿方面的书籍；还有一些深度思考的书，我看得不是很多，但觉得需要去看一看，包括一些哲学、道德、对人生的深度思考等；另外，就是关于辅导员具体工作和思想引领方面的书，因为我去年10月份转岗到思政科，所以我也想在假期重点看辅导员相关的职业发展、队伍建设等。

当我把这么多书分类出来之后，确实觉得特别有感触。不同的书不同的人读会有不同的感受，有的书可能你读完以后，你会把它当成是方法类的，可能我读完以后，会把它当成自我发展类的。也就是读书对当下的自我发展或是对未来整个人生的阶段性影响，每个人的感受和看法其实都是不太一样的。也正因为有这样的一些原因吧，我也做了一个决定，利用假期相对比较充裕的时间，从我分出的这几大类书籍当中，去挑选出一些自己之前看过的书，并把一些好的方法重新找出来。因为有好多书看了以后记了很多笔记，有的东西赶紧用了，而有的东西当时体悟感受比较深，但没有应用，看完也就看完了。但这些东西对我来说非常珍贵，我想重新把它做一个提取，所以我就把这些书都摆在那里，到时候会选一些书出来给大家做一些梳理。在这个选书和分类，包括用书的这个过程当中，其实我对一些事情有了新的感悟。就像我说的，如果你真的想做一件事情，你怎么可能把这个事情“藏”起来呢！比如说，我真的想好好看书，那你把书买回来不只是第一步，第二步一定是要先看它呀，你不看它，你说你想看书，那你是把它买回来就买了一个“心安”吗？

同样，在我们的工作当中也有很多这样的事情，比如有很多老师之前在跟我聊天的时候说，我假期一定要写一篇文章，一定要申报一个项目，一定要看10本书……好！那你既然都把它当成了一个计划，那你该怎么去实施呢？非常重要的一点就是：你要先把它放在一个“醒目”的位置！

什么意思呢？你买了书，你就把这本书放在你的床头，放在你经常活动的地方，比如你要经过的桌子，或者洗手间、马桶上。你要看书，你天天眼睛看不到书，你怎么可能去翻书，你都不翻书，又怎么会从书中有所获取！

我经常跟我的学生也说，你要去考研，你有没有把你考的学校和专业大大地写出来，贴在你寝室的床头，或者所经过的地方，大大方方地告诉别人，激励自己？我要把书挑选出来跟大家分享，那我一定要把书摆出来，你想看的时候可伸手拿取，咦，很简单。

同样，让你眼里出现的都是这些书，你行动起来才会比较快。所以我也希望各位老师，如果你在假期当中，真的有一些计划、安排，你一定要试试。首先先把它放在你每天能够看到的地方，或者通过什么样的方式不断地去刺激你，提醒你，那你便会很快做起来并有所收获！

元气金句

醒目就是把想做的事摆到台面上来，比如你想看书，就把书放到你的床头、餐桌，甚至马桶处！

元气加油站

1.遵义医科大学珠海校区辅导员钟仁云老师

【元气心得】人是视觉动物，醒目化的安排，有助于计划的实施。想看书就把书放在生活的各个必经场景之中。把核心目标和任务放在床头、手机壁纸，时刻提醒自己。

2.河北青年管理干部学院辅导员梁玉荣老师

【元气心得】陈姐姐每天的元气关键词都能戳中我的小心脏，不由得竖起大拇指！“如果是你真正想做的事，你怎么能藏着？”像陈姐姐这样坦然并且勇敢地说出自己要做的事儿是一种勇气，也是一种态度，还是一种方法，更是一种能力。

首先，醒目是一种积极主动的态度。在现代社会，在高校的工作中，竞争激烈。只有时刻保持清醒的头脑和敏锐的观察力，才能更好地应对挑战和机遇。当我们遇到问题时，当我们有了目标时，不应该选择逃避或等待，而应该主动思考，积极寻找解决方案。这样不仅可以提高我们的工作效率，也可以提升我们的个人能力。

其次，醒目也是一种高效的方法。在现代社会，时间是非常宝贵的资源。向陈姐姐把书摆在各种你触手可及、目光所及之处，这就是一种行之有效的方法。

再次，醒目还是一种能力。在整理书的过程中，首先将书进行分类，并结合自身发展的不同阶段去体会和捕捉当时的心境与读书之后的感悟，收获满满。

总之，我要向各位前辈同行学习，保持清醒的头脑、积极主动的态度和高效的方法，可以更好地应对现代社会的挑战和机遇。把自己要看的书、要做的事、要达成的目标，勇敢地、大张旗鼓地摆出来，在未来的工作和学习中，努力提升自己的能力和水平。

3.厦门城市职业技术学院辅导员涂晓婷老师

【元气心得】如果你真的想做一件事情，你怎么把时间腾出来？

今天的“元气微课堂”太精彩了，又一次被陈姐姐的努力和深度思考戳中心窝。一年之计在于春，相信大家又要开始立Flag了。

想要做什么，不妨视觉化，把它放在醒目的位置，我想起生涯愿景，把规划和梦想用图像和文字制作成海报，可以发朋友圈、作为手机屏保或者电脑桌面、贴在墙面。

时时提醒自己要聚焦梦想，落实行动，向陈姐姐学习！

4.四川卫生康复职业学院辅导员李秋虹老师

【元气心得】陈姐姐的洞察力太厉害了，对于日常的一件小事也有着深度的思考。立Flag容易，执行过程中可能会半途而废，不妨把你的目标用可视化的形式放在目之所及处，不断提醒自己去行动、去落实。年前说的寒假加油站、学习社群已经逐渐开始了，对于自己是一种改变，对于学生会是一种巨大的成长。

5.湖北生物科技职业学院辅导员胡晶晶老师

【元气心得】当我有想法或目标时，就应该马上采取行动。把想做的事放在台面上，醒目可见，大大提高效率。

第一，明确目标。将目标或想法放在台面上，可以时刻提醒自己前进的方向。这样做可以避免在工作和生活中迷失方向。醒目的目标能让我时刻保持警觉，明确自己需要努力的方向，可以更好地规划时间和精力。

第二，提高自我约束力。将目标放在台面上，能增强自我约束力。当我看到目标时，会更加警觉自己的行为，意识到自己的不足之处，能更好地调整自己的心态和行为。这样做可以促使我更加自律，更好地实现自己的目标。

第三，激发行动力。看到醒目的目标或计划可以激发我的行动力。当我意识到时间有限、任务紧迫时，会更加积极地投入学习中。看到自己的进展和成果，也会激发我去完成更多的工作。

将目标或计划放在台面上，大大方方地时刻提醒自己需要反思和改进的地方。这种方法确实是一种有效的工作方式和策略。为陈姐姐的行动力点赞。

6.中山学院辅导员余建萍老师

【元气心得】当你真正想做一件事情的时候，是藏不住的。我想起了2023年暑假参加的一个训练营，学员在纸上用三个词描述自己期待的品格和想成为的人，大声喊出来，说给别人听，不断在大脑中强化这几个词。回去后，有小伙伴把这张很大地纸贴在工位上自己抬头可见的地方，非常吸引眼球。在我看来，在办公场所如此大胆地展示自己与工作毫无关系的喜好和目标，是需要勇气的，也许这就是真的想成为，不是喊喊口号而已。天天抬头就能看见目标，把愿景可视化，这是一种很有效的激励方式，也是提升工作效率的有效方式。谢谢陈姐姐帮我找到了工作效率不高的一个原因了。

7.浙江越秀外国语学院辅导员赵莹老师

【元气心得】我们知道刷手机不好，熬夜不好，拖延不好……也曾在某个似乎痛彻心扉的夜晚信誓旦旦，立志改头换面、重新做人，但持续不了几天就会被打回原形，故态复萌。间歇性自律与持续性摆烂，成为人生的常态，令我们痛苦不已，特别是在假期，经常在自律和摆烂中苦苦挣扎。为啥经常会有这样的挣扎？因为我们以为自己会一直记得自己的目标，但在实际操作中，或许由于过程比较漫长，或许周边诸多诱惑，很多人就会忘掉自己的初心，最后放弃。因此每个人要把目标挂在最醒目、每天经常看得到的地方。比如床头、饭桌、冰箱、马桶、电脑、手机壁纸等，时刻提醒自己，为目标注入能量。

8.德州学院辅导员王培培老师

【元气心得】昨天整理好了书柜、书桌，只保留了考博和辅导员、心理学相关书籍，其余暂时放在柜子里，目光所及之处都是当下紧急且重要的。每天睡前听书，因为备考教育领导与管理专业博士，聆听关于管理学相关书籍、课程，利用幸福社App、樊登读书等，定好30分钟的闹钟，一来催眠，二来睡前听一点点，每天似乎养成了睡前听书的习惯。反思买了很多书，比如育儿、励志、辅导员大咖们出的书，自己似乎只买书不读书，真的如古人所说："书非借不能读也"。上周从图书馆借了15本教育管理相关书籍，每天聚焦看书，写笔记、心得，短时间内聚焦一个领域。感谢陈姐姐今天的分享，每天都是干货满满，带给人思考与启迪。

9.潍坊科技学院辅导员苑霞霞老师

【元气心得】陈姐姐分享的目标可视化，甚至公开化，让自己在大众视野里前进，十分佩服陈姐姐的目标状态和干事热情。

我理解的目标可视化的背后逻辑，一是对目标的设定有依据，目标的实现有途径，才有自信让自己的目标醒目化，甚至接受大众监督；二是目标设定的背后，有更深层次的事业或情怀，能够让这个目标的实现，具有启发性和激励性，"可复制"，如此暴露于公众视野，一举多得。

对于职场小白的我们，假使没有这样背后的逻辑，依然可以将目标"醒目"，不断提醒和鞭策自己，不忘初心，方得始终。

元气关键词65

好多群

前段时间我换了新手机，就开始导旧手机里的数据，发现自己手机上面有很多很多的群，包括QQ群、微信群。于是我在整理数据的时候，也在不停清理我的群。对于那些我加入且很久没有用的群、没啥价值的群、不喜欢的群都纷纷"退群"；而针对我自己建立的群，非工作且非必需的群进行逐一"散群"，着实花了不少时间。

大家有没有认真地盘点过你的手机里面到底有多少个群？都是什么类型的群？我仔细看了一下，我目前加入的群大概可以分为三大类：

第一类是工作群。包括我自己的工作群和学生群。工作群包括学校层面的大群，我所在部门的工作小群、支部群，还有很多其他功能群，比如假期值班建的值班群等。学生群也有很多，比如有一个包括6个班比较大的学生总群，然后每一个班又建了一个班级的小群，方便班级管理，还有学生干部群、党员群等。

第二类可以是学习群。我的学习群比较多，也包括工作方面安排的一些培训群、交流群等，还有一些我个人加入的学习方面的一些群，比如我自己在外面学的一些课程群、读书群等。

第三类就是生活群。这方面的群真的也很多，比如很多团购群、福利群、朋友群、同学群，甚至还有宿舍群，还有我们孩子的班级群、家长群、活动群等。

就这三大类型的群，大家有没有仔细盘点过，你加入的这些群到底哪些已经"死掉"了，哪些还"活着"呢？活着的群为什么而活着，"死掉"的群又是什么原因导致的呢？

我还真仔细分析了一下。比如说，我发现我之前自己组建的群，有一些也是参加培训的群，特别是我前两年参加了很多的培训，大大小小的、线上线下共30多个，几乎是培训结束后，这个群就没动静了，然后我就陆续退出来了。我发现这个群"死掉"的原因可能有两个：第一就是这个群是有专属功能的，比如课程培训期间的交流，用完以后也就确实没什么价值了，或者说这个群在某一个时间段，它的功能发挥完了，群主也没有运营，就销声匿迹了。针对这样的群，大家就赶紧退吧。第二就是说有的群建起来了，也有人在运营，但是在这个群里面，我感觉像"死群"一样，因为群里发的内容可能"与我无关"，或者可能自己加了很多群之后，忘了这个群的存在，那这样的群其实大家也尽早退吧。

那活跃的群到底又有哪些特点呢？第一就是我们工作必回的群，比如我们支部建一个群，会有组织委员每个月初在群里面提醒我们“交纳党费”，已经交了的同志要在群里回复“已缴纳”。那你就必须回复了，所以说这个群基本上还是活着的。定期有动态，工作有指令。第二就是生活必备群，比如你们社区有一些送货上门的群，包括水果群、商铺群，或者打折群，二手群之类的，你在某一天想起来想要去用它的时候，你可以从手机里面把它找出来，平时不维护，用时能找到。第三就是个人发展产生的群，比如你因为自身发展需求报的培训班，或者想在短时间投入某一块内容的学习加入的群，也不太容易“死掉”。比如群里有一些学习材料、任务点需要完成，也因为是自己想要去学的内容，就会格外关注，最好是主动在群里多互动。当然，如果这个群已经完成了它使命的话，我也会把它解散了。所谓“一事一群”，事情结束就解散。入群的人知道入群的作用，也知道结束后群会解散，反而会珍惜在群里学习的这段时光。

既然各种群已经融入我们的工作和生活，那么我们又如何通过社群去开展工作呢？也就是我们如何通过社群运营，来把我们的工作做“活”。我们可以通过以下三类群去实操。

第一类叫作快闪群。这类群源于我们在某个时间段快速要做的事所建立的群，这样的群就需要我们的目的很明确、价值给到位，同时你在群里面发布的内容指令必须要清楚。比如大家如果参加了“21天辅导员工作实战营”社群的小伙伴们就可以看到，我在群里面其实目的比较明确，就是为了做工作实战。那么我的价值也给到位了，每一天我都安排了4个栏目：陈姐姐“早餐奶”“午餐会”“下午茶”和“工作夜思”。我的每一步指令也是很清楚的，通过文字告诉群里面的人，你今天要干什么、明天要干什么……这个群后面还会升级，就是把真正想要参与的老师重新邀请到下一个群。这就是第二类群：短期群。

这个短期群就是通常我们说的学习群、事务群。这样的群，一定要“一事一群”，用完就解散，或者说用完就把它洗掉，叫“洗群”，也就是通过一个事由或主题，把里面想继续参与的人迁移到另一个群，这个群该解散就解散。比如在我的实战群里，下一步就会把大家邀请到实战专享群，在专享群里再去开展为期21天的实战交流，包括辅导员的分享，到21天实战结束之后，我就会通过一个方式把它解散。

第三类用得也比较多，叫长期群。比如我们的工作群、部门群、学生班群等，包括你的同学群、你孩子的家长群或班级群，这些群相对来说需要维系比较长的时间，可能三五年，也可能10年或以上。而这样的长期群，大家一定要明白，要有分工合作，千万不要“一言堂”。你换位思考一下，如果一个群变成每天只有你一个人在讲话，这个群早就“死掉”了。比如我之前也建了一个我们6个班的家长群，在家长群建完以后，我就给我们的团支书做了分工，让团支书定期把班级团的活动发布在群里，那么班长则发布班级动态，或者学习委员发布学习相关的内容等，一定要让群里面的人都能够参与进来，这样的群才会相对有价值。

像这样的长期群还要花时间、有技巧地维护，比如重大节假日、重大活动，或者你要发布重要内容的时候，你可以先发一个红包来“激活”大家，我之前带班的时候就会在元旦、春节，包括一些假期要发布安全事项通知的时候，丢一个红包进去，让大家先“抢一波”，再去发相关的内容，效果也还是蛮好的。

长期群通常还可以和我们的快闪群、短期群来合作。比如大家在工作当中会有一些阶段性任务，像奖助贷勤，因为申请的学生不会很多，我就会从现有的班级大群里，引流到对应的主题快闪群，在群里面再来发布相关的通知、要求，包括表格核对、卡号填报、证书领取等，就会比你工作“一对一”对接起来更加高效、务实，完成这个工作后，群也就快速解散了。以上就是我对于社群运营和管理的一些思考，希望能够对大家的日常工作和生活有所帮助！

元气金句

好多群=无法专注！可以通过快闪群、短期群和长期群加以阶梯式管理，其他的该解散就解散吧！

元气加油站

1.浙江中医药大学辅导员丁艺雪老师

【元气心得】把群分类，也决定了分类对待群的方式。今天的TO DO，整理群。身体恢复了，接下来年前一周闭关读书、写东西！

2.四川卫生康复职业学院辅导员李秋虹老师

【元气心得】不说不知道，一清理才发现QQ群已经有106个，微信群也有数十个。日常被忽视的问题被陈姐姐一下点破，真的有必要进行分类管理。工作效率的提升真的需要果断地进行“断舍离”。

3.浙江越秀外国语学院辅导员赵莹老师

【元气心得】今日在陈姐姐的启发下特意去查看了自己创建的或加入的群，真是不查不知道，一查吓一跳，这几年不知不觉间我居然有338个微信群、152个QQ群和84个钉钉群。

每天这么多群聊信息源源不断地从各个群发出来，变成数字，出现在每个群聊的顶端，让我也深感焦虑，即使很多群被设置成消息免打扰，但心里还是有些不能平静。不看吧，担心错过重要信息，看吧，基本上就是随时随地要保持查看的状态，不知不觉一上午就在查看信息中过去了。过年期间，我确实得找个时间好好清理一下自己的群聊，将一些“僵尸群”彻底删除，退出一些和自己关系不大的群。学着陈姐姐做阶梯式管理，让自己有更多精力投入更有意义的事情中。

4.中山学院辅导员余建萍老师

【元气心得】最近的确在不断看各种群的信息，耗费了很多时间。决定退出部分群，解散“僵尸群”，同类型的群只加一个，做减法，提升专注力。决定把群分类，不能退的全部设置为免打扰，把重要群分阶段置顶，其他都设置为免打扰。管理群本质上是管理时间精力，管理时间精力本质上是管理目标，压倒性扑向某个目标的时候，所有群消息都没有阅读优先级了。所以，清理群也是要考虑目标的。

5.德州学院辅导员王培培老师

【元气心得】感同身受，确实好多群，当下最宝贵的是我们的时间、我们的注意力。看着手机里一排排的小红点，会无形间消耗我们的能量。

听完今天的分享，我主动退出了很多微信群，在退出群聊过程中，有个念头在头脑飘过，这个群会不会还会用到？事实上，这些群可能在以前学习或者其他活动中有过共振，也不否认群分享的质量在某一领域确实不错，但是当下的自己好像真的不需要了，因为有了新的目标和即将结识新的圈子，就好像陈姐姐的优待群、实战营，这里是刚需，是真实，是互动，足矣。

觉察自己做任何事情是基于丰盛还是匮乏？种子法则，种瓜得瓜种豆得豆，允许一切的发生。

6.遵义医科大学珠海校区辅导员周小璇老师

【元气心得】群管理让你的工作生活更高效。第一，学会退出：自己不喜欢、不感兴趣的群就解散。第二，学会管理：根据工作任务建群，并坚持运营。第三，群的分类和使用：快闪群，用完就解散，文案指令要清楚；短期群（升级后），一事一群，用完就解散；长期群，拒绝一言堂，花时间维护群，有分工合作，如发通知时先发红包等！

7.厦门城市职业技术学院辅导员涂晓婷老师

【元气心得】这个反馈前天就想发出了，结果耽误了，可能就是好多群造成的吧。哈哈。

听了分享以后我觉得，要养成一种让群“为我所用”的管理策略。对于已经死了的群，果断解散掉，对于一些阶段性重点工作，可以用“快闪”的方式进行管理，提高效率。对于想要做得长期的群，要多思考一下如何发挥群成员积极管理的作用，花时间维护，有分工合作，拒绝一言堂。

听完以后我就去看了一下自己的群，共64个，然后发现，有很多有价值的群没有放进通讯录，然后也有很多死了的群早就应该解散了。当然，也有意外发现，比如意外发现我们班高中同学在厦门的，有一个群，重新激活了，这种感觉真的好。

元气关键词66

靠谱

今天下午，我收到一位很熟悉的老师发来的一条微信，他问我关于某个课程怎么样，如果这个课程在高校落地，会不会受欢迎？这个课程其实是我2022年初的时候学的，当时学的是3天的线上课，学完以后感觉挺好的，我自己快速把学到的一些比较好的工具和内容用在了我2023年的大学生职业生涯自我成长训练营当中。

我自己也通过当时的线上课探索出了自己挺有意思的一些未来的发展方向，包括前两天我发的朋友圈，把我的书整理出来，摆在我的桌面上。自己每天按时作息，做自己喜欢做的事情，我对这种状态真的非常喜欢，没有太多外在压力，全是我自己内在的需求想要去做的事情，而且每一件事情我都觉得做起来非常有意思。这个老师的提问，也让我想起来之前探索出来的那条路径：成为一个自由职业者。他在问我这个问题的时候，我也给他了一个积极的反馈，因为确实从我的角度来讲，我对这个课程的价值还是很认可的。

这个课程是某公司的主推项目，我当时学完线上课的时候，也和项目的客服聊过很多次，因为我很想去学他们的那个认证版，费用要3万左右。这个客服就说他们可能也会有专门的高校项目，我个人觉得如果真的能把这个理念和内容引入高校当中，让老师和学生受益，也是另外一个途径，百花齐放嘛。这个老师跟我提到，他现在可以背靠这个大公司，他感觉自己就挺有方向。

我给他回复了一个内容："当你想做一件事情的时候，你一定要把第三方平台、资源等都假设为零，你才有可能真正地知道你是谁，你应该去做什么？"听上去是不是有点"虚"？但是我那个时候的第一反应就是这样的。也就是说，如果我们在做一件事情的时候，你首先想到的是：欸，我能够靠谁，还能够和谁一起……那其实你做这件事情的动力，就不一定是那么纯粹和发自内心的！这也是我从2023年下半年开始做"个人产品化"运营之后的真实感悟！就是说你自己靠不靠谱，决定了你所认识的平台、资源靠不靠谱。如果靠谱，前提也一定是先基于你本人是靠谱的，你对第三方的评价才能够靠谱。

我最终没有和他深入交谈，只是如实地把我的感受分享给他，至于他的每一个决定，在他的那个想法和场域当中，也应该是比较好的。因为这位老师之前也是在一个非常大的公司里面做讲师，做了十来年吧，去年才跳出来自己做培训公司，可能在这一年的创业过程中，也遇到了压力和困惑，现在又找到了一棵“大树”来支撑他，也不一定是坏事。

我个人觉得，如果是我既然已经跳出这样的平台或者框架，想自己做个人品牌，或者成就一番事业，那就要沉下心来，先把自己变得更好，先把自己的内在价值，包括能量进行梳理。哪怕坐一年、两年的“冷板凳”，但只要持续在热爱的行业和方向中生根和发芽，我觉得总能够做点事儿！

就像很多人说我做个人产品化，首先，有多少辅导员群体愿意买单？其次，你到底能不能做出来？还有很多人觉得个人产品化就是一个伪命题……但其实并不是说非要把“个人产品化”做出来才是我的使命，而是想通过在做个人产品化的过程中，去支持更多辅导员，让他们自身价值层面的很多东西可以无限放大，也就是我经常提到的，我们要个人价值最大化。我觉得比我最终能够赚到多少钱，真的重要很多很多。但是为什么我又要给自己定一个100W的目标呢？因为只有我挣到了这样一个结果，才能够给到更多辅导员冲击力，让他们看到他们的工作成果是可以通过转化，给到更多人力量和价值，我觉得这才是让我内在非常有力量的东西。

所以我也很希望大家能够明白，先把你自己做大做强，才有可能得到更大平台的支持，最终形成一个更加强大、更靠谱的核心团队，让更多的人能够受益。

元气金句

靠谱就是我能行！

元气加油站

1.四川卫生康复职业学院辅导员李秋虹老师

【元气心得】你究竟想要做什么？你应该怎么去做？一个靠谱的人应该是能通过自己的行动逐渐实现个人价值的最大化。特别感动陈姐姐的这样一句话：“你只有做大做强，才能获得更大的平台，支持你形成更强大、更靠谱的团队，最终让更多的人受益。”陈姐姐在追逐光的路上，成为光，照亮了有着相同价值追求的辅导员们。

2.德州学院辅导员王培培老师

【元气心得】首先，自己就是平台，就是资源。让我想起之前参加一个学术交流，其间有个环节，互加微信，看谁加得多，视为胜。因为同为分享嘉宾，我在第一排，前面就是全国最美辅导员胡邦宁老师，当基于游戏规则加微信后，尴尬的事情发生了，我们早已经是好友，那一刻感觉如果地下有个缝，自己可以钻下去该多好，这个经历让我觉得认识谁很重要，但是也不重要，自己才是最大的资源。自己的价值取决于可以帮助多少人，财富就是顺其自然的回流。其次，先把自己内在价值提升。聚焦自己热爱的事业、擅长的部分，再去做。产品化的意义是助力每一位辅导员价值最大化，量化去反馈自己热爱的价值。感恩陈姐姐每天的分享赋能。

3.浙江中医药大学辅导员丁艺雪老师

【元气心得】只说最有感受的，100万元确实很冲击，让我们看到能量，相信真价值的市场，相信辅导员真的有能力跳出琐碎，做更重要的事情。人不可能成长为没见过的样子，陈姐姐加油！让我们看看可能性。

4.中山学院辅导员余建萍老师

【元气心得】“你只有做大做强，才能获得更大的平台，支持你形成更强大、更靠谱的团队，最终让更多的人受益。”靠谱就是能沉下来扎根，以扎实基本功和突出的专业技能去滋养、帮助别人。决定今年要主动去开展个人咨询，先定个小目标，再尝试组织心理团辅活动。

5.厦门城市职业技术学院辅导员涂晓婷老师

【元气心得】靠谱的人是什么样的？首先一定是对自己内在的需求有觉知的，对自己想做的事情能够感到喜欢和热爱。

辅导员能否成为自由职业者?其实这个问题本身就很有意思，只是我们很多人还没去思考，每个人都是自负使命的。陈姐姐已经是这方面的先行者了。

对我而言，我认为靠谱要专业，要能够“有质量交付”，要输出有价值的内容，我们的所思、所想、所做能激励人，有益他人和社会。也就是“自己靠不靠谱”决定了遇到的人、资源靠不靠谱。先把自己做大、做强，才可能吸引来更大的平台和资源支持到你。不要做精致的利己主义，要做强悍的利他主义。先从沉下心来强大自己开始，但行好事，莫问前程。

元气关键词67

人来疯

昨天进行了一次职业咨询，来访者是一位女性，行政管理专业毕业，从事HR 岗位5年，她先后从业了几个公司，都是做这个岗位。这次来咨询的诉求就是她非常不喜欢做行政管理，感觉工作非常繁重，她在现在从业的公司，一个人可能要做两个人的活，但拿到的工资却是一个人的，她觉得非常不平衡，关键是现在的这份工作已经完全占据了她的整个生活，让她感觉无所适从，所以迫切想要做职业的转型，但是又不知道该怎样去做。

我在和她探讨的过程当中，总体觉得她的整个思维是比较活跃的，也很愿意去分享。鉴于这样的情况，我首先从专业层面去探索她对岗位的需求，但她明确表达了她真的不喜欢行政管理专业。她也提到，当时在高考填报专业的时候，不知道自己想要填什么专业，就听同学说这个专业很稳定，就报了。哎，报了就考上了，考上了就读了。毕业的时候，也不知道该找什么工作，就想着自己是行政管理专业的，就去投了相关的岗位，也就得到了这样一份工作，当她迈入这个职业以后，就很难再从职业当中跳出来。也就是说，她虽然学的是这个专业，也从事了和专业相关的这份职业，但她并不喜欢，又发现无法从职业中跳出，所以她非常难受。

其实有这样工作现状的人挺多的，很多人在高考也好，本科考研究生也好，要选择专业或研究方向的时候，都是基于“别人给他的建议”，并没有对自我的真正需求和热爱进行探索，这样选出来的专业可能就和他自身需求存在偏差，既然读了这个专业，大部分也会从事和这个专业相关的工作。正如这位来访者，她跟着这样的路径，从专业到选择对应的岗位，走到了今天，通过5年的“磨合”，她仍然觉得非常地不合适，仅仅去年一年就换了四五份工作，但也不是HR工作，她不知道该怎么办。我能感受到她内心迫切地想要改变，但是又“无能为力”的那种挣扎！

我引导她要先“跳出工作本身，再来看工作”，既然你想转型，转型就是要换另外一份工作，那么可能和现在从事的HR岗位就是部分或完全不一样的，要做好换工作的准备。尽管你对这个专业可能不喜欢，对这份工作也不喜欢，但是你要看到在做这份工作的5年当中，有哪些从业能力是可以为你下一份工作做基础的，比如有没有哪些事情是你做起来比较轻松的、喜欢的，也能够去驾驭的。她就说了3个词，其中的一个词就是，她形容自己是“人来疯”。

一听到“人来疯”这样描述的时候，我个人觉得她是一个挺坦诚的人。一个人用“人来疯”来形容自己，而且把它当成自己很享受的、很喜欢的状态，这是一件非常积极的事情，至少证明她在人际关系方面是没有什么卡点的。当下有很多职场人，不太善于处理人际关系，成为影响工作的重要因素。她能够用“人来疯”来形容自己，和她目前所从事的HR这个岗位其实是匹配的，因为HR就是和人打交道嘛，只是说可能需要更加严谨，或者在用人识人方面可能需要更多的经验的积累。但来访者明确提出她不适合这个岗位，她又提到了这个词，我也希望她能够看到这个词给她下一份工作赋予的崭新的力量和活力！

那么又回到我们的主题：人来疯。人来疯呢，其实是可以在我们工作当中，能够支持我们去做出改变的、非常积极的一种行动。通过和来访者的沟通，我也能够看到，可能正是因为她这样一个“人来疯”的品质，推动她在不停地去探索自己期待的那样的一个工作和生活状态，包括她不停地换工作，找不同的平台，去分析自己的性格，做了七八个不同的性格测试，对应的每一种测试背后都有给她职业的建议和个人发展的方向等。她也问我，通过这么多性格咨询之后梳理出了大概三大方向，该怎样再去选出一个方向，或者一个岗位，让自己少走一点弯路呢？我给她最后的建议就是，你如果真的要去搞清楚哪一个方向是你自己真正适合的、喜欢的，一定要自己亲身去试，这是一个非常重要的过程，不能“偷懒”！

通过和这位来访者今天的沟通，我也发现，她是非常善于沟通的，聊起来也非常轻松，虽然思维很活跃，但对于自己后面的发展和选择，其实是有一个非常大的期待的。也就是说，她知道自己想要去做一些事情，她也在不停地去尝试，这个过程就是一个非常积极的信号。

当我们感受到工作等的不适、卡点，通过自己的调整、适应，甚至可能要换工作来进行重构，这就是我在职业定位课当中给大家讲到的：我们怎么样去看待自己当下某个阶段的自身发展需求，把它和我们的热爱、专业、岗位需求进行一个比较合适的组合，可能就会找到我们下一个阶段的一个发力区间和发力点！

元气金句

“人来疯”就是社交无卡点！

元气加油站

1.遵义医科大学珠海校区辅导员周小璇老师

【元气心得】多尝试才知道自己擅长什么，将自己的发展需要与兴趣爱好+专业+岗位需求结合！

2.四川卫生康复职业学院辅导员李秋虹老师

【元气心得】选择的另一种方式——试错。对于应试教育下的大部分同学可能都会有与陈姐姐咨询案例中来访者相似的经历，莫名其妙地读了个专业，毕业之后也不知道自己能从事什么工作，从而选择了看似最匹配的职业。对于不确定自己喜欢什么的学生，我们能够在日常管理和生涯规划上给予他们什么样的帮助呢？我会建议他们多尝试，也许当下的选择不会被自己认同，但至少能证明是不适合自己的。排除不适合的选择后留下来的就是自己想要的。最理想的职业选择路径：个人喜欢+专业对口+能力与岗位需求匹配，立足这样的思路去帮助学生发掘自己的需求，找到学业和职业的发力点。

3.河北青年管理干部学院辅导员梁玉荣老师

【元气心得】人来疯从性格层面来讲是“社牛”，世界各处是我家，人人是朋友，对我们这种内向的人来说，既羡慕又好奇，也愿意和这样性格的人做朋友。人来疯从思维方式来讲是灵活的、跳跃的，不会一成不变，追求创新。

陈姐姐谈到了职业，从我做辅导员的经历来讲，最开始觉得辅导员轻松，无压力。随着工作的深入、社会环境的改变，自然而然要顺势而为，但缺乏思考。伴随学习的积累、工作的实践，以及加入陈姐姐学习群后，会从自我、客我、镜我的角度重新认识自己。

4.德州学院辅导员王培培老师

【元气心得】陈姐姐的这个咨询案例给我们的启发：将来孩子选专业前可以先做好职业生涯测试，首先对自己的性格爱好和需求等有一个宏观的了解，而不是单纯去选择一个我认为的好专业。

这位咨询者人来疯的自我探索与评价，让我意识到人终其一生都是在认识自己：通过工作岗位认识自己；通过结婚生子认识自己；通过与他人相处认识自己；通过做咨询、做教练对话不断觉察认识自己。

最近其实有点焦虑，感觉放假了，没干“正事儿”，大部分时间在陪娃，被一些事情牵着走，没有专注在自己的备考上，有一点点对未来的担心。通过今天的分享，让我再一次认识觉察自己。备考的过程也是认识自己的一个过程，慢慢来或许才是最快的。前几天，在“高校辅导员工作室”有幸做了一个分享，昨天收到了专家讲课费，还蛮意外。因为觉得有这么好的平台可以锻炼已经是很感恩，没想到还有额外的酬劳。对发哥表示感谢，还收到了发哥的鼓励，说我是第一个反馈并表达谢意的人。我想这可能形成了无意识的习惯，一路走来真的遇见了很多的相信、鼓励和美好，陈姐姐、秋虹、欢欢、晶晶、霞霞、奇迹、建萍……在这个群里也是如此，感恩遇见！

5.厦门城市职业技术学院辅导员涂晓婷老师

【元气心得】有很多启发的一期。一个人能用“人来疯”来形容自己，且是自己喜欢的状态，在我看起来是件好幸福的事情。这种状态至少说明了她很合群，且享受和人打交道，估计是E星人了。我忘了是从哪本书里看来的了，“每个人的生活都不合身，除非放弃内心世界。”初入职场有初入职场的困惑；5年、10年甚至20年，都有每个阶段的挑战。所以在职场中，每个人都是练习生。自己最想要的是什么，最想做的是什么，一定要自己去试，这个过程是不能偷懒的。

从和陈姐姐链接开始，连线直播，来到“元气微课堂”，来到训练营，尤其训练营的这几天，我常常感到flow 的状态，不管是主持还是梳理大家的问答，有一种稳稳的满足感，这就是喜欢的，没错了。很开心在这个过程中认识了这么多优秀的同行、未来的好友。新的一年，希望自己也能感知一下“人来疯”的快乐，继续元气满满地开启探索内在、外在之旅。

6.上海商学院葛欢老师

【元气心得】这个案例也让我看到了“大中小学生一体化生涯教育”的重要性，职业认识、职业探索、职业适应等。用成长的心态来看我们的经历，每一段经历都会带给我们成长。关于“人来疯”的性格：积极乐观、组织策划能力强、有号召力，如果有这样性格的学生干部也可以充分培养。

昨天在二刷“职业定位课”后，首次提出自己的三个标签：立即行动，在小红书发布了省赛真题；主动分享；获得反馈。各位老师南方小年快乐，祝您拥有神奇的一天！

元气关键词68

梦想成真

前段时间我一直在做“陈姐姐21天辅导员工作实战训练营”，第一天结束以后，我就整理了当天的文字内容，整理完了差不多深夜12点20分了，我躺在床上还特别兴奋。我就在想：如果这一份文字稿，未来是一本书的话，它应该有哪些内容？包括哪些方面呢？比如，它应该有一个怎样的封面？封面叫什么名字？包括哪些字是小字，什么颜色，哪些字是大字，又是什么颜色，怎么个排列，横着的还是竖着的……我就这样非常细致地去想。

包括封面打开以后，应该有一个致谢的部分，在这个部分我想要感谢共同参与的老师，如果以后我还做第二期的话，每一期可能会有不同的老师参与，这个致谢对老师也是个尊重，所以我打算把老师的名字写在打开封面的第一页。然后就是自我介绍，接着就是目录，把每一天的提问放在目录里，有对应的页码，这样大家就可以方便快捷地去翻看自己比较感兴趣的某一个问题和回答，后面再附上具体内容和工具……这样想完以后就更兴奋了，想第二天早上起床就要把这个事儿赶紧做完，做完以后就会很开心。所以我就带着这样一种对第二天的美好期待，不知道怎么地睡着了！

第二天早上起床以后，哎呀呀，我这个心里面总惦记这个事儿，但我还是先去吃了早餐、拿了快递，回来以后还想着今天要去一趟商场把电脑维护一下，心里总惦记着昨晚想象的那个封面和目录等。

我便马不停蹄地坐在电脑前，把文档打开，开始按我昨晚头脑当中看到的内容去制作。做完了以后，都快接近中午12点了（原计划打算10点左右就去做别的），因为太投入了，太期待那个画面了，在做的过程中还不断优化细节，耗了点时间，当我做完看到封面和内容之后，我就发现，这个不就是我昨天晚上想象的、期待的我的那本书的初步样子吗？一下子觉得我已经梦想成真了！哇！感觉特别地满足、特别地美好！

正好当天元气群里有个小伙伴，说她今天感觉心情比较低落，因为她自己在准备考博的过程中心里有一些焦虑和压力，毕竟考博还真的不是说只要努力了，只要准备好了，就一定能考上，还有很多影响因素。然后她就在群里说，可能也是因为天天都在复习，也特别想考上，她那天就做梦，梦到自己考上了！我就在群里回复她说，“你肯定能考上呀。”当你已经下决心要考博的时候，其实博士

“已经在来的路上”，你只是需要这样的一个时间去等待这样的结果，这个阶段你就把自己当成已经是考上的博士生，去迎接这样的一个结果就行了！

通过发生的这两件事儿，我就觉得特别地美好。当你真的很憧憬一件事的时候，我们要做的首先就是“相信”，比如我相信我的这本书，通过21天的实战共创，它一定能够写出来，这是我的相信。相信之后我就会开始想象，脑海中就会浮现出和这件事相关的画面，而且你越是笃定、越是期待、越是迫不及待，这个画面的细节就越明显。比如我在训练营21天的过程中，我真的每一天都在期待着这本书出现，它会以怎样的方式、怎样的封面、怎样的内容，带给我怎样的冲击，那么我第一很相信、很笃定，对不对？然后我所有的能量都朝这方面去推，相信之后我也“看见”了。然后我就要去行动，比如不停地修改我的文稿。每天实战结束之后，我都马上整理逐字稿。这个春节我没有休息，因为我很期待去达成呀，能一步步看到这本书的呈现很兴奋，我甚至还觉得“这个年有什么好过的”，如果这样的一本书出现在我面前，出现在大众、辅导员们面前，能够带给他们多大的价值，这本书多么有能量……所以你看，相信到看见，再到行动，当它呈现在我的面前之后，那不就是梦想成真了嘛！

所以，当我们相信一件事情，首先要看到它的样子，在我们的头脑当中把它具象化，每天晚上睡前都可以去强化它，把一些美好的东西、细节的东西，一点一滴地加到你的脑海当中去。然后去计划怎么样做，一定要通过具体的行动，去一步步实现，最终你一定能够实现。就像我说我的这个训练营、我的这本书，我相信它一定能够出来，我看见了它很多细节，然后我就计划，我怎么样去做，怎么去策划我的“21天实战训练营”，然后通过实实在在的行动，去完成它，最终这本书肯定能出现。

其实在训练营开营才一两天的时候，我就已经得到了很多，除了这本书之外，我还发现了很多可以做的事情，比如可以从大家的困惑当中去生成一些课程，然后把一些好的想法通过短视频的方式拍出来分享，还可以通过这样的过程找到下一步精品项目的方向，或者直接把整个运营过程变成一篇论文或一个科研项目，甚至还可以把每天的记录，形成一篇篇推文分享出去，等等。你看就通过这样的一件事情，真的就能够带给我们非常多的、不一样的成长和生命体验！

元气金句

梦想成真就是你看见、你行动、你实现！

元气加油站

1.浙江越秀外国语学院辅导员赵莹老师

【元气心得】正式开工第一天，感谢陈姐姐元气满满的分享，以下心得和小伙伴们分享：

首先，这个春节，电影票房再创新高，贾玲女士的《热辣滚烫》讲述了自我救赎和梦想成真的故事，大波浪+晚礼服的造型是她减重100斤的礼物，同时她也迎来了职业生涯的高光时刻。我当时很感动，心想是什么样的勇气能让一个人在一年内有如此大的蜕变，这或许就是她心中闪闪发光的梦想。

其次，梦想有了，关键是如何实现它？陈姐姐的“21天实战训练营”给我们打了一个很好的样板，21天、47人、95个问题、11场分享、154页、11多万字、一本书……且在假期，过年期间完成！说实话，不是狠人做不到。因此，嘴上一万句加油，不如脚下一次实际行动，行难于言，也胜于言。相信—看见—行动—呈现—梦想成真，说到做到，超强的执行力给了我很大的触动。如果我们没有特别幸运，就特别努力吧，让人生出彩，美梦成真！

2.浙江中医药大学辅导员丁艺雪老师

【元气心得】正式上课第一天，又听到了“元气满满”，真好！啥也不说了，干就完了！

元气关键词69

被看见

最近放假在家里时间比较充裕，就开始刷抖音。刷抖音的时候就很奇怪，大数据总给我推送几个人的视频，就是最近比较火的那个叫达达的人，还有森哥。我不知道大家有没有刷到过，他们就是利用互联网，帮别人做流量，通过操盘来打造商业IP，然后让更多的人看见之后，再去推销他们的产品，包括实体、咨询、课程、私董会等，从而实现个体和企业的变现。因为总刷到他们的视频，听他们自己和帮助别人操盘的案例，我感受比较深的一点就是，他们所谓的通过流量去做IP，其实就是我们经常说的，我们一定要在人群当中“被看见”。只有当你被更多的人“看见”，你才能够把你所谓的价值带给更多的人，让更多的人受益。

所以被看见的背后，它不仅仅是一个流量思维，它是你对自己价值的高度认可，在这样的笃定之下，你需要借助一些平台，通过一些手段，让更多的人知道，再去把你的价值持续地输出，或者扩散到更多的人群。反观我们比较传统的一些行业，或者在我们现有行业当中已经算是塔尖上的、出类拔萃的人，他们“被看见”的过程又是怎样的呢？

要么是通过大赛异军突起；要么是持续深耕辅导员工作，十几年、二十几年；要么是指导学生获得大赛奖励；要么是成果出版；要么是运营辅导员工作室……我们辅导员的“被看见”，就是“出圈儿”，当然这也还要基于很多，比如国家的重视、时代的需求，需要培养这样的一些榜样和引领更多的人去关注到我们这个群体的人，这其实都是“被看见”的方法和路径。只有当你对自身价值更加认同之后，你的价值被放大、被看见了之后，才会带给更多人正向的反馈和引领。

那么回到开头，在互联网思维下所谓的“流量”，其真正的逻辑又是什么呢？我觉得也可以放在我们的工作中去做一个很好的思考。“流量”互联网思维下的，并不是要打造某个人，不是因为这个人有多么地差异化，多么地与众不同，做得多么好，才去放大他，让更多的人知道他。其实在放大很多IP之前就是“复制”，不是用创新去打这个赛道，而是用大量的、基础的、重复的，或者别人用过、好的内容去先“击爆”，因为这些在互联网上已经有“流量”的作品自带“流量密码”。所以我们在创新之前先不要急着去创新，一定是等你这个人，被更多人“看见”之后，你再去输出你自身的价值观、基于和别人不同的一些背景经历、学历、成果之下的那个更加立体的、全面的你，这才是互联网下快速“被看见”的有效路径。

这几天看到这么多所谓的大V，他们都在反复讲：我们在做一件事情的时候，不要把这个事情想得太高级、太复杂，我们可以用最简单的起步，先让别人看到你，然后你再去为他们创造价值，你的价值才有可能被无限放大。比如达达，她现在流量很大，自己带领四五百人的团队帮助企业和个人打造IP。她自己很拼，我们不要看到这个人好像是突然就出现了，所有突发事件的产生，背后都是有原因的，她自己已经创业了十年，一直在做一件事，一直在不同的赛道、不同的平台去做这件事，可能突然就找到了“爆点”，就“出圈”了，她又带着很多想要“出圈”的人去找到新的方向。我觉得她的这种思维和路径就很值得我们去分析和拆解。

放在我们的工作和培养学生的角度，我们不要太老老实实、一板一眼，如果你真的对自己价值非常清楚的话，一定要放到社会当中、放到市场当中去检验，才能把自身的价值体现出来。我们不应该让学生在学校只好好学习、好好看书、好好考试，等进了社会以后，再去重新开始，而是在学做的同时，不断激发出自己的潜能和价值，让更多的人看见！“被看见”它真的是一种力量，也是一种底气！

元气金句

被看见就是让更多人认识你，在互联网时代就是让更多人通过自媒体“刷”到你！

元气加油站

1.福建江夏学院陈奥菲老师

【元气心得】今天的分享中有这样一个观点刷新了我的认知：不急着创新，不要等到自己准备到100%后才敢思考。“被看见”这件事，可以先做基础性的复制，引入流量之后再结合目标开展各类创新。这个逻辑果然是新媒体营销逻辑，跟常规逻辑不太一样。我反观了自己，发现不仅自己，还有身边很多人身上或多或少都沾染了中华民族最朴素的性格色彩——谦虚。谦虚本来是个好习惯，但也会延伸导致各类保守性思维和行为。因此很多时候，我们会习惯性认为，只有自己准备好了才能开口说话、开口分享，心理准备好了、行为准备好了，各方面都准备好了，才可以开始推动某件事情。否则，事情如果没做好，没达到预期，甚至还办砸了，太对不起有关的人员，等等。而事实却是，当下的社会早已进入乌卡时代、量子时代，每天的社会热点、社会事件、社会潮流都在迅速变化，后一层浪快速击穿前一层浪，甚至不给大众留下足够的吸收消化时间。“凡事、事事都做足充分准备”这事本身已经变得越来越难。此时还用旧的逻辑习惯确实不合适。谦虚习惯需要有，但保守思维也不可取，在新媒体时代的工作思维和工作逻辑都需要迭代。

2.重庆工业职业技术学院辅导员姚正平老师

【元气心得】陈姐姐今天微课堂提到的森哥和达达我也有关注，他们的做法和观念也深深启发了我，但是总觉得自己就是那种做一件事情之前会把一件事想得很难，总是开始不了。不过现在已经慢慢在改变了，不要思前想后顾虑太多，有想法去做就好了。听了陈姐姐分享，并且见证陈姐姐由行动带来的结果，也给我们很多力量。

很多时候羞于自己没有看得见的行动，没有看得见的所谓结果，总是有喊口号的嫌疑，也羞于分享。但是我觉得也要接纳自己，认知到行动到转化，需要一个过程，给自己时间消化，不能急于求成一个结果。只要这些观念在潜移默化中影响自己，改变自己做事的方式方法，方向是对的，就是在进步。

元气关键词70

一气呵成

最近放假，我开始把“元气微课堂”的文字稿逐一校对，再把它们放到公众号上，方便后面工作忙起来也能够按时更新推文。

之前上班的时候，我一般是一周处理1~2次，“元气微课堂”的推文我先要在我的文字稿上进行一次校对，包括一些错字、措辞、内容等，重新对它进行书面化的调整，还有老师们分享的元气心得，我也会做初步的整理。做完以后我就把它复制粘贴到公众号进行保存。完成这一套流程通常有几个程序：首先，打开草稿箱，添加1张“关注我”的封面，然后把文字内容复制上去，同步修改行间距、字体大小，有一些文字还需要加粗、加颜色突出，让读者看起来会更好一点，再导入“元气微课堂”试听的链接和我的个人海报，海报下面还要补充一句：期待你的留言分享、在看和点赞，再添加封面和摘要，进行“原创声明”，文章设置选择“合集”和“创作来源”等，最后“保存为草稿”，看看系统是否提示有错别字，最后还会进行1~2遍的“预览”，如果第二天要发布，还要再选择“发表”，设置好自动发送的具体时间，最终完成一篇推文的“上架”。

你看，整个过程还是挺复杂的。如果按之前一周做一次的话，我通常会忘记整个流程，或者会在流程方面生疏，甚至出现漏掉某个环节等情况，效率就会降低。可能我就会去找前面已经发表的“元气微课堂”，看一下内容是怎么做的，哪里要标黄色，哪里要调整格式等，很浪费时间。通过这件事我就发现，当我们在做一件事情的时候，特别是像这样需要长期去做的、细节内容比较多的，如果采取的是间歇性完成，就一定会忘记或遗漏某些环节，导致浪费更多的时间和精力。

所以我们的工作最好一气呵成。我在假期，花了2天的时间，集中把我的“元气微课堂”手头已经完工的内容全部上架了，等开学之后我就可以根据我规定的时间，按一周1~2篇的频次，直接设置时间点发表就行了。你看，我这样一次性集中用2天的时间，只做这一件事情，我对整个流程就相对比较熟悉，基本就是一种复制、粘贴的“体力劳动”，不用再多花精力去“思考”，这就是一种“省力”。

在梳理“元气微课堂”文字稿内容的时候，我还同步做了2件事情：一是把元气稿中的关键词和元气金句复制到另外一个文档上，形成“陈姐姐元气金句”；二是把元气稿中有利于我们辅导员工作比较好的思维和方法的文字内容挑选出来，作为“工作金句”又复制到另外一个文档上，形成“陈姐姐工作金句1000句”。也就是我用这两天时间集中去做这件事情，这一项内容一气呵成，真的是既高效又复利！

放到我们的工作当中也有很多这样的时刻，比如我们在某一周可能要做一个比赛，像去年12月我需要在几天时间内做完学校首届的大学生职业规划大赛，那么我们就要有意识地去改变工作内容和模式，让我们的精力集中在某一块我们期待出成果的内容当中，把这个部分安排到你自己比较舒服的某一个周期当中去集中突破，让这一个周期能够快速出成果，而不是这个活动前后周期大概有一个月，经常出现：你在前面策划的时候特别激动、特别缜密，但等通知书发下去了，初赛、复赛、决赛结束了，你不及时复盘的话，就会忘记之前在想做这个活动时候的那种感受。

你有可能会说，哎呀，有的活动不是我们能“掌控”的。那就把你能掌控的部分，尽量集中到某一个板块，去一次性做好它。

还有个例子，我会在每学期开学初的前2天，或者每学期结束的后2天，集中梳理下学期的工作台账。比如党员的转正时间，固定几月几日，你就把它填到台账对应的时间当中去，把你必做的事情、不能耽误的事情，包括“三会一课”、党日活动也安排到对应的月份当中去，当你像这样安排完必做的工作之后，你就会发现你工作已经排满了，接下来就尽可能去安排你自己比较喜欢的事情，或者把喜欢的和工作必做的尽可能地结合在一起的内容，你就在单位时间内一次性把它做完、做好，这往往能节约我们大量的时间，或者能够让我们的思维在某一个时间段只关注一块内容，反而能够提高我们整个工作效率并快速出成果的！也期待大家能给自己多一些“一气呵成”的时间和机会来梳理、安排、设计我们的工作，你一定会发现不一样的惊喜！

元气金句

一气呵成就是单位时间只把一件事干好，形成肌肉记忆！

元气加油站

1.哈尔滨医科大学辅导员薛靓老师

【元气心得】一气呵成就是单位时间专注只做一件事！正所谓一鼓作气，再而衰，三而竭。间歇性努力≈无用功！

2.浙江越秀外国语学院辅导员赵莹老师

【元气心得】我们在工作中可能遇到过这样的情况：一件事情如果很快完成，不做任何间断，那么整个过程相对而言会比较丝滑和轻松，往往能够展现出更高的工作效率和执行力。而如果在一项工作完成的过程中因为种种原因被打断，那么想要再找回之前的工作状态就很难，甚至会无疾而终。这样的例子在我们身边太常见了，如陈姐姐提到的做微课堂、准备职规赛，写论文、做公众号、搞样板支部、辅导竞赛、备课、学生评奖评优……

然后在实际工作中，不可能会有大段空白的时间让你来完成你想做的事。这时要学会“弹钢琴”，要学会理清思路，让自己的工作更有计划性，列示日计划时，将重点工作、临时工作、日常工作分时间段进行，可以学着陈姐姐一项工作多点开花，不耽误重点工作的一气呵成。

在工作中保持良好的工作状态对于提升执行力非常重要，一气呵成在某个单位时间专注做一件事，你会发现自己就犹如一列高速列车，势如破竹地完成一项又一项任务，解决一个又一个困难，快速奔向你的最终目标。

让我们拒绝“常”梗阻，工作如吃巧克力一样丝滑！

3.江西青年职业学院辅导员王路桃老师

【元气心得】听完一气呵成，我想到的关键词即专注。当我们专注在做一件事情的时候，往往精力是最集中的，其他的事情也就是次要的了。这个时候，积聚身上的气力去攻破和完成一件事，效率是最高的，往往效果是最好。

这让我想起了一个场景就是我们去电影院看电影。大家都喜欢去电影院看电影，当影片播放之后，我们是专注这一件事情，心理状态等跟随里面的情节起伏。观影后，会觉得这个时间过得很充实，影片中的一幕幕场景在脑子中浮现，很愉悦和放松的心情。结合到的辅导员日常工作也一样，如果班级存在的一个问题，比如旷课问题，采取集中式的追问讨论，借助书籍等，寻找解决办法，最后形成最优解决办法。这就是一个大的突破，而且还是一个个人产品化的可视化成果了。

元气关键词71

新鲜

前两天我在网上买了一个穿衣镜，因为正好赶上年关打折促销，买下来是29.9元。一开始对这个镜子也没抱什么期待，毕竟价位摆在那儿嘛。没想到早上我打开门，发现这个镜子摆在我家门口的时候，哇！29.9元居然还顺丰包邮送到了家门口，心里对这面镜子的期待就变得非常不一样了！

我小心翼翼地把镜子拆开，搬到家里面，确实不是那么重，但是感觉整个家里突然亮堂了很多，我把它放在进门与客厅交界处，晚上学习之后，就在镜子面前运动了一下，感觉整个人特别地不一样，有镜子在面前，看看自己的动作就特别不一样，反正就是很好、很开心！

第二天早上，我正常起床，一出卧室门就看到镜子，在我的正前方，心里就特别开心，家里突然有了一面镜子，就让我对整个环境产生了不一样的感觉！

通过这件事情我就想到，其实在我们的工作中，有很多时候也很需要这样的一种“新鲜”感。比如每次我在带新生的时候，真的很期待，尽管我们都知道，接新生的前一个月，或者那一个学期都会特别忙。我们部系每一年接新生，我们全体辅导员都会轮流去接新生的现场，还会特意安排迎新当天的某个时段，全体辅导员和部系书记都要去现场来一张大合影。会看到很多新同学，从四面八方、天南地北，来到我们学校，来到我们部系，特别地开心！特别是你作为一个新生的辅导员或班主任，你从拿到录取名单，到去准备新生入学的方案，包括选拔新生班导、准备你的开学第一次班会、新生入学教育等一系列事情，其实都会产生不一样的感觉。

哪怕像我已经带了三四届学生了，我每一年都对新生，特别是对我周期性重新接新生的这件事总是充满期待。这个期待更多的是，虽然学生的姓名我可能早就知道了，但我并不知道我的学生到底是谁，长什么样子，是什么性格，有什么专长，等等。当他出现在我面前说，“老师你好，我是1班的谁谁谁”，我就会特别地惊喜。

接着你就会从新生开始，选拔班级的临时班委、军训、学业规划、学风建设、党员发展……按学制陪伴他们度过大学周期。不同的学习阶段，还会出现各种新的情况，我们怎么通过一些新的制度去引领、解决新问题，等等，最后他们要离开学校去实习、见习了，对他们来说又是一个新的阶段，我们怎么样去做好管理和服务，包括怎么样去陪伴他们面对从校内到校外角色转变，到毕业前的求职，等等。

当我们带着这样一个新鲜的视角来面对我们的工作，和我们的学生一起应对不同状态、不同阶段需求下的新情况时，我们可以生发出很多新方法和新策略，来为他们做好引领和服务，这是我今天给自己的一个新觉察！

其实你看，一面新镜子，就让我整个状态，由内而外地开心满满、期待满满。如果大家的工作或生活，某个阶段特别忙碌，或者自己的某一个状态特别疲惫的时候，我们就可以通过一些新物件，比如给自己订一束花呀，或者给自己预约一次健身，或者和好朋友徒步、唱歌等不同方式，来让自己现有的生活呈现出不一样的新鲜感，也会对我们当下的某个状态起到良性的互动和能量提升的作用。所以适当地给自己准备一些小礼物，能够让我们的工作和生活更加有活力、有期待、有惊喜，何乐而不为呢！

元气金句

新鲜就是为你的生活加点“甜”！工作中也需要有“新鲜的觉察”，从而具备“新鲜的策略”，会让你非常与众不同！

元气加油站

1.浙江越秀外国语学院辅导员赵莹老师

【元气心得】工作久了往往会进入职场倦怠期，很多人开始觉得眼下的工作没有挑战性，一点新鲜感也没有，想换岗或跳槽，这也是目前我们辅导员离职率高的原因之一。但其实重要的不是换一份工作或岗位，而是重新找回对工作的新鲜感。

如何找回新鲜感呢？辅导员工作内容每年基本大同小异，随着边际效应递减，成就感就越来越低。因此战胜厌倦的最好办法是保持新人感，同样的工作每年以新人的视角去审视，并在前一年的基础上先立后破。由此联想到陈姐姐目前在做的“元气微课堂”就是一种很好的做法，首先立足于日常工作—凝练关键词—组建“元气微课堂”—音频分享—做推文—出书，不断升级迭代。工作还是那个工作，但每个过程都有自己的挑战与新鲜感，常做常新，拓展自己的舒适区，进行自我增值。

新鲜感就是在很多环节上进行创新，当“老革命”遇上新问题，就需要我们每年结合学生的变化、学校的变化、环境的变化、社会的变化，给予不断的创新与调整。如果我们每年在新的方向上有所突破，然后把每一个突破连起来，就会像珍珠项链一样把我们的成就感持续往前推动，消除厌倦感，增加新鲜感。

2.遵义医科大学珠海校区辅导员尹瀛老师

【元气心得】在工作中找到新鲜感，实际上是一个持续自我更新、创新和深化理解的过程。以下是我对如何在辅导员工作中找到新鲜感的几点想法：

（1）不断学习，提升自我：作为辅导员，我们需要不断学习和了解新的教育理念、心理学知识、学生管理技巧等。通过学习，我们可以不断提升自己的专业能力，更好地应对工作中的挑战，从而在工作中找到新鲜感。

（2）关注学生的多元化需求：每个学生都是独一无二的个体，他们的需求和问题也各不相同。关注并理解学生的多元化需求，可以帮助我们找到工作的新鲜感。例如，我们可以通过组织多样化的活动、提供个性化的辅导等方式，满足学生的不同需求。

（3）创新工作方法：在工作中，我们可以尝试创新工作方法，如利用新媒体平台与学生沟通、开展线上辅导等。通过创新，我们可以打破传统的工作模式，提高工作效率，同时也为工作带来新鲜感。

（4）与同事交流合作：我们可以定期与同事分享工作经验、讨论问题解决方案，可以带来新的工作思路和方法，从而在工作中找到新鲜感。

（5）关注个人成长和发展：作为辅导员，我们也需要关注自己的成长和发展。我们可以通过参加培训、阅读专业书籍、参与学术研究等方式，不断提升自己的专业素养和综合能力。在这个过程中，我们也可以不断发现工作的新鲜感。

总之，要在工作中找到新鲜感需要我们保持开放的心态、持续学习、关注学生的需求、创新工作方法、与同事交流合作以及关注个人成长和发展。只有这样，我们才能在工作中不断发现新的乐趣和挑战，保持工作的新鲜感和激情。

3.厦门城市职业学院辅导员孙云莉老师

【元气心得】工作中的新鲜是遇到了陈姐姐！

元气关键词72

杠杆

前两天我在写一个校级的精品项目，因为2月底就要截止了。其实这个项目我之前就一直有计划，想把我一直在做的“陈姐姐对话辅导员”栏目作为精品项目去打造。为什么会这么想呢？一是这个栏目已经做了10期，有基础了；二是这个栏目也是我未来想要持续去做的。

那么像这样的一些日常必做，你又很想做的事情，一定要想方设法把它们作为一个栏目或者品牌去打造，就会更加有利于工作的聚焦。这个栏目，它既可以作为我的一个品牌，又可以作为我工作的一个抓手，还可以作为我未来提高影响力的一个渠道，于是我就开始撰写这个项目。

大家都知道课题、项目的申报通常包括研究现状，要解决的问题以及你大概要做什么样的成果等，于是我就开始是去思考，我做这个栏目可以依托什么样的政策，来把它写成和工作相关的项目呢？既然我要做这个项目，而且已经做了10期了，后面还会做，那我就要去找到一个更高级别的项目去对标，从现在开始做，一步一步达到！我找出了去年9月份教育部下发的一个的关于申报思想政治工作的申报项目通知，里面就几个不同的项目类别，我认真比对了一下，里面有2个类别是符合我这个项目的：第一类是网络育人，第二类是关于辅导员队伍建设的。于是我打算从这两个方面去切入我的校级精品项目。

我们学校的精品项目其实是和十大育人体系相结合的，而我的这个栏目则是通过视频号的网络传播方式去链接到各高校辅导员，用对话的方式来为我们的工作赋能，所以我就从网络育人的这个类别去写这个材料。

同时我也看到，从校级申报，到省级评审，再到教育部立项，这条路径是完全“打通的”，你可以清晰知道如何一步步去获得。而在文献阅读的过程中，我又突然想到，我之前一个人在推动这个栏目，其实存在一些困难，包括需要一对一去对接栏目嘉宾，商议分享主题，确定个人标签，制作宣传海报等比较耗时。当然，每次和老师们对话的过程，都是非常愉快和享受的。寒假的时候我也开始整理和核对嘉宾对话的逐字稿，在这个过程当中，又一次强化了我对栏目运营的真价值，觉得阅读这样的对话文字内容，本书也是一件非常赋能且有意义的事儿！

所以我也期待能够把我们的对话，通过文字的方式梳理出来，给到更多需要的辅导员。一是可以通过推文分批去推送，大概一次对话可以分为3次去推送，因为内容比较长。二是可以把内容集结成一本书，你看现在已经做完10期对话了，整理出来也有15~20万字了，这也是一个非常大的成果！

也是在总结栏目的过程中，我的脑海中突然又冒出一个想法：既然这件事情不管对我自身，还是对其他辅导员，都很有意义，何不多带一些辅导员一起来参与呢。首先，我也要找到更多的辅导员来参与这个栏目，他们可以作为对话嘉宾；其次，我也希望更多辅导员参与的时候，通过整理对话的文字内容，找到我们工作的好方法，包括一些工作痛点，形成下一步精品项目、科研选题、文章、案例或价值小课等，然后我们一起制作、分享！

你看，当更多的人参与进来之后，其实它的价值就会变得更大，我们一定让一份工作、一份时间得到更多的覆盖和分享，让它的价值变得更大，这就叫杠杆！"陈姐姐对话辅导员"这个栏目，它就是一个支点。通过这个支点，首先，我能够去链接到更多的辅导员，其次，我可以通过栏目去扩大我的影响力，然后，我还能够带领栏目的品牌合伙人一步步去共创，包括他们个人的项目，我们一起来出书、做课，在这个过程中还会不断地生发出很多很多意想不到的美好的事物，那这件事儿就越来越有意思！

我把我做栏目、写项目这件事情作为一个"杠杆"来跟大家分享，希望大家把这样一种思维方式多多地用在我们的工作当中，通过一件事情、一个动作，比如通过一个主题班会、一次分享、一场比赛、一个科研项目等，你还能够为自己、为学生、为别人创造出什么价值呢？就让这样的"杠杆"思维，为你的工作和生活带去不一样的收获吧！

元气金句

杠杆就是放大器！

元气加油站

1.四川卫生康复职业学院辅导员李秋虹老师

【元气心得】在整段元气描述中，特别触动我的是——通过一件事、一个动作、一个主题班会……你还能为自己和别人创造什么价值呢？就像今天在听江西财经大学朱海琴老师分享咨询案例的时候，提到的职业生涯发展中的目标感、价值感，我觉得和陈姐姐“杠杆”的思路一致，为什么这么说呢？众所周知，我们做成一个事情会产生获得感、满足感、愉悦感和价值感，但如果我们围绕这个事情可以继续做下去，做成更多的事情，我想那种收获和价值绝不仅仅是1+1=2的结果，而是会放大很多倍，甚至叠加、持续性地产生价值，从而形成属于自己的工作品牌。

2.中山学院辅导员余建萍老师

【元气心得】简单来说，“杠杆”思维就是要价值放大，这是陈姐姐一直在倡导并实践的理念。把日常工作规范化、品牌化就是放大工作价值的一种方式，辅导员日常工作烦琐，如何利用杠杆原理把日常烦琐的工作品牌化，进一步创造和放大价值，是值得辅导员深入思考的问题。

元气关键词73

极致

前段时间我做了一个“陈姐姐21天辅导员工作实战训练营”，这个训练营一开始就从各个群里来了90多个辅导员，最终填表参与的有44人，加上我就是45人，我们组了一个实战群。希望实战群在未来的21天，每一天都能有互动，也能让老师们真正去思考自己工作当中的真实问题，同时能为别的老师贡献自己的工作经验，从而让这个群能够发挥出真正的价值。其实从脑海当中有这个想法开始，我也不知道这个群该怎么做，只想着每天能够有老师互动，有人提问，有人回答，这个群就不会“死掉”，至于能不能达到我期待的效果，我心里真的是“没底”！

前期进行了社群运营，特别是实战规则的梳理，包括主持人对提问互答老师的摸底、大家对于实战营的期待，等等，2024年2月1日的正式开营，还是非常热闹的。很多老师都积极参与、认真互动，把自己的工作经验无私贡献出来。我就在想，老师们贡献了这么多有价值的一手内容，我怎么样把这些内容的价值最大化呢？特别是同样一个问题，不同高校、入职年限辅导员对这件事经历、经验，真的是能快速打开我们视野和思维的，你自己如果基于本校的圈子，可能暂时无法去突破的问题，通过这样的形式和内容，能够快速地得到解决，助力辅导员拿到工作结果，从而提高自己工作的成就感、获得感和满足感，并通过辅导员的这种成长，带给学生们更多的影响，来成就更多的学生！

第一天分享结束之后，我就在想，老师们共创留下这么多珍贵的内容，我怎么去保存下来，并通过各种形式让它价值更大化呢？于是，我就做了一件“非常笨”的事情，我把老师们在群里提问互答的内容，根据实际的回答和顺序，逐一复制粘贴到文档中，有的用语音发送的，我就用语音转录的方式保存，有的内容还需要整理一下打字上去，就这样从当天晚上10点多做到了凌晨的2点多。做完之后，初步把一次提问互答的全部流程真实重现出来了。在整个过程当中，再次看到了很多老师们非常好的工作经验，自己也学到了很多在我不太擅长和熟悉领域当中的宝贵经验，觉得特别好！

然后我就发现以这样的方式保存也很好，能够清晰地看到每一天老师们的互动状态和结果，很有画面感，如果把这样的一份材料持续做下去，等21天实战营结束，肯定能给到辅导员们日常工作一个崭新的突破口。

当天晚上出来的第一遍文稿，还是比较粗糙的，有很多东西，比如版面的设计、流程的梳理还没有特别清晰，包括有一些语音转文字的错字、格式等问题还没有校对，如果别人来看这样的文稿的话，也会觉得逻辑性不够好，不利于阅读和重点内容提取等。第二天起床之后我又开始花时间去整理和设计，把它当成一本书去看待，如果别人翻开这本书，起码要保证思路是清晰的，文字是没有错误的！

所以我又改了一遍，修改了基本内容，突出一些栏目，比如提问老师简介、问题是什么、互答的内容具体是什么，当日复盘内容，还有老师们甩进来的参考资料等。然后我觉得还不够好，又在这个基础上，把老师们回答内容中的一些非常好的经验和材料，进行了加粗和加色，相当于“加精”。整个过程其实也激活了我对自己过往工作中的反思，于是我在每个问题的结束中，新增了自己的“互答思考”……就这样修改了三四遍之后，这份材料才基本成型，我觉得思路更加清晰了，读下来自己也还挺满意、挺有收获的。

我回忆我在做这件事情的过程，其实就是不断地在突破自己的舒适区。就是这个材料，我要么就不做，要做，就一定要做到我当下能力范围的最好。所以经常有小伙伴说我，做事情简直做到了极致。

确实，在我这18年的工作中，但凡是我真正想要去做的事，我真的是做到了极致。例如我在策划一次主题党日活动的时候，从想做开始，脑海当中就会不停地浮现整个过程的全部画面，哪里是要注意的、哪里是要提前去准备的、哪里是该重新去安排的，等等，甚至很多时候都会进入想要做一件事情的“疯癫”状态，就是晚上睡觉之前睡不着，反反复复想，然后想到什么要点，就赶紧起来，拿手机记在我的备忘录中，生怕忘了。第二天起来以后，我就会把它重新修改和更新，直到我满意为止。接着就开始实施这件事儿，享受整个过程，哪怕出现什么状况，也及时复盘记录下来，下次避免。我觉得工作当中就是需要有这样的一种极致精神！

我觉得我们的辅导员一入职就应该在我们的工作当中培养极致精神，把手头的一件件日常工作，都把它做到极致，然后捋出这件事情的工作清单。这个工作清单要做到什么标准呢？你要让这件事，交给另外一个学生或老师，哪怕他从来没有做过，甚至都没有听过、见过，都能够按照你捋出来的工作清单，按照1、2、3、4……一步步做出一个基本的样子，而不至于犯错，这件事儿就算你做到极致和完美了，这也是高效工作的一个方法！

元气金句

极致就是把自己当“用户”，在能力范围做到最好！

元气加油站

1.四川卫生康复职业学院辅导员李秋虹老师

【元气心得】极致在我看来是把一件事做到最丝滑的状态。寒假参与了陈姐姐的实战营，一步步亲历了实战宝典从1.0到2.0再到3.0……的迭代，这每一步后面都是陈姐姐对于极致的实践，真的让我非常钦佩！把常规的工作流程化、标准化，把创新的工作落地化、实用化，让新入职的小白都可以复刻使用。

2.浙江越秀外国语学院辅导员赵莹老师

【元气心得】陈姐姐群里的经典名言："给我一个支点，我将撬动整个地球。"其实人生中最重要的那件事情，就是支点。一个人之所以平庸，很大原因就在于没有找到自己真正喜欢做的事情，没有支点。如果你能找到自己的支点，把一件事做到极致，胜过把一万件事做得平庸。经过半年时间的"偷师学艺"，发现陈姐姐成功的秘密，并不是秘密，那就是不停地做，坚持不懈地做，睡觉吃饭也在想着怎么做。简单的事情重复做，重复的事情用心做。选择自己最喜欢的事，把它做到极致，既能收获人生的快乐又能收获事业的快乐。如果你真的努力了，目标明确了，你会发现自己比想象得更加优秀！

元气关键词74

借力

这两天是春节假期，很多人都在家里休息，最近也上映了很多春节档电影，很多网络、视频、公众号、朋友圈，大家都在各种推荐他们看的某部电影的感悟。我在想可能有的是这些电影公司邀请的大V来帮他们做推广，有的就是观众去看了以后，发自内心地想要去转发朋友圈，去写影评，来为自己喜欢的电影或者人物角色去做一些宣传。

我观察到最近我朋友圈也是出现了很多这样的内容。贾玲新拍的电影《热辣滚烫》，很多人都在发圈，也刷到很多视频和公众号相关内容。有很多商家会抓住这样的一些所谓的热点、流量来趁机给自己的产品走一波宣传，那么有的人采取的是顺应大众观点，而有的人则是反其道而行之，比如说这部电影是翻拍的、抄袭的，说贾玲立什么人设之类的……

那么，当我们的身边出现了一个现象级的人或事的时候，我们如何人或事作为一件对自己利好的方面去借力呢？

首先我们来看看，什么叫借力？借力其实就是你看到一些人，一些事儿，它正好和你想做的事是同向的、同频的，或者是对你是有益的，那么你可以把这个人或事用在你的一些渠道宣传，或者是内容创作，或者嫁接到你的产品当中，让你想做的事或产品，能够让更多的人知道。

寒假我在做辅导员实战营的时候，也有很多辅导员讲到，他们在职场的某些阶段，比如想带学生去参加更高级别的竞赛、想申请更高级别的科研、想发表核心论文等，都或多或少去找了相关的一些人，去帮他们做推荐，或者邀请别人加入他们的课题来提高自己在某些渠道的曝光度，或者证明自己也还可以，让别人高看自己几眼！

回忆起刚工作的时候，我真的对科研、文章一窍不通，当时本科毕业留校在团委，就是闷头工作，把手头的工作做得特别透、特别好，但是工作3年了，我连一篇文章、一个项目都没有申请和发表过。当时我的领导还跟我说，你做了这么多事，你可以去申请一个项目，可以把它写出来发个文章啊，我当时压根儿都没想这个事儿，后来我才明白，原来工作做了，还可以申请项目、发表文章。

所以你看我在团委工作的5年，居然没有想过要评职称，后面在研究生3年读完以后，我才评的讲师，评完讲师之后，又过了5年才评的副高。也就是说，我在读研究生之前，已经工作5年了，我真的没有一点科研思维，啥成果也没有。我还记得当时因为我们学校评讲师有一项硬指标，就是要有参加相关校级科研项目的经历，我当时啥也没有，读研期间虽然有一个大学生项目，也有硕士启动基金，但是不符合申报要求，所以当时在申请讲师的时候，我就去找了我们学校的一个老师，让她帮忙把我加入她的课题，跟她一起做，那位老师也非常支持我，给了我一个机会，后面很幸运通过了考评，现在回想起来，这也是一种借力。

其实在我们工作和生活当中，很多时候都需要用到这样、那样的"借力"，但我觉得借力和之前我们提到的"抱大腿"又有点区别。借力是说你本身是有基础的，你只是需要一个机会，去借用别人的资源，或者可以叫"锦上添花"；而"抱大腿"很多时候，你不一定有基础，你可能"逢人就抱"，想要"占便宜"。但借力要求你一定要有能力，你首先要有自己的内力，才有可能从内到外，向别人去借到这股力量。那么用到我们的工作中，我们可以在已有的工作基础之上，多多地去创造更多"锦上添花"的事，来为我们的工作助力添彩！

元气金句

借力就是锦上添花！

元气加油站

1.德州学院辅导员王培培老师

【元气心得】今天在学习借力这个关键词时，让我想起了前几天参加教学比赛需要组建教学团队。其中有一条参赛要求是具备校外指导教师，我第一时间就想到了陈姐姐。陈姐姐说只要对你有利，怎样都可以。2024年特别开心和幸运的是，放下了自己的"贪"，勇敢地放下了大脑以为应该做的事情，去做自己身心都喜欢的事情，做自己真正热爱且擅长的事。比如教学，比如大赛。工作的第八年，真正开始从事务性工作当中学会抽离出来，有意识地去做科研，去做有成果的事情。把过程做好，把过程做成成果。感恩优待群里的每一位小伙伴，相互砥砺，彼此见证美好。

2.遵义医科大学珠海校区辅导员钟仁云老师

【元气心得】我们熟知的统战就是借力思维，争取身边一切可用的资源来发现自己，实现理想。不论是我们老师的发展还是学生的成长，都需要“统战思维”，借力助推，达成愿景。

3.浙江中医药大学辅导员丁艺雪老师

【元气心得】我的理解是“借力”是一种顺势而为，是在做的过程中发现机遇，是本身优势累积后的突围效应，需要借力思维+主体能力+行动。辅导员工作中有很多前辈和领导是“借力”的对象，借力起飞是一种很好的发力点；同时，我们也可以成为其他人的“借力”对象，例如做学生竞赛的指导老师，帮学生起飞。最近忙于毕业班，考研成绩出来了，学生复试前的关键点上给每个学生“借力”的机会，帮他们实现重要的跨越，忙并快乐着！

4.四川卫生康复职业学院辅导员李秋虹老师

【元气心得】从寒假热门电影背后的效应，引发对于借力的思考。当某些渠道曝光度提高后，就会产生其他的叠加效应。陈姐姐前5年看似无为，其实也是在做透做深的过程中为后面职业的发展不断借力。借力本身有基础，是趁势而为，“抱大腿”更多地依靠大腿。

5.上海商学院葛欢老师

【元气心得】《热辣滚烫》的电影上映，有辅导员立即用电影素材作为新学期主题班会，我们应该觉察“流量”，将生活与工作结合起来。还有老师通过春晚预测辅导员的考试要点。陈姐姐寒假组织的训练营和课程对我帮助很大，做事8+1+3，用小课思维，今天也听劝拍了职业形象照。陈姐姐的真诚和能力才有贵人相助，也很感谢群里老师的支持，才推动我有了行动。如何让工作锦上添花？夯实自己的基本功，多和大家交流。

元气关键词75

从容

今天是大年初二，非常开心，我又重新开启了抖音直播！为什么要选择今天做直播呢？因为2023年我就是在大年初二开始做抖音直播的，我觉得特别有仪式感！所以今天吃完早餐之后，我就开始给自己设计了一张海报，重新抖音直播！

刚刚，做完了首场直播，我大概复盘了一下，相比去年，我这次直播总体表现比之前更加从容了。我记得去年做直播的时候，是我才准备开启动我2023年斜杠计划，当时我确实不知道这个斜杠计划应该怎么去做，所以我就想着通过直播，把我的所学所思公开地分享出去，以此提升我的演讲水平。既然要做斜杠，可能以后免不了要去给别人分享、做培训，我给自己是往这个方面去定位的，因为我平时讲话比较随意，讲话也没有太多的章法可循，主要跟着自己的感觉走，所以我觉得需要在演讲方面去提升，就选择在抖音上面锻炼表达和提升思维，而且抖音是我比较熟的软件。但当我真正开始要直播的时候，却并不知道具体要干什么。我还在我们部门的辅导员群里，发了一个学生连麦邀请，当时还不会制作海报，只有一段文字内容，不像这次我还做了海报、定了主题，面对镜头也更加从容，说起话来也更加顺溜。

具体原因有：

首先，这次直播比去年更有目标，去年直播就是为了提高我的口语表达，这次的目标是希望把我对求职简历制作和优化的见解进行输出，同时直播的时候，我旁边还放了另外一台手机，录下我在分享过程的全部内容，以便后期剪辑出更多的主题切片，用短视频的方式持续地输出我的观点，也就是直播和录制视频同步进行，又是复利思维的运用。也正因为有了这样的“前期准备”，让我在做这一系列动作的时候，感觉特别从容！

反观我们的工作也好，个人发展也好，大家可以回忆回忆，我们在做什么事情的时候，内心会比较平静、比较从容呢？我们在做一件什么事情的时候会更加有把握，更加不紧张、不焦虑呢？答案很简单，我们在对我们自己比较熟悉，或者说做了很多次的事情，就会比较有把握、比较从容，或者说我们对那些已经做过的，且拿到了结果，哪怕这个结果是意料之外的这样的一些事情，我们会天然地觉得更加从容，也更愿意再去做！当这件事，你反复做过，已经有把握了，我们自然就不会那么紧张，哪怕这件事我们只做了一两次，但我们得到过好的结果，得到过正反馈，这样的事情我们也愿意去做，而且也能够很从容、很淡定；此外，那些我们特别想做的事情，哪怕你没有做过，也愿意去挑战，内心也愿意去接纳这样的一个结果！

你看，我们这样的一些工作经历，对日常工作的经常性反思或复盘，真的可以带回到我们的工作当中，让我们能够在未来的实践中做得更好。比如我们在指导学生去参加什么路演，或者参加一个什么演讲比赛，或者参加职规赛决赛，我们的学生也会紧张，那么我们怎么样去缓解他们的紧张、焦虑情绪呢？其实就是反复练习，刻意练习，练到这个事儿，你张口就能够讲出来，脱口就能说出来，那这样的事儿咱们就不会那么紧张了。我们还可以看到很多大主播、大网红，或者说一些非常厉害的讲师，他们在台上那种侃侃而谈，把自己的观点说得非常自如，其实都离不开他们背后对同样一件事情默默地付出和反复地刻意练习，或者说就真的是死记硬背，来达到一个相对熟悉的程度，再去拔高或提升。所以这件事很值得我们去关注，我们如何通过一些方法来提高自己在陌生环境之下，或者说在应对一些自己不太熟悉的一些事件之下，让自己没那么焦虑，能够变得更加从容！

元气金句

从容就是对你熟悉的事、做过的事、有过正反馈的事、特别想做的事呈现出“轻车熟路”的状态！

元气加油站

1.四川卫生康复职业学院辅导员李秋虹老师

【元气心得】（1）陈姐姐初二的抖音首播，斜杠青年行动计划，让我看到陈姐姐在自己的领域的游刃有余。这种从容是十几年工作的思考、是不停地学习、是反复地联系。

（2）从自己做过的事情中提取自己擅长的点，找到对自己有正反馈、想要继续做的事情，这是从内心找到从容的链接。从容还有一个核心就是要通过自身的努力，在借力的情况下锦上添花，形成结果，这样就能更加掌控自己擅长的领域。

（3）目前让我能逐渐从容的事情是班级建设、对学生工作问题的敏锐和想要把课程做好的决心，我应该围绕这三块内容更加有计划性地去行动，产生结果，让自己更加从容。

2.哈尔滨医科大学辅导员薛靓老师

【元气心得】从容意味着做自己熟悉的事情游刃有余，也包括在面对压力和紧张时可以保持冷静和淡定。可以通过不断学习积累和刻意练习来提高自己的相关知识和技能水平，这样在面对问题时才能更加自信和从容。同时，还要保持积极的生活态度，注重身心健康，这样才能有足够的精力和耐力去从容应对生活中的各种挑战！

3.遵义医科大学珠海校区辅导员钟仁云老师

【元气心得】笃定、热爱、思考、练习，从容不迫，幸福人生。祝各位女神从容淡定，知性美丽，工作有成，家庭幸福。

元气关键词76

坚持

前两天做了一个咨询，来访者讲到一件非常有意思的事儿。她一开头就说，她是一个只有3分钟热度的人，我就很好奇了，问她为什么会这么评价自己！她说因为她从小到大，好像做什么事情都是开始很有兴趣，就开始去行动，可行动一段时间就会突然觉得没有意思，就会放弃，接着又会去慢慢开启另外一件有兴趣的事情，投入一定阶段，她又会放弃，如此循环……导致她对自己的评价就是：没有一件事情是能够坚持下去的。所以她就很想来咨询，到底应该做什么事情能够让她做得更持久！

我问她，“具体你在做什么事情的时候，会出现这样无法坚持下去的情况呢？”她举了个例子，她本科毕业以后因为不想工作，就是不想在固定的单位和岗位工作，就选择了创业，先是开店做了服装店老板，开了一段时间，因为各种各样的原因就没有做下去了。后面因为她自己学的是旅游专业，又去做了旅游销售，在做销售的过程当中，碰到了一些客户，因对产品的理念不同而导致了工作纠纷，让她对旅游销售这个岗位又失去了兴趣，加上“口罩”的原因，从2020年到现在她一直在家里没有出去工作，现在就想自己重新去开启新的职业，特别是想要找到一份能够持久做下去的职业！

其实像这位来访者期待的情况，在我们的现实工作状态当中，包括我们在给学生做指导，也包括我们的老师们，他们在探索自己职业发展方向，或者去选择某些事情、项目的时候，也会反复出现开启得很快，放弃得也很快的现象。

那么，是什么原因导致一个人在做一件事情的时候无法持之以恒呢？最主要的原因是：你在做这件事情的时候，可能没有想过，你做这件事情想要达到的真正目标是什么？就拿今天的来访者来说，她在前几份创业过程中为什么会一次次放弃，因为她每次的创业都没有给自己一个明确的创业目标。我问她：“你在决定做服装店老板的时候，有想过要通过这个项目去获得怎样的结果吗？比如你有没有想过，你要在一年之内赚到多少钱？100万、50万、还是20万……”她说：“没有具体的目标，我就是凭着自己的兴趣和喜欢。”她是一个女生，也很喜欢打扮，应该能够做这样的职业，就很快开店，但是做着做着，她就不知道该怎么去做了，也就放弃了！你看，如果她当时给自己从事服装行业定一个20万元年收入的小目标，她就可以围绕20万元这个目标去拆解经营服装店的所有动作，在一年12个月当中，按每个季度、每个月，再到每周的营收分布，如果都能明确到一个月营业额不能低于1万块钱，那一个月的销售就围绕着“如何赚到1万块钱营收”去布局，那么所有的销售也好，产品也好，包括售后、进货等，全部都围绕着你这个月、这周去行动，当你通过一步步具体行为，拿到一万块钱这个目标的时候，你就会更加有动力，朝着下一个月的目标去做，或者说，即便你这个月没有达到一万块钱的销售目标，你也可以去复盘一下，你自己这个月哪些方面做得好、哪些方面还可以提升，来达到你下个月1万元或2万元的目标，如果有这样的目标驱动的话，我们做某一件事情当中投入的时间和精力就会相对持久。

用在我们的工作当中，比如我最近也在调研我们的辅导员，他们在本学年职业发展中有哪些诉求，可以通过培训的角度去达到的，初步统计下来他们在科研、危机事件应对、谈心谈话和就业4个方面的需求比较大。其中辅导员在科研方面的需求比较高，那我就想下一步如何继续去细化这一需求，来支持辅导员的职业发展。比如他们到底对什么级别的科研项目有需求？针对新入职的辅导员，已经获得讲师的辅导员，还想继续申请副教授、教授的辅导员等分别可以怎么做？如果单纯说“想提高科研能力”，其实是比较空的，而如果我们在做一件事情之前，能够把这件事情我们想要达到的结果更加地具象，那么倒推到我们整个过程中，就会让我们朝着这个目标不断地去提升。也正因为有了这样一个清晰的、实施目标的过程，才能推动我们持之以恒，或者阶段目标实现之后，能够继续为我们的下一个目标去实现。

通过这个咨询案例，也可以看到我们有很多人在我们的工作当中，为什么无法坚持下去的背后的原因，其实我们可以从阶段性目标和长期性目标，这样的搭配方式重新推动我们当下行动的持久度，让我们：行动有目标、结果有保证、过程有挑战！

元气金句

坚持就是通过将阶段性目标和长期目标搭配起来，来达到我们行动的持久度！

元气加油站

1.遵义医科大学珠海校区辅导员钟仁云老师

【元气心得】清晰的远期目标加上细致的近期计划，才能坚持下去，使行为更持久。很多事情坚持了才有希望，而不是坚持了就有结果。

2.德州学院辅导员王培培老师

【元气心得】做什么可以持久？思考应该达到怎样的量化目标。

通过将阶段性目标和长期目标搭配起来，来达到我们行动的持久度！

我在思考毕业10年有没有一件事情是我一直在坚持做的事情？教学，日记，心理学？尤其是自己喜欢的心理育人板块儿，自己前期花费了大量的时间、精力和金钱，也有了一定的成果，那接下来我如何把它的短期和长期的目标定下来，然后朝着这个目标去努力呢？比如今年在心理育人上出一本团辅实操手册，让老师们可以用拿来。

3.潍坊科技学院辅导员苑霞霞老师

【元气心得】不断尝试的本质是探索，首先需要摆正自己"三天打鱼两天晒网"的不合理信念，正视和接纳自己目前"探索"的状态。目标一定要具体化、可视化、可操作，大而空的"目标"只是想法。从当下可以做的开始，可能是一个不起眼的"转念"，可能是养成一个好的学习习惯。在行动中拨云见日，看到就是一种力量，坚持下去就有更多的机会和希望。

4.河北青年管理干部学院梁玉荣老师

【元气心得】（1）水滴石穿——坚持的深远影响

水滴不断地滴落在石头上，虽然每次的冲击力看似微不足道，但长时间的积累最终能穿透坚硬的石头。这告诉我们，坚持的力量是巨大的，即使面对看似不可能完成的任务，只要我们持之以恒，就一定能够取得成功。

（2）绳锯木断——坚持的累积效应

我们可能会遇到各种困难和挑战，但只要我们保持坚持的态度，不断地付出努力，就一定能够积累起足够的能量，实现我们的目标。

（3）锲而不舍——坚持的决心与毅力

在追求目标的过程中，我们可能会遇到各种困难和挫折，但只要我们保持坚定的决心和顽强的毅力，就一定能够克服一切困难，实现我们的目标。

5.四川卫生康复职业学院辅导员李秋虹老师

【元气心得】（1）坚持需要营造好外在环境。比如一个班级学风不好，对于目标不坚定的学生而言，她往往容易随大溜。所以主动地改善自己所处的环境，提升自己做一件事情的持久度也是有必要的。比如越是没头绪的时候，一定要空出时间整理自己的房间、办公桌。没有写作灵感的时候就要形成随时积累、经常复盘的习惯。

（2）坚持需要满足核心诉求。比如寒假的时候，临时接受了一个任务，从组团队的时候就不顺，加上这个事情不是自己想要做的，所以假期里就心里搁着这事儿但是迟迟不愿意行动。事后复盘我总结出来就是这个事情不是我想要的，不然为啥我宁愿每天4点在实战群和小伙伴交流？为啥我愿意晚上加班到11点也乐呵呵地和学生讨论项目？

（3）坚持需要同频共振的伙伴。有的时候，做一件事身边的伙伴对你的影响也是很大的。寒假的时候被一个同事拉进了创业比赛项目群，在加入初期我还抱着观望的态度，但看到另一个小伙伴的执行力后，也慢慢地改变了我对这个项目的看法，主动地投入进去。也明白了一个人固然可以走得很快，但一群人才能走得更远。

元气关键词77

不忙

春季学期开学已经快半个月了，我发现寒假中在群里聊得都很好的辅导员，突然就“消失”了。私聊了几个辅导员，都让我明显感觉到大家的工作氛围越来越浓厚，以至于家连最基本的交流都减少了许多，包括我们“元气微课堂”的小伙伴们，原来都非常积极输出元气心得的老师，居然也是一连好几天都没有分享了！当然我也很理解大家，毕竟开学工作的确很忙，优先我们的工作，这也是我们的本职。但是我还是“忍不住”在群里给小伙伴们赋能，提醒他们：当我们越忙的时候，越要给自己时间去独处，去思考。思考什么呢？

思考：我怎么样才能够“不忙”，这真的是一件非常非常重要的事情！

就像我之前多次在微课堂语音中给大家分享过的，就是我们要在自己能够把控的工作节奏和内容当中，尽量给自己每一天“只安排一件事情”，或者说，我们在单位时间内尽量“只做一件事情”，把这一件事情专注地一气呵成了结它！实在是无法了结的，也一定要想办法在最短的周期加以完成，而针对那些时间周期相对比较长的活动或项目，我们一定要分段去推进它，按照前期、中期和结束这样的阶段顺序，可以通过授权给相应的负责人，也可以通过设置“备忘录”闹铃的方式优先到你的日常必做中去，不要因为突发事件错过了解决时间等。

我自己也是从3月1日开始上班之后，于是我就给自己每天先安排一件事儿，一定要把这学期的相关的工作统筹出来，我开始做起了工作台账，把已经确定的一些事情，比如每个月都要去做的辅导员排班、查寝，辅导员培训穿插到每个月当中的固定时间当中去，不要每天都安排得很满，空出一些时间来应对突发事件，这样的话，你就会对工作更加有掌控感。

如果你能够把工作安排到具体的某一天，当你把台账插入的时候，你就会看得更清楚，比如3月1日干了什么、还要干什么、由什么人来负责推进或协助等，如果某一天有突发任务，那么当你打开那本台账（电子的），你就会知道把它安排到什么时间，是不是马上要做，安排到哪一天更加合适，等等，就会让你特别有底气！

继续举例，今天我也还在做辅导员的年度培训方案，然后领导来办公室说，今年的劳动教育方案需要尽快落实发布下去，于是我又重新去看了去年的劳动教育方案，该怎么去做，要不要修改，怎么去发通知，我自己也要熟悉一下整个劳动教育专项活动的来龙去脉，那你在做今年方案的时候，包括在和别人解释的时候、收集材料的时候、最后的成果展示的时候，你才会更有思路！因为插入了这件事情之后，我的辅导员培训方案又搁置在一边了……

所以说我们每一天的工作，真的就是在把握你的主观能动性之上，你的主轴之上，真的不要给自己安排其他的内容，你在单位时间内只干一件事情，其他的工作来了，你就先记着，如果是必须马上要处理的，那你就必须优先处理，如果不是，你就问清楚截止时间，然后再继续回到你当下的那个工作中，把它尽快地完成。这样的话，你的整个工作节奏可能就会比较好。

很多老师们在开学说："给我半个月的时间，我要梳理工作。"其实我们的工作，并不是在开学前这一两周去做，或者说在期末结束之前才去总结，或者说我们非要用一整块的时间投入进去。我个人的经验就是，工作是一种日常化的思考方式，但是我们一些板块的、模块的东西是需要在每学期的开头，或者每年度的开头、结尾去做专门计划的，比如说我们的常规工作，每年3月学雷锋，4月的读书节，五一劳动节，中秋国庆节等，这些就属于常规工作，那么我们每一年的工作计划当中，到这一个月就需要围绕这个月的主题去做，你就不要再想额外的东西，这样的话，你就会把固定的内容形成标准化，再结合本学期的特色和额外的专项任务，去做阶段性的工作部署，然后再是一些琐碎的、临时的、穿插的工作和任务，这样你就会：总体有板块，阶段有目标，每天有弹性，你的整个的状态就会表现出"不忙"。

也真心地希望大家能够尽快地调整自己的节奏，把自己从繁忙的工作当中跳脱出来，给自己更多的时间去思考和实践，让自己的价值不断放大，放大，再放大！

元气金句

不忙=总体有板块+阶段有目标+每天有空闲！

元气加油站

1.厦门城市职业学院辅导员孙云莉老师

【元气心得】说得太好了，不忙=总体有板块+阶段有目标+每天有空闲！

2.潍坊科技学院辅导员苑霞霞老师

【元气心得】统筹规划：既有学期整体的把握，又要结合日常事务，梳理计划列表。事情多而有序。清单革命，单位时间内只聚焦一件事。每天的清单不要太满，留出处理突发或应急的事务。耗费时间长的项目，利用甘特图做好项目管理，分段推进。把繁忙琐碎的工作梳理清晰，落实到每一天。错落有致、不慌不忙。如同整理一间杂乱的房间，固定的物品固定放置，新的东西加入，要么重新摆排，要么给它找个“新家”。每天都是清新整洁的，哪怕突然有“客人”来访，也可坦然处之。

3.四川卫生康复职业学院辅导员李秋虹老师

【元气心得】元气金句：不忙=总体有板块+阶段有目标+每天有空闲！将一学期固定的工作进行梳理，按照时间节点、任务内容提前做好统筹规划。将工作分为长期任务、短期任务，然后再按照管理四象限进行细分，重要紧急任务、重要不紧急、不重要紧急任务、不重要不紧急任务。长期任务做好阶段性的管理，重要不紧急任务做好计划。每天给自己留一点时间，用于处置突发事情或者复盘当天的工作。

4.浙江越秀外国语学院辅导员赵莹老师

【元气心得】“两眼一睁，忙到熄灯”是大部分辅导员工作的日常，但我们所谓的整天忙，到底有多忙？如果每天复盘一下自己的工作，恐怕大部分的辅导员都不知道自己在忙些什么？忙的意义和价值在哪里？当我们抱怨忙、累时，其实是我们内心对这份工作的抗拒。

如何让自己不那么忙？除了陈姐姐在分享中提到很多好的方法，我们也要善于利用工作8小时以外的时间。如果我们坚持事不过夜，当日事当日毕，善于颗粒度管理，能使我们的工作效率大大提高（可参考四象限法则）。

真正勤勉，从来不是盲目地忙，而是时时有所创造、事事有所成就、处处有所精进。寻找自己的本心，在忙碌中收获价值，手脚越忙，心越平静，反而不慌不乱，不悲不惧。

5.遵义医科大学珠海校区辅导员钟仁云老师

【元气心得】新学期开头经常是忙乱的，如何才能更从容面对工作呢？我想做台账是很好的方法。开学初我把党建工作、团建工作、学生主要日常工作做了台账。党建工作台账由老师和高年级学生支委协助完成。团建工作台账由各部门负责人协助完成。学生主要日常工作包括职业生涯规划、就业指导、危机事件、课堂管理、寝室管理、安全管理等，由各班委协助完成。

6.德州学院辅导员王培培老师

【元气心得】不忙=总体有板块+阶段有目标+每天有空闲！常规工作固定动作标准化+专项任务特色工作+紧急临时突发。把自己的价值更加无限放大。这两天带领学生外出参加比赛。节奏相对没那么快。我觉察自己。怎么会有一种想躺平的感觉？拿出自己的自我成长记录本，开启每天的自我觉察。那些重要不紧急的事情（晨练、冥想、按时入睡、爱的表达、阅读、输出……），把它揉碎在日常生活中，哪怕每天一小时。

7.宁夏师范学院辅导员马玲玲老师

【元气心得】看到不忙，我想到的是要节省时间，利用时间，在这个过程中最主要的就是合理规划，做好每一天的规划，集中注意力去发力。梳理，要知道自己的时间去哪儿了，就像陈姐姐说的做一个台账，就需要做的东西整理起来，如果不花时间去整理，就会显得比较混乱。如果不去记录你的时间，你就不知道如何做出改变。一旦搞清楚了时间利用的真实情况，你就会做出更好的决策，开始整理自己的生活。

8.河北青年管理干部学院辅导员梁玉荣老师

【元气心得】不忙=总体有板块+阶段有目标+每天有空闲！马上梳理上半年常规工作计划，重点工作时间细化。在此基础上标准化，规范化。复盘，总结与升华！

后记

别想那么多，先做起来再说！

给出版社的初稿中，其实没有“后记”这个部分。

在亲身经历了三个多月的出版历程之后，从书稿的三审三校，到版式的设计打样，从封面的设计选择，再到最后的通读、质检，让我对“一本书是如何诞生的”，有了更加全面、立体的了解。我在想：如果一开始我就知道出书这么“复杂”，我还会“一如反顾”吗？答案当然是肯定的！很多时候，我们就是因为想得太多、做得太少，而错失了很多原本可以出现在我们生命中的美好！所以，我想再次邀请大家，花几分钟时间，和我共享这份美好！

感谢中国石化出版社的吕芳蕾编辑，从北京第一次见面开始，你就似一位“认识了多年的大姐姐”，带我“闯”入了图书出版的“新奇世界”，不仅耐心解答我的“疑难杂症”，还全力支持我的“天马行空”，此处“心疼”蕾蕾姐一秒！哈哈哈！

感谢5位封面推荐人物：张振笋、饶先发、刘明耀、张俊义和张爱民，居然都是男嘉宾，谢谢你们在我需要“借力”的重要时刻“挺身而出”，给予我毫无保留的支持和热诚的推荐，让我更加笃定、更有底气，勇往直前！

感谢北京石油化工学院朱明老师、五邑大学卓英莲老师、广州中医药大学唐凯晴老师、思学未来高报特聘规划师杨锐、北森生涯孟森等14小伙伴们为本书撰写推荐语，身体力行为我打call，还有很多默默关心我、支持我的同仁们，你们都是见证我成长的同路人！

感谢“陈姐姐元气微课堂”第1季的小伙伴们：四川卫生康复职业学院李秋虹老师，遵义医科大学珠海校区钟仁云、周小璇、尹瀛、王婷和张玲老师、浙江越秀外国语学院赵莹老师，德州学院王培培老师，浙江中医药大学丁艺雪老师，甘肃卫生职业学院花蕾老师，云南医药健康职业学院齐思明老师，河北青年管理干部学院梁玉荣老师，潍坊科技学院苑霞霞老师，北京工商大学赵杰老师，厦门城市职业技术学院涂晓婷和孙云莉老师，贵州商学院朱静老师，中山学院余建萍老师，重庆第二师范学院刘莉老师，湖北生物科技职业学院胡晶晶老师，重庆工业职业技术学院姚正平老师，广东南华工商职业学院赖志聪老师，上海商学院葛欢和迪娜尔老师，哈尔滨医科大学薛靓老师，江苏眼动生涯咨询师孙一文老师，广东女子职业技术学院李梦花老师，贵州民族大学王倩倩老师，江西青年职业学院王路桃老师，宁夏师范学院马玲玲老师，许昌职业技术学院刘芳源老师，福建江夏学院陈奥菲老师等，是你们的热爱、坚定、包容和陪伴，让这本书充满无限的力量和智慧！你们总说"我用对工作的热爱点燃了你们"，但其实，你们在群里的每一句心得、每一条动态、每一个表情，对我才是满满的激励。让我知道：还有这样一群人和我同频、同向、同在和同行！

特别感恩我的母校，也是我就职的单位——遵义医科大学（珠海校区）。自2001年10月成为学校的一份子开始，从贵州遵义到广东珠海，从学生到留校任职……我遇到了太多好老师、好领导、好同事、好朋友，还有陪伴我走过青春的团委干部们和2009、2010、2015、2020级带班的学生、家长们。没有你们，就没有我如此真实、丰富、创新、挑战的美妙时光，有时候我都好奇：我怎么就对这份工作这么"着魔"呢！

需要强调的一点是，本书内容主要是我在2023年9月18日到2024年春季学期，这个时间段的真实工作和生活经历，没有什么高深的逻辑或章法，涉及的人、事、物，仅作为当下积极思考的切入点，绝无半点不善之意。旨在带领大家觉察自己的日常工作与生活中更多的小美好，为自己创设更加多元、正向、广阔的幸福人生！

同时，为了让这本书能真正成为大家工作之中、生活之余，"取之不尽、用之不竭"的赋能之源，我还特意为大家量身定制了本书同名"共读营"（添加陈姐姐微信咨询即可），我会亲自带领大家划划重点、做做笔记，协助大家用最短的时间、最少的力气和最有效的方法，把这本书先读厚、再用薄！

最后要感谢我的女儿，好多个夜幕降临的夜晚，她都会提醒我：妈妈，你今天录"元气微课堂"了吗……在近半年的内容创作过程中，她就是我的"最佳元气搭档"。当我在对封面方案"举棋不定"的时候，还为我选择了这款清新、明快的绿色系，她说："妈妈，你要相信小孩子的眼光！"相信大家看到这本书的那一刻，也一定很喜欢吧！

最后的最后，我要特别感谢敢想敢做、不断超越自我、期待被更多人看见的自己！我真的特别幸运，在2024年的个人计划中，我给自己定的目标就是要出两本书（其中《高校辅导员工作实战宝典》电子版已全部完成），我没有想过实现不了，我只想着我要怎么去实现，就这样一步一步走到了这里！所以，别想那么多，先做起来再说！你看，就真的实现了！

特别感恩你阅读到这里，谢谢你！我爱你们！

陈剑（陈姐姐）

2024年8月25日

于珠海

北森生涯——生涯教育行业的缔造者和创导者

北森生涯成立于2002年，是国内生涯教育行业的缔造者和创导者，也是国内位居行业领先地位的高校泛生涯教育解决方案提供商。通过培训、测评、生涯工具、认证、学生活动等全维度产品，助力高校在生涯师资队伍建设、学生成长成才、支持服务保障等方面实现全面发展，赋能学生从大一到大四的全过程成长，提升校本化生涯教育与就业创业服务水平，助力大学生高质量充分就业。

使命：点亮中国人的生涯之路

愿景：成为一家受人尊敬的、为公众创造职业幸福感的生涯教育公司

拥有自主知识产权的生涯产品已超30种，包括：全球职业生涯规划师认证培训（GCDF）、全球生涯教练认证培训（BCC）等，在业界遥遥领先。

专注耕耘高校生涯教育领域二十年，从培训赋能到体系化帮扶、从测评到学生活动。北森生涯已帮助超5000万名大学生走出生涯困境，拥抱美好职业未来。

北森生涯现已服务高校共1867所，累计开办超4500期培训，为199906名学员提供了体系化、专业化的培训服务，其中高校教师占比82%，坚守创新，感谢一路同行。

2002年10月：与清华大学以及原劳动部科研所共同研发并推出国内第一套针对大学生的职业规划产品——朗途大学生职业规划测评系统。

2004年2月：引进全球职业生涯规划师（GCDF）认证体系。

10月：举办首届职业规划巅峰论坛James Sampson、徐小平等出席。

2007年11月：举办2007首届中国职业生涯规划国际论坛暨GCDF全球峰会。

2010年12月：BCC for career全球生涯教练认证培训正式引入中国。

2013年10月：由教育部原全国高等学校学生信息咨询与就业指导中心主办，北森生涯与中国人民大学承办的2013第四届高校职业发展教育和生涯辅导服务国际学术研讨会成功举办。

2015年北森生涯与台湾生涯学会正式建立战略合作。本土化专业生涯咨询师PCDC系列课程首次开班。

2017年12月：成立全国生涯规划专家委员会，面向全行业推出《生涯从业者宣言》。

2020年2月：为应对疫情，面向全国高校启动“春风行动”公益系列活动。

2021年4月：面向疫情严重区域高校推出“萤光行动”，点亮萤光，聚力前行，参与高校近1000所，直接服务学生19000+人。

2022年4月：向共青团中央直属中国青年创业就业基金会（5A级）公益捐赠专项就业服务，帮助大学生特别是一般院校低收入家庭大学生纾解就业迷茫，实现更加充分与更高质量就业。

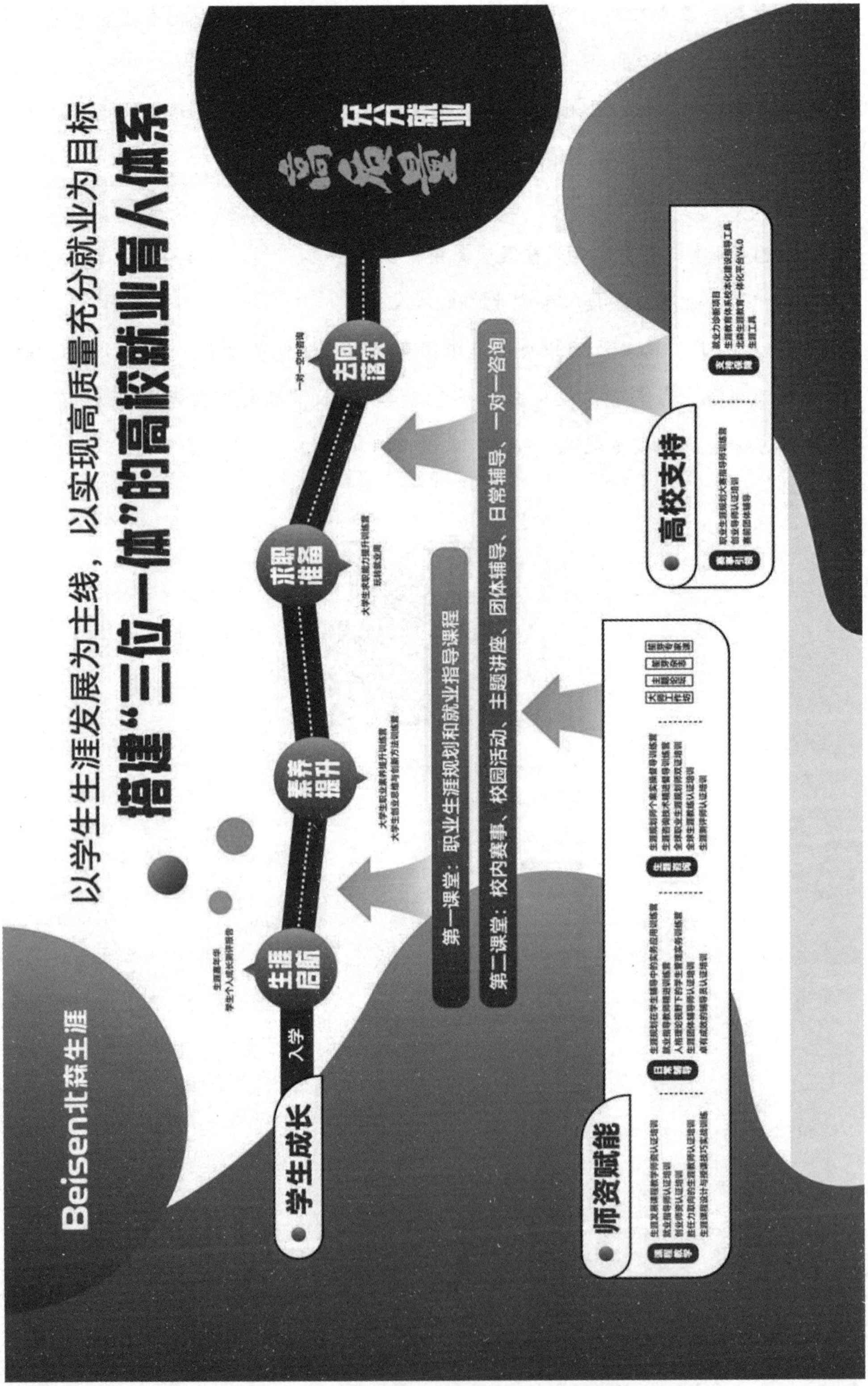
以学生生涯发展为主线，以实现高质量充分就业为目标
搭建"三位一体"的高校就业育人体系
高质量
充分就业
学生成长
入学
生涯启航
素养提升
求职准备
志向落实
第一课堂：职业生涯规划和就业指导课程
第二课堂：校内赛事、校园活动、主题讲座、团体辅导、日常辅导、一对一咨询
师资赋能
高校支持
Beisen北森生涯